SCHOTT-MESSBUCH

SCHOTT-MESSBUCH

FÜR DIE SONN- UND FESTTAGE
DES LESEJAHRES A

Originaltexte der authentischen deutschen Ausgabe
des Meßbuches und des Meßlektionars

Mit Einführungen herausgegeben
von den Benediktinern der Erzabtei Beuron

VERLAG HERDER

FREIBURG · BASEL · WIEN

VORWORT

Vor hundert Jahren wurde zum erstenmal in Freiburg das Meßbuch gedruckt, das inzwischen in einer Gesamtauflage von mehreren Millionen Exemplaren erschienen und im Herzen des katholischen Volkes als der SCHOTT eine feste Größe geworden ist. Die Urausgabe erschien 1884 unter dem Titel: Das Meßbuch der heiligen Kirche (Missale Romanum) lateinisch und deutsch, mit liturgischen Erklärungen, für Laien bearbeitet von P. Anselm Schott.

Am Anfang dieses Buches stehen eine liturgisch-pastorale Notsituation und eine Persönlichkeit: Anselm Schott, der am Dreifaltigkeitssonntag 1873 durch die feierliche Profeß Mönch von Beuron geworden war.

Die weitgehende Trennung des Volkes von der liturgischen Handlung, der Abstand zwischen Priester und Volk vor allem bei der Meßfeier hatten schon vor Anselm Schott große Lehrer und Seelsorger beunruhigt. Versuche, durch Übersetzungen des lateinischen Missale Abhilfe zu schaffen, konnten sich zunächst nur in begrenztem Umfang durchsetzen. Vielfach betrachtete man es als unnötig oder gar gefährlich, die liturgischen Texte einem breiteren Publikum zugänglich zu machen. Man befürchtete Mißverständnisse und einen Verlust der Ehrfurcht vor dem Heiligen.

Dennoch erschienen im Lauf des vorigen Jahrhunderts mehrere beachtliche Erklärungen und Teilübersetzungen des Römischen Meßbuches, vor allem in der Schweiz und im Mainzer Raum. Entscheidend für P. Anselm Schott war sein Aufenthalt in Belgien, wo er das von dem späteren Abt Gerard von Caloen herausgegebene Meßbuch (Maredsous 1882) kennenlernte. In einem Brief an den Verleger Benjamin Herder in Freiburg stellte er seine im Manuskript fertige Arbeit vor als „ein liturgisches für das deutsche Publikum berechnetes Andachtsbuch zum Gebrauche der Laien bei der heiligen Messe".

Dieses Meßbuch hat in den folgenden Jahrzehnten eine große Geschichte gehabt, und es hat auch selbst Geschichte gemacht. Die liturgische Erneuerung ist bis auf den heutigen Tag eng mit diesem Buch verknüpft. Der SCHOTT muß einerseits als Mitursache der liturgischen Bewegung und Erneuerung gelten, anderseits hat er infolge dieser Erneuerung, vor allem seit dem Zweiten Vatikanischen Konzil, eine entsprechende neue Gestaltung erfahren und ist, in veränderter Funktion, für viele Priester und Laien ein Gebet- und Lebensbuch geworden. Nach dem Konzil mochte es einen Augenblick scheinen, als hätte der SCHOTT nun seine Aufgabe erfüllt und sich selbst überflüssig gemacht. Tatsächlich ist die Liturgie einfacher geworden; man kann alles in der eigenen Sprache hören und verstehen; auch die Riten und Zeichen sind verständlicher geworden. Und mit Recht wurde darauf hingewiesen, daß bei der liturgischen Feier die Absonderung in die Lektüre des eigenen Buches der Gemeinsamkeit des liturgischen Tuns nicht entspreche.

Nun hat aber die Erfahrung gezeigt, daß es mit dem Verstehen der Liturgie nach wie vor seine Schwierigkeiten hat. Ein rasches Hinhören und ebenso rasches Vergessen der kaum verstandenen Texte können in Wirklichkeit mehr Schaden als Nutzen stiften. Die Aufmerksamkeit bleibt an der Oberfläche, und das ganze wird langweilig. Schlimmeres könnte einer Gemeinde Gottes nicht geschehen. Die Gemeinde lebt von der doppelten Gabe Gottes: vom Wort des Lebens und vom Brot des Lebens. Diese zwei gehören untrennbar zusammen. Für beides die Menschen bereitzumachen, das haben die Herausgeber des SCHOTT-Meßbuches seit den Tagen des Ur-Schott (1884) als ihre wesentliche Aufgabe angesehen.

Die vorliegende Ausgabe enthält die vollständigen Meßtexte des liturgischen Jahres (Lesejahr A) und einiger Heiligenfeste (soweit sie auch an Sonntagen gefeiert werden), außerdem, wie bisher, erklärende Einführungen zum Tag und zu den Schriftlesungen sowie ausgewählte Texte zum persönlichen Weiterdenken oder auch zur kritischen Auseinandersetzung; nicht in jedem Fall muß der Leser mit diesen Texten einverstanden sein, wichtiger ist, daß er zum eigenen Nachdenken geführt wird.

Alle biblischen Texte in dieser Ausgabe entsprechen der von der Deutschen Bischofskonferenz approbierten kirchenamtlichen Übersetzung (Einheitsübersetzung). Viele Verbesserungswünsche, die an die Bibelübersetzer und die Bischöfe gelangt waren, sind berücksichtigt worden. Da der Text also neu gesetzt werden mußte, bot sich dem Herausgeber die Gelegenheit, auch die eigenen Einführungstexte zu überarbeiten.

Beuron/Lliu-Lliu (Chile), 14. September 1983

Odo Haggenmüller OSB

INHALT

DAS HERRENJAHR

DIE FEIER DER GEMEINDEMESSE

DIE FESTE DES HERRN UND DER HEILIGEN

ANHANG

ABKÜRZUNGEN DER BIBLISCHEN BÜCHER

Altes Testament:

Gen	Genesis	Spr	Sprüche
Ex	Exodus	Koh	Kohelet (Prediger)
Lev	Levitikus	Hld	Hoheslied
Num	Numeri	Weish	Weisheit
Dtn	Deuteronomium	Sir	Jesus Sirach
Jos	Josua	Jes	Jesaja
Ri	Richter	Jer	Jeremia
Rut	Rut	Klgl	Klagelieder
1 Sam	1 Samuel	Bar	Baruch
2 Sam	2 Samuel	Ez	Ezechiel
1 Kön	1 Könige	Dan	Daniel
2 Kön	2 Könige	Hos	Hosea
1 Chr	1 Chronik	Joel	Joel
2 Chr	2 Chronik	Am	Amos
Esra	Esra	Obd	Obadja
Neh	Nehemia	Jona	Jona
Tob	Tobit	Mi	Micha
Jdt	Judit	Nah	Nahum
Est	Ester	Hab	Habakuk
1 Makk	1 Makkabäer	Zef	Zefanja (Sophonias)
2 Makk	2 Makkabäer	Hag	Haggai
Ijob	Ijob	Sach	Sacharja
Ps	Psalmen	Mal	Maleachi

Neues Testament:

Mt	Matthäus	1 Tim	1. Timotheusbrief
Mk	Markus	2 Tim	2. Timotheusbrief
Lk	Lukas	Tit	Titusbrief
Joh	Johannes	Phlm	Philemonbrief
Apg	Apostelgeschichte	Hebr	Hebräerbrief
Röm	Römerbrief	Jak	Jakobusbrief
1 Kor	1. Korintherbrief	1 Petr	1. Petrusbrief
2 Kor	2. Korintherbrief	2 Petr	2. Petrusbrief
Gal	Galaterbrief	1 Joh	1. Johannesbrief
Eph	Epheserbrief	2 Joh	2. Johannesbrief
Phil	Philipperbrief	3 Joh	3. Johannesbrief
Kol	Kolosserbrief	Jud	Judasbrief
1 Thess	1. Thessalonicherbrief	Offb	Offenbarung
2 Thess	2. Thessalonicherbrief		

Tabelle für die Ordnung der Lesungen

	Leseordnung für die Sonntage	Leseordnung für die Wochentage	Fest der Taufe des Herrn	Wochen im Jahreskreis	Sonntage nach Erscheinung	1. Sonntag der Fastenzeit
1998	C	II	11. Jan.	33	7	1. März
1999	A	I	10. Jan.	33	6	21. Febr.
2000	B	II	9. Jan.	34	9	12. März
2001	C	I	7. Jan.	34	8	4. März
2002	A	II	13. Jan.	33	5	17. Febr.
2003	B	I	12. Jan.	33	8	9. März
2004	C	II	11. Jan.	33	7	29. Febr.
2005	A	I	9. Jan.	33	5	13. Febr.
2006	B	II	8. Jan.	34	8	5. März
2007	C	I	7. Jan.	34	7	25. Febr.
2008	A	II	13. Jan.	33	4	10. Febr.
2009	B		11. Jan.	33	7	1. März
2010	C	II	10. Jan.	33	6	21. Febr.
2011	A	I	9. Jan.	33	9	13. März

	Ostern	Pfingsten	Die Woche nach Pfingsten ist die . . . Woche im Jahreskreis	Fest der heiligsten Dreifaltigkeit	Der Sonntag *nach* Dreifaltigkeit ist der . . . Sonntag im Jahreskreis	1. Advents-sonntag
1998	12. April	31. Mai	9.	7. Juni	11.	29. Nov.
1999	4. April	23. Mai	8.	30. Mai	10.	28. Nov.
2000	23. April	11. Juni	10.	18. Juni	12.	3. Dez.
2001	15. April	3. Juni	9.	10. Juni	11.	2. Dez.
2002	31. März	19. Mai	7.	26. Mai	9.	1. Dez.
2003	20. April	8. Juni	10.	15. Juni	12.	30. Nov.
2004	11. April	30. Mai	9.	6. Juni	11.	28. Nov.
2005	27. März	15. Mai	7.	22. Mai	9.	27. Nov.
2006	16. April	4. Juni	9.	11. Juni	11.	3. Dez.
2007	8. April	27. Mai	8.	3. Juni	10.	2. Dez.
2008	23. März	11. Mai	6.	18. Mai	8.	30. Nov.
2009	12. April	31. Mai	9.	7. Juni	11.	29. Nov.
2010	4. April	23. Mai	8.	30. Mai	10.	28. Nov.
2011	24. April	12. Juni	11.	19. Juni	13.	27. Nov.

Kalendarium der Sonntage und Herrenfeste

Lesejahr A	Seite	1998/99	2001/02	2004/05	2007/08	2010/11
1. Adventssonntag	3	29. 11.	2. 12.	28. 11.	2. 12.	28. 11.
2. Adventssonntag	10	6. 12.	9. 12.	5. 12.	9. 12.	5. 12.
3. Adventssonntag	16	13. 12.	16. 12.	12. 12.	16. 12.	12. 12.
4. Adventssonntag	21	20. 12.	23. 12.	19. 12.	23. 12.	19. 12.
Geburt des Herrn – Weihnachten	27	25. 12.	25. 12.	25. 12.	25. 12.	25. 12.
1. Sonntag nach Weihnachten – Fest der Hl. Familie	51	27. 12.	30. 12.	26. 12.	30. 12.	26. 12.
Oktavtag von Weihnachten – Maria Gottesmutter	57	1. 1.	1. 1.	1. 1.	1. 1.	1. 1.
2. Sonntag nach Weihnachten	63	3. 1.	–	2. 1.	–	2. 1.
Erscheinung des Herrn	68	6. 1.	6. 1.	6. 1.	6. 1.	6. 1.
Sonntag nach Erscheinung – Taufe des Herrn	74	10. 1.	13. 1.	9. 1.	13. 1.	9. 1.
Aschermittwoch	80	17. 2.	13. 2.	9. 2.	6. 2.	9. 3.
1. Fastensonntag	88	*21. 2.*	17. 2.	13. 2.	10. 2.	13. 3.
2. Fastensonntag	96	28. 2.	24. 2.	20. 2.	17. 2.	20. 3.
3. Fastensonntag	102	7. 3.	3. 3.	27. 2.	24. 2.	27. 3.
4. Fastensonntag	112	14. 3.	10. 3.	6. 3.	2. 3.	3. 4.
5. Fastensonntag	122	21. 3.	17. 3.	13. 3.	9. 3.	10. 4.

Lesejahr A	Seite	1998/99	2001/02	2004/05	2007/08	2010/11
Palmsonntag	134	28. 3.	24. 3.	20. 3.	16. 3.	17. 4.
Gründonnerstag	159	1. 4.	28. 3.	24. 3.	20. 3.	21. 4.
Karfreitag	175	2. 4.	29. 3.	25. 3.	21. 3.	22. 4.
Fest der Auferstehung des Herrn	199	4. 4.	31. 3.	27. 3.	23. 3.	24. 4.
Ostermontag	247	5. 4.	1. 4.	28. 3.	24. 3.	25. 4.
2. Sonntag der Osterzeit	256	11. 4.	7. 4.	3. 4.	30. 3.	1. 5.
3. Sonntag der Osterzeit	263	18. 4.	14. 4.	10. 4.	6. 4.	8. 5.
4. Sonntag der Osterzeit	271	25. 4.	21. 4.	17. 4.	13. 4.	15. 5.
5. Sonntag der Osterzeit	277	2. 5.	28. 4.	24. 4.	20. 4.	22. 5.
6. Sonntag der Osterzeit	284	9. 5.	5. 5.	1. 5.	27. 4.	29. 5.
Christi Himmelfahrt	289	13. 5.	9. 5.	5. 5.	1. 5.	2. 6.
7. Sonntag der Osterzeit	295	16. 5.	12. 5.	8. 5.	4. 5.	5. 6.
Pfingsten	302	23. 5.	19. 5.	15. 5.	11. 5.	12. 6.
Pfingstmontag	318	24. 5.	20. 5.	16. 5.	12. 5.	13. 6.
2. Sonntag im Jahreskreis	443	17. 1.	20. 1.	16. 1.	20. 1.	16. 1.
3. Sonntag im Jahreskreis	448	24. 1.	27. 1.	23. 1.	27. 1.	23. 1.
4. Sonntag im Jahreskreis	454	31. 1.	3. 2.	30. 1.	3. 2.	30. 1.
5. Sonntag im Jahreskreis	459	7. 2.	10. 2.	6. 2.	–	6. 2.
6. Sonntag im Jahreskreis	465	14. 2.	–	–	–	13. 2.

Lesejahr A	Seite	1998/99	2001/02	2004/05	2007/08	2010/11
7. Sonntag im Jahreskreis	472	–	–	–	–	20. 2.
8. Sonntag im Jahreskreis	477	–	–	–	25. 5.	27. 2.
9. Sonntag im Jahreskreis	483	–	2. 6.	29. 5.	1. 6.	6. 3.
10. Sonntag im Jahreskreis	488	6. 6.	9. 6.	5. 6.	8. 6.	–
11. Sonntag im Jahreskreis	493	13. 6.	16. 6.	12. 6.	15. 6.	–
12. Sonntag im Jahreskreis	499	20. 6.	23. 6.	19. 6.	22. 6.	–
13. Sonntag im Jahreskreis	504	27. 6.	30. 6.	26. 6.	–	26. 6.
14. Sonntag im Jahreskreis	509	4. 7.	7. 7.	3. 7.	6. 7.	3. 7.
15. Sonntag im Jahreskreis	515	11. 7.	14. 7.	10. 7.	13. 7.	10. 7.
16. Sonntag im Jahreskreis	523	18. 7.	21. 7.	17. 7.	20. 7.	17. 7.
17. Sonntag im Jahreskreis	530	25. 7.	28. 7.	24. 7.	27. 7.	24. 7.
18. Sonntag im Jahreskreis	537	1. 8.	4. 8.	31. 7.	3. 8.	31. 7.
19. Sonntag im Jahreskreis	542	8. 8.	11. 8.	7. 8.	10. 8.	7. 8.
20. Sonntag im Jahreskreis	548	–	18. 8.	14. 8.	17. 8.	14. 8.
21. Sonntag im Jahreskreis	553	22. 8.	25. 8.	21. 8.	24. 8.	21. 8.
22. Sonntag im Jahreskreis	559	*20. 8.*	*1. 9.*	28. 8.	31. 8.	28. 8.
23. Sonntag im Jahreskreis	564	5. 9.	8. 9.	4. 9.	7. 9.	4. 9.
24. Sonntag im Jahreskreis	569	12. 9.	15. 9.	11. 9.	14. 9.	11. 9.
25. Sonntag im Jahreskreis	575	19. 9.	22. 9.	18. 9.	21. 9.	18. 9.
26. Sonntag im Jahreskreis	581	25. 9.	29. 9.	25. 9.	28. 9.	25. 9.

Lesejahr A	Seite	1998/99	2001/02	2004/05	2007/08	2010/11
27. Sonntag im Jahreskreis	588	3. 10.	6. 10.	2. 10.	5. 10.	2. 10.
28. Sonntag im Jahreskreis	594	10. 10.	13. 10.	9. 10.	12. 10.	9. 10.
29. Sonntag im Jahreskreis	601	17. 10.	20. 10.	16. 10.	19. 10.	16. 10.
30. Sonntag im Jahreskreis	607	24. 10.	27. 10.	23. 10.	24. 10.	23. 10.
31. Sonntag im Jahreskreis	612	31. 10.	3. 11.	30. 10.	—	30. 10.
32. Sonntag im Jahreskreis	618	7. 11.	10. 11.	6. 11.	9. 11.	6. 11.
33. Sonntag im Jahreskreis	625	14. 11.	17. 11.	13. 11.	16. 11.	13. 11.
Christkönigssonntag	632	21. 11.	24. 11.	20. 11.	23. 11.	20. 11.
Herrenfeste im Jahreskreis Dreifaltigkeitssonntag	325	30. 5.	26. 5.	22. 5.	18. 5.	19. 6.
Fronleichnam	330	3. 6.	30. 5.	26. 5.	22. 5.	23. 6.
Herz-Jesu-Fest	338	11. 6.	7. 6.	3. 6.	30. 5.	1. 7.

EINFÜHRUNG

A. DAS MESSBUCH

Am 3. April 1969 hat Papst Paul VI. das neue Missale Romanum, das Römische Meßbuch, veröffentlicht. Das Zweite Vatikanische Konzil hatte angeordnet: „Der Meß-Ordo soll so überarbeitet werden, daß der Sinn der einzelnen Teile und ihr wechselseitiger Zusammenhang deutlicher hervortreten und die fromme und tätige Teilnahme der Gläubigen erleichtert wird." Der Meß-Ordo ist im wesentlichen das, was im neuen deutschen Meßbuch als „Feier der Gemeindemesse" bezeichnet wird. Darüber hinaus hatte das Konzil bestimmt, daß die Schatzkammer der Heiligen Schrift weit geöffnet werden soll; alle wichtigeren Teile der Bibel sollen im Verlauf einer bestimmten Zeit im Gottesdienst vorgelesen werden. So ergab sich die Notwendigkeit, das ganze Meßbuch gründlich zu überarbeiten.

Die deutsche Ausgabe des Römischen Meßbuches, von der Deutschen Bischofskonferenz approbiert und vom Papst bestätigt, wurde am ersten Fastensonntag 1976 verbindlich eingeführt. Die Studientexte der vorausgehenden Jahre und das deutsch-lateinische Altarmeßbuch von 1965 wurden damit außer Kraft gesetzt. Doch können ältere (kranke und behinderte) Priester mit Zustimmung des Bischofs weiterhin das sogenannte Tridentinische Missale Papst Pius' V. benützen, soweit es sich nicht um Meßfeiern mit der Gemeinde handelt.

Das neue Meßbuch widerspricht nicht dem Beschluß des Konzils von Trient, sondern führt dessen Absicht weiter. Das Trienter Konzil hatte nichts anderes getan als ein bestimmtes Meßbuch (es gab deren mehrere) für allgemein verbindlich zu erklären, nicht ohne zuvor an diesem Meßbuch, dem Meßbuch der Römischen Kurie, eine Reihe von Verbesserungen und Veränderungen vorzunehmen. Auch in der Folgezeit haben mehrere Päpste, vor allem der heilige Papst Pius X. (1911), an diesem Meßbuch beträchtliche Veränderungen vorgenommen. Papst Paul VI. hat also nichts grundsätzlich Neues getan, als er, den Auftrag des Zweiten Vatikanischen Konzils ausführend, das neue, überarbeitete Meßbuch herausgab.

Die überlieferte Grundordnung der Meßfeier und auch das theologische Grundverständnis der Messe haben sich im neuen Meßbuch nicht geändert. Einzelne Riten und Texte wurden in einfachere und klarere Formen gebracht. So fällt zum Beispiel in der deutschen Fassung auf, daß es bei den Worten über den Kelch heißt: „... mein Blut, das für euch und *für alle* vergossen wird" (früher: *„für viele"*, d. h. für die Vielen). So heißt es sachlich richtig und mit Zustimmung des Papstes auch im französischen und im italienischen Meßbuch (pour tous, per tutti). Auch im alten lateinischen Meßbuch (dem Meßbuch Pius' V.) hieß es ja am Gründonnerstag schon bisher: „Am Abend, bevor er für unser Heil und für das Heil *aller* Menschen (omniumque salute) das Leiden auf sich nahm ..."

Neu sind im Meß-Ordo vor allem die drei Hochgebete, die nun zusätzlich zum alten römischen Meßkanon zur Verfügung stehen. Das ist eine wesentliche Bereicherung unserer Liturgie, die im allgemeinen auch dankbar aufgenommen wurde. Neu sind diese Hochgebete in Wirklichkeit nicht; sie greifen in ihrer Struktur und ihren Aussagen auf älteste Liturgien zurück. Entsprechendes gilt auch von anderen „Neuerungen" in der Meßliturgie. Wichtig ist, daß wir mit dem neuen Meßbuch und der erneuerten Liturgie zu leben lernen. Die Liturgie ist ja in unserem Leben nicht ein isoliertes Zwischenspiel; wir sollen sie als die lebendige Mitte begreifen. Dazu will auch diese Volksausgabe, der neue „Schott", eine Hilfe sein.

B. DAS KIRCHENJAHR

Im Ablauf jedes Jahres feiert die Kirche das Mysterium Christi und damit ihr eigenstes Lebensgeheimnis. Wir sind gewohnt, das Kirchenjahr mit dem Advent, der Zeit der Erwartung, zu be-

ginnen, und wir beschließen es mit dem letzten Sonntag nach
Pfingsten. Dabei erfahren wir jedes Jahr, wie Erwartung und
Erfüllung ineinandergreifen.

1. Das erste und ursprünglich einzige Fest im christlichen
Jahr ist Ostern, das „Pascha des Herrn". Die Drei Österlichen
Tage (vom Abend des Gründonnerstags bis zur Vesper des
Ostersonntags) sind der Höhepunkt des ganzen Kirchenjahres.
Das christliche Osterfest hat seine Wurzeln in der Paschafeier
des Alten Bundes. Israel feierte am Paschafest die Befreiung
aus der ägyptischen Knechtschaft als die große Rettungstat seines Gottes. Inhalt des christlichen Festes, im Deutschen
„Osterfest" genannt, ist die neue, größere Befreiung, die Christus durch seinen Tod und seine Auferstehung der ganzen
Menschheit gebracht hat. „Als unser Paschalamm ist Christus
geopfert worden", schreibt der Apostel Paulus an die Christen
von Korinth (1 Kor 5,7). Sooft die christliche Gemeinde in ihrer
Eucharistiefeier die Erinnerung an den Tod und die Auferstehung Christi begeht, feiert sie Ostern. Das tut sie vor allem am
ersten Wochentag, dem „Tag des Herrn". Jeder Sonntag ist ein
kleines Osterfest.
Mit der Feier des Todes und der Auferstehung Jesu an Ostern
verbindet sich die Erinnerung an seine Himmelfahrt und an die
Sendung des Heiligen Geistes. Schon früh entstanden daher,
als Begleitfeste von Ostern, die Feste Christi Himmelfahrt und
Pfingsten. Als Vorbereitung auf Ostern, als Zeit der Umkehr
und der Erneuerung, dient die Fastenzeit, die sechs Wochen vor
Ostern beginnt. So umfaßt die österliche Festzeit den Zeitraum
vom ersten Fastensonntag (vom Aschermittwoch) bis zum
Pfingstsonntag. Einen festen Termin hat das Osterfest nicht:
es wird nach abendländischem Brauch am Sonntag nach dem
ersten Frühlingsvollmond begangen.

2. Neben Ostern, das als Mitte und Gipfel des liturgischen Jahres zu gelten hat, steht als zweites Hochfest Weihnachten, das
Fest der Menschwerdung, an dem wir Jesus, das Kind der Jungfrau Maria, als den wahren Gottessohn begrüßen und anbeten.

Die vorausgehenden Wochen des Advents und das abschlie-
ßende Fest der Erscheinung (Epiphanie) erweitern und vertiefen
den Festgedanken von Weihnachten. „Advent" bedeutete,
ebenso wie „Epiphanie", in der Zeit, als diese Feste entstanden,
die Ankunft des Herrschers, seinen glückverheißenden Einzug
in eine Stadt. An Weihnachten feiern wir mehr die Ankunft des
Herrn in Armut und Schwachheit, eben seine menschliche Geburt; die Adventszeit aber erinnert uns, ebenso wie das ab-
schließende Epiphaniefest, an das Kommen Christi in Macht
und Herrlichkeit, das wir erwarten.

3. Zwischen dem Weihnachts- und dem Osterfestkreis liegen
die „Sonntage im Jahreskreis", die grünen Sonntage. Die „Zeit
im Jahreskreis" umfaßt 33 oder 34 Wochen. Sie beginnt am
Sonntag nach dem 6. Januar und dauert zunächst bis zum
Dienstag vor dem Aschermittwoch. Dann beginnt sie wieder
mit dem Montag (Dienstag) nach Pfingsten und endet am
Samstag vor dem ersten Adventssonntag.

Der Inhalt auch dieser gewöhnlichen Sonntage und Wochentage ist Christus selbst, der in seiner Kirche und mit ihr den
Weg durch das Jahr und durch die Jahrhunderte geht. Daß wir
die Wahrheit seiner Auferstehung erkennen, die Macht seiner
Liebe erfahren und uns für sein Kommen bereit machen, das
ist der Sinn des Kirchenjahres und alles liturgischen Tuns.

C. DIE HEILIGE VERSAMMLUNG

Der Ort, wo christlicher Gottesdienst gefeiert wird, ist die versammelte Gemeinde der Gläubigen: derer, die an Jesus Christus glauben, an seinen Tod am Kreuz, an die göttliche Macht
seines Lebens und an sein Kommen in Herrlichkeit.

Diese Versammlung ist mehr als nur die Summe von einzelnen, die Erbauung suchen oder am Sonntag ihre Christen-
pflicht erfüllen wollen. Gott selbst ist es, der sie zusammenruft,
so wie er einst am Sinai die „Kinder Israels" zusammengerufen
hat, um zu ihnen zu sprechen und sie zu seinem Volk zu ma-

chen. Von der Begegnung mit Gott und vom immer neuen Hören auf sein Wort lebt das Volk Gottes auf seinem Weg durch die Wüste der Jahrhunderte. Hierin gleicht das neue Gottesvolk, die Kirche Christi, dem Volk, zu dem Gott am Sinai gesprochen hat.

Von Anfang an war den Christen die Zusammenkunft zur eucharistischen Feier geradezu lebenswichtig. Sie ohne Not zu versäumen galt als gefährliche Nachlässigkeit, gefährlich für den Glauben des einzelnen wie für den Bestand der Gemeinde. „Wir können nicht auf unsere Sonntagsversammlungen verzichten: die Versammlungen am Tag des Herrn können nicht unterbrochen werden", das erklärten christliche Märtyrer vor dem heidnischen Richter zur Zeit des Kaisers Diokletian. In der Versammlung zur heiligen Feier erfährt und bekundet die Kirche sich selbst, ihren Glauben und ihre Hoffnung. Zwar existiert die Kirche als Gemeinschaft der Glaubenden auch dann, wenn sie nicht versammelt ist, aber sie würde zu bestehen aufhören, wenn ihre Glieder sich nicht immer wieder versammeln würden. Die versammelte Gemeinde am Ort weiß sich dem größeren Ganzen verbunden durch den einen Glauben und die eine Taufe, den einen Geist und die eine gemeinsame Hoffnung. Der Bischof der Diözese und das Oberhaupt der Gesamtkirche werden daher in jeder Meßfeier genannt. Die Freuden und Nöte anderer Gemeinden und aller Menschen sind dem betenden Gedenken gegenwärtig. Nach den Aussagen des Hebräerbriefs (Kapitel 12), die auch in liturgischen Texten wiederkehren, ist der Horizont der christlichen Liturgie noch viel weiter: die festliche Versammlung ereignet sich im himmlischen Jerusalem, in der Stadt des lebendigen Gottes, in der Gemeinschaft mit den Engeln des Himmels, mit den Brüdern und Schwestern, die bereits zur Vollendung gelangt sind, und vor allem: in der Gemeinschaft mit Christus selbst und seiner Hingabe im Opfer.

„Wo zwei oder drei in meinem Namen versammelt sind, da bin ich mitten unter ihnen" (Mt 18, 20): diese Verheißung Jesu gilt ganz besonders da, wo sich die Gemeinde (Ortskirche, Hausgemeinschaft) versammelt, um das Wort Gottes zu hören und Eucharistie zu feiern. Da lebt Christus durch den Glauben in den Herzen der Versammelten, er spricht zu ihnen durch das Wort der Schrift, er ist gegenwärtig in der Person dessen, der in der Gemeinde den priesterlichen Dienst erfüllt; besonders aber ist er zugegen in den eucharistischen Gestalten von Brot und Wein. Er selbst gibt sich den Seinen als Brot des Lebens, als das wahre Osterlamm, wie er beim Abendmahl sich den Jüngern als Speise und Trank gereicht hat.

DAS HERRENJAHR

ADVENT

ERSTER ADVENTSSONNTAG

Der Anfang der Geschichte und ihre Vollendung durch Christus, das Kommen des Herrn und seine machtvolle Anwesenheit in unserer Welt: im Advent wird uns das alles gegenwärtig. Gott kommt uns entgegen. Wir brechen auf in die Zukunft, die er uns bereitet.

ERÖFFNUNGSVERS
Ps 25 (24),1–3

Zu dir, Herr, erhebe ich meine Seele. Mein Gott, dir vertraue ich.
Laß mich nicht scheitern, laß meine Feinde nicht triumphieren!
Denn niemand, der auf dich hofft, wird zuschanden.

TAGESGEBET

Herr, unser Gott,
alles steht in deiner Macht;
du schenkst das Wollen und das Vollbringen.
Hilf uns, daß wir auf dem Weg der Gerechtigkeit
Christus entgegengehen
und uns durch Taten der Liebe
auf seine Ankunft vorbereiten,
damit wir den Platz zu seiner Rechten erhalten,
wenn er wiederkommt in Herrlichkeit.
Er, der in der Einheit des Heiligen Geistes
mit dir lebt und herrscht in alle Ewigkeit.

ZUR 1. LESUNG   *Mit „Zion" und „Jerusalem" meint der Prophet nicht den politischen Mittelpunkt des Reiches Juda, sondern die Stadt Gottes, den Tempelberg als den Ort seiner besonderen Gegenwart. Dort hat Jesaja „den König, den Herrn der Heere", gesehen (Jes 6). Der heilige, unnahbare Gott ist für sein Volk auch der nahe, rettende Gott. Er zeigt den Weg, er hilft in der Not.*

ERSTE LESUNG   Jes 2, 1–5

Der Herr führt alle Völker zusammen in den ewigen Frieden des Reiches Gottes

Lesung
aus dem Buch Jesája.

1 Das Wort, das Jesája, der Sohn des Amoz,
  in einer Vision über Juda und Jerusalem gehört hat.

2 Am Ende der Tage wird es geschehen:
  Der Berg mit dem Haus des Herrn
    steht fest gegründet als höchster der Berge;
  er überragt alle Hügel.
  Zu ihm strömen alle Völker.

3 Viele Nationen machen sich auf den Weg;
  sie sagen:
    Kommt, wir ziehen hinauf zum Berg des Herrn
    und zum Haus des Gottes Jakobs.
  Er zeige uns seine Wege,
  auf seinen Pfaden wollen wir gehen.
  Denn von Zion kommt die Weisung des Herrn,
    aus Jerusalem sein Wort.

4 Er spricht Recht im Streit der Völker,
  er weist viele Nationen zurecht.
  Dann schmieden sie Pflugscharen aus ihren Schwertern
    und Winzermesser aus ihren Lanzen.
  Man zieht nicht mehr das Schwert, Volk gegen Volk,
  und übt nicht mehr für den Krieg.

5 Ihr vom Haus Jakob, kommt,
  wir wollen unsere Wege gehen im Licht des Herrn.

ANTWORTPSALM   Ps 122 (121), 1–3.4–5.6–7.8–9 (R: 1b)

R Zum Haus des Herrn wollen wir pilgern. – R   (GL 118, 5)[1]

1 Ich freute mich, als man mir sagte: *   I. Ton[2]
  „Zum Haus des Herrn wollen wir pilgern.“

2 Schon stehen wir in deinen Toren, Jerusalem: †
3 Jerusalem, du starke Stadt, *
  dicht gebaut und fest gefügt. – (R)

4 Dorthin ziehen die Stämme hinauf, die Stämme des Herrn, †
wie es Israel geboten ist, *
den Namen des Herrn zu preisen.

5 Denn dort stehen Throne bereit für das Gericht, *
die Throne des Hauses David. – (R)

6 Erbittet für Jerusalem Frieden! *
Wer dich liebt, sei in dir geborgen.

7 Friede wohne in deinen Mauern, *
in deinen Häusern Geborgenheit. – (R)

8 Wegen meiner Brüder und Freunde *
will ich sagen: In dir sei Friede.

9 Wegen des Hauses des Herrn, unseres Gottes, *
will ich dir Glück erflehen. – R

ZUR 2. LESUNG *Christus ist das Licht, das für alle Menschen
leuchtet. Noch sehen und spüren wir die Macht der Finsternis, die
Macht des Bösen. Aber jetzt schon ist es der Gemeinde Christi aufgegeben, „wie am Tag" zu leben: auf den großen Tag der Begegnung
und der ewigen Klarheit hin.*

ZWEITE LESUNG Röm 13, 11–14a

Jetzt ist das Heil uns näher

Lesung
aus dem Brief des Apostels Paulus an die Römer.

Brüder!
11 Bedenkt die gegenwärtige Zeit:
Die Stunde ist gekommen, aufzustehen vom Schlaf.
Denn jetzt ist das Heil uns näher
als zu der Zeit, da wir gläubig wurden.

---

¹ Anstelle des abgedruckten Kehrverses kann ein entsprechender Kehrvers aus
dem „Gotteslob", auf den jeweils in dieser Form verwiesen wird, gesungen werden.
² Alle Antwortpsalm-Verse sind durch Unterstreichungen und Bogen zum Singen eingerichtet. Der angegebene Psalmton ist auf dem Beilage-Blatt mit Noten
abgedruckt.

12 Die Nacht ist vorgerückt,
    der Tag ist nahe.

    Darum laßt uns ablegen die Werke der Finsternis
        und anlegen die Waffen des Lichts.
13 Laßt uns ehrenhaft leben wie am Tag,
    ohne maßloses Essen und Trinken,
    ohne Unzucht und Ausschweifung,
    ohne Streit und Eifersucht.
14a Legt als neues Gewand den Herrn Jesus Christus an.

RUF VOR DEM EVANGELIUM   Vers: Ps 85 (84), 8

Halleluja. Halleluja.[1]

Erweise uns, Herr, deine Huld,
und gewähre uns dein Heil!

Halleluja.

ZUM EVANGELIUM   *Der Menschensohn wird kommen, um die
Geschichte zu richten und zu vollenden. Er kommt unerwartet; nie-
mand kennt den Tag und die Stunde. Das wird illustriert durch die
Erinnerung an die Tage Noachs und durch das Wort von den zwei
Männern auf dem Feld und den zwei Frauen an der Handmühle. –
Auch für jeden einzelnen kommt die Stunde der entscheidenden Begeg-
nung mit dem Herrn. Wachsein heißt in dieser Situation nicht, in stän-
diger Hochspannung zu leben, sondern geduldig und treu den Willen
Gottes zu tun und jetzt schon Christus zu begegnen: im Mitmenschen,
vor allem im Notleidenden.*

EVANGELIUM   Mt 24, 37–44

Seid wachsam, und haltet euch bereit!

✠ Aus dem heiligen Evangelium nach Matthäus.

In jener Zeit sprach Jesus zu seinen Jüngern:
37 Wie es in den Tagen des Noach war,
        so wird es bei der Ankunft des Menschensohnes sein.
38 Wie die Menschen in den Tagen vor der Flut
        aßen und tranken und heirateten,
        bis zu dem Tag, an dem Noach in die Arche ging,

---

[1] Singweisen für das Halleluja siehe Beilageblatt.

39 und nichts ahnten,
        bis die Flut hereinbrach und alle wegraffte,
    so wird es auch bei der Ankunft des Menschensohnes sein.

40 Dann wird von zwei Männern, die auf dem Feld arbeiten,
        einer mitgenommen und einer zurückgelassen.

41 Und von zwei Frauen, die mit derselben Mühle mahlen,
        wird eine mitgenommen und eine zurückgelassen.

42 Seid also wachsam!
    Denn ihr wißt nicht, an welchem Tag euer Herr kommt.

43 Bedenkt:
    Wenn der Herr des Hauses wüßte,
        zu welcher Stunde in der Nacht der Dieb kommt,
        würde er wach bleiben
    und nicht zulassen, daß man in sein Haus einbricht.

44 Darum haltet auch ihr euch bereit!
    Denn der Menschensohn kommt zu einer Stunde,
        in der ihr es nicht erwartet.

Oder:

EVANGELIUM   Mt 24, 29–44

Sie werden den Menschensohn mit großer Macht und Herrlichkeit auf den Wolken des Himmels kommen sehen. –
Seid wachsam, und haltet euch bereit!

✛ Aus dem heiligen Evangelium nach Matthäus.

In jener Zeit sprach Jesus zu seinen Jüngern:
29 Sofort nach den Tagen der großen Not
        wird sich die Sonne verfinstern,
    und der Mond wird nicht mehr scheinen;
    die Sterne werden vom Himmel fallen,
    und die Kräfte des Himmels werden erschüttert werden.

30 Danach wird das Zeichen des Menschensohnes
        am Himmel erscheinen;
    dann werden alle Völker der Erde jammern und klagen,
    und sie werden den Menschensohn
        mit großer Macht und Herrlichkeit
        auf den Wolken des Himmels kommen sehen.

31 Er wird seine Engel unter lautem Posaunenschall aussenden,
und sie werden die von ihm Auserwählten
    aus allen vier Windrichtungen zusammenführen,
    von einem Ende des Himmels bis zum andern.

32 Lernt etwas aus dem Vergleich mit dem Feigenbaum!
Sobald seine Zweige saftig werden und Blätter treiben,
    wißt ihr, daß der Sommer nahe ist.
33 Genauso sollt ihr erkennen,
    wenn ihr das alles seht,
    daß das Ende vor der Tür steht.

34 Amen, ich sage euch:
Diese Generation wird nicht vergehen, bis das alles eintrifft.
35 Himmel und Erde werden vergehen,
    aber meine Worte werden nicht vergehen.

36 Doch jenen Tag und jene Stunde kennt niemand,
auch nicht die Engel im Himmel,
nicht einmal der Sohn,
    sondern nur der Vater.

37 Denn wie es in den Tagen des Noach war,
    so wird es bei der Ankunft des Menschensohnes sein.
38 Wie die Menschen in den Tagen vor der Flut
    aßen und tranken und heirateten,
    bis zu dem Tag, an dem Noach in die Arche ging,
39 und nichts ahnten,
    bis die Flut hereinbrach und alle wegraffte,
so wird es auch bei der Ankunft des Menschensohnes sein.

40 Dann wird von zwei Männern, die auf dem Feld arbeiten,
    einer mitgenommen und einer zurückgelassen.
41 Und von zwei Frauen, die mit derselben Mühle mahlen,
    wird eine mitgenommen und eine zurückgelassen.

42 Seid also wachsam!
Denn ihr wißt nicht, an welchem Tag euer Herr kommt.

43 Bedenkt:
Wenn der Herr des Hauses wüßte,
    zu welcher Stunde in der Nacht der Dieb kommt,
    würde er wach bleiben
und nicht zulassen, daß man in sein Haus einbricht.

14 Darum haltet auch ihr euch bereit!
Denn der Menschensohn kommt zu einer Stunde,
in der ihr es nicht erwartet.

Glaubensbekenntnis, S. 356 ff.
Fürbitten vgl. S. 781 ff.

ZUR EUCHARISTIEFEIER *Immer neu ist Christus der Kommende: im Wort, das er zu uns spricht; im Sakrament, das wir empfangen; im Bruder, dem wir dienen.*

GABENGEBET

Allmächtiger Gott,
alles, was wir haben, kommt von dir.
Nimm die Gaben an, die wir darbringen.
Mache sie für uns in diesem Leben
zum Sakrament der Erlösung
und rufe uns an deinen Tisch im kommenden Reich.
Darum bitten wir durch Christus, unseren Herrn.

Adventspräfation, S. 406 ff.

KOMMUNIONVERS   Ps 85 (84), 13

Der Herr wird seinen Segen spenden,
und unsere Erde bringt ihre Frucht hervor.

SCHLUSSGEBET

Herr, unser Gott,
du hast uns an deinem Tisch
mit neuer Kraft gestärkt.
Zeige uns den rechten Weg
durch diese vergängliche Welt
und lenke unseren Blick auf das Unvergängliche,
damit wir in allem dein Reich suchen.
Darum bitten wir durch Christus, unseren Herrn.

FÜR DEN TAG UND DIE WOCHE
Schon leuchtet der Tag – *er ist für uns angebrochen, als wir getauft wurden. Wir leben im Morgenlicht der Wahrheit. Wir wissen, daß Gott*

Gott ist und nicht der Weltgeist; daß er der Gott ist, der in Christus
Jesus uns aus Erbarmen angenommen hat. In diesem Licht kann uns
*sein „Tag" nicht mehr überraschen. In diesem Licht be*reiten wir uns ja
im Glauben und in der Liebe für ihn vor. (H. Schlier)

ZWEITER ADVENTSSONNTAG

*Kriege bringen den Frieden nicht; sie vermehren nur die Angst und die
Not. Ist Friede unter den Menschen überhaupt möglich? Nicht, solange
die Menschen nicht „umkehren", anders werden: bereit, zu helfen und
einander anzunehmen. Die Menschen: das sind wir.*

ERÖFFNUNGSVERS   Vgl. Jes 30, 19.30

Der Herr wird kommen, um die Welt zu erlösen.
Volk Gottes, mach dich bereit.
Höre auf ihn, und dein Herz wird sich freuen.

TAGESGEBET

Allmächtiger und barmherziger Gott,
deine Weisheit allein zeigt uns den rechten Weg.
Laß nicht zu,
daß irdische Aufgaben und Sorgen uns hindern,
deinem Sohn entgegenzugehen.
Führe uns durch dein Wort und deine Gnade
zur Gemeinschaft mit ihm,
der in der Einheit des Heiligen Geistes
mit dir lebt und herrscht in alle Ewigkeit.

ZUR 1. LESUNG   *König David stammte aus Betlehem, sein Vater
hieß Isaï (Jesse). Der Prophet sieht das Ende des davidischen Königshauses voraus. Doch aus dem Wurzelstock, dem „Baumstumpf Isaïs",
wird neue Hoffnung wachsen: ein König, der die Fülle der Geistesgaben empfängt. Er bringt der Welt den Frieden. – In den Versen 6–8*

handelt es sich nicht um den Frieden im Tierreich; gemeint sind die Menschen und die Völker; wenn sie das Gottesrecht annehmen, werden sie den Frieden haben.

ERSTE LESUNG   Jes 11, 1–10

Er entscheidet für die Armen, wie es recht ist

Lesung
   aus dem Buch Jesája.

An jenem Tag
   wächst aus dem Baumstumpf Ísais ein Reis hervor,
ein junger Trieb aus seinen Wurzeln bringt Frucht.
Der Geist des Herrn läßt sich nieder auf ihm:
der Geist der Weisheit und der Einsicht,
der Geist des Rates und der Stärke,
der Geist der Erkenntnis und der Gottesfurcht.
Er erfüllt ihn mit dem Geist der Gottesfurcht.

Er richtet nicht nach dem Augenschein,
und nicht nur nach dem Hörensagen entscheidet er,
   sondern er richtet die Hilflosen gerecht
und entscheidet für die Armen des Landes, wie es recht ist.
Er schlägt den Gewalttätigen mit dem Stock seines Wortes
und tötet den Schuldigen mit dem Hauch seines Mundes.

Gerechtigkeit ist der Gürtel um seine Hüften,
   Treue der Gürtel um seinen Leib.

Dann wohnt der Wolf beim Lamm,
   der Panther liegt beim Böcklein.
Kalb und Löwe weiden zusammen,
   ein kleiner Knabe kann sie hüten.
Kuh und Bärin freunden sich an,
   ihre Jungen liegen beieinander.
Der Löwe frißt Stroh wie das Rind.
Der Säugling spielt vor dem Schlupfloch der Natter,
das Kind streckt seine Hand in die Höhle der Schlange.
Man tut nichts Böses mehr
und begeht kein Verbrechen
   auf meinem ganzen heiligen Berg;
denn das Land ist erfüllt von der Erkenntnis des Herrn,
   so wie das Meer mit Wasser gefüllt ist.

10 An jenem Tag wird es der Sproß aus der Wurzel Ísaïs sein,
        der dasteht als Zeichen für die Nationen;
    die Völker suchen ihn auf;
    sein Wohnsitz ist prächtig.

ANTWORTPSALM   Ps 72 (71), 1–2.7–8.12–13.17 (R: vgl. 7)
                                                    (GL 152, 1)
R Gerechtigkeit blüht auf in seinen Tagen
   und Friede ohne Ende. – R

1   Verleih dein Richteramt, o Gott, dem König, *   VI. Ton
    dem Königssohn gib dein gerechtes Walten!

2   Er regiere dein Volk in Gerechtigkeit *
    und deine Armen durch rechtes Urteil. – (R)

7   Die Gerechtigkeit blühe auf in seinen Tagen *
    und großer Friede, bis der Mond nicht mehr da ist.

8   Er herrsche von Meer zu Meer, *
    vom Strom bis an die Enden der Erde. – (R)

12 Er rettet den Gebeugten, der um Hilfe schreit, *
    den Armen und den, der keinen Helfer hat.

13 Er erbarmt sich des Gebeugten und Schwachen, *
    er rettet das Leben der Armen. – (R)

17 Sein Name soll ewig bestehen; *
    solange die Sonne bleibt, sprosse sein Name.

    Glücklich preisen sollen ihn alle Völker *
    und in ihm sich segnen. – R

ZUR 2. LESUNG   *In jeder Gemeinde gibt es Unterschiede und Gegensätze. Aber das, was alle verbindet, ist stärker als das, was trennen könnte. Alle haben wir Grund, Gott zu danken: für die Treue, mit der er zu den alten Verheißungen steht, und für sein Erbarmen, mit dem er uns alle, auch die Heiden, annimmt. Wir ehren Gott dadurch, daß auch wir einander annehmen. Christus hat es uns gesagt und gezeigt.*

ZWEITE LESUNG   Röm 15, 4–9

Christus rettet alle Menschen

Lesung
  aus dem Brief des Apostels Paulus an die Römer.

Brüder!
Alles, was einst geschrieben worden ist,
  ist zu unserer Belehrung geschrieben,
damit wir durch Geduld und durch den Trost der Schrift
  Hoffnung haben.
Der Gott der Geduld und des Trostes
  schenke euch die Einmütigkeit, die Christus Jesus entspricht,
damit ihr Gott, den Vater unseres Herrn Jesus Christus,
  einträchtig und mit einem Munde preist.
Darum nehmt einander an,
  wie auch Christus uns angenommen hat, zur Ehre Gottes.
Denn, das sage ich,
Christus ist um der Wahrhaftigkeit Gottes willen
  Diener der Beschnittenen geworden,
damit die Verheißungen an die Väter bestätigt werden.
Die Heiden aber rühmen Gott um seines Erbarmens willen;
es steht ja in der Schrift:
Darum will ich dich bekennen unter den Heiden
  und deinem Namen lobsingen.

RUF VOR DEM EVANGELIUM   Vers: Lk 3, 4.6

Halleluja. Halleluja.

Bereitet dem Herrn den Weg!
Ebnet ihm die Straßen!
Und alle Menschen werden das Heil sehen, das von Gott kommt.

Halleluja.

ZUM EVANGELIUM *Mit dem Kommen Jesu ist die Gottesherrschaft (das „Himmelreich") angebrochen. Jetzt ist die Zeit der Gnade;
die geforderte Umkehr, die Hinwendung des ganzen Menschen zu
Gott, ist die große Möglichkeit, die den Menschen jetzt angeboten
wird.*

EVANGELIUM   Mt 3, 1–12

Kehrt um! Denn das Himmelreich ist nahe

✛ Aus dem heiligen Evangelium nach Matthäus.

1 In jenen Tagen trat Johannes der Täufer auf
und verkündete in der Wüste von Judäa:

2 Kehrt um!
Denn das Himmelreich ist nahe.

3 Er war es, von dem der Prophet Jesája gesagt hat:

Eine Stimme ruft in der Wüste:
Bereitet dem Herrn den Weg!
Ebnet ihm die Straßen!

4 Johannes trug ein Gewand aus Kamelhaaren
und einen ledernen Gürtel um seine Hüften;
Heuschrecken und wilder Honig waren seine Nahrung.

5 Die Leute von Jerusalem und ganz Judäa
und aus der ganzen Jordangegend
zogen zu ihm hinaus;

6 sie bekannten ihre Sünden
und ließen sich im Jordan von ihm taufen.

7 Als Johannes sah,
daß viele Pharisäer und Sadduzäer zur Taufe kamen,
sagte er zu ihnen: Ihr Schlangenbrut,
wer hat euch denn gelehrt,
daß ihr dem kommenden Gericht entrinnen könnt?

8 Bringt Frucht hervor, die eure Umkehr zeigt,

9 und meint nicht,
ihr könntet sagen: Wir haben ja Abraham zum Vater.
Denn ich sage euch:
Gott kann aus diesen Steinen Kinder Abrahams machen.

10 Schon ist die Axt an die Wurzel der Bäume gelegt;
jeder Baum, der keine gute Frucht hervorbringt,
wird umgehauen und ins Feuer geworfen.

11 Ich taufe euch nur mit Wasser zum Zeichen der Umkehr.
Der aber, der nach mir kommt,
ist stärker als ich,
und ich bin es nicht wert, ihm die Schuhe auszuziehen.
Er wird euch mit dem Heiligen Geist und mit Feuer taufen.

12 Schon hält er die Schaufel in der Hand;
er wird die Spreu vom Weizen trennen
und den Weizen in seine Scheune bringen;
die Spreu aber wird er in nie erlöschendem Feuer verbrennen.

Glaubensbekenntnis, S. 356 ff.
Fürbitten vgl. S. 781 ff.

ZUR EUCHARISTIEFEIER *Jesus will Feuer auf die Erde bringen: Geist vom Geist Gottes, Glut vom Herzen Gottes. Wir sollen neue
Schöpfung werden, Menschen, die fähig sind, Gott zu danken und ihn
zu ehren.*

GABENGEBET

Barmherziger Gott,
wir bekennen, daß wir immer wieder versagen
und uns nicht auf unsere Verdienste berufen können.
Komm uns zu Hilfe, ersetze, was uns fehlt,
und nimm unsere Gebete und Gaben gnädig an.
Darum bitten wir durch Christus, unseren Herrn.

Adventspräfation, S. 406 ff.

KOMMUNIONVERS   Bar 5, 5; 4, 36

Jerusalem, erhebe dich,
steig auf den Berg und schau die Freude,
die von deinem Gott zu dir kommt.

SCHLUSSGEBET

Herr, unser Gott,
im heiligen Mahl
hast du uns mit deinem Geist erfüllt.
Lehre uns durch die Teilnahme an diesem Geheimnis,
die Welt im Licht deiner Weisheit zu sehen
und das Unvergängliche mehr zu lieben
als das Vergängliche.
Darum bitten wir durch Christus, unseren Herrn.

FÜR DEN TAG UND DIE WOCHE

Für uns *Jesus ist gekommen, wirklich gekommen, aufgebrochen aus dem Herzen Gottes selbst, her zu uns. Indem er es annahm, Mensch zu sein, nahm er uns an, so wie wir sind, und nahm zugleich an unserer Stelle und für uns Gott an, die ganze, alles fordernde Wucht seines heiligen Willens. (Klaus Hemmerle)*

DRITTER ADVENTSSONNTAG

Warten auf einen Menschen, ein Ereignis, ein Fest verändert unser Leben. Wir sind anders, froh und bange zugleich. Wird es geschehen? Wird er kommen? Wie wird es sein? Werden wir uns verstehen?

ERÖFFNUNGSVERS   Phil 4, 4.5

Freut euch im Herrn zu jeder Zeit! Noch einmal sage ich: Freut euch! Denn der Herr ist nahe.

TAGESGEBET

**Allmächtiger Gott,
sieh gütig auf dein Volk,
das mit gläubigem Verlangen
das Fest der Geburt Christi erwartet.
Mache unser Herz bereit
für das Geschenk der Erlösung,
damit Weihnachten für uns alle
ein Tag der Freude und der Zuversicht werde.
Darum bitten wir durch Jesus Christus.**

ZUR 1. LESUNG   *Freiheit, Freude, Glück – wir sind mißtrauisch gegenüber großen Versprechungen. Wir möchten sehen, um zu glauben. Die Lesung aus Jesaja ist ein „apokalyptischer" Text, er spricht von dem, was „einst" sein wird: dann, wenn Gott auf der Erde sein Werk vollendet. Davon sind wir auch heute, Jahrhunderte nach Christi Geburt, noch weit entfernt. Wir haben Grund, ungeduldig zu sein.*

ERSTE LESUNG   Jes 35, 1–6a.10

Gott selbst wird kommen und euch erretten

Lesung
   aus dem Buch Jesája.

Die Wüste und das trockene Land sollen sich freuen,
die Steppe soll jubeln und blühen.
Sie soll prächtig blühen wie eine Lilie,
jubeln soll sie, jubeln und jauchzen.
Die Herrlichkeit des Libanon wird ihr geschenkt,
   die Pracht des Karmel und der Ebene Scharon.
Man wird die Herrlichkeit des Herrn sehen,
   die Pracht unseres Gottes.

Macht die erschlafften Hände wieder stark
   und die wankenden Knie wieder fest!
Sagt den Verzagten: Habt Mut,
fürchtet euch nicht!
Seht, hier ist euer Gott!
Die Rache Gottes wird kommen und seine Vergeltung;
er selbst wird kommen und euch erretten.

Dann werden die Augen der Blinden geöffnet,
auch die Ohren der Tauben sind wieder offen.
Dann springt der Lahme wie ein Hirsch,
die Zunge des Stummen jauchzt auf.

Die vom Herrn Befreiten kehren zurück
   und kommen voll Jubel nach Zion.
Ewige Freude ruht auf ihren Häuptern.
Wonne und Freude stellen sich ein,
Kummer und Seufzen entfliehen.

ANTWORTPSALM   Ps 146 (145), 6–7.8–9b.9c–10 (R: vgl. Jes 35, 4)

R Komm, o Herr, und erlöse uns! – **R**   (GL 118, 3)

(Oder: Halleluja.)

Der Herr hat Himmel und Erde gemacht, †   VIII. Ton
das Meer und alle Geschöpfe; *
er hält ewig die Treue.

Recht verschafft er den Unterdrückten, †
den Hungernden gibt er Brot; *
der Herr befreit die Gefangenen. – (R)

8 Der Herr öffnet den Blinden die Augen, *
er richtet die Gebeugten auf.

9ab Der Herr beschützt die Fremden *
und verhilft den Waisen und Witwen zu ihrem Recht. – (R)

9cd Der Herr liebt die Gerechten, *
doch die Schritte der Frevler leitet er in die Irre.

10 Der Herr ist König auf ewig, *
dein Gott, Zion, herrscht von Geschlecht zu Geschlecht. – R

R Komm, o Herr, und erlöse uns!
(*Oder:* Halleluja.)

ZUR 2. LESUNG   *Die Reichen leben in doppelter Furcht: vor der Armut und vor dem Gericht Gottes. Der Arme hat Hoffnung, Gott steht auf seiner Seite. Auch Gott hat Hoffnung: er kommt zum Gericht, aber er will das Heil, die Rettung aller, der Armen und der Reichen.*

ZWEITE LESUNG   Jak 5,7–10

Macht euer Herz stark, denn die Ankunft des Herrn steht nahe bevor

Lesung
aus dem Jakobusbrief.

7 Brüder, haltet geduldig aus
bis zur Ankunft des Herrn!
Auch der Bauer wartet auf die kostbare Frucht der Erde,
er wartet geduldig,
bis im Herbst und im Frühjahr der Regen fällt.

8 Ebenso geduldig sollt auch ihr sein.
Macht euer Herz stark,
denn die Ankunft des Herrn steht nahe bevor.

9 Klagt nicht übereinander, Brüder,
damit ihr nicht gerichtet werdet.
Seht, der Richter steht schon vor der Tür.

10 Brüder, im Leiden und in der Geduld
nehmt euch die Propheten zum Vorbild,
die im Namen des Herrn gesprochen haben.

RUF VOR DEM EVANGELIUM   Vers: vgl. Jes 61,1 (Lk 4,18)

Halleluja. Halleluja.

Der Geist des Herrn ruht auf mir.
Der Herr hat mich gesandt,
den Armen die Frohe Botschaft zu bringen.

Halleluja.

ZUM EVANGELIUM   *Woran erkennen wir, daß Jesus der Chri-*
stus ist, der von Gott gesandte Retter? Die Frage des Täufers ist die
Frage Israels und die der Menschheit bis heute. Es gibt keine massiven
Beweise; niemand muß glauben. Aber glücklich der Mensch, der sieht
und hört und die Zeichen Gottes begreift.

EVANGELIUM   Mt 11,2-11

Bist du der, der kommen soll, oder müssen wir auf einen andern warten?

✛ Aus dem heiligen Evangelium nach Matthäus.

In jener Zeit
  hörte Johannes im Gefängnis von den Taten Christi.
Da schickte er seine Jünger zu ihm
und ließ ihn fragen: Bist du der, der kommen soll,
  oder müssen wir auf einen andern warten?

Jesus antwortete ihnen:
Geht und berichtet Johannes, was ihr hört und seht:
Blinde sehen wieder, und Lahme gehen;
Aussätzige werden rein, und Taube hören;
Tote stehen auf, und den Armen wird das Evangelium verkündet.
Selig ist, wer an mir keinen Anstoß nimmt.

Als sie gegangen waren,
  begann Jesus zu der Menge über Johannes zu reden;
er sagte: Was habt ihr denn sehen wollen,
  als ihr in die Wüste hinausgegangen seid?
Ein Schilfrohr, das im Wind schwankt?

Oder was habt ihr sehen wollen, als ihr hinausgegangen seid?
Einen Mann in feiner Kleidung?
Leute, die fein gekleidet sind,
  findet man in den Palästen der Könige.

⁹ Oder wozu seid ihr hinausgegangen?
Um einen Propheten zu sehen?
Ja, ich sage euch:
    Ihr habt sogar mehr gesehen als einen Propheten.
¹⁰ Er ist der, von dem es in der Schrift heißt:

    Ich sende meinen Boten vor dir her;
    er soll den Weg für dich bahnen.

¹¹ Amen, das sage ich euch:
Unter allen Menschen hat es keinen größeren gegeben
    als Johannes den Täufer;
doch der Kleinste im Himmelreich ist größer als er.

Glaubensbekenntnis, S. 356 ff.
Fürbitten vgl. S. 781 ff.

ZUR EUCHARISTIEFEIER   *Das Evangelium wird den Armen gepredigt. Sie hören das Wort, sie weichen ihm nicht aus. Wenn wir arm
sind, kann Jesus uns einladen zu seinem Mahl. Er gibt uns das lebendige Brot.*

GABENGEBET

Herr, unser Gott,
in dieser Feier
erfüllen wir den Auftrag deines Sohnes.
Nimm unsere Gaben an
und gib deiner Kirche die Gnade,
immer und überall sein Opfer zu feiern.
Schenke uns durch dieses Geheimnis dein Heil,
das du der Welt bereitet hast.
Darum bitten wir durch Christus, unseren Herrn.

Adventspräfation, S. 406 ff.

KOMMUNIONVERS   Jes 35, 4

Sagt den Verzagten: Habt Mut, fürchtet euch nicht!
Seht, hier ist euer Gott!
Er selbst wird kommen und euch erretten.

SCHLUSSGEBET

Barmherziger Gott,
komm durch dieses heilige Mahl
uns schwachen Menschen zu Hilfe.
Reinige uns von Schuld
und mache uns bereit für das kommende Fest.
Darum bitten wir durch Christus, unseren Herrn.

FÜR DEN TAG UND DIE WOCHE

Loslassen   *Es gibt radikale Veränderungen, die ein ganzes Leben
verwandeln können. Man muß sie nur für möglich halten. Man muß
sie ausprobieren. Man muß sich loslassen können. Es bewegt sich viel
mehr, als wir zugeben wollen – wenn wir uns selbst bewegen lassen.
Wenn wir uns selber zutrauen, auch einmal das Unmögliche zu tun.
Wenn wir nicht immer wieder „auf einen andern warten". Der, auf den
wir warten, ist schon da: Jesus Christus. (H. Albertz)*

VIERTER ADVENTSSONNTAG

*Gott will, daß wir sehen, was er will und was er tut. Daher gibt er uns
die großen Zeichen. Wer die Zeichen sehen kann, weiß auch das Gemeinte. Die Jungfrau und das Kind: Zeichen dafür, daß unsere Hoffnung in Schwachheit und Armut geboren wird.*

ERÖFFNUNGSVERS   Vgl. Jes 45, 8

Tauet, ihr Himmel, von oben!
Ihr Wolken, regnet herab den Gerechten!
Tu dich auf, o Erde, und sprosse den Heiland hervor!

TAGESGEBET

Allmächtiger Gott,
gieße deine Gnade in unsere Herzen ein.
Durch die Botschaft des Engels
haben wir die Menschwerdung Christi,
deines Sohnes, erkannt.

Führe uns durch sein Leiden und Kreuz
zur Herrlichkeit der Auferstehung.
Darum bitten wir durch ihn, Jesus Christus.

ZUR 1. LESUNG   *Im Jahr 735 v. Chr. ist das davidische Königs-*
haus in größter Gefahr. Durch seinen Propheten gibt Gott dem König
Ahas, der nicht hören will und nicht sehen kann, ein Zeichen der Ret-
tung: Es wird einen Sohn Davids geben, die alten Verheißungen wer-
den sich erfüllen. Immanu-El, „Mit uns ist Gott": im Sohn der
Jungfrau, dessen Geburt der Engel ankündigt (Mt 1, 23), wird dieser
Name volle Wahrheit und Wirklichkeit sein.

ERSTE LESUNG   Jes 7, 10–14

Seht, die Jungfrau wird ein Kind empfangen;
sie wird ihm den Namen Immanuel – Gott mit uns – geben

Lesung
    aus dem Buch Jesája.

In jenen Tagen
10   sprach der Herr zu Ahas – dem König von Juda;
er sagte:
11   Erbitte dir vom Herrn, deinem Gott, ein Zeichen,
sei es von unten, aus der Unterwelt,
        oder von oben, aus der Höhe.

12   Ahas antwortete:
        Ich will um nichts bitten
und den Herrn nicht auf die Probe stellen.

13   Da sagte Jesája:
        Hört her, ihr vom Haus David!
        Genügt es euch nicht, Menschen zu belästigen?
Müßt ihr auch noch meinen Gott belästigen?

14   Darum wird euch der Herr von sich aus ein Zeichen geben:
Seht, die Jungfrau wird ein Kind empfangen,
sie wird einen Sohn gebären,
und sie wird ihm den Namen Immánuel
        – Gott mit uns – geben.

ANTWORTPSALM   Ps 24 (23), 1–2.3–4.5–6 (R: vgl. 7c.10b)

R Der Herr wird kommen, (GL 122, 1)
er ist der König der Herrlichkeit. – R

Dem Herrn gehört die Erde und was sie erfüllt, * VIII. Ton
der Erdkreis und seine Bewohner.

Denn er hat ihn auf Meere gegründet, *
ihn über Strömen befestigt. – (R)

Wer darf hinaufziehn zum Berg des Herrn, *
wer darf stehn an seiner heiligen Stätte?

Der reine Hände hat und ein lauteres Herz, *
der nicht betrügt und keinen Meineid schwört. – (R)

Er wird Segen empfangen vom Herrn *
und Heil von Gott, seinem Helfer.

Das sind die Menschen, die nach ihm fragen, *
die dein Antlitz suchen, Gott Jakobs. – R

ZUR 2. LESUNG   *Paulus an die Brüder in Rom – Gruß: das war
in alter Zeit die übliche Form eines Briefanfangs. Aber Paulus sprengt
das Schema; er kann nicht warten, gleich muß er alles sagen, sein ganzes Evangelium von Jesus Christus, dem Sohn Davids, dem Gottessohn, dem auferstandenen und in seiner Gemeinde machtvoll gegenwärtigen Herrn. In ihm haben sich die Verheißungen der Propheten
erfüllt (2 Sam 7; Jes 7; Ps 2,7; vgl. Apg 13,33).*

ZWEITE LESUNG   Röm 1, 1–7

Das Evangelium von Jesus Christus, dem Nachkommen Davids, dem Sohn Gottes

Lesung
aus dem Brief des Apostels Paulus an die Römer.

Paulus, Knecht Christi Jesu,
berufen zum Apostel,
auserwählt, das Evangelium Gottes zu verkündigen,
das er durch seine Propheten im voraus verheißen hat
in den heiligen Schriften:
das Evangelium von seinem Sohn,
der dem Fleisch nach geboren ist als Nachkomme Davids,

4   der dem Geist der Heiligkeit nach eingesetzt ist
        als Sohn Gottes in Macht
        seit der Auferstehung von den Toten,
     das Evangelium von Jesus Christus, unserem Herrn.

5   Durch ihn haben wir Gnade und Apostelamt empfangen,
     um in seinem Namen
        alle Heiden zum Gehorsam des Glaubens zu führen;

6   zu ihnen gehört auch ihr,
        die ihr von Jesus Christus berufen seid.

7   An alle in Rom, die von Gott geliebt sind,
     die berufenen Heiligen:
     Gnade sei mit euch und Friede
        von Gott, unserem Vater,
        und dem Herrn Jesus Christus.

RUF VOR DEM EVANGELIUM   Vers: vgl. Mt 1,23

Halleluja. Halleluja.

Seht, die Jungfrau wird ein Kind empfangen,
einen Sohn wird sie gebären,
sein Name wird sein: Immánuel – Gott mit uns.

Halleluja.

ZUM EVANGELIUM   „Gott mit uns", das ist die zentrale Aussage
dieses Evangeliums (Mt 1,23; vgl. 28,20). Matthäus zitiert die Weissagung Jes 7,14, um das Geheimnis der Menschwerdung als ein
schöpferisch rettendes Eingreifen Gottes zu deuten. Josef, der treue
und stille Helfer beim Werk Gottes, wird der gesetzliche Vater des Messias und gibt ihm den Namen „Jesus", der bedeutet „Jahwe rettet".

EVANGELIUM   Mt 1,18–24

*Jesus wird geboren werden von Maria, die verlobt ist mit Josef, dem Sohn
Davids*

   ✛ Aus dem heiligen Evangelium nach Matthäus.

18   Mit der Geburt Jesu Christi war es so:
     Maria, seine Mutter, war mit Josef verlobt;

noch bevor sie zusammengekommen waren,
   zeigte sich, daß sie ein Kind erwartete
– durch das Wirken des Heiligen Geistes.

19 Josef, ihr Mann,
   der gerecht war und sie nicht bloßstellen wollte,
   beschloß, sich in aller Stille von ihr zu trennen.

20 Während er noch darüber nachdachte,
   erschien ihm ein Engel des Herrn im Traum
und sagte: Josef, Sohn Davids,
fürchte dich nicht, Maria als deine Frau zu dir zu nehmen;
denn das Kind, das sie erwartet,
   ist vom Heiligen Geist.

21 Sie wird einen Sohn gebären;
ihm sollst du den Namen Jesus geben;
   denn er wird sein Volk von seinen Sünden erlösen.

22 Dies alles ist geschehen,
   damit sich erfüllte,
   was der Herr durch den Propheten gesagt hat:

23 Seht, die Jungfrau wird ein Kind empfangen,
einen Sohn wird sie gebären,
und man wird ihm den Namen Immánuel geben,
das heißt übersetzt: Gott ist mit uns.

24 Als Josef erwachte,
   tat er, was der Engel des Herrn ihm befohlen hatte,
   und nahm seine Frau zu sich.

Glaubensbekenntnis, S. 356 ff.
Fürbitten vgl. S. 781 ff.

ZUR EUCHARISTIEFEIER   *„Gott mit uns", das ist unser Glaube und unsere Hoffnung. Wenn wir Eucharistie feiern, wissen wir es jedesmal neu: Gott ist bei uns; durch uns will er in dieser Welt und für die Welt dasein.*

GABENGEBET

Herr, unser Gott,
wir legen die Gaben auf den Altar.
Heilige sie durch deinen Geist,
der mit seiner Kraft
die Jungfrau Maria überschattet hat.
Darum bitten wir durch Christus, unseren Herrn.
Adventspräfation, S. 406 ff.

KOMMUNIONVERS   Jes 7, 14

Seht, die Jungfrau wird empfangen und einen Sohn gebären.
Sein Name ist Immanuel, Gott mit uns.

SCHLUSSGEBET

Allmächtiger Gott,
du hast uns in diesem Mahl das Heil zugesagt
und uns schon jetzt Anteil daran gegeben.
Laß uns das Kommen deines Sohnes
in Freude erwarten
und mache uns um so eifriger in deinem Dienst,
je näher das Fest seiner Geburt heranrückt.
Darum bitten wir durch Christus, unseren Herrn.

FÜR DEN TAG UND DIE WOCHE

Unteilbare Geschichte   *Das Geschehen zwischen Gott und den Menschen wird von der Heiligen Schrift als zeitliches Nacheinander dargestellt, angefangen von Schöpfung und Sündenfall bis zur Vollendung des Alls mit der zweiten Ankunft Christi. Wir können aber die Geschichte nicht einfach einteilen in vorher und nachher, vor Christus und nach Christus, im Sinne von unerlöst und erlöst, in eine dunkle und eine helle Hälfte. „Es gibt nur eine einzige, unteilbare Geschichte, die als ganze gekennzeichnet ist durch die Schwachheit und Erbärmlichkeit des Menschen und die als ganze unter der erbarmenden Liebe Gottes steht." (J. Ratzinger)*

DIE WEIHNACHTSZEIT

25. Dezember

HOCHFEST DER GEBURT DES HERRN
WEIHNACHTEN

Am Heiligen Abend

Aus pastoralen Gründen ist es erlaubt, schon am Weihnachtsabend statt der hier vorgesehenen Texte diejenigen der Mitternachtsmesse zu nehmen.

Gott schweigt nicht für immer. Er hat durch die Propheten gesprochen; er spricht durch den Sohn, der sein Wort ist. „Heute sollt ihr es erfahren" (Eröffnungsvers), heute kommt er als der verborgene Gott; „morgen" wird er kommen mit Macht, um sein Werk zu vollenden. Dann werdet ihr „seine Herrlichkeit schauen".

ERÖFFNUNGSVERS   Vgl. Ex 16, 6–7

Heute sollt ihr es erfahren:
Der Herr kommt, um uns zu erlösen,
und morgen werdet ihr seine Herrlichkeit schauen.

Ehre sei Gott. S. 352 ff.

TAGESGEBET

Gütiger Gott,
Jahr für Jahr erwarten wir voll Freude
das Fest unserer Erlösung.
Gib, daß wir deinen Sohn von ganzem Herzen
als unseren Retter und Heiland aufnehmen,
damit wir ihm
voll Zuversicht entgegengehen können,
wenn er am Ende der Zeiten als Richter wiederkommt.
Er, der in der Einheit des Heiligen Geistes
mit dir lebt und herrscht in alle Ewigkeit.

ZUR 1. LESUNG *Erlösung, Heil, Herrlichkeit: der heutige Mensch hat Mühe, diese Worte zu verstehen. Freiheit, Gesundheit, Friede, Glück, das verstehen wir besser. Und genau das meint der Prophet, der in Jes 62 als Beter und Tröster spricht. Im Glauben weiß er: Gott wird ihn hören, denn Gott liebt sein Volk und seine heilige Stadt.*

ERSTE LESUNG   Jes 62, 1–5

Der Herr hat an dir seine Freude

Lesung
    aus dem Buch Jesája.

1 Um Zions willen kann ich nicht schweigen,
um Jerusalems willen nicht still sein,
bis das Recht in ihm aufstrahlt wie ein helles Licht
    und sein Heil aufleuchtet wie eine brennende Fackel.

2 Dann sehen die Völker deine Gerechtigkeit
    und alle Könige deine strahlende Pracht.
Man ruft dich mit einem neuen Namen,
    den der Mund des Herrn für dich bestimmt.

3 Du wirst zu einer prächtigen Krone in der Hand des Herrn,
    zu einem königlichen Diadem in der Rechten deines Gottes.

4 Nicht länger nennt man dich „Die Verlassene"
und dein Land nicht mehr „Das Ödland",
sondern man nennt dich „Meine Wonne"
und dein Land „Die Vermählte".
Denn der Herr hat an dir seine Freude,
    und dein Land wird mit ihm vermählt.

5 Wie der junge Mann sich mit der Jungfrau vermählt,
    so vermählt sich mit dir dein Erbauer.
Wie der Bräutigam sich freut über die Braut,
    so freut sich dein Gott über dich.

ANTWORTPSALM   Ps 89 (88), 20a u. 4–5.16–17.2 u. 29 (R: 2a)

R Von den Taten deiner Huld, o Herr,   (GL 527, 2)
will ich ewig singen. – R

                                            VIII. Ton

20a Einst hast du in einer Vision zu deinen Frommen gesprochen: †
4 „Ich habe einen Bund geschlossen mit meinem Erwählten *
und David, meinem <u>Knecht</u>, geschworen:

5 Deinem Haus gebe ich auf ewig <u>Bestand</u>, *
und von Geschlecht zu Geschlecht richte ich deinen Thron <u>auf</u>." – (R)

16 Wohl dem Volk, das dich als König zu <u>feiern</u> weiß! *
Herr, sie gehen im Licht <u>deines</u> Angesichts.

17 Sie freuen sich über deinen Namen zu <u>jeder</u> Zeit, *
über deine Gerechtigkeit jubeln sie. – (R)

27 „Er wird zu mir rufen: Mein Vater bist du, *
    mein Gott, der Fels meines Heiles.

29 Auf ewig werde ich ihm meine Huld bewahren, *
    mein Bund mit ihm bleibt allzeit bestehen" – **R**

ZUR 2. LESUNG *Auf seiner ersten Missionsreise wird Paulus in
Antiochia (in Pisidien) eingeladen, in der Synagoge am Sabbat ein
Wort des Trostes zu sagen. Er erinnert seine jüdischen Zuhörer an die
Geschichte Israels von Abraham bis auf Johannes den Täufer. Johannes hat auf Jesus, den Größeren, hingewiesen. Und er hat zur Umkehr
aufgerufen. Niemand kann Jesus als den Retter und Herrn erkennen,
wenn er nicht bereit ist, ein anderer Mensch zu werden.*

ZWEITE LESUNG   Apg 13, 16–17.22–25

Aus Davids Geschlecht hat Gott dem Volk Israel Jesus als Retter geschickt

Lesung
    aus der Apostelgeschichte.

16 In der Synagoge von Antiochia in Pisidien stand Paulus auf,
    gab mit der Hand ein Zeichen
    und sagte:
        Ihr Israeliten und ihr Gottesfürchtigen, hört!
17 Der Gott dieses Volkes Israel hat unsere Väter erwählt
    und das Volk in der Fremde erhöht, in Ägypten;
    er hat sie mit hoch erhobenem Arm von dort herausgeführt.
22 Dann erhob er David zu ihrem König,
        von dem er bezeugte:
        Ich habe David, den Sohn des Isai,
        als einen Mann nach meinem Herzen gefunden,
        der alles, was ich will, vollbringen wird.
23 Aus seinem Geschlecht
        hat Gott dem Volk Israel,
        der Verheißung gemäß, Jesus als Retter geschickt.
24 Vor dessen Auftreten hat Johannes
        dem ganzen Volk Israel Umkehr und Taufe verkündigt.
25 Als Johannes aber seinen Lauf vollendet hatte,
        sagte er: Ich bin nicht der, für den ihr mich haltet;
    aber seht, nach mir kommt einer,
        dem die Sandalen von den Füßen zu lösen ich nicht wert bin.

RUF VOR DEM EVANGELIUM

Halleluja. Halleluja.

Morgen wird die Sünde der Erde getilgt,
und über uns herrscht der Retter der Welt.

Halleluja.

ZUM EVANGELIUM   *Sohn Davids, Sohn Abrahams: als wahrer
Mensch, als Kind eines bestimmten Volkes tritt der Sohn Gottes in
diese Welt ein. Auf ihn, den Messias, war die Geschichte Israels hinge-
ordnet; auf ihn warten die Völker der Erde, auch wenn sie es nicht
wissen. – Mit Ehrfurcht schaut Josef, der stille und treue Helfer, auf
das Geheimnis der ihm anvertrauten Frau.*

EVANGELIUM   Mt 1, 1–25

Stammbaum Jesu Christi, des Sohnes Davids, des Sohnes Abrahams

✝ Aus dem heiligen Evangelium nach Matthäus.

1   Stammbaum Jesu Christi,
       des Sohnes Davids, des Sohnes Abrahams:
2   Abraham war der Vater von Ísaak,
       Ísaak von Jakob,
       Jakob von Juda und seinen Brüdern.
3   Juda war der Vater von Perez und Serach;
       ihre Mutter war Tamar.
       Perez war der Vater von Hezron,
       Hezron von Aram,
4   Aram von Ammínadab,
       Ammínadab von Nachschon,
       Nachschon von Salmon.
5   Salmon war der Vater von Boas;
       dessen Mutter war Rahab.
       Boas war der Vater von Obed;
       dessen Mutter war Rut.
       Obed war der Vater von Ísai,
6   Ísai der Vater des Königs David.

    David war der Vater von Sálomo,
       dessen Mutter die Frau des Uríja war.

7 Sálomo war der Vater von Rehábeam,
Rehábeam von Abíja,
Abíja von Asa,

8 Asa von Jóschafat,
Jóschafat von Joram,
Joram von Usíja.

9 Usíja war der Vater von Jotam,
Jotam von Ahas,
Ahas von Hiskíja,

10 Hiskíja von Manásse,
Manásse von Amos,
Amos von Joschíja.

11 Joschíja war der Vater von Jójachin und seinen Brüdern;
das war zur Zeit der Babylonischen Gefangenschaft.

12 Nach der Babylonischen Gefangenschaft
war Jójachin der Vater von Scheáltiël,
Scheáltiël von Serubbábel,

13 Serubbábel von Abíhud,
Abíhud von Éljakim,
Éljakim von Azor.

14 Azor war der Vater von Zadok,
Zadok von Achim,
Achim von Éliud,

15 Éliud von Eleásar,
Eleásar von Mattan,
Mattan von Jakob.

16 Jakob war der Vater von Josef, dem Mann Marias;
von ihr wurde Jesus geboren,
der der Christus – der Messias – genannt wird.

17 Im ganzen sind es also von Abraham bis David
vierzehn Generationen,
von David bis zur Babylonischen Gefangenschaft
vierzehn Generationen
und von der Babylonischen Gefangenschaft bis zu Christus
vierzehn Generationen.

18 Mit der Geburt Jesu Christi war es so:
Maria, seine Mutter, war mit Josef verlobt;
noch bevor sie zusammengekommen waren,
zeigte sich, daß sie ein Kind erwartete
– durch das Wirken des Heiligen Geistes.

19   Josef, ihr Mann,
         der gerecht war und sie nicht bloßstellen wollte,
         beschloß, sich in aller Stille von ihr zu trennen.

20   Während er noch darüber nachdachte,
         erschien ihm ein Engel des Herrn im Traum
     und sagte: Josef, Sohn Davids,
     fürchte dich nicht, Maria als deine Frau zu dir zu nehmen;
     denn das Kind, das sie erwartet,
         ist vom Heiligen Geist.

21   Sie wird einen Sohn gebären;
     ihm sollst du den Namen Jesus geben;
     denn er wird sein Volk von seinen Sünden erlösen.

22   Dies alles ist geschehen,
         damit sich erfüllte,
         was der Herr durch den Propheten gesagt hat:

23   Seht, die Jungfrau wird ein Kind empfangen,
     einen Sohn wird sie gebären,
     und man wird ihm den Namen Immánuel geben,
     das heißt übersetzt: Gott ist mit uns.

24   Als Josef erwachte,
         tat er, was der Engel des Herrn ihm befohlen hatte,
         und nahm seine Frau zu sich.

25   Er erkannte sie aber nicht, bis sie ihren Sohn gebar.
     Und er gab ihm den Namen Jesus.

Oder:

KURZFASSUNG   Mt 1, 18–25

Maria wird einen Sohn gebären; ihm sollst du den Namen Jesus geben

✝ Aus dem heiligen Evangelium nach Matthäus.

18   Mit der Geburt Jesu Christi war es so:
     Maria, seine Mutter, war mit Josef verlobt;
     noch bevor sie zusammengekommen waren,
         zeigte sich, daß sie ein Kind erwartete
     – durch das Wirken des Heiligen Geistes.

19   Josef, ihr Mann,
         der gerecht war und sie nicht bloßstellen wollte,
         beschloß, sich in aller Stille von ihr zu trennen.

0   Während er noch darüber nachdachte,
        erschien ihm ein Engel des Herrn im Traum
    und sagte: Josef, Sohn Davids,
    fürchte dich nicht, Maria als deine Frau zu dir zu nehmen;
    denn das Kind, das sie erwartet,
        ist vom Heiligen Geist.

1   Sie wird einen Sohn gebären;
    ihm sollst du den Namen Jesus geben;
    denn er wird sein Volk von seinen Sünden erlösen.

2   Dies alles ist geschehen,
        damit sich erfüllte,
    was der Herr durch den Propheten gesagt hat:

3   Seht, die Jungfrau wird ein Kind empfangen,
    einen Sohn wird sie gebären,
    und man wird ihm den Namen Immánuel geben,
    das heißt übersetzt: Gott ist mit uns.

4   Als Josef erwachte,
        tat er, was der Engel des Herrn ihm befohlen hatte,
        und nahm seine Frau zu sich.

5   Er erkannte sie aber nicht, bis sie ihren Sohn gebar.
    Und er gab ihm den Namen Jesus.

Glaubensbekenntnis, S. 352 ff.
Zu den Worten hat Fleisch angenommen bzw. empfangen durch den Heiligen
Geist knien alle.
Fürbitten vgl. S. 783 ff.

ZUR EUCHARISTIEFEIER   *„Mit uns ist Gott": in Jesus ist der
prophetische Name Wahrheit geworden. Gott ist bei uns, der helfende,
rettende Gott. Durch Jesus haben wir Gemeinschaft auch mit allen, die
auf sein Kommen warten.*

GABENGEBET

Herr, unser Gott,
mit der Menschwerdung deines Sohnes
hat unsere Rettung begonnen.
Nimm diese Gaben an
und mache uns durch diese Opferfeier bereit
für das Geheimnis der Heiligen Nacht,

in der wir den Ursprung unserer Erlösung
festlich begehen.
Darum bitten wir durch Christus, unseren Herrn.

Weihnachtspräfation, S. 409 f.
In den Hochgebeten I–III eigener Einschub.

KOMMUNIONVERS   Vgl. Jes 40, 5

Die Herrlichkeit des Herrn wird offenbar,
und alle Menschen erfahren Gottes Heil.

SCHLUSSGEBET

Allmächtiger Gott,
gib uns Anteil am göttlichen Leben
durch die Menschwerdung deines Sohnes,
dessen Fleisch und Blut
wir im Sakrament empfangen haben.
Darum bitten wir durch ihn, Christus, unseren Herrn.

DIE FREUDE

Gott läßt sich finden
von denen, die ihn aufrichtig suchen;
er kommt bei denen an,
die ihn mit Sehnsucht und Freude erwarten.

In der Heiligen Nacht

In den Weihnachtsmessen nimmt man für gewöhnlich die entsprechenden
hier angegebenen Formulare. Man kann jedoch in jeder der drei Messen diejenigen Texte auswählen, die man unter Beachtung der pastoralen Erfordernisse
der Gemeinde für die geeigneteren hält.

Gott hat ja gesagt zum Menschen, zu allen und zu jedem. Zu mir. Gott
kommt uns entgegen, er nimmt uns an. Das Wort, das er uns sagt, ist
sein Sohn: „Ein Kind ist uns geboren." Gott liebt uns, und er wartet
auf unsere Liebe.

ERÖFFNUNGSVERS   Ps 2, 7

Der Herr sprach zu mir:
Mein Sohn bist du, heute habe ich dich gezeugt.

Oder:

Freut euch im Herrn,
heute ist uns der Heiland geboren.
Heute ist der wahre Friede vom Himmel herabgestiegen.

Ehre sei Gott, S. 352 ff.

TAGESGEBET

Herr, unser Gott,
in dieser hochheiligen Nacht
ist uns das wahre Licht aufgestrahlt.
Laß uns dieses Geheimnis
im Glauben erfassen und bewahren,
bis wir im Himmel
den unverhüllten Glanz deiner Herrlichkeit schauen.
Darum bitten wir durch Jesus Christus.

ZUR 1. LESUNG   *Einem verwüsteten Land, einem verängstigten
Volk sagt der Prophet (um 730 v. Chr.) eine Zukunft an, in der es Ge-
rechtigkeit, Frieden und Freude gibt. Jetzt schon leuchtet ein Licht in
die Finsternis herein: die Geburt des königlichen Kindes, des Retters.
Übergroße Namen und Eigenschaften werden ihm zugesprochen; der
Blick weitet sich: in dem neugeborenen Kind liegt die Hoffnung der
Menschheit beschlossen.*

ERSTE LESUNG   Jes 9,1–6

Ein Sohn ist uns geschenkt; man nennt ihn: Fürst des Friedens

Lesung
   aus dem Buch Jesája.

Das Volk, das im Dunkel lebt,
   sieht ein helles Licht;
über denen, die im Land der Finsternis wohnen,
   strahlt ein Licht auf.
Du erregst lauten Jubel
   und schenkst große Freude.
Man freut sich in deiner Nähe,
   wie man sich freut bei der Ernte,
   wie man jubelt, wenn Beute verteilt wird.

3   **Denn wie am Tag von Mídian**
      zerbrichst du das drückende Joch,
das Tragholz auf unserer Schulter und den Stock des Treibers.

4   **Jeder Stiefel, der dröhnend daherstampft,**
      jeder Mantel, der mit Blut befleckt ist, wird verbrannt,
wird ein Fraß des Feuers.

   Denn uns ist ein Kind geboren,
5   **ein Sohn ist uns geschenkt.**
Die Herrschaft liegt auf seiner Schulter;
man nennt ihn: Wunderbarer Ratgeber, Starker Gott,
Vater in Ewigkeit, Fürst des Friedens.

6   **Seine Herrschaft ist groß,**
      und der Friede hat kein Ende.
Auf dem Thron Davids herrscht er über sein Reich;
er festigt und stützt es durch Recht und Gerechtigkeit,
      jetzt und für alle Zeiten.
Der leidenschaftliche Eifer des Herrn der Heere
      wird das vollbringen.

ANTWORTPSALM Ps 96 (95), 1–2.3 u. 11.12–13a (R: vgl. Lk 2, 11)

R Heute ist uns der Heiland geboren: Christus, der Herr. – **R**

(GL 149, 2)

V. Ton

1   Singet dem Herrn ein neues Lied, *
singt dem Herrn, alle Länder der Erde!

2   Singt dem Herrn und preist seinen Namen, *
verkündet sein Heil von Tag zu Tag! – (**R**)

3   Erzählt bei den Völkern von seiner Herrlichkeit, *
bei allen Nationen von seinen Wundern.

11   Der Himmel freue sich, die Erde frohlocke, *
es brause das Meer und alles, was es erfüllt. – (**R**)

12   Es jauchze die Flur und was auf ihr wächst. *
Jubeln sollen alle Bäume des Waldes

13a   vor dem Herrn, wenn er kommt, *
wenn er kommt, um die Erde zu richten. – **R**

ZUR 2. LESUNG   *Gottes Wort ist hörbar, seine Gnade ist sichtbar geworden: im Sohn, der geboren wurde und gestorben ist für uns. Zwischen der ersten Ankunft Christi und der Offenbarung seiner Herrlichkeit läuft die Zeit der Geschichte und die unseres eigenen Lebens. Zeit der Hoffnung und der Bewährung.*

ZWEITE LESUNG   Tit 2,11–14

Die Gnade Gottes ist erschienen, um alle Menschen zu retten

Lesung
     aus dem Brief des Apostels Paulus an Titus.

1 Die Gnade Gottes ist erschienen,
      um alle Menschen zu retten.

2 Sie erzieht uns dazu,
      uns von der Gottlosigkeit
      und den irdischen Begierden loszusagen,
und besonnen, gerecht und fromm in dieser Welt zu leben,

3 während wir auf die selige Erfüllung unserer Hoffnung warten:
auf das Erscheinen der Herrlichkeit
      unseres großen Gottes und Retters Christus Jesus.

4 Er hat sich für uns hingegeben,
      um uns von aller Schuld zu erlösen
und sich ein reines Volk zu schaffen,
      das ihm als sein besonderes Eigentum gehört
      und voll Eifer danach strebt, das Gute zu tun.

RUF VOR DEM EVANGELIUM   Vers: vgl. Lk 2,10–11

Halleluja. Halleluja.

Ich verkünde euch eine große Freude:
Heute ist uns der Retter geboren;
er ist der Messias, der Herr.

Halleluja.

ZUM EVANGELIUM   *Aus Betlehem stammte Isai, der Ahnherr des davidischen Königshauses. Dort wird Jesus, der Sohn Davids, geboren, der Gottessohn, der Messias. Himmel und Erde (Engel und Men-*

*schen) huldigen ihm, auch wenn es noch Nacht ist. Das Zeichen seiner
Ankunft ist die Armut, die Schwachheit des Kindes.*

EVANGELIUM   Lk 2, 1–14

Heute ist euch der Retter geboren

✠ Aus dem heiligen Evangelium nach Lukas.

1   In jenen Tagen erließ Kaiser Augústus den Befehl,
        alle Bewohner des Reiches in Steuerlisten einzutragen.
2   Dies geschah zum erstenmal;
        damals war Quirínius Statthalter von Syrien.
3   Da ging jeder in seine Stadt, um sich eintragen zu lassen.
4   So zog auch Josef
        von der Stadt Nazaret in Galiläa
        hinauf nach Judäa in die Stadt Davids, die Betlehem heißt;
    denn er war aus dem Haus und Geschlecht Davids.
5   Er wollte sich eintragen lassen
        mit Maria, seiner Verlobten,
        die ein Kind erwartete.
6   Als sie dort waren,
        kam für Maria die Zeit ihrer Niederkunft,
7   und sie gebar ihren Sohn, den Erstgeborenen.
    Sie wickelte ihn in Windeln
        und legte ihn in eine Krippe,
    weil in der Herberge kein Platz für sie war.
8   In jener Gegend lagerten Hirten auf freiem Feld
        und hielten Nachtwache bei ihrer Herde.
9   Da trat der Engel des Herrn zu ihnen,
    und der Glanz des Herrn umstrahlte sie.
    Sie fürchteten sich sehr,
10 der Engel aber sagte zu ihnen: Fürchtet euch nicht,
    denn ich verkünde euch eine große Freude,
        die dem ganzen Volk zuteil werden soll:
11 Heute ist euch in der Stadt Davids der Retter geboren;
        er ist der Messias, der Herr.
12 Und das soll euch als Zeichen dienen:
    Ihr werdet ein Kind finden,
        das, in Windeln gewickelt, in einer Krippe liegt.

**3 Und plötzlich war bei dem Engel ein großes himmlisches Heer,
das Gott lobte**
  und sprach:

**4 Verherrlicht ist Gott in der Höhe,
und auf Erden ist Friede**
  bei den Menschen seiner Gnade.

Glaubensbekenntnis, S. 356 ff.
Zu den Worten hat Fleisch angenommen *bzw.* empfangen durch den Heiligen
Geist *knien alle.*
Fürbitten vgl. S. 783 ff.

ZUR EUCHARISTIEFEIER   *Das Kind in der Krippe, das Brot auf dem Altar: nur wer mit dem Herzen sehen kann, begreift die Zeichen der Liebe. Und er empfängt, was er schaut: die Gabe Gottes „für das Leben der Welt".*

GABENGEBET

Allmächtiger Gott,
in dieser heiligen Nacht
bringen wir dir unsere Gaben dar.
Nimm sie an
und gib, daß wir durch den wunderbaren Tausch
deinem Sohn gleichgestaltet werden,
in dem unsere menschliche Natur
mit deinem göttlichen Wesen vereint ist.
Darum bitten wir durch ihn, Christus, unseren Herrn.

Weihnachtspräfation, S. 409 f.
In den Hochgebeten I–III eigener Einschub.

KOMMUNIONVERS   Joh 1, 14

Das Wort ist Fleisch geworden,
und wir haben seine Herrlichkeit geschaut.

SCHLUSSGEBET

Herr, unser Gott,
in der Freude über die Geburt unseres Erlösers
bitten wir dich:

Gib uns die Gnade, ihm unser ganzes Leben zu weihen,
damit wir einst Anteil erhalten
an der ewigen Herrlichkeit deines Sohnes,
der mit dir lebt und herrscht in alle Ewigkeit.

EIN MENSCH FÜR MICH

*Wie viele kleine Lichter muß Gott uns ausblasen, bis uns das eine
Licht aufgeht: die Freude an Gott, meinem Heiland und Retter. Die
Freude, daß er herabgekommen ist zu mir, daß er Mensch geworden
ist, nicht bloß ein Mensch wie ich, sondern ein Mensch für mich, mein
Heiland. (Th. Brüggemann)*

Am Morgen

*Wo ist Betlehem? Gar nicht weit, gleich nebenan: da, wo wir Jesus fin-
den, in Armut und Liebe. Er ist einer von uns geworden, der ewige
Sohn ein kleines Menschenkind. Er hat lachen und weinen gelernt.*

ERÖFFNUNGSVERS   Vgl. Jes 9, 1.5; Lk 1, 33

Ein Licht strahlt heute über uns auf, denn geboren ist uns der Herr.
Und man nennt ihn: Starker Gott, Friedensfürst,
Vater der kommenden Welt.
Seine Herrschaft wird kein Ende haben.
Ehre sei Gott. S. 352 ff.

TAGESGEBET

Allmächtiger Gott,
dein ewiges Wort ist Fleisch geworden,
um uns mit dem Glanz deines Lichtes zu erfüllen.
Gib, daß in unseren Werken widerstrahlt,
was durch den Glauben in unserem Herzen leuchtet.
Darum bitten wir durch ihn, Jesus Christus.

ZUR 1. LESUNG   *In schwieriger Zeit wird der Stadt Jerusalem
und ihren Einwohnern das Heil angekündigt. Gott hat sein Volk wieder angenommen, er führt die Gefangenen heim. Die Verheißung geht*

über den Rahmen rein politischer Erwartungen hinaus; sie gilt dem neuen Volk der Erlösten, einem neuen Zion, mit dem Gott einen neuen, ewigen Bund schließt.

ERSTE LESUNG
Jes 62, 11–12

Sieh her, jetzt kommt deine Rettung

Lesung
aus dem Buch Jesája.

1 Hört, was der Herr bis ans Ende der Erde bekanntmacht:
Sagt der Tochter Zion:
Sieh her, jetzt kommt deine Rettung.
Siehe, er bringt seinen Siegespreis mit:
Alle, die er gewonnen hat,
gehen vor ihm her.
2 Dann nennt man sie „Das heilige Volk",
„Die Erlösten des Herrn".
Und dich nennt man
„Die begehrte, die nicht mehr verlassene Stadt".

ANTWORTPSALM
Ps 97 (96), 1 u. 6.11–12

R Ein Licht strahlt heute über uns auf:
geboren ist Christus, der Herr. – R
(GL 149, 3)

Der Herr ist König. Die Erde frohlocke. *
Freuen sollen sich die vielen Inseln.
V. Ton

Seine Gerechtigkeit verkünden die Himmel, *
seine Herrlichkeit schauen alle Völker. – (R)

1 Ein Licht erstrahlt den Gerechten *
und Freude den Menschen mit redlichem Herzen.

2 Ihr Gerechten, freut euch am Herrn, *
und lobt seinen heiligen Namen! – R

ZUR 2. LESUNG *Gott hat sich in Jesus als der Liebende und der Barmherzige geoffenbart. Er rettet uns: er befreit uns von unserer Vergangenheit und gibt uns die Kraft seines Geistes zu einem neuen Anfang.*

ZWEITE LESUNG   Tit 3,4–7

Gott hat uns gerettet aufgrund seines Erbarmens

Lesung
    aus dem Brief des Apostels Paulus an Titus.

4 **Als die Güte und Menschenliebe Gottes, unseres Retters, erschien,**
    hat er uns gerettet
5 **– nicht weil wir Werke vollbracht hätten,**
    die uns gerecht machen können,
    sondern aufgrund seines Erbarmens –
    durch das Bad der Wiedergeburt
    und der Erneuerung im Heiligen Geist.
6 **Ihn hat er in reichem Maß über uns ausgegossen**
    durch Jesus Christus, unseren Retter,
7 **damit wir durch seine Gnade gerecht gemacht werden**
    und das ewige Leben erben, das wir erhoffen.

RUF VOR DEM EVANGELIUM   Vers: Lk 2,14

Halleluja. Halleluja.

Verherrlicht ist Gott in der Höhe,
und auf Erden ist Friede bei den Menschen seiner Gnade.

Halleluja.

ZUM EVANGELIUM   *Die Hirten kommen nach Betlehem. Sie*
schauen und staunen, sie glauben und erzählen. Maria begreift noch
nicht alles; glaubend bewahrt sie das Gehörte in ihrem Herzen, um es
ein Leben lang zu bedenken.

EVANGELIUM   Lk 2,15–20

Die Hirten fanden Maria und Josef und das Kind

✠ Aus dem heiligen Evangelium nach Lukas.

15 **Als die Engel die Hirten verlassen hatten**
    und in den Himmel zurückgekehrt waren,
    sagten die Hirten zueinander: Kommt,
    wir gehen nach Betlehem,
    um das Ereignis zu sehen, das uns der Herr verkünden ließ.

16 So eilten sie hin
    und fanden Maria und Josef
    und das Kind, das in der Krippe lag.
17 Als sie es sahen,
    erzählten sie, was ihnen über dieses Kind gesagt worden war.
18 Und alle, die es hörten,
    staunten über die Worte der Hirten.

19 Maria aber
    bewahrte alles, was geschehen war, in ihrem Herzen
und dachte darüber nach.

20 Die Hirten kehrten zurück,
rühmten Gott
und priesen ihn für das, was sie gehört und gesehen hatten;
denn alles war so gewesen,
    wie es ihnen gesagt worden war.

Glaubensbekenntnis, S. 356 ff.
Zu den Worten hat Fleisch angenommen bzw. empfangen durch den Heiligen Geist knien alle.
Fürbitten vgl. S. 783 ff.

ZUR EUCHARISTIEFEIER   *Wir hören das Wort, und wir empfangen das lebendige Brot. Gottes ewiges Wort ist Fleisch geworden, um unser tägliches und notwendiges Brot zu sein.*

GABENGEBET

Himmlischer Vater,
erfülle die Gaben dieser Erde mit deinem Segen,
damit sie das Geheimnis dieses Tages darstellen:
Wie Christus
als neugeborener Mensch und als wahrer Gott
vor uns aufleuchtet,
so laß uns durch diese irdische Speise
das göttliche Leben empfangen.
Darum bitten wir durch ihn, Christus, unseren Herrn.

Weihnachtspräfation, S. 409 f.
In den Hochgebeten I–III eigener Einschub.

KOMMUNIONVERS

Vgl. Sach 9, 9

Juble laut, Tochter Zion, jauchze, Tochter Jerusalem,
siehe, dein König kommt zu dir, der Heilige, der Heiland der Welt.

SCHLUSSGEBET

Herr, unser Gott,
die Menschwerdung deines Sohnes
erfülle uns mit Freude und Dank.
Laß uns dieses unergründliche Geheimnis
im Glauben erfassen und in tätiger Liebe bekennen.
Darum bitten wir durch Christus, unseren Herrn.

UMSONST

Wär Christus tausendmal in Betlehem geboren –
und nicht in dir,
du bleibst noch ewiglich verloren.
(Angelus Silesius)

Am Tag

Wort aus dem Schweigen, Licht in eine dunkle Welt hinein, Leben, das
stärker ist als der Tod: das sind nicht mehr nur Ideen und Hoffnun-
gen; es ist das Ereignis in der Mitte der Zeit. Die Welt merkt es kaum.
Und doch ist alles anders geworden. Gott hat sich seiner Welt ausge-
liefert, und er nimmt sich nicht mehr zurück.

ERÖFFNUNGSVERS

Vgl. Jes 9, 5

Ein Kind ist uns geboren, ein Sohn ist uns geschenkt.
Auf seinen Schultern ruht die Herrschaft.
Ehre sei Gott, S. 352 ff.

TAGESGEBET

Allmächtiger Gott,
du hast den Menschen
in seiner Würde wunderbar erschaffen
und noch wunderbarer wiederhergestellt.

Laß uns teilhaben an der Gottheit deines Sohnes,
der unsere Menschennatur angenommen hat.
Er, der in der Einheit des Heiligen Geistes
mit dir lebt und herrscht in alle Ewigkeit.

ZUR 1. LESUNG *Noch ist die gute Nachricht, daß Gott sich um
die Menschen kümmert, nicht überall angekommen. Aber die „Wächter", Menschen mit wachem Herzen und sehenden Augen, verkünden
die große Freude. Es gibt Hoffnung, denn „Gott ist König". Er sagt es
allen Völkern der Erde: Ich bin da.*

ERSTE LESUNG Jes 52,7–10

Alle Enden der Erde sehen das Heil unseres Gottes

Lesung
aus dem Buch Jesája.

Wie willkommen sind auf den Bergen
die Schritte des Freudenbotes, der Frieden ankündigt,
der eine frohe Botschaft bringt und Rettung verheißt,
der zu Zion sagt: Dein Gott ist König.

Horch, deine Wächter erheben die Stimme,
sie beginnen alle zu jubeln.
Denn sie sehen mit eigenen Augen,
wie der Herr nach Zion zurückkehrt.

Brecht in Jubel aus,
jauchzt alle zusammen,
ihr Trümmer Jerusalems!
Denn der Herr tröstet sein Volk,
er erlöst Jerusalem.

0 Der Herr macht seinen heiligen Arm frei
vor den Augen aller Völker.
Alle Enden der Erde
sehen das Heil unseres Gottes.

ANTWORTPSALM   Ps 98 (97),1.2–3b.3c–4.5–6 (R: vgl. 3cd)

R Alle Enden der Erde sehen das Heil unsres Gottes. – **R** (GL 149,1)

VIII. Ton

1   Singet dem Herrn ein neues Lied; *
     denn er hat wunderbare Taten vollbracht.

     Er hat mit seiner Rechten geholfen *
     und mit seinem heiligen Arm. – (R)

2   Der Herr hat sein Heil bekannt gemacht *
     und sein gerechtes Wirken enthüllt vor den Augen der Völker.

3ab Er dachte an seine Huld *
     und an seine Treue zum Hause Israel. – (R)

3cd Alle Enden der Erde *
     sahen das Heil unsres Gottes.

4   Jauchzt vor dem Herrn, alle Länder der Erde, *
     freut euch, jubelt und singt! – (R)

5   Spielt dem Herrn auf der Harfe, *
     auf der Harfe zu lautem Gesang!

6   Zum Schall der Trompeten und Hörner *
     jauchzt vor dem Herrn, dem König! – **R**

ZUR 2. LESUNG   *Durch das Wort Gottes, den ewigen Sohn,
wurde am Anfang die Welt erschaffen; „in dieser Endzeit aber" kommt
der Sohn, um die Welt mit Gott zu versöhnen. Vom Christusereignis
her verstehen wir den Alten Bund als Zeit der Verheißung und Erwartung. Die Erfüllung ist anders, als die Propheten es wissen konnten:
sie ist göttlicher und zugleich menschlicher.*

ZWEITE LESUNG   Hebr 1,1–6

Gott hat zu uns gesprochen durch den Sohn

Lesung
   aus dem Hebräerbrief.

1   Viele Male und auf vielerlei Weise
       hat Gott einst zu den Vätern gesprochen durch die Propheten;

in dieser Endzeit aber
  hat er zu uns gesprochen durch den Sohn,
  den er zum Erben des Alls eingesetzt
  und durch den er auch die Welt erschaffen hat;
er ist der Abglanz seiner Herrlichkeit
  und das Abbild seines Wesens;
er trägt das All durch sein machtvolles Wort,
hat die Reinigung von den Sünden bewirkt
und sich dann zur Rechten der Majestät in der Höhe gesetzt;
er ist um so viel erhabener geworden als die Engel,
  wie der Name, den er geerbt hat, ihren Namen überragt.

Denn zu welchem Engel hat er jemals gesagt:

  Mein Sohn bist du,
heute habe ich dich gezeugt,

und weiter:

  Ich will für ihn Vater sein,
  und er wird für mich Sohn sein?

Wenn er aber den Erstgeborenen wieder in die Welt einführt,
  sagt er:
Alle Engel Gottes sollen sich vor ihm niederwerfen.

RUF VOR DEM EVANGELIUM

Halleluja. Halleluja.

Aufgeleuchtet ist uns aufs neue der Tag der Erlösung:
Ein großes Licht ist heute auf Erden erschienen.
Kommt, ihr Völker, und betet an den Herrn, unseren Gott!
Halleluja.

ZUM EVANGELIUM *Ewig spricht Gott sein eigenes Wesen aus in dem Wort, das Licht ist von Gottes Licht und Glut von seiner Glut. Die Welt ist geschaffen worden durch dieses Wort. Und das Wort ist Fleisch geworden, Gott ist uns ganz nahe gekommen. Und er wird nie mehr aufhören, uns zu sagen, daß er da ist und daß er uns liebt.*

EVANGELIUM   Joh 1, 1–18

Das Wort ist Fleisch geworden und hat unter uns gewohnt

✠ Aus dem heiligen Evangelium nach Johannes.

1 Im Anfang war das Wort,
und das Wort war bei Gott,
und das Wort war Gott.

2 Im Anfang war es bei Gott.

3 Alles ist durch das Wort geworden,
und ohne das Wort wurde nichts, was geworden ist.

4 In ihm war das Leben,
und das Leben war das Licht der Menschen.

5 Und das Licht leuchtet in der Finsternis,
und die Finsternis hat es nicht erfaßt.

6 Es trat ein Mensch auf, der von Gott gesandt war;
sein Name war Johannes.

7 Er kam als Zeuge,
um Zeugnis abzulegen für das Licht,
damit alle durch ihn zum Glauben kommen.

8 Er war nicht selbst das Licht,
er sollte nur Zeugnis ablegen für das Licht.

9 Das wahre Licht, das jeden Menschen erleuchtet,
kam in die Welt.

10 Er war in der Welt,
und die Welt ist durch ihn geworden,
aber die Welt erkannte ihn nicht.

11 Er kam in sein Eigentum,
aber die Seinen nahmen ihn nicht auf.

12 Allen aber, die ihn aufnahmen,
gab er Macht, Kinder Gottes zu werden,
allen, die an seinen Namen glauben,

13 die nicht aus dem Blut,
nicht aus dem Willen des Fleisches,
nicht aus dem Willen des Mannes,
sondern aus Gott geboren sind.

14 Und das Wort ist Fleisch geworden
und hat unter uns gewohnt,
und wir haben seine Herrlichkeit gesehen,
die Herrlichkeit des einzigen Sohnes vom Vater,
voll Gnade und Wahrheit.

15 Johannes legte Zeugnis für ihn ab
und rief:
>> Dieser war es, über den ich gesagt habe:
Er, der nach mir kommt,
ist mir voraus, weil er vor mir war.<<
16 Aus seiner Fülle haben wir alle empfangen,
Gnade über Gnade.
17 Denn das Gesetz wurde durch Mose gegeben,
die Gnade und die Wahrheit kamen durch Jesus Christus.
18 Niemand hat Gott je gesehen.
Der Einzige, der Gott ist und am Herzen des Vaters ruht,
er hat Kunde gebracht.

Oder:

KURZFASSUNG   Joh 1, 1–5.9–14

Das Wort ist Fleisch geworden und hat unter uns gewohnt

✠ Aus dem heiligen Evangelium nach Johannes.

Im Anfang war das Wort,
und das Wort war bei Gott,
und das Wort war Gott.
Im Anfang war es bei Gott.
Alles ist durch das Wort geworden,
und ohne das Wort wurde nichts, was geworden ist.
In ihm war das Leben,
und das Leben war das Licht der Menschen.
Und das Licht leuchtet in der Finsternis,
und die Finsternis hat es nicht erfaßt.
Das wahre Licht, das jeden Menschen erleuchtet,
kam in die Welt.
10 Er war in der Welt,
und die Welt ist durch ihn geworden,
aber die Welt erkannte ihn nicht.
11 Er kam in sein Eigentum,
aber die Seinen nahmen ihn nicht auf.
12 Allen aber, die ihn aufnahmen,
gab er Macht, Kinder Gottes zu werden,
allen, die an seinen Namen glauben,

13 die nicht aus dem Blut,
      nicht aus dem Willen des Fleisches,
      nicht aus dem Willen des Mannes,
      sondern aus Gott geboren sind.

14 Und das Wort ist Fleisch geworden
      und hat unter uns gewohnt,
    und wir haben seine Herrlichkeit gesehen,
    die Herrlichkeit des einzigen Sohnes vom Vater,
      voll Gnade und Wahrheit.

Glaubensbekenntnis, S. 356 ff.
Zu den Worten hat Fleisch angenommen *bzw.* empfangen durch den Heiligen Geist *knien alle.*
Fürbitten vgl. S. 783 ff.

ZUR EUCHARISTIEFEIER   *Gott spricht sein Wort, er reicht uns das lebendige Brot. Nehmen wir ihn auf, dann geschieht Wandlung: Auch in unserem Leben beginnt die Wirklichkeit Gottes zu leuchten.*

GABENGEBET

Gott, unser Vater,
in diesen Gaben
willst du uns Versöhnung schenken
und uns wieder mit dir verbinden.
Nimm sie an
und gib durch sie unserem heiligen Dienst
die höchste Vollendung.
Darum bitten wir durch Christus, unseren Herrn.

Weihnachtspräfation, S. 409 f.
In den Hochgebeten I–III eigener Einschub.

KOMMUNIONVERS   Ps 98 (97), 3

Alle Enden der Erde sahen die rettende Tat unseres Gottes.

SCHLUSSGEBET

Barmherziger Gott,
in dieser heiligen Feier
hast du uns deinen Sohn geschenkt,
der heute als Heiland der Welt geboren wurde.

Durch ihn sind wir wiedergeboren
zum göttlichen Leben,
führe uns auch zur ewigen Herrlichkeit durch ihn,
der mit dir lebt und herrscht in alle Ewigkeit.

DAS WORT IST GESPROCHEN

*Jedes der Worte Gottes trägt die Gesichtszüge seines Sohnes und
hat den Klang seiner Stimme. Die Menschen haben nicht auf ihn gehört. Sie haben ihn umgebracht, und das tun sie bis ans Ende der
Zeit. Warum von Gott tausend andere Worte erwarten? Wenn er zu
schweigen scheint, heißt das, daß er schon gesprochen hat. Wir sollen
lernen, dieses Wort zu hören.*

Sonntag in der Weihnachtsoktav

oder, wenn in die Weihnachtsoktav kein Sonntag fällt, 30. Dezember.
Vor dem Evangelium wird dann nur eine Lesung genommen.

FEST DER HEILIGEN FAMILIE

*Für die Familie von heute, Vater, Mutter und Kinder, was kann für sie
die Heilige Familie von Nazaret bedeuten? Damals war doch alles
ganz anders. Alles? Da war das Kind, das sie liebten: Maria, die Mutter, und Josef, der Vater an Gottes Statt. Diese drei waren eins, in Ehrfurcht und Liebe.
Fragen und Schmerzen warten auf das Kind und die Eltern. Nichts
kann ihnen schaden: nichts dem Kind, das geliebt wird, und nichts
den Eltern, die vertrauen und bereit sind, das Leben des Kindes und
ihr eigenes zu wagen.*

ERÖFFNUNGSVERS
Lk 2, 16

Die Hirten eilten hin und fanden Maria und Josef
und das Kind, das in einer Krippe lag.

Ehre sei Gott, S. 352 ff.

TAGESGEBET

Herr, unser Gott,
in der Heiligen Familie
hast du uns ein leuchtendes Vorbild geschenkt.
Gib unseren Familien die Gnade,
daß auch sie in Frömmigkeit und Eintracht leben
und einander in der Liebe verbunden bleiben.
Führe uns alle
zur ewigen Gemeinschaft in deinem Vaterhaus.
Darum bitten wir durch Jesus Christus.

ZUR 1. LESUNG   *Mahnungen, wie sie der „Sohn des Sirach" im*
2. Jahrhundert vor Christus geschrieben hat, wagt heute kaum mehr
jemand zu schreiben. Um so notwendiger ist es, sie zu überdenken. –
Die Lesung hat keine Beziehung zur Heiligen Familie von Nazaret; sie
dient allgemein der Familie von damals und von heute als Lehre und
Weisung.

ERSTE LESUNG   Sir 3, 2–6.12–14 (3–7.14–17a)

Der Herr hat den Kindern befohlen, ihren Vater zu ehren und das Recht ihrer
Mutter zu achten

Lesung
    aus dem Buch Jesus Sirach.

2   Der Herr hat den Kindern befohlen, ihren Vater zu ehren,
    und die Söhne verpflichtet, das Recht ihrer Mutter zu achten.
3   Wer den Vater ehrt,
        erlangt Verzeihung der Sünden,
4   und wer seine Mutter achtet,
        gleicht einem Menschen, der Schätze sammelt.
5   Wer den Vater ehrt, wird Freude haben an den eigenen Kindern,
    und wenn er betet,
        wird er Erhörung finden.
6   Wer den Vater achtet, wird lange leben,
        und wer seiner Mutter Ehre erweist, der erweist sie dem Herrn.

12 Mein Sohn, wenn dein Vater alt ist,
        nimm dich seiner an,
    und betrübe ihn nicht, solange er lebt.

3 **Wenn sein Verstand abnimmt,**
   sieh es ihm nach,
und beschäme ihn nicht in deiner Vollkraft!
4 **Denn die Liebe zum Vater wird nicht vergessen,**
   sie wird als Sühne für deine Sünden eingetragen.

ANTWORTPSALM   Ps 128 (127), 1–2.3.4–5 (R: vgl. 1)

R **Selig die Menschen,**
die seine Wege gehen! – R   (GL 649, 1)

Wohl dem Mann, der den Herrn fürchtet und ehrt *   V. Ton
und der auf seinen Wegen geht.

Was deine Hände erwarben, kannst du genießen; *
wohl dir, es wird dir gut ergehen. – (R)

Wie ein fruchtbarer Weinstock ist deine Frau *
drinnen in deinem Haus.

Wie junge Ölbäume sind deine Kinder *
rings um deinen Tisch. – (R)

So wird der Mann gesegnet, *
der den Herrn fürchtet und ehrt.

Es segne dich der Herr vom Zion her. *
Du sollst dein Leben lang das Glück Jerusalems schauen. – R

ZUR 2. LESUNG   *Allen Mahnungen an die Gemeinde und die ver-*
schiedenen Stände voraus steht die Aussage, daß Gott uns kennt und
liebt. Daraus ergibt sich die Grundregel für das Zusammenleben von
Christen: Die Liebe ist das Band, das alles zusammenhält und voll-
kommen macht. Wo das Wort Christi gehört wird, wohnt der Friede
und wird die Freude spürbar, die aus Gott kommt.

ZWEITE LESUNG   Kol 3, 12–21

Die Liebe ist das Band, das alles zusammenhält

Lesung
   aus dem Brief des Apostels Paulus an die Kolósser.

Brüder!
2 **Ihr seid von Gott geliebt,**
seid seine auserwählten Heiligen.

Darum bekleidet euch mit aufrichtigem Erbarmen,
mit Güte, Demut, Milde, Geduld!
13 Ertragt euch gegenseitig,
und vergebt einander,
wenn einer dem andern etwas vorzuwerfen hat.
Wie der Herr euch vergeben hat,
so vergebt auch ihr!
14 Vor allem aber liebt einander,
denn die Liebe ist das Band,
das alles zusammenhält und vollkommen macht.

15 In eurem Herzen herrsche der Friede Christi;
dazu seid ihr berufen als Glieder des einen Leibes.
Seid dankbar!
16 Das Wort Christi wohne mit seinem ganzen Reichtum bei euch.
Belehrt und ermahnt einander in aller Weisheit!
Singt Gott in eurem Herzen Psalmen, Hymnen und Lieder,
wie sie der Geist eingibt,
denn ihr seid in Gottes Gnade.
17 Alles, was ihr in Worten und Werken tut,
geschehe im Namen Jesu, des Herrn.
Durch ihn dankt Gott, dem Vater!

18 Ihr Frauen,
ordnet euch euren Männern unter,
wie es sich im Herrn geziemt.
19 Ihr Männer,
liebt eure Frauen,
und seid nicht aufgebracht gegen sie!
20 Ihr Kinder,
gehorcht euren Eltern in allem;
denn so ist es gut und recht im Herrn.
21 Ihr Väter,
schüchtert eure Kinder nicht ein,
damit sie nicht mutlos werden.

RUF VOR DEM EVANGELIUM   Vers: Kol 3, 15a.16a

Halleluja. Halleluja.

In eurem Herzen herrsche der Friede Christi.
Das Wort Christi wohne mit seinem ganzen Reichtum bei euch.

Halleluja.

ZUM EVANGELIUM   *Betlehem, Ägypten und Nazaret heißen die drei Stationen des Messiaskindes. Das Kind steht unter Gottes Schutz, und es erfährt die sorgende Liebe seiner Eltern. Der Evangelist will aber noch etwas anderes zeigen: Israel steht an der entscheidenden Wende seiner Geschichte. Die Rückkehr Jesu aus Ägypten erinnert an die Anfänge des Volkes Israel. Jesus ist der neue Anfang.*

EVANGELIUM   Mt 2, 13–15.19–23

Nimm das Kind und seine Mutter, und flieh nach Ägypten!

✝ Aus dem heiligen Evangelium nach Matthäus.

3   Als die Sterndeuter wieder gegangen waren,
        erschien dem Josef im Traum ein Engel des Herrn
    und sagte: Steh auf,
    nimm das Kind und seine Mutter,
    und flieh nach Ägypten;
    dort bleibe, bis ich dir etwas anderes auftrage;
    denn Herodes wird das Kind suchen,
        um es zu töten.

4   Da stand Josef in der Nacht auf
        und floh mit dem Kind und dessen Mutter nach Ägypten.

5   Dort blieb er bis zum Tod des Herodes.
    Denn es sollte sich erfüllen,
        was der Herr durch den Propheten gesagt hat:
    Aus Ägypten habe ich meinen Sohn gerufen.

9   Als Herodes gestorben war,
        erschien dem Josef in Ägypten ein Engel des Herrn im Traum

20 und sagte: Steh auf,
    nimm das Kind und seine Mutter,
        und zieh in das Land Israel;
    denn die Leute, die dem Kind nach dem Leben getrachtet haben,
        sind tot.

21 Da stand er auf
        und zog mit dem Kind und dessen Mutter in das Land Israel.

22 Als er aber hörte,
        daß in Judäa
        Archeláus an Stelle seines Vaters Herodes regierte,
        fürchtete er sich, dorthin zu gehen.
    Und weil er im Traum einen Befehl erhalten hatte,
        zog er in das Gebiet von Galiläa
23   und ließ sich in einer Stadt namens Nazaret nieder.

    Denn es sollte sich erfüllen,
        was durch die Propheten gesagt worden ist:
    Er wird Nazoräer genannt werden.

Am Sonntag: Glaubensbekenntnis, S. 356 ff.
Fürbitten vgl. S. 783 ff.

ZUR EUCHARISTIEFEIER   *Im gemeinsamen Mahl erfahren die Menschen, daß sie zusammengehören. Im heiligen Gastmahl ruft Christus alle zusammen, die an seinen Namen glauben. Er schenkt uns sein Wort, sein Brot, seine Freude.*

GABENGEBET

Herr, unser Gott,
am Fest der Heiligen Familie
bringen wir das Opfer der Versöhnung dar.
Höre auf die Fürsprache
der jungfräulichen Gottesmutter
und des heiligen Josef.
Erhalte unsere Familien in deiner Gnade
und in deinem Frieden.
Darum bitten wir durch Christus, unseren Herrn.

Weihnachtspräfation, S. 409 f.
In den Hochgebeten I–III eigener Einschub.

KOMMUNIONVERS   Bar 3, 38

Unser Gott ist auf der Erde erschienen,
als Mensch unter den Menschen.

SCHLUSSGEBET

Gott, unser Vater,
du hast uns mit dem Brot des Himmels gestärkt.
Bleibe bei uns mit deiner Gnade,
damit wir das Vorbild der Heiligen Familie nachahmen
und nach der Mühsal dieses Lebens
in ihrer Gemeinschaft das Erbe erlangen,
das du deinen Kindern bereitet hast.
Darum bitten wir durch Christus, unseren Herrn.

DER SINN

*„Du hast dir für den Anfang deines Lebens eine harte Zeit ausgesucht.
Aber das macht nichts … Du hast gute Eltern, die werden Dich schon
lehren, wie man die Dinge anpackt und meistert. Und ich möchte, daß
Du das verstehst, was ich gewollt habe: die Rühmung und Anbetung
Gottes vermehren; helfen, daß die Menschen nach Gottes Ordnung
und in Gottes Freiheit leben und Menschen sein können. Nur der An-
betende, der Liebende, der nach Gottes Ordnung Lebende ist Mensch
und ist frei und lebensfähig." (Alfred Delp, Brief vom 23. Januar
1945)*

1. Januar – Neujahr

OKTAVTAG VON WEIHNACHTEN
HOCHFEST DER GOTTESMUTTER MARIA

*Jahresanfang – Oktavtag von Weihnachten – Festtag der Mutter Got-
tes, das ist viel für einen einzigen Tag. Er braucht aber auch viel, dieser Tag, der ein Anfang werden soll, nicht nur im Kalender. Im Namen
Gottes, im Licht seines Angesichts gehen wir unsern Weg. Wir schauen
auf den Sohn, er schaut uns an, das Kind mit dem Herzen Gottes und
mit den Augen seiner Mutter.*

ERÖFFNUNGSVERS   Sedulius

Gruß dir, heilige Mutter, du hast den König geboren,
der in Ewigkeit herrscht über Himmel und Erde.

Oder:

Ein Licht strahlt heute über uns auf,
denn geboren ist uns der Herr.
Und man nennt ihn: Starker Gott, Friedensfürst,
Vater der kommenden Welt.
Seine Herrschaft wird kein Ende haben.

Ehre sei Gott, S. 352 ff.

TAGESGEBET

Barmherziger Gott,
durch die Geburt deines Sohnes
aus der Jungfrau Maria
hast du der Menschheit das ewige Heil geschenkt.
Laß uns (auch im neuen Jahr) immer und überall
die Fürbitte der gnadenvollen Mutter erfahren,
die uns den Urheber des Lebens geboren hat,
Jesus Christus,
deinen Sohn, unseren Herrn und Gott,
der in der Einheit des Heiligen Geistes
mit dir lebt und herrscht in alle Ewigkeit.

ZUR 1. LESUNG   *Am Morgen der Schöpfung hat Gott Menschen
und Tiere gesegnet. Kraft des Lebens, Frucht des Feldes, Friede in der
Natur und unter den Menschen: das sind die Gaben seines Segens.
Nur Gott kann eigentlich segnen; im „Licht seines Angesichts", in seiner gnadenvollen Gegenwart und Gemeinschaft, wird alles heil und
gut. Menschen segnen, indem sie den Namen und die Kraft Gottes her-
beirufen.*

ERSTE LESUNG   Num 6, 22–27

So sollen sie meinen Namen auf die Israeliten legen, und ich werde sie segnen

Lesung
   aus dem Buch Númeri.

22 **Der Herr sprach zu Mose:**
23 **Sag zu Aaron und seinen Söhnen:**
   So sollt ihr die Israeliten segnen;
sprecht zu ihnen:

24 **Der Herr segne dich und behüte dich.**
25 **Der Herr lasse sein Angesicht über dich leuchten**
   und sei dir gnädig.
26 **Der Herr wende sein Angesicht dir zu**
   und schenke dir Heil.
27 **So sollen sie meinen Namen auf die Israeliten legen,**
   und ich werde sie segnen.

ANTWORTPSALM   Ps 67 (66), 2–3.5.6 u. 8 (R: 2a)

R Gott sei uns gnädig und segne uns. – R   **(GL 149, 4)**

Gott sei uns gnädig und segne uns. *   **VIII. Ton**
Er lasse über uns sein Angesicht leuchten,

damit auf Erden sein Weg erkannt wird *
und unter allen Völkern sein Heil. – (R)

Die Nationen sollen sich freuen und jubeln. *
Denn du richtest den Erdkreis gerecht.

Du richtest die Völker nach Recht *
und regierst die Nationen auf Erden. – (R)

Die Völker sollen dir danken, o Gott, *
danken sollen dir die Völker alle.

Es segne uns Gott. *
Alle Welt fürchte und ehre ihn. – R

ZUR 2. LESUNG   *Christus ist gekommen, um uns frei zu machen, frei von den Mächten des Schicksals und der Geschichte, auch frei von dem, was am Gesetz des Alten Bundes veraltet war. Er gibt uns seinen Geist als das neue Gesetz unseres Lebens.*

ZWEITE LESUNG   Gal 4, 4–7

Gott sandte seinen Sohn, geboren von einer Frau, damit wir die Sohnschaft erlangen

**Lesung
aus dem Brief des Apostels Paulus an die Gálater.**

Brüder!

4 **Als die Zeit erfüllt war,
sandte Gott seinen Sohn,
geboren von einer Frau
und dem Gesetz unterstellt,**

5 **damit er die freikaufe, die unter dem Gesetz stehen,
und damit wir die Sohnschaft erlangen.**

6 **Weil ihr aber Söhne seid,
sandte Gott den Geist seines Sohnes in unser Herz,
den Geist, der ruft: Abba, Vater.**

7 **Daher bist du nicht mehr Sklave, sondern Sohn;
bist du aber Sohn,
dann auch Erbe,
Erbe durch Gott.**

RUF VOR DEM EVANGELIUM Vers: vgl. Hebr 1, 1–2

Halleluja. Halleluja.

**Einst hat Gott zu den Vätern gesprochen durch die Propheten;
heute aber hat er zu uns gesprochen durch den Sohn.**

Halleluja.

ZUM EVANGELIUM *Jesus wurde in die Ordnung des Alten Bundes hineingeboren und hat sich dem Gesetz unterstellt. Sein Name Jesus (Jeschua, Josua: Jahwe rettet) deutet an, was er sein wird: Retter, Heiland der Welt; in Mt 1, 21 wird erklärt: „denn er wird sein Volk von seinen Sünden erlösen".*

EVANGELIUM   Lk 2, 16–21

Sie fanden Maria und Josef und das Kind.
Als acht Tage vorüber waren, gab man dem Kind den Namen Jesus

✛ **Aus dem heiligen Evangelium nach Lukas.**

In jener Zeit

16   eilten die Hirten nach Betlehem
     und fanden Maria und Josef
     und das Kind, das in der Krippe lag.
17   Als sie es sahen,
     erzählten sie, was ihnen über dieses Kind gesagt worden war.
18   Und alle, die es hörten,
     staunten über die Worte der Hirten.
19   Maria aber
     bewahrte alles, was geschehen war, in ihrem Herzen
     und dachte darüber nach.
20   Die Hirten kehrten zurück,
     rühmten Gott
     und priesen ihn für das, was sie gehört und gesehen hatten;
     denn alles war so gewesen,
     wie es ihnen gesagt worden war.
21   Als acht Tage vorüber waren
     und das Kind beschnitten werden sollte,
     gab man ihm den Namen Jesus,
     den der Engel genannt hatte,
     noch ehe das Kind im Schoß seiner Mutter empfangen wurde.

Glaubensbekenntnis, S. 356 ff.
Fürbitten vgl. S. 802 ff.

ZUR EUCHARISTIEFEIER *Wir setzen die große Danksagung
fort, die Maria einst angestimmt hat. Wir danken dem Vater, denn „er
hat uns mit allem Segen seines Geistes gesegnet durch unsere Gemeinschaft mit Christus im Himmel" (Eph 1, 3).*

GABENGEBET

Barmherziger Gott, von dir kommt alles Gute,
und du führst es zum Ziel.
Wir danken dir für den Anfang des Heiles,
das du uns in der Geburt deines Sohnes
aus der Jungfrau Maria eröffnet hast.
Höre auf ihre Fürsprache
und führe uns (in diesem Jahr)
näher zu dir.
Darum bitten wir durch Christus, unseren Herrn.

Marienpräfation, S. 429 f., oder Weihnachtspräfation, S. 409 f.
In den Hochgebeten I–III eigener Einschub.

KOMMUNIONVERS   Hebr 13, 8

Jesus Christus ist derselbe gestern und heute und in Ewigkeit.

SCHLUSSGEBET

Herr, unser Gott,
am Fest der seligen Jungfrau Maria,
die wir als Mutter deines Sohnes
und Mutter der Kirche bekennen,
haben wir voll Freude
das heilige Sakrament empfangen.
Laß es uns eine Hilfe sein,
die uns zum ewigen Leben führt.
Darum bitten wir durch Christus, unseren Herrn.

BESSER ALS EIN LICHT

Ich sagte zu dem Engel,
der an der Pforte des neuen Jahres stand:
Gib mir ein Licht, damit ich sicheren Fußes
der Ungewißheit entgegengehen kann.

Aber er antwortete:
Geh nur hin in die Dunkelheit,
und leg deine Hand in die Hand Gottes!
Das ist besser als ein Licht
und sicherer als ein bekannter Weg. (Aus China)

ZWEITER SONNTAG NACH WEIHNACHTEN

Die guten Anfänge kommen aus der Stille, wie aus dunklen Bergen. Im unfaßbaren Schweigen spricht Gott sein Wort, den ewigen Sohn. Das Wort ist gesprochen, wird gesprochen, ewig und jetzt. Das Licht leuchtet, es rettet und richtet. Im Licht des ewigen Wortes steht unsere Zeit, auch dieses neu begonnene Jahr.

ERÖFFNUNGSVERS   Weish 18, 14–15

Als tiefes Schweigen das All umfing
und die Nacht bis zur Mitte gelangt war,
da stieg dein allmächtiges Wort, o Herr,
vom Himmel herab, vom königlichen Thron.

Ehre sei Gott, S. 352 ff.

TAGESGEBET

Allmächtiger, ewiger Gott,
du erleuchtest alle, die an dich glauben.
Offenbare dich den Völkern der Erde,
damit alle Menschen
das Licht deiner Herrlichkeit schauen.
Darum bitten wir durch Jesus Christus.

ZUR 1. LESUNG   *Das Wort Gottes steht der Welt nicht nur gegenüber, es durchdringt sie, es ist die ständige Quelle all dessen, was in der Welt lebt und leuchtet. In der Schrift (Spr 8) wird das Wort Gottes gleichgesetzt mit Gottes ewiger Weisheit. Durch sein Wort und seine Weisheit ist Gott gegenwärtig bei seinem Volk und in seinem Tempel. In Zukunft aber wird die Menschheit Jesu der lebendige Tempel Gottes, sein heiliges Zelt sein.*

ERSTE LESUNG   Sir 24,1–2.8–12 (1–4.12–16)

Die Weisheit Gottes faßte Wurzel bei seinem ruhmreichen Volk

Lesung
  aus dem Buch Jesus Sirach.

1 Die Weisheit lobt sich selbst,
   sie rühmt sich bei ihrem Volk.
2 Sie öffnet ihren Mund in der Versammlung Gottes
   und rühmt sich vor seinen Scharen:

8 Der Schöpfer des Alls gab mir Befehl;
   er, der mich schuf, wußte für mein Zelt eine Ruhestätte.
   Er sprach: In Jakob sollst du wohnen,
   in Israel sollst du deinen Erbbesitz haben.
9 Vor der Zeit, am Anfang, hat er mich erschaffen,
   und bis in Ewigkeit vergehe ich nicht.
10 Ich tat vor ihm Dienst im heiligen Zelt
   und wurde dann auf dem Zion eingesetzt.
11 In der Stadt, die er ebenso liebt wie mich, fand ich Ruhe,
   Jerusalem wurde mein Machtbereich.
12 Ich faßte Wurzel bei einem ruhmreichen Volk,
   im Eigentum des Herrn,
   in seinem Erbbesitz.

ANTWORTPSALM   Ps 147,12–13.14–15.19–20 (R: Joh 1,14)

R Das Wort ist Fleisch geworden   (GL 149,6)
und hat unter uns gewohnt. – R

(*Oder:* Halleluja.)

12 Jerusalem, preise den Herrn, *
   lobsinge, Zion, deinem Gott!   IX. Ton
13 Denn er hat die Riegel deiner Tore festgemacht, *
   die Kinder in deiner Mitte gesegnet. – (R)

14 Er verschafft deinen Grenzen Frieden *
   und sättigt dich mit bestem Weizen.
15 Er sendet sein Wort zur Erde, *
   rasch eilt sein Befehl dahin. – (R)

19 Er verkündet Jakob sein Wort, *
   Israel seine Gesetze und Rechte.

20 An keinem andern Volk hat er so gehandelt, *
keinem sonst seine Rechte verkündet. – R

ZUR 2. LESUNG *In seinem Sohn hat Gott uns all das geschenkt,
was durch die Gaben des Alten Bundes angedeutet und vorbereitet
war. Aber wir brauchen die klare Schau des Glaubens und ein lauteres Herz, um unsere Berufung zu begreifen und ihr durch die Tat zu
entsprechen. Mit dem größeren Glauben wächst auch unsere Hoffnung
auf Teilhabe an Gottes Herrlichkeit.*

ZWEITE LESUNG Eph 1, 3–6.15–18

*Gott hat uns im voraus dazu bestimmt, seine Söhne zu werden durch Jesus
Christus*

Lesung
aus dem Brief des Apostels Paulus an die Épheser.

3 Gepriesen sei Gott,
der Gott und Vater unseres Herrn Jesus Christus.
Er hat uns mit allem Segen seines Geistes gesegnet
durch unsere Gemeinschaft mit Christus im Himmel.
4 Denn in ihm hat er uns erwählt vor der Erschaffung der Welt,
damit wir heilig und untadelig leben vor Gott;
5 er hat uns aus Liebe im voraus dazu bestimmt,
seine Söhne zu werden durch Jesus Christus
und zu ihm zu gelangen, nach seinem gnädigen Willen,
6 zum Lob seiner herrlichen Gnade.
Er hat sie uns geschenkt in seinem geliebten Sohn.
15/ Darum höre ich nicht auf, für euch zu danken,
16 wenn ich in meinen Gebeten an euch denke;
denn ich habe von eurem Glauben an Jesus, den Herrn,
und von eurer Liebe zu allen Heiligen gehört.
17 Der Gott Jesu Christi, unseres Herrn,
der Vater der Herrlichkeit,
gebe euch den Geist der Weisheit und Offenbarung,
damit ihr ihn erkennt.
18 Er erleuchte die Augen eures Herzens,
damit ihr versteht,
zu welcher Hoffnung ihr durch ihn berufen seid,
welchen Reichtum
die Herrlichkeit seines Erbes den Heiligen schenkt.

RUF VOR DEM EVANGELIUM

Vers: vgl. 1 Tim 3, 16

Halleluja. Halleluja.

Christus, offenbart im Fleisch, verkündet unter den Heiden,
Christus, geglaubt in der Welt: Ehre sei dir!
Halleluja.

ZUM EVANGELIUM   *Durch das Wort, das vor aller Zeit war, ist die Zeit und die Welt geworden. Licht und Leben kommen von ihm. Und das Wort ist Fleisch geworden. Denen, die ihn aufnehmen, weist Christus den Weg, und er schenkt ihnen Gnade und Herrlichkeit.*

EVANGELIUM

Joh 1, 1–18

Das Wort ist Fleisch geworden und hat unter uns gewohnt

siehe S. 48 f.

Oder:

KURZFASSUNG

Joh 1, 1–5.9–14

Das Wort ist Fleisch geworden und hat unter uns gewohnt

✙ Aus dem heiligen Evangelium nach Johannes.

1   Im Anfang war das Wort,
    und das Wort war bei Gott,
    und das Wort war Gott.
2   Im Anfang war es bei Gott.
3   Alles ist durch das Wort geworden,
        und ohne das Wort wurde nichts, was geworden ist.
4   In ihm war das Leben,
        und das Leben war das Licht der Menschen.
5   Und das Licht leuchtet in der Finsternis,
        und die Finsternis hat es nicht erfaßt.
9   Das wahre Licht, das jeden Menschen erleuchtet,
        kam in die Welt.
10 Er war in der Welt,
        und die Welt ist durch ihn geworden,
        aber die Welt erkannte ihn nicht.
11 Er kam in sein Eigentum,
        aber die Seinen nahmen ihn nicht auf.

12 Allen aber, die ihn aufnahmen,
    gab er Macht, Kinder Gottes zu werden,
allen, die an seinen Namen glauben,
13 die nicht aus dem Blut,
    nicht aus dem Willen des Fleisches,
    nicht aus dem Willen des Mannes,
    sondern aus Gott geboren sind.
14 Und das Wort ist Fleisch geworden
    und hat unter uns gewohnt,
und wir haben seine Herrlichkeit gesehen,
die Herrlichkeit des einzigen Sohnes vom Vater,
    voll Gnade und Wahrheit.

Glaubensbekenntnis, S. 356 ff.
Fürbitten vgl. S. 783 ff.

ZUR EUCHARISTIEFEIER *Christus ruft die zu seinem Mahl, die
ihn aufnehmen. Aus seiner Fülle empfangen wir Gnade über Gnade. Er
ist gekommen, damit wir das Leben haben, sein eigenes Leben.*

GABENGEBET

Herr, unser Gott,
heilige unsere Gaben
durch die Menschwerdung deines Sohnes.
Durch seine Geburt hast du allen Menschen
den Weg der Wahrheit gewiesen
und ihnen dein Reich verheißen.
Laß uns in dieser Feier verkosten,
was du denen bereitet hast, die dich lieben.
Darum bitten wir durch Christus, unseren Herrn.

Weihnachtspräfation, S. 409 f.

KOMMUNIONVERS

Joh 1, 12

Allen, die ihn aufnahmen,
gab er Macht, Kinder Gottes zu werden.

SCHLUSSGEBET

Herr, unser Gott,
befreie uns durch die Wirkung dieses Sakramentes
von unseren Fehlern und Sünden.
Erfülle unser Verlangen
und schenke uns alles,
was wir zum Heil nötig haben.
Darum bitten wir durch Christus, unseren Herrn.

DORT!

*Das letzte Wort, das ich als Theologe und auch als Politiker zu sagen
habe, ist nicht ein Begriff wie „Gnade", sondern ist ein Name: Jesus
Christus. Er ist die Gnade, und er ist das Letzte; jenseits von Welt und
Kirche und auch von Theologie … Es ist in keinem Namen Heil als in
diesem Namen. Dort ist auch der Antrieb zur Arbeit, zum Kampf, auch
der Antrieb zur Gemeinschaft, zum Mitmenschen. (Karl Barth)*

6. Januar

ERSCHEINUNG DES HERRN

Hochfest

Über das Fest der Erscheinung des Herrn (= Epiphanie) vgl. die Einführung zum Kirchenjahr.

*Epiphanie, Erscheinung des Herrn: göttliche Wahrheit und Herrlichkeit leuchten, wenn auch noch verborgen, in dem Kind von Betlehem.
Suchende Menschen finden den Weg (Magier, Könige, Sterndeuter).
Sie kommen mit Gaben und gehen als Beschenkte. Als Boten des Lichts
in eine dunkle Welt. Weil dieses Kind geboren wurde, gibt es für alle
Menschen Hoffnung, auch für die in der Ferne.*

ERÖFFNUNGSVERS   Vgl. Mal 3, 1; 1 Chr 19, 12

Seht, gekommen ist der Herrscher, der Herr.
In seiner Hand ist die Macht und das Reich.

Ehre sei Gott, S. 352 ff.

TAGESGEBET

Allherrschender Gott,
durch den Stern, dem die Weisen gefolgt sind,
hast du am heutigen Tag
den Heidenvölkern deinen Sohn geoffenbart.
Auch wir haben dich schon im Glauben erkannt.
Führe uns vom Glauben
zur unverhüllten Anschauung deiner Herrlichkeit.
Darum bitten wir durch Jesus Christus.

ZUR 1. LESUNG   *Licht bedeutet in der Bibel Offenbarung der
Macht und Herrlichkeit Gottes, auch sein rettendes Eingreifen in die
Geschichte der Menschen. Nach dunklen Jahren (538 v. Chr., Ende
des babylonischen Exils) kann der Rest des Volkes Israel wieder Hoffnung haben. Gott ist da, er holt sein Volk heim. Die Völker der Erde
staunen und kommen herbei, um mit ihren Gaben dem Gott Israels zu
huldigen.*

ERSTE LESUNG   Jes 60, 1–6

Die Herrlichkeit des Herrn geht leuchtend auf über dir

Lesung
   aus dem Buch Jesája.

Auf, werde licht, Jerusalem,
denn es kommt dein Licht,
und die Herrlichkeit des Herrn geht leuchtend auf über dir.

Denn siehe, Finsternis bedeckt die Erde
   und Dunkel die Völker,
doch über dir geht leuchtend der Herr auf,
seine Herrlichkeit erscheint über dir.

Völker wandern zu deinem Licht
   und Könige zu deinem strahlenden Glanz.

Blick auf und schau umher:
Sie alle versammeln sich und kommen zu dir.
Deine Söhne kommen von fern,
   deine Töchter trägt man auf dem Armen herbei.
Du wirst es sehen, und du wirst strahlen,
dein Herz bebt vor Freude und öffnet sich weit.

Denn der Reichtum des Meeres strömt dir zu,
die Schätze der Völker kommen zu dir.

6 Zahllose Kamele bedecken dein Land,
Dromedare aus Mídian und Efa.
Sie alle kommen von Saba,
bringen Weihrauch und Gold
und verkünden die ruhmreichen Taten des Herrn.

ANTWORTPSALM   Ps 72 (71), 1–2.7–8.10–11.12–13 (R: 11)
                                                      (GL 153, 1)
R Alle Könige müssen ihm huldigen,
alle Völker ihm dienen. – R

1 Verleih dein Richteramt, o Gott, dem König, *   VI. Ton
dem Königssohn gib dein gerechtes Walten!

2 Er regiere dein Volk in Gerechtigkeit *
und deine Armen durch rechtes Urteil. – (R)

7 Die Gerechtigkeit blühe auf in seinen Tagen *
und großer Friede, bis der Mond nicht mehr da ist.

8 Er herrsche von Meer zu Meer, *
vom Strom bis an die Enden der Erde. – (R)

10 Die Könige von Tarschisch und von den Inseln bringen Geschenke, *
die Könige von Saba und Seba kommen mit Gaben.

11 Alle Könige müssen ihm huldigen, *
alle Völker ihm dienen. – (R)

12 Er rettet den Gebeugten, der um Hilfe schreit, *
den Armen und den, der keinen Helfer hat.

13 Er erbarmt sich des Gebeugten und Schwachen, *
er rettet das Leben der Armen. – R

ZUR 2. LESUNG   *Schon im Alten Testament war zu lesen, daß
Gott Rettung und Heil nicht nur dem Volk Israel zugedacht hat. Aber
solche Aussagen waren im Judentum weithin überhört, jedenfalls
nicht in ihrer ganzen Tragweite verstanden worden. Selbst für Paulus,
den Schriftkundigen, war es eine große Offenbarung, daß Gott ohne
Unterschied alle Völker zum messianischen Heil beruft.*

ZWEITE LESUNG   Eph 3, 2–3a. 5–6

Jetzt ist offenbart worden: Auch die Heiden haben an der Verheißung in Christus Jesus teil

Lesung
aus dem Brief des Apostels Paulus an die Épheser.

Brüder!
Ihr habt gehört,
    welches Amt die Gnade Gottes mir für euch verliehen hat.
Durch eine Offenbarung
    wurde mir das Geheimnis Christi mitgeteilt.
Den Menschen früherer Generationen war es nicht bekannt;
jetzt aber ist es seinen heiligen Aposteln und Propheten
    durch den Geist offenbart worden:
daß nämlich die Heiden Miterben sind,
zu demselben Leib gehören
und an derselben Verheißung in Christus Jesus teilhaben
    durch das Evangelium.

RUF VOR DEM EVANGELIUM   Vers: vgl. Mt 2, 2

Halleluja. Halleluja.
Wir haben seinen Stern gesehen
und sind gekommen, dem Herrn zu huldigen.
Halleluja.

ZUM EVANGELIUM   *Fremden Menschen, Ausländern, Heiden leuchtet der Stern. Sie suchen und fragen, bis sie den neugeborenen König finden. Die Gelehrten in Jerusalem wissen aus der Schrift, wo der Messias geboren werden soll, aber keiner von ihnen geht nach Betlehem. So wird schon am Anfang des Matthäusevangeliums sichtbar, was am Schluß klar ausgesprochen wird: Alle Völker der Erde sind zum Heil berufen, das Jesus Christus gebracht hat (Mt 28, 18–20).*

EVANGELIUM   Mt 2, 1–12

Wir haben seinen Stern aufgehen sehen und sind gekommen, um ihm zu huldigen

✛ Aus dem heiligen Evangelium nach Matthäus.

1 Als Jesus zur Zeit des Königs Herodes
   in Betlehem in Judäa geboren worden war,
   kamen Sterndeuter aus dem Osten nach Jerusalem
2 und fragten: Wo ist der neugeborene König der Juden?
   Wir haben seinen Stern aufgehen sehen
   und sind gekommen, um ihm zu huldigen.
3 Als König Herodes das hörte, erschrak er
   und mit ihm ganz Jerusalem.
4 Er ließ alle Hohenpriester
   und Schriftgelehrten des Volkes
   zusammenkommen und erkundigte sich bei ihnen,
   wo der Messias geboren werden solle.
5 Sie antworteten ihm: In Betlehem in Judäa;
   denn so steht es bei dem Propheten:
6 Du, Betlehem im Gebiet von Juda,
   bist keineswegs die unbedeutendste
   unter den führenden Städten von Juda;
   denn aus dir wird ein Fürst hervorgehen,
   der Hirt meines Volkes Israel.
7 Danach rief Herodes die Sterndeuter heimlich zu sich
   und ließ sich von ihnen genau sagen,
   wann der Stern erschienen war.
8 Dann schickte er sie nach Betlehem
   und sagte: Geht und forscht sorgfältig nach, wo das Kind ist;
   und wenn ihr es gefunden habt, berichtet mir,
   damit auch ich hingehe und ihm huldige.
9 Nach diesen Worten des Königs machten sie sich auf den Weg.
   Und der Stern, den sie hatten aufgehen sehen,
   zog vor ihnen her
   bis zu dem Ort, wo das Kind war;
   dort blieb er stehen.
10 Als sie den Stern sahen,
   wurden sie von sehr großer Freude erfüllt.
11 Sie gingen in das Haus

und sahen das Kind und Maria, seine Mutter;
da fielen sie nieder und huldigten ihm.
Dann holten sie ihre Schätze hervor
und brachten ihm Gold, Weihrauch und Myrrhe als Gaben dar.

Weil ihnen aber im Traum geboten wurde,
    nicht zu Herodes zurückzukehren,
    zogen sie auf einem anderen Weg heim in ihr Land.

Glaubensbekenntnis, S. 356 ff.
Fürbitten vgl. S. 785 f.

ZUR EUCHARISTIEFEIER *Die Feier der Eucharistie ist „Myste-rium des Glaubens": ein großes, göttlich-menschliches Empfangen und Geben. Gold, Weihrauch und Myrrhe sind die sprechenden Sinn-bilder unseres Glaubens, unserer Liebe und der durchgehaltenen Treue.*

GABENGEBET

Allmächtiger Gott,
nimm die Gaben deiner Kirche an.
Sie bringt nicht mehr Gold,
Weihrauch und Myrrhe dar,
sondern er, den diese Gaben bezeichnen,
wird für uns geopfert und uns zur Speise gegeben,
unser Herr Jesus Christus,
der mit dir lebt und herrscht in alle Ewigkeit.

Präfation von Erscheinung des Herrn, S. 410.
In den Hochgebeten I–III eigener Einschub.

KOMMUNIONVERS Vgl. Mt 2, 2

Wir haben seinen Stern aufgehen sehen
und sind gekommen, dem Herrn mit Geschenken zu huldigen.

SCHLUSSGEBET

Wir danken dir, allmächtiger Gott,
für die heiligen Gaben
und bitten dich:
Erhelle unsere Wege mit dem Licht deiner Gnade,
damit wir in Glauben und Liebe erfassen,
was du uns im Geheimnis der Eucharistie geschenkt hast.
Darum bitten wir durch Christus, unseren Herrn.

BEGEGNUNG

Niemand hat Gott je geschaut, aber wenn wir einander lieben, bleibt Gott in uns, und seine Liebe ist in uns vollendet (1 Joh 4, 12). – In der liebenden Begegnung mit dem Bruder leuchtet uns das Bild Christi auf, geschieht Epiphanie: im Lächeln des Kindes, im Blick des geliebten Menschen, im dankbaren Auge des Beschenkten, im sorgendurchfurchten Gesicht des Kranken – in jeder liebenden Bewegung des Herzens, in jedem Dank, jedem Du. (R. Pesch)

Sonntag nach dem 6. Januar

TAUFE DES HERRN

Fest

Wird das Hochfest Erscheinung des Herrn auf den nachfolgenden Sonntag verlegt und ist dieser Sonntag der 7. oder 8. Januar, so wird das Fest Taufe des Herrn am unmittelbar folgenden Montag gefeiert. Vor dem Evangelium wird dann nur eine Lesung genommen.

Auch die Taufe Jesu ist ein Epiphaniegeschehen: Aufleuchten des sich offenbarenden Gottes. Der Vater nennt Jesus, der sich in die Reihe der Sünder gestellt hat, seinen geliebten Sohn. Der Geist Gottes ruht auf ihm, er wird ihn in die Wüste hinausführen, dann nach Galiläa, Jerusalem, Golgota. In der Kraft dieses Geistes wird Jesus sich als Opfer darbringen für die Sünde der Welt.

ERÖFFNUNGSVERS   Vgl. Mt 3, 16–17

**Als Jesus getauft war, öffnete sich der Himmel,
und er sah den Geist Gottes wie eine Taube auf sich herabkommen.
Und die Stimme des Vaters aus dem Himmel sprach:
Das ist mein geliebter Sohn, an dem ich Gefallen habe.**

Ehre sei Gott. S. 352 ff.

TAGESGEBET

Allmächtiger, ewiger Gott,
bei der Taufe im Jordan
kam der Heilige Geist auf unseren Herrn Jesus Christus herab,
und du hast ihn als deinen geliebten Sohn geoffenbart.

Gib, daß auch wir,
die aus dem Wasser und dem Heiligen Geist wiedergeboren sind,
in deinem Wohlgefallen stehen
und als deine Kinder aus der Fülle dieses Geistes leben.
Darum bitten wir durch Jesus Christus.

Oder:

Allmächtiger Gott,
dein einziger Sohn,
vor aller Zeit aus dir geboren,
ist in unserem Fleisch sichtbar erschienen.
Wie er uns gleichgeworden ist in der menschlichen Gestalt,
so werde unser Inneres neu geschaffen nach seinem Bild.
Darum bitten wir durch ihn,
der in der Einheit des Heiligen Geistes
mit dir lebt und herrscht in alle Ewigkeit.

ZUR 1. LESUNG   *In der Form einer Gottesrede beschreibt der Prophet die Berufung des „Knechtes". Der Gottesknecht, eine geheimnisvolle prophetisch-königliche Gestalt im zweiten Teil des Jesaja-Buches, soll allen Völkern Gottes Treue und Erbarmen verkünden. Für diese Aufgabe wird er mit dem Geist Gottes ausgerüstet. Das Neue Testament sieht diese Aussage in Jesus Christus erfüllt (vgl. Jes 42, 1 und das Gotteswort bei der Taufe Jesu: Mt 3, 17).*

ERSTE LESUNG   Jes 42, 5a.1–4.6–7

Seht, das ist mein Knecht, an ihm finde ich Gefallen

Lesung
   aus dem Buch Jesája.

So spricht Gott, der Herr:
Seht, das ist mein Knecht, den ich stütze;
das ist mein Erwählter, an ihm finde ich Gefallen.
Ich habe meinen Geist auf ihn gelegt,
er bringt den Völkern das Recht.
Er schreit nicht und lärmt nicht
   und läßt seine Stimme nicht auf der Straße erschallen.

3   Das geknickte Rohr zerbricht er nicht,
    und den glimmenden Docht löscht er nicht aus;
    ja, er bringt wirklich das Recht.
4   Er wird nicht müde und bricht nicht zusammen,
        bis er auf der Erde das Recht begründet hat.
    Auf sein Gesetz warten die Inseln.

6   Ich, der Herr, habe dich aus Gerechtigkeit gerufen,
    ich fasse dich an der Hand.
    Ich habe dich geschaffen
    und dazu bestimmt,
        der Bund für mein Volk
        und das Licht für die Völker zu sein:
7   blinde Augen zu öffnen,
        Gefangene aus dem Kerker zu holen
        und alle, die im Dunkel sitzen, aus ihrer Haft zu befreien.

ANTWORTPSALM Ps 29 (28), 1–2.3ac–4.3b u. 9b–10 (R: vgl. 11b)

R Der Herr schenkt seinem Volk den Frieden. – R   (GL 743, 1)

1   Bringt dar dem Herrn, ihr Himmlischen, *   I. Ton
    bringt dar dem Herrn Lob und Ehre!
2   Bringt dar dem Herrn die Ehre seines Namens, *
    werft euch nieder vor dem Herrn in heiligem Schmuck! – (R)
3ac Die Stimme des Herrn erschallt über den Wassern, *
    der Herr über gewaltigen Wassern.
4   Die Stimme des Herrn ertönt mit Macht, *
    die Stimme des Herrn voll Majestät. – (R)
3b Der Gott der Herrlichkeit donnert. *
9b In seinem Palast rufen alle: O herrlicher Gott!
10 Der Herr thront über der Flut, *
    der Herr thront als König in Ewigkeit. – R

ZUR 2. LESUNG   *Gott hat auf Jesus, als er getauft wurde, den
Heiligen Geist herabgesandt; er hat Jesus als seinen Sohn bezeugt und
zum Messias gesalbt. Durch ihn hat er allen Menschen, Juden und
Heiden, Versöhnung und Frieden verkündet. Das ist die Predigt der
apostolischen Zeit, die gute Nachricht auch für die heutige Welt.*

ZWEITE LESUNG

Apg 10, 34–38

Gott hat Jesus gesalbt mit dem Heiligen Geist

Lesung
aus der Apostelgeschichte.

In jenen Tagen
begann Petrus zu reden
und sagte:
Wahrhaftig jetzt begreife ich,
daß Gott nicht auf die Person sieht,
sondern daß ihm in jedem Volk willkommen ist,
wer ihn fürchtet
und tut, was recht ist.

Er hat das Wort den Israeliten gesandt,
indem er den Frieden verkündete durch Jesus Christus;
dieser ist der Herr aller.

Ihr wißt, was im ganzen Land der Juden geschehen ist,
angefangen in Galiläa,
nach der Taufe, die Johannes verkündet hat:

wie Gott Jesus von Nazaret gesalbt hat
mit dem Heiligen Geist und mit Kraft,
wie dieser umherzog,
Gutes tat
und alle heilte, die in der Gewalt des Teufels waren;
denn Gott war mit ihm.

RUF VOR DEM EVANGELIUM   Vers: vgl. Mt 3, 16.17; Mk 9, 7

Halleluja. Halleluja.

Der Himmel tat sich auf, und eine Stimme sprach:
Das ist mein geliebter Sohn; auf ihn sollt ihr hören.

Halleluja.

ZUM EVANGELIUM   *Wer sich von Johannes taufen ließ, bekundete damit seinen Willen zur Umkehr, seine Bereitschaft für das Kommen der Gottesherrschaft. Für Jesus bedeutet diese Taufe eine Art Berufsweihe. Der Geist, der auf ihn herabkommt, und die Stimme aus dem Himmel bezeugen Jesus als den Gesalbten, den Messias, und als den geliebten einzigen Sohn.*

EVANGELIUM   Mt 3, 13–17

Als Jesus getauft war, sah er den Geist Gottes wie eine Taube auf sich herabkommen

✝ Aus dem heiligen Evangelium nach Matthäus.

In jener Zeit

13   **kam Jesus von Galiläa an den Jordan zu Johannes,**
         um sich von ihm taufen zu lassen.
14   **Johannes aber wollte es nicht zulassen**
      und sagte zu ihm: Ich müßte von dir getauft werden,
      und du kommst zu mir?
15   **Jesus antwortete ihm: Laß es nur zu!**
      Denn nur so
         können wir die Gerechtigkeit, die Gott fordert, ganz erfüllen.
      Da gab Johannes nach.
16   **Kaum war Jesus getauft und aus dem Wasser gestiegen,**
         da öffnete sich der Himmel,
      und er sah den Geist Gottes wie eine Taube auf sich herabkommen.
17   **Und eine Stimme aus dem Himmel sprach:**
         Das ist mein geliebter Sohn, an dem ich Gefallen gefunden habe.

Glaubensbekenntnis, S. 356 ff.; Fürbitten vgl. S. 783 ff.

ZUR EUCHARISTIEFEIER   *Die Taufe im Jordan war für Jesus ein entscheidender Anfang. Von hier geht sein Weg bis hin zur anderen Taufe: zum Untertauchen in Leiden und Tod. Er ist gestorben, damit wir leben.*

GABENGEBET

Gott, unser Vater,
wir feiern den Tag,
an dem du Jesus
als deinen geliebten Sohn geoffenbart hast.
Nimm unsere Gaben an
und mache sie zum Opfer Christi,
der die Sünden der ganzen Welt abgewaschen hat.
Er, der mit dir lebt und herrscht in alle Ewigkeit.

Präfation von der Taufe des Herrn, S. 411.

KOMMUNIONVERS

Joh 1, 30.34

Dieser ist es, über den Johannes gesagt hat:
Ich habe es gesehen und lege Zeugnis ab:
Dieser ist der Sohn Gottes.

SCHLUSSGEBET

Gütiger Gott,
du hast uns mit deinem Wort
und dem Brot des Lebens genährt.
Gib, daß wir gläubig auf deinen Sohn hören,
damit wir deine Kinder heißen
und es in Wahrheit sind.
Darum bitten wir durch Christus, unseren Herrn.

VERÄNDERUNG

Wo es Menschen gibt, die, um Gott zu dienen, zur totalen Hingabe bereit sind, die sich ohne jede Rücksicht auf die eigene Person einsetzen, die sich mit ihrer Habe, auch wenn diese noch so klein ist, und mit ihrer ganzen Existenz einsetzen, da beginnt die wahre Veränderung der Welt. Da schafft sich etwas Raum, was aus der kommenden und schon gegenwärtigen Gottesherrschaft seine Kraft erhält. (F. Hahn)

DIE FASTENZEIT

Fastenzeit heißt nicht nur, weniger essen und trinken, überhaupt weniger für sich selbst fordern und verbrauchen. Der Sinn: Der ganze Mensch soll frei und gesund werden; sich selbst wiederfinden; das einüben und verwirklichen, was wir durch die Taufe geworden sind: der neue Mensch, in dem Christus sichtbar wird. Das Gesetz Christi: nicht fordern, sondern schenken; loslassen, sich selber lassen und wie durch den Tod hindurch das neue, größere Leben gewinnen.

ASCHERMITTWOCH

In der heutigen Messe wird die Asche gesegnet und ausgeteilt. Sie wird aus den gesegneten Palmzweigen des Vorjahres bereitet.

ERÖFFNUNG UND WORTGOTTESDIENST

ERÖFFNUNGSVERS
Weish 11, 24–25.27

**Du erbarmst dich aller, o Herr,
und hast Nachsicht mit den Sünden der Menschen,
damit sie sich bekehren;
denn du bist der Herr, unser Gott.**

Das Allgemeine Schuldbekenntnis entfällt. Es wird durch die Austeilung der Asche ersetzt.

TAGESGEBET
Getreuer Gott, im Vertrauen auf dich beginnen wir
die vierzig Tage der Umkehr und Buße.
Gib uns die Kraft zu christlicher Zucht,
damit wir dem Bösen absagen
und mit Entschiedenheit das Gute tun.
Darum bitten wir durch Jesus Christus.

ZUR LESUNG   *Zur Zeit des Propheten Joel wurde das Land Juda so von Heuschrecken verwüstet, daß nichts zu essen übrigblieb; auch für die täglichen Opfer im Tempel war nichts mehr da (1, 1-12). Der Prophet sieht in den Heuschrecken die Vorboten eines noch größeren Strafgerichts (2, 1-2). Darum ruft er zur Buße auf. Nicht eine liturgische Bußfeier soll es sein, sondern eine wirkliche Bekehrung: eine Hinwendung des ganzen Menschen zum barmherzigen Gott. „Vielleicht" hat er Mitleid und wendet das Unheil ab. „Vielleicht": der schuldige Mensch hat keinen Anspruch, aber er darf hoffen. Zwei Gründe hat Gott, sein Volk zu verschonen: 1. seine erbarmende Liebe, 2. seine eigene Ehre; die Heiden würden ja spotten, wenn Jahwe sein Volk zugrunde gehen ließe. Das letztere ist freilich eine volkstümliche Gottesvorstellung, die nicht auf der Höhe der großen Propheten steht.*

ERSTE LESUNG   Joel 2, 12–18

Zerreißt eure Herzen, nicht eure Kleider

Lesung
aus dem Buch Joël.

So spricht der Herr:
Kehrt um zu mir von ganzem Herzen
mit Fasten, Weinen und Klagen.
Zerreißt eure Herzen, nicht eure Kleider,
und kehrt um zum Herrn, eurem Gott!
Denn er ist gnädig und barmherzig,
langmütig und reich an Güte,
und es reut ihn, daß er das Unheil verhängt hat.
Vielleicht kehrt er um, und es reut ihn,
und er läßt Segen zurück,
so daß ihr Speise- und Trankopfer darbringen könnt
für den Herrn, euren Gott.

Auf dem Zion stoßt in das Horn,
ordnet ein heiliges Fasten an,
ruft einen Gottesdienst aus!
Versammelt das Volk,
heiligt die Gemeinde!
Versammelt die Alten,
holt die Kinder zusammen, auch die Säuglinge!
Der Bräutigam verlasse seine Kammer
und die Braut ihr Gemach.

17 Zwischen Vorhalle und Altar sollen die Priester klagen,
die Diener des Herrn sollen sprechen:
  Hab Mitleid, Herr, mit deinem Volk,
und überlaß dein Erbe nicht der Schande,
  damit die Völker nicht über uns spotten.
Warum soll man bei den Völkern sagen:
  Wo ist denn ihr Gott?

18 Da erwachte im Herrn die Leidenschaft für sein Land,
  und er hatte Erbarmen mit seinem Volk.

ANTWORTPSALM   Ps 51 (50), 3–4.5–6b.12–13.14 u. 17 (R: vgl. 3)

R Erbarme dich unser, o Herr,   (GL 190, 1)
denn wir haben gesündigt. – **R**

3 Gott, sei mir gnädig nach deiner Huld, *   IV. Ton
tilge meine Frevel nach deinem reichen Erbarmen!

4 Wasch meine Schuld von mir ab, *
und mach mich rein von meiner Sünde! – **(R)**

5 Denn ich erkenne meine bösen Taten, *
meine Sünde steht mir immer vor Augen.

6ab Gegen dich allein habe ich gesündigt, *
ich habe getan, was dir mißfällt. – **(R)**

12 Erschaffe mir, Gott, ein reines Herz, *
und gib mir einen neuen, beständigen Geist!

13 Verwirf mich nicht von deinem Angesicht, *
und nimm deinen heiligen Geist nicht von mir! – **(R)**

14 Mach mich wieder froh mit deinem Heil; *
mit einem willigen Geist rüste mich aus!

17 Herr, öffne mir die Lippen, *
und mein Mund wird deinen Ruhm verkünden. – **R**

ZUR 2. LESUNG   *Die neue Schöpfung ist nicht abgeschlossen; sie
ist im Werden bis zum Tag der Vollendung. Und bis dahin hat Gott
das „Wort der Versöhnung" Menschen aufgetragen, die seine „Bot-
schafter" sind. Sie sollen den Menschen immer neu sagen, was Gott
für uns getan hat und was sich daraus an Möglichkeiten und auch an
Forderungen ergibt.*

ZWEITE LESUNG   2 Kor 5, 20 – 6, 2

Laßt euch mit Gott versöhnen! Jetzt ist sie da, die Zeit der Gnade

Lesung
   aus dem zweiten Brief des Apostels Paulus an die Korínther.

Brüder!
Wir sind Gesandte an Christi Statt,
und Gott ist es, der durch uns mahnt.
Wir bitten an Christi Statt:
   Laßt euch mit Gott versöhnen!
Er hat den, der keine Sünde kannte,
   für uns zur Sünde gemacht,
damit wir in ihm Gerechtigkeit Gottes würden.

Als Mitarbeiter Gottes ermahnen wir euch,
   daß ihr seine Gnade nicht vergebens empfangt.
Denn es heißt:
   Zur Zeit der Gnade erhöre ich dich,
   am Tag der Rettung helfe ich dir.
Jetzt ist sie da, die Zeit der Gnade;
jetzt ist er da, der Tag der Rettung.

RUF VOR DEM EVANGELIUM   Vers: Ps 95 (94), 7d.8a

Herr Jesus, dir sei Ruhm und Ehre![1] – R

Wenn ihr heute seine Stimme hört,
verhärtet nicht euer Herz!
Herr Jesus, dir sei Ruhm und Ehre!

ZUM EVANGELIUM *Die „Gerechtigkeit", wie Jesus sie versteht*
(V. 1), hat nur die eine große Sorge, mit dem Willen Gottes übereinzu-
stimmen. Almosengeben, Beten und Fasten sind drei Äußerungen der
Frömmigkeit, in denen drei Grundhaltungen des Menschen zum Aus-
druck kommen und sich in ihrer Echtheit bewähren müssen: im Fasten
die Demut vor Gott, im Beten die Hoffnung und im Almosen die Liebe.
Alle drei sind nichts wert, wenn der Mensch nicht mit reiner Absicht
Gott sucht. Der Heuchler hat im Endgericht nichts mehr zu erwarten,
das wird eindringlich gesagt in dem dreimaligen „Amen, ich sage euch
..." (6, 2.5.16).

[1] Vgl. die Hinweise S. 780.

EVANGELIUM   Mt 6, 1–6.16–18

Dein Vater, der das Verborgene sieht, wird es dir vergelten

✝ Aus dem heiligen Evangelium nach Matthäus.

In jener Zeit sprach Jesus zu seinen Jüngern:
1 Hütet euch,
    eure Gerechtigkeit vor den Menschen zur Schau zu stellen;
sonst habt ihr keinen Lohn
    von eurem Vater im Himmel zu erwarten.
2 Wenn du Almosen gibst,
    laß es also nicht vor dir herposaunen,
    wie es die Heuchler in den Synagogen und auf den Gassen tun,
    um von den Leuten gelobt zu werden.
Amen, das sage ich euch:
Sie haben ihren Lohn bereits erhalten.
3 Wenn du Almosen gibst,
    soll deine linke Hand nicht wissen, was deine rechte tut.
4 Dein Almosen soll verborgen bleiben,
und dein Vater, der auch das Verborgene sieht,
    wird es dir vergelten.
5 Wenn ihr betet,
    macht es nicht wie die Heuchler.
Sie stellen sich beim Gebet
    gern in die Synagogen und an die Straßenecken,
    damit sie von den Leuten gesehen werden.
Amen, das sage ich euch:
Sie haben ihren Lohn bereits erhalten.
6 Du aber geh in deine Kammer, wenn du betest,
und schließ die Tür zu;
dann bete zu deinem Vater, der im Verborgenen ist.
Dein Vater, der auch das Verborgene sieht,
    wird es dir vergelten.
16 Wenn ihr fastet,
    macht kein finsteres Gesicht wie die Heuchler.
Sie geben sich ein trübseliges Aussehen,
    damit die Leute merken, daß sie fasten.
Amen, das sage ich euch:
Sie haben ihren Lohn bereits erhalten.

7 Du aber salbe dein Haar, wenn du fastest,
und wasche dein Gesicht,
8 damit die Leute nicht merken, daß du fastest,
    sondern nur dein Vater, der auch das Verborgene sieht;
und dein Vater, der das Verborgene sieht,
    wird es dir vergelten.

SEGNUNG UND AUSTEILUNG DER ASCHE

Nach der Homilie lädt der Priester die Gläubigen zum Gebet ein:

Liebe Brüder und Schwestern,
wir wollen Gott, unseren Vater, bitten,
daß er diese Asche segne,
die wir als Zeichen der Buße empfangen.

Nach einer kurzen Gebetsstille betet der Priester, die Hände gefaltet:

Barmherziger Gott,
du bist den Demütigen nahe
und läßt dich durch Buße versöhnen.
Neige dein Ohr unseren Bitten
und segne ☩ alle, die gekommen sind,
um das Aschenkreuz zu empfangen.
Hilf uns, die vierzig Tage der Buße
in rechter Gesinnung zu begehen,
damit wir das heilige Osterfest
mit geläutertem Herzen feiern.
Darum bitten wir durch Christus, unseren Herrn.

Oder:

Gott, du willst nicht den Tod des Sünders,
du willst, daß er sich bekehrt und lebt.
Erhöre gnädig unsere Bitten:
Segne ☩ diese Asche,
mit der wir uns bezeichnen lassen,
weil wir wissen, daß wir Staub sind
und zum Staub zurückkehren,
Hilf uns, die vierzig Tage der Buße
in rechter Gesinnung zu begehen.

Verzeih uns unsere Sünden,
erneuere uns nach dem Bild deines Sohnes
und schenke uns durch seine Auferstehung
das unvergängliche Leben.
Darum bitten wir durch ihn, Christus, unseren Herrn.

Der Priester besprengt die Asche mit Weihwasser (ohne Begleitgebet). Danach legt er allen, die vor ihn hintreten, die Asche auf und spricht zu jedem einzelnen.

Bekehrt euch und glaubt an das Evangelium.   Mk 1, 15

Oder: Vgl. Gen 3, 19
Bedenke, Mensch, daß du Staub bist und wieder zum Staub zurückkehren wirst.

Während der Austeilung der Asche wird gesungen.

ANTIPHON   Joel 2, 13
Laßt uns umkehren zum Herrn, unserem Gott, denn er ist gnädig und barmherzig und langmütig. Groß ist seine Güte, und es reut ihn, daß er Unheil verhängt hat.

Oder: Joel 2, 17; Est 4, 17
Zwischen Vorhalle und Altar sollen die Priester klagen, die Diener des Herrn sollen sprechen: Hab Mitleid, Herr, mit deinem Volk, laß den Mund derer, die dich loben, nicht verstummen.

Oder: Ps 51 (50), 3
Tilge, Herr, meine Frevel nach deinem reichen Erbarmen.

Diese Antiphon kann mit Psalm 51 (50) verbunden und nach jedem einzelnen Vers wiederholt werden.

RESPONSORIUM   Vgl. Bar 3, ?; Ps 79 (78), 9
Wir wollen Buße tun für das, was wir gefehlt haben, und uns bessern, damit wir nicht, plötzlich vom Tod überrascht, nach einer Gna-

denfrist suchen, die uns niemand geben kann. * Höre, Herr, und hab Erbarmen, denn wir haben gesündigt vor dir.

V Hilf uns, du Gott unseres Heils! Um der Ehre deines Namens willen reiß uns heraus! * Höre, Herr ...

Es kann auch ein anderer geeigneter Gesang genommen werden.

Wenn die Asche ausgeteilt ist, werden abschließend die Fürbitten gesprochen.

EUCHARISTIEFEIER

GABENGEBET

Herr, unser Gott,
zu Beginn der heiligen vierzig Tage
bringen wir dieses Opfer dar
und bitten dich:
Hilf uns, umzukehren
und Taten der Buße und der Liebe zu vollbringen,
damit wir unseren bösen Neigungen nicht nachgeben.
Reinige uns von Sünden und mache uns fähig,
das Gedächtnis des Leidens
unseres Herrn Jesus Christus
mit ganzer Hingabe zu begehen,
der mit dir lebt und herrscht in alle Ewigkeit.

Fastenpräfation IV, S. 415.

KOMMUNIONVERS   Ps 1,2–3

Wer über die Weisung des Herrn nachsinnt bei Tag und Nacht, bringt seine Frucht zur rechten Zeit.

SCHLUSSGEBET

Barmherziger Gott,
stärke uns durch dieses heilige Mahl,
damit wir fasten können, wie es dir gefällt,
und durch die Feier dieser Tage Heilung finden.
Darum bitten wir durch Christus, unseren Herrn.

Die Segnung und Austeilung der Asche kann auch außerhalb der Messe stattfinden.

Wenn die Weihe und die Austeilung der Asche nicht im Zusammenhang mit einer Meßfeier stehen, ist es angemessen, vorher einen Wortgottesdienst zu halten, bei dem die für die Meßfeier vorgesehenen Texte genommen werden.

„DIE RELIGIONSGESCHICHTE *weist die Asche als Bild der Vergänglichkeit und als Zeichen der Trauer und der Buße aus. Sich das Haupt mit Asche zu bestreuen galt nicht nur bei den Israeliten, sondern auch bei Ägyptern, Arabern und Griechen als ausdrucksvolle Gebärde der Klage. Von hier aus versteht man die altkirchliche Sitte, daß öffentliche Sünder im rauhen Gewand und mit Asche bestreut ihre Bußzeit antraten. Man konnte sich für diese Sitte auf Gewohnheiten berufen, die mehrfach im Alten und Neuen Testament geschildert sind: Ps 102, 10; Jes 58, 5; Mt 11, 21 u. a. Seit dem 7. Jahrhundert ist der Aschermittwoch als Tag der Bußeröffnung bezeugt. Von diesem Tag bis zum Gründonnerstag wurde von der eigentlichen Eucharistiefeier ausgeschlossen und mit schweren Bußleistungen belegt, wer eine Kapitalsünde begangen hatte. Damit waren wohl nicht nur Unzucht, Mord und Glaubensabfall gemeint, sondern alles, was heute noch beim Durchschnittsmenschen als auch subjektiv schweres Vergehen präsumiert werden kann … Als die Einrichtung der öffentlichen Buße mehr und mehr an Bedeutung verlor und endlich ganz verschwand, blieb jene Zeremonie in ihrer Grundform als sinnvolle Einführung aller Gläubigen in die große Bußzeit der Kirche bestehen. Diese Übung hatte sich gewiß schon eine beträchtliche Zeit eingebürgert, als Papst Urban II. auf der Synode von Benevent 1091 es als eine Pflicht der Gläubigen bezeichnete, am Beginn der Fastenzeit sich in der Kirche mit Asche bestreuen zu lassen"* (Alfons Auer).

ERSTER FASTENSONNTAG

Gott will nicht den Tod, sondern das Leben. Jesus ist gekommen, damit wir das Leben in Fülle haben (Joh 10, 10). In ihm ist der neue Mensch sichtbar geworden, der ursprüngliche Mensch, wie Gott ihn am Anfang gemeint und geschaffen hat: der nicht nur vom Brot lebt, sondern vom Wort des lebendigen, anwesenden Gottes.

ERÖFFNUNGSVERS   Ps 91 (90), 15–16

Wenn er mich anruft, dann will ich ihn erhören.
Ich bin bei ihm in der Not, befreie ihn und bringe ihn zu Ehren.
Ich sättige ihn mit langem Leben und lasse ihn mein Heil schauen.

TAGESGEBET

Allmächtiger Gott,
du schenkst uns die heiligen vierzig Tage
als eine Zeit der Umkehr und der Buße.
Gib uns durch ihre Feier die Gnade,
daß wir in der Erkenntnis Jesu Christi voranschreiten
und die Kraft seiner Erlösungstat
durch ein Leben aus dem Glauben sichtbar machen.
Darum bitten wir durch ihn,
der in der Einheit des Heiligen Geistes
mit dir lebt und herrscht in alle Ewigkeit.

ZUR 1. LESUNG   *Die Erschaffung des Menschen aus Ackererde
und göttlichem Lebensgeist, sein Wohnen im Garten von Eden und
seine Vertreibung daraus als Folge der Sünde: das alles liegt seiner
Natur nach vor und außerhalb jeder eigentlichen Geschichte und Ge-
schichtsdarstellung. Dem biblischen Verfasser geht es darum, Fragen
und Probleme des Menschenlebens zu klären. Warum muß es für den
Menschen soviel Leid geben und schließlich den Tod? Antwort: Gott
will den Tod nicht; der Mensch selber wählt den Tod, indem er sich
von Gott, der Quelle des Lebens, entfernt. Der von Christus erlöste
Mensch, der die Gemeinschaft mit Gott wiedergefunden hat, erfährt
den Tod nicht mehr nur als Zerfall, sondern als Übergang und Ver-
wandlung.*

ERSTE LESUNG   Gen 2, 7–9; 3, 1–7

Erschaffung und Sünde der Stammeltern

Lesung
   aus dem Buch Génesis.

7 Gott, der Herr, formte den Menschen aus Erde vom Ackerboden
und blies in seine Nase den Lebensatem.
So wurde der Mensch zu einem lebendigen Wesen.

8 Dann legte Gott, der Herr, in Eden, im Osten, einen Garten an
   und setzte dorthin den Menschen, den er geformt hatte.
9 Gott, der Herr, ließ aus dem Ackerboden allerlei Bäume wachsen,
       verlockend anzusehen und mit köstlichen Früchten,
   in der Mitte des Gartens aber den Baum des Lebens
       und den Baum der Erkenntnis von Gut und Böse.

1 Die Schlange war schlauer als alle Tiere des Feldes,
       die Gott, der Herr, gemacht hatte.
   Sie sagte zu der Frau:
       Hat Gott wirklich gesagt:
       Ihr dürft von keinem Baum des Gartens essen?
2 Die Frau entgegnete der Schlange:
       Von den Früchten der Bäume im Garten dürfen wir essen;
3 nur von den Früchten des Baumes,
       der in der Mitte des Gartens steht,
       hat Gott gesagt: Davon dürft ihr nicht essen,
   und daran dürft ihr nicht rühren,
   sonst werdet ihr sterben.

4 Darauf sagte die Schlange zur Frau:
       Nein, ihr werdet nicht sterben.
5 Gott weiß vielmehr:
       Sobald ihr davon eßt, gehen euch die Augen auf;
   ihr werdet wie Gott
       und erkennt Gut und Böse.
6 Da sah die Frau, daß es köstlich wäre, von dem Baum zu essen,
   daß der Baum eine Augenweide war
       und dazu verlockte, klug zu werden.
   Sie nahm von seinen Früchten und aß;
   sie gab auch ihrem Mann, der bei ihr war,
   und auch er aß.

7 Da gingen beiden die Augen auf,
   und sie erkannten, daß sie nackt waren.
   Sie hefteten Feigenblätter zusammen
       und machten sich einen Schurz.

ANTWORTPSALM   Ps 51 (50), 3–4.5–6b.12–13.14 u. 17 (R: vgl. 3)

R Erbarme dich unser, o Herr,   (GL 172, 3)
denn wir haben gesündigt. – R

3   Gott, sei mir gnädig nach deiner Huld, *   I. Ton
tilge meine Frevel nach deinem reichen Erbarmen!

4   Wasch meine Schuld von mir ab, *
und mach mich rein von meiner Sünde! – (R)

5   Denn ich erkenne meine bösen Taten, *
meine Sünde steht mir immer vor Augen.

5ab Gegen dich allein habe ich gesündigt, *
ich habe getan, was dir mißfällt. – (R)

12 Erschaffe mir, Gott, ein reines Herz, *
und gib mir einen neuen, beständigen Geist!

13 Verwirf mich nicht von deinem Angesicht, *
und nimm deinen heiligen Geist nicht von mir! – (R)

14 Mach mich wieder froh mit deinem Heil; *
mit einem willigen Geist rüste mich aus!

17 Herr, öffne mir die Lippen, *
und mein Mund wird deinen Ruhm verkünden. – R

ZUR 2. LESUNG   *Adam und Christus bilden das große Thema der
drei Lesungen an diesem Sonntag. In der 2. Lesung werden beide einander ausdrücklich gegenübergestellt. Der Ungehorsam des ersten
hat zum Tod geführt, der Gehorsam des zweiten hat für die vielen, das
heißt für alle, den Weg zum Leben, zur bleibenden Gemeinschaft mit
Gott wieder eröffnet.*

ZWEITE LESUNG   Röm 5, 12–19

Wo die Sünde mächtig wurde, da ist die Gnade übergroß geworden (Röm 5, 20b)

Lesung
aus dem Brief des Apostels Paulus an die Römer.

Brüder!
12 Durch einen einzigen Menschen kam die Sünde in die Welt
und durch die Sünde der Tod,
und auf diese Weise gelangte der Tod zu allen Menschen,
weil alle sündigten.

13 Sünde war schon vor dem Gesetz in der Welt,
    aber Sünde wird nicht angerechnet, wo es kein Gesetz gibt;
14 dennoch herrschte der Tod von Adam bis Mose auch über die,
        welche nicht wie Adam
        durch Übertreten eines Gebots gesündigt hatten;
    Adam aber ist die Gestalt, die auf den Kommenden hinweist.

15 Doch anders als mit der Übertretung
        verhält es sich mit der Gnade;
    sind durch die Übertretung des einen
        die vielen dem Tod anheimgefallen,
        so ist erst recht die Gnade Gottes
        und die Gabe,
        die durch die Gnadentat des einen Menschen Jesus Christus
        bewirkt worden ist,
        den vielen reichlich zuteil geworden.
16 Anders als mit dem,
        was durch den einen Sünder verursacht wurde,
        verhält es sich mit dieser Gabe:
    Das Gericht
        führt wegen der Übertretung des einen zur Verurteilung,
    die Gnade führt aus vielen Übertretungen zur Gerechtsprechung.
17 Ist durch die Übertretung des einen
        der Tod zur Herrschaft gekommen, durch diesen einen,
        so werden erst recht
        alle, denen die Gnade und die Gabe der Gerechtigkeit
        reichlich zuteil wurde,
        leben und herrschen durch den einen, Jesus Christus.
18 Wie es also durch die Übertretung eines einzigen
        für alle Menschen zur Verurteilung kam,
        so wird es auch durch die gerechte Tat eines einzigen
        für alle Menschen zur Gerechtsprechung kommen,
        die Leben gibt.
19 Wie durch den Ungehorsam des einen Menschen
        die vielen zu Sündern wurden,
        so werden auch durch den Gehorsam des einen
        die vielen zu Gerechten gemacht werden.

Oder:

KURZFASSUNG   Röm 5, 12.17–19

Wo die Sünde mächtig wurde, da ist die Gnade übergroß geworden (Röm 5, 20b)

Lesung
aus dem Brief des Apostels Paulus an die Römer.

Brüder!

12 Durch einen einzigen Menschen kam die Sünde in die Welt
und durch die Sünde der Tod,
und auf diese Weise gelangte der Tod zu allen Menschen,
 weil alle sündigten.

17 Ist durch die Übertretung des einen
 der Tod zur Herrschaft gekommen, durch diesen einen,
 so werden erst recht
 alle, denen die Gnade und die Gabe der Gerechtigkeit
 reichlich zuteil wurde,
 leben und herrschen durch den einen, Jesus Christus.

18 Wie es also durch die Übertretung eines einzigen
 für alle Menschen zur Verurteilung kam,
 so wird es auch durch die gerechte Tat eines einzigen
 für alle Menschen zur Gerechtsprechung kommen,
 die Leben gibt.

19 Wie durch den Ungehorsam des einen Menschen
 die vielen zu Sündern wurden,
 so werden auch durch den Gehorsam des einen
 die vielen zu Gerechten gemacht werden.

RUF VOR DEM EVANGELIUM   Vers: vgl. Mt 4,4b

Herr Jesus, dir sei Ruhm und Ehre! – R

Nicht nur von Brot lebt der Mensch,
sondern von jedem Wort aus Gottes Mund.

Herr Jesus, dir sei Ruhm und Ehre!

ZUM EVANGELIUM   *In der Wüste wird Jesus vierzig Tage lang
vom Teufel versucht, d. h. geprüft, getestet. Adam hatte im Paradies
der Versuchung nachgegeben. Israel war in der Wüste von Gott selbst*

geprüft worden und hatte die Prüfung nicht bestanden. In Christus ge-
hen Israel und die Menschheit den Weg zurück unter Gottes Wort und
seine Königsherrschaft. Hunger nach Reichtum, Ehre und Macht:
Jesus hat als Mensch diesen dreifachen Hunger erfahren und über-
wunden.

EVANGELIUM   Mt 4,1–11

Jesus fastete vierzig Tage und wurde in Versuchung geführt

✙ Aus dem heiligen Evangelium nach Matthäus.

In jener Zeit
1   wurde Jesus vom Geist in die Wüste geführt;
dort sollte er vom Teufel in Versuchung geführt werden.
2 Als er vierzig Tage und vierzig Nächte gefastet hatte,
     bekam er Hunger.

3 Da trat der Versucher an ihn heran
und sagte: Wenn du Gottes Sohn bist,
     so befiehl, daß aus diesen Steinen Brot wird.

4 Er aber antwortete:
In der Schrift heißt es:
     Der Mensch lebt nicht nur von Brot,
     sondern von jedem Wort, das aus Gottes Mund kommt.

5 Darauf nahm ihn der Teufel mit sich in die Heilige Stadt,
stellte ihn oben auf den Tempel
6 und sagte zu ihm: Wenn du Gottes Sohn bist,
     so stürz dich hinab;
denn es heißt in der Schrift:

     Seinen Engeln befiehlt er,
     dich auf ihren Händen zu tragen,
     damit dein Fuß nicht an einen Stein stößt.

7 Jesus antwortete ihm:
In der Schrift heißt es auch:
     Du sollst den Herrn, deinen Gott, nicht auf die Probe stellen.

8 Wieder nahm ihn der Teufel mit sich
und führte ihn auf einen sehr hohen Berg;
er zeigte ihm alle Reiche der Welt mit ihrer Pracht

9 und sagte zu ihm:
  Das alles will ich dir geben,
  wenn du dich vor mir niederwirfst und mich anbetest.

10 Da sagte Jesus zu ihm:
  Weg mit dir, Satan! Denn in der Schrift steht:
    Vor dem Herrn, deinem Gott, sollst du dich niederwerfen
    und ihm allein dienen.

11 Darauf ließ der Teufel von ihm ab,
  und es kamen Engel und dienten ihm.

Glaubensbekenntnis, S. 356 ff.
Fürbitten vgl. S. 786 ff.

ZUR EUCHARISTIEFEIER *Gottesdienst will nicht gefeiert, sondern getan werden. Gott dienen: nach ihm fragen, seine Nähe suchen, seinen Willen tun. Jesus hat uns den Weg gezeigt. Er selbst will das Brot sein, das uns für diesen Weg die Kraft gibt.*

GABENGEBET

Herr, unser Gott,
wir bringen Brot und Wein für das heilige Opfer,
das wir zum Beginn dieser Fastenzeit feiern.
Nimm mit diesen Gaben uns selbst an
und vereine unsere Hingabe
mit dem Opfer deines Sohnes,
der mit dir lebt und herrscht in alle Ewigkeit.

Präfation vom 1. Fastensonntag, S. 411,
oder von der Fastenzeit, S. 414 f.

KOMMUNIONVERS   Mt 4, 4

Nicht nur vom Brot lebt der Mensch,
sondern von jedem Wort, das aus Gottes Mund kommt.

Oder: Ps 91 (90), 4

Mit seinen Flügeln schirmt dich der Herr,
unter seinen Schwingen findest du Zuflucht.

SCHLUSSGEBET

Gütiger Gott,
du hast uns das Brot des Himmels gegeben,
damit Glaube, Hoffnung und Liebe in uns wachsen.
Erhalte in uns das Verlangen nach diesem wahren Brot,
das der Welt das Leben gibt,
und stärke uns mit jedem Wort,
das aus deinem Mund hervorgeht.
Darum bitten wir durch Christus, unseren Herrn.

FÜR DEN TAG UND DIE WOCHE
Sternstunden

Es gibt im Leben einzelner Menschen wie ganzer Völker dann und je Ereignisse von weltgeschichtlicher Tragweite. Nach einem solchen Ereignis ist alles anders als zuvor, und man kann nicht mehr dahinter zurück ... Die Evangelien berichten uns in der Erzählung von der Versuchung Jesu von einem solchen Geschehen, wo im Blick auf die Zukunft der Menschheit alles auf dem Spiel stand ... Wenn Christus als der zweite Adam, dem ersten Adam gleich, abermals gefallen wäre, es wäre über die Menschheit ein ausweglose Verderben hereingebrochen. Es ist hilfreich für uns zu wissen, daß auch Jesus den Kampf wider Sünde und Versuchung kennengelernt hat und durchstehen mußte. (A. Köberle)

ZWEITER FASTENSONNTAG

Abraham war, nach Adam und Noach, ein neuer Anfang; er war ein Entwurf. Mose und Elija waren Weiser, sie waren Stationen auf dem Weg. Christus ist der Weg; er ist das Wort des Vaters und sein vollkommenes Bild. In ihm ist Gott sichtbar und hörbar geworden für uns. Nun aber will er für alle Menschen erfahrbar und sichtbar werden durch uns: durch die Menschen, die sich Christen nennen.

ERÖFFNUNGSVERS

Ps 27 (26), 8–9

Mein Herz denkt an dein Wort: Sucht mein Angesicht!
Dein Angesicht, Herr, will ich suchen.
Verbirg nicht dein Gesicht vor mir.

Oder:

Ps 25 (24), 6.2.22

Denk an dein Erbarmen, Herr, und an die Taten deiner Huld,
denn sie bestehen seit Ewigkeit.
Laß unsere Feinde nicht triumphieren!
Befreie uns, Gott Israels, aus all unseren Nöten.

TAGESGEBET

Gott, du hast uns geboten,
auf deinen geliebten Sohn zu hören.
Nähre uns mit deinem Wort
und reinige die Augen unseres Geistes,
damit wir fähig werden,
deine Herrlichkeit zu erkennen.
Darum bitten wir durch Jesus Christus.

ZUR 1. LESUNG *Nach dem Turmbau von Babel scheint die Menschheitsgeschichte sich in Verwirrung aufzulösen. Aber mit der Berufung Abrahams beginnt von Gott her etwas Neues: die Heilsgeschichte. Abraham hört den Ruf: Zieh fort! Und die Verheißung: Ich werde dich segnen. Abraham folgt dem Ruf, er zieht fort, ohne zu wissen, wann und wo er ankommen wird (vgl. Hebr 11, 8–10). Er hat kein anderes Licht auf seinem Weg als das Wort Gottes.*

ERSTE LESUNG

Gen 12, 1–4a

Der Herr beruft Abraham, den Vater des Gottesvolkes

**Lesung
aus dem Buch Génesis.**

In jenen Tagen
sprach der Herr zu Abram:
Zieh weg aus deinem Land,
von deiner Verwandtschaft und aus deinem Vaterhaus
in das Land, das ich dir zeigen werde.

2 Ich werde dich zu einem großen Volk machen,
   dich segnen
   und deinen Namen groß machen.
   Ein Segen sollst du sein.
3 Ich will segnen, die dich segnen;
   wer dich verwünscht, den will ich verfluchen.
   Durch dich sollen alle Geschlechter der Erde Segen erlangen.
4a Da zog Abram weg,
      wie der Herr ihm gesagt hatte.

ANTWORTPSALM   Ps 33 (32),4–5.18–19.20 u. 22 (R: 22)

R Laß deine Güte über uns walten, o Herr,   (GL 745,1)
denn wir schauen aus nach dir. – R

4 Das Wort des Herrn ist wahrhaftig, *   IX. Ton
   all sein Tun ist verläßlich.

5 Er liebt Gerechtigkeit und Recht, *
   die Erde ist erfüllt von der Huld des Herrn. – (R)

18 Das Auge des Herrn ruht auf allen, die ihn fürchten und ehren, *
   die nach seiner Güte ausschaun;

19 denn er will sie dem Tod entreißen *
   und in der Hungersnot ihr Leben erhalten. – (R)

20 Unsre Seele hofft auf den Herrn; *
   er ist für uns Schild und Hilfe.

22 Laß deine Güte über uns walten, o Herr, *
   denn wir schauen aus nach dir. – R

ZUR 2. LESUNG *Das Kommen Jesu Christi in menschlicher
Schwachheit war ein „Erscheinen", ein Sichtbarwerden der Gnade
Gottes. Es ist offenbar geworden, daß Gott alle Menschen retten will;
alle ruft er zum Glauben, zur Taufe, zum „Licht des unvergänglichen
Lebens", aber auch zur Arbeit für das Evangelium und zur Leidensge-
meinschaft mit Christus.*

ZWEITE LESUNG   2 Tim 1, 8b–10

Mit einem heiligen Ruf hat Gott uns gerufen und uns das Licht des Lebens gebracht

Lesung
aus dem zweiten Brief des Apostels Paulus an Timótheus.

Mein Sohn!
8b Leide mit mir für das Evangelium.
Gott gibt dazu die Kraft:

9 Er hat uns gerettet;
mit einem heiligen Ruf hat er uns gerufen,
nicht aufgrund unserer Werke,
    sondern aus eigenem Entschluß und aus Gnade,
    die uns schon vor ewigen Zeiten
    in Christus Jesus geschenkt wurde;
10 jetzt aber wurde sie
    durch das Erscheinen unseres Retters Christus Jesus offenbart.

Er hat dem Tod die Macht genommen
und uns das Licht des unvergänglichen Lebens gebracht
    durch das Evangelium.

RUF VOR DEM EVANGELIUM

Herr Jesus, dir sei Ruhm und Ehre! – **R**
Aus der leuchtenden Wolke rief die Stimme des Vaters:
Das ist mein geliebter Sohn; auf ihn sollt ihr hören.

Herr Jesus, dir sei Ruhm und Ehre!

ZUM EVANGELIUM   *Was die Jünger auf dem Berg der Verklärung sehen und hören, werden sie erst nach der Auferstehung Jesu begreifen. Die Lichtwolke und die Stimme aus der Wolke bestätigen Jesus als den Christus, den Sohn des lebendigen Gottes (vgl. Mt 16, 17). Auf ihn haben das Gesetz und die Propheten (Mose und Elija) hingewiesen. Er, der „geliebte Sohn", wird durch Leiden und Tod hindurch seinen Weg vollenden; damit ist auch für den Jünger der Weg vorgezeichnet.*

EVANGELIUM   Mt 17, 1–9

Er wurde vor ihren Augen verwandelt; sein Gesicht leuchtete wie die Sonne

✝ **Aus dem heiligen Evangelium nach Matthäus.**

In jener Zeit
1   nahm Jesus Petrus, Jakobus
       und dessen Bruder Johannes beiseite
und führte sie auf einen hohen Berg.
2   Und er wurde vor ihren Augen verwandelt;
sein Gesicht leuchtete wie die Sonne,
       und seine Kleider wurden blendend weiß wie das Licht.
3   Da erschienen plötzlich vor ihren Augen Mose und Elija
und redeten mit Jesus.
4   Und Petrus sagte zu ihm:
       Herr, es ist gut, daß wir hier sind.
Wenn du willst, werde ich hier drei Hütten bauen,
eine für dich, eine für Mose und eine für Elija.
5   Noch während er redete,
       warf eine leuchtende Wolke ihren Schatten auf sie,
und aus der Wolke rief eine Stimme:
       Das ist mein geliebter Sohn,
       an dem ich Gefallen gefunden habe;
auf ihn sollt ihr hören.
6   Als die Jünger das hörten,
       bekamen sie große Angst
und warfen sich mit dem Gesicht zu Boden.
7   Da trat Jesus zu ihnen,
faßte sie an
und sagte: Steht auf, habt keine Angst!
8   Und als sie aufblickten,
       sahen sie nur noch Jesus.
9   Während sie den Berg hinabstiegen, gebot ihnen Jesus:
       Erzählt niemand von dem, was ihr gesehen habt,
       bis der Menschensohn von den Toten auferstanden ist.

Glaubensbekenntnis, S. 356 ff.: Fürbitten vgl. S. 786 ff.

ZUR EUCHARISTIEFEIER *Wo Gottes Wort gesagt und gehört wird, da weht der Atem Gottes, der Heilige Geist; da geschieht Verklä-*

rung und Wandlung – auf dem Altar, in der Gemeinde, in der Welt. In mir und mit mir.

GABENGEBET

Herr, das Opfer, das wir feiern,
nehme alle Schuld von uns.
Es heilige uns an Leib und Seele,
damit wir uns in rechter Weise
auf das Osterfest vorbereiten.
Darum bitten wir durch Christus, unseren Herrn.

Präfation vom 2. Fastensonntag, S. 412
oder von der Fastenzeit, S. 414 f.

KOMMUNIONVERS

Mt 17, 5

Dies ist mein geliebter Sohn, an dem ich Gefallen gefunden habe:
Auf den sollt ihr hören.

SCHLUSSGEBET

Herr,
du hast uns im Sakrament
an der Herrlichkeit deines Sohnes Anteil gegeben.
Wir danken dir,
daß du uns schon auf Erden teilnehmen läßt
an dem, was droben ist.
Durch Christus, unseren Herrn.

FÜR DEN TAG UND DIE WOCHE
Das klare Leuchten

Gott ist Licht, zu blendend, als daß man ihn schauen könnte. Das Auge erblindet vor seinem Glanz. Christus fängt das verzehrende Feuer in sich auf und läßt Gott, in einer für uns faßbaren Weise, durch sich selbst hindurchscheinen.

Ob wir von Christus wissen oder nicht, er ist da, bei jedem einzelnen. Er ist so unauflösbar mit dem Menschen verbunden, daß er in ihm wohnt, selbst wenn dieser es nicht weiß. Er ist da wie insgeheim, wie eine brennende Wunde im Herzen des Menschen, wie Licht in der Dunkelheit. (Frère Roger)

DRITTER FASTENSONNTAG

Es gibt den Hunger nach Brot und den Durst nach Wasser. Beides braucht der Mensch, um zu leben. Er braucht aber noch mehr: die Freude, die Liebe, die Hoffnung. Die kostbarsten Dinge kann er nur als Geschenk empfangen.

ERÖFFNUNGSVERS   Ps 25 (24), 15–16

Meine Augen schauen stets auf den Herrn;
denn er befreit meine Füße aus dem Netz.
Wende dich zu mir und sei mir gnädig;
denn ich bin einsam und gebeugt.

Oder: Ez 36, 22–26

Wort Gottes, des Herrn:
Ich werde euch beweisen, daß ich heilig bin.
Ich sammle euch aus allen Ländern.
Ich gieße reines Wasser über euch, damit ihr rein werdet,
und gebe euch einen neuen Geist.

TAGESGEBET

Gott, unser Vater,
du bist der Quell des Erbarmens und der Güte,
wir stehen als Sünder vor dir,
und unser Gewissen klagt uns an.
Sieh auf unsere Not und laß uns Vergebung finden
durch Fasten, Gebet und Werke der Liebe.
Darum bitten wir durch Jesus Christus.

ZUR 1. LESUNG   *Der Gott Israels läßt es sich gefallen, daß sein Volk gegen ihn murrt, ihn herausfordert und auf die Probe stellt. Er ist der treue Gott für jeden, der ihm vertraut, und auch für den, der Mühe hat, ihm zu vertrauen.*

ERSTE LESUNG   Ex 17, 3–7

Gib uns Wasser zu trinken (Ex 17, 2)

Lesung
  aus dem Buch Éxodus.

In jenen Tagen
  dürstete das Volk nach Wasser
und murrte gegen Mose.
Sie sagten:
  Warum überhaupt hast du uns aus Ägypten hierher geführt?
Um uns, unsere Söhne und unser Vieh verdursten zu lassen?
Mose schrie zum Herrn:
  Was soll ich mit diesem Volk anfangen?
Es fehlt nur wenig, und sie steinigen mich.

Der Herr antwortete Mose:
Geh am Volk vorbei,
  und nimm einige von den Ältesten Israels mit;
nimm auch den Stab in die Hand,
  mit dem du auf den Nil geschlagen hast,
und geh!
Dort drüben auf dem Felsen am Horeb werde ich vor dir stehen.
Dann schlag an den Felsen!
Es wird Wasser herauskommen,
  und das Volk kann trinken.

Das tat Mose vor den Augen der Ältesten Israels.

Den Ort nannte er Massa und Meríba – Probe und Streit –,
weil die Israeliten Streit begonnen
  und den Herrn auf die Probe gestellt hatten,
indem sie sagten: Ist der Herr in unserer Mitte oder nicht?

ANTWORTPSALM   Ps 95 (94), 1–2.6–7c.7d–9 (R: vgl. 7d.8a)

R Hör auf die Stimme des Herrn,   (GL 529, 5)
verhärtet nicht euer Herz! – R

Komnt, laßt uns jubeln <u>vor</u> dem Herrn *   IV. Ton
und zjauchzen dem <u>Fels</u> unsres Heiles!

Laßt ins mit Lob seinem Angesicht nahen, *
vor <u>ihm jauchzen</u> mit Liedern! – (R)

6   Kommt, laßt uns niederfallen, uns vor ihm verneigen,*
    laßt uns niederknien vor dem Herrn, unserm Schöpfer!

7abc Denn er ist unser Gott, †
    wir sind das Volk seiner Weide, *
    die Herde, von seiner Hand geführt. – (R)

7d Ach, würdet ihr doch heute auf seine Stimme hören! †
8   „Verhärtet euer Herz nicht wie in Meriba, *
    wie in der Wüste am Tag von Massa!

9   Dort haben eure Väter mich versucht, *
    sie haben mich auf die Probe gestellt
    und hatten doch mein Tun gesehen.“

R   Hört auf die Stimme des Herrn,
    verhärtet nicht euer Herz!

ZUR 2. LESUNG   *Woher wissen wir, daß Gott uns kennt, daß er
sich für uns interessiert? Es steht in der Schrift, und es wird uns gesagt. Aber das genügt nicht. Wirklich wissen können wir es nur von
innen her: Wenn der Geist Gottes, der in uns wohnt, es uns bezeugt.
Der Geist: die Liebe, mit der Gott uns liebt und an sich zieht.*

ZWEITE LESUNG   Röm 5, 1–2.5–8

*Die Liebe Gottes ist ausgegossen in unsere Herzen durch den Heiligen Geist, der
uns gegeben ist*

Lesung
    aus dem Brief des Apostels Paulus an die Römer.

Brüder!
1   Gerecht gemacht aus Glauben,
        haben wir Frieden mit Gott
        durch Jesus Christus, unseren Herrn.
2   Durch ihn haben wir auch den Zugang zu der Gnade erhalten,
        in der wir stehen,
    und rühmen uns unserer Hoffnung auf die Herrlichkeit Gottes.
5   Die Hoffnung aber läßt nicht zugrunde gehen;
        denn die Liebe Gottes ist ausgegossen in unsere Herzen
        durch den Heiligen Geist, der uns gegeben ist.

5 **Christus ist schon zu der Zeit,**
  da wir noch schwach und gottlos waren,
  für uns gestorben.
Dabei wird nur schwerlich jemand für einen Gerechten sterben;
vielleicht wird er jedoch
  für einen guten Menschen sein Leben wagen.

8 **Gott aber hat seine Liebe zu uns darin erwiesen,**
  daß Christus für uns gestorben ist,
  als wir noch Sünder waren.

RUF VOR DEM EVANGELIUM Vers: vgl. Joh 4,42.15

Herr Jesus, dir sei Ruhm und Ehre! – R

Herr, du bist der Retter der Welt.
Gib mir lebendiges Wasser, damit mich nie mehr dürstet.

Herr Jesus, dir sei Ruhm und Ehre!

ZUM EVANGELIUM *Müde und durstig kommt Jesus zum Jakobsbrunnen. Und er verspricht „lebendiges Wasser", zum Staunen der samaritischen Frau und zum Staunen der Welt bis heute. „Der Brunnen ist tief", tiefer noch, als die Frau denken konnte, Sinnbild einer ganz anderen Tiefe. Gott selbst, die Quelle und der Ursprung (fons et origo) all dessen, was lebt, er ist die ewige Frische, die Kraft der Erneuerung für eine Welt, die staubig und müde geworden ist.*

EVANGELIUM Joh 4,5–42

Das Wasser, das ich gebe, wird zur sprudelnden Quelle, deren Wasser ewiges Leben schenkt

✛ *Aus dem heiligen Evangelium nach Johannes.*

In jener Zeit
  kam Jesus zu einem Ort in Samárien, der Sychar hieß
  und nahe bei dem Grundstück lag,
  das Jakob seinem Sohn Josef vermacht hatte.
Dort befand sich der Jakobsbrunnen.
Jesus war müde von der Reise
  und setzte sich daher an den Brunnen;
es war um die sechste Stunde.

7 Da kam eine samaritische Frau, um Wasser zu schöpfen.
   Jesus sagte zu ihr: Gib mir zu trinken!

8 Seine Jünger waren nämlich in den Ort gegangen,
      um etwas zum Essen zu kaufen.

9 Die samaritische Frau sagte zu ihm:
      Wie kannst du als Jude
      mich, eine Samariterin, um Wasser bitten?
   Die Juden verkehren nämlich nicht mit den Samaritern.

10 Jesus antwortete ihr:
   Wenn du wüßtest, worin die Gabe Gottes besteht
      und wer es ist, der zu dir sagt: Gib mir zu trinken!,
      dann hättest du ihn gebeten,
   und er hätte dir lebendiges Wasser gegeben.

11 Sie sagte zu ihm: Herr, du hast kein Schöpfgefäß,
   und der Brunnen ist tief;
   woher hast du also das lebendige Wasser?

12 Bist du etwa größer als unser Vater Jakob,
      der uns den Brunnen gegeben und selbst daraus getrunken hat,
      wie seine Söhne und seine Herden?

13 Jesus antwortete ihr:
   Wer von diesem Wasser trinkt, wird wieder Durst bekommen;

14 wer aber von dem Wasser trinkt, das ich ihm geben werde,
      wird niemals mehr Durst haben;
   vielmehr wird das Wasser, das ich ihm gebe,
      in ihm zur sprudelnden Quelle werden,
      deren Wasser ewiges Leben schenkt.

15 Da sagte die Frau zu ihm: Herr, gib mir dieses Wasser,
      damit ich keinen Durst mehr habe
   und nicht mehr hierher kommen muß, um Wasser zu schöpfen.

16 Er sagte zu ihr: Geh, ruf deinen Mann,
      und komm wieder her!

17 Die Frau antwortete: Ich habe keinen Mann.
   Jesus sagte zu ihr:
   Du hast richtig gesagt: Ich habe keinen Mann.

18 Denn fünf Männer hast du gehabt,
   und der, den du jetzt hast, ist nicht dein Mann.
   Damit hast du die Wahrheit gesagt.

19 Die Frau sagte zu ihm:
   Herr, ich sehe, daß du ein Prophet bist.

20 Unsere Väter haben auf diesem Berg Gott angebetet;
ihr aber sagt, in Jerusalem sei die Stätte, wo man anbeten muß.

21 Jesus sprach zu ihr:
Glaube mir, Frau, die Stunde kommt,
zu der ihr weder auf diesem Berg
noch in Jerusalem den Vater anbeten werdet.

22 Ihr betet an, was ihr nicht kennt,
wir beten an, was wir kennen;
denn das Heil kommt von den Juden.

23 Aber die Stunde kommt, und sie ist schon da,
zu der die wahren Beter den Vater anbeten werden
im Geist und in der Wahrheit;
denn so will der Vater angebetet werden.

24 Gott ist Geist,
und alle, die ihn anbeten,
müssen im Geist und in der Wahrheit anbeten.

25 Die Frau sagte zu ihm:
Ich weiß, daß der Messias kommt,
das ist: der Gesalbte – Christus.
Wenn er kommt,
wird er uns alles verkünden.

26 Da sagte Jesus zu ihr:
Ich bin es, ich, der mit dir spricht.

27 Inzwischen waren seine Jünger zurückgekommen.
Sie wunderten sich, daß er mit einer Frau sprach,
aber keiner sagte: Was willst du?,
oder: Was redest du mit ihr?

28 Da ließ die Frau ihren Wasserkrug stehen,
eilte in den Ort
und sagte zu den Leuten:

29 Kommt her, seht, da ist ein Mann,
der mir alles gesagt hat, was ich getan habe:
Ist er vielleicht der Messias?

30 Da liefen sie hinaus aus dem Ort und gingen zu Jesus.

31 Währenddessen drängten ihn seine Jünger: Rabi, iß.

32 Er aber sagte zu ihnen:
Ich lebe von einer Speise,
die ihr nicht kennt.

33 Da sagten die Jünger zueinander:
   Hat ihm jemand etwas zu essen gebracht?

34 Jesus sprach zu ihnen:
   Meine Speise ist es,
   den Willen dessen zu tun, der mich gesandt hat,
   und sein Werk zu Ende zu führen.

35 Sagt ihr nicht: Noch vier Monate dauert es bis zur Ernte?
   Ich aber sage euch: Blickt umher
   und seht, daß die Felder weiß sind, reif zur Ernte.

36 Schon empfängt der Schnitter seinen Lohn
   und sammelt Frucht für das ewige Leben,
   so daß sich der Sämann und der Schnitter gemeinsam freuen.

37 Denn hier hat das Sprichwort recht:
   Einer sät, und ein anderer erntet.

38 Ich habe euch gesandt,
   zu ernten, wofür ihr nicht gearbeitet habt;
   andere haben gearbeitet,
   und ihr erntet die Frucht ihrer Arbeit.

39 Viele Samariter aus jenem Ort kamen zum Glauben an Jesus
   auf das Wort der Frau hin,
   die bezeugt hatte: Er hat mir alles gesagt, was ich getan habe.

40 Als die Samariter zu ihm kamen,
   baten sie ihn, bei ihnen zu bleiben;
   und er blieb dort zwei Tage.

41 Und noch viel mehr Leute kamen zum Glauben an ihn
   aufgrund seiner eigenen Worte.

42 Und zu der Frau sagten sie:
   Nicht mehr aufgrund deiner Aussage glauben wir,
   sondern weil wir ihn selbst gehört haben
   und nun wissen:
   Er ist wirklich der Retter der Welt.

Oder:

KURZFASSUNG Joh 4,5–15.19b–26.39a.40–42

Das Wasser, das ich gebe, wird zur sprudelnden Quelle, deren Wasser ewiges Leben schenkt

✝ Aus dem heiligen Evangelium nach Johannes.

In jener Zeit
    kam Jesus zu einem Ort in Samárien, der Sychar hieß
    und nahe bei dem Grundstück lag,
        das Jakob seinem Sohn Josef vermacht hatte.
Dort befand sich der Jakobsbrunnen.
Jesus war müde von der Reise
    und setzte sich daher an den Brunnen;
es war um die sechste Stunde.

Da kam eine samaritische Frau, um Wasser zu schöpfen.
Jesus sagte zu ihr: Gib mir zu trinken!
Seine Jünger waren nämlich in den Ort gegangen,
    um etwas zum Essen zu kaufen.

Die samaritische Frau sagte zu ihm:
    Wie kannst du als Jude
mich, eine Samariterin, um Wasser bitten?
Die Juden verkehren nämlich nicht mit den Samaritern.

Jesus antwortete ihr:
Wenn du wüßtest, worin die Gabe Gottes besteht
    und wer es ist, der zu dir sagt: Gib mir zu trinken!,
    dann hättest du ihn gebeten,
und er hätte dir lebendiges Wasser gegeben.

Sie sagte zu ihm: Herr, du hast kein Schöpfgefäß,
und der Brunnen ist tief;
woher hast du also das lebendige Wasser?
Bist du etwa größer als unser Vater Jakob,
    der uns den Brunnen gegeben und selbst daraus getrunken hat,
    wie seine Söhne und seine Herden?

Jesus antwortete ihr:
Wer von diesem Wasser trinkt, wird wieder Durst bekommen;

14   wer aber von dem Wasser trinkt, das ich ihm geben werde,
      wird niemals mehr Durst haben;
     vielmehr wird das Wasser, das ich ihm gebe,
      in ihm zur sprudelnden Quelle werden,
      deren Wasser ewiges Leben schenkt.

15   Da sagte die Frau zu ihm: Herr, gib mir dieses Wasser,
      damit ich keinen Durst mehr habe
      und nicht mehr hierher kommen muß, um Wasser zu schöpfen.

19b Ich sehe, daß du ein Prophet bist.

20   Unsere Väter haben auf diesem Berg Gott angebetet;
      ihr aber sagt, in Jerusalem sei die Stätte, wo man anbeten muß.

21   Jesus sprach zu ihr:
      Glaube mir, Frau, die Stunde kommt,
      zu der ihr weder auf diesem Berg
      noch in Jerusalem den Vater anbeten werdet.

22   Ihr betet an, was ihr nicht kennt,
     wir beten an, was wir kennen;
      denn das Heil kommt von den Juden.

23   Aber die Stunde kommt, und sie ist schon da,
      zu der die wahren Beter den Vater anbeten werden
      im Geist und in der Wahrheit;
      denn so will der Vater angebetet werden.

24   Gott ist Geist,
     und alle, die ihn anbeten,
      müssen im Geist und in der Wahrheit anbeten.

25   Die Frau sagte zu ihm:
      Ich weiß, daß der Messias kommt,
     das ist: der Gesalbte – Christus.
     Wenn er kommt,
      wird er uns alles verkünden.

26   Da sagte Jesus zu ihr:
      Ich bin es, ich, der mit dir spricht.

39a Viele Samariter aus jenem Ort kamen zum Glauben an Jesus.

40   Als die Samariter zu ihm kamen,
      baten sie ihn, bei ihnen zu bleiben;
      und er blieb dort zwei Tage.

41   Und noch viel mehr Leute kamen zum Glauben an ihn
      aufgrund seiner eigenen Worte.

42   Und zu der Frau sagten sie:

Nicht mehr aufgrund deiner Aussage glauben wir,
  sondern weil wir ihn selbst gehört haben
und nun wissen:
  Er ist wirklich der Retter der Welt.

Glaubensbekenntnis, S. 356 ff.
Fürbitten vgl. S. 786 ff.

ZUR EUCHARISTIEFEIER   *„Ich bin es", sagt Jesus auch zu uns.*
Er sagt uns sein Wort, er gibt uns „die Gabe Gottes", das lebendige
Wasser: seinen Geist und sein eigenes Leben.

GABENGEBET

Barmherziger Gott,
befreie uns durch dieses Opfer
von unseren Sünden
und schenke uns die Kraft,
auch den Brüdern zu vergeben,
wenn sie an uns schuldig geworden sind.
Darum bitten wir durch Christus, unseren Herrn.

Präfation vom 3. Fastensonntag, S. 412,
oder von der Fastenzeit, S. 414 f.

KOMMUNIONVERS   Joh 4, 13–14

Wer von dem Wasser trinkt, das ich ihm geben werde,
wird niemals mehr Durst haben.
Es wird in ihm zur Quelle,
deren Wasser ins ewige Leben sprudelt – so spricht der Herr.

Wenn ein anderes Evangelium gelesen wurde: Ps 84 (83), 4–5

Der Sperling findet ein Haus
und die Schwalbe ein Nest für ihre Jungen –
deine Altäre, Herr der Heerscharen, mein Gott und mein König!
Selig, die wohnen in deinem Haus, die dich allezeit loben!

SCHLUSSGEBET

Herr und Gott,
du hast uns mit dem Brot des Himmels gesättigt
und uns in dieser Speise
ein Unterpfand dessen gegeben,
was unseren Augen noch verborgen ist.
Laß in unserem Leben sichtbar werden,
was wir im Sakrament empfangen haben.
Darum bitten wir durch Christus, unseren Herrn.

FÜR DEN TAG UND DIE WOCHE
Die gute Wirklichkeit

Es gibt Lebensstunden, in denen es sich verdichtet:
Gott weiß um mich.
Gott ist nicht jenseits der Sterne –
er ist nahe.
Zum Schweigen kommen, still werden
und im Glauben dasein,
offen werden für diese gute Wirklichkeit:
Gott ist da zu mir hin: der gütige Gott.
Gottes Antlitz ist mir zugewandt. (J. Bours)

VIERTER FASTENSONNTAG

Gott hat dem Menschen die Augen des Leibes gegeben, das Licht des
Geistes und die Kraft des Herzens. Wer mit den Augen nicht sehen
kann, ist arm; wer mit dem Herzen nicht sehen will, ist elend. Nur das
reine Auge kann das Licht Gottes fassen; nur in dem reinen Herzen
kann Christus aufleuchten.

ERÖFFNUNGSVERS   Vgl. Jes 66, 10–11

Freue dich, Stadt Jerusalem!
Seid fröhlich zusammen mit ihr, alle, die ihr traurig wart.
Freut euch und trinkt euch satt an der Quelle göttlicher Tröstung.

TAGESGEBET

Herr, unser Gott,
du hast in deinem Sohn
die Menschheit auf wunderbare Weise mit dir versöhnt.
Gib deinem Volk einen hochherzigen Glauben,
damit es mit froher Hingabe dem Osterfest entgegeneilt.
Darum bitten wir durch Jesus Christus.

ZUR 1. LESUNG   *Nach der Verwerfung Sauls, des ersten Königs
in Israel, wird David zum König gesalbt. Als wichtigste Ausrüstung
für dieses Amt empfängt er den Geist Gottes. Warum gerade David, der
jüngste Sohn des Isai aus Betlehem? Gott schaut auf das Herz des
Menschen; aufrichtige und hochherzige Menschen kann er in seinen
Dienst nehmen. – Gesalbt werden im Alten Testament Priester und Könige. Über die religiöse Bedeutung dieser Salbung vgl. die Einführung
zur Messe der Ölweihe am Gründonnerstag.*

ERSTE LESUNG   1 Sam 16, 1b.6–7.10–13b

Samuel salbte David zum König über Israel

Lesung
   aus dem ersten Buch Sámuel.

In jenen Tagen
   sprach der Herr zu Sámuel:
Fülle dein Horn mit Öl,
   und mach dich auf den Weg!
Ich schicke dich zu dem Betlehemíter Ísai;
denn ich habe mir einen *von seinen* Söhnen
   als König ausersehen.

Als Sámuel den Éliab sah,
   dachte er: Gewiß steht nun vor dem Herrn sein Gesalbter.
Der Herr aber sagte zu Sámuel:
   Sieh nicht auf sein Aussehen und seine stattliche Gestalt,
denn ich habe ihn verworfen;
Gott sieht nämlich nicht auf das, worauf der Mensch sieht.
Der Mensch sieht, was vor den Augen ist,
   der Herr aber sieht das Herz.

10 So ließ Ísai sieben seiner Söhne vor Sámuel treten,
    aber Sámuel sagte zu Ísai: Diese hat der Herr nicht erwählt.
11 Und er fragte Ísai: Sind das alle deine Söhne?
    Er antwortete: Der jüngste fehlt noch,
    aber der hütet gerade die Schafe.
    Sámuel sagte zu Ísai:
        Schick jemand hin, und laß ihn holen;
    wir wollen uns nicht zum Mahl hinsetzen,
        bevor er hergekommen ist.
12 Ísai schickte also jemand hin und ließ ihn kommen.
    David war blond,
    hatte schöne Augen und eine schöne Gestalt.
    Da sagte der Herr: Auf, salbe ihn!
    Denn er ist es.
13ab Sámuel nahm das Horn mit dem Öl
        und salbte David mitten unter seinen Brüdern.
    Und der Geist des Herrn war über David von diesem Tag an.

ANTWORTPSALM   Ps 23 (22), 1–3.4.5.6 (R: 1)

R Der Herr ist mein Hirte,   (GL 527, 4)
nichts wird mir fehlen. – R

1   Der Herr ist mein Hirte, nichts wird mir fehlen. †   VIII. Ton
2   Er läßt mich lagern auf grünen Auen *
    und führt mich zum Ruheplatz am Wasser.

3   Er stillt mein Verlangen; *
    er leitet mich auf rechten Pfaden, treu seinem Namen. – (R)

4   Muß ich auch wandern in finsterer Schlucht, *
    ich fürchte kein Unheil;

    denn du bist bei mir, *
    dein Stock und dein Stab geben mir Zuversicht. – (R)

5   Du deckst mir den Tisch *
    vor den Augen meiner Feinde.

    Du salbst mein Haupt mit Öl, *
    du füllst mir reichlich den Becher. – (R)

6   Lauter Güte und Huld *
    werden mir folgen mein Leben lang,

    und im Haus des Herrn *
    darf ich wohnen für lange Zeit. – R

ZUR 2. LESUNG   *Wer sich zu Christus bekehrt, erwacht zu einem neuen Leben. Es ist, wie wenn nach einer verworrenen Nacht der helle Tag anbricht. Christus ist die Sonne dieses Tages. Was aber im Innern eines Menschen lebt und leuchtet, das muß auch für andere als helfende und heilende Kraft erfahrbar werden.*

ZWEITE LESUNG   Eph 5, 8–14

Steh auf von den Toten, und Christus wird dein Licht sein

Lesung
aus dem Brief des Apostels Paulus an die Épheser.

Brüder!
Einst wart ihr Finsternis,
   jetzt aber seid ihr durch den Herrn Licht geworden.
Lebt als Kinder des Lichts!
Das Licht
   bringt lauter Güte, Gerechtigkeit und Wahrheit hervor.

0 Prüft, was dem Herrn gefällt,
1 und habt nichts gemein mit den Werken der Finsternis,
      die keine Frucht bringen,
   sondern deckt sie auf!
2 Denn man muß sich schämen,
      von dem, was sie heimlich tun, auch nur zu reden.
3 Alles, was aufgedeckt ist,
      wird vom Licht erleuchtet.
4 Alles Erleuchtete aber ist Licht.
   Deshalb heißt es:
      Wach auf, du Schläfer,
   und steh auf von den Toten,
   und Christus wird dein Licht sein.

RUF VOR DEM EVANGELIUM   Vers: vgl. Joh 8, 12

Herr Jesus, dir sei Ruhm und Ehre! – R
(So spricht der Herr:)[1]
Ich bin das Licht der Welt.
Wer mir nachfolgt, hat das Licht des Lebens.
Herr Jesus, dir sei Ruhm und Ehre!

---

[1] Wenn der Vers gesungen wird, kann die Einleitung entfallen.

ZUM EVANGELIUM   *Jesus hat einige Blinde geheilt, das war ein
Zeichen, ein Gleichnis. Sein Wille ist es, allen Menschen die Augen zu
öffnen. „Ich bin das Licht der Welt" (Joh 8, 12). Die Heilung des Blindgeborenen war erst vollendet, als der Sehendgewordene Jesus als das
wahre Licht erkannte und an ihn glaubte. Denen, die dieses Licht
nicht sehen wollen, wird das Kommen Jesu zur Krise und zum Gericht.*

EVANGELIUM   Joh 9, 1–41

Der Mann ging fort und wusch sich. Und als er zurückkam, konnte er sehen

✛ Aus dem heiligen Evangelium nach Johannes.

In jener Zeit
1   sah Jesus einen Mann,
     der seit seiner Geburt blind war.
2 Da fragten ihn seine Jünger:
     Rabbi, wer hat gesündigt?
  Er selbst?
     Oder haben seine Eltern gesündigt,
     so daß er blind geboren wurde?
3 Jesus antwortete:
     Weder er noch seine Eltern haben gesündigt,
  sondern das Wirken Gottes soll an ihm offenbar werden.
4 Wir müssen, solange es Tag ist,
     die Werke dessen vollbringen, der mich gesandt hat;
  es kommt die Nacht, in der niemand mehr etwas tun kann.
5 Solange ich in der Welt bin,
     bin ich das Licht der Welt.
6 Als er dies gesagt hatte, spuckte er auf die Erde;
  dann machte er mit dem Speichel einen Teig,
  strich ihn dem Blinden auf die Augen
7 und sagte zu ihm: Geh und wasch dich in dem Teich Schilóach!
  Schilóach heißt übersetzt: Der Gesandte.
  Der Mann ging fort und wusch sich.
  Und als er zurückkam,
     konnte er sehen.
8 Die Nachbarn
     und andere, die ihn früher als Bettler gesehen hatten,
     sagten: Ist das nicht der Mann, der dasaß und bettelte?

Einige sagten: Er ist es.
Andere meinten: Nein, er sieht ihm nur ähnlich.
Er selbst aber sagte:
    Ich bin es.
Da fragten sie ihn:
    Wie sind deine Augen geöffnet worden?
Er antwortete: Der Mann, der Jesus heißt, machte einen Teig,
bestrich damit meine Augen
und sagte zu mir: Geh zum Schilóach, und wasch dich!
Ich ging hin,
    wusch mich und konnte sehen.
Sie fragten ihn: Wo ist er?
Er sagte: Ich weiß es nicht.

Da brachten sie den Mann, der blind gewesen war,
    zu den Pharisäern.
Es war aber Sabbat an dem Tag, als Jesus den Teig gemacht
    und ihm die Augen geöffnet hatte.

Auch die Pharisäer fragten ihn, wie er sehend geworden sei.
Der Mann antwortete ihnen:
    Er legte mir einen Teig auf die Augen;
    dann wusch ich mich,
    und jetzt kann ich sehen.

Einige der Pharisäer meinten:
    Dieser Mensch kann nicht von Gott sein,
weil er den Sabbat nicht hält.
Andere aber sagten:
    Wie kann ein Sünder solche Zeichen tun?
So entstand eine Spaltung unter ihnen.
Da fragten sie den Blinden noch einmal:
    Was sagst du selbst über ihn?
Er hat doch deine Augen geöffnet.
Der Mann antwortete:
    Er ist ein Prophet.

Die Juden aber wollten nicht glauben,
    daß er blind gewesen und sehend geworden war.
Daher riefen sie die Eltern des Geheilten
und fragten sie: Ist das euer Sohn,
    von dem ihr behauptet, daß er blind geboren wurde?
Wie kommt es, daß er jetzt sehen kann?

20 Seine Eltern antworteten:
   Wir wissen, daß er unser Sohn ist
   und daß er blind geboren wurde.
21 Wie es kommt, daß er jetzt sehen kann,
   das wissen wir nicht.
   Und wer seine Augen geöffnet hat,
   das wissen wir auch nicht.
   Fragt doch ihn selbst,
   er ist alt genug und kann selbst für sich sprechen.
22 Das sagten seine Eltern,
   weil sie sich vor den Juden fürchteten;
   denn die Juden hatten schon beschlossen,
   jeden, der ihn als den Messias bekenne,
   aus der Synagoge auszustoßen.
23 Deswegen sagten seine Eltern: Er ist alt genug,
   fragt doch ihn selbst.
24 Da riefen die Pharisäer den Mann, der blind gewesen war,
   zum zweitenmal
   und sagten zu ihm: Gib Gott die Ehre!
   Wir wissen, daß dieser Mensch ein Sünder ist.
25 Er antwortete: Ob er ein Sünder ist, weiß ich nicht.
   Nur das eine weiß ich,
   daß ich blind war und jetzt sehen kann.
26 Sie fragten ihn: Was hat er mit dir gemacht?
   Wie hat er deine Augen geöffnet?
27 Er antwortete ihnen: Ich habe es euch bereits gesagt,
   aber ihr habt nicht gehört.
   Warum wollt ihr es noch einmal hören?
   Wollt auch ihr seine Jünger werden?
28 Da beschimpften sie ihn:
   Du bist ein Jünger dieses Menschen;
   wir aber sind Jünger des Mose.
29 Wir wissen, daß zu Mose Gott gesprochen hat;
   aber von dem da wissen wir nicht, woher er kommt.
30 Der Mann antwortete ihnen:
   Darin liegt ja das Erstaunliche,
   daß ihr nicht wißt, woher er kommt;
   dabei hat er doch meine Augen geöffnet.

1 Wir wissen, daß Gott einen Sünder nicht erhört;
wer aber Gott fürchtet und seinen Willen tut,
  den erhört er.

2 Noch nie hat man gehört,
daß jemand die Augen eines Blindgeborenen geöffnet hat.

3 Wenn dieser Mensch nicht von Gott wäre,
  dann hätte er gewiß nichts ausrichten können.

4 Sie entgegneten ihm:
  Du bist ganz und gar in Sünden geboren,
  und du willst uns belehren?
Und sie stießen ihn hinaus.

5 Jesus hörte, daß sie ihn hinausgestoßen hatten,
und als er ihn traf,
  sagte er zu ihm: Glaubst du an den Menschensohn?

6 Der Mann antwortete: Wer ist das, Herr?
Sag es mir, damit ich an ihn glaube.

7 Jesus sagte zu ihm: Du siehst ihn vor dir;
er, der mit dir redet, ist es.

8 Er aber sagte: Ich glaube, Herr!
Und er warf sich vor ihm nieder.

9 Da sprach Jesus:
  Um zu richten, bin ich in diese Welt gekommen:
damit die Blinden sehend und die Sehenden blind werden.

10 Einige Pharisäer, die bei ihm waren, hörten dies.
Und sie fragten ihn: Sind etwa auch wir blind?

11 Jesus antwortete ihnen:
  Wenn ihr blind wärt, hättet ihr keine Sünde.
Jetzt aber sagt ihr: Wir sehen.
Darum bleibt eure Sünde.

Oder:

KURZFASSUNG   Joh 9, 1.6–9.13–17.34–38

Der Mann ging fort und wusch sich. Und als er zurückkam, konnte er sehen

✛ Aus dem heiligen Evangelium nach Johannes.

In jener Zeit
  sah Jesus einen Mann,
  der seit seiner Geburt blind war.

6   Jesus spuckte auf die Erde;
     dann machte er mit dem Speichel einen Teig,
     strich ihn dem Blinden auf die Augen
7   und sagte zu ihm: Geh und wasch dich in dem Teich Schilóach!
     Schilóach heißt übersetzt: Der Gesandte.
     Der Mann ging fort und wusch sich.
     Und als er zurückkam,
        konnte er sehen.
8   Die Nachbarn
        und andere, die ihn früher als Bettler gesehen hatten,
        sagten: Ist das nicht der Mann, der dasaß und bettelte?
9   Einige sagten: Er ist es.
     Andere meinten: Nein, er sieht ihm nur ähnlich.
     Er selbst aber sagte:
        Ich bin es.
13   Da brachten sie den Mann, der blind gewesen war,
        zu den Pharisäern.
14   Es war aber Sabbat an dem Tag, als Jesus den Teig gemacht
        und ihm die Augen geöffnet hatte.
15   Die Pharisäer fragten ihn, wie er sehend geworden sei.
     Der Mann antwortete ihnen:
        Er legte mir einen Teig auf die Augen;
        dann wusch ich mich,
        und jetzt kann ich sehen.
16   Einige der Pharisäer meinten:
        Dieser Mensch kann nicht von Gott sein,
     weil er den Sabbat nicht hält.
     Andere aber sagten:
        Wie kann ein Sünder solche Zeichen tun?
     So entstand eine Spaltung unter ihnen.
17   Da fragten sie den Blinden noch einmal:
        Was sagst du selbst über ihn?
     Er hat doch deine Augen geöffnet.
     Der Mann antwortete:
        Er ist ein Prophet.
34   Sie entgegneten ihm:
        Du bist ganz und gar in Sünden geboren,
        und du willst uns belehren?
     Und sie stießen ihn hinaus.

35 Jesus hörte, daß sie ihn hinausgestoßen hatten,
    und als er ihn traf,
        sagte er zu ihm: Glaubst du an den Menschensohn?

36 Der Mann antwortete: Wer ist das, Herr?
    Sag es mir, damit ich an ihn glaube.

37 Jesus sagte zu ihm: Du siehst ihn vor dir;
    er, der mit dir redet, ist es.

38 Er aber sagte: Ich glaube, Herr!
    Und er warf sich vor ihm nieder.

Glaubensbekenntnis, S. 356 ff.
Fürbitten vgl. S. 786 ff.

ZUR EUCHARISTIEFEIER   *Das Wasser, das Licht und das Brot:
ohne diese drei kann der Mensch nicht leben. Der sehendgewordene
Mensch, der Glaubende, erkennt in ihnen die großen Zeichen, die heiligen Symbole, in denen Gott selber sich ihm offenbaren und schenken
will.*

GABENGEBET

Herr, unser Gott,
in der Freude auf das Osterfest
bringen wir unsere Gaben dar.
Hilf uns, gläubig und ehrfürchtig das Opfer zu feiern,
das der Welt Heilung schenkt und den Tod überwindet.
Darum bitten wir durch Christus, unseren Herrn.

Präfation vom 4. Fastensonntag, S. 413,
oder von der Fastenzeit, S. 414 f.

KOMMUNIONVERS

Wenn das Evangelium vom Blindgeborenen gelesen wurde: Vgl. Joh 9, 11
Der Herr salbte meine Augen;
ich ging hin, wusch mich und wurde sehend
und glaube an Gott.

Wenn ein anderes Evangelium gelesen wurde: Ps 122 (121), 3–4

Jerusalem, du starke Stadt, dicht gebaut und fest gefügt!
Dorthin ziehen die Stämme hinauf, die Stämme des Herrn,
den Namen des Herrn zu preisen.

SCHLUSSGEBET

Allmächtiger Gott,
dein ewiges Wort ist das wahre Licht,
das jeden Menschen erleuchtet.
Heile die Blindheit unseres Herzens,
damit wir erkennen, was vor dir recht ist,
und dich aufrichtig lieben.
Darum bitten wir durch Christus, unseren Herrn.

FÜR DEN TAG UND DIE WOCHE
Die Antwort

*Der Christ ist ein Mensch, dem Christus begegnet ist. Er weiß sich an-
gesprochen und zur Antwort gerufen. Die Antwort des geheilten Blinden war in dem Kyrie-Ruf beschlossen: Herr, ich glaube. Was ist aus
diesem Mann später geworden? Sein Name wird uns verschwiegen.
Können wir uns vorstellen, daß sein Glaube irgendwie verdunstet ist?
– „Wer mir nachfolgt, geht nicht in der Finsternis: er hat das Licht des
Lebens."*

FÜNFTER FASTENSONNTAG

*Jesus ist gestorben, er hat die ganze Bitterkeit des Todes an sich selbst
erfahren. Aber Jesus ist aus dem Tod auferstanden, und er hat die
Macht, ewiges Leben zu schenken. Das ist unser Glaube und unsere
Hoffnung. Und wir wissen: Unser Glaube ist bereits ein Anfang des
ewigen Lebens.*

ERÖFFNUNGSVERS   Ps 43 (42), 1–2

Verschaff mir Recht, o Gott,
und führe meine Sache gegen ein treuloses Volk!
Rette mich vor bösen und tückischen Menschen,
denn du bist mein starker Gott.

TAGESGEBET

Herr, unser Gott,
dein Sohn hat sich aus Liebe zur Welt
dem Tod überliefert.
Laß uns in seiner Liebe bleiben
und mit deiner Gnade aus ihr leben.
Darum bitten wir durch Jesus Christus.

ZUR 1. LESUNG   *Der Abschnitt Ez 37, 11–14 deutet die voraus-
gegangene Vision von der Wiederbelebung der Toten (vgl. Lesung am
Vorabend von Pfingsten). Israel im babylonischen Exil ist ein Volk
ohne Hoffnung, es ist so gut wie gestorben und begraben. Aber Gott
will, daß es lebt; er holt das Volk aus dem Grab heraus, er führt die
Gefangenen in die Heimat zurück. Später hat man in diesem prophetischen Text einen Hinweis auf die Auferstehung der Toten gesehen.
Das entspricht zwar nicht dem Zusammenhang, ist aber auch nicht
einfach falsch. Es geht ja bei der Wiederherstellung des Volkes Israel
ebenso wie bei der Auferstehung der Toten nicht nur um den äußeren
Vorgang; es geht um die Rückkehr zu Gott und das Leben in der bleibenden Gemeinschaft mit ihm. Diese Rückkehr aber ist Gabe und Werk
des lebenspendenden Gottesgeistes (vgl. 2. Lesung).*

ERSTE LESUNG   Ez 37, 12b–14

Ich hauche euch meinen Geist ein, dann werdet ihr lebendig

Lesung
    aus dem Buch Ezéchiel.

2b So spricht Gott, der Herr:
Ich öffne eure Gräber
    und hole euch, mein Volk, aus euren Gräbern herauf.
Ich bringe euch zurück in das Land Israel.

13 **Wenn ich eure Gräber öffne**
     und euch, mein Volk, aus euren Gräbern heraufhole,
     dann werdet ihr erkennen, daß ich der Herr bin.

14 **Ich hauche euch meinen Geist ein,**
 dann werdet ihr lebendig,
 und ich bringe euch wieder in euer Land.
 Dann werdet ihr erkennen, daß ich der Herr bin.

 Ich habe gesprochen,
     und ich führe es aus
 – Spruch des Herrn.

ANTWORTPSALM   Ps 130 (129), 1–2.3–4.5–6b,6c–7a u. 8 (R: 7bc)

R Beim Herrn ist die Huld,   (GL 191,1)
bei ihm ist Erlösung in Fülle. – **R**

1 Aus der Tiefe rufe ich, Herr, zu dir: *   VII. Ton
 Herr, höre meine Stimme!

2 Wende dein Ohr mir zu, *
 achte auf mein lautes Flehen! – (R)

3 Würdest du, Herr, unsere Sünden beachten, *
 Herr, wer könnte bestehen?

4 Doch bei dir ist Vergebung, *
 damit man in Ehrfurcht dir dient. – (R)

5 Ich hoffe auf den Herrn, es hofft meine Seele, *
 ich warte voll Vertrauen auf sein Wort.

6ab Meine Seele wartet auf den Herrn *
 mehr als die Wächter auf den Morgen. – (R)

6c Mehr als die Wächter auf den Morgen *
7a soll Israel harren auf den Herrn.

8 Ja, er wird Israel erlösen *
 von all seinen Sünden. – **R**

ZUR 2. LESUNG   *Der Mensch, der nichts hat als sich selber, sei-*
nen eigenen Geist und seine Anstrengung im Guten wie im Bösen, ist
nach der Ausdrucksweise des Apostels „Fleisch". Er kommt nicht über

seine Grenzen hinaus, „er kann Gott nicht gefallen" (8, 8). Durch die Taufe aber wohnt der Geist Gottes in uns, der Jesus von den Toten auferweckt hat (8, 11). Zwar ist unsere Umwandlung noch nicht vollendet, wir leiden unter der Schwachheit unserer sterblichen Existenz, aber wir haben Hoffnung: wir wissen, daß der Geist Gottes unser ganzes Sein erneuern wird.

ZWEITE LESUNG   Röm 8, 8–11

Der Geist dessen, der Jesus von den Toten auferweckt hat, wohnt in euch

Lesung
   aus dem Brief des Apostels Paulus an die Römer.

Brüder!
Wer vom Fleisch bestimmt ist,
   kann Gott nicht gefallen.
Ihr aber seid nicht vom Fleisch,
   sondern vom Geist bestimmt,
da ja der Geist Gottes in euch wohnt.
Wer den Geist Christi nicht hat,
   der gehört nicht zu ihm.
Wenn Christus in euch ist,
   dann ist zwar der Leib tot aufgrund der Sünde,
der Geist aber ist Leben aufgrund der Gerechtigkeit.
Wenn der Geist dessen in euch wohnt,
   der Jesus von den Toten auferweckt hat,
   dann wird er, der Christus Jesus von den Toten auferweckt hat,
   auch euren sterblichen Leib lebendig machen,
durch seinen Geist, **der in euch wohnt.**

RUF VOR DEM EVANGELIUM   Vers: Joh 11, 25a.26b
Herr Jesus, dir sei Ruhm und Ehre! – R
(So spricht der Herr:)
Ich bin die Auferstehung und das Leben.
Jeder, der an mich glaubt, wird auf ewig nicht sterben.
Herr Jesus, dir sei Ruhm und Ehre!

ZUM EVANGELIUM   *Die Auferweckung des Lazarus ist das letzte und größte der sieben „Zeichen" Jesu, die das Johannesevangelium berichtet. An die Auferstehung der Toten glauben auch die Pharisäer; aber für sie und auch für Marta ist das eine Hoffnung für das Ende der Zeit. Jesus sagt: „Ich bin die Auferstehung und das Leben." Jetzt schon gibt es Auferstehung und ewiges Leben für den, der glaubt. So wird auch dieses Wunder Jesu zur Krise und zum Gericht. Für die führenden Juden ist es der Anlaß, den Tod Jesu zu beschließen (Joh 11,53); Marta spricht das Glaubensbekenntnis der Kirche aus: „Ja, Herr, ich glaube, daß du der Messias bist, der Sohn Gottes, der in die Welt kommen soll" (11,27).*

EVANGELIUM   Joh 11, 1–45

Ich bin die Auferstehung und das Leben; wer an mich glaubt, wird leben

✝ **Aus dem heiligen Evangelium nach Johannes.**

In jener Zeit
1   war ein Mann krank,
Lazarus aus Betánien,
dem Dorf, in dem Maria und ihre Schwester Marta wohnten.
2   Maria ist die, die den Herrn mit Öl gesalbt
und seine Füße mit ihrem Haar abgetrocknet hat;
deren Bruder Lazarus war krank.
3   Daher sandten die Schwestern Jesus die Nachricht:
Herr, dein Freund ist krank.
4   Als Jesus das hörte,
sagte er: Diese Krankheit wird nicht zum Tod führen,
sondern dient der Verherrlichung Gottes:
Durch sie soll der Sohn Gottes verherrlicht werden.
5   Denn Jesus liebte Marta, ihre Schwester und Lazarus.
6   Als er hörte, daß Lazarus krank war,
blieb er noch zwei Tage an dem Ort, wo er sich aufhielt.
7   *Danach sagte er zu den Jüngern:*
Laßt uns wieder nach Judäa gehen.
8   Die Jünger entgegneten ihm:
Rabbi, eben noch wollten dich die Juden steinigen,
und du gehst wieder dorthin?

9 Jesus antwortete: Hat der Tag nicht zwölf Stunden?
Wenn jemand am Tag umhergeht, stößt er nicht an,
weil er das Licht dieser Welt sieht;
10 wenn aber jemand in der Nacht umhergeht, stößt er an,
weil das Licht nicht in ihm ist.
11 So sprach er.

Dann sagte er zu ihnen: Lazarus, unser Freund, schläft;
aber ich gehe hin, um ihn aufzuwecken.
12 Da sagten die Jünger zu ihm:
Herr, wenn er schläft, dann wird er gesund werden.
13 Jesus hatte aber von seinem Tod gesprochen,
während sie meinten, er spreche von dem gewöhnlichen Schlaf.
14 Darauf sagte ihnen Jesus unverhüllt:
Lazarus ist gestorben.
15 Und ich freue mich für euch, daß ich nicht dort war;
denn ich will, daß ihr glaubt.
Doch wir wollen zu ihm gehen.
16 Da sagte Thomas, genannt Dídymus – Zwilling –,
zu den anderen Jüngern:
Dann laßt uns mit ihm gehen, um mit ihm zu sterben.

17 Als Jesus ankam,
fand er Lazarus schon vier Tage im Grab liegen.
18 Betánien war nahe bei Jerusalem,
etwa fünfzehn Stadien entfernt.

19 Viele Juden waren zu Marta und Maria gekommen,
um sie wegen ihres Bruders zu trösten.
20 Als Marta hörte, daß Jesus komme,
ging sie ihm entgegen,
Maria aber blieb im Haus.

1 Marta sagte zu Jesus:
Herr, wärst du hier gewesen,
dann wäre mein Bruder nicht gestorben.
2 Aber auch jetzt weiß ich:
Alles, worum du Gott bittest,
wird Gott dir geben.
3 Jesus sagte zu ihr: Dein Bruder wird auferstehen.
4 Marta sagte zu ihm:
Ich weiß, daß er auferstehen wird
bei der Auferstehung am Letzten Tag.

25 Jesus erwiderte ihr:
    Ich bin die Auferstehung und das Leben.
Wer an mich glaubt, wird leben,
    auch wenn er stirbt,
26 und jeder, der lebt und an mich glaubt,
    wird auf ewig nicht sterben.
Glaubst du das?
27 Marta antwortete ihm:
    Ja, Herr, ich glaube, daß du der Messias bist,
der Sohn Gottes, der in die Welt kommen soll.

28 Nach diesen Worten ging sie weg,
rief heimlich ihre Schwester Maria
und sagte zu ihr: Der Meister ist da und läßt dich rufen.
29 Als Maria das hörte,
    stand sie sofort auf und ging zu ihm.
30 Denn Jesus war noch nicht in das Dorf gekommen;
er war noch dort, wo ihn Marta getroffen hatte.
31 Die Juden, die bei Maria im Haus waren und sie trösteten,
    sahen, daß sie plötzlich aufstand und hinausging.
Da folgten sie ihr,
weil sie meinten, sie gehe zum Grab,
    um dort zu weinen.
32 Als Maria dorthin kam, wo Jesus war,
    und ihn sah,
    fiel sie ihm zu Füßen
und sagte zu ihm:
    Herr, wärst du hier gewesen,
    dann wäre mein Bruder nicht gestorben.
33 Als Jesus sah, wie sie weinte
    und wie auch die Juden weinten, die mit ihr gekommen waren,
    war er im Innersten erregt und erschüttert.
34 Er sagte: Wo habt ihr ihn bestattet?
Sie antworteten ihm: Herr, komm und sieh!
35 Da weinte Jesus.
36 Die Juden sagten:
    Seht, *wie lieb er ihn hatte!*
37 Einige aber sagten:
    Wenn er dem Blinden die Augen geöffnet hat,
    hätte er dann nicht auch verhindern können,
    daß dieser hier starb?

38 Da wurde Jesus wiederum innerlich erregt,
und er ging zum Grab.
Es war eine Höhle, die mit einem Stein verschlossen war.

39 Jesus sagte: Nehmt den Stein weg!
Marta, die Schwester des Verstorbenen,
    entgegnete ihm: Herr, er riecht aber schon,
denn es ist bereits der vierte Tag.

40 Jesus sagte zu ihr:
Habe ich dir nicht gesagt:
    Wenn du glaubst, wirst du die Herrlichkeit Gottes sehen?

41 Da nahmen sie den Stein weg.

Jesus aber erhob seine Augen
und sprach: Vater, ich danke dir, daß du mich erhört hast.

42 Ich wußte, daß du mich immer erhörst;
aber wegen der Menge, die um mich herum steht,
    habe ich es gesagt;
denn sie sollen glauben,
    daß du mich gesandt hast.

43 Nachdem er dies gesagt hatte,
    rief er mit lauter Stimme: Lazarus, komm heraus!

44 Da kam der Verstorbene heraus;
seine Füße und Hände waren mit Binden umwickelt,
und sein Gesicht war mit einem Schweißtuch verhüllt.
Jesus sagte zu ihnen:
    Löst ihm die Binden,
und laßt ihn weggehen!

45 Viele der Juden, die zu Maria gekommen waren
    und gesehen hatten, was Jesus getan hatte,
    kamen zum Glauben an ihn.

Oder:

KURZFASSUNG   Joh 11, 3–7.17.20–27.33b–45

Ich bin die Auferstehung und das Leben; wer an mich glaubt, wird leben

✝ Aus dem heiligen Evangelium nach Johannes.

In jener Zeit
    sandten die Schwestern des Lazarus Jesus die Nachricht:
    Herr, dein Freund ist krank.

⁴ Als Jesus das hörte,
 sagte er: Diese Krankheit wird nicht zum Tod führen,
sondern dient der Verherrlichung Gottes:
Durch sie soll der Sohn Gottes verherrlicht werden.

⁵ Denn Jesus liebte Marta, ihre Schwester und Lazarus.

⁶ Als er hörte, daß Lazarus krank war,
 blieb er noch zwei Tage an dem Ort, wo er sich aufhielt.

⁷ Danach sagte er zu den Jüngern:
 Laßt uns wieder nach Judäa gehen.

¹⁷ Als Jesus ankam,
 fand er Lazarus schon vier Tage im Grab liegen.

²⁰ Als Marta hörte, daß Jesus komme,
 ging sie ihm entgegen,
Maria aber blieb im Haus.

²¹ Marta sagte zu Jesus:
 Herr, wärst du hier gewesen,
 dann wäre mein Bruder nicht gestorben.

²² Aber auch jetzt weiß ich:
 Alles, worum du Gott bittest,
 wird Gott dir geben.

²³ Jesus sagte zu ihr: Dein Bruder wird auferstehen.

²⁴ Marta sagte zu ihm:
 Ich weiß, daß er auferstehen wird
 bei der Auferstehung am Letzten Tag.

²⁵ Jesus erwiderte ihr:
 Ich bin die Auferstehung und das Leben.
Wer an mich glaubt, wird leben,
 auch wenn er stirbt,

²⁶ und jeder, der lebt und an mich glaubt,
 wird auf ewig nicht sterben.
Glaubst du das?

²⁷ Marta antwortete ihm:
 Ja, Herr, ich glaube, daß du der Messias bist,
der Sohn Gottes, der in die Welt kommen soll.

³³ᵇ Jesus war im Innersten erregt und erschüttert.

³⁴ *Er sagte: Wo habt ihr ihn bestattet?*
Sie antworteten ihm: Herr, komm und sieh!

³⁵ Da weinte Jesus.

36 Die Juden sagten:
  Seht, wie lieb er ihn hatte!
37 Einige aber sagten:
  Wenn er dem Blinden die Augen geöffnet hat,
  hätte er dann nicht auch verhindern können,
  daß dieser hier starb?
38 Da wurde Jesus wiederum innerlich erregt,
und er ging zum Grab.
Es war eine Höhle, die mit einem Stein verschlossen war.
39 Jesus sagte: Nehmt den Stein weg!
Marta, die Schwester des Verstorbenen,
  entgegnete ihm: Herr, er riecht aber schon,
denn es ist bereits der vierte Tag.
40 Jesus sagte zu ihr:
Habe ich dir nicht gesagt:
  Wenn du glaubst, wirst du die Herrlichkeit Gottes sehen?
41 Da nahmen sie den Stein weg.

Jesus aber erhob seine Augen
und sprach: Vater, ich danke dir, daß du mich erhört hast.
42 Ich wußte, daß du mich immer erhörst;
aber wegen der Menge, die um mich herum steht,
habe ich es gesagt;
denn sie sollen glauben,
  daß du mich gesandt hast.
43 Nachdem er dies gesagt hatte,
  rief er mit lauter Stimme: Lazarus, komm heraus!
44 Da kam der Verstorbene heraus;
seine Füße und Hände waren mit Binden umwickelt,
und sein Gesicht war mit einem Schweißtuch verhüllt.
Jesus sagte zu ihnen:
  Löst ihm die Binden,
und laßt ihn weggehen!
45 Viele der Juden, die zu Maria gekommen waren
  und gesehen hatten, was Jesus getan hatte,
  kamen zum Glauben an ihn.

Glaubensbekenntnis, S. 356 ff.
Fürbitten vgl. S. 786 ff.

ZUR EUCHARISTIEFEIER   *„Wer mein Fleisch ißt und mein Blut trinkt, hat das ewige Leben, und ich werde ihn auferwecken am Letzten Tag" (Joh 6, 54; 11, 26).*

GABENGEBET

Erhöre uns, allmächtiger Gott.
Du hast uns durch dein Wort
zum Zeugnis eines christlichen Lebens berufen.
Reinige uns durch dieses Opfer
und stärke uns zum Kampf gegen das Böse.
Darum bitten wir durch Christus, unseren Herrn.

Präfation vom 5. Fastensonntag, S. 413,
oder von der Fastenzeit, S. 414 f.

KOMMUNIONVERS

Wenn das Evangelium von der Auferweckung des Lazarus gelesen wurde:

Jeder, der lebt und an mich glaubt,   Joh 11, 26
wird in Ewigkeit nicht sterben − so spricht der Herr.

Wenn ein anderes Evangelium gelesen wurde: Joh 12, 24−25

Amen, Amen, ich sage euch:
Wenn das Weizenkorn nicht in die Erde fällt und stirbt,
bleibt es allein.
Wenn es aber stirbt, bringt es reiche Frucht.

SCHLUSSGEBET

Allmächtiger Gott,
du hast uns
das Sakrament der Einheit geschenkt.
Laß uns immer lebendige Glieder Christi bleiben,
dessen Leib und Blut wir empfangen haben.
Darum bitten wir durch ihn, Christus, unseren Herrn.

FÜR DEN TAG UND DIE WOCHE
Die Hoffnung

Noch ist unser Leib sterblich. Wir werden krank, wir kennen die Beschwerden, Schmerzen und Entstellungen unseres Lebens, die durch unseren Körper entstehen. Noch mehr: „Wir wissen, welch ein Hindernis für unser geistiges Leben unser Leib mit seiner Ermüdbarkeit und seinen ständigen Ansprüchen darstellt ... Darum entsteht aber auch an dieser Stelle die mächtige Zukunftserwartung. Der Geist Gottes in uns ist ja ‚der Geist dessen, der Jesus aus den Toten auferweckt hat‘. Bei Jesus kam es schon zur Auferstehung seines Leibes, Jesus empfing den Herrlichkeitsleib, der dem neuen Leben als vollmächtiges Werkzeug völlig zur Verfügung steht. Wenn aber dieser selbe Geist Gottes in uns wohnt, dann kann es gar nicht ausbleiben, daß Gott ‚auch unseren sterblichen Leib lebendig macht‘. Er tut dies ‚durch seinen in euch wohnenden Geist‘: dieser Leben schaffende Geist, der jetzt unser Innerstes erneuert, wird und muß sein ganzes Werk tun und auch unsern Leib zu einem geistgemäßen Leib machen.“

PALMSONNTAG

Bis heute ist die Kirche Christi für die Welt eine Torheit. Man kann sie verachten, mißhandeln. Sie ist schwach. Oder sie versucht es mit Triumphalismus, das ist noch schlimmer, es ist eine Verfälschung und ein Ärgernis.

Das Reich Gottes, das Jesus verkündet hat, ist für die Armen. Er selbst hat in Armut und Schwachheit gelebt. Der Hosannajubel des Palmsonntags ändert daran nichts. Jesus weiß, bald wird er diese ganze Menge gegen sich haben. Auch die Jünger werden ihn allein lassen. Jesus ist ein armer und demütiger Messias. Er will es so.

FEIER DES EINZUGS JESU IN JERUSALEM

Die Gemeinde versammelt sich, wenn es möglich ist, an einem Ort außerhalb der Kirche. Die Gläubigen tragen Zweige in den Händen.

Zur Eröffnung kann man folgenden Vers singen oder einen anderen geeigneten Gesang:

Hosanna dem Sohne Davids! Mt 21, 9
Gepriesen, der kommt im Namen des Herrn,
der König von Israel. Hosanna in der Höhe!

Der Priester begrüßt die Gemeinde mit etwa folgenden Worten:

Liebe Brüder und Schwestern!
In den Tagen der Fastenzeit haben wir uns auf Ostern vorbereitet; wir haben uns bemüht um die Bekehrung unseres Herzens und um tätige Nächstenliebe. Heute aber sind wir zusammengekommen, um mit der ganzen Kirche in die Feier der österlichen Geheimnisse unseres Herrn einzutreten.

Christus ist in seine Stadt Jerusalem eingezogen; dort wollte er Leiden und Tod auf sich nehmen, dort sollte er auch auferstehen. Mit Glauben und innerer Hingabe begehen wir das Gedächtnis seines Einzugs. Wir folgen dem Herrn auf seinem Leidensweg und nehmen teil an seinem Kreuz, damit wir auch Anteil erhalten an seiner Auferstehung und seinem Leben.

Dann spricht der Priester:

Allmächtiger, ewiger Gott,
segne ✝ diese (grünen) Zweige,
die Zeichen des Lebens und des Sieges,
mit denen wir Christus, unserem König, huldigen.
Mit Lobgesängen begleiten wir ihn in seine heilige Stadt;
gib, daß wir durch ihn zum himmlischen Jerusalem gelangen,
der mit dir lebt und herrscht in alle Ewigkeit.

Oder:

Allmächtiger Gott,
am heutigen Tag
huldigen wir Christus in seinem Sieg
und tragen ihm zu Ehren
(grüne) Zweige in den Händen.
Mehre unseren Glauben und unsere Hoffnung,
erhöre gnädig unsere Bitten
und laß uns in Christus
die Frucht guter Werke bringen.
Darum bitten wir durch ihn, Christus, unseren Herrn.

Er besprengt (ohne Begleitgebet) die Zweige mit Weihwasser.

ZUM EVANGELIUM   *Der Einzug Jesu in Jerusalem wird von al-*
len vier Evangelisten berichtet. Markus ist der Nüchternste, bei ihm
bleibt alles in bescheidenem Rahmen. Matthäus berichtet größer und
feierlicher. Das Prophetenwort Sacharja 9, 9 erfüllt sich: Jesus kommt
als König nach Jerusalem, bescheiden und als Friedenskönig. Das
Volk aber jubelt ihm zu als dem Sohn Davids, als dem, der „im Namen
des Herrn" kommt.

EVANGELIUM   Mt 21, 1–11

Gesegnet sei er, der kommt im Namen des Herrn

✝ Aus dem heiligen Evangelium nach Matthäus.

Als sich Jesus mit seinen Begleitern Jerusalem näherte
und nach Bétfage am Ölberg kam,
schickte er zwei Jünger voraus

2   und sagte zu ihnen: Geht in das Dorf, das vor euch liegt;
    dort werdet ihr eine Eselin angebunden finden
        und ein Fohlen bei ihr.
    Bindet sie los, und bringt sie zu mir!
3   Und wenn euch jemand zur Rede stellt,
        dann sagt: Der Herr braucht sie,
    er läßt sie aber bald zurückbringen.

4   Das ist geschehen,
        damit sich erfüllte, was durch den Propheten gesagt worden ist:

5   Sagt der Tochter Zion:
        Siehe, dein König kommt zu dir.
    Er ist friedfertig,
    und er reitet auf einer Eselin
        und auf einem Fohlen,
        dem Jungen eines Lasttiers.

6   Die Jünger gingen
    und taten, was Jesus ihnen aufgetragen hatte.
7   Sie brachten die Eselin und das Fohlen,
    legten ihre Kleider auf sie,
    und er setzte sich darauf.
8   Viele Menschen breiteten ihre Kleider auf der Straße aus,
    andere schnitten Zweige von den Bäumen
        und streuten sie auf den Weg.
9   Die Leute aber, die vor ihm hergingen und die ihm folgten,
    riefen:

    Hosanna dem Sohn Davids!
    Gesegnet sei er, der kommt im Namen des Herrn.
    Hosanna in der Höhe!

10 Als er in Jerusalem einzog,
        geriet die ganze Stadt in Aufregung,
    und man fragte: Wer ist das?
11 Die Leute sagten:
        Das ist der Prophet Jesus von Nazaret in Galiläa.

Nach dem Evangelium kann eine kurze Homilie gehalten werden.

Zur Prozession

Liebe Brüder und Schwestern!
Wie einst das Volk von Jerusalem Jesus zujubelte, so begleiten auch wir jetzt den Herrn und singen ihm Lieder.

Während der Prozession:

Kehrvers 1 mit Psalm 24 (23)

Die Kinder von Jerusalem trugen Zweige in den Händen. / Sie zogen dem Herrn entgegen und riefen: / Hosanna in der Höhe!

Oder:

Kehrvers 2 mit Psalm 47 (46)

Die Kinder von Jerusalem / legten ihre Kleider über den Weg und riefen: / Hosanna dem Sohne Davids. / Hochgelobt sei, der da kommt im Namen des Herrn.

Diese Kehrverse können zwischen den Versen des Psalmes wiederholt werden.

Hymnus auf Christus, den König

R Ruhm und Preis und Ehre / sei dir, Erlöser und König! / Jubelnd rief einst das Volk / sein Hosanna dir zu. – R
Du bist Israels König. / Davids Geschlechte entsprossen, / der im Namen des Herrn / als ein Gesegneter kommt. – R
Dir lobsingen im Himmel / ewig die seligen Chöre; / so auch preist dich der Mensch, / so alle Schöpfung zugleich. – R
Einst mit Zweigen in Händen / eilte das Volk dir entgegen; / so mit Lied und Gebet / ziehen wir heute mit dir. – R
Dort erklang dir der Jubel, / als du dahingingst zu leiden; / dir, dem König der Welt, / bringen wir hier unser Lob. – R
Hat ihr Lob dir gefallen, / nimm auch das unsre entgegen, / großer König und Herr, / du, dem das Gute gefällt. – R

Beim Einzug in die Kirche singt man folgenden Antwortgesang (oder ein entsprechendes *Lied*):

Ch: Gepriesen, der kommt im Namen *des* Herrn!
A: Gepriesen, der kommt im Namen des Herrn!
Ch: Als das Volk hörte, daß Jesus nach Jerusalem komme, da zogen sie ihm entgegen. Sie trugen Palmzweige in den Händen und riefen: Hosanna, hosanna, hosanna in der Höhe.
A: Hosanna, hosanna, hosanna in der Höhe.

Als Abschluß der Prozession wird das Eröffnungsgebet der Messe gesprochen.

MESSE

Nur wenn keine Prozession stattgefunden hat:

ERÖFFNUNGSVERS

**Sechs Tage vor dem Osterfest kam der Herr in die Stadt Jerusalem.
Da liefen ihm Kinder entgegen
mit Palmzweigen in den Händen und riefen:
Hosanna in der Höhe!
Sei gepriesen, der du kommst als Heiland der Welt.**

Ps 24 (23), 9–10

**Ihr Tore, hebt euch nach oben,
hebt euch, ihr uralten Pforten;
denn es kommt der König der Herrlichkeit.**

**Wer ist der König der Herrlichkeit?
Der Herr der Heerscharen,
er ist der König der Herrlichkeit.**

**Hosanna in der Höhe!
Sei gepriesen, der du kommst als Heiland der Welt.**

TAGESGEBET

**Allmächtiger, ewiger Gott,
deinem Willen gehorsam,
hat unser Erlöser Fleisch angenommen,
er hat sich selbst erniedrigt
und sich unter die Schmach des Kreuzes gebeugt.
Hilf uns,
daß wir ihm auf dem Weg des Leidens nachfolgen
und an seiner Auferstehung Anteil erlangen.
Darum bitten wir durch ihn, Jesus Christus.**

Es wird empfohlen, wo immer es angeht, den Wortgottesdienst in seiner
vollen Form (mit drei Schriftlesungen) zu halten, wenn nicht pastorale
Gründe anderes nahelegen.
Angesichts der Bedeutung der *Leidensgeschichte* ist es dem Priester jedoch
erlaubt, im Hinblick auf die Gemeinde nur eine der beiden Lesungen, die
der Leidensgeschichte voraufgehen, zu nehmen oder notfalls nur die Leidensgeschichte (auch in ihrer Kurzfassung). Das gilt jedoch nur für
Messen, die mit einer Gemeinde gefeiert werden.

ZUR 1. LESUNG *In Jesaja 42 (vgl. Taufe des Herrn) wurden die Berufung des Gottesknechts und seine Ausrüstung mit dem Geist Gottes beschrieben. Ein zweites Lied vom Gottesknecht (Jes 49, 1–6) zeigt die Schwere seiner Mission. Das dritte Lied (die heutige Lesung) zeichnet ihn als den vollkommenen Jünger und treuen Propheten, der nicht zurückweicht vor Spott und Verfolgung.*

ERSTE LESUNG Jes 50, 4–7

Mein Gesicht verbarg ich nicht vor Schmähungen, doch ich weiß, daß ich nicht in Schande gerate (Drittes Lied vom Gottesknecht)

Lesung
aus dem Buch Jesája.

Gott, der Herr, gab mir die Zunge eines Jüngers,
damit ich verstehe,
   die Müden zu stärken durch ein aufmunterndes Wort.
Jeden Morgen weckt er mein Ohr,
   damit ich auf ihn höre wie ein Jünger.
Gott, der Herr, hat mir das Ohr geöffnet.

Ich aber wehrte mich nicht
   und wich nicht zurück.
Ich hielt meinen Rücken denen hin, die mich schlugen,
und denen, die mir den Bart ausrissen, meine Wangen.
Mein Gesicht verbarg ich nicht
   vor Schmähungen und Speichel.

Doch Gott, der Herr, wird mir helfen;
darum werde ich nicht in Schande enden.
Deshalb mache ich mein Gesicht hart wie ein Kiesel;
ich weiß, daß ich nicht in Schande gerate.

ANTWORTPSALM Ps 22 (21), 8–9.17–18.19–20.23–24 (R: 2)

R Mein Gott, mein Gott, (GL 176, 2)
warum hast du mich verlassen? – **R**

Alle, die mich sehen, verlachen mich, * III. Ton
verziehen die Lippen, schütteln den Kopf:

9 „Er wälze die Last auf den Herrn, †
der soll ihn befreien! *
Der reiße ihn heraus, wenn er an ihm Gefallen hat!" – (R)

17 Viele Hunde umlagern mich, †
eine Rotte von Bösen umkreist mich. *
Sie durchbohren mir Hände und Füße.

18 Man kann all meine Knochen zählen; *
sie gaffen und weiden sich an mir. – (R)

19 Sie verteilen unter sich meine Kleider *
und werfen das Los um mein Gewand.

20 Du aber, Herr, halte dich nicht fern! *
Du, meine Stärke, eil mir zu Hilfe! – (R)

23 Ich will deinen Namen meinen Brüdern verkünden, *
inmitten der Gemeinde dich preisen.

24 Die ihr den Herrn fürchtet, preist ihn, †
ihr alle vom Stamm Jakobs, rühmt ihn; *
erschauert alle vor ihm, ihr Nachkommen Israels!

R Mein Gott, mein Gott,
warum hast du mich verlassen!

ZUR 2. LESUNG   *Aus der Gottesherrlichkeit ist der Sohn in die
tiefste Erniedrigung hinabgestiegen. Er hat den Kreuzestod auf sich
genommen. Sein Gehorsam war Liebe zum Vater und Liebe zu den
Menschen. Ihn, den Erniedrigten, hat Gott zum Kyrios, zum Herrn
über Zeiten und Welten gemacht. Auf ihn sollen wir schauen, an ihm
uns orientieren: „Seid untereinander so gesinnt, wie es dem Leben in
Christus Jesus entspricht" (Phil 2, 5).*

ZWEITE LESUNG   Phil 2,6–11

Christus Jesus erniedrigte sich; darum hat ihn Gott über alle erhöht

Lesung
     aus dem Brief des Apostels Paulus an die Philipper.

6 Christus Jesus war Gott gleich,
hielt aber nicht daran fest, wie Gott zu sein,

sondern er entäußerte sich
und wurde wie ein Sklave
und den Menschen gleich.
Sein Leben war das eines Menschen;
er erniedrigte sich
und war gehorsam bis zum Tod,
bis zum Tod am Kreuz.

Darum hat ihn Gott über alle erhöht
und ihm den Namen verliehen,
der größer ist als alle Namen,
damit alle im Himmel, auf der Erde und unter der Erde
ihre Knie beugen vor dem Namen Jesu
und jeder Mund bekennt:
„Jesus Christus ist der Herr"
– zur Ehre Gottes, des Vaters.

RUF VOR DER PASSION Vers: vgl. Phil 2,8b–9

Christus Sieger, Christus König, Christus Herr in Ewigkeit! – R
Christus war für uns gehorsam bis zum Tod,
bis zum Tod am Kreuz.
Darum hat ihn Gott über alle erhöht
und ihm den Namen verliehen, der größer ist als alle Namen.

Christus Sieger, Christus König, Christus Herr in Ewigkeit!

ZUR PASSION   *Der Bericht über das Leiden und die Auferstehung
Jesu ist der Teil des Evangeliums, der am frühesten eine feste Gestalt
erhielt. Er wird von den Evangelisten mit großer Übereinstimmung im
ganzen, aber auch mit bemerkenswerten Besonderheiten im einzelnen
überliefert. – Jesus geht seinen Weg in Freiheit und mit göttlicher Hoheit, wie es ihm vom Vater bestimmt ist. Die Schriften der Propheten
müssen sich an ihm erfüllen (26,54.56). Die Ereignisse beim Tod Jesu
weisen auf die einmalige und umstürzende Macht dieses Todes hin.
Das Ende der Zeit ist gekommen. „Wahrhaftig, das war Gottes Sohn"
(27,54). In der erschreckenden Fremdheit des Kreuzestodes erkennt
der Glaube das Walten des tief verborgenen und gerade in dieser fremden Verborgenheit sich offenbarenden Gottes.*

PASSION   Mt 26, 14 – 27, 66

Das Leiden unseres Herrn Jesus Christus

E = Evangelist, † = Worte Jesu, S = Worte sonstiger Personen

Das Leiden unseres Herrn Jesus Christus nach Matthäus.

Der Verrat durch Judas

14 E Einer der Zwölf namens Judas Iskáriot
    ging zu den Hohenpriestern
15 und sagte:
    S Was wollt ihr mir geben, wenn ich euch Jesus ausliefere?
    E Und sie zahlten ihm dreißig Silberstücke.
16 Von da an suchte er nach einer Gelegenheit, ihn auszuliefern.

Die Vorbereitung des Paschamahls

17 Am ersten Tag des Festes der Ungesäuerten Brote
    gingen die Jünger zu Jesus
und fragten:
    S Wo sollen wir das Paschamahl* für dich vorbereiten?
18 E Er antwortete:
    † Geht in die Stadt zu dem und dem
und sagt zu ihm: Der Meister läßt dir sagen:
    Meine Zeit ist da;
bei dir will ich mit meinen Jüngern das Paschamahl feiern.
19 E Die Jünger taten, was Jesus ihnen aufgetragen hatte,
und bereiteten das Paschamahl vor.

Das Mahl

20 Als es Abend wurde,
    begab er sich mit den zwölf Jüngern zu Tisch.
21 Und während sie aßen, sprach er:
    † Amen, ich sage euch:
Einer von euch wird mich verraten und ausliefern.
22 E Da waren sie sehr betroffen,
und einer nach dem andern fragte ihn:
    S Bin ich es etwa, Herr?

---

* Sprich: Pas-chamahl.

³ E Er antwortete:
   † Der, der die Hand mit mir in die Schüssel getaucht hat,
   wird mich verraten.
⁴ Der Menschensohn muß zwar seinen Weg gehen,
   wie die Schrift über ihn sagt.
Doch weh dem Menschen,
   durch den der Menschensohn verraten wird.
Für ihn wäre es besser, wenn er nie geboren wäre.
⁵ E Da fragte Judas, der ihn verriet:
   S Bin ich es etwa, Rabbi?
E Jesus sagte zu ihm:
   † Du sagst es.
⁶ E Während des Mahls nahm Jesus das Brot
und sprach den Lobpreis;
dann brach er das Brot,
reichte es den Jüngern
und sagte:
   † Nehmt und eßt;
das ist mein Leib.
⁷ E Dann nahm er den Kelch,
sprach das Dankgebet
und reichte ihn den Jüngern
mit den Worten:
   † Trinkt alle daraus;
⁸ das ist mein Blut,
das Blut des Bundes,
   das für viele vergossen wird zur Vergebung der Sünden.
⁹ Ich sage euch:
Von jetzt an
   werde ich nicht mehr von der Frucht des Weinstocks trinken,
   bis zu dem Tag,
   an dem ich mit euch von neuem davon trinke
im Reich meines Vaters.

Der Gang zum Ölberg

E Nach dem Lobgesang gingen sie zum Ölberg hinaus.
Da sagte Jesus zu ihnen:
   † Ihr alle werdet in dieser Nacht an mir Anstoß nehmen
   und zu Fall kommen;

denn in der Schrift steht:
> Ich werde den Hirten erschlagen,

dann werden sich die Schafe der Herde zerstreuen.

32 Aber nach meiner Auferstehung
> werde ich euch nach Galiläa vorausgehen.

33 E Petrus erwiderte ihm:
> S Und wenn alle an dir Anstoß nehmen –
> ich niemals!

34 E Jesus entgegnete ihm:
> † Amen, ich sage dir:

In dieser Nacht, noch ehe der Hahn kräht,
> wirst du mich dreimal verleugnen.

35 E Da sagte Petrus zu ihm:
> S Und wenn ich mit dir sterben müßte
– ich werde dich nie verleugnen.

E Das gleiche sagten auch alle anderen Jünger.

Das Gebet in Getsemani

36 Darauf kam Jesus mit den Jüngern zu einem Grundstück,
> das man Getsémani nennt,

und sagte zu ihnen:
> † Setzt euch und wartet hier,
> während ich dort bete.

37 E Und er nahm Petrus und die beiden Söhne des Zebedäus mit sich.

Da ergriff ihn Angst und Traurigkeit,

38 und er sagte zu ihnen:
> † Meine Seele ist zu Tode betrübt.

Bleibt hier und wacht mit mir!

39 E Und er ging ein Stück weiter,

warf sich zu Boden

und betete:
> † Mein Vater, wenn es möglich ist,
> gehe dieser Kelch an mir vorüber.

Aber nicht wie ich will,
> sondern wie du willst.

40 E Und er ging zu den Jüngern zurück
> und fand sie schlafend.

Da sagte er zu Petrus:
> † Konntet ihr nicht einmal eine Stunde mit mir wachen?

1 Wacht und betet,
  damit ihr nicht in Versuchung geratet.
Der Geist ist willig,
  aber das Fleisch ist schwach.

2 E Dann ging er zum zweitenmal weg
und betete:
  † Mein Vater,
wenn dieser Kelch an mir nicht vorübergehen kann,
  ohne daß ich ihn trinke,
  geschehe dein Wille.

3 E Als er zurückkam,
  fand er sie wieder schlafend,
denn die Augen waren ihnen zugefallen.

4 Und er ging wieder von ihnen weg
und betete zum drittenmal mit den gleichen Worten.

5 Danach kehrte er zu den Jüngern zurück
und sagte zu ihnen:
  † Schlaft ihr immer noch und ruht euch aus?
Die Stunde ist gekommen;
jetzt wird der Menschensohn den Sündern ausgeliefert.

6 Steht auf,
  wir wollen gehen!
Seht, der Verräter, der mich ausliefert, ist da.

Die Gefangennahme

E Während er noch redete,
  kam Judas, einer der Zwölf,
mit einer großen Schar von Männern,
  die mit Schwertern und Knüppeln bewaffnet waren;
sie waren von den Hohenpriestern
  und den Ältesten des Volkes geschickt worden.
Der Verräter hatte mit ihnen ein Zeichen verabredet
und gesagt:
  S Der, den ich küssen werde, der ist es;
nehmt ihn fest.
E Sogleich ging er auf Jesus zu
und sagte:
  S Sei gegrüßt, Rabbi!
E Und er küßte ihn.

50 Jesus erwiderte ihm:
       † Freund, dazu bist du gekommen?
    E Da gingen sie auf Jesus zu,
    ergriffen ihn
    und nahmen ihn fest.
51 Doch einer von den Begleitern Jesu zog sein Schwert,
    schlug auf den Diener des Hohenpriesters ein
    und hieb ihm ein Ohr ab.
52 Da sagte Jesus zu ihm:
       † Steck dein Schwert in die Scheide;
    denn alle, die zum Schwert greifen,
       werden durch das Schwert umkommen.
53 Oder glaubst du nicht,
       mein Vater
       würde mir sogleich mehr als zwölf Legionen Engel schicken,
       wenn ich ihn darum bitte?
54 Wie würde dann aber die Schrift erfüllt,
       nach der es so geschehen muß?
55 E Darauf sagte Jesus zu den Männern:
       † Wie gegen einen Räuber
       seid ihr mit Schwertern und Knüppeln ausgezogen,
       um mich festzunehmen.
    Tag für Tag saß ich im Tempel und lehrte,
    und ihr habt mich nicht verhaftet.
56 E Das alles aber ist geschehen,
       damit die Schriften der Propheten in Erfüllung gehen.
    Da verließen ihn alle Jünger und flohen.

Das Verhör vor dem Hohen Rat

57 Nach der Verhaftung
       führte man Jesus zum Hohenpriester Kájaphas,
       bei dem sich die Schriftgelehrten und die Ältesten
       versammelt hatten.
58 Petrus folgte Jesus von weitem
       bis zum Hof des hohepriesterlichen Palastes;
    er ging in den Hof hinein
       und setzte sich zu den Dienern,
    um zu sehen, wie alles ausgehen würde.
59 Die Hohenpriester und der ganze Hohe Rat
       bemühten sich um falsche Zeugenaussagen gegen Jesus,
       um ihn zum Tod verurteilen zu können.

0 Sie erreichten aber nichts,
    obwohl viele falsche Zeugen auftraten.
Zuletzt kamen zwei Männer
1 und behaupteten:
    S Er hat gesagt:
    Ich kann den Tempel Gottes niederreißen
    und in drei Tagen wieder aufbauen.
2 E Da stand der Hohepriester auf
und fragte Jesus:
    S Willst du nichts sagen
    zu dem, was diese Leute gegen dich vorbringen?
3 E Jesus aber schwieg.
Darauf sagte der Hohepriester zu ihm:
    S Ich beschwöre dich bei dem lebendigen Gott,
sag uns: Bist du der Messias, der Sohn Gottes?
4 E Jesus antwortete:
    † Du hast es gesagt.
Doch ich erkläre euch:
    Von nun an werdet ihr den Menschensohn
    zur Rechten der Macht sitzen
    und auf den Wolken des Himmels kommen sehen.
5 E Da zerriß der Hohepriester sein Gewand
und rief:
    S Er hat Gott gelästert!
Wozu brauchen wir noch Zeugen?
Jetzt habt ihr die Gotteslästerung selbst gehört.
Was ist eure Meinung?
    E Sie antworteten:
    S Er ist schuldig und muß sterben.
    E Dann spuckten sie ihm ins Gesicht
und schlugen ihn.
*Andere ohrfeigten ih*n
und riefen:
    S Messias, du bist doch ein Prophet!
Sag uns: Wer hat dich geschlagen?

Die Verleugnung durch Petrus

E Petrus aber saß draußen im Hof.
Da trat eine Magd zu ihm
und sagte:
    S Auch du warst mit diesem Jesus aus Galiläa zusammen.

70 E Doch er leugnete es vor allen Leuten
   und sagte:
       S Ich weiß nicht, wovon du redest.
71 E Und als er zum Tor hinausgehen wollte,
     sah ihn eine andere Magd
   und sagte zu denen, die dort standen:
       S Der war mit Jesus aus Nazaret zusammen.
72 E Wieder leugnete er
   und schwor:
       S Ich kenne den Menschen nicht.
73 E Kurz darauf kamen die Leute, die dort standen, zu Petrus
   und sagten:
       S Wirklich, auch du gehörst zu ihnen,
   deine Mundart verrät dich.
74 E Da fing er an, sich zu verfluchen,
   und schwor:
       S Ich kenne den Menschen nicht.
   E Gleich darauf krähte ein Hahn,
75 und Petrus erinnerte sich an das, was Jesus gesagt hatte:
   Ehe der Hahn kräht,
       wirst du mich dreimal verleugnen.
   Und er ging hinaus
       und weinte bitterlich.

Die Auslieferung an Pilatus

1 Als es Morgen wurde,
     faßten die Hohenpriester und die Ältesten des Volkes
     gemeinsam den Beschluß, Jesus hinrichten zu lassen.
2 Sie ließen ihn fesseln und abführen
   und lieferten ihn dem Statthalter Pilatus aus.

Das Ende des Judas

3 Als nun Judas, der ihn verraten hatte,
     sah, daß Jesus zum Tod verurteilt war,
     reute ihn seine Tat.
   Er brachte den Hohenpriestern und den Ältesten
     die dreißig Silberstücke zurück
4 und sagte:
       S Ich habe gesündigt,
   ich habe euch einen unschuldigen Menschen ausgeliefert.

E Sie antworteten:
  S Was geht das uns an?
Das ist deine Sache.
E Da warf er die Silberstücke in den Tempel;
dann ging er weg
  und erhängte sich.
Die Hohenpriester nahmen die Silberstücke
und sagten:
  S Man darf das Geld nicht in den Tempelschatz tun;
denn es klebt Blut daran.
E Und sie beschlossen, von dem Geld den Töpferacker zu kaufen
als Begräbnisplatz für die Fremden.
Deshalb heißt dieser Acker bis heute Blutacker.
So erfüllte sich,
  was durch den Propheten Jeremía gesagt worden ist:
Sie nahmen die dreißig Silberstücke
  – das ist der Preis, den er den Israeliten wert war –
und kauften für das Geld den Töpferacker,
  wie mir der Herr befohlen hatte.

Die Verhandlung vor Pilatus

Als Jesus vor dem Statthalter stand, fragte ihn dieser:
  S Bist du der König der Juden?
E Jesus antwortete:
  † Du sagst es.
E Als aber die Hohenpriester und die Ältesten ihn anklagten,
  gab er keine Antwort.
Da sagte Pilatus zu ihm:
  S Hörst du nicht, was sie dir alles vorwerfen?
E Er aber antwortete ihm auf keine einzige Frage,
so daß der Statthalter sehr verwundert war.
Jeweils zum Fest
  pflegte der Statthalter einen Gefangenen freizulassen,
  den sich das Volk auswählen konnte.
Damals war gerade ein berüchtigter Mann
  namens Barábbas im Gefängnis.
Pilatus fragte nun die Menge, die zusammengekommen war:
  S Was wollt ihr?
Wen soll ich freilassen,
Barábbas oder Jesus, den man den Messias nennt?

¹⁸ E Er wußte nämlich,
       daß man Jesus nur aus Neid an ihn ausgeliefert hatte.

¹⁹ Während Pilatus auf dem Richterstuhl saß,
       ließ ihm seine Frau sagen:
       S Laß die Hände von diesem Mann,
    er ist unschuldig.
    Ich hatte seinetwegen heute nacht einen schrecklichen Traum.

²⁰ E Inzwischen
       überredeten die Hohenpriester und die Ältesten die Menge,
       die Freilassung des Barábbas zu fordern,
       Jesus aber hinrichten zu lassen.
²¹ Der Statthalter fragte sie:
       S Wen von beiden soll ich freilassen?
    E Sie riefen:
       S Barábbas!
²² E Pilatus sagte zu ihnen:
       S Was soll ich dann mit Jesus tun, den man den Messias nennt?
    E Da schrien sie alle:
       S Ans Kreuz mit ihm!
²³ E Er erwiderte:
       S Was für ein Verbrechen hat er denn begangen?
    E Da schrien sie noch lauter:
       S Ans Kreuz mit ihm!

²⁴ E Als Pilatus sah, daß er nichts erreichte,
       sondern daß der Tumult immer größer wurde,
       ließ er Wasser bringen,
    wusch sich vor allen Leuten die Hände
    und sagte:
       S Ich bin unschuldig am Blut dieses Menschen.
    Das ist eure Sache!
²⁵ E Da rief das ganze Volk:
       S Sein Blut komme über uns und unsere Kinder!
²⁶ E Darauf ließ er Barábbas frei
       und gab den Befehl, Jesus zu geißeln und zu kreuzigen.

Die Verspottung Jesu durch die Soldaten

²⁷ Da nahmen die Soldaten des Statthalters Jesus,
    führten ihn in das Prätórium, das Amtsgebäude des Statthalters,
    und versammelten die ganze Kohórte um ihn.

8 Sie zogen ihn aus
    und legten ihm einen purpurroten Mantel um.
9 Dann flochten sie einen Kranz aus Dornen;
    den setzten sie ihm auf
    und gaben ihm einen Stock in die rechte Hand.
    Sie fielen vor ihm auf die Knie
    und verhöhnten ihn, indem sie riefen:
        S Heil dir, König der Juden!
0 E Und sie spuckten ihn an,
    nahmen ihm den Stock wieder weg
        und schlugen ihm damit auf den Kopf.
1a Nachdem sie so ihren Spott mit ihm getrieben hatten,
        nahmen sie ihm den Mantel ab
        und zogen ihm seine eigenen Kleider wieder an.

Die Kreuzigung

1b Dann führten sie Jesus hinaus,
        um ihn zu kreuzigen.
2 Auf dem Weg trafen sie einen Mann aus Zyréne namens Simon;
    ihn zwangen sie, Jesus das Kreuz zu tragen.
3 So kamen sie an den Ort, der Gólgota genannt wird,
    das heißt Schädelhöhe.
4 Und sie gaben ihm Wein zu trinken, der mit Galle vermischt war;
    als er aber davon gekostet hatte, wollte er ihn nicht trinken.

5 Nachdem sie ihn gekreuzigt hatten,
        warfen sie das Los und verteilten seine Kleider unter sich.
6 Dann setzten sie sich nieder und bewachten ihn.
7 Über seinem Kopf hatten sie eine Aufschrift angebracht,
        die seine Schuld angab:
    Das ist Jesus, der König der Juden.
8 *Zusammen mit ihm* wurden zwei Räuber gekreuzigt,
    der eine rechts von ihm, der andere links.
9 Die Leute, die vorbeikamen, verhöhnten ihn,
    schüttelten den Kopf
0 und riefen:
        S Du willst den Tempel niederreißen
        und in drei Tagen wieder aufbauen?
    Wenn du Gottes Sohn bist,
        hilf dir selbst,
    und steig herab vom Kreuz!

41 E Auch die Hohenpriester,
     die Schriftgelehrten und die Ältesten verhöhnten ihn
   und sagten:
42 S Anderen hat er geholfen,
     sich selbst kann er nicht helfen.
   Er ist doch der König von Israel!
   Er soll vom Kreuz herabsteigen,
   dann werden wir an ihn glauben.
43 Er hat auf Gott vertraut:
   der soll ihn jetzt retten, wenn er an ihm Gefallen hat;
   er hat doch gesagt: Ich bin Gottes Sohn.
44 E Ebenso beschimpften ihn die beiden Räuber,
     die man zusammen mit ihm gekreuzigt hatte.

(Hier stehen alle auf.)

Der Tod Jesu

45 Von der sechsten bis zur neunten Stunde
     herrschte eine Finsternis im ganzen Land.
46 Um die neunte Stunde rief Jesus laut:
   † Eli, Eli,
     lema sabachtáni?,
   E das heißt:
   † Mein Gott, mein Gott,
     warum hast du mich verlassen?
47 E Einige von denen, die dabeistanden und es hörten,
     sagten:
   S Er ruft nach Elíja.
48 E Sogleich lief einer von ihnen hin,
   tauchte einen Schwamm in Essig,
   steckte ihn auf einen Stock
   und gab Jesus zu trinken.
49 Die anderen aber sagten:
   S Laß doch,
   wir wollen sehen, ob Elíja kommt und ihm hilft.
50 E Jesus aber schrie noch einmal laut auf.
   Dann hauchte er den Geist aus.

Hier knien alle zu einer kurzen Gebetsstille nieder.

51 Da riß der Vorhang im Tempel von oben bis unten entzwei.
   Die Erde bebte,
   und die Felsen spalteten sich.

52 Die Gräber öffneten sich,
und die Leiber vieler Heiligen, die entschlafen waren,
wurden auferweckt.

53 Nach der Auferstehung Jesu verließen sie ihre Gräber,
kamen in die Heilige Stadt
und erschienen vielen.

54 Als der Hauptmann
und die Männer, die mit ihm zusammen Jesus bewachten,
das Erdbeben bemerkten
und sahen, was geschah,
erschraken sie sehr
und sagten:
S Wahrhaftig, das war Gottes Sohn!

55 E Auch viele Frauen waren dort
E und sahen von weitem zu;
sie waren Jesus seit der Zeit in Galiläa nachgefolgt
und hatten ihm gedient.

56 Zu ihnen gehörten Maria aus Mágdala,
Maria, die Mutter des Jakobus und des Josef,
und die Mutter der Söhne des Zebedäus.

Das Begräbnis Jesu

57 Gegen Abend kam ein reicher Mann aus Arimathäa namens Josef;
auch er war ein Jünger Jesu.

58 Er ging zu Pilatus und bat um den Leichnam Jesu.
Da befahl Pilatus, ihm den Leichnam zu überlassen.

59 Josef nahm ihn und hüllte ihn in ein reines Leinentuch.

60 Dann legte er ihn in ein neues Grab,
das er für sich selbst in einen Felsen hatte hauen lassen.
Er wälzte einen großen Stein vor den Eingang des Grabes
und ging weg.

61 Auch Maria aus Mágdala und die andere Maria waren dort;
sie saßen dem Grab gegenüber.

Die Bewachung des Grabes

62 Am nächsten Tag
gingen die Hohenpriester und die Pharisäer gemeinsam
zu Pilatus;
es war der Tag nach dem Rüsttag.

⁶³ Sie sagten:
   S Herr, es fiel uns ein,
     daß dieser Betrüger,
     als er noch lebte, behauptet hat:
   Ich werde nach drei Tagen auferstehen.
⁶⁴ Gib also den Befehl,
     daß das Grab bis zum dritten Tag sicher bewacht wird.
   Sonst könnten seine Jünger kommen,
   ihn stehlen
   und dem Volk sagen:
     Er ist von den Toten auferstanden.
   Und dieser letzte Betrug wäre noch schlimmer als alles zuvor.
⁶⁵ E Pilatus antwortete ihnen:
     S Ihr sollt eine Wache haben.
   Geht und sichert das Grab, so gut ihr könnt.
⁶⁶ E Darauf gingen sie, um das Grab zu sichern.
   Sie versiegelten den Eingang
     und ließen die Wache dort.

Oder:

KURZFASSUNG   Mt 27, 11–54

Das Leiden unseres Herrn Jesus Christus

E = Evangelist, † = Worte Jesu, S = Worte sonstiger Personen

Das Leiden unseres Herrn Jesus Christus nach Matthäus.

Die Verhandlung vor Pilatus

¹¹ E Als Jesus vor dem Statthalter Pontius Pilatus stand,
     fragte ihn dieser:
     S Bist du der König der Juden?
   E Jesus antwortete:
     † Du sagst es.
¹² E Als aber die Hohenpriester und die Ältesten ihn anklagten,
     gab er keine Antwort.
¹³ Da sagte Pilatus zu ihm:
     S Hörst du nicht, was sie dir alles vorwerfen?
¹⁴ E Er aber antwortete ihm auf keine einzige Frage,
   so daß der Statthalter sehr verwundert war.

15 Jeweils zum Fest
        pflegte der Statthalter einen Gefangenen freizulassen,
        den sich das Volk auswählen konnte.
16 Damals war gerade ein berüchtigter Mann
        namens Barábbas im Gefängnis.
17 Pilatus fragte nun die Menge, die zusammengekommen war:
        S Was wollt ihr?
    Wen soll ich freilassen,
    Barábbas oder Jesus, den man den Messias nennt?
18 E Er wußte nämlich,
        daß man Jesus nur aus Neid an ihn ausgeliefert hatte.
19 Während Pilatus auf dem Richterstuhl saß,
        ließ ihm seine Frau sagen:
        S Laß die Hände von diesem Mann,
    er ist unschuldig.
    Ich hatte seinetwegen heute nacht einen schrecklichen Traum.
20 E Inzwischen
        überredeten die Hohenpriester und die Ältesten die Menge,
        die Freilassung des Barábbas zu fordern,
        Jesus aber hinrichten zu lassen.
21 Der Statthalter fragte sie:
        S Wen von beiden soll ich freilassen?
    E Sie riefen:
        S Barábbas!
22 E Pilatus sagte zu ihnen:
        S Was soll ich dann mit Jesus tun, den man den Messias nennt?
    E Da schrien sie alle:
        S Ans Kreuz mit ihm!
23 E Er erwiderte:
        S Was für ein Verbrechen hat er denn begangen?
    E Da schrien sie noch lauter:
        S Ans Kreuz mit ihm!
24 E Als Pilatus sah, daß er nichts erreichte,
        sondern daß der Tumult immer größer wurde,
        ließ er Wasser bringen,
    wusch sich vor allen Leuten die Hände
    und sagte:
        S Ich bin unschuldig am Blut dieses Menschen.
    Das ist eure Sache!

25 **E** Da rief das ganze Volk:
   S Sein Blut komme über uns und unsere Kinder!
26 **E** Darauf ließ er Barábbas frei
   und gab den Befehl, Jesus zu geißeln und zu kreuzigen.

Die Verspottung Jesu durch die Soldaten

27 Da nahmen die Soldaten des Statthalters Jesus,
   führten ihn in das Prätorium, das Amtsgebäude des Statthalters,
   und versammelten die ganze Kohórte um ihn.
28 Sie zogen ihn aus
   und legten ihm einen purpurroten Mantel um.
29 Dann flochten sie einen Kranz aus Dornen;
   den setzten sie ihm auf
   und gaben ihm einen Stock in die rechte Hand.
   Sie fielen vor ihm auf die Knie
   und verhöhnten ihn, indem sie riefen:
      S Heil dir, König der Juden!
30 **E** Und sie spuckten ihn an,
   nahmen ihm den Stock wieder weg
   und schlugen ihm damit auf den Kopf.
31a Nachdem sie so ihren Spott mit ihm getrieben hatten,
   nahmen sie ihm den Mantel ab
   und zogen ihm seine eigenen Kleider wieder an.

Die Kreuzigung

31b Dann führten sie Jesus hinaus,
   um ihn zu kreuzigen.
32 Auf dem Weg trafen sie einen Mann aus Zyréne namens Simon;
   ihn zwangen sie, Jesus das Kreuz zu tragen.
33 So kamen sie an den Ort, der Gólgota genannt wird,
   das heißt Schädelhöhe.
34 Und sie gaben ihm Wein zu trinken, der mit Galle vermischt war;
   als er aber davon gekostet hatte, wollte er ihn nicht trinken.
35 Nachdem sie ihn gekreuzigt hatten,
   warfen sie *das Los und verteilten seine* Kleider unter sich.
36 Dann setzten sie sich nieder und bewachten ihn.
37 Über seinem Kopf hatten sie eine Aufschrift angebracht,
   die seine Schuld angab:
   Das ist Jesus, der König der Juden.

38 Zusammen mit ihm wurden zwei Räuber gekreuzigt,
   der eine rechts von ihm, der andere links.

39 Die Leute, die vorbeikamen, verhöhnten ihn,
   schüttelten den Kopf

40 und riefen:
   S Du willst den Tempel niederreißen
   und in drei Tagen wieder aufbauen?
   Wenn du Gottes Sohn bist,
   hilf dir selbst,
   und steig herab vom Kreuz!

41 E Auch die Hohenpriester,
   die Schriftgelehrten und die Ältesten verhöhnten ihn
   und sagten:

42 S Anderen hat er geholfen,
   sich selbst kann er nicht helfen.
   Er ist doch der König von Israel!
   Er soll vom Kreuz herabsteigen,
   dann werden wir an ihn glauben.

43 Er hat auf Gott vertraut:
   der soll ihn jetzt retten, wenn er an ihm Gefallen hat;
   er hat doch gesagt: Ich bin Gottes Sohn.

44 E Ebenso beschimpften ihn die beiden Räuber,
   die man zusammen mit ihm gekreuzigt hatte.

(Hier stehen alle auf.)

Der Tod Jesu

45 Von der sechsten bis zur neunten Stunde
   herrschte eine Finsternis im ganzen Land.

46 Um die neunte Stunde rief Jesus laut:
   † Eli, Eli,
   lema sabachtáni?,
   E das heißt:
   † Mein Gott, mein Gott,
   warum hast du mich verlassen?

47 E Einige von denen, die dabeistanden und es hörten,
   sagten:
   S Er ruft nach Elíja.

48 E Sogleich lief einer von ihnen hin,
   tauchte einen Schwamm in Essig,
   steckte ihn auf einen Stock
   und gab Jesus zu trinken.

⁴⁹ **Die anderen aber sagten:**
    S **Laß doch,**
wir wollen sehen, ob Elija kommt und ihm hilft.

⁵⁰ E **Jesus aber schrie noch einmal laut auf.**
Dann hauchte er den Geist aus.

Hier knien alle zu einer kurzen Gebetsstille nieder.

⁵¹ **Da riß der Vorhang im Tempel von oben bis unten entzwei.**
Die Erde bebte,
und die Felsen spalteten sich.

⁵² **Die Gräber öffneten sich,**
und die Leiber vieler Heiligen, die entschlafen waren,
    wurden auferweckt.

⁵³ **Nach der Auferstehung Jesu verließen sie ihre Gräber,**
kamen in die Heilige Stadt
und erschienen vielen.

⁵⁴ **Als der Hauptmann**
    und die Männer, die mit ihm zusammen Jesus bewachten,
    das Erdbeben bemerkten
    und sahen, was geschah,
    erschraken sie sehr
und sagten:
    S **Wahrhaftig, das war Gottes Sohn!**

Glaubensbekenntnis, S. 356 ff.; Fürbitten vgl. S. 786 ff.

ZUR EUCHARISTIEFEIER *Was beim Abendmahl Wort und Zeichen war, das hat Jesus in seinem Kreuzestod als göttlich-menschliche Tat der Liebe vollendet. Die Teilnahme an seinem Mahl ist unser Amen, unser Ja zu dem, was Gott durch Jesus an uns getan hat, auch zu dem, was er durch uns für andere tun will.*

GABENGEBET

Herr, unser Gott,
schenke uns Verzeihung
durch das Leiden deines Sohnes.
Wir haben sie zwar *durch unsere Taten* nicht verdient,
aber wir vertrauen auf dein Erbarmen.
Darum versöhne uns mit dir durch das einzigartige Opfer
unseres Herrn Jesus Christus,
der mit dir lebt und herrscht in alle Ewigkeit.

Präfation, S. 416.

KOMMUNIONVERS   Mt 26,42

Mein Vater, wenn dieser Kelch an mir nicht vorübergehen kann und ich ihn trinken muß, so geschehe dein Wille.

SCHLUSSGEBET

Herr, unser Gott,
du hast uns im heiligen Mahl gestärkt.
**Durch das Sterben deines Sohnes
gibst du uns die Kraft,
das Leben zu erhoffen, das uns der Glaube verheißt.
Gib uns durch seine Auferstehung die Gnade,
das Ziel unserer Pilgerschaft zu erreichen.
Darum bitten wir durch ihn, Christus, unseren Herrn.**

FÜR DEN TAG UND DIE WOCHE
Das Neue

Die Absolutheit, mit der sich Christus am Kreuz in Liebe seinem Vater hingibt, wird zur totalen Liebes-Gabe an alle Menschen. In Jesus Christus wird eine neue Daseinsform offenbar, innerhalb deren der Gegensatz zwischen der Liebe zu Gott und der Liebe zu den Menschen zunichte wird. Diese unauflösliche Einheit antasten zu wollen heißt den Wesenskern und das unverrückbarste Merkmal christlichen Daseins verleugnen ... Der Christ kann seinen Dienst am Menschen nicht von seiner Beziehung zu Gott trennen. In der Nachfolge Christi ist es gerade die absolute Hingabe an Gott, die uns zur besten Garantie für eine absolute Dienstbereitschaft am Nächsten und seiner Not wird. (Claude Geffré)

GRÜNDONNERSTAG

CHRISAM-MESSE

Am Gründonnerstag, dem Tag vor dem Beginn der großen Osterfeier, werden am Vormittag in den Bischofskirchen die heiligen Öle geweiht:

*der Chrisam für die Salbung nach der Taufe, für die Firmung, die
Weihe des Bischofs und des Priesters, auch für die Weihe von Kirchen
und Altären; das Katechumenenöl für die Salbung vor der Taufe; das
Krankenöl für das Sakrament der Krankensalbung.*

*Wegen seiner wohltuenden Wirkung ist das Öl in der Heiligen Schrift
Sinnbild für Gesundheit, Freude, Kraft des Geistes, Glück des Friedens
(z. B. Ps 45, 8; 23, 5; 104, 15; Jes 61, 3). Gesalbt wurden im Alten
Bund vor allem die Könige und die Priester. „Der Gesalbte" (= Christus) ist dann auch ein Titel des erwarteten Retters der Endzeit. Jesus
hat die Worte „Der Geist des Herrn ruht auf mir, denn der Herr hat
mich gesalbt" (Jes 61, 1–2: 1. Lesung dieser Messe) auf sich bezogen,
als er in der Synagoge von Nazaret die Stelle aus Jesaja vorlas (Lk
4, 16–21: Evangelium). Die Jünger Jesu haben von ihrem Herrn nicht
nur den Namen „Christen" (= Gesalbte), sondern auch die Salbung
des Geistes (vgl. 2 Kor 1, 21–22; Joh 2, 20.27); sie haben den Geist
Christi empfangen und haben Anteil an seinem königlichen Priestertum (vgl. Offb 1, 5–8: 2. Lesung).*

Zum Zeichen der Einheit aller Diözesanpriester sollen Priester aus allen Regio-
nen des Bistums mit dem Bischof gemeinsam diese Messe feiern.

ERÖFFNUNGSVERS   Offb 1, 6

Jesus Christus hat uns die Würde von Königen gegeben
und uns zu Priestern gemacht
für den Dienst vor seinem Gott und Vater.
Ihm sei die Herrlichkeit und die Herrschermacht in Ewigkeit. Amen.

Ehre sei Gott, S. 352 ff.

TAGESGEBET

Allmächtiger, ewiger Gott,
du hast deinen eingeborenen Sohn
mit dem Heiligen Geiste *gesalbt*
und ihn zum Herrn und Christus gemacht.
Uns aber hast du Anteil an seiner Würde geschenkt.
Hilf uns, in der Welt Zeugen der Erlösung zu sein.
Darum bitten wir durch ihn, Jesus Christus.

ERSTE LESUNG   Jes 61, 1–3a.6a.8b–9

*Der Herr hat mich gesalbt; er hat mich gesandt, damit ich den Armen eine
frohe Botschaft bringe und das Öl der Freude*

Lesung aus dem Buch Jesája.

1 **Der Geist Gottes, des Herrn, ruht auf mir;**
 denn der Herr hat mich gesalbt.
 Er hat mich gesandt,
   damit ich den Armen eine frohe Botschaft bringe
   und alle heile, deren Herz zerbrochen ist,
 damit ich den Gefangenen die Entlassung verkünde
   und den Gefesselten die Befreiung,
2 **damit ich ein Gnadenjahr des Herrn ausrufe,**
 einen Tag der Vergeltung unseres Gottes,
 damit ich alle Trauernden tröste,
3a   **die Trauernden Zions erfreue,**
 ihnen Schmuck bringe anstelle von Schmutz,
   Freudenöl statt Trauergewand,
   Jubel statt der Verzweiflung.
6a **Ihr alle werdet „Priester des Herrn" genannt,**
 man sagt zu euch „Diener unseres Gottes".
8b **Ich bin treu und gebe ihnen den Lohn,**
 ich schließe mit ihnen einen ewigen Bund.
9 **Ihre Nachkommen werden bei allen Nationen bekannt sein**
   und ihre Kinder in allen Völkern.
 Jeder, der sie sieht, wird erkennen:
   Das sind die Nachkommen, die der Herr gesegnet hat.

ANTWORTPSALM   Ps 89 (88), 20a u. 21–22.25 u. 27 (R: 2a)

R Von den Taten deiner Huld, o Herr,   (GL 176, 5)
 will ich ewig singen. – **R**
                                                             II. Ton

20a *Einst hast du in* einer Vision zu deinen Frommen gesprochen: †
21 „Ich habe David, meinen Knecht, *gefunden* *
 und ihn mit meinem heiligen Öl gesalbt.

22 Beständig wird meine Hand ihn halten *
 und mein Arm ihn stärken. – (R)

25 Meine Treue und meine Huld begleiten ihn, *
 und in meinem Namen erhebt er sein Haupt.

27 Er wird zu mir rufen: Mein Vater bist du, *
 mein Gott, der Fels meines Heiles." – **R**

ZWEITE LESUNG

Offb 1, 5–8

Er hat uns zu Königen gemacht und zu Priestern vor Gott, seinem Vater

5 **Lesung
aus der Offenbarung des Johannes.**

**Gnade sei mit euch und Friede von Jesus Christus;
er ist der treue Zeuge,
der Erstgeborene der Toten,
der Herrscher über die Könige der Erde.
Er liebt uns
und hat uns von unseren Sünden erlöst durch sein Blut;**
6 **er hat uns zu Königen gemacht
und zu Priestern vor Gott, seinem Vater.
Ihm sei die Herrlichkeit und die Macht in alle Ewigkeit. Amen.**

7 **Siehe, er kommt mit den Wolken,
und jedes Auge wird ihn sehen,
auch alle, die ihn durchbohrt haben;
und alle Völker der Erde
werden seinetwegen jammern und klagen.
Ja, amen.**

8 **Ich bin das Alpha und das Omega, spricht Gott, der Herr,
der ist
und der war
und der kommt,
der Herrscher über die ganze Schöpfung.**

RUF VOR DEM EVANGELIUM

Vers: vgl. Jes 61, 1 (Lk 4, 18)

Herr Jesus, dir sei Ruhm und Ehre! – R

**Der Geist des Herrn ruht auf mir.
Der Herr hat mich gesandt,
den Armen die Frohe Botschaft zu bringen.**

Herr Jesus, dir sei Ruhm und Ehre!

EVANGELIUM

Lk 4, 16–21

Der Geist des Herrn ruht auf mir; denn der Herr hat mich gesalbt

✛ **Aus dem heiligen Evangelium nach Lukas.**

In jener Zeit
16 **kam Jesus nach Nazaret, wo er aufgewachsen war,
und ging, wie gewohnt, am Sabbat in die Synagoge.**

Als er aufstand, um aus der Schrift vorzulesen,
17   reichte man ihm das Buch des Propheten Jesája.
Er schlug das Buch auf
und fand die Stelle, wo es heißt:

18   Der Geist des Herrn ruht auf mir;
      denn der Herr hat mich gesalbt.
Er hat mich gesandt,
      damit ich den Armen eine gute Nachricht bringe;
damit ich den Gefangenen die Entlassung verkünde
      und den Blinden das Augenlicht;
damit ich die Zerschlagenen in Freiheit setze
19   und ein Gnadenjahr des Herrn ausrufe.

20   Dann schloß er das Buch,
gab es dem Synagogendiener
      und setzte sich.
Die Augen aller in der Synagoge waren auf ihn gerichtet.
21   Da begann er, ihnen darzulegen:
Heute hat sich das Schriftwort, das ihr eben gehört habt, erfüllt.

Auf die Homilie kann eine Erneuerung der Bereitschaftserklärung zum priesterlichen Dienst folgen. Kein Glaubensbekenntnis und keine Fürbitten.

GABENGEBET

Herr, unser Gott,
dieses heilige Opfer helfe uns,
daß wir den alten Menschen ablegen und den neuen anziehen,
der nach deinem Bild geschaffen ist.
Darum bitten wir durch Christus, unseren Herrn.

Präfation, S. 416.

KOMMUNIONVERS   Ps 89 (88), 2

Von den Taten deiner Huld, Herr, will ich ewig singen,
bis zum fernsten Geschlecht laut deine Treue verkünden.

SCHLUSSGEBET

Allmächtiger Gott,
durch deine Sakramente
schenkst du uns die Kraft zu einem neuen Leben.
Gib, daß wir in der Welt den Geist Christi verbreiten
und seine Liebe bezeugen.
Darum bitten wir durch ihn, Christus, unseren Herrn.

DIE DREI ÖSTERLICHEN TAGE
VOM LEIDEN, VOM TOD UND
VON DER AUFERSTEHUNG DES HERRN

Die heiligen drei Tage sind in Wirklichkeit nur ein einziger Tag. Wir begehen in diesen Tagen das eine Mysterium der Erhöhung Jesu, sein Hinübergehen aus dieser Welt zum Vater.

Das letzte Mahl Jesu mit seinen Jüngern, der Tod am Kreuz, die Auferstehung am dritten Tag, darin entfaltet sich die eine unfaßbare Wahrheit:

Gott hat die Menschen geliebt, und er liebt sie, auch wenn sie es nicht wissen und nicht wollen. Gott rettet die Menschen durch die Opferhingabe des ewigen, menschgewordenen Sohnes.

GRÜNDONNERSTAG
oder
HOHER DONNERSTAG

MESSE VOM LETZTEN ABENDMAHL

ERÖFFNUNG UND WORTGOTTESDIENST

ERÖFFNUNGSVERS
Vgl. Gal 6, 14

**Wir rühmen uns des Kreuzes unseres Herrn Jesus Christus.
In ihm ist uns Heil geworden und Auferstehung und Leben.
Durch ihn sind wir erlöst und befreit.**

Ehre sei Gott, S. 352 ff.
Zum Gloria läuten die Glocken.

TAGESGEBET

Allmächtiger, ewiger Gott,
am Abend vor seinem Leiden
hat dein geliebter Sohn der Kirche
das Opfer des *Neuen und Ewigen Bundes* anvertraut
und das Gastmahl seiner Liebe gestiftet.
Gib, daß wir aus diesem Geheimnis
die Fülle des Lebens und der Liebe empfangen.
Darum bitten wir durch ihn, Jesus Christus.

ZUR 1. LESUNG *Das Paschafest war ein uraltes Hirtenfest; in Israel wurde es, zusammen mit dem Fest der Ungesäuerten Brote, zur Erinnerung an den Auszug aus Ägypten gefeiert. Für jede Generation wird das Ereignis der Befreiung aus der Knechtschaft neu gegenwärtig, wenn das geopferte Lamm gegessen wird. Und durch diese Erinnerung an die große Rettungstat Gottes am Anfang empfängt die Hoffnung auf ein noch größeres Heilsereignis neue Kraft.*

ERSTE LESUNG

Ex 12, 1–8.11–14

Die Feier des Paschamahles

**Lesung
aus dem Buch Éxodus.**

**In jenen Tagen
sprach der Herr zu Mose und Aaron in Ägypten:
Dieser Monat soll die Reihe eurer Monate eröffnen,
er soll euch als der erste unter den Monaten des Jahres gelten.
Sagt der ganzen Gemeinde Israel:**

**Am Zehnten dieses Monats
soll jeder ein Lamm für seine Familie holen,
ein Lamm für jedes Haus.
Ist die Hausgemeinschaft für ein Lamm zu klein,
so nehme er es zusammen mit dem Nachbarn,
der seinem Haus am nächsten wohnt,
nach der Anzahl der Personen.
Bei der Aufteilung des Lammes müßt ihr berücksichtigen,
wieviel der einzelne essen kann.
Nur ein fehlerfreies, männliches, einjähriges Lamm darf es sein,
das Junge eines Schafes oder einer Ziege müßt ihr nehmen.
Ihr sollt es bis zum vierzehnten Tag dieses Monats aufbewahren.
Gegen Abend
soll die ganze versammelte Gemeinde Israel
die Lämmer schlachten.
Man nehme etwas von dem Blut
und bestreiche damit die beiden Türpfosten und den Türsturz
an den Häusern, in denen man das Lamm essen will.
Noch in der gleichen Nacht soll man das Fleisch essen.**

Über dem Feuer gebraten
und zusammen mit ungesäuertem Brot und Bitterkräutern
soll man es essen.

11 So aber sollt ihr es essen:
eure Hüften gegürtet,
Schuhe an den Füßen,
den Stab in der Hand.
Eßt es hastig!
Es ist die Paschafeier* für den Herrn
– das heißt: der Vorübergang des Herrn.

12 In dieser Nacht gehe ich durch Ägypten
und erschlage in Ägypten
jeden Erstgeborenen bei Mensch und Vieh.
Über alle Götter Ägyptens halte ich Gericht,
ich, der Herr.

13 Das Blut an den Häusern, in denen ihr wohnt,
soll ein Zeichen zu eurem Schutz sein.
Wenn ich das Blut sehe,
werde ich an euch vorübergehen,
und das vernichtende Unheil wird euch nicht treffen,
wenn ich in Ägypten dreinschlage.

14 Diesen Tag sollt ihr als Gedenktag begehen.
Feiert ihn als Fest zur Ehre des Herrn!
Für die kommenden Generationen
macht euch diese Feier zur festen Regel!

ANTWORTPSALM

Ps 116 (115), 12–13.15–16.17–18 (R: vgl. 1 Kor 10, 16)

(GL 176, 5)

R Der Kelch des Segens gibt uns Anteil an Christi Blut. – R

12 Wie kann ich dem Herrn all das vergelten, *   II. Ton
was er mir Gutes getan hat?

13 Ich will den Kelch des Heils erheben *
und anrufen den Namen des Herrn. – (R)

15 Kostbar ist in den Augen des Herrn *
das Sterben seiner Frommen.

---

* Sprich: Pas-chafeier.

6 **Ach Herr, ich bin doch dein Knecht, †**
dein Knecht bin ich, der Sohn deiner Magd. *
Du hast meine Fesseln gelöst. – (R)

7 **Ich will dir ein Opfer des Dankes bringen ***
und anrufen den Namen des Herrn.

8 **Ich will dem Herrn meine Gelübde erfüllen ***
offen vor seinem ganzen Volk. – R

ZUR 2. LESUNG   *Über das Letzte Abendmahl Jesu wird an vier Stellen des Neuen Testaments berichtet: Mt 26,26–28; Mk 14,22–24; Lk 22,19–20; 1 Kor 11,23–25. Die Berichte stimmen im wesentlichen überein; kleine Unterschiede haben sich vor allem durch die verschiedene Praxis örtlicher Liturgien herausgebildet.*
In diesem Mahl hat Jesus die großen Vorbilder und Verheißungen des Alten Bundes erfüllt. Er hat dem Paschamahl einen neuen, endgültigen Sinn und Inhalt gegeben. Er selbst ist der Knecht Gottes, der sein Leben für die Vielen dahingibt (vgl. Jes 53,45; 42,6); er ist das Lamm, das geopfert wird und mit seinem Blut den Neuen Bund begründet (vgl. Ex 24,8; Jer 31,31–34). Die Teilnahme an diesem Mahl bedeutet Gemeinschaft mit Christus in seinem Tod und seiner Verherrlichung, auch Gemeinschaft mit allen, die von diesem Brot essen, und mit allen, für die Christus gestorben ist.

ZWEITE LESUNG   1 Kor 11,23–26

Sooft ihr von diesem Brot eßt und aus diesem Kelch trinkt, verkündet ihr den Tod des Herrn, bis er kommt

Lesung
aus dem ersten Brief des Apostels Paulus an die Korínther.

Brüder!
Ich habe vom Herrn empfangen,
was ich euch dann überliefert habe:

Jesus, der Herr,
nahm in der Nacht, in der er ausgeliefert wurde, Brot,

24 sprach das Dankgebet,
brach das Brot
und sagte: **Das ist mein Leib für euch.**
Tut dies zu meinem Gedächtnis!

25 Ebenso nahm er nach dem Mahl den Kelch
und sprach: **Dieser Kelch ist der Neue Bund in meinem Blut.**
Tut dies, sooft ihr daraus trinkt,
   zu meinem Gedächtnis!

26 Denn sooft ihr von diesem Brot eßt und aus dem Kelch trinkt,
   verkündet ihr den Tod des Herrn, bis er kommt.

RUF VOR DEM EVANGELIUM   Vers: Joh 13,34ac

Herr Jesus, dir sei Ruhm und Ehre! – R

(So spricht der Herr:)
Ein neues Gebot gebe ich euch:
Wie ich euch geliebt habe, so sollt auch ihr einander lieben.

Herr Jesus, dir sei Ruhm und Ehre!

Oder:
Dies ist mein Gebot:
Liebet einander, wie ich euch geliebt.

ZUM EVANGELIUM   *Frei und wissend geht Jesus seiner Stunde*
entgegen. Der Evangelist deutet den Weg Jesu als Liebe „bis zur Voll-
endung": bis ans Ende, bis zum Äußersten seiner göttlichen und
menschlichen Möglichkeit. In der tiefsten Erniedrigung Jesu wird
seine göttliche Größe offenbar. Die Fußwaschung ist, wie das Abend-
mahl, Vorausnahme und Darstellung dessen, was am Kreuz geschah:
dienende Liebe, Hingabe bis in den Tod. Die Liebe ist das Lebensge-
setz Christi und seiner Kirche.

EVANGELIUM   Joh 13, 1–15

Er erwies ihnen seine Liebe bis zur Vollendung

✠ Aus dem heiligen Evangelium nach Johannes.

Es war vor dem Paschafest*.
Jesus wußte, daß seine Stunde gekommen war,
  um aus dieser Welt zum Vater hinüberzugehen.
Da er die Seinen, die in der Welt waren, liebte,
  erwies er ihnen seine Liebe bis zur Vollendung.
Es fand ein Mahl statt,
und der Teufel
  hatte Judas, dem Sohn des Simon Iskáriot,
  schon ins Herz gegeben, ihn zu verraten und auszuliefern.
Jesus,
  der wußte, daß ihm der Vater alles in die Hand gegeben hatte
  und daß er von Gott gekommen war und zu Gott zurückkehrte,
  stand vom Mahl auf,
legte sein Gewand ab
und umgürtete sich mit einem Leinentuch.
Dann goß er Wasser in eine Schüssel
und begann, den Jüngern die Füße zu waschen
  und mit dem Leinentuch abzutrocknen,
  mit dem er umgürtet war.

Als er zu Simon Petrus kam, sagte dieser zu ihm:
  Du, Herr, willst mir die Füße waschen?
Jesus antwortete ihm:
Was ich tue, verstehst du jetzt noch nicht;
doch später wirst du es begreifen.

Petrus entgegnete ihm: *Niemals sollst* du mir die Füße waschen!
Jesus erwiderte ihm:
Wenn ich dich nicht wasche,
  hast du keinen Anteil an mir.
Da sagte Simon Petrus zu ihm:
  Herr, dann nicht nur meine Füße,
  sondern auch die Hände und das Haupt.

---

* Sprich: Pas-chafest.

10   Jesus sagte zu ihm:
     Wer vom Bad kommt, ist ganz rein
     und braucht sich nur noch die Füße zu waschen.
  Auch ihr seid rein,
  aber nicht alle.

11   Er wußte nämlich, wer ihn verraten würde;
  darum sagte er: Ihr seid nicht alle rein.

12   Als er ihnen die Füße gewaschen,
     sein Gewand wieder angelegt
     und Platz genommen hatte,
     sagte er zu ihnen:
  Begreift ihr, was ich an euch getan habe?

13   Ihr sagt zu mir Meister und Herr,
  und ihr nennt mich mit Recht so; denn ich bin es.

14   Wenn nun ich, der Herr und Meister,
     euch die Füße gewaschen habe,
     dann müßt auch ihr einander die Füße waschen.

15   Ich habe euch ein Beispiel gegeben,
  damit auch ihr so handelt, wie ich an euch gehandelt habe.

FUSSWASCHUNG

Antiphon 1   Vgl. Joh 13, 4.5.15

Jesus stand vom Mahl auf, goß Wasser in eine Schüssel / und begann, den Jüngern die Füße zu waschen: / dies Beispiel hat er ihnen gegeben.

Antiphon 2   Joh 13, 6.7.8

Herr, du willst mir die Füße waschen? / Jesus antwortete: / Wenn ich dich nicht wasche, hast du keine Gemeinschaft mit mir. V Als er zu Simon Petrus kam, sagte dieser: R Herr, du willst mir die Füße waschen? V Was ich tue, verstehst du jetzt nicht, du wirst es aber später erkennen. R Herr, du willst mir die Füße waschen?

Antiphon 3   Vgl. Joh 13, 14

Wenn ich, euer Meister und Herr, euch die Füße gewaschen habe, / müßt auch ihr einander die Füße waschen.

Antiphon 4   Joh 13, 35

Daran werden alle erkennen, daß ihr meine Jünger seid, / wenn ihr Liebe habt zueinander. V Jesus sagte zu seinen Jüngern: R Daran werden alle erkennen, / daß ihr meine Jünger seid, wenn ihr Liebe habt zueinander.

Antiphon 5   Joh 13, 34

Ein neues Gebot gebe ich euch: „Liebt einander!" / Wie ich euch geliebt habe, so sollt auch ihr einander lieben.

Antiphon 6   1 Kor 13, 13

In euch sollen bleiben Glaube, Hoffnung, Liebe, diese drei: / am größten unter ihnen ist die Liebe. V Jetzt bleiben Glaube, Hoffnung, Liebe, diese drei: / am größten unter ihnen ist die Liebe. R In euch sollen bleiben Glaube, Hoffnung, Liebe, diese drei: / am größten unter ihnen ist die Liebe.

Auf die Fußwaschung oder, wenn sie nicht stattfindet, auf die Homilie folgen die Fürbitten (vgl. S. 786 ff.). Kein Glaubensbekenntnis.

EUCHARISTIEFEIER

ZUR EUCHARISTIEFEIER *An die Liebe Christi glauben, heißt das nicht auch, an die Ohnmacht Gottes glauben? Aber die Schwachheit Gottes ist stärker als die Macht der Mächtigen. Die Macht vergeht, die Liebe bleibt. Die Liebe Christi läßt uns nicht ruhen; sie ist die Unruhe Gottes und der Menschen. In der Ruhe die Unruhe.*

Während des Opfergangs und der Bereitung der Gaben singt man den folgenden Gesang (oder ein entsprechendes Lied):

Kehrvers

Wo Güte und Liebe, da wohnet Gott. – R

1. Christi Liebe hat uns geeint, / laßt uns frohlocken und jubeln in ihm! / Fürchten und lieben wollen wir den lebendigen Gott / und einander lieben aus lauterem Herzen. – R

2. Da wir allesamt eines geworden, / hüten wir uns, getrennt zu werden im Geiste! / Es fliehe der Streit, böser Hader entweiche; / in unserer Mitte wohne der Herr. – R

3. Christus spricht zu den Seinen: / Wo zwei oder drei / in meinem Namen versammelt sind, / da bin ich mitten unter ihnen. – R

4. So laßt uns Gott anhangen aus ganzer Seele, / und nichts soll stehen vor seiner Liebe. / Laßt uns in Gott dem Nächsten gut sein wie uns selbst / und Gottes wegen lieben auch den Feind. – R

5. Mit den Heiligen wollen wir schauen / dein Antlitz, Christus, dereinst in der Herrlichkeit. / O welch unermeßliche Freude / durch die grenzenlose Weite der Ewigkeit. Amen. – R

GABENGEBET

Herr, gib, daß wir das Geheimnis des Altares ehrfürchtig feiern; denn sooft wir die Gedächtnisfeier dieses Opfers begehen, vollzieht sich an uns das Werk der Erlösung. Durch Christus, unseren Herrn.

Präfation, S. 428.

Die Hochgebete I–III haben folgende Eigentexte:

Hochgebet I

In Gemeinschaft mit der ganzen Kirche feiern wir den hochheiligen Tag, an dem unser Herr Jesus Christus sich für uns hingegeben hat. Wir gedenken deiner Heiligen und ehren vor allem Maria, die glorreiche, allzeit jungfräuliche Mutter unseres Herrn und Gottes Jesus Christus. Wir ehren ihren Bräutigam, den heiligen Josef, deine heiligen Apostel und Märtyrer: Petrus und Paulus, Andreas (Jakobus, Johannes, Thomas, Jakobus, Philippus, Bartholomäus, Matthäus, Simon und Thaddäus, Linus, Kletus, Klemens, Xystus, Kornelius, Cyprianus, Laurentius, Chrysogonus, Johannes und Paulus, Kosmas und Damianus) und alle deine Heiligen; blicke auf ihr heiliges Leben und Sterben und gewähre uns auf ihre Fürspra-che in allem deine Hilfe und deinen Schutz.

Nimm gnädig an, o Gott, diese Gaben deiner Diener und deiner gan-zen Gemeinde. Wir bringen sie dar am Tag, an dem unser Herr Je-sus Christus seinen Jüngern aufgetragen hat, die Geheimnisse sei-nes Leibes und Blutes zu feiern. Ordne unsere Tage in deinem Frie-den, rette uns vor dem ewigen Verderben und nimm uns auf in die Schar deiner Erwählten.

Schenke, o Gott, diesen Gaben Segen in Fülle und nimm sie zu eigen an. Mache sie uns zum wahren Opfer im Geiste, das dir wohlgefällt; zum Leib und Blut deines geliebten Sohnes, unseres Herrn Jesus Christus.

Am Abend, bevor er für unser Heil und das Heil aller Menschen das Leiden auf sich nahm – das ist heute –, nahm er das Brot in seine heiligen und ehrwürdigen Hände, erhob die Augen zum Himmel, zu dir, seinem Vater, dem allmächtigen Gott, sagte dir Lob und Dank, brach das Brot, reichte es seinen Jüngern und sprach:
Nehmet und esset alle davon:
Das ist mein Leib, der für euch hingegeben wird.

Hochgebet II

Ja, du bist heilig, großer Gott, du bist der Quell aller Heiligkeit. Darum kommen wir vor dein Angesicht und feiern in Gemeinschaft mit der ganzen Kirche den Tag, an dem unser Herr Jesus Christus sich für uns hingegeben hat. Durch ihn, unseren Erlöser und Heiland, den du verherrlicht hast, bitten wir dich: Sende deinen Geist auf diese Gaben herab und heilige sie, damit sie uns werden Leib ✙ und Blut deines Sohnes, unseres Herrn Jesus Christus.
Denn am Abend, an dem er ausgeliefert wurde und sich aus freiem Willen dem Leiden unterwarf – das ist heute –, nahm er das Brot und sagte Dank, brach es, reichte es seinen Jüngern und sprach:
Nehmet und esset alle davon:
Das ist mein Leib, der für euch hingegeben wird.

Hochgebet III

Ja, du bist heilig, großer Gott, und alle deine Werke verkünden dein Lob. Denn durch deinen Sohn, unseren Herrn Jesus Christus, und *in der Kraft des* Heiligen Geistes erfüllst du die ganze Schöpfung mit Leben und Gnade. Bis ans Ende der Zeiten versammelst du dir ein Volk, damit deinem Namen das reine Opfer dargebracht werde vom Aufgang der Sonne bis zum Untergang.
Darum kommen wir vor dein Angesicht und feiern in Gemeinschaft mit der ganzen Kirche den Tag, an dem unser Herr Jesus Christus sich für uns hingegeben hat. Durch ihn, unseren Erlöser und Heiland, den du verherrlicht hast, bitten wir dich: Heilige unsere Gaben durch deinen Geist, damit sie uns werden Leib ✙ und Blut deines

Sohnes, unseres Herrn Jesus Christus, der uns aufgetragen hat, dieses Geheimnis zu feiern.

Denn in der Nacht, da er verraten wurde – das ist heute –, nahm er das Brot und sagte Dank, brach es, reichte es seinen Jüngern und sprach:

Nehmet und esset alle davon:

Das ist mein Leib, der für euch hingegeben wird.

KOMMUNIONVERS
1 Kor 11, 24.25

Das ist mein Leib, der für euch hingegeben wird.
Dieser Kelch ist der Neue Bund in meinem Blut.
Sooft ihr dieses Brot eßt und diesen Kelch trinkt,
tut es zum Gedenken an mich – so spricht der Herr.

SCHLUSSGEBET

Allmächtiger Gott,
du hast uns heute
im Abendmahl deines Sohnes gestärkt.
Sättige uns beim himmlischen Gastmahl
mit dem ewigen Leben.
Darum bitten wir durch ihn, Christus, unseren Herrn.

ÜBERTRAGUNG DES ALLERHEILIGSTEN

Während das heilige Sakrament an den dafür bestimmten Ort übertragen wird, singt man den Hymnus Pange lingua oder ein entsprechendes Lied. Die Strophe Gott ist nah in diesem Zeichen wird erst am Aufbewahrungsort gesungen.

1. Das Geheimnis laßt uns künden, / das uns Gott im Zeichen bot: / Jesu Leib, für unsre Sünden / hingegeben in den Tod, / Jesu Blut, in dem wir finden / Heil und Rettung aus der Not.

2. Von Maria uns geboren, / ward Gott Sohn uns Menschen gleich, / kam zu suchen, was verloren, / sprach das Wort vom Himmelreich, / hat den Seinen zugeschworen: / Allezeit bin ich bei euch.

3. Auf geheimnisvolle Weise / macht er dies Versprechen wahr; / als er in der Jünger Kreise / bei dem Osterlamme war, / gab in Brot und Wein zur Speise / sich der Herr den Seinen dar.

4. Gottes Wort, ins Fleisch gekommen, / wandelt durch sein Wort den Wein / und das Brot zum Mahl der Frommen, / lädt auch die Verlornen ein. / Der Verstand verstummt beklommen, / nur das Herz begreift's allein.

5. Gott ist nah in diesem Zeichen: / Kniet hin und betet an! / Das Gesetz der Furcht muß weichen, / da der neue Bund begann; / Mahl der Liebe ohnegleichen: / nehmt im Glauben teil daran.

6. Gott, dem Vater, und dem Sohne / singe Lob, du Christenheit. / Auch dem Geist auf gleichem Throne / sei der Lobgesang geweiht. / Bringet Gott im Jubeltone / Ehre, Ruhm und Herrlichkeit. Amen.

Nach der Feier wird der Altar abgedeckt.
Den Gläubigen wird empfohlen, eine nächtliche Anbetung vor dem heiligen Sakrament zu halten. Diese Anbetung soll aber nach Mitternacht ohne jede Feierlichkeit sein.

KARFREITAG
DIE FEIER VOM LEIDEN UND STERBEN CHRISTI

„Durch das heilige Ostergeschehen hat Christus, der Herr, die Menschen erlöst und Gott auf vollkommene Weise geehrt.
Er hat durch seinen Tod unseren Tod überwunden, durch seine Auferstehung hat er das Leben neu geschaffen.
Die drei Tage des Leidens und der Auferstehung des Herrn sind deshalb der Höhepunkt des ganzen Kirchenjahrs" (Missale Romanum)

Heute und am Karsamstag findet nach altem Brauch keine Eucharistiefeier statt. Die Gedächtnisfeier vom Leiden und Tod Christi wird am Nachmittag gehalten. Sie beginnt mit einem Eröffnungsgebet und besteht aus drei Hauptteilen:

1. Wortgottesdienst mit drei Schriftlesungen und den großen Fürbitten,
2. Erhebung und Verehrung des heiligen Kreuzes,
3. Kommunionfeier.

ERÖFFNUNGSGEBET

Gedenke, Herr, der großen Taten,
die dein Erbarmen gewirkt hat.
Schütze und heilige deine Diener,
für die dein Sohn Jesus Christus sein Blut vergossen
und das österliche Geheimnis eingesetzt hat,
der mit dir lebt und herrscht in alle Ewigkeit.

Oder:

Allmächtiger, ewiger Gott,
durch das Leiden deines Sohnes
hast du den Tod vernichtet,
der vom ersten Menschen
auf alle Geschlechter übergegangen ist.
Nach dem Gesetz der Natur tragen wir
das Abbild des ersten Adam an uns;
hilf uns durch deine Gnade,
das Bild des neuen Adam in uns auszuprägen
und Christus ähnlich zu werden,
der mit dir lebt und herrscht in alle Ewigkeit.

I. WORTGOTTESDIENST

ZUR 1. LESUNG   *Was sich im Leiden und Sterben des „Gottes-
knechtes" ereignet hat, ist eigentlich unfaßbar. Und es geht alle an:
Israel und die Völker der Erde. Das 4. Lied vom Gottesknecht gibt
eine prophetische Deutung des Geschehenen. Das Lied beginnt mit einer Gottesrede und verläuft dann in Rede und Gegenrede zwischen
dem Volk (den Völkern) und dem Propheten; durch eine zweite Gottesrede wird es abgeschlossen. Den vollen Sinn dieses prophetischen
Textes können wir erst verstehen, seitdem sich in Christus alles erfüllt
hat. Er ist der Mann der Schmerzen, er hat die Schuld von uns allen
auf sich genommen und gesühnt.*

ERSTE LESUNG   Jes 52,13 – 53,12

Er wurde durchbohrt wegen unserer Verbrechen (Viertes Lied vom Gottesknecht)

Lesung
aus dem Buch Jesája.

13 Seht, mein Knecht hat Erfolg,
er wird groß sein und hoch erhaben.

14 Viele haben sich über ihn entsetzt,
so entstellt sah er aus,
nicht mehr wie ein Mensch,
seine Gestalt war nicht mehr die eines Menschen.

15 Jetzt aber setzt er viele Völker in Staunen,
Könige müssen vor ihm verstummen.
Denn was man ihnen noch nie erzählt hat,
das sehen sie nun;
was sie niemals hörten,
das erfahren sie jetzt.

Wer hat unserer Kunde geglaubt?
Der Arm des Herrn – wem wurde er offenbar?
Vor seinen Augen wuchs er auf wie ein junger Sproß,
wie ein Wurzeltrieb aus trockenem Boden.
Er hatte keine schöne und edle Gestalt,
so daß wir ihn anschauen mochten.
Er sah nicht so aus, daß wir Gefallen fanden an ihm.
Er wurde verachtet und von den Menschen gemieden,
ein Mann voller Schmerzen,
mit Krankheit vertraut.
Wie einer, vor dem man das Gesicht verhüllt,
war er verachtet;
wir schätzten ihn nicht.

Aber er hat unsere Krankheit getragen
und unsere Schmerzen auf sich geladen.
Wir meinten, er sei von Gott geschlagen,
von ihm getroffen und gebeugt.
Doch er wurde durchbohrt wegen unserer Verbrechen,
wegen unserer Sünden zermalmt.
Zu unserem Heil lag die Strafe auf ihm,
durch seine Wunden sind wir geheilt.

Wir hatten uns alle verirrt wie Schafe,
jeder ging für sich seinen Weg.

Doch der Herr lud auf ihn
   die Schuld von uns allen.

7 Er wurde mißhandelt und niedergedrückt,
   aber er tat seinen Mund nicht auf.
Wie ein Lamm, das man zum Schlachten führt,
   und wie ein Schaf angesichts seiner Scherer,
   so tat auch er seinen Mund nicht auf.

8 Durch Haft und Gericht wurde er dahingerafft,
doch wen kümmerte sein Geschick?
Er wurde vom Land der Lebenden abgeschnitten
   und wegen der Verbrechen seines Volkes zu Tode getroffen.

9 Bei den Ruchlosen gab man ihm sein Grab,
   bei den Verbrechern seine Ruhestätte,
obwohl er kein Unrecht getan hat
   und kein trügerisches Wort in seinem Mund war.

10 Doch der Herr fand Gefallen an seinem zerschlagenen Knecht,
er rettete den, der sein Leben als Sühnopfer hingab.
Er wird Nachkommen sehen und lange leben.
Der Plan des Herrn wird durch ihn gelingen.

11 Nachdem er so vieles ertrug,
   erblickt er das Licht.
Er sättigt sich an Erkenntnis.
Mein Knecht, der gerechte,
   macht die vielen gerecht;
er lädt ihre Schuld auf sich.

12 Deshalb gebe ich ihm seinen Anteil unter den Großen,
und mit den Mächtigen teilt er die Beute,
weil er sein Leben dem Tod preisgab
   und sich unter die Verbrecher rechnen ließ.
Denn er trug die Sünden von vielen
   und trat für die Schuldigen ein.

ANTWORTPSALM

Ps 31 (30), 2 u. 6.12–13.15–16.17 u. 25 (R: Lk 23,46)

R Vater, in deine Hände lege ich meinen Geist. – R   (GL 203,1)

2   Herr, ich suche Zuflucht bei dir. †   IV. Ton
   Laß mich doch niemals scheitern; *
   rette mich in deiner Gerechtigkeit!

5   In deine Hände lege ich voll Vertrauen meinen Geist; *
   du hast mich erlöst, Herr, du treuer Gott. – (R)

12 Zum Spott geworden bin ich all meinen Feinden, †
   ein Hohn den Nachbarn, ein Schrecken den Freunden; *
   wer mich auf der Straße sieht, der flieht vor mir.

13 Ich bin dem Gedächtnis entschwunden wie ein Toter, *
   bin geworden wie ein zerbrochenes Gefäß. – (R)

15 Ich aber, Herr, ich vertraue dir, *
   ich sage: „Du bist mein Gott.‟

16 In deiner Hand liegt mein Geschick; *
   entreiß mich der Hand meiner Feinde und Verfolger. – (R)

17 Laß dein Angesicht leuchten über deinem Knecht *
   hilf mir in deiner Güte!

25 Euer Herz sei stark und unverzagt, *
   ihr alle, die ihr wartet auf den Herrn. – R

ZUR 2. LESUNG   *In Jesus haben wir einen Hohenpriester, dem
wir vertrauen können. Er ist Gottes Sohn, er ist aber auch einer von
uns. Er kennt unsere Schwachheit. Weil er selbst ohne Sünde war,
konnte er Sühne leisten für unsere Sünden. Nachdem er seinen Weg
vollendet hat, ist er für immer unser Hoherpriester, unser Mittler bei
Gott.*

ZWEITE LESUNG   Hebr 4, 14–16; 5, 7–9

Er hat den Gehorsam gelernt und ist für alle, die ihm gehorchen, der Urheber
des ewigen Heils geworden

Lesung
   aus dem Hebräerbrief.

Brüder!

14 Da wir einen erhabenen Hohenpriester haben,
      der die Himmel durchschritten hat,
      Jesus, den Sohn Gottes,
      laßt uns an dem Bekenntnis festhalten.
15 Wir haben ja nicht einen Hohenpriester,
      der nicht mitfühlen könnte mit unserer Schwäche,
      sondern einen, der in allem wie wir
      in Versuchung geführt worden ist,
      aber nicht gesündigt hat.
16 Laßt uns also voll Zuversicht hingehen zum Thron der Gnade,
   damit wir Erbarmen und Gnade finden
   und so Hilfe erlangen zur rechten Zeit.
7 Als Christus auf Erden lebte,
      hat er mit lautem Schreien und unter Tränen
      Gebete und Bitten vor den gebracht,
      der ihn aus dem Tod retten konnte,
   und er ist erhört und aus seiner Angst befreit worden.
8 Obwohl er der Sohn war,
      hat er durch Leiden den Gehorsam gelernt;
9 zur Vollendung gelangt,
      ist er für alle, die ihm gehorchen,
      der Urheber des ewigen Heils geworden.

RUF VOR DER PASSION   Vers: vgl. Phil 2, 8b–9

Herr Jesus, dir sei Ruhm und Ehre! – R

Christus war für uns *gehorsam bis zum Tod*,
bis zum Tod am Kreuz.
Darum hat ihn Gott über alle erhöht
und ihm den Namen verliehen, der größer ist als alle Namen.

Herr Jesus, dir sei Ruhm und Ehre!

ZUR PASSION   *Die Leidensgeschichte ist viel mehr als ein bloßer Bericht; sie ist Deutung und Verkündigung; sie sagt nicht nur, was geschah, sondern auch warum und wozu es geschah. Das Johannesevangelium zeigt noch deutlicher als die früheren Evangelien, daß Jesus sich mit klarem Wissen freiwillig dem Tod ausgeliefert hat. Souverän steht er seinen Anklägern und Richtern gegenüber. Niemand kann ihm das Leben entreißen, er selbst gibt es hin. Nach der Darstellung des Johannesevangeliums starb Jesus zu der Stunde, als im Tempel die Lämmer für das Paschamahl geschlachtet wurden. Er selbst ist das wahre Osterlamm, sein Blut ist der Preis für unsere Rettung.*

PASSION   Joh 18, 1 – 19, 42

Das Leiden unseres Herrn Jesus Christus

E = Evangelist, † = Worte Jesu, S = Worte sonstiger Personen

Das Leiden unseres Herrn Jesus Christus nach Johannes.

Die Verhaftung

**E Jesus ging mit seinen Jüngern hinaus,
auf die andere Seite des Baches Kidron.
Dort war ein Garten;
in den ging er mit seinen Jüngern hinein.
Auch Judas, der Verräter, der ihn auslieferte, kannte den Ort,
weil Jesus dort oft mit seinen Jüngern zusammengekommen war.
Judas holte die Soldaten
und die Gerichtsdiener der Hohenpriester und der Pharisäer,
und sie kamen dorthin mit Fackeln, Laternen und Waffen.
Jesus, der alles wußte, was mit ihm geschehen sollte,**
ging hinaus
und fragte sie:
    † Wen sucht ihr?
E Sie antworteten ihm:
    S Jesus von Nazaret.
E Er sagte zu ihnen:
    † Ich bin es.
**E Auch Judas, der Verräter, stand bei ihnen.
Als er zu ihnen sagte: Ich bin es!,
wichen sie zurück und stürzten zu Boden.**

7   Er fragte sie noch einmal:
      † Wen sucht ihr?
    E Sie sagten:
      S Jesus von Nazaret.
8   E Jesus antwortete:
      † Ich habe euch gesagt, daß ich es bin.
    Wenn ihr mich sucht,
      dann laßt diese gehen!
9   E So sollte sich das Wort erfüllen, das er gesagt hatte:
      Ich habe keinen von denen verloren,
      die du mir gegeben hast.
10 Simon Petrus aber, der ein Schwert bei sich hatte, zog es,
    schlug nach dem Diener des Hohenpriesters
    und hieb ihm das rechte Ohr ab;
    der Diener hieß Malchus.
11 Da sagte Jesus zu Petrus:
      † Steck das Schwert in die Scheide!
    Der Kelch, den mir der Vater gegeben hat
      – soll ich ihn nicht trinken?

        Das Verhör vor Hannas und die Verleugnung durch Petrus

12 E Die Soldaten,
      ihre Befehlshaber
      und die Gerichtsdiener der Juden nahmen Jesus fest,
    fesselten ihn
13 und führten ihn zuerst zu Hannas;
    er war nämlich der Schwiegervater des Kájaphas,
      der in jenem Jahr Hoherpriester war.
14 Kájaphas aber war es, der den Juden den Rat gegeben hatte:
      S Es ist besser, daß ein einziger Mensch für das Volk stirbt.

15 E Simon Petrus und ein anderer Jünger folgten Jesus.
    Dieser Jünger war mit dem Hohenpriester bekannt
    und ging mit Jesus in den Hof des hohepriesterlichen Palastes.
16 Petrus aber blieb draußen am Tor stehen.
    Da kam der andere Jünger,
      der Bekannte des Hohenpriesters, heraus;
    er sprach mit der Pförtnerin und führte Petrus hinein.
17 Da sagte die Pförtnerin zu Petrus:
      S Bist du nicht auch einer von den Jüngern dieses Menschen?

E Er antwortete:
  S Nein.

18 E Die Diener und die Knechte
    hatten sich ein Kohlenfeuer angezündet
und standen dabei, um sich zu wärmen;
denn es war kalt.
Auch Petrus stand bei ihnen und wärmte sich.

19 Der Hohepriester
    befragte Jesus über seine Jünger und über seine Lehre.
20 Jesus antwortete ihm:
    † Ich habe offen vor aller Welt gesprochen.
Ich habe immer in der Synagoge und im Tempel gelehrt,
    wo alle Juden zusammenkommen.
Nichts habe ich im geheimen gesprochen.
21 Warum fragst du mich?
Frag doch die, die mich gehört haben,
    was ich zu ihnen gesagt habe;
sie wissen, was ich geredet habe.
22 E Auf diese Antwort hin
    schlug einer von den Knechten, der dabeistand, Jesus ins Gesicht
und sagte:
  S Redest du so mit dem Hohenpriester?
23 E Jesus entgegnete ihm:
    † Wenn es nicht recht war, was ich gesagt habe,
    dann weise es nach;
wenn es aber recht war,
    warum schlägst du mich?
24 E Danach schickte ihn Hannas
    gefesselt zum Hohenpriester Kájaphas.

25 Simon Petrus aber stand am Feuer und wärmte sich.
Sie sagten zu ihm:
  S Bist nicht auch du einer von seinen Jüngern?
E Er leugnete und sagte:
  S Nein.
26 E Einer von den Dienern des Hohenpriesters,
    ein Verwandter dessen,
    dem Petrus das Ohr abgehauen hatte, sagte:
  S Habe ich dich nicht im Garten bei ihm gesehen?
27 E Wieder leugnete Petrus,
und gleich darauf krähte ein Hahn.

Das Verhör und die Verurteilung durch Pilatus

28 Von Kájaphas brachten sie Jesus zum Prätórium;
es war früh am Morgen.
Sie selbst gingen nicht in das Gebäude hinein,
um nicht unrein zu werden,
   sondern das Paschalamm* essen zu können.
29 Deshalb kam Pilatus zu ihnen heraus
und fragte:
   S Welche Anklage erhebt ihr gegen diesen Menschen?
30 E Sie antworteten ihm:
   S Wenn er kein Übeltäter wäre,
hätten wir ihn dir nicht ausgeliefert.
31 E Pilatus sagte zu ihnen:
   S Nehmt ihr ihn doch,
und richtet ihn nach eurem Gesetz!
   E Die Juden antworteten ihm:
   S Uns ist es nicht gestattet, jemand hinzurichten.
32 E So sollte sich das Wort Jesu erfüllen,
   mit dem er angedeutet hatte, auf welche Weise er sterben werde.
33 Pilatus ging wieder in das Prätórium hinein,
ließ Jesus rufen
und fragte ihn:
   S Bist du der König der Juden?
34 E Jesus antwortete:
   † Sagst du das von dir aus,
oder haben es dir andere über mich gesagt?
35 E Pilatus entgegnete:
   S Bin ich denn ein Jude?
Dein eigenes Volk und die Hohenpriester
   haben dich an mich ausgeliefert.
Was hast du getan?
36 E Jesus antwortete:
   † Mein Königtum ist nicht von dieser Welt.
Wenn es von dieser Welt wäre,
   würden meine Leute kämpfen,
   damit ich den Juden nicht ausgeliefert würde.
Aber mein Königtum ist nicht von hier.

---

*Sprich: Pas-chalamm.

7 E Pilatus sagte zu ihm:
   S Also bist du doch ein König?
E Jesus antwortete:
   † Du sagst es,
ich bin ein König.
Ich bin dazu geboren und dazu in die Welt gekommen,
   daß ich für die Wahrheit Zeugnis ablege.
Jeder, der aus der Wahrheit ist,
   hört auf meine Stimme.

8 E Pilatus sagte zu ihm:
   S Was ist Wahrheit?

E Nachdem er das gesagt hatte,
   ging er wieder zu den Juden hinaus
und sagte zu ihnen:
   S Ich finde keinen Grund, ihn zu verurteilen.
9 Ihr seid gewohnt,
   daß ich euch am Paschafest einen Gefangenen freilasse.
Wollt ihr also, daß ich euch den König der Juden freilasse?
0 E Da schrien sie wieder:
   S Nicht diesen, sondern Barábbas!
E Barábbas aber war ein Straßenräuber.

Darauf ließ Pilatus Jesus geißeln.
Die Soldaten flochten einen Kranz aus Dornen;
den setzten sie ihm auf
und legten ihm einen purpurroten Mantel um.
Sie stellten sich vor ihn hin
   und sagten:
   S Heil dir, König der Juden!
E Und sie schlugen ihm ins Gesicht.
Pilatus ging wieder hinaus
und sagte zu ihnen:
   S Seht, ich bringe ihn zu euch heraus;
ihr sollt wissen,
   daß ich keinen Grund finde, ihn zu verurteilen.
E Jesus kam heraus;
er trug die Dornenkrone und den purpurroten Mantel.
Pilatus sagte zu ihnen:
   S Seht, da ist der Mensch!
E Als die Hohenpriester und ihre Diener ihn sahen,
   schrien sie:

S Ans Kreuz mit ihm,
ans Kreuz mit ihm!
E Pilatus sagte zu ihnen:
S Nehmt ihr ihn, und kreuzigt ihn!
Denn ich finde keinen Grund, ihn zu verurteilen.
7 **E** Die Juden entgegneten ihm:
S Wir haben ein Gesetz,
und nach diesem Gesetz muß er sterben,
weil er sich als Sohn Gottes ausgegeben hat.

8 **E** Als Pilatus das hörte,
wurde er noch ängstlicher.
9 Er ging wieder in das Prätórium hinein
und fragte Jesus:
S Woher stammst du?
E Jesus aber gab ihm keine Antwort.
10 Da sagte Pilatus zu ihm:
S Du sprichst nicht mit mir?
Weißt du nicht, daß ich Macht habe, dich freizulassen,
und Macht, dich zu kreuzigen?
11 **E** Jesus antwortete:
† Du hättest keine Macht über mich,
wenn es dir nicht von oben gegeben wäre;
darum liegt größere Schuld
bei dem, der mich dir ausgeliefert hat.
12 **E** Daraufhin wollte Pilatus ihn freilassen,
aber die Juden schrien:
S Wenn du ihn freiläßt, bist du kein Freund des Kaisers;
jeder, der sich als König ausgibt,
lehnt sich gegen den Kaiser auf.
13 **E** Auf diese Worte hin ließ Pilatus Jesus herausführen,
und er setzte sich auf den Richterstuhl
an dem Platz, der Lithóstrotos,
auf hebräisch Gábbata, heißt.
14 Es war am Rüsttag des Paschafestes,
ungefähr um die sechste Stunde.
Pilatus sagte zu den Juden:
S Da ist euer König!
15 **E** Sie aber schrien:
S Weg mit ihm,
kreuzige ihn!

E Pilatus aber sagte zu ihnen:
  S Euren König soll ich kreuzigen?
E Die Hohenpriester antworteten:
  S Wir haben keinen König außer dem Kaiser.
16a E Da lieferte er ihnen Jesus aus,
  damit er gekreuzigt würde.

Die Hinrichtung Jesu

16b Sie übernahmen Jesus.
17 Er trug sein Kreuz
  und ging hinaus zur sogenannten Schädelhöhe,
  die auf hebräisch Gólgota heißt.
18 Dort kreuzigten sie ihn
und mit ihm zwei andere,
auf jeder Seite einen,
  in der Mitte Jesus.
19 Pilatus ließ auch ein Schild anfertigen
  und oben am Kreuz befestigen;
die Inschrift lautete:
Jesus von Nazaret,
der König der Juden.
20 Dieses Schild lasen viele Juden,
weil der Platz, wo Jesus gekreuzigt wurde, nahe bei der Stadt lag.
Die Inschrift war hebräisch, lateinisch und griechisch abgefaßt.
21 Die Hohenpriester der Juden sagten zu Pilatus:
  S Schreib nicht: Der König der Juden,
  sondern daß er gesagt hat: Ich bin der König der Juden.
22 E Pilatus antwortete:
  S Was ich geschrieben habe,
  habe ich geschrieben.
23 E Nachdem die Soldaten Jesus ans Kreuz geschlagen hatten,
  nahmen sie seine Kleider
und machten vier Teile daraus,
  für jeden Soldaten einen.
Sie nahmen auch sein Untergewand,
  das von oben her ganz durchgewebt und ohne Naht war.
24 Sie sagten zueinander:
  S Wir wollen es nicht zerteilen,
sondern darum losen, wem es gehören soll.
E So sollte sich das Schriftwort erfüllen:

Sie verteilten meine Kleider unter sich
und warfen das Los um mein Gewand.
Dies führten die Soldaten aus.

25 Bei dem Kreuz Jesu standen seine Mutter
und die Schwester seiner Mutter, Maria, die Frau des Klopas,
und Maria von Mágdala.

26 Als Jesus seine Mutter sah
und bei ihr den Jünger, den er liebte,
sagte er zu seiner Mutter:
† Frau, siehe, dein Sohn!

27 E Dann sagte er zu dem Jünger:
† Siehe, deine Mutter!
E Und von jener Stunde an nahm sie der Jünger zu sich.

(Hier stehen alle auf.)

28 Danach, als Jesus wußte, daß nun alles vollbracht war,
sagte er, damit sich die Schrift erfüllte:
† Mich dürstet.

29 E Ein Gefäß mit Essig stand da.
Sie steckten einen Schwamm mit Essig auf einen Ysopzweig
und hielten ihn an seinen Mund.

30 Als Jesus von dem Essig genommen hatte, sprach er:
† Es ist vollbracht!
E Und er neigte das Haupt
und gab seinen Geist auf.

Hier knien alle zu einer kurzen Gebetsstille nieder.

Die Bestattung des Leichnams

31 Weil Rüsttag war
und die Körper während des Sabbats
nicht am Kreuz bleiben sollten,
baten die Juden Pilatus,
man möge den Gekreuzigten die Beine zerschlagen
und ihre Leichen dann abnehmen;
denn dieser Sabbat war ein großer Feiertag.

32 Also kamen die Soldaten
und zerschlugen dem ersten die Beine,
dann dem andern, der mit ihm gekreuzigt worden war.

33 Als sie aber zu Jesus kamen
      und sahen, daß er schon tot war,
      zerschlugen sie ihm die Beine nicht,
34 sondern einer der Soldaten stieß mit der Lanze in seine Seite,
   und sogleich floß Blut und Wasser heraus.
35 Und der, der es gesehen hat, hat es bezeugt,
   und sein Zeugnis ist wahr.
   Und er weiß, daß er Wahres berichtet,
      damit auch ihr glaubt.
36 Denn das ist geschehen,
      damit sich das Schriftwort erfüllte:
      Man soll an ihm kein Gebein zerbrechen.
37 Und ein anderes Schriftwort sagt:
      Sie werden auf den blicken, den sie durchbohrt haben.

38 Josef aus Arimathäa war ein Jünger Jesu,
   aber aus Furcht vor den Juden nur heimlich.
   Er bat Pilatus, den Leichnam Jesu abnehmen zu dürfen,
   und Pilatus erlaubte es.
   Also kam er und nahm den Leichnam ab.
39 Es kam auch Nikodémus,
      der früher einmal Jesus bei Nacht aufgesucht hatte.
   Er brachte eine Mischung aus Myrrhe und Aloë,
   etwa hundert Pfund.
40 Sie nahmen den Leichnam Jesu
   und umwickelten ihn mit Leinenbinden,
   zusammen mit den wohlriechenden Salben,
      wie es beim jüdischen Begräbnis Sitte ist.

41 An dem Ort, wo man ihn gekreuzigt hatte, war ein Garten,
   und in dem Garten war ein neues Grab,
      in dem noch niemand bestattet worden war.
42 Wegen des Rüsttages der Juden
      und weil das Grab in der Nähe lag,
      setzten sie Jesus dort bei.

GROSSE FÜRBITTEN

Der Priester spricht die Gebetsaufforderung, in der das Anliegen zum Ausdruck kommt. Dann verharren alle eine Weile in stillem Gebet. Danach spricht der Priester die Oration.

1. Für die heilige Kirche

Laßt uns beten, Brüder und Schwestern, für die heilige Kirche Gottes, daß unser Gott und Herr ihr Frieden schenke auf der ganzen Erde, sie eine und behüte und uns ein Leben gewähre in Ruhe und Sicherheit zum Lob seines Namens.

(Beuget die Knie. – *Stille* – Erhebet euch.)

Allmächtiger, ewiger Gott,
du hast in Christus
allen Völkern deine Herrlichkeit geoffenbart.
Behüte, was du in deinem Erbarmen geschaffen hast,
damit deine Kirche auf der ganzen Erde
in festem Glauben verharre.
Darum bitten wir durch Christus, unseren Herrn.

2. Für den Papst

Laßt uns auch beten für unsern Papst N.: Der allmächtige Gott, der ihn zum Bischofsamt erwählt hat, erhalte ihn seiner Kirche und gebe ihm Kraft, das heilige Volk Gottes zu leiten.

(Beuget die Knie. – *Stille* – Erhebet euch.)

Allmächtiger, ewiger Gott,
du Hirte deines Volkes,
in deiner Weisheit ist alles begründet.
Höre auf unser Gebet
und bewahre in deiner Güte unseren Papst N.
Leite durch ihn deine Kirche und gib,
daß sie wachse im Glauben und in der Liebe.
Darum bitten wir durch Christus, unseren Herrn.

3. Für alle Stände der Kirche

Laßt uns beten für unseren Bischof N., für alle Bischöfe, Priester, Diakone, für alle, die zum Dienst in der Kirche bestellt sind, und für das ganze Volk Gottes:

(Beuget die Knie. – *Stille* – Erhebet euch.)

Allmächtiger, ewiger Gott,
dein Geist heiligt den ganzen Leib der Kirche
und leitet ihn.
Erhöre unser Gebet für alle Stände deines Volkes
und gib ihnen die Gnade, dir in Treue zu dienen.
Darum bitten wir durch Christus, unseren Herrn.

4. Für die Katechumenen

Laßt uns auch beten für die (unsere) Katechumenen: Unser Herr und
Gott öffne ihre Herzen für sein Wort, er schenke ihnen in der Taufe die
Vergebung aller Sünden und nehme sie auf in sein Vaterhaus, damit sie
das Leben finden in unserem Herrn Jesus Christus.
(Beuget die Knie. – *Stille* – Erhebet euch.)

Allmächtiger, ewiger Gott,
du gibst deiner Kirche immer neue Fruchtbarkeit.
Schenke allen, die sich auf die Taufe vorbereiten,
Wachstum im Glauben und in der Erkenntnis.
Führe sie zur Wiedergeburt aus dem Quell der Taufe
und nimm sie an als deine Kinder.
Darum bitten wir durch Christus, unseren Herrn.

5. Für die Einheit der Christen

Laßt uns beten für alle Brüder und Schwestern, die an Christus glauben, daß unser Herr und Gott sie leite auf dem Weg der Wahrheit und
sie zusammenführe in der Einheit der heiligen Kirche.
(Beuget die Knie. – *Stille* – Erhebet euch.)

Allmächtiger Gott,
du allein kannst die Spaltung überwinden
und die Einheit bewahren.
Erbarme dich deiner Christenheit,
die geheiligt ist durch die eine Taufe.
Einige sie im wahren Glauben
und schließe sie zusammen durch das Band der Liebe.
Darum bitten wir durch Christus, unseren Herrn.

6. Für die Juden

Laßt uns auch beten für die Juden, zu denen Gott, unser Herr, zuerst gesprochen hat: Er bewahre sie in der Treue zu seinem Bund und in der Liebe zu seinem Namen, damit sie das Ziel erreichen, zu dem sein Ratschluß sie führen will.
(Beuget die Knie. – *Stille* – Erhebet euch.)

Allmächtiger, ewiger Gott,
du hast Abraham und seinen Kindern
deine Verheißung gegeben.
Erhöre das Gebet deiner Kirche für das Volk,
das du als erstes zu deinem Eigentum erwählt hast:
Gib, daß es zur Fülle der Erlösung gelangt.
Darum bitten wir durch Christus, unseren Herrn.

7. Für alle, die nicht an Christus glauben

Laßt uns beten für alle, die nicht an Christus glauben, daß der Heilige Geist sie erleuchte und sie auf den Weg des Heiles führe.
(Beuget die Knie. – *Stille* – Erhebet euch.)

Allmächtiger, ewiger Gott,
steh allen bei, die sich nicht zu Christus bekennen,
daß sie mit redlichem Herzen vor dir leben
und die Wahrheit finden.
Uns aber gib,
daß wir das Geheimnis deines Lebens immer tiefer erfassen
und in der brüderlichen Liebe wachsen,
damit wir immer mehr
zu glaubhaften Zeugen deiner Güte werden.
Darum bitten wir durch Christus, unseren Herrn.

8. Für alle, die nicht an Gott glauben

Laßt uns auch beten für alle, die Gott nicht erkennen, daß sie mit seiner Hilfe ihrem Gewissen folgen und so zum Gott und Vater aller Menschen gelangen.
(Beuget die Knie. – *Stille* – Erhebet euch.)

Allmächtiger, ewiger Gott,
du hast den Menschen geschaffen,
daß er dich suche und in dir Ruhe finde.
Gib dich zu erkennen
in den Beweisen deines Erbarmens
und in den Taten deiner Gläubigen,
damit die Menschen trotz aller Hindernisse dich finden
und als den wahren Gott und Vater bekennen.
Darum bitten wir durch Christus, unseren Herrn.

9. Für die Regierenden

Laßt uns beten für die Regierenden: Unser Herr und Gott lenke ihren
Geist und ihr Herz nach seinem Willen, damit sie den wahren Frieden
und die Freiheit suchen zum Heil aller Völker.
(Beuget die Knie. – *Stille* – Erhebet euch.)

Allmächtiger, ewiger Gott,
in deiner Hand sind die Herzen der Menschen
und das Recht der Völker.
Schau gnädig auf jene, die uns regieren,
damit auf der ganzen Welt
Sicherheit und Frieden herrschen,
Wohlfahrt der Völker und Freiheit des Glaubens.
Darum bitten wir durch Christus, unseren Herrn.

10. Für alle notleidenden Menschen

Laßt uns Gott, den allmächtigen Vater, bitten für alle, die der Hilfe be-
dürfen: Er reinige die Welt von allem Irrtum, nehme die Krankheiten
hinweg, vertreibe den Hunger, löse ungerechte Fesseln, gebe den Heimatlosen Sicherheit, den Pilgernden und Reisenden eine glückliche
Heimkehr, den Kranken die Gesundheit und den Sterbenden das ewige
Leben.
(Beuget die Knie. – *Stille* – Erhebet euch.)

Allmächtiger, ewiger Gott,
du Trost der Betrübten, du Kraft der Leidenden,
höre auf alle, die in ihrer Bedrängnis zu dir rufen,
und laß sie in jeder Not deine Barmherzigkeit erfahren.
Darum bitten wir durch Christus, unseren Herrn.

II. ERHEBUNG UND VEREHRUNG DES KREUZES

Einladungsruf beim Zeigen des heiligen Kreuzes:

V: Seht das Kreuz, an dem der Herr gehangen, das Heil der Welt.
A: Kommt, lasset uns anbeten.

GESANG WÄHREND DER KREUZVEREHRUNG

ANTWORTGESANG

A: Dein Kreuz, o Herr, verehren wir, / und deine heilige Auferstehung preisen und rühmen wir: / Denn siehe, durch das Holz des Kreuzes / kam Freude in alle Welt.

V: Gott sei uns gnädig und segne uns. / Er lasse sein Angesicht über uns leuchten / und erbarme sich unser. Vgl. Ps 67 (66),2

A: Dein Kreuz, o Herr, verehren wir, / und deine heilige Auferstehung preisen und rühmen wir: / Denn siehe, durch das Holz des Kreuzes / kam Freude in alle Welt.

IMPROPERIEN

1.

A: Mein Volk, was habe ich dir getan,
womit nur habe ich dich betrübt?
Antworte mir.

V: Aus der Knechtschaft Ägyptens habe ich dich herausgeführt.
Du aber bereitest das Kreuz deinem Erlöser.

A: Mein Volk, was habe ich dir getan,
womit nur habe ich dich betrübt?
Antworte mir.

I. Hágios, ho Theós.
II. Sanctus Deus.
III. Heiliger Gott.

I. Hágios Ischyrós.
II. Sanctus Fortis.
III. Heiliger, starker Gott.

I. Hágios Athánatos, eléison hemás.
II. Sanctus Immortális, miserére nobis.
III. Heiliger, unsterblicher Gott, erbarme dich unser.

V: Vierzig Jahre habe ich dich geleitet durch die Wüste.
Ich habe dich mit Manna gespeist
und dich hineingeführt in das Land der Verheißung.
Du aber bereitest das Kreuz deinem Erlöser.

   I. Hágios, ho Theós.
  II. Sanctus Deus.
 III. Heiliger Gott.

   I. Hágios Ischyrós.
  II. Sanctus Fortis.
 III. Heiliger, starker Gott.

   I. Hágios Athánatos, eléison hemás.
  II. Sanctus Immortális, miserére nobis.
 III. Heiliger, unsterblicher Gott, erbarme dich unser.

V: Was hätte ich dir mehr tun sollen und tat es nicht?
Als meinen erlesenen Weinberg pflanzte ich dich,
du aber brachtest mir bittere Trauben,
du hast mich in meinem Durst mit Essig getränkt
und mit der Lanze deinem Erlöser die Seite durchstoßen.

   I. Hágios, ho Theós.
  II. Sanctus Deus.
 III. Heiliger Gott.

   I. Hágios Ischyrós.
  II. Sanctus Fortis.
 III. Heiliger, starker Gott.

   I. Hágios Athánatos, eléison hemás.
  II. Sanctus Immortális, miserére nobis.
 III. Heiliger, unsterblicher Gott, erbarme dich unser.

2.

V: Deinetwegen habe ich Ägypten geschlagen
und seine Erstgeburt,
du aber hast mich geschlagen und dem Tod überliefert.

A: Mein Volk, was habe ich dir getan,
womit nur habe ich dich betrübt?
Antworte mir.

V: Ich habe dich aus Ägypten herausgeführt
und den Pharao versinken lassen im Roten Meer,
du aber hast mich den Hohenpriestern überliefert.

A: Mein Volk ...

V: Ich habe vor dir einen Weg durch das Meer gebahnt,
du aber hast mit der Lanze meine Seite geöffnet.

A: Mein Volk ...

V: In einer Wolkensäule bin ich dir vorangezogen,
du aber hast mich vor den Richterstuhl des Pilatus geführt.

A: Mein Volk ...

V: Ich habe dich in der Wüste mit Manna gespeist,
du aber hast mich ins Gesicht geschlagen
und mich gegeißelt.

A: Mein Volk ...

V: Ich habe dir Wasser aus dem Felsen zu trinken gegeben
und dich gerettet,
du aber hast mich getränkt mit Galle und Essig.

A: Mein Volk ...

V: Deinetwegen habe ich die Könige Kanaans geschlagen,
du aber schlugst mir mit einem Rohr auf mein Haupt.

A: Mein Volk ...

V: Ich habe dir ein Königszepter in die Hand gegeben,
du aber hast mich gekrönt mit einer Krone von Dornen.

A: Mein Volk ...

V: Ich habe dich erhöht und ausgestattet mit großer Kraft,
du aber erhöhtest mich am Holz des Kreuzes.

A: Mein Volk ...

III. KOMMUNION

ZUR KOMMUNIONFEIER   *Wir stehen beim Kreuz Jesu; wie Maria und Johannes sind wir Zeugen seines Opfertodes. „Sooft ihr von diesem Brot eßt und aus dem Kelch trinkt, verkündet ihr den Tod des Herrn, bis er wiederkommt." (1 Kor 11, 26)*

Das heilige Sakrament wird zum Altar gebracht, während alle schweigend stehen. Dann beginnt der Priester:

Dem Wort unseres Herrn und Erlösers gehorsam und getreu seiner göttlichen Weisung, wagen wir zu sprechen:

Vater unser im Himmel,
Geheiligt werde dein Name.
Dein Reich komme.
Dein Wille geschehe,
wie im Himmel so auf Erden.
Unser tägliches Brot gib uns heute.
Und vergib uns unsere Schuld,
wie auch wir vergeben unsern Schuldigern.
Und führe uns nicht in Versuchung,
sondern erlöse uns von dem Bösen.

Der Priester fährt allein fort:

Erlöse uns, Herr, allmächtiger Vater, von allem Bösen
und gib Frieden in unseren Tagen.
Komm uns zu Hilfe mit deinem Erbarmen
und bewahre uns vor Verwirrung und Sünde,
damit wir voll Zuversicht
das Kommen unseres Erlösers Jesus Christus erwarten.

Die Gemeinde beschließt das Gebet mit dem Ruf:

Denn dein ist das Reich und die Kraft
und die Herrlichkeit in Ewigkeit. Amen.

Der Priester spricht leise:

Herr Jesus Christus, der Empfang deines Leibes bringe mir nicht
Gericht und Verdammnis, sondern Segen und Heil.

Dann, zur Gemeinde gewendet:

Seht das Lamm Gottes, das hinwegnimmt die Sünde der Welt.

Zusammen mit der Gemeinde fügt er einmal hinzu:

Herr, ich bin nicht würdig, daß du eingehst unter mein Dach, aber
sprich nur ein Wort, so wird meine Seele gesund.

Nach der Kommunion der Gläubigen und einer kurzen Zeit heiligen Schweigens spricht der Priester das Schlußgebet und daran anschließend das Segensgebet.

Lasset uns beten.

Allmächtiger, ewiger Gott,
durch den Tod und die Auferstehung deines Sohnes
hast du uns das neue Leben geschenkt.
Bewahre in uns, was deine Barmherzigkeit gewirkt hat,
und gib uns durch den Empfang dieses Sakramentes die Kraft,
dir treu zu dienen.
Darum bitten wir durch Christus, unseren Herrn.

Segensgebet über das Volk

Herr, unser Gott,
reicher Segen komme herab auf dein Volk,
das den Tod deines Sohnes gefeiert hat
und die Auferstehung erwartet.
Schenke ihm Verzeihung und Trost,
Wachstum im Glauben und die ewige Erlösung.
Darum bitten wir durch Christus, unseren Herrn.

DER VATER IST BEI MIR

Wenn ihr den Menschensohn erhöht habt,
dann werdet ihr erkennen, daß ich es bin.
Ihr werdet erkennen, daß ich nichts im eigenen Namen tue,
sondern nur das sage, was mich der Vater gelehrt hat.
Und er, der mich gesandt hat, ist bei mir.
Er hat mich nicht allein gelassen,
weil ich immer das tue, was ihm gefällt. (Joh 8, 28–29)

KARSAMSTAG

Der Karsamstag ist ein stiller Tag, ohne liturgische Feier. Nur die Tagzeiten
werden gebetet.

Jesus ist wirklich gestorben. Er ist in die tiefste menschliche Not hin-
eingegangen, er ist „hinabgestiegen in das Reich des Todes". Er hat
unserem Tod die Bitterkeit genommen. Wir wissen, unsere Gemein-
schaft mit Christus überdauert den Tod.
Christus ist unser Leben und unsere Auferstehung. Das muß in unse-
rem gegenwärtigen Leben sichtbar werden: in der Freude, die aus der
Hoffnung und aus der Liebe geboren wird.

Alles ist mir von meinem Vater übergeben worden,
und niemand kennt den Sohn, nur der Vater.
Und niemand kennt den Vater, nur der Sohn
und der, dem der Sohn es offenbaren will.

Deshalb liebt mich der Vater,
weil ich mein Leben dahingebe,
um es wieder zu empfangen.
(Mt 11, 27; Joh 10, 17)

DIE OSTERZEIT

HOCHFEST DER AUFERSTEHUNG DES HERRN
OSTERSONNTAG

DIE FEIER DER OSTERNACHT

Die Feier der Osternacht verläuft in vier Zeiten oder Teilen:

1. Teil: *Lichtfeier*. Die Gemeinde versammelt sich um das Feuer. Segnung des Feuers. Bereitung der Osterkerze. Einzug (Prozession) in die Kirche. Das Osterlob (Exsultet).

2. Teil: *Wortgottesdienst*. In den Lesungen werden die früheren Taten Gottes vergegenwärtigt, die auch für die Gegenwart und die Zukunft des neuen Gottesvolkes eine Verheißung sind.

3. Teil: *Tauffeier*. Weihe des Taufwassers und Spendung der Taufe, falls Taufbewerber da sind. Erneuerung des Taufbekenntnisses durch die ganze Gemeinde.

4. Teil: *Eucharistiefeier*. Der auferstandene Herr lädt die Neugetauften und die ganze Gemeinde zu seinem Gastmahl ein: alle, die er durch seinen Tod und seine Auferstehung erlöst und geheiligt hat.

Erster Teil

LICHTFEIER

Segnung des Feuers und Bereitung der Osterkerze

Der Priester begrüßt die Gemeinde und führt sie kurz in den Sinn der Nachtfeier ein:

Liebe Brüder und Schwestern!
In der Osternacht ist unser Herr Jesus Christus vom Tode auferstanden und zum Leben hinübergegangen. Darum hält die Kirche in der ganzen Welt diese Nacht heilig; sie lädt ihre Söhne und Töchter, wo immer sie wohnen, ein, zu wachen und zu beten. Auch wir sind in (zu Beginn – am Ende) dieser Nacht der Einladung gefolgt. Wir begehen das Gedächtnis des österlichen Heilswerkes Christi, indem wir das Wort Gottes hören und die heiligen Mysterien feiern in der zuversichtlichen Hoffnung, daß wir einst am Sieg Christi über den Tod und an seinem Leben in Gott teilnehmen dürfen.

Er segnet das Feuer.

Lasset uns beten.

Allmächtiger, ewiger Gott,
du hast durch Christus allen,
die an dich glauben,
das Licht deiner Herrlichkeit geschenkt.
Segne ✠ dieses neue Feuer,
das die Nacht erhellt,
und entflamme in uns die Sehnsucht nach dir,
dem unvergänglichen Licht,
damit wir mit reinem Herzen
zum ewigen Osterfest gelangen.
Darum bitten wir durch ihn, Christus, unseren Herrn.
Alle: Amen.

Wo es Brauch ist, ritzt nun der Priester mit einem Griffel ein Kreuz in die Kerze, darüber zeichnet er den griechischen Buchstaben Alpha, darunter den Buchstaben Omega, zwischen die Kreuzarme schreibt er die Jahreszahl. Dabei spricht er:

Christus, gestern und heute *(senkrechter Balken),*	**A**
Anfang und Ende *(Querbalken),*	**1 │ 9**
Alpha *(über dem Kreuz),*	**9 │ 0**
und Omega *(unter dem Kreuz).*	**Ω**

Sein ist die Zeit *(1. Ziffer)*
und die Ewigkeit *(2. Ziffer).*
Sein ist die Macht und die Herrlichkeit *(3. Ziffer)*
in alle Ewigkeit. Amen. *(4. Ziffer).*

In das eingeritzte Kreuz kann der Priester fünf Weihrauchkörner einfügen in nebenstehender Reihenfolge; dabei spricht er:

Durch seine heiligen Wunden, (1)	**1**
die leuchten in Herrlichkeit, (2)	**4 2 5**
behüte uns (3)	**3**
und bewahre uns (4)	
Christus, der Herr. Amen. (5)	

Der Priester zündet am Feuer die Osterkerze an und spricht dabei:

Christus ist glorreich auferstanden vom Tod.
Sein Licht vertreibe das Dunkel der Herzen.

PROZESSION

Der Diakon oder der Priester selbst nimmt die Osterkerze, hebt sie empor und singt:

Christus, das Licht!

Alle antworten:

Dank sei Gott.

Alle ziehen in die Kirche ein; der Diakon mit der Osterkerze geht voran. Wenn Weihrauch verwendet wird, geht der Rauchfaßträger dem Diakon voraus.
Am Eingang der Kirche bleibt der Diakon stehen, hebt die Osterkerze empor und singt zum zweitenmal:

Christus, das Licht!

Alle antworten:

Dank sei Gott.

Die Mitfeiernden zünden ihre Kerzen an der Osterkerze an und ziehen weiter.
Vor dem Altar wendet sich der Diakon dem Volk zu und singt zum drittenmal:

Christus, das Licht!

Alle antworten:

Dank sei Gott.

In der Kirche werden die Lichter angezündet.

DAS OSTERLOB

(Exsultet)

Während vom Diakon oder vom Priester das Osterlob gesungen wird, stehen alle und halten die brennenden Kerzen.
Wird das Osterlob von einem Kantor gesungen, der nicht Priester oder Diakon ist, so entfallen die durch ( ) eingeklammerten Worte. Das Osterlob kann auch in einer kürzeren Form gesungen werden.

Längere Form des Osterlobes

Frohlocket, ihr Chöre der Engel, frohlocket, ihr himmlischen Scharen, lasset die Posaune erschallen, preiset den Sieger, den erhabenen König! Lobsinge, du Erde, überstrahlt vom Glanz aus der Höhe! Licht des großen Königs umleuchtet dich. Siehe, geschwunden ist allerorten das Dunkel. Auch du freue dich, Mutter Kirche, umkleidet von Licht und herrlichem Glanze! Töne wider, heilige Halle, töne von des Volkes mächtigem Jubel.

(Darum bitte ich euch, geliebte Brüder, ihr Zeugen des Lichtes, das diese Kerze verbreitet: Ruft mit mir zum allmächtigen Vater um sein Erbarmen und seine Hilfe, daß er, der mich ohne mein Verdienst, aus reiner Gnade, in die Schar der Leviten berufen hat, mich erleuchte mit dem Glanz seines Lichtes, damit ich würdig das Lob dieser Kerze verkünde.)

(V: Der Herr sei mit euch.

A: Und mit deinem Geiste.)

V: Erhebet die Herzen.

A: Wir haben sie beim Herrn.

V: Lasset uns danken dem Herrn, unserm Gott.

A: Das ist würdig und recht.

V: In Wahrheit ist es würdig und recht, den verborgenen Gott, den allmächtigen Vater, mit aller Glut des Herzens zu rühmen und seinen eingeborenen Sohn, unsern Herrn Jesus Christus, mit jubelnder Stimme zu preisen. Er hat für uns beim ewigen Vater Adams Schuld bezahlt und den Schuldbrief ausgelöscht mit seinem Blut, das er aus Liebe vergossen hat. Gekommen ist das heilige Osterfest, an dem das wahre Lamm geschlachtet ward, dessen Blut die Türen der Gläubigen heiligt und das Volk bewahrt vor Tod und Verderben.

Dies ist die Nacht, die unsere Väter, die Söhne Israels, aus Ägypten befreit und auf trockenem Pfad durch die Fluten des Roten Meeres geführt hat.

Dies ist die Nacht, in der die leuchtende Säule das Dunkel der Sünde vertrieben hat.

Dies ist die Nacht, die auf der ganzen Erde alle, die an Christus glauben, scheidet von den Lastern der Welt, dem Elend der Sünde entreißt, ins Reich der Gnade heimführt und einfügt in die heilige Kirche.

Dies ist die selige Nacht, in der Christus die Ketten des Todes zerbrach und aus der Tiefe als Sieger emporstieg. Wahrhaftig, umsonst wären wir geboren, hätte uns nicht der Erlöser gerettet.

O unfaßbare Liebe des Vaters: Um den Knecht zu erlösen, gabst du den Sohn dahin! O wahrhaft heilbringende Sünde des Adam, du wurdest uns zum Segen, da Christi Tod dich vernichtet hat. O glückliche Schuld, welch großen Erlöser hast du gefunden!

O wahrhaft selige Nacht, dir allein war es vergönnt, die Stunde zu kennen, in der Christus erstand von den Toten. Dies ist die Nacht, von der geschrieben steht: „Die Nacht wird hell wie der Tag, wie strahlendes Licht wird die Nacht mich umgeben." Der Glanz dieser

heiligen Nacht nimmt den Frevel hinweg, reinigt von Schuld, gibt den Sündern die Unschuld, den Trauernden Freude. Weit vertreibt sie den Haß, sie einigt die Herzen und beugt die Gewalten.
In dieser gesegneten Nacht, heiliger Vater, nimm an das Abendopfer unseres Lobes, nimm diese Kerze entgegen als unsere festliche Gabe! Aus dem köstlichen Wachs der Bienen bereitet, wird sie dir dargebracht von deiner heiligen Kirche durch die Hand ihrer Diener. So ist nun das Lob dieser kostbaren Kerze erklungen, die entzündet wurde am lodernden Feuer zum Ruhme des Höchsten. Wenn auch ihr Licht sich in die Runde verteilt hat, so verlor es doch nichts von der Kraft seines Glanzes. Denn die Flamme wird genährt vom schmelzenden Wachs, das der Fleiß der Bienen für diese Kerze bereitet hat.
O wahrhaft selige Nacht, die Himmel und Erde versöhnt, die Gott und Menschen verbindet!
Darum bitten wir dich, o Herr: Geweiht zum Ruhm deines Namens, leuchte die Kerze fort, um in dieser Nacht das Dunkel zu vertreiben. Nimm sie an als lieblich duftendes Opfer, vermähle ihr Licht mit den Lichtern am Himmel. Sie leuchte, bis der Morgenstern erscheint, jener wahre Morgenstern, der in Ewigkeit nicht untergeht: dein Sohn, unser Herr Jesus Christus, der von den Toten erstand, der den Menschen erstrahlt im österlichen Licht: der lebt und herrscht in Ewigkeit. A: Amen.

Kürzere Form des Osterlobes

Der Anfang lautet wie in der längeren Form. Dann:

In Wahrheit ist es würdig und recht, den verborgenen Gott, den allmächtigen Vater, mit aller Glut des Herzens zu rühmen und seinen eingeborenen Sohn, unseren Herrn Jesus Christus, mit jubelnder Stimme zu preisen. Er hat für uns beim ewigen Vater Adams Schuld bezahlt und den Schuldbrief ausgelöscht mit seinem Blut, das er aus Liebe vergossen hat. Gekommen ist das heilige Osterfest, an dem das wahre Lamm geschlachtet ward, dessen Blut die Türen der Gläubigen heiligt und das Volk bewahrt vor Tod und Verderben.
Dies ist die Nacht, die unsere Väter, die Söhne Israels, aus Ägypten befreit und auf trockenem Pfad durch die Fluten des Roten Meeres geführt hat.
Dies ist die Nacht, in der die leuchtende Säule das Dunkel der Sünde vertrieben hat.
Dies ist die Nacht, die auf der ganzen Erde alle, die an Christus glauben, scheidet von den Lastern der Welt, dem Elend der Sünde

entreißt, ins Reich der Gnade heimführt und einfügt in die heilige Kirche.

Dies ist die selige Nacht, in der Christus die Ketten des Todes zerbrach und aus der Tiefe als Sieger emporstieg.

O unfaßbare Liebe des Vaters: Um den Knecht zu erlösen, gabst du den Sohn dahin! O wahrhaft heilbringende Sünde des Adam, du wurdest uns zum Segen, da Christi Tod dich vernichtet hat. O glückliche Schuld, welch großen Erlöser hast du gefunden!

Der Glanz dieser heiligen Nacht nimmt den Frevel hinweg, reinigt von Schuld, gibt den Sündern die Unschuld, den Trauernden Freude.

O wahrhaft selige Nacht, die Himmel und Erde versöhnt, die Gott und Menschen verbindet! In dieser gesegneten Nacht, heiliger Vater, nimm an das Abendopfer unseres Lobes, nimm diese Kerze entgegen als unsere festliche Gabe! Aus dem köstlichen Wachs der Bienen bereitet, wird sie dir dargebracht von deiner heiligen Kirche durch die Hand ihrer Diener.

So bitten wir dich, o Herr: Geweiht zum Ruhm deines Namens, leuchte die Kerze fort, um in dieser Nacht das Dunkel zu vertreiben. Nimm sie an als lieblich duftendes Opfer, vermähle ihr Licht mit den Lichtern am Himmel. Sie leuchte, bis der Morgenstern erscheint, jener wahre Morgenstern, der in Ewigkeit nicht untergeht: dein Sohn, unser Herr Jesus Christus, der von den Toten erstand, der den Menschen erstrahlt im österlichen Licht: der lebt und herrscht in Ewigkeit! A: Amen.

Alle löschen die Kerzen aus und setzen sich.

Zweiter Teil
WORTGOTTESDIENST

In dieser Nachtfeier werden neun Lesungen vorgetragen, sieben (oder wenigstens drei) aus dem Alten Testament und zwei aus dem Neuen Testament (Epistel und Evangelium). Die Lesung vom Durchzug durch das Rote Meer (Ex 14) darf nie ausfallen.

ZUR 1. LESUNG   *Der biblische Bericht über die Erschaffung der Welt ist nicht eine naturwissenschaftliche Darstellung, sondern eine religiöse Aussage über Gott und diese Welt. Die Sprache ist groß und feierlich. Deutlich wird die Erschaffung des Menschen herausgehoben. Mit Weisheit und Liebe hat Gott ihn nach seinem Bild geschaffen und ihm die Schöpfung unterworfen. Sie soll dem Menschen gehorchen, er aber soll sie in der Ordnung Gottes verwalten.*

ERSTE LESUNG   Gen 1, 1 – 2, 2

Gott sah alles an, was er gemacht hatte: Es war sehr gut

Lesung
  aus dem Buch Génesis.

Im Anfang schuf Gott Himmel und Erde;
die Erde aber war wüst und wirr,
Finsternis lag über der Urflut,
und Gottes Geist schwebte über dem Wasser.
Gott sprach:
  Es werde Licht.
Und es wurde Licht.
Gott sah, daß das Licht gut war.
Gott schied das Licht von der Finsternis,
und Gott nannte das Licht Tag,
  und die Finsternis nannte er Nacht.
Es wurde Abend, und es wurde Morgen:
erster Tag.

Dann sprach Gott:
  Ein Gewölbe entstehe mitten im Wasser
  und scheide Wasser von Wasser.
Gott machte also das Gewölbe
  und schied das Wasser unterhalb des Gewölbes
  vom Wasser oberhalb des Gewölbes.
So geschah es,
und Gott nannte das Gewölbe Himmel.
Es wurde Abend, und es wurde Morgen:
zweiter Tag.

Dann sprach Gott:
  Das Wasser unterhalb des Himmels sammle sich an einem Ort,
  damit das Trockene sichtbar werde.
So geschah es.
Das Trockene nannte Gott Land,
  und das angesammelte Wasser nannte er Meer.
Gott sah, daß es gut war.
Dann sprach Gott:
  Das Land lasse junges Grün wachsen,
alle Arten von Pflanzen, die Samen tragen,
und von Bäumen,
  die auf der Erde Früchte bringen mit ihrem Samen darin.

So geschah es.

12 Das Land brachte junges Grün hervor,
alle Arten von Pflanzen, die Samen tragen,
    alle Arten von Bäumen,
    die Früchte bringen mit ihrem Samen darin.
Gott sah, daß es gut war.

13 Es wurde Abend, und es wurde Morgen:
dritter Tag.

14 Dann sprach Gott:
    Lichter sollen am Himmelsgewölbe sein,
    um Tag und Nacht zu scheiden.
Sie sollen Zeichen sein
und zur Bestimmung von Festzeiten, von Tagen und Jahren dienen;

15 sie sollen Lichter am Himmelsgewölbe sein,
    die über die Erde hin leuchten.
So geschah es.

16 Gott machte die beiden großen Lichter,
das größere, das über den Tag herrscht,
    das kleinere, das über die Nacht herrscht,
auch die Sterne.

17 Gott setzte die Lichter an das Himmelsgewölbe,
    damit sie über die Erde hin leuchten,

18 über Tag und Nacht herrschen
und das Licht von der Finsternis scheiden.
Gott sah, daß es gut war.

19 Es wurde Abend, und es wurde Morgen:
vierter Tag.

20 Dann sprach Gott:
    Das Wasser wimmle von lebendigen Wesen,
und Vögel sollen über dem Land am Himmelsgewölbe dahinfliegen.

21 Gott schuf alle Arten von großen Seetieren
    und anderen Lebewesen, von denen das Wasser wimmelt,
    und alle Arten von gefiederten Vögeln.
Gott sah, daß es gut war.

22 Gott segnete sie
und sprach: Seid fruchtbar, und vermehrt euch,
und bevölkert das Wasser im Meer,
und die Vögel sollen sich auf dem Land vermehren.

23 Es wurde Abend, und es wurde Morgen:
fünfter Tag.

24 Dann sprach Gott:
Das Land bringe alle Arten von lebendigen Wesen hervor,
von Vieh,
von Kriechtieren
und von Tieren des Feldes.
So geschah es.

25 Gott machte alle Arten von Tieren des Feldes,
alle Arten von Vieh
und alle Arten von Kriechtieren auf dem Erdboden.
Gott sah, daß es gut war.

26 Dann sprach Gott:
Laßt uns Menschen machen
als unser Abbild, uns ähnlich.
Sie sollen herrschen über die Fische des Meeres,
über die Vögel des Himmels,
über das Vieh,
über die ganze Erde
und über alle Kriechtiere auf dem Land.

27 Gott schuf also den Menschen als sein Abbild;
als Abbild Gottes schuf er ihn.
Als Mann und Frau schuf er sie.

28 Gott segnete sie,
und Gott sprach zu ihnen:
Seid fruchtbar, und vermehrt euch,
bevölkert die Erde,
unterwerft sie euch,
und herrscht über die Fische des Meeres,
über die Vögel des Himmels
und über alle Tiere, die sich auf dem Land regen.

29 Dann sprach Gott:
Hiermit übergebe ich euch
alle Pflanzen auf der ganzen Erde, die Samen tragen,
und alle Bäume mit samenhaltigen Früchten.
Euch sollen sie zur Nahrung dienen.

30 Allen Tieren des Feldes,
allen Vögeln des Himmels
und allem, was sich auf der Erde regt,
was Lebensatem in sich hat,
gebe ich alle grünen Pflanzen zur Nahrung.

So geschah es.
31 Gott sah alles an, was er gemacht hatte:
Es war sehr gut.
Es wurde Abend, und es wurde Morgen:
der sechste Tag.

1 So wurden Himmel und Erde vollendet und ihr ganzes Gefüge.
2 Am siebten Tag
    vollendete Gott das Werk, das er geschaffen hatte,
und er ruhte am siebten Tag,
    nachdem er sein ganzes Werk vollbracht hatte.

Oder:

KURZFASSUNG   Gen 1, 1.26–31a

Gott sah alles an, was er gemacht hatte: Es war sehr gut

Lesung
    aus dem Buch Génesis.

1 Im Anfang schuf Gott Himmel und Erde.

26 Und Gott sprach:
    Laßt uns Menschen machen
als unser Abbild, uns ähnlich.
Sie sollen herrschen über die Fische des Meeres,
über die Vögel des Himmels,
über das Vieh,
über die ganze Erde
    und über alle Kriechtiere auf dem Land.

27 Gott schuf also den Menschen als sein Abbild;
als Abbild Gottes schuf er ihn.
Als Mann und Frau schuf er sie.

28 Gott segnete sie,
und Gott sprach zu ihnen:
    Seid fruchtbar, und vermehrt euch,
bevölkert die Erde,
unterwerft sie euch,
und herrscht über die Fische des Meeres,
    über die Vögel des Himmels
    und über alle Tiere, die sich auf dem Land regen.

29 Dann sprach Gott:
    Hiermit übergebe ich euch
    alle Pflanzen auf der ganzen Erde, die Samen tragen,
und alle Bäume mit samenhaltigen Früchten.
Euch sollen sie zur Nahrung dienen.

30 Allen Tieren des Feldes,
    allen Vögeln des Himmels
    und allem, was sich auf der Erde regt,
    was Lebensatem in sich hat,
    gebe ich alle grünen Pflanzen zur Nahrung.
So geschah es.

31a Gott sah alles an, was er gemacht hatte:
Es war sehr gut.

ANTWORTPSALM

    Ps 104 (103), 1–2.5–6.10 u. 12.13–14b.24 u. 1ab (R: vgl. 30)

R Sende aus deinen Geist,   (GL 253, 1)
und das Antlitz der Erde wird neu. – **R**

Lobe den Herrn, meine Seele! †
Herr, mein <u>Gott</u>, wie groß bist du! *   VII. Ton
Du bist mit Hoheit und <u>Pracht</u> bekleidet.

Du hüllst dich in <u>Licht</u> wie in ein Kleid, *
du spannst den Himmel <u>aus</u> wie ein Zelt. – **(R)**

Du hast die Erde auf <u>Pfeiler</u> gegründet; *
in alle Ewigkeit wird <u>sie</u> nicht wanken.

Einst hat die Urflut sie be<u>deckt</u> wie ein Kleid, *
die Wasser standen <u>über</u> den Bergen. – **(R)**

Du läßt die Quellen hervorsprudeln <u>in</u> den Tälern, *
sie eilen zwischen den <u>Bergen</u> dahin.

An den Ufern wohnen die <u>Vögel</u> des Himmels, *
aus den Zweigen erklingt ihr Gesang. – **(R)**

Du tränkst die Berge aus <u>deinen</u> Kammern, *
aus deinen Wolken <u>wird</u> die <u>Erde</u> satt.

Du läßt Gras <u>wachsen</u> für das Vieh, *
auch Pflanzen für den Menschen, <u>die</u> er anbaut. – **(R)**

24 Herr, wie zahlreich sind deine Werke! †
   Mit Weisheit hast du sie alle gemacht, *
   die Erde ist voll von deinen Geschöpfen.

1ab Lobe den Herrn, meine Seele! *
   Herr, mein Gott, wie groß bist du!

   R Sende aus deinen Geist,
   und das Antlitz der Erde wird neu.

   Oder:

   ANTWORTPSALM Ps 33 (32), 4–5.6–7.12–13.20 u. 22 (R: vgl. 5b)

   R Von deiner Huld, o Herr, ist die Erde erfüllt. – R   (GL 477)

4 Das Wort des Herrn ist wahrhaftig, *   V. Ton
   all sein Tun ist verläßlich.

5 Er liebt Gerechtigkeit und Recht, *
   die Erde ist erfüllt von der Huld des Herrn. – (R)

6 Durch das Wort des Herrn wurden die Himmel geschaffen, *
   ihr ganzes Heer durch den Hauch seines Mundes.

7 Wie in einem Schlauch faßt er das Wasser des Meeres, *
   verschließt die Urflut in Kammern. – (R)

12 Wohl dem Volk, dessen Gott der Herr ist, *
   der Nation, die er sich zum Erbteil erwählt hat.

13 Der Herr blickt herab vom Himmel, *
   er sieht auf alle Menschen. – (R)

20 Unsre Seele hofft auf den Herrn; *
   er ist für uns Schild und Hilfe.

22 Laß deine Güte über uns walten, o Herr, *
   denn wir schauen aus nach dir. – R

   GEBET

   Allmächtiger Gott,
   du bist wunderbar in allem, was du tust.
   Laß deine Erlösten erkennen,
   daß deine Schöpfung groß ist,
   doch größer noch das Werk der Erlösung,
   die du uns in der Fülle der Zeit geschenkt hast
   durch den Tod des Osterlammes,

unseres Herrn Jesus Christus,
der mit dir lebt und herrscht in alle Ewigkeit.

Oder (wenn die Kurzfassung gelesen wurde):

Allmächtiger Gott,
du hast den Menschen wunderbar erschaffen
und noch wunderbarer erlöst.
Hilf uns, den Verlockungen der Sünde
durch die Kraft des Geistes zu widerstehen,
damit wir zu den ewigen Freuden gelangen.
Darum bitten wir durch Christus, unseren Herrn.

ZUR 2. LESUNG   *Die Berufung Abrahams war der Anfang einer Heilsordnung, die zunächst ihm und seinen Nachkommen, in Wirklichkeit aber allen Völkern zugedacht war. Der Glaube Abrahams war Vertrauen und Gehorsam. Abraham war bereit, seinen einzigen und geliebten Sohn Isaak zu opfern. Gott hat den Sohn Abrahams verschont, aber seinen eigenen geliebten Sohn hat er hingegeben für das Leben der Welt (Joh 3, 16; Röm 8, 32).*

ZWEITE LESUNG   Gen 22, 1–18

Das Opfer unseres Vaters Abraham (Meßbuch: 1. Hochgebet)

Lesung
   aus dem Buch Génesis.

In jenen Tagen
   stellte Gott Abraham auf die Probe.
Er sprach zu ihm: Abraham!
Er antwortete: Hier bin ich.
Gott sprach: Nimm deinen Sohn,
deinen einzigen, den du liebst, Ísaak,
geh in das Land Moríja,
und bring ihn dort auf einem der Berge, den ich dir nenne,
   als Brandopfer dar.

Frühmorgens stand Abraham auf,
sattelte seinen Esel,
holte seine beiden Jungknechte und seinen Sohn Ísaak,
spaltete Holz zum Opfer
und machte sich auf den Weg
   zu dem Ort, den ihm Gott genannt hatte.

⁴ Als Abraham am dritten Tag aufblickte,
   sah er den Ort von weitem.
⁵ Da sagte Abraham zu seinen Jungknechten:
Bleibt mit dem Esel hier!
Ich will mit dem Knaben hingehen und anbeten;
dann kommen wir zu euch zurück.
⁶ Abraham nahm das Holz für das Brandopfer
   und lud es seinem Sohn Ísaak auf.
Er selbst nahm das Feuer und das Messer in die Hand.
So gingen beide miteinander.
⁷ Nach einer Weile sagte Ísaak zu seinem Vater Abraham: Vater!
Er antwortete: Ja, mein Sohn!
Dann sagte Ísaak:
   Hier ist Feuer und Holz.
Wo aber ist das Lamm für das Brandopfer?
⁸ Abraham entgegnete:
   Gott wird sich das Opferlamm aussuchen, mein Sohn.
Und beide gingen miteinander weiter.
⁹ Als sie an den Ort kamen, den ihm Gott genannt hatte,
   baute Abraham den Altar,
schichtete das Holz auf,
fesselte seinen Sohn Ísaak
und legte ihn auf den Altar, oben auf das Holz.
¹⁰ Schon streckte Abraham seine Hand aus
und nahm das Messer, um seinen Sohn zu schlachten.
¹¹ Da rief ihm der Engel des Herrn vom Himmel her zu:
   Abraham, Abraham!
Er antwortete: Hier bin ich.
¹² Jener sprach:
   Streck deine Hand nicht gegen den Knaben aus,
und tu ihm nichts zuleide!
Denn jetzt weiß ich, daß du Gott fürchtest;
du hast mir deinen einzigen Sohn nicht vorenthalten.
¹³ Als Abraham aufschaute,
   sah er: Ein Widder hatte sich hinter ihm
   mit seinen Hörnern im Gestrüpp verfangen.
Abraham ging hin,
   nahm den Widder
   und brachte ihn statt seines Sohnes als Brandopfer dar.
¹⁴ Abraham nannte jenen Ort Jahwe-Jire – Der Herr sieht –,

wie man noch heute sagt:
  Auf dem Berg läßt sich der Herr sehen.

15 Der Engel des Herrn
  rief Abraham zum zweitenmal vom Himmel her zu
16 und sprach:
  Ich habe bei mir geschworen – Spruch des Herrn:
  Weil du das getan hast
  und deinen einzigen Sohn mir nicht vorenthalten hast,
17 will ich dir Segen schenken in Fülle
  und deine Nachkommen zahlreich machen
  wie die Sterne am Himmel
  und den Sand am Meeresstrand.
  Deine Nachkommen sollen das Tor ihrer Feinde einnehmen.
18 Segnen sollen sich mit deinen Nachkommen alle Völker der Erde,
  weil du auf meine Stimme gehört hast.

Oder: KURZFASSUNG   Gen 22, 1–2.9a.10–13.15–18

Das Opfer unseres Vaters Abraham (Meßbuch: 1. Hochgebet)

Lesung aus dem Buch Génesis.

In jenen Tagen
1   stellte Gott Abraham auf die Probe.
  Er sprach zu ihm: Abraham!
  Er antwortete: Hier bin ich.
2   Gott sprach: Nimm deinen Sohn,
  deinen einzigen, den du liebst, Ísaak,
  geh in das Land Moríja,
  und bring ihn dort auf einem der Berge, den ich dir nenne,
    als Brandopfer dar.
9a Als sie an den Ort kamen, den ihm Gott genannt hatte,
  baute Abraham den Altar
  und schichtete das Holz auf.
10 Schon streckte Abraham seine Hand aus
  und nahm das Messer, um seinen Sohn zu schlachten.
11 Da rief ihm der Engel des Herrn vom Himmel her zu:
    Abraham, Abraham!
  Er antwortete: Hier bin ich.
12 Jener sprach:
    Streck deine Hand nicht gegen den Knaben aus,
  und tu ihm nichts zuleide!

Denn jetzt weiß ich, daß du Gott fürchtest;
du hast mir deinen einzigen Sohn nicht vorenthalten.

13 Als Abraham aufschaute,
    sah er: Ein Widder hatte sich hinter ihm
    mit seinen Hörnern im Gestrüpp verfangen.
Abraham ging hin,
    nahm den Widder
    und brachte ihn statt seines Sohnes als Brandopfer dar.

15 Der Engel des Herrn
    rief Abraham zum zweitenmal vom Himmel her zu
16 und sprach:
    Ich habe bei mir geschworen – Spruch des Herrn:
    Weil du das getan hast
    und deinen einzigen Sohn mir nicht vorenthalten hast,
17 will ich dir Segen schenken in Fülle
    und deine Nachkommen zahlreich machen
    wie die Sterne am Himmel
    und den Sand am Meeresstrand.
Deine Nachkommen sollen das Tor ihrer Feinde einnehmen.
18 Segnen sollen sich mit deinen Nachkommen alle Völker der Erde,
    weil du auf meine Stimme gehört hast.

ANTWORTPSALM   Ps 16 (15), 5 u. 8.9–10.2 u. 11 (R: vgl. 1)

R Behüte mich, Gott, denn ich vertraue auf dich. – R   (GL 527, 7)

5 Du, Herr, gibst mir das Erbe und reichst mir den Becher; *   IV. Ton
du hältst mein Los in deinen Händen.

8 Ich habe den Herrn beständig vor Augen. *
Er steht mir zur Rechten, ich wanke nicht. – (R)

9 Darum freut sich mein Herz und frohlockt meine Seele; *
auch mein Leib wird wohnen in Sicherheit.

10 Denn du gibst mich nicht der Unterwelt preis; *
du läßt deinen Frommen das Grab nicht schauen. – (R)

2 Ich sage zum Herrn: „Du bist mein Herr; *
mein ganzes Glück bist du allein."

11 Du zeigst mir den Pfad zum Leben. †
Vor deinem Angesicht herrscht Freude in Fülle, *
zu deiner Rechten Wonne für alle Zeit. – R

GEBET

Gott, du Vater aller Gläubigen,
durch deine Gnade
mehrst du auf dem ganzen Erdenrund
die Kinder deiner Verheißung.
Durch das österliche Sakrament der Taufe
erfüllst du den Eid,
den du Abraham geschworen hast,
und machst ihn zum Vater aller Völker.
Gib allen, die du zu deinem Volk berufen hast,
die Gnade, diesem Ruf zu folgen.
Darum bitten wir durch Christus, unseren Herrn.

ZUR 3. LESUNG   *Der Auszug aus Ägypten lebt in der Erinnerung*
Israels als das grundlegende Heilsereignis des Anfangs. Ägypten be-
deutete Knechtschaft; das Schilfmeer (das Rote Meer) hätte für Israel
den Tod bedeutet, wenn Gott nicht eingegriffen hätte. Der Apostel
Paulus nennt den Durchzug durch das Rote Meer eine „Taufe": ein
Vorbild der Taufe, in der wir mit Christus gestorben und auferstanden
sind. Die Rettung am Schilfmeer ist auch Vorbild des rettenden Ein-
greifens Gottes am Ende der Zeit (Offb 15, 3–4).

DRITTE LESUNG   Ex 14, 15 – 15, 1

Die Israeliten zogen auf trockenem Boden mitten durch das Meer

Lesung
   aus dem Buch Éxodus.

In jenen Tagen,
   als die Israeliten sahen, daß die Ägypter ihnen nachrückten,
   erschraken sie sehr
und schrien zum Herrn.
Da sprach der Herr zu Mose: Was schreist du zu mir?
Sag den Israeliten, sie sollen aufbrechen.
Und du heb deinen Stab hoch,
streck deine Hand über das Meer, und spalte es,
      damit die Israeliten
      auf trockenem Boden in das Meer hineinziehen können.
Ich aber will das Herz der Ägypter verhärten,
      damit sie hinter ihnen hineinziehen.

So will ich am Pharao und an seiner ganzen Streitmacht,
   an seinen Streitwagen und Reitern meine Herrlichkeit erweisen.

18 Die Ägypter sollen erkennen, daß ich der Herr bin,
wenn ich am Pharao, an seinen Streitwagen und Reitern
   meine Herrlichkeit erweise.

19 Der Engel Gottes, der den Zug der Israeliten anführte, erhob sich
   und ging an das Ende des Zuges,
   und die Wolkensäule vor ihnen erhob sich
   und trat an das Ende.

20 Sie kam zwischen das Lager der Ägypter
   und das Lager der Israeliten.
Die Wolke war da und Finsternis,
und Blitze erhellten die Nacht.
So kamen sie die ganze Nacht einander nicht näher.

21 Mose streckte seine Hand über das Meer aus,
und der Herr trieb die ganze Nacht
   das Meer durch einen starken Ostwind fort.
Er ließ das Meer austrocknen,
und das Wasser spaltete sich.

22 Die Israeliten zogen auf trockenem Boden ins Meer hinein,
während rechts und links von ihnen
   das Wasser wie eine Mauer stand.

23 Die Ägypter setzten ihnen nach;
alle Pferde des Pharao, seine Streitwagen und Reiter
   zogen hinter ihnen ins Meer hinein.

24 Um die Zeit der Morgenwache
   blickte der Herr aus der Feuer- und Wolkensäule
   auf das Lager der Ägypter
   und brachte es in Verwirrung.

25 Er hemmte die Räder an ihren Wagen
und ließ sie nur schwer vorankommen.
Da sagte der Ägypter:
   Ich muß vor Israel fliehen;
denn Jahwe kämpft an ihrer Seite gegen Ägypten.

26 Darauf sprach der Herr zu Mose:
   Streck deine Hand über das Meer,
damit das Wasser zurückflutet
   und den Ägypter, seine Wagen und Reiter zudeckt.

27 Mose streckte seine Hand über das Meer,
und gegen Morgen flutete das Meer an seinen alten Platz zurück,
    während die Ägypter auf der Flucht ihm entgegenliefen.
So trieb der Herr die Ägypter mitten ins Meer.

28 Das Wasser kehrte zurück
    und bedeckte Wagen und Reiter,
die ganze Streitmacht des Pharao,
    die den Israeliten ins Meer nachgezogen war.
Nicht ein einziger von ihnen blieb übrig.

29 Die Israeliten aber waren auf trockenem Boden
    mitten durch das Meer gezogen,
während rechts und links von ihnen
    das Wasser wie eine Mauer stand.

30 So rettete der Herr an jenem Tag Israel aus der Hand der Ägypter.
Israel sah die Ägypter tot am Strand liegen.

31 Als Israel sah,
    daß der Herr
    mit mächtiger Hand an den Ägyptern gehandelt hatte,
    fürchtete das Volk den Herrn.
Sie glaubten an den Herrn
    und an Mose, seinen Knecht.

Damals sang Mose mit den Israeliten dem Herrn dieses Lied;
sie sagten:
    Ich singe dem Herrn ein Lied,
    denn er ist hoch und erhaben.
Rosse und Wagen warf er ins Meer.

ANTWORTPSALM

Ex 15, 1b–2b.2c–3.4–5.6 u. 13.17–18 (R: vgl. 1bc)
(GL 209, 1)

R Dem Herrn will ich singen,
machtvoll hat er sich kundgetan. – R

b Ich singe dem Herrn ein Lied, †
denn er ist hoch und erhaben. *
Rosse und Wagen warf er ins Meer.

                                    VIII. Ton

ab Meine Stärke und mein Lied ist der Herr, *
er ist für mich zum Retter geworden. – (R)

2cd Er ist mein Gott, ihn will ich preisen; *
     den Gott meines Vaters will ich rühmen.

3   Der Herr ist ein Krieger, *
     Jahwe ist sein Name. – (R)

4   Pharaos Wagen und seine Streitmacht warf er ins Meer. *
     Seine besten Kämpfer versanken im Schilfmeer.

5   Fluten deckten sie zu, *
     sie sanken in die Tiefe wie Steine. – (R)

6   Deine Rechte, Herr, ist herrlich an Stärke; *
     deine Rechte, Herr, zerschmettert den Feind.

13   Du lenktest in deiner Güte das Volk, das du erlöst hast, *
     du führtest sie machtvoll zu deiner heiligen Wohnung. – (R)

17   Du brachtest sie hin und pflanztest sie ein *
     auf dem Berg deines Erbes.

     Einen Ort, wo du thronst, Herr, hast du gemacht; †
     ein Heiligtum, Herr, haben deine Hände gegründet. *
18   Der Herr ist König für immer und ewig. – R

GEBET

Gott,
deine uralten Wunder
leuchten noch in unseren Tagen.
Was einst dein mächtiger Arm
an einem Volk getan hat,
das tust du jetzt an allen Völkern:
Einst hast du Israel
aus der Knechtschaft des Pharao befreit
und durch die Fluten des Roten Meeres geführt;
nun aber führst du alle Völker
durch das Wasser der Taufe zur Freiheit.
Gib, daß alle Menschen Kinder Abrahams werden
und zur Würde des auserwählten Volkes gelangen.
Darum bitten wir durch Christus, unseren Herrn.

Oder:

Herr, unser Gott,
du hast uns durch das Licht des Neuen Bundes
den Sinn der Wunder erschlossen,
die du im Alten Bund gewirkt hast:
Das Rote Meer
ist ein Bild für das Wasser der Taufe;
das befreite Volk Israel deutet hin
auf das heilige Volk des Neuen Bundes.
Gib, daß alle Menschen durch den Glauben
an der Würde Israels teilhaben
und im Heiligen Geist
die Gnade der Wiedergeburt empfangen.
Darum bitten wir durch Christus, unseren Herrn.

ZUR 4. LESUNG   *Der Gott der ganzen Erde kümmert sich um sein
Volk und seine heilige Stadt Jerusalem. Die Treulose hat seinen Zorn
zu spüren bekommen (Zerstörung Jerusalems, 587 v. Chr.); jetzt aber
soll sie sein Erbarmen und seine ewige Treue erfahren. Das Trostwort
des Propheten weist über die geschichtliche Situation hinaus in die
Zukunft, auf ein neues Jerusalem, ein erneuertes Gottesvolk.*

VIERTE LESUNG   Jes 54, 5–14

Mit ewiger Huld habe ich Erbarmen mit dir, spricht dein Erlöser, der Herr

**Lesung
aus dem Buch Jesája.**

Jerusalem, dein Schöpfer ist dein Gemahl,
„Herr der Heere" ist sein Name.
Der Heilige Israels ist dein Erlöser,
„Gott der ganzen Erde" wird er genannt.

Ja, der Herr hat dich gerufen
als verlassene, bekümmerte Frau.
Kann man denn die Frau verstoßen,
die man in der Jugend geliebt hat?, spricht dein Gott.
Nur für eine kleine Weile habe ich dich verlassen,
doch mit großem Erbarmen hole ich dich heim.
Einen Augenblick nur verbarg ich vor dir mein Gesicht
in aufwallendem Zorn;

aber mit ewiger Huld habe ich Erbarmen mit dir,
spricht dein Erlöser, der Herr.

9 Wie in den Tagen Noachs soll es für mich sein:
So wie ich damals schwor,
daß die Flut Noachs die Erde nie mehr überschwemmen wird,
so schwöre ich jetzt, dir nie mehr zu zürnen
und dich nie mehr zu schelten.

10 Auch wenn die Berge von ihrem Platz weichen
und die Hügel zu wanken beginnen
– meine Huld wird nie von dir weichen
und der Bund meines Friedens nicht wanken,
spricht der Herr, der Erbarmen hat mit dir.

11 Du Ärmste, vom Sturm Gepeitschte, die ohne Trost ist,
sieh her:
Ich selbst lege dir ein Fundament aus Malachít
und Grundmauern aus Saphír.

12 Aus Rubínen mache ich deine Zinnen,
aus Berýll deine Tore
und alle deine Mauern aus kostbaren Steinen.

13 Alle deine Söhne werden Jünger des Herrn sein,
und groß ist der Friede deiner Söhne.

14 Du wirst auf Gerechtigkeit gegründet sein.
Du bist fern von Bedrängnis,
denn du brauchst dich nicht mehr zu fürchten,
und bist fern von Schrecken;
er kommt an dich nicht heran.

ANTWORTPSALM

Ps 30 (29), 2 u. 4.5–6b.6cd u. 12a u. 13b (R: vgl. 2ab)

℟ Herr, du zogst mich empor aus der Tiefe;   (GL 527,6)
ich will dich rühmen in Ewigkeit. – ℟

2 Ich will dich rühmen, Herr, †   II. Ton
denn du hast mich aus der Tiefe gezogen *
und läßt meine Feinde nicht über mich triumphieren.

4 Herr, du hast mich herausgeholt aus dem Reich des Todes, *
aus der Schar der Todgeweihten mich zum Leben gerufen. – (℟)

5 Singt und spielt dem Herrn, ihr seine Frommen, *
preist seinen heiligen Namen!

5ab Denn sein Zorn dauert nur einen Augenblick, *
    doch seine Güte ein Leben lang. – (R)

5cd Wenn man am Abend auch weint, *
    am Morgen herrscht wieder Jubel.

12a Du hast mein Klagen in Tanzen verwandelt, *
13b Herr, mein Gott, ich will dir danken in Ewigkeit. – R

GEBET

Allmächtiger, ewiger Gott,
verherrliche deinen Namen.
Gewähre, was du den Vätern
um ihres Glaubens willen versprochen hast,
und mehre durch die Taufe die Zahl deiner Kinder.
Laß deine Kirche erfahren, daß sich erfüllt,
was die Heiligen des Alten Bundes gläubig erhofft haben.
Darum bitten wir durch Christus, unseren Herrn.

ZUR 5. LESUNG   *Frühere Heilsankündigungen haben von der Rettung als Befreiung aus der Gefangenschaft und Rückkehr in die Heimat gesprochen. In Jesaja 54–55 wird das kommende Heil als neuer Bund bezeichnet, ein „ewiger Bund", in dem sich die früheren Verheißungen erfüllen. Gott ist treu, aber er kann nur einem Volk helfen, das seine Armut vor Gott begreift und sich für die Gabe Gottes öffnet.*

FÜNFTE LESUNG   Jes 55, 1–11

Kommt zu mir, dann werdet ihr leben. Ich will einen ewigen Bund mit euch schließen

Lesung
    aus dem Buch Jesája.

So spricht der Herr:
Auf, ihr Durstigen, kommt alle zum Wasser!
Auch wer kein Geld hat, soll kommen.
Kauft Getreide, und eßt, kommt und kauft ohne Geld,
kauft Wein und Milch ohne Bezahlung!

2   Warum bezahlt ihr mit Geld, was euch nicht nährt,
    und mit dem Lohn eurer Mühen, was euch nicht satt macht?
    Hört auf mich, dann bekommt ihr das Beste zu essen
    und könnt euch laben an fetten Speisen.
3   Neigt euer Ohr mir zu, und kommt zu mir,
    hört, dann werdet ihr leben.
    Ich will einen ewigen Bund mit euch schließen
        gemäß der beständigen Huld, die ich David erwies.
4   Seht her: Ich habe ihn zum Zeugen für die Völker gemacht,
    zum Fürsten und Gebieter der Nationen.
5   Völker, die du nicht kennst, wirst du rufen;
    Völker, die dich nicht kennen, eilen zu dir,
    um des Herrn, deines Gottes, des Heiligen Israels willen,
    weil er dich herrlich gemacht hat.

6   Sucht den Herrn, solange er sich finden läßt,
    ruft ihn an, solange er nahe ist.
7   Der Ruchlose soll seinen Weg verlassen,
        der Frevler seine Pläne.
    Er kehre um zum Herrn,
        damit er Erbarmen hat mit ihm,
    und zu unserem Gott;
        denn er ist groß im Verzeihen.
8   Meine Gedanken sind nicht eure Gedanken,
        und eure Wege sind nicht meine Wege – Spruch des Herrn.
9   So hoch der Himmel über der Erde ist,
        so hoch erhaben sind meine Wege über eure Wege
    und meine Gedanken über eure Gedanken.

10 Denn wie der Regen und der Schnee vom Himmel fällt
        und nicht dorthin zurückkehrt,
    sondern die Erde tränkt
        und sie zum Keimen und Sprossen bringt,
    wie er dem Sämann Samen gibt und Brot zum Essen,
        so ist es auch mit dem Wort, das meinen Mund verläßt:
11 Es kehrt nicht leer zu mir zurück,
        sondern bewirkt, was ich will,
    und erreicht all das, wozu ich es ausgesandt habe.

ANTWORTPSALM   Jes 12, 2.3 u. 4bcd.5–6 (R: 3)

R Ihr werdet Wasser schöpfen voll Freude   (GL 209, 2)
aus den Quellen des Heils. – R

2 Gott ist meine Rettung; *   VII. Ton
ihm will ich vertrauen und niemals verzagen.

Denn meine Stärke und mein Lied ist der Herr. *
Er ist für mich zum Retter geworden. – (R)

3 Ihr werdet Wasser schöpfen voll Freude *
aus den Quellen des Heils.

4bcd Dankt dem Herrn! Ruft seinen Namen an! †
Macht seine Taten unter den Völkern bekannt, *
verkündet: Sein Name ist groß und erhaben! – (R)

5 Preist den Herrn, denn herrliche Taten hat er vollbracht; *
auf der ganzen Erde soll man es wissen.

6 Jauchzt und jubelt, ihr Bewohner von Zion, *
denn groß ist in eurer Mitte der Heilige Israels. – R

GEBET

Allmächtiger, ewiger Gott,
du einzige Hoffnung der Welt,
durch die Propheten
hast du die Heilsereignisse angekündigt,
die sich in unseren Tagen erfüllen.
Erwecke du selbst in uns das Verlangen,
dir immer treuer zu dienen;
denn niemand macht Fortschritte im Guten,
wenn ihn nicht deine Gnade führt.
Darum bitten wir durch Christus, unseren Herrn.

ZUR 6. LESUNG *In den Werken der Schöpfung offenbart Gott
seine Macht und Größe. Bei allen Völkern gab es weise Menschen, die
in der wohlgeordneten Schönheit die Spuren Gottes erkannten. Der
Vorzug Israels aber war es, daß Gott selbst es auf den Weg der Weisheit geführt hat. In den Zehn Geboten soll es den Weg erkennen, auf
dem es Leben, Frieden und Glück findet.*

SECHSTE LESUNG   Bar 3,9–15.32 – 4,4

Geh deinen Weg im Licht der Weisheit Gottes!

Lesung
    aus dem Buch Baruch.

9   Höre, Israel, die Gebote des Lebens;
      merkt auf, um Einsicht zu erlangen.
10   Warum, Israel, warum lebst du im Gebiet der Feinde,
      siechst dahin in einem fremden Land,
11   bist unrein geworden, den Toten gleich,
      wurdest zu den Abgeschiedenen gezählt?
12   Du hast den Quell der Weisheit verlassen.
13   Wärest du auf Gottes Weg gegangen,
          du wohntest in Frieden für immer.
14   Nun lerne, wo die Einsicht ist,
      wo Kraft und wo Klugheit,
      dann erkennst du zugleich,
          wo langes Leben und Lebensglück,
          wo Licht für die Augen und Frieden zu finden sind.

15   Wer hat je den Ort der Weisheit gefunden?
      Wer ist zu ihren Schatzkammern vorgedrungen?
32   Doch der Allwissende kennt sie;
      er hat sie in seiner Einsicht entdeckt.
      Er hat ja die Erde für immer gegründet,
      er hat sie mit Tieren bevölkert.
33   Er entsendet das Licht, und es eilt dahin;
      er ruft es zurück, und zitternd gehorcht es ihm.
34   Froh leuchten die Sterne auf ihren Posten.
35   Ruft er sie,
          so antworten sie: Hier sind wir.
      Sie leuchten mit Freude für ihren Schöpfer.
36   Das ist unser Gott;
          kein anderer gilt neben ihm.
37   Er hat den Weg der Weisheit ganz erkundet
      und hat sie Jakob, seinem Diener, verliehen,
          Israel, seinem Liebling.
38   Dann erschien sie auf der Erde
          und hielt sich unter den Menschen auf.

1   Sie ist das Buch der Gebote Gottes,
      das Gesetz, das ewig besteht.

Alle, die an ihr festhalten, finden das Leben;
doch alle, die sie verlassen, verfallen dem Tod.

2 Kehr um, Jakob, ergreif sie!
Geh deinen Weg im Glanz ihres Lichtes!

3 Überlaß deinen Ruhm keinem andern,
dein Vorrecht keinem fremden Volk!

4 Glücklich sind wir, das Volk Israel;
    denn wir wissen, was Gott gefällt.

ANTWORTPSALM   Ps 19 (18), 8.9.10.11–12 (R: Joh 6, 68c)

R Herr, du hast Worte des ewigen Lebens. – R   (GL 465)

8 Die Weisung des Herrn ist vollkommen, *   II. Ton
sie erquickt den Menschen.

Das Gesetz des Herrn ist verläßlich, *
den Unwissenden macht es weise. – (R)

9 Die Befehle des Herrn sind richtig, *
sie erfreuen das Herz;

das Gebot des Herrn ist lauter, *
es erleuchtet die Augen. – (R)

10 Die Furcht des Herrn ist rein, *
sie besteht für immer.

Die Urteile des Herrn sind wahr, *
gerecht sind sie alle. – (R)

11 Sie sind kostbarer als Gold, als Feingold in Menge. *
Sie sind süßer als Honig, als Honig aus Waben.

12 Auch dein Knecht läßt sich von ihnen warnen; *
wer sie beachtet, hat reichen Lohn. – R

GEBET

Gott, unser Vater,
du mehrst die Zahl deiner Kinder
und rufst aus allen Völkern
Menschen in deine Kirche.
Beschütze gütig die Täuflinge,
damit sie den Quell der Weisheit niemals verlassen
und auf deinen Wegen gehen.
Darum bitten wir durch Christus, unseren Herrn.

ZUR 7. LESUNG   *Nach der Zerstörung Jerusalems (587 v. Chr.)*
empfängt der Prophet ein Gotteswort, das ihm das Geschehene deutet
und die Zukunft enthüllt. Gott wird Israel nicht seinem Schicksal über-
lassen. Er ist ja nicht irgendein Gott; er ist Jahwe Zebaot, der Herr der
Heere, Israels Gott. Die Rettung wird aber nicht nur darin bestehen,
daß die Gefangenen heimkehren dürfen; Gott wird ihnen ein neues
Herz und einen neuen Geist geben. Mit einem erneuerten Volk wird er
einen neuen Bund schließen.

SIEBTE LESUNG   Ez 36,16–17a.18–28

Ich gieße reines Wasser über euch aus und schenke euch ein neues Herz

Lesung
    aus dem Buch Ezéchiel.

16 **Das Wort des Herrn erging an mich:**
17a **Hör zu, Menschensohn!**
    Als Israel in seinem Land wohnte,
      machten sie das Land durch ihr Verhalten und ihre Taten unrein.
18 **Da goß ich meinen Zorn über sie aus,**
      weil sie Blut vergossen im Land
      und das Land mit ihren Götzen befleckten.
19 **Ich zerstreute sie unter die Völker;**
      in alle Länder wurden sie vertrieben.
    Nach ihrem Verhalten und nach ihren Taten habe ich sie gerichtet.
20 **Als sie aber zu den Völkern kamen,**
      entweihten sie überall, wohin sie kamen,
      meinen heiligen Namen;
    denn man sagte von ihnen:
      Das ist das Volk Jahwes,
      und doch mußten sie sein Land verlassen.
21 **Da tat mir mein heiliger Name leid,**
      den das Haus Israel bei den Völkern entweihte,
      wohin es auch kam.

22 **Darum sag zum Haus Israel:**
      So spricht Gott, der Herr:
    Nicht euretwegen handle ich, Haus Israel,
    sondern um meines heiligen Namens willen,
      den ihr bei den Völkern entweiht habt,
      wohin ihr auch gekommen seid.

23 Meinen großen, bei den Völkern entweihten Namen,
   den ihr mitten unter ihnen entweiht habt,
   werde ich wieder heiligen.
Und die Völker
   – Spruch Gottes, des Herrn –
   werden erkennen, daß ich der Herr bin,
wenn ich mich an euch vor ihren Augen als heilig erweise.
24 Ich hole euch heraus aus den Völkern,
ich sammle euch aus allen Ländern und bringe euch in euer Land.
25 Ich gieße reines Wasser über euch aus,
dann werdet ihr rein.
Ich reinige euch von aller Unreinheit und von allen euren Götzen.
26 Ich schenke euch ein neues Herz
   und lege einen neuen Geist in euch.
Ich nehme das Herz von Stein aus eurer Brust
   und gebe euch ein Herz von Fleisch.
27 Ich lege meinen Geist in euch
und bewirke, daß ihr meinen Gesetzen folgt
   und auf meine Gebote achtet
   und sie erfüllt.
28 Dann werdet ihr in dem Land wohnen,
   das ich euren Vätern gab.
Ihr werdet mein Volk sein,
   und ich werde euer Gott sein.

ANTWORTPSALM

Ps 42 (41), 3.5 u. 10a; 43 (42), 3–4 (R: vgl. 42 [41], 2)

R Wie der Hirsch verlangt nach frischem Wasser,   (GL 209, 3)
so verlangt meine Seele, Gott, nach dir. – R

2,3 Meine Seele dürstet nach Gott, *   I. Ton
nach dem lebendigen Gott.

Wann darf ich kommen *
und Gottes Antlitz schauen? – (R)

Das Herz geht mir über, wenn ich daran denke: †
wie ich zum Haus Gottes zog in festlicher Schar, *
mit Jubel und Dank in feiernder Menge.

10a Ich sage zu Gott, meinem Fels: *
„Warum hast du mich vergessen?" – (R)

43,3 Sende dein Licht und deine Wahrheit, damit sie mich leiten; *
sie sollen mich führen zu deinem heiligen Berg und zu deiner
Wohnung.

4 So will ich zum Altar Gottes treten, zum Gott meiner Freude. *
Jauchzend will ich dich auf der Harfe loben, Gott, mein Gott.

R Wie der Hirsch verlangt nach frischem Wasser,
so verlangt meine Seele, Gott, nach dir.

Falls eine Taufe gespendet wird:
Jes 12,2.3 u. 4bcd.5–6 (R: 3), siehe S. 223.

Oder:

ANTWORTPSALM   Ps 51 (50),12–13.14–15.18–19 (R: vgl. 12a)

R Ein reines Herz erschaffe mir, o Gott! – R   (GL 528, 2)

12 Erschaffe mir, Gott, ein reines Herz, *   III. Ton
und gib mir einen neuen, beständigen Geist!

13 Verwirf mich nicht von deinem Angesicht, *
und nimm mir deinen heiligen Geist nicht von mir! – (R)

14 Mach mich wieder froh mit deinem Heil; *
mit einem willigen Geist rüste mich aus!

15 Dann lehre ich Abtrünnige deine Wege, *
und die Sünder kehren um zu dir. – (R)

18 Schlachtopfer willst du nicht, ich würde sie dir geben; *
an Brandopfern hast du kein Gefallen.

19 Das Opfer, das Gott gefällt, ist ein zerknirschter (·) Geist, *
ein zerbrochenes und zerschlagenes Herz wirst du, Gott, nicht
verschmähen. – R

GEBET

Gott,
du unwandelbare Kraft, du ewiges Licht,
schau gütig auf deine Kirche
und wirke durch sie das Heil der Menschen.
So erfahre die Welt,
was du von Ewigkeit her bestimmt hast:
Was alt ist, wird neu,
was dunkel ist, wird licht,

was tot war, steht auf zum Leben,
und alles wird wieder heil in dem,
der der Ursprung von allem ist,
in unserem Herrn Jesus Christus,
der mit dir lebt und herrscht in alle Ewigkeit.

Oder:

Herr, unser Gott,
durch die Schriften des Alten und des Neuen Bundes
führst du uns ein
in das Geheimnis dieser heiligen Nacht.
Öffne unsere Augen für das Werk deines Erbarmens
und schenk uns durch die Gnade dieser Osternacht
die feste Zuversicht, daß auch unser Leben
in deiner Herrlichkeit vollendet wird.
Darum bitten wir durch Christus, unseren Herrn.

Oder (wenn eine Taufe folgt):

Sei uns nahe, allmächtiger Gott,
und wirke in den Sakramenten,
die uns deine Liebe schenkt:
Sende den Geist aus,
der uns zu deinen Kindern macht,
den Geist, durch den dir aus dem Wasser der Taufe
ein neues Volk geboren wird.
Was wir unter heiligen Zeichen vollziehen,
das vollende du mit deiner Kraft.
Darum bitten wir durch Christus, unseren Herrn.

Nach dem Gebet zur letzten Lesung aus dem Alten Testament:
Ehre sei Gott, S. 352 ff.

TAGESGEBET

Lasset uns beten.

Gott, du hast diese Nacht hell gemacht
durch den Glanz der Auferstehung unseres Herrn.
Erwecke in deiner Kirche den Geist der Kindschaft,
den du uns durch die Taufe geschenkt hast,
damit wir neu werden an Leib und Seele
und dir mit aufrichtigem Herzen dienen.
Darum bitten wir durch Jesus Christus.

ZUR EPISTEL *Christus ist ein für allemal gestorben und von den Toten auferstanden; sein Leben ist göttliches Leben. In diese Christuswirklichkeit sind wir durch die Taufe eingetreten; alles hat Gott uns durch ihn und mit ihm geschenkt. Aber was wir empfangen haben, muß gelebte Wirklichkeit werden: in der Zustimmung des Glaubens und im Ja des Gehorsams.*

EPISTEL   Röm 6, 3–11

Sind wir mit Christus gestorben, so glauben wir, daß wir auch mit ihm leben werden

Lesung
  aus dem Brief des Apostels Paulus an die Römer.

Brüder!
3 Wir alle, die wir auf Christus Jesus getauft wurden,
     sind auf seinen Tod getauft worden.
4 Wir wurden mit ihm begraben durch die Taufe auf den Tod;
   und wie Christus durch die Herrlichkeit des Vaters
     von den Toten auferweckt wurde,
     so sollen auch wir als neue Menschen leben.
5 Wenn wir nämlich ihm gleich geworden sind in seinem Tod,
     dann werden wir mit ihm
     auch in seiner Auferstehung vereinigt sein.
6 Wir wissen doch:
   Unser alter Mensch wurde mitgekreuzigt,
     damit der von der Sünde beherrschte Leib vernichtet werde
   und wir nicht Sklaven der Sünde bleiben.
7 Denn wer gestorben ist,
     der ist frei geworden von der Sünde.
8 Sind wir nun mit Christus gestorben,
     so glauben wir, daß wir auch mit ihm leben werden.
9 Wir wissen,
     daß Christus, von den Toten auferweckt, nicht mehr stirbt;
   der Tod hat keine Macht mehr über ihn.
10 Denn durch sein Sterben
     ist er ein für allemal gestorben für die Sünde,
   sein Leben aber lebt er für Gott.
11 So sollt auch ihr euch als Menschen begreifen,
     die für die Sünde tot sind,
     aber für Gott leben in Christus Jesus.

ANTWORTPSALM   Ps 118 (117), 1–2.16–17.22–23

R Halleluja, halleluja, halleluja. – R*   (GL 209, 4)

VIII. Ton

Danket dem Herrn, denn er ist gütig, *
denn seine Huld währt ewig.

So soll Israel sagen: *
denn seine Huld währt ewig. – (R)

6 „Die Rechte des Herrn ist erhoben, *
die Rechte des Herrn wirkt mit Macht!"

7 Ich werde nicht sterben, sondern leben, *
um die Taten des Herrn zu verkünden. – (R)

2 Der Stein, den die Bauleute verwarfen, *
er ist zum Eckstein geworden.

3 Das hat der Herr vollbracht, *
vor unseren Augen geschah dieses Wunder. – R

ZUM EVANGELIUM   *Über die Auferstehung Jesu gibt es keinen
eigentlichen Bericht. Auch das Matthäusevangelium beschreibt nicht
den Vorgang der Auferstehung, sondern berichtet das, was unmittelbar danach geschah. Das Wichtigste in diesem Osterevangelium sind
die Worte des Engels (28, 5–7), dann die Erscheinung des Auferstandenen und sein Auftrag an die Frauen (28, 9–10). Jesus tritt mit göttlicher Vollmacht auf; er bestellt die Jünger nach Galiläa, dort wird er
ihnen den Auftrag geben, alle Menschen der Erde zu seinen Jüngern
zu machen (28, 16–20).*

EVANGELIUM   Mt 28, 1–10

Ihr sucht Jesus, den Gekreuzigten. Er ist auferstanden, wie er gesagt hat

✝ Aus dem heiligen Evangelium nach Matthäus.

Nach dem Sabbat
  kamen in der Morgendämmerung des ersten Tages der Woche
  Maria aus Mágdala und die andere Maria,
  um nach dem Grab zu sehen.

---

* Nach alter Tradition kann auch der Zelebrant dieses Halleluja anstimmen.

2   Plötzlich entstand ein gewaltiges Erdbeben;
    denn ein Engel des Herrn kam vom Himmel herab,
    trat an das Grab,
    wälzte den Stein weg und setzte sich darauf.
3   Seine Gestalt leuchtete wie ein Blitz,
        und sein Gewand war weiß wie Schnee.
4   Die Wächter begannen vor Angst zu zittern
        und fielen wie tot zu Boden.
5   Der Engel aber sagte zu den Frauen:
        Fürchtet euch nicht!
    Ich weiß, ihr sucht Jesus, den Gekreuzigten.
6   Er ist nicht hier;
    denn er ist auferstanden, wie er gesagt hat.
    Kommt her und seht euch die Stelle an, wo er lag.
7   Dann geht schnell zu seinen Jüngern
    und sagt ihnen:
        Er ist von den Toten auferstanden.
    Er geht euch voraus nach Galiläa,
    dort werdet ihr ihn sehen.
    Ich habe es euch gesagt.
8   Sogleich verließen sie das Grab
    und eilten voll Furcht und großer Freude zu seinen Jüngern,
        um ihnen die Botschaft zu verkünden.
9   Plötzlich kam ihnen Jesus entgegen
    und sagte: Seid gegrüßt!
    Sie gingen auf ihn zu,
    warfen sich vor ihm nieder
    und umfaßten seine Füße.
10 Da sagte Jesus zu ihnen:
        Fürchtet euch nicht!
    Geht und sagt meinen Brüdern,
        sie sollen nach Galiläa gehen,
    und dort werden sie mich sehen.

Dritter Teil

TAUFFEIER

Allerheiligenlitanei

(entfällt, wenn keine Taufe gespendet und auch kein Taufwasser gesegnet wird)

Kyrie, eleison.	*Oder:*	Herr, erbarme dich.
Christe, eleison.		Christus, erbarme dich.
Kyrie, eleison.		Herr, erbarme dich.
Heilige Maria, Mutter Gottes		**A:** Bitte für uns.
Heiliger Michael		
Ihr heiligen Engel Gottes		**A:** Bittet für uns.
Heiliger Johannes der Täufer		**A:** Bitte für uns.
Heiliger Josef		
Heilige Apostel Petrus und Paulus		**A:** Bittet für uns.
Heiliger Andreas		**A:** Bittet für uns.
Heiliger Johannes		
Heilige Maria Magdalena		
Heiliger Stephanus		
Heiliger Ignatius von Antiochien		
Heiliger Laurentius		
Heilige Perpetua und Felizitas		**A:** Bittet für uns.
Heilige Agnes		**A:** Bitte für uns.
Heiliger Gregor		
Heiliger Augustinus		
Heiliger Athanasius		
Heiliger Basilius		
Heiliger Martin		
Heiliger Benedikt		
Heiliger Franziskus		
Heiliger Dominikus		
Heiliger Franz Xaver		
Heiliger Pfarrer von Ars		
Heilige Katharina von Siena		
Heilige Theresia von Ávila		
Alle Heiligen Gottes		**A:** Bittet für uns.
Jesus, sei uns gnädig		**A:** Herr, befreie uns.
Von allem Bösen		
Von aller Sünde		
Von der ewigen Verdammnis		

Durch deine Menschwerdung und dein heiliges Leben
Durch dein Sterben und dein Auferstehn
Durch die Sendung des Heiligen Geistes
Wir armen Sünder   A: Wir bitten dich, erhöre uns.

Wenn getauft wird:

Schenke diesem (diesen) Erwählten im Wasser der Taufe das neue
Leben

Wenn nicht getauft wird:

Heilige in deiner Gnade dieses Wasser für die Taufe deiner Kinder

Jesus, Sohn des lebendigen Gottes

Christus, höre uns.   A: Christus, erhöre uns.

Taufwasserweihe

Der Priester segnet das Taufwasser:

Allmächtiger, ewiger Gott, deine unsichtbare Macht bewirkt das
Heil der Menschen durch sichtbare Zeichen. Auf vielfältige Weise
hast du das Wasser dazu erwählt, daß es hinweise auf das Geheimnis der Taufe: Schon im Anfang der Schöpfung schwebte dein Geist
über dem Wasser und schenkte ihm die Kraft, zu retten und zu heiligen. Selbst die Sintflut war ein Zeichen der Taufe, denn das Wasser brachte der Sünde den Untergang und heiligem Leben einen
neuen Anfang. Als die Kinder Abrahams, aus Pharaos Knechtschaft befreit, trockenen Fußes das Rote Meer durchschritten, da
waren sie ein Bild deiner Gläubigen, die durch das Wasser der
Taufe aus der Knechtschaft des Bösen befreit sind.
Allmächtiger, ewiger Gott, dein geliebter Sohn wurde von Johannes
im Jordan getauft und von dir gesalbt mit Heiligem Geiste. Als er
am Kreuz hing, flossen aus seiner Seite Blut und Wasser. Nach seiner Auferstehung befahl er den Jüngern: „Geht hin und lehret alle
Völker und taufet sie im Namen des Vaters und des Sohnes und des
Heiligen Geistes."
Allmächtiger, ewiger Gott, schau gnädig auf deine Kirche und öffne
ihr den Brunnen der Taufe. Dieses Wasser empfange die Gnade deines eingeborenen Sohnes vom Heiligen Geiste, damit der Mensch,
der auf dein Bild hin geschaffen ist, durch das Sakrament der Taufe
gereinigt wird von der alten Schuld und aus Wasser und Heiligem
Geiste aufersteht zum neuen Leben deiner Kinder.

Bei den folgenden Worten kann der Priester die Osterkerze einmal oder dreimal in das Wasser einsenken:

Durch deinen geliebten Sohn steige herab in dieses Wasser die Kraft des Heiligen Geistes, damit alle, die durch die Taufe mit Christus begraben sind in seinen Tod, durch die Taufe mit Christus auferstehn zum ewigen Leben. Darum bitten wir durch Jesus Christus, deinen Sohn, unseren Herrn und Gott, der in der Einheit des Heiligen Geistes mit dir lebt und herrscht in Ewigkeit.

A: Amen.

Zuruf   Dan 3, 77

Preist, ihr Quellen, den Herrn,
lobt und erhebt ihn in Ewigkeit!

Oder ein Lied.

Nun werden die einzelnen Täuflinge über ihren Glauben befragt und getauft. Erwachsene Täuflinge empfangen sofort nach der Taufe die Firmung, wenn ein Bischof oder ein Priester mit Firmvollmacht anwesend ist.

Folgt keine Taufe und wird auch kein Taufwasser gesegnet, dann segnet der Priester das Wasser mit folgendem Gebet:

Liebe Brüder und Schwestern!
Wir bitten den Herrn, daß er dieses Wasser segne, mit dem wir nun besprengt werden. Das geweihte Wasser soll uns an die Taufe erinnern; Gott aber erneuere in uns seine Gnade, damit wir dem Geist treu bleiben, den wir empfangen haben.

Kurze Gebetsstille. Dann:

Herr, unser Gott, sei deinem Volk nahe, das wachend und betend diese Osternacht feiert. Du hast uns wunderbar erschaffen und noch wunderbarer wiederhergestellt. Wir gedenken deiner großen Taten und bitten dich:
Segne dieses Wasser, das uns an deine Sorge für uns Menschen erinnert. Im Anfang hast du das Wasser erschaffen, damit es der Erde Fruchtbarkeit bringt und uns Menschen zum frischen Trunk und zum reinigenden Bad wird.
Du hast das Wasser in Dienst genommen für das Werk deines Erbarmens: Im Roten Meer hast du dein Volk durch das Wasser aus der Knechtschaft Ägyptens befreit, in der Wüste mit Wasser aus dem Felsen seinen Durst gestillt.
Die Propheten sahen im Bild des lebendigen Wassers den Neuen Bund, den du mit uns Menschen schließen wolltest.

Durch das Wasser, das Christus im Jordan geheiligt hat, reinigst du im Bad der Taufe den sündigen Menschen und schenkst ihm das neue Leben deiner Kinder.

Darum sei dieses Wasser eine Erinnerung an unsere Taufe, es vereinige uns in österlicher Freude mit unseren Brüdern und Schwestern, die in dieser heiligen Nacht getauft werden, und mit allen, die aus dem Wasser und dem Heiligen Geist wiedergeboren sind zum ewigen Leben. Darum bitten wir durch Christus, unseren Herrn.

A: Amen.

Erneuerung des Taufversprechens

Nach der Spendung der Taufe (und der Firmung) oder, falls eine solche nicht stattfand, nach der Segnung des Wassers erneuern alle, mit brennenden Kerzen in den Händen, das Taufbekenntnis:

Priester:

Liebe Brüder und Schwestern!

Wir alle sind einst durch das österliche Geheimnis der Taufe mit Christus begraben worden, damit wir mit ihm auferstehen zu einem neuen Leben. Nach den vierzig Tagen der Fastenzeit, in denen wir uns auf Ostern vorbereitet haben, wollen wir darum das Taufversprechen erneuern, mit dem wir einst dem Satan abgeschworen und Gott versprochen haben, ihm, unserem Herrn, in der heiligen katholischen Kirche zu dienen.

Deshalb frage ich euch:

P: Widersagt ihr dem Satan?
A: Ich widersage.
P: Und all seiner Bosheit?
A: Ich widersage.
P: Und all seinen Verlockungen?
A: Ich widersage.

Oder:

P: Widersagt ihr dem Bösen, um in der Freiheit der Kinder Gottes leben zu können?
A: Ich widersage.
P: Widersagt ihr den Verlockungen des Bösen, damit es nicht Macht über euch gewinnt?
A: Ich widersage.
P: Widersagt ihr dem Satan, dem Urheber des Bösen?
A: Ich widersage.

Dann fragt der Priester:

P: Glaubt ihr an Gott, den Vater, den Allmächtigen, den Schöpfer des Himmels und der Erde?

A: Ich glaube.

P: Glaubt ihr an Jesus Christus, seinen eingeborenen Sohn, unseren Herrn, der geboren ist von der Jungfrau Maria, der gelitten hat und begraben wurde, von den Toten auferstand und zur Rechten des Vaters sitzt?

A: Ich glaube.

P: Glaubt ihr an den Heiligen Geist, die heilige katholische Kirche, die Gemeinschaft der Heiligen, die Vergebung der Sünden, die Auferstehung der Toten und das ewige Leben?

A: Ich glaube.

Der Priester schließt:

Der allmächtige Gott, der Vater unseres Herrn Jesus Christus, hat uns aus dem Wasser und dem Heiligen Geist neues Leben geschenkt und uns alle Sünden vergeben. Er bewahre uns durch seine Gnade in Christus Jesus, unserem Herrn, zum ewigen Leben.

A: Amen.

Der Priester besprengt die Gemeinde mit dem gesegneten Wasser, währenddessen singen alle die Antiphon:

Ich sah ein Wasser ausgehen vom Tempel,
von dessen rechter Seite.
Halleluja, Halleluja.
Und alle, zu denen das Wasser kam, wurden gerettet,
und sie werden rufen:
Halleluja, Halleluja.

Danach geht der Priester an seinen Sitz und spricht die Fürbitten. Das Glaubensbekenntnis entfällt.

Vierter Teil

EUCHARISTIEFEIER

Der Priester geht zum Altar und beginnt in der gewohnten Weise die Eucharistiefeier.

Wir sind mit Christus auferstanden. Er ist in unserer Mitte gegenwärtig. Wir danken dem Vater durch ihn; wir bitten ihn, daß er uns zu glaubwürdigen Zeugen seiner Auferstehung mache.

GABENGEBET

Herr, unser Gott,
nimm die Gebete und Gaben deines Volkes an
und gib, daß diese österliche Feier,
die im Opfer des wahren Osterlammes ihren Ursprung hat,
uns zum ewigen Heil führt.
Darum bitten wir durch Christus, unseren Herrn.

Osterpräfation I: diese Nacht, S. 418.
In den Hochgebeten I–III eigene Einschübe.

KOMMUNIONVERS   1 Kor 5, 7–8

Unser Osterlamm ist geopfert, Christus, der Herr. Halleluja! Wir sind
befreit von Sünde und Schuld. So laßt uns Festmahl halten in Freude.
Halleluja!

SCHLUSSGEBET

Herr, unser Gott,
du hast uns durch die österlichen Sakramente gestärkt.
Schenke uns den Geist deiner Liebe,
damit deine Gemeinde ein Herz und eine Seele wird.
Darum bitten wir durch Christus, unseren Herrn.

Zur Entlassung:

Gehet hin in Frieden. Halleluja, Halleluja.
Dank sei Gott, dem Herrn. Halleluja, Halleluja.

ZUM NACHDENKEN
Der neue Mensch

„Der auferstandene Christus trägt die neue Menschheit in sich,
das letzte herrliche Ja Gottes zum neuen Menschen.
Zwar lebt die Menschheit noch im Alten,
aber sie ist schon über das Alte hinaus,
zwar lebt sie noch in einer Welt des Todes,
aber sie ist schon über den Tod hinaus,
zwar lebt sie noch in einer Welt der Sünde,
aber sie ist schon über die Sünde hinaus.
Die Nacht ist noch nicht vorüber,
aber es tagt schon.“
(D. Bonhoeffer)

OSTERSONNTAG
Am Tag

Zwischen der Auferstehung Christi und der Offenbarung seiner Macht und Herrlichkeit läuft unsere Zeit, unser Weg. Wir gehen im Licht des Glaubens, oder auch: in der Dunkelheit des Glaubens. Unser Glaube stützt sich auf das Zeugnis derer, die den Auferstandenen gesehen haben. Die Welt um uns aber und die Generationen nach uns leben von dem Glauben, den wir bekennen und durch unser Leben bezeugen.

ERÖFFNUNGSVERS · Vgl. Ps 139 (138), 18.5–6

Ich bin erstanden und bin immer bei dir. Halleluja.
Du hast deine Hand auf mich gelegt. Halleluja.
Wie wunderbar ist für mich dieses Wissen. Halleluja.

Oder: · Vgl. Lk 24, 34; Offb 1, 6

Der Herr ist auferstanden, er ist wahrhaft auferstanden. Halleluja.
Sein ist die Macht und die Herrlichkeit in Ewigkeit. Halleluja.

Ehre sei Gott, S. 352 ff.

TAGESGEBET

Allmächtiger, ewiger Gott,
am heutigen Tag
hast du durch deinen Sohn den Tod besiegt
und uns den Zugang zum ewigen Leben erschlossen.
Darum begehen wir in Freude
das Fest seiner Auferstehung.
Schaffe uns neu durch deinen Geist,
damit auch wir auferstehen
und im Licht des Lebens wandeln.
Darum bitten wir durch Jesus Christus.

ZUR 1. LESUNG · *In knappen, inhaltsschweren Sätzen ist in der Petrusrede das apostolische Zeugnis über Jesus zusammengefaßt. In der Mitte steht die Botschaft von seinem Tod und seiner Auferstehung. „Gott hat ihn auferweckt": Auf diesem Zeugnis ruhen unser Oster-*

glaube und unsere ganze Hoffnung. Jesus lebt. Gott hat ihn zum Rich-
ter über Lebende und Tote bestellt. Der Richter ist aber auch der Ret-
ter: Wer an ihn glaubt, wird leben; ihm werden die Sünden vergeben.

ERSTE LESUNG   Apg 10, 34a. 37–43

Wir haben mit ihm nach seiner Auferstehung gegessen und getrunken

Lesung
   aus der Apostelgeschichte.

In jenen Tagen
34a   begann Petrus zu reden
und sagte:
37   Ihr wißt, was im ganzen Land der Juden geschehen ist,
angefangen in Galiläa,
nach der Taufe, die Johannes verkündet hat:
38   wie Gott Jesus von Nazaret gesalbt hat
   mit dem Heiligen Geist und mit Kraft,
wie dieser umherzog,
Gutes tat
und alle heilte, die in der Gewalt des Teufels waren;
denn Gott war mit ihm.
39   Und wir sind Zeugen
   für alles, was er im Land der Juden und in Jerusalem getan hat.
Ihn haben sie an den Pfahl gehängt und getötet.
40   Gott aber hat ihn am dritten Tag auferweckt
und hat ihn erscheinen lassen,
41   zwar nicht dem ganzen Volk,
   wohl aber den von Gott vorherbestimmten Zeugen:
uns, die wir mit ihm nach seiner Auferstehung von den Toten
   gegessen und getrunken haben.
42   Und er hat uns geboten, dem Volk zu verkündigen
und zu bezeugen:
Das ist der von Gott eingesetzte Richter
   der Lebenden und der Toten.
43   Von ihm bezeugen alle Propheten,
   daß jeder, der an ihn glaubt,
   durch seinen Namen die Vergebung der Sünden empfängt.

ANTWORTPSALM   Ps 118 (117), 1–2.16–17.22–23 (R: vgl. 24)

R Das ist der Tag, den der Herr gemacht;   (GL 232, 4)
laßt uns jubeln und seiner uns freuen. – R

Oder:

R Halleluja. – R

1 Danket dem Herrn, denn er ist gütig, *   VI. Ton
   denn seine Huld währt ewig.

2 So soll Israel sagen: *
   Denn seine Huld währt ewig. – (R)

16 „Die Rechte des Herrn ist erhoben, *
    die Rechte des Herrn wirkt mit Macht!"

17 Ich werde nicht sterben, sondern leben, *
    um die Taten des Herrn zu verkünden. – (R)

22 Der Stein, den die Bauleute verwarfen, *
    er ist zum Eckstein geworden.

23 Das hat der Herr vollbracht, *
    vor unseren Augen geschah dieses Wunder. – R

ZUR 2. LESUNG   *Die Auferstehung Jesu erweist sich als wahr im
vollen Sinn dort, wo sie sich als mächtig erweist. Und ein Christ ist,
wer sich vom Auferstandenen gewinnen und überwältigen läßt. Im Leben der Getauften müßte das Leben des Auferstandenen sichtbar werden; denn durch die Taufe sind wir mit Christus gestorben und
auferstanden. Noch ist es nicht „in Herrlichkeit" offenbar geworden;
es ist eine Verheißung und eine Forderung.*

ZWEITE LESUNG   Kol 3, 1–4
Strebt nach dem, was im Himmel ist, wo Christus zur Rechten Gottes sitzt

Lesung
   aus dem Brief des Apostels Paulus an die Kolósser.

Brüder!
1 Ihr seid mit Christus auferweckt;
   darum strebt nach dem, was im Himmel ist,
      wo Christus zur Rechten Gottes sitzt.
2 Richtet euren Sinn auf das Himmlische
      und nicht auf das Irdische!

3 Denn ihr seid gestorben,
und euer Leben ist mit Christus verborgen in Gott.
4 Wenn Christus, unser Leben, offenbar wird,
dann werdet auch ihr mit ihm offenbar werden in Herrlichkeit.

Oder:

2. LESUNG   1 Kor 5, 6b–8

Einführung   *Vor der Opferung des Paschalammes wurde aus den jüdischen Häusern der alte Sauerteig fortgeschafft; mit neuem, unge-*
säuertem Brot feierte man das Paschamahl. Darin sieht der Apostel ei-
nen Hinweis auf das neue Pascha, wie es in der christlichen Gemeinde
gefeiert wird und gelebt werden soll. Christus, das Lamm Gottes, ist
unser neues Fest, er ist unser Mahl. Der alte Sauerteig (Zersetzung,
Sünde) muß fortgeschafft werden; Ostern ist der Tag eines neuen An-
fangs.

Schafft den alten Sauerteig weg, damit ihr neuer Teig seid

Lesung
aus dem ersten Brief des Apostels Paulus an die Korinther.

Brüder!
6b Ihr wißt, daß ein wenig Sauerteig den ganzen Teig durchsäuert.
7 Schafft den alten Sauerteig weg,
damit ihr neuer Teig seid.
Ihr seid ja schon ungesäuertes Brot;
denn als unser Paschalamm* ist Christus geopfert worden.
8 Laßt uns also das Fest nicht mit dem alten Sauerteig feiern,
nicht mit dem Sauerteig der Bosheit und Schlechtigkeit,
sondern mit den ungesäuerten Broten
der Aufrichtigkeit und Wahrheit.

SEQUENZ

Wenn die musikalische Gestaltung es nahelegt, kann die Sequenz nach
dem Hallelujavers gesungen werden, wobei sie dann mit Amen Halleluja
abgeschlossen wird.

Singt das Lob dem Osterlamme,
bringt es ihm dar, ihr Christen.

---

* Sprich: Pas-chalamm.

Das Lamm erlöst' die Schafe:
Christus, der ohne Schuld war,
versöhnte die Sünder mit dem Vater.

Tod und Leben, die kämpften
unbegreiflichen Zweikampf;
des Lebens Fürst, der starb, herrscht nun lebend.

Maria Magdalena,
sag uns, was du gesehen.

Sah Engel in dem Grabe,
die Binden und das Linnen.

Das Grab des Herrn sah ich offen
und Christus von Gottes Glanz umflossen.

Er lebt, der Herr, meine Hoffnung,
er geht euch voran nach Galiläa.

Laßt uns glauben, was Maria den Jüngern verkündet.
Sie sah den Herren, den Auferstandenen.

Ja, der Herr ist auferstanden, ist wahrhaft erstanden.
Du Sieger, König, Herr, hab Erbarmen! (Amen. Halleluja.)

RUF VOR DEM EVANGELIUM Vers: vgl. 1 Kor 5, 7b–8a

Halleluja. Halleluja.
Unser Paschalamm ist geopfert: Christus.
So laßt uns das Festmahl feiern im Herrn.
Halleluja.

ZUM EVANGELIUM *Von der Auferstehung Jesu haben die ersten Zeugen zwei Dinge gesehen: das leere Grab und den auferstandenen Herrn. Das leere Grab war ein Zeichen, verstehbar erst durch die Begegnung mit dem Auferstandenen. Die Begegnung aber ist nur möglich, wenn das Herz bereit ist, zu sehen und zu glauben. Die Liebe macht dazu fähig. – Das ist auch die Lehre aus der Erzählung von den Emmausjüngern (Lukas 24; Messe am Abend): Das brennende Herz spürt die Nähe des Herrn und versteht die Wahrheit der heiligen Schriften.*

EVANGELIUM   Joh 20, 1–9

Er sah und glaubte

✢ Aus dem heiligen Evangelium nach Johannes.

1 Am ersten Tag der Woche kam Maria von Mágdala
       frühmorgens, als es noch dunkel war, zum Grab
   und sah, daß der Stein vom Grab weggenommen war.

2 Da lief sie schnell zu Simon Petrus
       und dem Jünger, den Jesus liebte,
   und sagte zu ihnen:
       Man hat den Herrn aus dem Grab weggenommen,
   und wir wissen nicht, wohin man ihn gelegt hat.

3 Da gingen Petrus und der andere Jünger hinaus
       und kamen zum Grab;

4 sie liefen beide zusammen dorthin,
   aber weil der andere Jünger schneller war als Petrus,
       kam er als erster ans Grab.

5 Er beugte sich vor
       und sah die Leinenbinden liegen,
   ging aber nicht hinein.

6 Da kam auch Simon Petrus, der ihm gefolgt war,
       und ging in das Grab hinein.
   Er sah die Leinenbinden liegen

7 und das Schweißtuch, das auf dem Kopf Jesu gelegen hatte;
   es lag aber nicht bei den Leinenbinden,
       sondern zusammengebunden daneben
       an einer besonderen Stelle.

8 Da ging auch der andere Jünger,
       der zuerst an das Grab gekommen war, hinein;
   er sah und glaubte.

9 Denn sie wußten noch nicht aus der Schrift,
       daß er von den Toten auferstehen mußte.

Oder:

EVANGELIUM   Joh 20, 1–18

Er sah und glaubte. – Ich gehe hinauf zu meinem Vater und zu eurem Vater

✢ Aus dem heiligen Evangelium nach Johannes.

1 Am ersten Tag der Woche kam Maria von Mágdala
       frühmorgens, als es noch dunkel war, zum Grab
   und sah, daß der Stein vom Grab weggenommen war.

2 Da lief sie schnell zu Simon Petrus
    und dem Jünger, den Jesus liebte,
  und sagte zu ihnen:
      Man hat den Herrn aus dem Grab weggenommen,
      und wir wissen nicht, wohin man ihn gelegt hat.

3 Da gingen Petrus und der andere Jünger hinaus
    und kamen zum Grab;

4 sie liefen beide zusammen dorthin,
    aber weil der andere Jünger schneller war als Petrus,
      kam er als erster ans Grab.

5 Er beugte sich vor
    und sah die Leinenbinden liegen,
  ging aber nicht hinein.

6 Da kam auch Simon Petrus, der ihm gefolgt war,
    und ging in das Grab hinein.
  Er sah die Leinenbinden liegen

7 und das Schweißtuch, das auf dem Kopf Jesu gelegen hatte;
  es lag aber nicht bei den Leinenbinden,
      sondern zusammengebunden daneben
      an einer besonderen Stelle.

8 Da ging auch der andere Jünger,
    der zuerst an das Grab gekommen war, hinein;
  er sah und glaubte.

9 Denn sie wußten noch nicht aus der Schrift,
    daß er von den Toten auferstehen mußte.

10 Dann kehrten die Jünger wieder nach Hause zurück.

11 Maria aber stand draußen vor dem Grab und weinte.
  Während sie weinte,
      beugte sie sich in die Grabkammer hinein.

12 Da sah sie zwei Engel in weißen Gewändern sitzen,
  den einen dort, wo der Kopf,
      den anderen dort,
      wo die Füße des Leichnams Jesu gelegen hatten.

13 Die Engel sagten zu ihr: Frau, warum weinst du?
  Sie antwortete ihnen:
      Man hat meinen Herrn weggenommen,
      und ich weiß nicht, wohin man ihn gelegt hat.

14 Als sie das gesagt hatte,
    wandte sie sich um und sah Jesus dastehen,
    wußte aber nicht, daß es Jesus war.

15 Jesus sagte zu ihr: Frau, warum weinst du?
   Wen suchst du?
   Sie meinte, es sei der Gärtner,
   und sagte zu ihm: Herr, wenn du ihn weggebracht hast,
       sag mir, wohin du ihn gelegt hast.
       Dann will ich ihn holen.
16 Jesus sagte zu ihr: Maria!
   Da wandte sie sich ihm zu
       und sagte auf hebräisch zu ihm: Rabbúni!, das heißt: Meister.
17 Jesus sagte zu ihr: Halte mich nicht fest;
       denn ich bin noch nicht zum Vater hinaufgegangen.
   Geh aber zu meinen Brüdern,
       und sag ihnen:
       Ich gehe hinauf zu meinem Vater und zu eurem Vater,
       zu meinem Gott und zu eurem Gott.
18 Maria von Mágdala ging zu den Jüngern
       und verkündete ihnen: Ich habe den Herrn gesehen.
   Und sie richtete aus,
       was er ihr gesagt hatte.

Oder:

EVANGELIUM   Mt 28, 1–10, siehe S. 231 f.

Oder (bei einer Abendmesse):

RUF VOR DEM EVANGELIUM
und EVANGELIUM   Lk 24, 13–35, siehe S. 251 ff.

Glaubensbekenntnis, S. 356 ff.; Fürbitten vgl. S. 789 f.

ZUR EUCHARISTIEFEIER   *In der eucharistischen Feier begehen
wir das Mysterium unseres Glaubens: den Tod des Herrn und seine
Auferstehung. Wir begegnen dem Auferstandenen selbst, dem, der in
Herrlichkeit kommen wird, um zu richten und zu retten.*

GABENGEBET

Herr, unser Gott, nimm die Gaben an,
die wir in österlicher Freude darbringen
für das Opfer, durch das deine Kirche
auf wunderbare Weise wiedergeboren und gestärkt wird.
Darum bitten wir durch Christus, unseren Herrn.

Osterpräfation I: diesen Tag, S. 418.
In den Hochgebeten I–III eigene Einschübe.

KOMMUNIONVERS   1 Kor 6, 7–8

Unser Osterlamm ist geopfert, Christus, der Herr. Halleluja.
Wir sind befreit von Sünde und Schuld.
So laßt uns Festmahl halten in Freude. Halleluja.

SCHLUSSGEBET

Allmächtiger Gott,
du hast deiner Kirche
durch die österlichen Geheimnisse
neues Leben geschenkt.
Bewahre und beschütze uns in deiner Liebe
und führe uns zur Herrlichkeit der Auferstehung.
Darum bitten wir durch Christus, unseren Herrn.

OSTERFREUDE

*Laß nie zu, daß in deinem Leben die Sorge sich so breitmacht, daß du
darüber die Freude über den auferstandenen Christus vergißt. Wir alle
sehnen uns nach Gottes Himmel, doch steht es in unserer Macht,
schon jetzt und hier bei ihm im Himmel zu sein, in jedem Augenblick
sein Glück zu teilen. Doch das bedeutet: zu lieben, wie er liebt; zu helfen, wie er hilft; zu geben, wie er gibt; zu dienen, wie er dient; zu retten, wie er rettet – vierundzwanzig Stunden mit ihm zu sein und ihn in
seiner elendesten Verkleidung zu berühren. (Mutter Teresa von Kal-
kutta)*

OSTERMONTAG

Wo der Ostermontag als Feiertag begangen wird.

*Die Auferstehung Jesu ist die Grundwirklichkeit unseres Glaubens
und unserer Hoffnung. Der Tag seiner Auferstehung ist der Anfang
der neuen Schöpfung. „Es wurde Licht": Christus ist die Sonne des
neuen Tages. „Er ist dein Licht; Seele, vergiß es ja nicht …!"*

ERÖFFNUNGSVERS   Vgl. Ex 13, 5.9

Der Herr hat euch in das Land geführt,
wo Milch und Honig strömen.
Immer soll das Gesetz des Herrn in eurem Herzen sein.
Halleluja.

Oder:

Der Herr ist vom Tod auferstanden, wie er gesagt hat.
Freut euch und frohlockt, denn er herrscht in Ewigkeit. Halleluja.

Ehre sei Gott. S. 352 ff.

TAGESGEBET

Gott, du Herr allen Lebens,
durch die Taufe schenkst du deiner Kirche
Jahr für Jahr neue Söhne und Töchter.
Gib, daß alle Christen in ihrem Leben dem Sakrament treu bleiben,
das sie im Glauben empfangen haben.
Darum bitten wir durch Jesus Christus.

ZUR 1. LESUNG   *Im Mittelpunkt der Rede des Petrus an Pfingsten
steht die Aussage über den Tod Jesu und seine Auferstehung. Die Auferstehung ist durch Zeugen verbürgt, die Jesus gesehen haben; Petrus
verweist außerdem auf den Psalm 16, den er auf Christus deutet. Dieser Psalm, zunächst das Gebet eines Menschen, der sein Leben bedroht sieht, ist durch das Christusereignis in seinem Vollsinn deutlich
geworden: Gott gibt den, der ihm treu ist, nicht dem Tod preis. Seit
der Auferstehung Jesu haben auch wir Hoffnung auf ewiges Leben in
der Gemeinschaft mit Gott.*

ERSTE LESUNG   Apg 2,14.22–33

Gott hat Jesus auferweckt, dafür sind wir alle Zeugen

Lesung
  aus der Apostelgeschichte.

14 Am Pfingsttag trat Petrus auf,
zusammen mit den Elf;
er erhob seine Stimme und begann zu reden:
Ihr Juden und alle Bewohner von Jerusalem!
Dies sollt ihr wissen,
achtet auf meine Worte!

22 Jesus, den Nazoräer,
den Gott vor euch beglaubigt hat
durch machtvolle Taten, Wunder und Zeichen,
die er durch ihn in eurer Mitte getan hat, wie ihr selbst wißt –

3 ihn, der nach Gottes beschlossenem Willen und Vorauswissen
    hingegeben wurde,
    habt ihr durch die Hand von Gesetzlosen
    ans Kreuz geschlagen und umgebracht.

4 Gott aber hat ihn von den Wehen des Todes befreit
    und auferweckt;
5 denn es war unmöglich, daß er vom Tod festgehalten wurde.
David nämlich sagt über ihn:

    Ich habe den Herrn beständig vor Augen.
Er steht mir zur Rechten, ich wanke nicht.
Darum freut sich mein Herz
    und frohlockt meine Zunge,
und auch mein Leib wird in sicherer Hoffnung ruhen;
    denn du gibst mich nicht der Unterwelt preis,
    noch läßt du deinen Frommen die Verwesung schauen.
Du zeigst mir die Wege zum Leben,
du erfüllst mich mit Freude vor deinem Angesicht.

Brüder,
ich darf freimütig zu euch über den Patriarchen David reden:
Er starb und wurde begraben,
und sein Grabmal ist bei uns erhalten bis auf den heutigen Tag.
Da er ein Prophet war
    und wußte, daß Gott ihm den Eid geschworen hatte,
    einer von seinen Nachkommen werde auf seinem Thron sitzen,
    sagte er vorausschauend über die Auferstehung des Christus:
Er gibt ihn nicht der Unterwelt preis,
und sein Leib schaut die Verwesung nicht.
Diesen Jesus hat Gott auferweckt,
    dafür sind wir alle Zeugen.
Nachdem er durch die rechte Hand Gottes erhöht worden war
    und vom Vater den verheißenen Heiligen Geist empfangen hatte,
    hat er ihn ausgegossen,
    wie ihr seht und hört.

ANTWORTPSALM   Ps 89 (88), 2–3.4–5 (R: 2a)

R Von den Taten deiner Huld, o Herr, will ich ewig singen. – R

Oder: R Halleluja. – R   (GL 527, 2)

Von den Taten deiner Huld, Herr, will ich ewig singen, *   VIII. Ton
bis zum fernsten Geschlecht laut deine Treue verkünden.

3 Denn ich bekenne: Deine Huld besteht für immer und ewig; *
   deine Treue steht fest im Himmel. – (R)

4 „Ich habe einen Bund geschlossen mit meinem Erwählten *
   und David, meinem Knecht, geschworen:

5 Deinem Haus gebe ich auf ewig Bestand, *
   und von Geschlecht zu Geschlecht richte ich deinen Thron auf."

R Von den Taten deiner Huld, o Herr, will ich ewig singen.

ZUR 2. LESUNG   *Im 1. Korintherbrief lesen wir das älteste
schriftliche Zeugnis über die Auferstehung Jesu, geschrieben um das
Jahr 55. Es ist älter als die Ostererzählungen der Evangelien. Paulus
hat in seinem Damaskuserlebnis Jesus als den Lebenden erfahren (Apg
9, 3–6). Und er hat über die Auferstehung Jesu zuverlässige Überlieferungen, die er weitergibt. Er verweist aber auch (wie Petrus: 1. Lesung) auf die Schrift, das heißt auf Stellen des Alten Testaments, in denen die christliche Kirche Hinweise auf die Auferstehung Jesu erkennt.*

ZWEITE LESUNG   1 Kor 15, 1–8.11

Das Evangelium, das ich euch verkündet habe, ist der Grund, auf dem ihr steht

Lesung
   aus dem ersten Brief des Apostels Paulus an die Korinther.

1 Ich erinnere euch, Brüder,
      an das Evangelium, das ich euch verkündet habe.
   Ihr habt es angenommen;
   es ist der Grund, auf dem ihr steht.

2 Durch dieses Evangelium werdet ihr gerettet,
      wenn ihr an dem Wortlaut festhaltet,
      den ich euch verkündet habe.
   Oder habt ihr den Glauben vielleicht unüberlegt angenommen?

3 Denn vor allem habe ich euch überliefert,
      was auch ich empfangen habe:

   Christus ist für unsere Sünden gestorben, gemäß der Schrift,

4   und ist begraben worden.

Er ist am dritten Tag auferweckt worden, gemäß der Schrift,
und erschien dem Kephas, dann den Zwölf.

Danach erschien er mehr als fünfhundert Brüdern zugleich;
die meisten von ihnen sind noch am Leben,
einige sind entschlafen.
Danach erschien er dem Jakobus,
dann allen Aposteln.
Als letztem von allen erschien er auch mir,
dem Unerwarteten, der „Mißgeburt".

Ob nun ich verkündige oder die anderen:
das ist unsere Botschaft,
und das ist der Glaube, den ihr angenommen habt.

RUF VOR DEM EVANGELIUM Vers: vgl. Lk 24, 32

Halleluja. Halleluja.

Brannte uns nicht das Herz,
als der Herr unterwegs mit uns redete
und uns den Sinn der Schrift erschloß?
Halleluja.

ZUM EVANGELIUM *Mit dem Tod Jesu ist für die Jünger eine Welt von Hoffnungen zusammengebrochen. Der Auferstandene selbst belehrt sie, daß alles so geschehen „mußte": so war es in den heiligen Schriften vorausgesagt. Den Jüngern brannte das Herz, als Jesus ihnen „den Sinn der Schrift erschloß"; aber erst beim Brotbrechen gingen ihnen die Augen auf. Als Zeugen des Auferstandenen kehrten sie nach Jerusalem zurück.*

EVANGELIUM Lk 24, 13–35

Sie erkannten ihn, als er das Brot brach

✛ Aus dem heiligen Evangelium nach Lukas.

Am ersten Tag der Woche
waren zwei von den Jüngern Jesu
auf dem Weg in ein Dorf namens Emmaus,
das sechzig Stadien von Jerusalem entfernt ist.

14 Sie sprachen miteinander über all das, was sich ereignet hatte.
15 Während sie redeten und ihre Gedanken austauschten,
      kam Jesus hinzu und ging mit ihnen.
16 Doch sie waren wie mit Blindheit geschlagen,
   so daß sie ihn nicht erkannten.
17 Er fragte sie: Was sind das für Dinge,
      über die ihr auf eurem Weg miteinander redet?

   Da blieben sie traurig stehen,
18 und der eine von ihnen – er hieß Kléopas – antwortete ihm:
      Bist du so fremd in Jerusalem,
      daß du als einziger nicht weißt,
      was in diesen Tagen dort geschehen ist?
19 Er fragte sie: Was denn?

   Sie antworteten ihm: Das mit Jesus aus Nazaret.
   Er war ein Prophet,
   mächtig in Wort und Tat vor Gott und dem ganzen Volk.
20 Doch unsere Hohenpriester und Führer
      haben ihn zum Tod verurteilen und ans Kreuz schlagen lassen.
21 Wir aber hatten gehofft,
      daß er der sei, der Israel erlösen werde.
   Und dazu ist heute schon der dritte Tag,
      seitdem das alles geschehen ist.

22 Aber nicht nur das:
   Auch einige Frauen aus unserem Kreis
      haben uns in große Aufregung versetzt.
   Sie waren in der Frühe beim Grab,
23   fanden aber seinen Leichnam nicht.
   Als sie zurückkamen,
      erzählten sie, es seien ihnen Engel erschienen
   und hätten gesagt, er lebe.
24 Einige von uns gingen dann zum Grab
      und fanden alles so, wie die Frauen gesagt hatten;
   ihn selbst aber sahen sie nicht.

25 Da sagte er zu ihnen: Begreift ihr denn nicht?
   Wie schwer fällt es euch,
      alles zu glauben, was die Propheten gesagt haben.
26 Mußte nicht der Messias all das erleiden,
      um so in seine Herrlichkeit zu gelangen?

7 Und er legte ihnen dar,
    ausgehend von Mose und allen Propheten,
    was in der gesamten Schrift über ihn geschrieben steht.

8 So erreichten sie das Dorf, zu dem sie unterwegs waren.
Jesus tat, als wolle er weitergehen,
9 aber sie drängten ihn
und sagten: Bleib doch bei uns;
denn es wird bald Abend,
der Tag hat sich schon geneigt.
Da ging er mit hinein, um bei ihnen zu bleiben.
10 Und als er mit ihnen bei Tisch war,
    nahm er das Brot,
sprach den Lobpreis,
brach das Brot und gab es ihnen.
Da gingen ihnen die Augen auf,
und sie erkannten ihn;
dann sahen sie ihn nicht mehr.
Und sie sagten zueinander:
    Brannte uns nicht das Herz in der Brust,
    als er unterwegs mit uns redete
    und uns den Sinn der Schrift erschloß?

Noch in derselben Stunde brachen sie auf
    und kehrten nach Jerusalem zurück,
und sie fanden die Elf und die anderen Jünger versammelt.
Diese sagten:
    Der Herr ist wirklich auferstanden
und ist dem Simon erschienen.
Da erzählten auch sie,
    was sie unterwegs erlebt
    und wie sie ihn erkannt hatten,
    als er das Brot brach.

Oder:

EVANGELIUM   Mt 28, 8–15

Einführung   *Ein helles und ein dunkles Bild wird uns im heutigen Evangelium gezeigt: die Frauen beten Jesus an und sprechen damit ihr Bekenntnis zum auferstandenen Herrn aus (V. 8–10). Die Hohenpriester und die Ältesten offenbaren noch über den Tod Jesu hin-*

*aus ihren Haß gegen ihn und ihre geheime Furcht vor ihm. Und so ist
es geblieben „bis heute" (V. 15): Glaube und Anbetung oder Haß und
Lüge, das sind die möglichen Weisen, dem Auferstandenen gegenüber
Stellung zu beziehen. Freilich könnte man sagen, das sei eine uner-
laubte Vereinfachung; es gibt doch zum mindesten auch die Möglichkeit, daß jemand die Schwierigkeiten nicht überwinden kann, die sich
seinem Glauben an die Auferstehung Jesu entgegenstellen. Aber wer
Glaubensschwierigkeiten hat, ist eben ein Glaubender, selbst wenn er
mit den Schwierigkeiten nicht fertig wird.*

*Sagt meinen Brüdern, sie sollen nach Galiläa gehen, und dort werden sie mich
sehen*

✟ **Aus dem heiligen Evangelium nach Matthäus.**

Nachdem die Frauen die Botschaft des Engels vernommen hatten,
8 **verließen sie sogleich das Grab**
und eilten voll Furcht und großer Freude zu seinen Jüngern,
   um ihnen die Botschaft zu verkünden.
9 **Plötzlich kam ihnen Jesus entgegen**
und sagte: Seid gegrüßt!
Sie gingen auf ihn zu,
warfen sich vor ihm nieder
und umfaßten seine Füße.
10 **Da sagte Jesus zu ihnen:**
   Fürchtet euch nicht!
Geht und sagt meinen Brüdern,
   sie sollen nach Galiläa gehen,
und dort werden sie mich sehen.
11 **Noch während die Frauen unterwegs waren,**
   kamen einige von den Wächtern in die Stadt
und berichteten den Hohenpriestern alles, was geschehen war.
12 **Diese faßten gemeinsam mit den Ältesten den Beschluß,**
   die Soldaten zu bestechen.
Sie gaben ihnen viel Geld
13 **und sagten: Erzählt den Leuten:**
   Seine Jünger sind bei Nacht gekommen
   und haben ihn gestohlen, während wir schliefen.
14 **Falls der Statthalter davon hört,**
   werden wir ihn beschwichtigen
und dafür sorgen, daß ihr nichts zu befürchten habt.

5 **Die Soldaten nahmen das Geld
und machten alles so, wie man es ihnen gesagt hatte.
So kommt es,
daß dieses Gerücht bei den Juden bis heute verbreitet ist.**

Fürbitten vgl. S. 789 f.

ZUR EUCHARISTIEFEIER *Vom Wort des Auferstandenen er-
glüht das Herz der Jünger, und beim Brotbrechen gehen ihnen die Augen auf. Nicht anders als damals geschieht auch heute und hier die
Begegnung mit Christus.*

GABENGEBET

Gott,
du hast deinem Volk
durch das Bekenntnis des Glaubens
und den Empfang der Taufe neues Leben geschenkt.
Nimm die Gaben (der Neugetauften und aller)
deiner Gläubigen gnädig an
und laß uns in dir
Seligkeit und ewiges Leben finden.
Darum bitten wir durch Christus, unseren Herrn.

Osterpräfation I, S. 418.
In den Hochgebeten I–III eigene Einschübe.

KOMMUNIONVERS   Vgl. Röm 6, 9

**Christus ist vom Tod erstanden; er stirbt nicht mehr.
Gebrochen ist die Macht des Todes. Halleluja.**

SCHLUSSGEBET

Allmächtiger Gott,
du hast uns durch die österlichen Geheimnisse
auf den Weg des Lebens geführt.
Laß deine Gnade in uns mächtig werden,
damit wir uns deiner Gaben würdig erweisen
und unseren Weg zu dir vollenden.
Darum bitten wir durch Christus, unseren Herrn.

AN SEINEM TISCH

Und wieder ist er mitten unter ihnen: „Wo zwei oder drei versammelt sind", werde er unter ihnen sein, hatte er ihnen für die Restzeit dieser Welt versprochen. Er bricht ihnen das Brot und gibt ihnen den Platz am Tisch Gottes.

Er begleitet die beiden verlassenen Wanderer und ist nicht erkennbar. Indem die beiden aber den Unbekannten einladen: Bleibe bei uns, Herr!, sind sie plötzlich die Eingeladenen. Indem sie bereit sind, einem Unbekannten Brot und Wein zu reichen und ihm an ihrem Tisch Rast zu verschaffen, ist in ihrem Brot und Wein plötzlich Christus selbst und finden sie selbst an seinem Tisch Rast.

ZWEITER SONNTAG DER OSTERZEIT

Weißer Sonntag

Die Gemeinde lebt vom Glauben an Christus, den Auferstandenen. Dieser Glaube ist Staunen und Freude, er ist Dank und Treue. Wer sich von der Gemeinde absondert, hat es schwer mit dem Glauben. Der Glaube lebt nicht vom Grübeln, sondern vom Hören, vom gemeinsamen Gotteslob und Gottesdienst, auch von den gemeinsamen Aufgaben.

ERÖFFNUNGSVERS   1 Petr 2, 2

Wie neugeborene Kinder
verlangt nach der unverfälschten Milch des Wortes,
damit ihr durch sie heranwachst und das Heil erlangt.
Halleluja.

Oder: Esr 2, 36–37

Freut euch und dankt Gott, der euch zu sich gerufen hat,
Ihr seid Kinder Gottes und Erben seiner Herrlichkeit. Halleluja.

Ehre sei Gott, S. 352 ff.

TAGESGEBET

Barmherziger Gott,
durch die jährliche Osterfeier
erneuerst du den Glauben deines Volkes.
Laß uns immer tiefer erkennen,
wie heilig das Bad der Taufe ist,
das uns gereinigt hat,
wie mächtig dein Geist,
aus dem wir wiedergeboren sind,
und wie kostbar das Blut, durch das wir erkauft sind.
Darum bitten wir durch Jesus Christus.

ZUR 1. LESUNG   *Die heutige Lesung bildet den Anfang eines größeren Abschnitts der Apostelgeschichte (2, 42 – 5, 42). Hier wird das
Leben der Urgemeinde von Jerusalem geschildert. Gleich zu Beginn
wird gesagt, was die Gemeinde zusammenhielt: die Lehre der Apostel,
die Gemeinschaft, das Brotbrechen und die Gebete. Durch die freudige
und hochherzige Gemeinschaft aller übte die kleine Gruppe eine starke
Anziehungskraft aus. Auch heute kommt es mehr auf die Kraft des
Glaubens und der Liebe als auf gekonnte Werbung an.*

ERSTE LESUNG   Apg 2, 42–47

Alle, die gläubig wurden, bildeten eine Gemeinschaft und hatten alles gemeinsam

Lesung
    aus der Apostelgeschichte.

Die Gläubigen hielten an der Lehre der Apostel fest
und an der Gemeinschaft,
am Brechen des Brotes und an den Gebeten.

Alle wurden von Furcht ergriffen;
denn durch die Apostel geschahen viele Wunder und Zeichen.
Und alle, die gläubig geworden waren,
    bildeten eine Gemeinschaft und hatten alles gemeinsam.
Sie verkauften Hab und Gut
    und gaben davon allen,
    jedem so viel, wie er nötig hatte.

⁴⁶ Tag für Tag verharrten sie einmütig im Tempel,
brachen in ihren Häusern das Brot
und hielten miteinander Mahl
   in Freude und Einfalt des Herzens.
⁴⁷ Sie lobten Gott
   und waren beim ganzen Volk beliebt.
Und der Herr fügte täglich ihrer Gemeinschaft die hinzu,
   die gerettet werden sollten.

ANTWORTPSALM

Ps 118 (117), 2 u. 4.14–15.22–23.24 u. 28 (R: 1)

℟ Danket dem Herrn, denn er ist gütig,   (GL 235, 1)
denn seine Huld währt ewig! – ℟

Oder:
℟ Halleluja. – ℟

² So soll Israel sagen: *   VI. Ton
Denn seine Huld währt ewig.

⁴ So sollen alle sagen, die den Herrn fürchten und ehren: *
Denn seine Huld währt ewig. – (℟)

¹⁴ Meine Stärke und mein Lied ist der Herr; *
er ist für mich zum Retter geworden.

¹⁵ Frohlocken und Jubel erschallt in den Zelten der Gerechten: *
„Die Rechte des Herrn wirkt mit Macht!" – (℟)

²² Der Stein, den die Bauleute verwarfen, *
er ist zum Eckstein geworden.

²³ Das hat der Herr vollbracht, *
vor unseren Augen geschah dieses Wunder. – (℟)

²⁴ Dies ist der Tag, den der Herr gemacht hat; *
wir wollen jubeln und uns an ihm freuen.

²⁸ Du bist mein Gott, dir will ich danken; *
mein Gott, dich will ich rühmen. – ℟

ZUR 2. LESUNG   *Der erste Petrusbrief ist ein Trost- und Mahnwort an Heidenchristen in Kleinasien, die von Verfolgung bedroht sind. Der Brief beginnt mit einem Lobpreis Gottes in hymnisch-liturgischer Sprache. Wir haben von Gott so große Gaben empfangen, daß wir auch für die Zukunft Hoffnung haben können. In der Taufe hat uns Gott als seine Kinder angenommen (1, 3). Das neue Leben ist uns noch nicht als vollendete und offenbare Wirklichkeit gegeben, sondern als große „lebendige Hoffnung", die ihren Grund in der Auferstehung Jesu hat.*

ZWEITE LESUNG   1 Petr 1, 3—9

Durch die Auferstehung Jesu Christi haben wir eine lebendige Hoffnung

**Lesung
aus dem ersten Brief des Apostels Petrus.**

**Gepriesen sei
der Gott und Vater unseres Herrn Jesus Christus:
Er hat uns in seinem großen Erbarmen neu geboren,
damit wir durch die Auferstehung Jesu Christi von den Toten
eine lebendige Hoffnung haben
und das unzerstörbare,
makellose und unvergängliche Erbe empfangen,
das im Himmel für euch aufbewahrt ist.**

**Gottes Macht behütet euch durch den Glauben,
damit ihr das Heil erlangt,
das am Ende der Zeit offenbart werden soll.**

**Deshalb seid ihr voll Freude,
obwohl ihr jetzt vielleicht kurze Zeit
unter mancherlei Prüfungen leiden müßt.
Dadurch soll sich euer Glaube bewähren,
und es wird sich zeigen,
daß er wertvoller ist als Gold, das im Feuer geprüft wurde
und doch vergänglich ist.
So wird eurem Glauben Lob, Herrlichkeit und Ehre zuteil
bei der Offenbarung Jesu Christi.**

**Ihn habt ihr nicht gesehen,
und dennoch liebt ihr ihn;
ihr seht ihn auch jetzt nicht;
aber ihr glaubt an ihn und jubelt
in unsagbarer, von himmlischer Herrlichkeit verklärter Freude,
da ihr das Ziel des Glaubens erreichen werdet:
euer Heil.**

RUF VOR DEM EVANGELIUM   Vers: Joh 20, 29

Halleluja. Halleluja.

(So spricht der Herr:)
Weil du mich gesehen hast, Thomas, glaubst du.
Selig sind, die nicht sehen und doch glauben.

Halleluja.

ZUM EVANGELIUM   *Die Nachricht „Jesus lebt" stieß bei Außen-*
stehenden, aber auch bei den Jüngern selbst auf Zweifel. Thomas
hatte seine Fragen. Und Jesus hat ihn ernst genommen, er hat den
Zweifler im Kreis der Jünger gesucht und gefunden. Er hat ihm gehol-
fen, aber das Wagnis des Glaubens hat er dem Jünger nicht abgenom-
men.

EVANGELIUM   Joh 20, 19–31

Acht Tage darauf kam Jesus und trat in ihre Mitte

✛ Aus dem heiligen Evangelium nach Johannes.

19 Am Abend des ersten Tages der Woche,
        als die Jünger aus Furcht vor den Juden
        die Türen verschlossen hatten,
        kam Jesus,
    trat in ihre Mitte
    und sagte zu ihnen: Friede sei mit euch!
20 Nach diesen Worten
        zeigte er ihnen seine Hände und seine Seite.
    Da freuten sich die Jünger, daß sie den Herrn sahen.
21 Jesus sagte noch einmal zu ihnen: Friede sei mit euch!
    Wie mich der Vater gesandt hat,
        so sende ich euch.
22 Nachdem er das gesagt hatte,
        hauchte er sie an
    und sprach zu ihnen: Empfangt den Heiligen Geist!
23 Wem ihr die Sünden vergebt,
        dem sind sie vergeben;
    wem ihr die Vergebung verweigert,
        dem ist sie verweigert.
24 Thomas, genannt Dídymus – Zwilling –, einer der Zwölf,
        war nicht bei ihnen, als Jesus kam,

Die anderen Jünger sagten zu ihm:
  Wir haben den Herrn gesehen.

Er entgegnete ihnen:
  Wenn ich nicht die Male der Nägel an seinen Händen sehe
  und wenn ich meinen Finger nicht in die Male der Nägel
  und meine Hand nicht in seine Seite lege,
  glaube ich nicht.

Acht Tage darauf waren seine Jünger wieder versammelt,
und Thomas war dabei.
Die Türen waren verschlossen.

Da kam Jesus,
trat in ihre Mitte
und sagte: Friede sei mit euch!
Dann sagte er zu Thomas:
  Streck deinen Finger aus
  – hier sind meine Hände!
Streck deine Hand aus und leg sie in meine Seite,
und sei nicht ungläubig, sondern gläubig!

Thomas antwortete ihm:
  Mein Herr und mein Gott!
Jesus sagte zu ihm:
  Weil du mich gesehen hast, glaubst du.
Selig sind, die nicht sehen und doch glauben.

Noch viele andere Zeichen,
  die in diesem Buch nicht aufgeschrieben sind,
  hat Jesus vor den Augen seiner Jünger getan.
Diese aber sind aufgeschrieben,
  damit ihr glaubt, daß Jesus der Messias ist,
der Sohn Gottes,
und damit ihr durch den Glauben
  das Leben habt in seinem Namen.

Glaubensbekenntnis, S. 356 ff.
Fürbitten vgl. S. 789 f.

ZUR EUCHARISTIEFEIER   *Die Worte Jesu und seine „Zeichen"*
sind gegenwärtig in der Kirche und in den Sakramenten. Auch zu uns
sagt der Herr: Friede sei mit euch! Er selbst ist unser Friede.

GABENGEBET

Gott,
du hast deinem Volk
durch das Bekenntnis des Glaubens
und den Empfang der Taufe neues Leben geschenkt.
Nimm die Gaben (der Neugetauften und aller)
deiner Gläubigen gnädig an
und laß uns in dir
Seligkeit und ewiges Leben finden.
Darum bitten wir durch Christus, unseren Herrn.

Osterpräfation I, S. 418.
In den Hochgebeten I–III eigene Einschübe.

KOMMUNIONVERS   Joh 20, 29

Selig, die nicht sehen und doch glauben. Halleluja.

SCHLUSSGEBET

Allmächtiger Gott,
im heiligen Sakrament haben wir
den Leib und das Blut deines Sohnes empfangen.
Laß diese österliche Gabe in uns weiterwirken
und fruchtbar sein.
Darum bitten wir durch Christus, unseren Herrn.

FÜR DEN TAG UND DIE WOCHE
Das Zeichen seiner Gegenwart

Kein Mensch lebt allein, kein Mensch glaubt allein. Gott spricht sein Wort zu uns, und indem er es spricht, ruft er uns zusammen, schafft er seine Gemeinde, sein Volk, seine Kirche. Nach dem Weggang Jesu ist die Kirche das Zeichen seiner Gegenwart in der Welt, das Sakrament, in dem das Geheimnis Gottes sichtbar und wirksam ist. „Der Herr sagte zu Thomas: Leg deine Finger in die Male der Nägel. Ich kenne deine Sehnsucht, auch wenn du schweigst. Noch bevor du sprichst, weiß ich, was du denkst. Ich hörte dich sprechen, obwohl du mich nicht sahst; ich war nahe bei dir, bei deinen Zweifeln. Ich ließ dich warten, um deine Ungeduld zu sehen: ich ließ deine Ungeduld größer werden, um sie größer zu stillen." (Basilius von Seleukia, Homilie an die Neugetauften)

DRITTER SONNTAG DER OSTERZEIT

Die Liebe Gottes schafft Ewigkeit für den sterblichen Menschen; sie läßt ihn nicht im Grab vermodern. Darum ist der Grundton im Leben des Christen die Freude. Vieles bleibt auch jetzt noch schwer und dunkel. Aber Jesus lebt, und er liebt uns.

ERÖFFNUNGSVERS
Ps 66 (65), 1−2

Jauchzt vor Gott, alle Menschen der Erde!
Spielt zum Ruhm seines Namens!
Verherrlicht ihn mit Lobpreis! Halleluja.

Ehre sei Gott, S. 352 ff.

TAGESGEBET

Allmächtiger Gott,
laß die österliche Freude in uns fortdauern,
denn du hast deiner Kirche
neue Lebenskraft geschenkt
und die Würde unserer Gotteskindschaft
in neuem Glanz erstrahlen lassen.
Gib, daß wir den Tag der Auferstehung
voll Zuversicht erwarten
als einen Tag des Jubels und des Dankes.
Darum bitten wir durch Jesus Christus.

ZUR 1. LESUNG   Siehe Einführung zur 1. Lesung am Ostermontag, S. 248.

ERSTE LESUNG
Apg 2, 14.22−33

Es war unmöglich, daß er vom Tod festgehalten wurde

Lesung
   aus der Apostelgeschichte.

Am Pfingsttag trat Petrus auf,
zusammen mit den Elf;
er erhob seine Stimme und begann zu reden:
Ihr Juden und alle Bewohner von Jerusalem!

Dies sollt ihr wissen,
achtet auf meine Worte!

22 Jesus, den Nazoräer,
   den Gott vor euch beglaubigt hat
   durch machtvolle Taten, Wunder und Zeichen,
   die er durch ihn in eurer Mitte getan hat, wie ihr selbst wißt –
23 ihn, der nach Gottes beschlossenem Willen und Vorauswissen
   hingegeben wurde,
   habt ihr durch die Hand von Gesetzlosen
   ans Kreuz geschlagen und umgebracht.
24 Gott aber hat ihn von den Wehen des Todes befreit
   und auferweckt;
   denn es war unmöglich, daß er vom Tod festgehalten wurde.
25 David nämlich sagt über ihn:

   Ich habe den Herrn beständig vor Augen.
   Er steht mir zur Rechten, ich wanke nicht.
26 Darum freut sich mein Herz
   und frohlockt meine Zunge,
   und auch mein Leib wird in sicherer Hoffnung ruhen;
27 denn du gibst mich nicht der Unterwelt preis,
   noch läßt du deinen Frommen die Verwesung schauen.
28 Du zeigst mir die Wege zum Leben,
   du erfüllst mich mit Freude vor deinem Angesicht.

29 Brüder,
   ich darf freimütig zu euch über den Patriarchen David reden:
   Er starb und wurde begraben,
   und sein Grabmal ist bei uns erhalten bis auf den heutigen Tag.
30 Da er ein Prophet war
   und wußte, daß Gott ihm den Eid geschworen hatte,
   einer von seinen Nachkommen werde auf seinem Thron sitzen,
31 sagte er vorausschauend über die Auferstehung des Christus:
   Er gibt ihn nicht der Unterwelt preis,
   und sein Leib schaut die Verwesung nicht.
32 Diesen Jesus hat Gott auferweckt,
   dafür sind wir alle Zeugen.
33 Nachdem er durch die rechte Hand Gottes erhöht worden war
   und vom Vater den verheißenen Heiligen Geist empfangen hatte,
   hat er ihn ausgegossen,
   wie ihr seht und hört.

ANTWORTPSALM

Ps 16 (15), 1–2 u. 5.7–8.9–10 (R: 11a)

R Du zeigst mir, Herr, den Pfad zum Leben. – **R**   (GL 528, 3)

Oder:

R Halleluja. – **R**

1 Behüte mich, Gott, denn ich vertraue dir. †   VI. Ton
2 Ich sage zum Herrn: „Du bist mein Herr; *
  mein ganzes Glück bist du allein."

5 Du, Herr, gibst mir das Erbe und reichst mir den Becher; *
  du hältst mein Los in deinen Händen. – (R)

7 Ich preise den Herrn, der mich beraten hat. *
  Auch mahnt mich mein Herz in der Nacht.

8 Ich habe den Herrn beständig vor Augen. *
  Er steht mir zur Rechten, ich wanke nicht. – (R)

9 Darum freut sich mein Herz und frohlockt meine Seele; *
  auch mein Leib wird wohnen in Sicherheit.

10 Denn du gibst mich nicht der Unterwelt preis; *
  du läßt deinen Frommen das Grab nicht schauen. – **R**

ZUR 2. LESUNG *Christlicher Osterglaube ist Glaube an den Gott,
der Jesus von den Toten auferweckt hat (1 Petr 1, 21; Röm 4, 24).
Gott hat sich als Gott erwiesen: der treue und der lebendige Gott. Wir
können ihm vertrauen. Wir können ihn, den Vater Jesu Christi, ehrfürchtig auch unseren Vater nennen. Dem muß freilich auch unser
Leben entsprechen.*

ZWEITE LESUNG

1 Petr 1, 17–21

*Ihr wurdet losgekauft mit dem kostbaren Blut Christi, des Lammes ohne Fehl
und Makel*

Lesung
  aus dem ersten Brief des Apostels Petrus.

Brüder!
17 Wenn ihr den als Vater anruft,
   der jeden ohne Ansehen der Person nach seinem Tun beurteilt,
   dann führt auch, solange ihr in der Fremde seid,
   ein Leben in Gottesfurcht.

18 Ihr wißt,
        daß ihr aus eurer sinnlosen,
        von den Vätern ererbten Lebensweise
        nicht um einen vergänglichen Preis losgekauft wurdet,
    nicht um Silber oder Gold,
19 sondern mit dem kostbaren Blut Christi,
        des Lammes ohne Fehl und Makel.
20 Er war schon vor der Erschaffung der Welt dazu ausersehen,
    und euretwegen ist er am Ende der Zeiten erschienen.
21 Durch ihn seid ihr zum Glauben an Gott gekommen,
    der ihn von den Toten auferweckt
        und ihm die Herrlichkeit gegeben hat,
    so daß ihr an Gott glauben
        und auf ihn hoffen könnt.

RUF VOR DEM EVANGELIUM   Vers: vgl. Lk 24, 32

Halleluja. Halleluja.

Herr Jesus, erschließ uns die Schrift!
Laß unser Herz entbrennen, wenn du zu uns redest.

Halleluja.

ZUM EVANGELIUM   Siehe Einführung zum Evangelium am
Ostermontag, S. 251.

EVANGELIUM   Lk 24, 13–35

Sie erkannten ihn, als er das Brot brach

✝ Aus dem heiligen Evangelium nach Lukas.

13 Am ersten Tag der Woche
        waren zwei von den Jüngern Jesu
        auf dem Weg in ein Dorf namens Emmaus,
        das sechzig Stadien von Jerusalem entfernt ist.
14 Sie sprachen miteinander über all das, was sich ereignet hatte.
15 Während sie redeten und ihre Gedanken austauschten,
        kam Jesus hinzu und ging mit ihnen.
16 Doch sie waren wie mit Blindheit geschlagen,
        so daß sie ihn nicht erkannten.

17 Er fragte sie: Was sind das für Dinge,
   über die ihr auf eurem Weg miteinander redet?

   Da blieben sie traurig stehen,
18 und der eine von ihnen – er hieß Kléopas – antwortete ihm:
   Bist du so fremd in Jerusalem,
   daß du als einziger nicht weißt,
   was in diesen Tagen dort geschehen ist?
19 Er fragte sie: Was denn?

   Sie antworteten ihm: Das mit Jesus aus Nazaret.
   Er war ein Prophet,
   mächtig in Wort und Tat vor Gott und dem ganzen Volk.
20 Doch unsere Hohenpriester und Führer
   haben ihn zum Tod verurteilen und ans Kreuz schlagen lassen.
21 Wir aber hatten gehofft,
   daß er der sei, der Israel erlösen werde.
   Und dazu ist heute schon der dritte Tag,
   seitdem das alles geschehen ist.

22 Aber nicht nur das:
   Auch einige Frauen aus unserem Kreis
   haben uns in große Aufregung versetzt.
   Sie waren in der Frühe beim Grab,
23 fanden aber seinen Leichnam nicht.
   Als sie zurückkamen,
   erzählten sie, es seien ihnen Engel erschienen
   und hätten gesagt, er lebe.
24 Einige von uns gingen dann zum Grab
   und fanden alles so, wie die Frauen gesagt hatten;
   ihn selbst aber sahen sie nicht.

25 Da sagte er zu ihnen: Begreift ihr denn nicht?
   Wie schwer fällt es euch,
   alles zu glauben, was die Propheten gesagt haben.
26 Mußte nicht der Messias all das erleiden,
   um so in seine Herrlichkeit zu gelangen?
27 Und er legte ihnen dar,
   ausgehend von Mose und allen Propheten,
   was in der gesamten Schrift über ihn geschrieben steht.

28 So erreichten sie das Dorf, zu dem sie unterwegs waren.
   Jesus tat, als wolle er weitergehen,

29 aber sie drängten ihn
   und sagten: Bleib doch bei uns;
   denn es wird bald Abend,
   der Tag hat sich schon geneigt.
   Da ging er mit hinein, um bei ihnen zu bleiben.

30 Und als er mit ihnen bei Tisch war,
      nahm er das Brot,
   sprach den Lobpreis,
   brach das Brot und gab es ihnen.

31 Da gingen ihnen die Augen auf,
   und sie erkannten ihn;
   dann sahen sie ihn nicht mehr.

32 Und sie sagten zueinander:
      Brannte uns nicht das Herz in der Brust,
      als er unterwegs mit uns redete
      und uns den Sinn der Schrift erschloß?

33 Noch in derselben Stunde brachen sie auf
      und kehrten nach Jerusalem zurück,
   und sie fanden die Elf und die anderen Jünger versammelt.

34 Diese sagten:
      Der Herr ist wirklich auferstanden
   und ist dem Simon erschienen.

35 Da erzählten auch sie,
      was sie unterwegs erlebt
      und wie sie ihn erkannt hatten,
   als er das Brot brach.

Oder (wo der Ostermontag als Feiertag begangen wird und das Emmausevangelium bereits an diesem Tag gelesen wurde):

RUF VOR DEM EVANGELIUM

Halleluja. Halleluja.

Christus ist auferstanden.
Er, der Schöpfer des Alls, hat sich aller Menschen erbarmt.

Halleluja.

ZUM EVANGELIUM   *Seit ihren Anfängen versucht die Kirche Christi, ihre eigene Existenz zu verstehen, ihr Wesen zu deuten. Im Schlußkapitel des Johannesevangeliums (Joh 21) erscheint als Bild*

*der Kirche das Schiff des Petrus: eine mühsame Arbeit, bei der aller
Erfolg am Wort und Willen Jesu hängt.*

EVANGELIUM   Joh 21,1–14

Jesus trat heran, nahm das Brot und gab es ihnen, ebenso den Fisch

✝ Aus dem heiligen Evangelium nach Johannes.

In jener Zeit
    offenbarte sich Jesus den Jüngern noch einmal.
Es war am See von Tibérias,
und er offenbarte sich in folgender Weise.

Simon Petrus, Thomas, genannt Dídymus – Zwilling –,
    Natánaël aus Kana in Galiläa,
    die Söhne des Zebedäus
    und zwei andere von seinen Jüngern waren zusammen.

Simon Petrus sagte zu ihnen: Ich gehe fischen.
Sie sagten zu ihm: Wir kommen auch mit.
Sie gingen hinaus und stiegen in das Boot.
Aber in dieser Nacht fingen sie nichts.

Als es schon Morgen wurde, stand Jesus am Ufer.
Doch die Jünger wußten nicht, daß es Jesus war.

Jesus sagte zu ihnen:
    Meine Kinder, habt ihr nicht etwas zu essen?
Sie antworteten ihm: Nein.
Er aber sagte zu ihnen:
    Werft das Netz auf der rechten Seite des Bootes aus,
    und ihr werdet etwas fangen.
Sie warfen das Netz aus
    und konnten es nicht wieder einholen,
so voller Fische war es.

Da sagte der Jünger, den Jesus liebte, zu Petrus:
    Es ist der Herr!
Als Simon Petrus hörte, daß es der Herr sei,
    gürtete er sich das Obergewand um, weil er nackt war,
und sprang in den See.

Dann kamen die anderen Jünger mit dem Boot
– sie waren nämlich nicht weit vom Land entfernt,
    nur etwa zweihundert Ellen –
und zogen das Netz mit den Fischen hinter sich her.

9 Als sie an Land gingen,
    sahen sie am Boden ein Kohlenfeuer
    und darauf Fisch und Brot.
10 Jesus sagte zu ihnen:
    Bringt von den Fischen, die ihr gerade gefangen habt.
11 Da ging Simon Petrus und zog das Netz an Land.
Es war mit hundertdreiundfünfzig großen Fischen gefüllt,
und obwohl es so viele waren,
    zerriß das Netz nicht.
12 Jesus sagte zu ihnen: Kommt her und eßt!
Keiner von den Jüngern wagte ihn zu fragen: Wer bist du?
Denn sie wußten, daß es der Herr war.
13 Jesus trat heran,
nahm das Brot und gab es ihnen,
ebenso den Fisch.
14 Dies war schon das dritte Mal,
    daß Jesus sich den Jüngern offenbarte,
    seit er von den Toten auferstanden war.

Glaubensbekenntnis, S. 356 ff.
Fürbitten vgl. S. 789 f.

ZUR EUCHARISTIEFEIER   *Die Auferstehung Jesu ist Evangelium: Nachricht und Anrede. Durch die Taufe und das heilige Mahl nimmt der Auferstandene uns in seine Gemeinschaft hinein und in die des dreifaltigen Gottes.*

GABENGEBET

Allmächtiger Gott,
nimm die Gaben an,
die deine Kirche dir in österlicher Freude darbringt.
Du hast ihr Grund gegeben zu solchem Jubel,
erhalte ihr die Freude bis zur Vollendung.
Darum bitten wir durch Christus, unseren Herrn.

Osterpräfation, S. 418 ff.

KOMMUNIONVERS   Vgl. Lk 24, 25

Die Jünger erkannten den Herrn Jesus,
als er das Brot brach. Halleluja.

SCHLUSSGEBET

Ewiger Gott,
du hast uns durch die Ostergeheimnisse erneuert.
Wende dich uns voll Güte zu
und bleibe bei uns mit deiner Huld,
bis wir mit verklärtem Leib
zum unvergänglichen Leben auferstehen.
Darum bitten wir durch Christus, unseren Herrn.

FÜR DEN TAG UND DIE WOCHE

Vorangehen mit deinem Lob

Wissen,
daß du jeden Menschen auf der Erde aufnimmst;

Wissen,
daß wer dich erfahren will,
sich im Innersten öffnet,
wenn er an deiner Seite geht;

Wissen,
daß uns keine Anfechtung von dir trennen kann,
und daß du uns froh machst,
selbst wenn wir traurig sind.

All das wissen
heißt vorangehen mit deinem Lob auf den Lippen.
(Frère Roger)

VIERTER SONNTAG DER OSTERZEIT

Menschen erheben den Anspruch auf Führung. Sie wecken große Er-
wartungen, versprechen Freiheit, Glück – wenn wir ihnen folgen. Prüft
die Stimme!, sagt uns Jesus; prüft das Wort und den Klang. Die
Stimme Jesu ist unverwechselbar. Er ist das wahre Wort, er ist der
gute Hirt.

ERÖFFNUNGSVERS   Ps 33 (32), 5–6

Die Erde ist voll von der Huld des Herrn.
Durch das Wort des Herrn wurden die Himmel geschaffen.
Halleluja.

Ehre sei Gott, S. 352 ff.

TAGESGEBET

Allmächtiger, ewiger Gott,
dein Sohn ist der Kirche siegreich vorausgegangen
als der Gute Hirt.
Geleite auch die Herde,
für die er sein Leben dahingab,
aus aller Not zur ewigen Freude.
Darum bitten wir durch ihn, Jesus Christus.

ZUR 1. LESUNG   *Die Pfingstrede des Petrus ist eine Missions-
und Bekehrungspredigt, die erste, die uns im Neuen Testament überliefert wird. Die entscheidende Aussage ist: Jesus lebt; ihr habt ihn gekreuzigt, aber Gott hat ihn zum Herrn und Christus gemacht. Das ist
die Nachricht, zu der jeder, der sie hört, Stellung nehmen muß, Israel
zuerst. Allen wird das Heil angeboten, Israel zuerst, aber auch „denen
in der Ferne", das heißt allen Völkern der Erde.*

ERSTE LESUNG   Apg 2, 14a.36–41

Gott hat ihn zum Herrn und Messias gemacht

**Lesung
aus der Apostelgeschichte.**

14a Am Pfingsttag trat Petrus auf,
     zusammen mit den Elf;
     er erhob seine Stimme und begann zu reden:

36   Mit Gewißheit erkenne das ganze Haus Israel:
     Gott hat ihn zum Herrn und Messias gemacht,
         diesen Jesus, den ihr gekreuzigt habt.

37   Als sie das hörten, traf es sie mitten ins Herz,
     und sie sagten zu Petrus und den übrigen Aposteln:
         Was sollen wir tun, Brüder?

38 Petrus antwortete ihnen: Kehrt um,
und jeder von euch
    lasse sich auf den Namen Jesu Christi taufen
    zur Vergebung seiner Sünden;
dann werdet ihr die Gabe des Heiligen Geistes empfangen.

39 Denn euch und euren Kindern gilt die Verheißung
und all denen in der Ferne,
    die der Herr, unser Gott, herbeirufen wird.

40 Mit noch vielen anderen Worten beschwor und ermahnte er sie:
Laßt euch retten aus dieser verdorbenen Generation!

41 Die nun, die sein Wort annahmen,
    ließen sich taufen.
An diesem Tag
    wurden ihrer Gemeinschaft
    etwa dreitausend Menschen hinzugefügt.

ANTWORTPSALM
Ps 23 (22), 1–3.4.5.6 (R: 1)

R Der Herr ist mein Hirte, (GL 535, 6)
nichts wird mir fehlen. – R

Oder:
R Halleluja. – R

Der Herr ist mein Hirte, nichts wird mir fehlen. † VI. Ton
Er läßt mich lagern auf grünen Auen *
und führt mich zum Ruheplatz am Wasser.

Er stillt mein Verlangen; *
er leitet mich auf rechten Pfaden, treu seinem Namen. – (R)

Muß ich auch wandern in finsterer Schlucht, *
ich fürchte kein Unheil;

denn du bist bei mir, *
dein Stock und dein Stab geben mir Zuversicht. – (R)

Du deckst mir den Tisch *
vor den Augen meiner Feinde.

Du salbst mein Haupt mit Öl, *
du füllst mir reichlich den Becher. – (R)

6 Lauter Güte <u>und</u> Huld *
werden mir <u>fol</u>gen mein Leben lang,

und im Haus <u>des</u> Herrn *
darf ich <u>woh</u>nen für lange Zeit.

R Der Herr ist mein Hirte,
nichts wird mir fehlen.

ZUR 2. LESUNG   *Was der erste Petrusbrief den Christen sagt, die
als Sklaven leben müssen, ist alles andere als eine „Sklavenmoral".
Wer in einer heidnischen Welt als Christ lebt, wird Schläge bekommen, auch wenn er kein Sklave ist. Aber das erniedrigt nicht ihn. Er
kann auf Christus schauen: auf den, der unsere Not gelitten und unsere Sünden getragen hat; er heilt unsere Wunden, er ist der gute Hirt.*

ZWEITE LESUNG   1 Petr 2, 20b–25

Ihr seid heimgekehrt zum Hirten und Bischof eurer Seelen

Lesung
    aus dem ersten Brief des Apostels Petrus.

Liebe Brüder,
20b wenn ihr recht handelt und trotzdem Leiden erduldet,
        das ist eine Gnade in den Augen Gottes.
21 Dazu seid ihr berufen worden;
denn auch Christus hat für euch gelitten
und euch ein Beispiel gegeben,
        damit ihr seinen Spuren folgt.
22 Er hat keine Sünde begangen,
und in seinem Mund war kein trügerisches Wort.
23 Er wurde geschmäht, schmähte aber nicht;
er litt, drohte aber nicht,
sondern überließ seine Sache dem gerechten Richter.
24 Er hat unsere Sünden
        mit seinem Leib auf das Holz des Kreuzes getragen,
damit wir tot seien für die Sünden
        und für die Gerechtigkeit leben.
Durch seine Wunden seid ihr geheilt.
25 Denn ihr hattet euch verirrt wie Schafe,
jetzt aber seid ihr heimgekehrt
        zum Hirten und Bischof eurer Seelen.

RUF VOR DEM EVANGELIUM
Vers: Joh 10, 14

Halleluja. Halleluja.

(So spricht der Herr:)
Ich bin der gute Hirt.
Ich kenne die Meinen, und die Meinen kennen mich.

Halleluja.

ZUM EVANGELIUM
Hirt und Herde sind bei einem Hirtenvolk selbstverständliche Bezeichnungen für Herrscher und Volk, auch für Lehrer und Gemeinde. Im Alten Testament wird Gott der Hirt seines Volkes genannt (Ps 23; Ps 95, 7; Ez 34). Wenn Jesus nun sich als den guten Hirten bezeichnet und als die Tür zum Leben, so liegt darin ein ungeheurer Anspruch: er selbst ist für die Menschen die Offenbarung Gottes; es gibt keine rettende Wahrheit und keinen Weg zum Leben außer ihm. Wer in der Gemeinde als Hirt und Lehrer aufgestellt ist, steht im Dienst und unter dem Gericht des „guten Hirten".

EVANGELIUM
Joh 10, 1–10

Ich bin die Tür zu den Schafen

✢ Aus dem heiligen Evangelium nach Johannes.

In jener Zeit sprach Jesus:
Amen, amen, das sage ich euch:
Wer in den Schafstall nicht durch die Tür hineingeht,
   sondern anderswo einsteigt,
   der ist ein Dieb und ein Räuber.
Wer aber durch die Tür hineingeht,
   ist der Hirt der Schafe.

Ihm öffnet der Türhüter,
und die Schafe hören auf seine Stimme;
er ruft die Schafe, die ihm gehören, einzeln beim Namen
und führt sie hinaus.
Wenn er alle seine Schafe hinausgetrieben hat,
   geht er ihnen voraus,
und die Schafe folgen ihm;
   denn sie kennen seine Stimme.

5   Einem Fremden aber werden sie nicht folgen,
    sondern sie werden vor ihm fliehen,
        weil sie die Stimme des Fremden nicht kennen.

6   Dieses Gleichnis erzählte ihnen Jesus;
    aber sie verstanden nicht den Sinn
        dessen, was er ihnen gesagt hatte.

7   Weiter sagte Jesus zu ihnen:
        Amen, amen, ich sage euch:
    Ich bin die Tür zu den Schafen.

8   Alle, die vor mir kamen,
        sind Diebe und Räuber;
    aber die Schafe haben nicht auf sie gehört.

9   Ich bin die Tür;
    wer durch mich hineingeht,
        wird gerettet werden;
    er wird ein und aus gehen und Weide finden.

10 Der Dieb
        kommt nur, um zu stehlen, zu schlachten und zu vernichten;
    ich bin gekommen,
        damit sie das Leben haben
    und es in Fülle haben.

Glaubensbekenntnis, S. 356 ff.
Fürbitten vgl. S. 789 f.

ZUR EUCHARISTIEFEIER   *„Er ist die Tür, die zum Vater führt.
Durch diese Tür gingen Abraham, Isaak und Jakob, die Propheten,
die Apostel, und durch diese Tür geht die Kirche."* (Ignatius von Antiochien, Brief an die Gemeinde von Philadelphia)

GABENGEBET

Herr, unser Gott,
gib, daß wir dir allzeit danken
durch die Feier der österlichen Geheimnisse.
In ihnen führst du das Werk der Erlösung fort,
mache sie für uns
zur Quelle der unvergänglichen Freude.
Darum bitten wir durch Christus, unseren Herrn.

Osterpräfation, S. 418 ff.

KOMMUNIONVERS

Auferstanden ist der Gute Hirt. Er gab sein Leben für die Schafe.
Er ist für seine Herde gestorben. Halleluja.

SCHLUSSGEBET

Gott, du Hirt deines Volkes,
sieh voll Huld auf deine Herde,
die durch das kostbare Blut deines Sohnes erkauft ist;
bleibe bei ihr
und führe sie auf die Weide des ewigen Lebens.
Darum bitten wir durch ihn, Christus, unseren Herrn.

FÜR DEN TAG UND DIE WOCHE
Die Stimme

*Die Unterscheidung der „Stimme" ist heute wichtiger als je gegenüber
einem zunehmenden Gewirre von Argumenten und Parolen menschlicher Intelligenz, die die schlichte Wahrheit des Evangeliums bestreiten
oder verdrängen … Alles liegt jetzt an der Übereinstimmung mit der
Stimme des Hirten. Sie fordert gegebenenfalls auch den Preis der
Flucht vor der Stimme des Fremden, die Weigerung, ihm zuzuhören.
Also nicht in jedem Fall Dialog. (H. Spaemann)*

Blindheit
*Gerade das ist das Harte an geistiger Blindheit, daß man, obwohl man
weder edel noch gut noch verständig ist, sich selbst so vorkommt, als
hätte man diese Ziele erreicht. (Platon)*

FÜNFTER SONNTAG DER OSTERZEIT

*Wäre das Christentum nur eine Summe von Geboten und Lebensre-
geln, es wäre leichter zu begreifen, aber auch leichter zu ersetzen und
zu erledigen. Aber Christus sagt: Ich bin. Er ist der Fels, das Fundament. Er ist auch der Weg, und er ist das Leben. Wer ihm folgt, geht
sicher; er ist in der Wahrheit und Treue Gottes geborgen.*

ERÖFFNUNGSVERS   Ps 98 (97), 1–2

Singt dem Herrn ein neues Lied,
denn er hat wunderbare Taten vollbracht
und sein gerechtes Wirken enthüllt vor den Augen der Völker.
Halleluja.

Ehre sei Gott, S. 352 ff.

TAGESGEBET

Gott, unser Vater,
du hast uns durch deinen Sohn erlöst
und als deine geliebten Kinder angenommen.
Sieh voll Güte auf alle, die an Christus glauben,
und schenke ihnen die wahre Freiheit
und das ewige Erbe.
Darum bitten wir durch Jesus Christus.

ZUR 1. LESUNG   *In der Gemeinde von Jerusalem gab es neben*
den Judenchristen („Hebräer") auch „Hellenisten", Leute nichtjüdi-
scher Abstammung, die auf dem Weg über das Judentum zum christli-
chen Glauben gelangt waren. Unter diesen gab es eine Anzahl Witwen,
die sich aus Frömmigkeit in Jerusalem niedergelassen hatten und teil-
weise in Armut lebten. Für sie wurden als Vertrauensmänner der Ge-
meinde die Diakone aufgestellt; sie hatten keine besondere liturgische
Funktion wie später in der Kirche, ihre Aufgabe war es vielmehr, im
Geist Christi für die Witwen und überhaupt für die Armen zu sorgen.

ERSTE LESUNG   Apg 6, 1–7

Sie wählten sieben Männer von gutem Ruf und voll Geist und Weisheit

Lesung
   aus der Apostelgeschichte.

1 **In diesen Tagen, als die Zahl der Jünger zunahm,**
      begehrten die Hellenisten gegen die Hebräer auf,
   weil ihre Witwen bei der täglichen Versorgung übersehen wurden.

2 **Da riefen die Zwölf die ganze Schar der Jünger zusammen**
   und erklärten:

      Es ist nicht recht, daß wir das Wort Gottes vernachlässigen
      und uns dem Dienst an den Tischen widmen.

Brüder, wählt aus eurer Mitte
    sieben Männer von gutem Ruf und voll Geist und Weisheit;
ihnen werden wir diese Aufgabe übertragen.
Wir aber wollen beim Gebet und beim Dienst am Wort bleiben.

Der Vorschlag fand den Beifall der ganzen Gemeinde,
und sie wählten Stéphanus,
    einen Mann, erfüllt vom Glauben und vom Heiligen Geist,
ferner Philíppus und Próchorus,
Nikánor und Timon,
Parménas
und Níkolaus, einen Proselýten aus Antióchia.

Sie ließen sie vor die Apostel hintreten,
und diese beteten und legten ihnen die Hände auf.

Und das Wort Gottes breitete sich aus,
und die Zahl der Jünger in Jerusalem wurde immer größer;
auch eine große Anzahl von den Priestern
    nahm gehorsam den Glauben an.

ANTWORTPSALM   Ps 33 (32), 1–2.4–5.18–19 (R: 22)

R Laß deine Güte über uns walten, o Herr,   (GL 646, 1)
denn wir schauen aus nach dir. – R

Oder:
R Halleluja. – R

Ihr Gerechten, jubelt vor dem Herrn; *   V. Ton
für die Frommen ziemt es sich, Gott zu loben.

Preist den Herrn mit der Zither, *
spielt für ihn auf der zehnsaitigen Harfe! – (R)

Denn das Wort des Herrn ist wahrhaftig, *
all sein Tun ist verläßlich.

Er liebt Gerechtigkeit und Recht, *
die Erde ist erfüllt von der Huld des Herrn. – (R)

Das Auge des Herrn ruht auf allen, die ihn fürchten und ehren, *
die nach seiner Güte ausschaun;

denn er will sie dem Tod entreißen *
und in der Hungersnot ihr Leben erhalten. – R

ZUR 2. LESUNG   *Christus ist der lebendige Eckstein des neuen Tempels, der Kirche Gottes. Er wurde weggeworfen, getötet, aber er lebt. Wer an ihn glaubt, wird wie er von Gott geehrt; er hat teil am Licht und Leben Gottes. Durch Christus sind wir Gott nahe und können ihm als eine heilige Priesterschaft das Opfer des Lobes und des Dankes darbringen.*

ZWEITE LESUNG   1 Petr 2,4–9

Ihr seid ein auserwähltes Geschlecht, eine königliche Priesterschaft

Lesung aus dem ersten Brief des Apostels Petrus.

Brüder!

4 **Kommt zum Herrn, dem lebendigen Stein,
der von den Menschen verworfen,
aber von Gott auserwählt und geehrt worden ist.**

5 **Laßt euch als lebendige Steine zu einem geistigen Haus aufbauen,
zu einer heiligen Priesterschaft,
um durch Jesus Christus geistige Opfer darzubringen,
die Gott gefallen.**

6 **Denn es heißt in der Schrift:**

**Seht her, ich lege in Zion einen auserwählten Stein,
einen Eckstein, den ich in Ehren halte;
wer an ihn glaubt, der geht nicht zugrunde.**

7 **Euch, die ihr glaubt, gilt diese Ehre.
Für jene aber, die nicht glauben,
ist dieser Stein, den die Bauleute verworfen haben,
zum Eckstein geworden,**

8 **zum Stein, an den man anstößt,
und zum Felsen, an dem man zu Fall kommt.
Sie stoßen sich an ihm,
weil sie dem Wort nicht gehorchen;
doch dazu sind sie bestimmt.**

9 **Ihr aber seid ein auserwähltes Geschlecht,
eine königliche Priesterschaft,
ein heiliger Stamm,
ein Volk, das sein besonderes Eigentum wurde,
damit ihr die großen Taten dessen verkündet,
der euch aus der Finsternis
in sein wunderbares Licht gerufen hat.**

RUF VOR DEM EVANGELIUM Vers: Joh 14, 6

Halleluja. Halleluja.

(So spricht der Herr:)
Ich bin der Weg und die Wahrheit und das Leben.
Niemand kommt zum Vater außer durch mich.

Halleluja.

ZUM EVANGELIUM *Die Jünger haben Mühe, den Weggang Jesu zu begreifen. Jesus tröstet sie: Ich komme wieder, ich hole euch heim zu mir. Auch das ist schwer zu verstehen. Thomas fragt nach dem Weg; Philippus bittet: Zeig uns den Vater. Jesus selbst ist der Weg, der Zugang zu Gott („die Tür": Joh 10, 9). Und er ist das Bild des Vaters; Gottes eigene Art, sein Wesen und seine Hinwendung zu den Menschen sind in Jesus sichtbar geworden.*

EVANGELIUM Joh 14, 1–12

Ich bin der Weg und die Wahrheit und das Leben

✝ Aus dem heiligen Evangelium nach Johannes.

In jener Zeit sprach Jesus zu seinen Jüngern:
Euer Herz lasse sich nicht verwirren.
Glaubt an Gott,
    und glaubt an mich!
Im Haus meines Vaters gibt es viele Wohnungen.
Wenn es nicht so wäre,
    hätte ich euch dann gesagt:
    Ich gehe, um einen Platz für euch vorzubereiten?
Wenn ich gegangen bin und einen Platz für euch vorbereitet habe,
    komme ich wieder
und werde euch zu mir holen,
    damit auch ihr dort seid, wo ich bin.
Und wohin ich gehe
    – den Weg dorthin kennt ihr.

Thomas sagte zu ihm:
    Herr, wir wissen nicht, wohin du gehst.
Wie sollen wir dann den Weg kennen?

Jesus sagte zu ihm:
    Ich bin der Weg und die Wahrheit und das Leben;

niemand kommt zum Vater
   außer durch mich.
7 Wenn ihr mich erkannt habt,
    werdet ihr auch meinen Vater erkennen.
Schon jetzt kennt ihr ihn
und habt ihn gesehen.

8 Philippus sagte zu ihm: Herr, zeig uns den Vater;
das genügt uns.

9 Jesus antwortete ihm:
   Schon so lange bin ich bei euch,
    und du hast mich nicht erkannt, Philíppus?
Wer mich gesehen hat,
   hat den Vater gesehen.
Wie kannst du sagen: Zeig uns den Vater?
10 Glaubst du nicht, daß ich im Vater bin
    und daß der Vater in mir ist?
Die Worte, die ich zu euch sage,
   habe ich nicht aus mir selbst.
Der Vater, der in mir bleibt,
   vollbringt seine Werke.
11 Glaubt mir doch, daß ich im Vater bin
und daß der Vater in mir ist;
wenn nicht,
   glaubt wenigstens aufgrund der Werke!

12 Amen, amen, ich sage euch:
Wer an mich glaubt,
   wird die Werke, die ich vollbringe, auch vollbringen,
und er wird noch größere vollbringen,
denn ich gehe zum Vater.

Glaubensbekenntnis, S. 356 ff.;   S. 789 f.

ZUR EUCHARISTIEFEIER   *Jünger Jesu sein heißt die Nähe Jesu
suchen und seinen Weg gehen. Es heißt immer neu ihm begegnen in
seinem Wort und im Sakrament, im „Geheimnis des Glaubens".*

GABENGEBET

Erhabener Gott,
durch die Feier des heiligen Opfers
gewährst du uns Anteil an deiner göttlichen Natur,

Gib, daß wir dich nicht nur als den einen wahren Gott erkennen,
sondern unser ganzes Leben nach dir ausrichten.
Darum bitten wir durch Christus, unseren Herrn.

Osterpräfation, S. 418 ff.

KOMMUNIONVERS Joh 15, 1.5

So spricht der Herr:
Ich bin der wahre Weinstock, ihr seid die Rebzweige.
Wer in mir bleibt und in wem ich bleibe,
der bringt reiche Frucht. Halleluja.

SCHLUSSGEBET

Barmherziger Gott, höre unser Gebet.
Du hast uns im Sakrament
das Brot des Himmels gegeben,
damit wir an Leib und Seele gesunden.
Gib, daß wir die Gewohnheiten des alten Menschen ablegen
und als neue Menschen leben.
Darum bitten wir durch Christus, unseren Herrn.

FÜR DEN TAG UND DIE WOCHE
Du allein

Zu wem sollte ich rufen, Herr,
zu wem meine Zuflucht nehmen,
wenn nicht zu dir?
Alles, was nicht Gott ist,
kann meine Hoffnung nicht erfüllen.
Gott selbst verlange und suche ich;
an dich allein, mein Gott,
wende ich mich, um dich zu erlangen.
Du allein hast meine Seele erschaffen können,
du allein kannst sie aufs neue erschaffen;
du allein hast ihr dein Bildnis einprägen können,
du allein kannst sie umprägen
und ihr dein ausgelöschtes Antlitz wieder eindrücken,
welches ist Jesus Christus,
mein Heiland, der dein Bild ist
und das Zeichen deines Wesens. (Blaise Pascal)

SECHSTER SONNTAG DER OSTERZEIT

Von Anfang an ist die Kirche Christi verfolgte Kirche, aber zugleich
missionarische Kirche. Das gehört zu ihrem Wesen. Sie hat den Geist
Christi empfangen, den Geist der Liebe und den Geist der Wahrheit.
Sie muß das Empfangene weitergeben, das ist das Gesetz ihres Lebens.

ERÖFFNUNGSVERS   Vgl. Jes 48,20

Verkündet es jauchzend, damit man es hört!
Ruft es hinaus bis ans Ende der Erde!
Ruft: Der Herr hat sein Volk befreit. Halleluja.

Ehre sei Gott, S. 352 ff.

TAGESGEBET

Allmächtiger Gott,
laß uns die österliche Zeit
in herzlicher Freude begehen
und die Auferstehung unseres Herrn preisen,
damit das Ostergeheimnis,
das wir in diesen fünfzig Tagen feiern,
unser ganzes Leben prägt und verwandelt.
Darum bitten wir durch Jesus Christus.

Wo Christi Himmelfahrt an dem darauffolgenden Sonntag gefeiert wird, können heute die Zweite Lesung und das Evangelium vom Siebten Sonntag der
Osterzeit, S. 298 ff., genommen werden.

ZUR 1. LESUNG   *Nach dem Martyrium des Stephanus war gegen*
die Jüngergemeinde in Jerusalem eine Verfolgung ausgebrochen. Die
Gläubigen flohen in die Städte von Judäa und Samaria. Überall, wo-
hin sie kamen, sprachen sie von Jesus, dem gekreuzigten und aufer-
standenen Messias. In Samaria predigte Philippus, einer der sieben
Diakone. Um den Glauben der Neubekehrten zu stärken (um zu „fir-
men", könnten wir sagen), kommen aus Jerusalem die Apostel Petrus
und Johannes; sie sichern auch die Verbindung dieser Gemeinde mit
der Kirche von Jerusalem.

ERSTE LESUNG   Apg 8, 5–8.14–17

*Petrus und Johannes legten ihnen die Hände auf, und sie empfingen den Heiligen
Geist.*

**Lesung
    aus der Apostelgeschichte.**

**In jenen Tagen
    kam Philippus in die Hauptstadt Samáriens hinab
    und verkündigte dort Christus.
Und die Menge achtete einmütig auf die Worte des Philippus;
sie hörten zu und sahen die Wunder, die er tat.
Denn aus vielen Besessenen
    fuhren unter lautem Geschrei die unreinen Geister aus;
auch viele Lahme und Krüppel wurden geheilt.
So herrschte große Freude in jener Stadt.**

**4 Als die Apostel in Jerusalem hörten,
    daß Samárien das Wort Gottes angenommen hatte,
    schickten sie Petrus und Johannes dorthin.
5 Diese zogen hinab
und beteten für sie, sie möchten den Heiligen Geist empfangen.
6 Denn er war noch auf keinen von ihnen herabgekommen;
sie waren nur auf den Namen Jesu, des Herrn, getauft.
7 Dann legten sie ihnen die Hände auf,
    und sie empfingen den Heiligen Geist.**

ANTWORTPSALM   Ps 66 (65), 1–3.4–5.6–7.16 u. 20 (R: 1)

R Jauchzt vor Gott, alle Länder der Erde! Halleluja. – **R**   (GL 233, 2)

Oder:
R Halleluja. – **R**

**Jauchzt vor Gott, alle Länder der Erde! †   VI. Ton
Spielt zum Ruhm seines Namens! *
Verherrlicht ihn mit Lobpreis!**

**Sagt zu Gott: „Wie ehrfurchtgebietend sind deine Taten; *
vor deiner gewaltigen Macht müssen die Feinde sich beugen." – (R)**

**Alle Welt bete dich an und singe dein Lob, *
sie lobsinge deinem Namen!**

**Kommt und seht die Taten Gottes! *
Staunenswert ist sein Tun an den Menschen: – (R)**

6   Er verwandelte das Meer in trockenes Land, †
    sie schritten zu Fuß durch den Strom; *
    dort waren wir über ihn voll Freude.

7   In seiner Kraft ist er Herrscher auf ewig; †
    seine Augen prüfen die Völker. *
    Die Trotzigen können sich gegen ihn nicht erheben. – (R)

16 Ihr alle, die ihr Gott fürchtet, kommt und hört; *
    ich will euch erzählen, was er mir Gutes getan hat.

20 Gepriesen sei Gott; denn er hat mein Gebet nicht verworfen *
    und mir seine Huld nicht entzogen.

R Jauchzt vor Gott, alle Länder der Erde! Halleluja.
Oder:
R Halleluja.

ZUR 2. LESUNG   *Der Christ unterscheidet sich vom Heiden darin,
daß er Hoffnung und Zukunft hat, und daß er es weiß. Er hat Gemeinschaft mit Christus, dem Auferstandenen. Es erschreckt ihn auch
nicht, mit ihm und für ihn zu leiden. Er kann ruhig und sicher Rede
und Antwort stehen für seinen Glauben.*

ZWEITE LESUNG   1 Petr 3, 15–18

Dem Fleisch nach wurde er getötet, dem Geist nach lebendig gemacht

Lesung
    aus dem ersten Brief des Apostels Petrus.

Brüder!
15 Haltet in eurem Herzen Christus, den Herrn, heilig!
    Seid stets bereit, jedem Rede und Antwort zu stehen,
        der nach der Hoffnung fragt, die euch erfüllt;
16 aber antwortet bescheiden und ehrfürchtig,
    denn ihr habt ein reines Gewissen.

    Dann werden die, die euch beschimpfen,
        weil ihr in der Gemeinschaft mit Christus
        ein rechtschaffenes Leben führt,
        sich wegen ihrer Verleumdungen schämen müssen.
17 Es ist besser, für gute Taten zu leiden,
        wenn es Gottes Wille ist,
        als für böse.

18 Denn auch Christus ist der Sünden wegen
ein einziges Mal gestorben,
er, der Gerechte, für die Ungerechten,
um euch zu Gott hinzuführen;
dem Fleisch nach wurde er getötet,
dem Geist nach lebendig gemacht.

RUF VOR DEM EVANGELIUM Vers: vgl. Joh 14, 23

Halleluja. Halleluja.

(So spricht der Herr:)
Wer mich liebt, hält fest an meinem Wort.
Mein Vater wird ihn lieben, und wir werden bei ihm wohnen.

Halleluja.

ZUM EVANGELIUM *Die Liebe, von der Jesus spricht, ist nicht bloßes Gefühl, sondern Tat. Sie ist aber mehr als nur die Erfüllung von Pflichten; Jesus verheißt den Heiligen Geist, die Liebe Gottes in Person, die Freude Gottes, die Kraft Gottes. Dem glaubenden und liebenden Menschen verheißt Jesus noch mehr: „Wir" – Jesus und der Vater – „werden zu ihm kommen und bei ihm wohnen" (14, 23). Göttliche Weite und Fülle wird dem Menschen geschenkt, der bereit ist, die Gabe Gottes anzunehmen.*

EVANGELIUM Joh 14, 15–21

Ich werde den Vater bitten, und er wird euch einen anderen Beistand geben

✠ Aus dem heiligen Evangelium nach Johannes.

In jener Zeit sprach Jesus zu seinen Jüngern:
5 Wenn ihr mich liebt,
werdet ihr meine Gebote halten.
6 Und ich werde den Vater bitten,
und er wird euch einen anderen Beistand geben,
der für immer bei euch bleiben soll.
7 Es ist der Geist der Wahrheit,
den die Welt nicht empfangen kann,
weil sie ihn nicht sieht und nicht kennt.

Ihr aber kennt ihn,
  weil er bei euch bleibt und in euch sein wird.

18 Ich werde euch nicht als Waisen zurücklassen,
   sondern ich komme wieder zu euch.
19 Nur noch kurze Zeit,
   und die Welt sieht mich nicht mehr;
   ihr aber seht mich,
   weil ich lebe und weil auch ihr leben werdet.
20 An jenem Tag werdet ihr erkennen:
   Ich bin in meinem Vater,
   ihr seid in mir,
   und ich bin in euch.
21 Wer meine Gebote hat und sie hält,
   der ist es, der mich liebt;
   wer mich aber liebt,
   wird von meinem Vater geliebt werden,
   und auch ich werde ihn lieben
   und mich ihm offenbaren.

Glaubensbekenntnis. S. 356 ff.
Fürbitten vgl. S. 789 f.

ZUR EUCHARISTIEFEIER *In der Eucharistiefeier empfangen
wir den Leib und das Blut Christi, und wir empfangen den Heiligen
Geist, „damit wir ein Leib und ein Geist werden in Christus". (Drittes
eucharistisches Hochgebet)*

GABENGEBET

Herr und Gott,
laß unser Gebet zu dir aufsteigen
und nimm unsere Gaben an.
Reinige uns durch deine Gnade,
damit wir fähig werden,
das Sakrament deiner großen Liebe zu empfangen.
Darum bitten wir durch Christus, unseren Herrn.

Osterpräfation. S. 418 ff.

KOMMUNIONVERS   Joh 14, 15–16

So spricht der Herr:
Wenn ihr mich liebt, werdet ihr meine Gebote halten.

Ich werde den Vater bitten,
und er wird euch einen anderen Beistand geben,
damit er immer bei euch bleibt. Halleluja.

SCHLUSSGEBET

Allmächtiger Gott,
du hast uns durch die Auferstehung Christi
neu geschaffen für das ewige Leben.
Erfülle uns
mit der Kraft dieser heilbringenden Speise,
damit das österliche Geheimnis
in uns reiche Frucht bringt.
Darum bitten wir durch Christus, unseren Herrn.

FÜR DEN TAG UND DIE WOCHE
Raum für Gott

Wenn man einmal Gott in sich hat, dann ist das fürs Leben. Es gibt keinen Zweifel. Man kann andere Zweifel haben, aber dieser besondere wird sich niemals mehr einstellen ... Ohne ihn kann ich nichts tun. Aber selbst Gott könnte nichts für jemand tun, der keinen Raum für ihn gelassen hat. Man muß völlig leer sein, um ihn einzulassen, damit er sein Werk tun kann. (Mutter Teresa)

CHRISTI HIMMELFAHRT

Hochfest

Christus ist in der Herrlichkeit Gottes, des Vaters. Er ist dort als der Menschgewordene und der Gekreuzigte, als unser Priester und Fürbitter. Er ist aber von der Erde nicht einfach weggegangen, so daß er nun abwesend wäre. Er hat seine Jünger nicht allein gelassen, er bleibt anwesend in seiner Kirche und durch sie in der Welt, für die Welt. Er ist der Kyrios, der Herr, zu dem wir rufen: Kyrie, eleison: Herr, erbarme dich.

ERÖFFNUNGSVERS Apg 1, 11

Ihr Männer von Galiläa,
was steht ihr da und schaut zum Himmel?
Der Herr wird wiederkommen, wie er jetzt aufgefahren ist. Halleluja.

Ehre sei Gott, S. 352 ff.

TAGESGEBET

Allmächtiger, ewiger Gott,
erfülle uns mit Freude und Dankbarkeit,
denn in der Himmelfahrt deines Sohnes
hast du den Menschen erhöht.
Schenke uns das feste Vertrauen,
daß auch wir zu der Herrlichkeit gerufen sind,
in die Christus uns vorausgegangen ist,
der in der Einheit des Heiligen Geistes
mit dir lebt und herrscht in alle Ewigkeit.

ZUR 1. LESUNG   *In seinem Evangelium hat Lukas berichtet, was Jesus getan und gelehrt hat; in der Apostelgeschichte beschreibt er das Werden und Wachsen der Kirche. Die letzten Worte Jesu vor seinem Weggang sind für die Jünger zugleich Verheißung und Auftrag. Für alle Menschen sollen sie Boten und Zeugen Christi sein; der Geist Gottes gibt ihnen die Kraft dazu. Von Pfingsten bis zur Wiederkunft Christi wird die Kirche Christi missionierende Kirche sein.*

ERSTE LESUNG Apg 1, 1–11

Dieser Jesus, der in den Himmel aufgenommen wurde, wird ebenso wiederkommen, wie ihr ihn habt zum Himmel hingehen sehen

Lesung
   aus der Apostelgeschichte.

1   **Im ersten Buch, lieber Theóphilus,**
      habe ich über alles berichtet, was Jesus getan und gelehrt hat,
2   **bis zu dem Tag, an dem er in den Himmel aufgenommen wurde.**
Vorher hat er durch den Heiligen Geist
      den Aposteln, die er sich erwählt hatte, Anweisungen gegeben.

3 Ihnen hat er nach seinem Leiden
      durch viele Beweise gezeigt, daß er lebt;
   vierzig Tage hindurch ist er ihnen erschienen
   und hat vom Reich Gottes gesprochen.

4 Beim gemeinsamen Mahl gebot er ihnen:
   Geht nicht weg von Jerusalem,
      sondern wartet auf die Verheißung des Vaters,
         die ihr von mir vernommen habt.

5 Johannes hat mit Wasser getauft,
      ihr aber
         werdet schon in wenigen Tagen mit dem Heiligen Geist getauft.

   Als sie nun beisammen waren, fragten sie ihn:
      Herr, stellst du in dieser Zeit
         das Reich für Israel wieder her?

   Er sagte zu ihnen:
      Euch steht es nicht zu, Zeiten und Fristen zu erfahren,
         die der Vater in seiner Macht festgesetzt hat.

   Aber ihr werdet die Kraft des Heiligen Geistes empfangen,
      der auf euch herabkommen wird;
   und ihr werdet meine Zeugen sein
   in Jerusalem und in ganz Judäa und Samárien
      und bis an die Grenzen der Erde.

   Als er das gesagt hatte,
      wurde er vor ihren Augen emporgehoben,
   und eine Wolke nahm ihn auf und entzog ihn ihren Blicken.

10 Während sie unverwandt ihm nach zum Himmel emporschauten,
      standen plötzlich zwei Männer in weißen Gewändern bei ihnen
11 und sagten: Ihr Männer von Galiläa,
   was steht ihr da und schaut zum Himmel empor?
   Dieser Jesus, der von euch ging
      und in den Himmel aufgenommen wurde,
         wird ebenso wiederkommen,
            wie ihr ihn habt zum Himmel hingehen sehen.

ANTWORTPSALM   Ps 47 (46), 2–3.6–7.8–9 (R: 6)

R Gott stieg empor unter Jubel,   (GL 232, 5)
der Herr beim Schall der Posaunen. – **R**

Oder:
R Halleluja. – **R**

2   Ihr Völker alle, klatscht in die Hände; *   VI. Ton
    jauchzt Gott zu mit lautem Jubel!

3   Denn furchtgebietend ist der Herr, der Höchste, *
    ein großer König über die ganze Erde. – (**R**)

6   Gott stieg empor unter Jubel, *
    der Herr beim Schall der Hörner.

7   Singt unserm Gott, ja, singt ihm! *
    Spielt unserm König, spielt ihm! – (**R**)

8   Denn Gott ist König der ganzen Erde. *
    Spielt ihm ein Psalmenlied!

9   Gott wurde König über alle Völker, *
    Gott sitzt auf seinem heiligen Thron. – **R**

ZUR 2. LESUNG   *Das Gebet des Apostels wird zu einer großen
Aussage über die Macht und Größe Gottes. Gott hat Jesus von den To-
ten auferweckt und an seine Seite erhöht; er hat ihn zum Haupt der
Kirche und der ganzen Schöpfung gemacht. Die Kirche ist „sein Leib":
Sie lebt durch ihn, und er lebt in ihr. Die Kirche ist der Raum, wo
Christus für die Welt gegenwärtig ist; sie ist die Erscheinungsform
Christi in dieser Welt.*

ZWEITE LESUNG   Eph 1, 17–23

Gott hat Christus auf den Platz zu seiner Rechten erhoben

Lesung
   aus dem Brief des Apostels Paulus an die Épheser.

Brüder!
17 Der Gott Jesu Christi, unseres Herrn,
       der Vater der Herrlichkeit,
       gebe euch den Geist der Weisheit und Offenbarung,
       damit ihr ihn erkennt.

18 Er erleuchte die Augen eures Herzens,
damit ihr versteht,
zu welcher Hoffnung ihr durch ihn berufen seid,
welchen Reichtum
die Herrlichkeit seines Erbes den Heiligen schenkt

19 und wie überragend groß
seine Macht sich an uns, den Gläubigen, erweist
durch das Wirken seiner Kraft und Stärke.

20 Er hat sie an Christus erwiesen,
den er von den Toten auferweckt
und im Himmel auf den Platz zu seiner Rechten erhoben hat,

21 hoch über alle Fürsten und Gewalten,
Mächte und Herrschaften
und über jeden Namen, der nicht nur in dieser Welt,
sondern auch in der zukünftigen genannt wird.

22 Alles hat er ihm zu Füßen gelegt
und ihn, der als Haupt alles überragt,
über die Kirche gesetzt.

23 Sie ist sein Leib
und wird von ihm erfüllt, der das All ganz und gar beherrscht.

RUF VOR DEM EVANGELIUM   Vers: Mt 28, 19a.20b

Halleluja. Halleluja.

(So spricht der Herr:)
Geht zu allen Völkern,
und macht alle Menschen zu meinen Jüngern.
Ich bin bei euch alle Tage bis zum Ende der Welt.

Halleluja.

ZUM EVANGELIUM   *Am Anfang des Matthäusevangeliums
stand die Verheißung „Gott ist mit uns" (Mt 1,23); an seinem Ende
steht die Versicherung Jesu, des Auferstandenen: „Ich bin bei euch alle
Tage bis zum Ende der Welt." Mit göttlicher Vollmacht sendet Jesus
seine Jünger in die Welt hinaus; sie sollen alle Menschen lehren und
taufen. Man wird Jünger Jesu durch den Glauben und die Taufe; man
bleibt es dadurch, daß man nach seiner Lehre und Weisung lebt (Mt
5–7).*

EVANGELIUM   Mt 28, 16–20

Mir ist alle Macht gegeben im Himmel und auf der Erde

✠ Aus dem heiligen Evangelium nach Matthäus.

In jener Zeit
16   gingen die elf Jünger nach Galiläa
     auf den Berg, den Jesus ihnen genannt hatte.
17   Und als sie Jesus sahen,
     fielen sie vor ihm nieder.
     Einige aber hatten Zweifel.
18   Da trat Jesus auf sie zu
     und sagte zu ihnen:
     Mir ist alle Macht gegeben im Himmel und auf der Erde.
19   Darum geht zu allen Völkern,
     und macht alle Menschen zu meinen Jüngern;
     tauft sie
     auf den Namen des Vaters und des Sohnes
     und des Heiligen Geistes,
20   und lehrt sie,
     alles zu befolgen, was ich euch geboten habe.
     Seid gewiß: Ich bin bei euch
     alle Tage bis zum Ende der Welt.

Glaubensbekenntnis, S. 356 ff.
Fürbitten vgl. S. 789 f.

ZUR EUCHARISTIEFEIER   *Mit dem Menschen Jesus hat unsere
Zukunft begonnen. Er hat uns den Weg gezeigt. Er war ganz für Gott
da und ganz für die Menschen. Durch ihn wissen wir für immer, was
Liebe ist.*

GABENGEBET

Allmächtiger Gott,
am Fest der Himmelfahrt deines Sohnes
bringen wir dieses Opfer dar.
Gib uns durch diese heilige Feier die Gnade,
daß wir uns über das Irdische erheben
und suchen, was droben ist.
Darum bitten wir durch Christus, unseren Herrn.

Präfation, S. 420 ff.
In den Hochgebeten I–III eigener Einschub.

KOMMUNIONVERS
Mt 28, 20

Ich bin bei euch alle Tage bis zum Ende der Welt. Halleluja.

SCHLUSSGEBET

Allmächtiger, ewiger Gott,
du hast uns, die wir noch auf Erden leben,
deine göttlichen Geheimnisse anvertraut.
Lenke unser Sinnen und Verlangen zum Himmel,
wo Christus als Erster der Menschen bei dir ist,
der mit dir lebt und herrscht in alle Ewigkeit.

DIE BOTSCHAFT

Christus hat keine Hände, nur unsere Hände,
um seine Arbeit heute zu tun,
Er hat keine Füße, nur unsere Füße,
um Menschen auf seinen Weg zu führen.
Christus hat keine Lippen, nur unsere Lippen,
um den Menschen von ihm zu erzählen.
Wir sind die einzige Bibel, die die Öffentlichkeit noch liest.
Wir sind Gottes letzte Botschaft,
in Taten und Worten geschrieben. (Verfasser unbekannt)

SIEBTER SONNTAG DER OSTERZEIT

Jesus ist nicht gekommen, um alle Probleme zu lösen, sondern um in
dieser Welt Gott sichtbar zu machen. Sein Name soll geheiligt werden.
Jesus selbst ist der Weg Gottes zu den Menschen und der Weg, auf
dem die Menschen zu Gott kommen. In dem Menschen Jesus ist für
uns Gottes Wesen sichtbar und sein Geist erfahrbar geworden. Hier
nimmt die neue Schöpfung ihren Anfang.

ERÖFFNUNGSVERS   Ps 27 (26), 7–9

Vernimm, o Herr, mein lautes Rufen;
sei mir gnädig und erhöre mich!
Mein Herz denkt an dein Wort: „Sucht mein Angesicht!"
Dein Angesicht, Herr, will ich suchen.
Verbirg nicht dein Gesicht vor mir! Halleluja.

Ehre sei Gott, S. 352 ff.

TAGESGEBET

Allmächtiger Gott,
wir bekennen, daß unser Erlöser
bei dir in deiner Herrlichkeit ist.
Erhöre unser Rufen
und laß uns erfahren,
daß er alle Tage bis zum Ende der Welt
bei uns bleibt, wie er uns verheißen hat.
Er, der in der Einheit des Heiligen Geistes
mit dir lebt und herrscht in alle Ewigkeit.

ZUR 1. LESUNG   *In Jerusalem hat Jesus sein irdisches Leben vollendet, hier beginnt nach seinem Weggang die Zeit der Kirche. Das
„Obergemach", in dem sich die Jünger zunächst aufhalten, war vielleicht der Ort des Letzten Abendmahls gewesen; jetzt war es für sie der
Raum der Sammlung und der betenden Erwartung des verheißenen
Geistes. Maria ist bei ihnen: die Mutter Jesu ist auch die Mutter der
werdenden Kirche.*

ERSTE LESUNG   Apg 1, 12–14

Sie alle verharrten einmütig im Gebet

Lesung
    aus der Apostelgeschichte.

12 Als Jesus in den Himmel aufgenommen war,
        kehrten die Apostel vom Ölberg,
        der nur einen Sabbatweg von Jerusalem entfernt ist,
        nach Jerusalem zurück.

3 Als sie in die Stadt kamen,
   gingen sie in das Obergemach hinauf,
   wo sie nun ständig blieben:
Petrus und Johannes,
Jakobus und Andreas,
Philippus und Thomas,
Bartholomäus und Matthäus,
Jakobus, der Sohn des Alphäus,
   und Simon, der Zelót,
   sowie Judas, der Sohn des Jakobus.

4 Sie alle verharrten dort einmütig im Gebet,
zusammen mit den Frauen
   und mit Maria, der Mutter Jesu,
   und mit seinen Brüdern.

ANTWORTPSALM   Ps 27 (26), 1.4.7–8 (R: vgl. 13)

R Ich schaue Gottes Güte im Land der Lebenden. – R   (GL 649, 1)

Oder:
R Halleluja. – R

Der Herr ist mein Licht und mein Heil: *   V. Ton
Vor wem sollte ich mich fürchten?

Der Herr ist die Kraft meines Lebens: *
Vor wem sollte mir bangen? – (R)

Nur eines erbitte ich vom Herrn, danach verlangt mich: *
Im Haus des Herrn zu wohnen alle Tage meines Lebens,

die Freundlichkeit des Herrn zu schauen *
und nachzusinnen in seinem Tempel. – (R)

Vernimm, o Herr, mein lautes Rufen; *
sei mir gnädig, und erhöre mich!

Mein Herz denkt an dein Wort: „Sucht mein Angesicht!" *
Dein Angesicht, Herr, will ich suchen. – R

ZUR 2. LESUNG   *Von den jüdischen Behörden und bald auch von der römischen Staatsgewalt wurden die Christen verfolgt wegen des „Namens": weil sie sich zu Jesus als dem Christus bekannten und keinen Menschen als ihren Herrn und Gott anerkennen wollten. Solches Leiden für Christus ist Teilnahme an seinem Leiden; Gottes Macht wird darin sichtbar, jetzt schon und erst recht bei der Offenbarung der Herrlichkeit Christi.*

ZWEITE LESUNG   1 Petr 4, 13–16

Freut euch, daß ihr Anteil an den Leiden Christi habt

Lesung
   aus dem ersten Brief des Apostels Petrus.

Brüder!

13 Freut euch, daß ihr Anteil an den Leiden Christi habt;
    denn so könnt ihr auch bei der Offenbarung seiner Herrlichkeit
       voll Freude jubeln.

14 Wenn ihr wegen des Namens Christi beschimpft werdet,
       seid ihr seligzupreisen;
    denn der Geist der Herrlichkeit, der Geist Gottes,
       ruht auf euch.

15 Wenn einer von euch leiden muß,
       soll es nicht deswegen sein,
    weil er ein Mörder oder ein Dieb ist,
    weil er Böses tut
    oder sich in fremde Angelegenheiten einmischt.

16 Wenn er aber leidet, weil er Christ ist,
       dann soll er sich nicht schämen,
    sondern Gott verherrlichen,
       indem er sich zu diesem Namen bekennt.

RUF VOR DEM EVANGELIUM   Vers: vgl. Joh 14, 18

Halleluja. Halleluja.

(So spricht der Herr:)
Ich lasse euch nicht als Waisen zurück.
Ich komme wieder zu euch. Dann wird euer Herz sich freuen.

Halleluja.

ZUM EVANGELIUM *Auf die Abschiedsreden Jesu folgt im Johannesevangelium das große Abschieds- und Weihegebet (17, 1–26). Jetzt ist die „Stunde" gekommen, auf die das ganze Leben Jesu ausgerichtet war. Daß die Stunde ihren Sinn erfülle, daß die Kreuzeshingabe Frucht bringe, ist das zentrale Anliegen dieses Gebets. Jesus bittet, der Vater möge ihn – durch den Tod hindurch – „verherrlichen": ihn dadurch ehren, daß er ihn als seinen Sohn erweist. So werden die Menschen den Vater und den Sohn erkennen und ehren. Indem Jesus für sich selbst betet, betet er für die Jünger; indem er für die Jünger betet, betet er auch für alle, die durch sie zum Glauben kommen werden.*

EVANGELIUM   Joh 17, 1–11a

Vater, verherrliche deinen Sohn!

✛ Aus dem heiligen Evangelium nach Johannes.

In jener Zeit
    erhob Jesus seine Augen zum Himmel
und sprach:
    Vater, die Stunde ist da.
Verherrliche deinen Sohn,
    damit der Sohn dich verherrlicht.
Denn du hast ihm Macht über alle Menschen gegeben,
damit er allen, die du ihm gegeben hast,
    ewiges Leben schenkt.
Das ist das ewige Leben:
dich, den einzigen wahren Gott, zu erkennen
und Jesus Christus, den du gesandt hast.

Ich habe dich auf der Erde verherrlicht
und das Werk zu Ende geführt, das du mir aufgetragen hast.
Vater, verherrliche du mich jetzt bei dir
    mit der Herrlichkeit, die ich bei dir hatte, bevor die Welt war.

Ich habe deinen Namen den Menschen offenbart,
    die du mir aus der Welt gegeben hast.
Sie gehörten dir,
und du hast sie mir gegeben,
und sie haben an deinem Wort festgehalten.

7 Sie haben jetzt erkannt,
    daß alles, was du mir gegeben hast, von dir ist.

8 Denn die Worte, die du mir gegeben hast,
    gab ich ihnen,
und sie haben sie angenommen.
Sie haben wirklich erkannt, daß ich von dir ausgegangen bin,
und sie sind zu dem Glauben gekommen,
    daß du mich gesandt hast.

9 Für sie bitte ich;
nicht für die Welt bitte ich,
sondern für alle, die du mir gegeben hast;
denn sie gehören dir.

10 Alles, was mein ist,
    ist dein,
und was dein ist,
    ist mein;
in ihnen bin ich verherrlicht.

11a Ich bin nicht mehr in der Welt,
aber sie sind in der Welt,
und ich gehe zu dir.

Glaubensbekenntnis, S. 356 ff.
Fürbitten vgl. S. 789 f.

ZUR EUCHARISTIEFEIER *Jesus hat für uns gebetet, und er hat uns sein Wort, seine rettende Wahrheit anvertraut. In ihm und mit ihm sind auch wir verantwortlich für den Glauben der Menschen und für das Heil der Welt.*

GABENGEBET

Herr und Gott,
nimm die Gebete und Opfergaben
deiner Gläubigen an.
Laß uns diese heilige Feier
mit ganzer Hingabe begehen,
damit wir einst das Leben
in der Herrlichkeit des Himmels erlangen.
Darum bitten wir durch Christus, unseren Herrn.

Präfation von Christi Himmelfahrt, S. 420 f.

KOMMUNIONVERS Vgl. Joh 17, 22

Ich bitte dich, Vater, laß sie eins sein,
wie wir eins sind. Halleluja.

SCHLUSSGEBET

Erhöre uns, Gott, unser Heil,
und schenke uns die feste Zuversicht,
daß durch die Feier der heiligen Geheimnisse
die ganze Kirche jene Vollendung erlangen wird,
die Christus, ihr Haupt,
in deiner Herrlichkeit schon besitzt,
der mit dir lebt und herrscht in alle Ewigkeit.

FÜR DEN TAG UND DIE WOCHE
Das Geheimnis Gottes

„Brüder, vor der Sünde der Menschen schreckt nicht zurück! Liebt den Menschen auch in seiner Sünde, denn das ist das Ebenbild der Liebe Gottes, das Höchste der Liebe. Liebt die ganze Schöpfung Gottes, das ganze All, wie jedes Sandkörnchen. Liebt jedes Blättchen und jeden Strahl Gottes. Liebt die Tiere, liebt jedes Gewächs und jedes Ding. Wenn du jedes Ding liebst, dann wird sich dir in den Dingen das Geheimnis Gottes offenbaren. Ist es dir offenbar geworden, so wirst du jeden Tag mehr und mehr die Wahrheit erkennen. Und schließlich wirst du die ganze Welt in allumfassender Liebe umspannen." (F.-M. Dostojewski)

PFINGSTEN

Am Vorabend

Volles Leben ist nur ein Leben in Gemeinschaft mit anderen Menschen, es verwirklicht sich im Geben ebenso wie im Empfangen. Gottes Gabe aber ist das Leben, das bleibt: sein eigenes Leben. Der Heilige Geist, den wir in der Taufe empfangen haben, ist Anfang und Unterpfand unserer bleibenden Gemeinschaft mit Gott.

ERÖFFNUNGSVERS   Röm 5, 5
**Die Liebe Gottes ist ausgegossen in unsere Herzen
durch den Heiligen Geist, der uns gegeben ist. Halleluja.**

Ehre sei Gott, S. 352 ff.

TAGESGEBET
**Gott, unser Herr,
du hast das österliche Geheimnis
im Geschehen des Pfingsttages vollendet
und Menschen aus allen Völkern
das Heil geoffenbart.
Vereine im Heiligen Geist
die Menschen aller Sprachen und Nationen
zum Bekenntnis deines Namens.
Darum bitten wir durch Jesus Christus.**

Oder:

**Allmächtiger Gott,
der Glanz deiner Herrlichkeit
strahle über uns auf,
und Christus, das Licht von deinem Licht,
erleuchte die Herzen aller Getauften
und stärke sie durch den Heiligen Geist.
Darum bitten wir durch Jesus Christus.**

ZUR 1. LESUNG   *Babel, die mächtige Stadt, war dem biblischen Verfasser der Inbegriff menschlicher Überheblichkeit. Dort stand der Tempel des Stadtgottes Marduk mit seinem siebenstöckigen Turm, genannt „Fundament des Himmels und der Erde". Aber wo der Mensch seine Grenzen überschreitet, wird die Größe zur Lüge, und die Macht zerfällt. Nur in der Wahrheit kommt die Einheit zustande.*

ERSTE LESUNG   Gen 11, 1–9

Man nannte die Stadt Babel; denn dort hat der Herr die Sprachen aller Welt verwirrt

Lesung
   aus dem Buch Génesis.

Alle Menschen hatten die gleiche Sprache
   und gebrauchten die gleichen Worte.
Als sie von Osten aufbrachen,
   fanden sie eine Ebene im Land Schinar
und siedelten sich dort an.

Sie sagten zueinander: Auf, formen wir Lehmziegel,
   und brennen wir sie zu Backsteinen.
So dienten ihnen gebrannte Ziegel als Steine
   und Erdpech als Mörtel.
Dann sagten sie: Auf, bauen wir uns eine Stadt
   und einen Turm mit einer Spitze bis zum Himmel,
und machen wir uns damit einen Namen,
dann werden wir uns nicht über die ganze Erde zerstreuen.

Da stieg der Herr herab,
   um sich Stadt und Turm anzusehen,
   die die Menschenkinder bauten.
Er sprach: Seht nur, ein Volk sind sie,
und eine Sprache haben sie alle.
Und das ist erst der Anfang ihres Tuns.
Jetzt wird ihnen nichts mehr unerreichbar sein,
   was sie sich auch vornehmen.

Auf, steigen wir hinab,
und verwirren wir dort ihre Sprache,
   so daß keiner mehr die Sprache des anderen versteht.

8 Der Herr zerstreute sie von dort aus über die ganze Erde,
und sie hörten auf, an der Stadt zu bauen.
9 Darum nannte man die Stadt Babel – Wirrsal –,
denn dort hat der Herr die Sprache aller Welt verwirrt,
und von dort aus hat er die Menschen
über die ganze Erde zerstreut.

Oder:

ERSTE LESUNG   Ex 19, 3–8a.16–20

Einführung   *Fünfzig Tage nach Ostern feierte man im späten Judentum neben dem Erntedank auch den Bundesschluß und die Gesetzgebung am Sinai. Israel ist Gottes Eigentum, sein heiliges Volk geworden. Christus aber ist mehr als Mose; er ist nicht zum Sinai, sondern zum Himmel hinaufgestiegen und hat vom Vater her den versprochenen Geist gesandt, der von nun an das Gesetz und die Seele des Gottesvolkes sein wird.*

Vor den Augen des ganzen Volkes stieg der Herr auf den Berg Sinai herab

Lesung
aus dem Buch Exodus.

In jenen Tagen
3   stieg Mose zu Gott hinauf.
Da rief ihm der Herr vom Berg her zu:
Das sollst du dem Haus Jakob sagen
und den Israeliten verkünden:
4 Ihr habt gesehen, was ich den Ägyptern angetan habe,
wie ich euch auf Adlerflügeln getragen
und hierher zu mir gebracht habe.
5 Jetzt aber,
wenn ihr auf meine Stimme hört und meinen Bund haltet,
werdet ihr unter allen Völkern mein besonderes Eigentum sein.
Mir gehört die ganze Erde,
6 ihr aber sollt mir als ein Reich von Priestern
und als ein heiliges Volk gehören.
Das sind die Worte, die du den Israeliten mitteilen sollst.
7 Mose ging und rief die Ältesten des Volkes zusammen.
Er legte ihnen alles vor, was der Herr ihm aufgetragen hatte.

Das ganze Volk antwortete einstimmig
und erklärte: Alles, was der Herr gesagt hat, wollen wir tun.

Am dritten Tag, im Morgengrauen,
    begann es zu donnern und zu blitzen.
Schwere Wolken lagen über dem Berg,
und gewaltiger Hörnerschall erklang.
Das ganze Volk im Lager begann zu zittern.

Mose führte es aus dem Lager hinaus Gott entgegen.
Unten am Berg blieben sie stehen.

Der ganze Sínai war in Rauch gehüllt,
denn der Herr war im Feuer auf ihn herabgestiegen.
Der Rauch stieg vom Berg auf wie Rauch aus einem Schmelzofen.
Der ganze Berg bebte gewaltig,
    und der Hörnerschall wurde immer lauter.
Mose redete,
und Gott antwortete im Donner.

Der Herr war auf den Sínai,
    auf den Gipfel des Berges, herabgestiegen.
Er hatte Mose zu sich auf den Gipfel des Berges gerufen,
    und Mose war hinaufgestiegen.

Oder:

ERSTE LESUNG   Ez 37, 1–14

Einführung   *Die Vision von der Wiederbelebung der Totengebeine
wird in der Lesung selbst auf die Heimkehr und Wiederherstellung des
Volkes Israel gedeutet. Gottes mächtiger Lebensatem, der „Geist", soll
aber nicht nur die nationale Wiederherstellung des Volkes bewirken,
sondern vor allem seine geistige Erneuerung. Es soll sichtbar werden,
daß Jahwe, der Gott Israels, auch das Tote zum Leben erwecken und
das Angesicht der Erde erneuern kann.*

*Ihr ausgetrockneten Gebeine, ich selbst bringe Geist in euch, dann werdet ihr le-
bendig*

Lesung
    aus dem Buch Ezéchiel.

In jenen Tagen
    legte sich die Hand des Herrn auf mich,
und der Herr brachte mich im Geist hinaus
    und versetzte mich mitten in die Ebene.
Sie war voll von Gebeinen.

2   Er führte mich ringsum an ihnen vorüber,
    und ich sah sehr viele über die Ebene verstreut liegen;
    sie waren ganz ausgetrocknet.

3   Er fragte mich: Menschensohn,
    können diese Gebeine wieder lebendig werden?
    Ich antwortete: Herr und Gott, das weißt nur du.

4   Da sagte er zu mir: Sprich als Prophet über diese Gebeine,
    und sag zu ihnen: Ihr ausgetrockneten Gebeine,
        hört das Wort des Herrn!

5   So spricht Gott, der Herr, zu diesen Gebeinen:
    Ich selbst bringe Geist in euch,
        dann werdet ihr lebendig.

6   Ich spanne Sehnen über euch und umgebe euch mit Fleisch;
    ich überziehe euch mit Haut und bringe Geist in euch,
        dann werdet ihr lebendig.
    Dann werdet ihr erkennen, daß ich der Herr bin.

7   Da sprach ich als Prophet, wie mir befohlen war;
    und noch während ich redete,
        hörte ich auf einmal ein Geräusch:
    Die Gebeine rückten zusammen, Bein an Bein.

8   Und als ich hinsah, waren plötzlich Sehnen auf ihnen,
    und Fleisch umgab sie,
    und Haut überzog sie.
    Aber es war noch kein Geist in ihnen.

9   Da sagte er zu mir: Rede als Prophet zum Geist,
    rede, Menschensohn,
    sag zum Geist: So spricht Gott, der Herr:
    Geist, komm herbei von den vier Winden!
    Hauch diese Erschlagenen an,
        damit sie lebendig werden.

10 Da sprach ich als Prophet, wie er mir befohlen hatte,
    und es kam Geist in sie.
    Sie wurden lebendig und standen auf –
    ein großes, gewaltiges Heer.

11 Er sagte zu mir: Menschensohn,
    diese Gebeine sind das ganze Haus Israel.
    Jetzt sagt Israel: Ausgetrocknet sind unsere Gebeine,

unsere Hoffnung ist untergegangen,
wir sind verloren.
Deshalb tritt als Prophet auf,
   und sag zu ihnen: So spricht Gott, der Herr:
Ich öffne eure Gräber
   und hole euch, mein Volk, aus euren Gräbern herauf.
Ich bringe euch zurück in das Land Israel.
Wenn ich eure Gräber öffne
   und euch, mein Volk, aus euren Gräbern heraufhole,
      dann werdet ihr erkennen, daß ich der Herr bin.
Ich hauche euch meinen Geist ein,
   dann werdet ihr lebendig,
und ich bringe euch wieder in euer Land.
   Dann werdet ihr erkennen, daß ich der Herr bin.

Ich habe gesprochen,
und ich führe es aus
– Spruch des Herrn.

Oder:

ERSTE LESUNG   Joel 3, 1–5

Einführung   *Joel verheißt für die Endzeit, was Mose einst ge-
wünscht hatte (Num 11, 29): Das ganze Volk wird vom Geist Gottes
ergriffen werden. Es werden Tage schwerer Heimsuchung und letzter
Entscheidung sein; wer sich mit Glauben und Vertrauen an Gott hält,
wird gerettet. Der Apostel Petrus hat in seiner Pfingstrede die Joel-
weissagung angeführt (Apg 2, 17–21). Die Geistgabe an Pfingsten ist
das große Angebot Gottes in den „letzten Tagen" der Menschheitsgeschichte.*

Ich werde meinen Geist ausgießen über meine Knechte und Mägde

Lesung
   aus dem Buch Joël.

So spricht Gott, der Herr:
Es wird geschehen,
   daß ich meinen Geist ausgieße über alles Fleisch.
Eure Söhne und Töchter werden Propheten sein,
eure Alten werden Träume haben,
und eure jungen Männer haben Visionen.
Auch über Knechte und Mägde
   werde ich meinen Geist ausgießen in jenen Tagen.

3 Ich werde wunderbare Zeichen wirken
       am Himmel und auf der Erde:
   Blut und Feuer und Rauchsäulen.
4 Die Sonne wird sich in Finsternis verwandeln
       und der Mond in Blut,
       ehe der Tag des Herrn kommt,
       der große und schreckliche Tag.
5 Und es wird geschehen:
   Wer den Namen des Herrn anruft, wird gerettet.
   Denn auf dem Berg Zion und in Jerusalem gibt es Rettung,
       wie der Herr gesagt hat,
   und wen der Herr ruft,
       der wird entrinnen.

ANTWORTPSALM

Ps 104 (103), 1–2.24–25.27–28.29–30 (R: vgl. 30)

R Sende aus deinen Geist,   (GL 253, 1)
und das Antlitz der Erde wird neu. – R

Oder:
R Halleluja. – R

1 Lobe den Herrn, meine Seele! †   VII. Ton
   Herr, mein Gott, wie groß bist du! *
   Du bist mit Hoheit und Pracht bekleidet.
2 Du hüllst dich in Licht wie in ein Kleid, *
   du spannst den Himmel aus wie ein Zelt. – (R)

   Herr, wie zahlreich sind deine Werke! †
   Mit Weisheit hast du sie alle gemacht, *
   die Erde ist voll von deinen Geschöpfen.

   Da ist das Meer, so groß und weit, *
   darin ein Gewimmel ohne Zahl: kleine und große Tiere. – (R)

   Sie alle warten auf dich, *
   daß du ihnen Speise gibst zur rechten Zeit.

   Gibst du ihnen, dann sammeln sie ein; *
   öffnest du deine Hand, werden sie satt an Gutem. – (R)

   Verbirgst du dein Gesicht, sind sie verstört; †
   nimmst du ihnen den Atem, so schwinden sie hin *
   und kehren zurück zum Staub der Erde.

30 Sendest du deinen Geist aus, so werden sie alle erschaffen, *
und du erneuerst das Antlitz der Erde. – R

ZUR 2. LESUNG   *Immer noch warten wir darauf, daß sichtbar
wird, was wir durch die Taufe und den Empfang des Heiligen Geistes
geworden sind. In der täglichen Erfahrung sehen wir Schwachheit
und Sünde. Aber der Geist Gottes hilft uns; er gibt uns die Kraft zu
glauben, zu hoffen, zu beten. Er kennt unser Herz.*

ZWEITE LESUNG   Röm 8, 22–27

*Der Geist selber tritt für uns ein mit Seufzen, das wir nicht in Worte fassen
können.*

Lesung
aus dem Brief des Apostels Paulus an die Römer.

Brüder!
2 Wir wissen, daß die gesamte Schöpfung
bis zum heutigen Tag seufzt und in Geburtswehen liegt.
3 Aber auch wir,
obwohl wir als Erstlingsgabe den Geist haben,
seufzen in unserem Herzen
und warten darauf, daß wir mit der Erlösung unseres Leibes
als Söhne offenbar werden.
4 Denn wir sind gerettet,
doch in der Hoffnung.
Hoffnung aber, die man schon erfüllt sieht,
ist keine Hoffnung.
Wie kann man auf etwas hoffen, das man sieht?
5 Hoffen wir aber auf das, was wir nicht sehen,
dann harren wir aus in Geduld.
5 So nimmt sich auch der Geist unserer Schwachheit an.
Denn wir wissen nicht,
worum wir in rechter Weise beten sollen;
der Geist selber tritt jedoch für uns ein
mit Seufzen, das wir nicht in Worte fassen können.
Und Gott, der die Herzen erforscht,
weiß, was die Absicht des Geistes ist:
Er tritt so, wie Gott es will,
für die Heiligen ein.

RUF VOR DEM EVANGELIUM

Zum Vers Komm, Heiliger Geist knien alle.

Halleluja. Halleluja.

Komm, Heiliger Geist,
erfülle die Herzen deiner Gläubigen,
und entzünde in ihnen das Feuer deiner Liebe!
Halleluja.

ZUM EVANGELIUM   *Am letzten Tag des Laubhüttenfestes offenbart sich Jesus als die Quelle lebendigen Wassers. Die Wasserspende einst in der Wüste und das Wasserschöpfen am Laubhüttenfest waren Hinweise auf die eigentliche Gabe, die Gott geben will: den Heiligen Geist. Seine Symbole sind das Wasser, der Atem, der Sturm, das Feuer.*

EVANGELIUM   Joh 7, 37–39

Ströme von lebendigem Wasser werden fließen

✚ **Aus dem heiligen Evangelium nach Johannes.**

37 **Am letzten Tag des Festes, dem großen Tag,**
    stellte sich Jesus hin
und rief:

Wer Durst hat, komme zu mir,
38 **und es trinke, wer an mich glaubt.**
Wie die Schrift sagt:
    Aus seinem Inneren
    werden Ströme von lebendigem Wasser fließen.

Damit meinte er den Geist,
39   **den alle empfangen sollten, die an ihn glauben;**
denn der Geist war noch nicht gegeben,
    weil Jesus noch nicht verherrlicht war.

Glaubensbekenntnis, S. 356 ff.
Fürbitten vgl. S. 791.

ZUR EUCHARISTIEFEIER   *Die Fülle der Gottheit, das Mysterium des dreifaltigen Gottes, wohnte in dem Menschen Jesus. Das kostbare Gefäß mußte zerbrochen werden, damit für uns alle sein Reichtum strömen kann.*

GABENGEBET

Herr, unser Gott,
dein Geist segne diese Gaben
und erfülle durch sie die Kirche
mit der Kraft deiner Liebe,
damit die ganze Welt erkennt,
daß du sie zum Heil gerufen hast.
Darum bitten wir durch Christus, unseren Herrn.

Pfingstpräfation, S. 421.
In den Hochgebeten I–III eigener Einschub.

KOMMUNIONVERS   Joh 7, 37

Am letzten Tag des Festes, dem großen Tag,
stand Jesus da und rief:
Wer Durst hat, komme zu mir und trinke. Halleluja.

SCHLUSSGEBET

Herr, unser Gott,
du hast uns im heiligen Mahl gesättigt.
Erfülle uns durch dieses Sakrament
mit der Glut des Heiligen Geistes,
den du am Pfingstfest den Aposteln gesandt hast.
Darum bitten wir durch Christus, unseren Herrn.

Am Tag

*Pfingsten war im Alten Bund ein Erntefest; für uns ist es das Fest des
Heiligen Geistes, die Vollendung und Bestätigung von Ostern. Durch
den Heiligen Geist wissen wir: Jesus lebt, er ist der Christus, der Herr.
Das bezeugt die glaubende Gemeinde durch ihre Existenz und Lebenskraft. „jedem einzelnen aber wird die Offenbarung des Geistes geschenkt, damit sie anderen nützt".*

ERÖFFNUNGSVERS   Vgl. Weish 1, 7

Der Geist des Herrn erfüllt den Erdkreis.
In ihm hat alles Bestand.
Nichts bleibt verborgen vor ihm. Halleluja.

Oder: Röm 5, 5

**Die Liebe Gottes ist ausgegossen in unsere Herzen
durch den Heiligen Geist, der uns gegeben ist. Halleluja.**

Ehre sei Gott, S. 352 ff.

TAGESGEBET

Allmächtiger, ewiger Gott,
durch das Geheimnis des heutigen Tages
heiligst du deine Kirche
in allen Völkern und Nationen.
Erfülle die ganze Welt
mit den Gaben des Heiligen Geistes,
und was deine Liebe
am Anfang der Kirche gewirkt hat,
das wirke sie auch heute
in den Herzen aller, die an dich glauben.
Darum bitten wir durch Jesus Christus.

ZUR 1. LESUNG   *Die Weissagung des Propheten Joel und die Verheißung Jesu haben sich an Pfingsten erfüllt. Sie erfüllen sich weiterhin während der ganzen Zeit der Kirche. Immer wird man die Kirche Christi daran erkennen und danach beurteilen, ob sie dem Wirken des Geistes Raum gibt und in allen Sprachen den Menschen die Botschaft Gottes zu bringen weiß.*

ERSTE LESUNG   Apg 2, 1–11

Alle wurden mit dem Heiligen Geist erfüllt und begannen zu reden

**Lesung
   aus der Apostelgeschichte.**

1   **Als der Pfingsttag gekommen war,
      befanden sich alle am gleichen Ort.**

2   **Da kam plötzlich vom Himmel her ein Brausen,
      wie wenn ein heftiger Sturm daherfährt,
      und erfüllte das ganze Haus, in dem sie waren.**

3   **Und es erschienen ihnen Zungen wie von Feuer,
      die sich verteilten;
      auf jeden von ihnen ließ sich eine nieder.**

4 Alle wurden mit dem Heiligen Geist erfüllt
und begannen, in fremden Sprachen zu reden,
   wie es der Geist ihnen eingab.

5 In Jerusalem aber wohnten Juden,
fromme Männer aus allen Völkern unter dem Himmel.

6 Als sich das Getöse erhob,
   strömte die Menge zusammen und war ganz bestürzt;
denn jeder hörte sie in seiner Sprache reden.

7 Sie gerieten außer sich vor Staunen
und sagten:

Sind das nicht alles Galiläer, die hier reden?

8 Wieso kann sie jeder von uns in seiner Muttersprache hören:

9 Parther, Meder und Elamíter,
Bewohner von Mesopotámien, Judäa und Kappadózien,
von Pontus und der Provinz Asien,

10 von Phrýgien und Pamphýlien,
von Ägypten und dem Gebiet Líbyens nach Zyréne hin,
auch die Römer, die sich hier aufhalten,

11 Juden und Proselýten,
Kreter und Áraber,
wir hören sie in unseren Sprachen Gottes große Taten verkünden.

ANTWORTPSALM

Ps 104 (103), 1–2.24–25.29–30.31 u. 34 (R: vgl. 30)

(GL 253, 1)

R Sende aus deinen Geist,
und das Antlitz der Erde wird neu. – R

Oder:

R Halleluja. – R

1 Lobe den Herrn, meine Seele! †
Herr, mein Gott, wie groß bist du! *
Du bist mit Hoheit und Pracht bekleidet.

VII. Ton

2 Du hüllst dich in Licht wie in ein Kleid, *
du spannst den Himmel aus wie ein Zelt. – (R)

24 Herr, wie zahlreich sind deine Werke! †
Mit Weisheit hast du sie alle gemacht, *
die Erde ist voll von deinen Geschöpfen.

25 Da ist das Meer, so groß und weit, *
darin ein Gewimmel ohne Zahl: kleine und große Tiere. – (R)

29 Verbirgst du dein Gesicht, sind sie verstört; †
    nimmst du ihnen den Atem, so schwinden sie hin *
    und kehren zurück zum Staub der Erde.

30 Sendest du deinen Geist aus, so werden sie alle erschaffen, *
    und du erneuerst das Antlitz der Erde. – (R)

31 Ewig währe die Herrlichkeit des Herrn; *
    der Herr freue sich seiner Werke.

34 Möge ihm mein Dichten gefallen. *
    Ich will mich freuen am Herrn.

R Sende aus deinen Geist,
    und das Antlitz der Erde wird neu.

Oder: Halleluja.

ZUR 2. LESUNG   *Im Bekenntnis „Jesus ist der Herr" hat die Jüngergemeinde ihren Glauben an die Auferstehung Jesu und an seine Erhöhung an die Seite des Vaters ausgesprochen (vgl. Phil 2, 9–11). Es
ist der eine Geist Christi, der in der Kirche die Vielheit der Gaben und
Dienste bewirkt und der die Einheit des Glaubens und des Bekenntnis-
ses schafft.*

ZWEITE LESUNG   1 Kor 12, 3b–7.12–13

*Durch den einen Geist wurden wir in der Taufe alle in einen einzigen Leib auf-
genommen*

Lesung
    aus dem ersten Brief des Apostels Paulus an die Korinther.

Brüder!
3b Keiner kann sagen: Jesus ist der Herr!,
        wenn er nicht aus dem Heiligen Geist redet.

4   Es gibt verschiedene Gnadengaben,
        aber nur den einen Geist.

5   Es gibt verschiedene Dienste,
        aber nur den einen Herrn.

6   Es gibt verschiedene Kräfte, die wirken,
        aber nur den einen Gott:
    Er bewirkt alles in allen.

7   Jedem aber wird die Offenbarung des Geistes geschenkt,
      damit sie anderen nützt.

12   Denn wie der Leib eine Einheit ist, doch viele Glieder hat,
    alle Glieder des Leibes aber,
      obgleich es viele sind, einen einzigen Leib bilden:
      so ist es auch mit Christus.

13   Durch den einen Geist
      wurden wir in der Taufe
      alle in einen einzigen Leib aufgenommen,
    Juden und Griechen, Sklaven und Freie;
    und alle wurden wir
      mit dem einen Geist getränkt.

SEQUENZ*

Komm herab, o Heil'ger Geist, / der die finstre Nacht zerreißt, / strahle Licht in diese Welt.

Komm, der alle Armen liebt, / komm, der gute Gaben gibt, / komm, der jedes Herz erhellt.

Höchster Tröster in der Zeit, / Gast, der Herz und Sinn erfreut, / köstlich Labsal in der Not,

in der Unrast schenkst du Ruh, / hauchst in Hitze Kühlung zu, / spendest Trost in Leid und Tod.

Komm, o du glückselig Licht, / fülle Herz und Angesicht, / dring bis auf der Seele Grund.

Ohne dein lebendig Wehn / kann im Menschen nichts bestehn, / kann nichts heil sein noch gesund.

Was befleckt ist, wasche rein, / Dürrem gieße Leben ein, / heile du, wo Krankheit quält.

Wärme du, was kalt und hart, / löse, was in sich erstarrt, / lenke, was den Weg verfehlt.

Gib dem Volk, das dir vertraut, / das auf deine Hilfe baut, / deine Gaben zum Geleit.

Laß es in der Zeit bestehn, / deines Heils Vollendung sehn / und der Freuden Ewigkeit. (Amen. Halleluja.)

---

* Wird die Sequenz nach dem Ruf vor dem Evangelium gesungen, wird sie mit Amen. Halleluja abgeschlossen.

RUF VOR DEM EVANGELIUM

Zum Vers Komm, Heiliger Geist knien alle.

Halleluja. Halleluja.

**Komm, Heiliger Geist,
erfülle die Herzen deiner Gläubigen,
und entzünde in ihnen das Feuer deiner Liebe!**

Halleluja.

ZUM EVANGELIUM   *Die Geistsendung gehört zum Ostergeschehen, sie wird deshalb im Johannesevangelium (anders als bei Lukas)
als Ereignis des Auferstehungstages berichtet. Der Ostergruß des Auferstandenen heißt „Friede"; seine Ostergabe ist die Freude. Beide sind
Früchte des Heiligen Geistes (vgl. Gal 5, 22). Der Geist selbst ist die
große Gabe, die alle anderen in sich schließt. Er verbindet für immer
die Jünger mit dem auferstandenen Herrn, er eint sie untereinander,
und er schafft eine erneuerte Welt durch die Vergebung der Sünden.*

EVANGELIUM   Joh 20, 19–23

Wie mich der Vater gesandt hat, so sende ich euch: Empfangt den Heiligen Geist!

✛ **Aus dem heiligen Evangelium nach Johannes.**

19 **Am Abend des ersten Tages der Woche,
   als die Jünger aus Furcht vor den Juden
   die Türen verschlossen hatten,
   kam Jesus,
trat in ihre Mitte
und sagte zu ihnen: Friede sei mit euch!**

20 **Nach diesen Worten
   zeigte er ihnen seine Hände und seine Seite.
   Da freuten sich die Jünger, daß sie den Herrn sahen.**

21 **Jesus sagte noch einmal zu ihnen: Friede sei mit euch!
   Wie mich der Vater gesandt hat,
   so sende ich euch.**

22 **Nachdem er das gesagt hatte,
   hauchte er sie an
und sprach zu ihnen: Empfangt den Heiligen Geist!**

23 Wem ihr die Sünden vergebt,
    dem sind sie vergeben;
wem ihr die Vergebung verweigert,
    dem ist sie verweigert.

Glaubensbekenntnis, S. 356 ff.
Fürbitten vgl. S. 791.

ZUR EUCHARISTIEFEIER *Es ist derselbe Heilige Geist, der durch die Sündenvergebung die Gemeinde erneuert und auf dem Altar unsere Opfergaben heiligt. Für beides danken wir dem Herrn, unserem Gott.*

GABENGEBET

Allmächtiger Gott,
erfülle die Verheißung deines Sohnes:
Sende uns deinen Geist,
damit er uns in die volle Wahrheit einführt
und uns das Geheimnis dieses Opfers
immer mehr erschließt.
Darum bitten wir durch Christus, unseren Herrn.

Pfingstpräfation, S. 421.
In den Hochgebeten I–III eigener Einschub.

KOMMUNIONVERS   Vgl. Apg 2, 4. 11

Alle wurden mit dem Heiligen Geist erfüllt
und verkündeten Gottes große Taten. Halleluja.

SCHLUSSGEBET

Herr, unser Gott,
du hast deine Kirche
mit himmlischen Gaben beschenkt.
Erhalte ihr deine Gnade,
damit die Kraft aus der Höhe, der Heilige Geist,
in ihr weiterwirkt
und die geistliche Speise sie nährt
bis zur Vollendung.
Darum bitten wir durch Christus, unseren Herrn.

DIE UNRUHE

Die beiden „Elemente", die in der Pfingstgeschichte als die Begleiterscheinungen und Symbole des Heiligen Geistes erscheinen, Sturmwind und Feuer, sind die unheimlichsten unter allen Elementen, und sie lassen nichts, was sie ergreifen, an seinem Ort und in seinem Zustand … Wer an den Heiligen Geist als die schöpferische Aktivität Gottes glaubt und in diesem Glauben um das Kommen dieses Geistes bittet, der muß wissen, daß er damit die göttliche Störung herbeiruft und sich dafür offen hält, daß Gott ihn stört in seinem „Besitz", in seinen Gewohnheiten, auch seinen Denkgewohnheiten, wenn sie nicht mehr dafür taugen, ein Gefäß der heilsamen Unruhe und der aufregenden Wahrheit zu sein. Wer also bittet: „Komm, Heiliger Geist", muß auch bereit sein zu bitten: Komm und störe mich, wo ich gestört werden muß.

PFINGSTMONTAG

Der Ort, wo der Geist Gottes spricht und handelt, ist vor allem die Kirche, konkret: die hier und jetzt versammelte Gemeinde. Er schafft in der Gemeinde die Einheit, er gibt die Freude zum gemeinsamen Beten und Singen, er hilft uns zu einem glaubwürdigen christlichen Leben. Eine Gemeinde kann sich, ebenso wie der einzelne Mensch, dem Wirken des Geistes öffnen oder sich ihm in starrer Unbeweglichkeit verschließen. „Alle, die sich vom Geist Gottes leiten lassen, sind Kinder Gottes."

ERÖFFNUNGSVERS   Offb 1,5–6

Christus liebt uns
und hat uns durch sein Blut befreit von unseren Sünden;
er hat uns die Würde von Königen gegeben
und uns zu Priestern gemacht
für den Dienst vor seinem Gott und Vater. Halleluja.

Ehre sei Gott, S. 352 ff.

TAGESGEBET

Gott und Vater unseres Herrn Jesus Christus,
im Neuen Bund
berufst du aus allen Völkern dein Volk
und führst es zusammen im Heiligen Geist.
Gib, daß deine Kirche ihrer Sendung treu bleibt,
daß sie ein Sauerteig ist für die Menschheit,
die du in Christus erneuern
und zu deiner Familie umgestalten willst.
Darum bitten wir durch ihn,
der in der Einheit des Heiligen Geistes
mit dir lebt und herrscht in alle Ewigkeit.

Wo der Pfingstmontag als Feiertag begangen wird, stehen alle Perikopen des
Pfingstsonntags, , sowie die Perikopen zur Feier der Firmung (Votiv-
messe vom Heiligen Geist) zur Verfügung. Aus diesen Texten sind die Lesungen zusammengestellt.

ZUR 1. LESUNG *Durch eine Vision mußte Petrus dazu bewogen werden, dem römischen Offizier Kornelius die Taufe zu gewähren. Noch vor der Taufe kam der Heilige Geist auf Kornelius und die anderen dort Versammelten herab; so wurden alle Zweifel behoben, die bei den Judenchristen noch bestehen konnten: die Scheidewand zwischen Juden und Heiden ist gefallen; vor Gott gibt es keinen Unterschied, alle Menschen sind zur Umkehr und zum Heil berufen.*

ERSTE LESUNG   Apg 10, 34–35.42–48a

Ihm ist in jedem Volk willkommen, wer ihn fürchtet und tut, was recht ist

Lesung
aus der Apostelgeschichte.

In jenen Tagen
34 begann Petrus zu reden
und sagte:
Wahrhaftig, jetzt begreife ich,
daß Gott nicht auf die Person sieht,
35 sondern daß ihm in jedem Volk willkommen ist,
wer ihn fürchtet
und tut, was recht ist.

42 Er hat uns geboten, dem Volk zu verkündigen
und zu bezeugen:
Das ist der von Gott eingesetzte Richter
der Lebenden und der Toten.
43 Von ihm bezeugen alle Propheten,
daß jeder, der an ihn glaubt,
durch seinen Namen die Vergebung der Sünden empfängt.
44 Noch während Petrus dies sagte,
kam der Heilige Geist auf alle herab, die das Wort hörten.
45 Die gläubig gewordenen Juden, die mit Petrus gekommen waren,
konnten es nicht fassen,
daß auch auf die Heiden
die Gabe des Heiligen Geistes ausgegossen wurde.
46 Denn sie hörten sie in Zungen reden
und Gott preisen.
47 Petrus aber sagte:
Kann jemand denen das Wasser zur Taufe verweigern,
die ebenso wie wir den Heiligen Geist empfangen haben?
48a Und er ordnete an,
sie im Namen Jesu Christi zu taufen.

Oder:

ERSTE LESUNG   Ez 36, 16–17a.18–28

Ich lege einen neuen Geist in euch

siehe S. 226 f.

ANTWORTPSALM   Ps 117 (116), 1.2 (R: Apg 1, 8)

R Ihr werdet meine Zeugen sein   (GL 646, 5)
bis an die Grenzen der Erde. – R

Oder:

R Halleluja. – R

1 Lobet den Herrn, alle Völker, *   VI. Ton
preist ihn, alle Nationen!
2 Denn mächtig waltet über uns seine Huld, *
die Treue des Herrn währt in Ewigkeit. – R

ZUR 2. LESUNG *Die Einheit der Christen ist nicht nur eine Frage des guten Willens. Christus selbst hat am Kreuz alle Trennung überwunden: die Trennung zwischen Gott und den Menschen, aber auch die Gegensätze der Menschen untereinander. Was die Christen eint, ist größer als alles, was sie trennen könnte.*

ZWEITE LESUNG Eph 4, 1b–6

Ein Leib und ein Geist, ein Herr, ein Glaube und eine Taufe

Lesung
aus dem Brief des Apostels Paulus an die Épheser.

Brüder!
1b Führt ein Leben,
das des Rufes würdig ist, der an euch erging.
2 Seid demütig,
friedfertig und geduldig,
ertragt einander in Liebe,
3 und bemüht euch, die Einheit des Geistes zu wahren
durch den Frieden, der euch zusammenhält.
4 Ein Leib und ein Geist,
wie euch durch eure Berufung
auch eine gemeinsame Hoffnung gegeben ist;
5 ein Herr,
ein Glaube,
eine Taufe,
6 ein Gott und Vater aller,
der über allem und durch alles und in allem ist.

Sequenz, S. 315.

RUF VOR DEM EVANGELIUM

Zum Vers Komm, Heiliger Geist … knien alle.

Halleluja. Halleluja.
Komm, Heiliger Geist,
erfülle die Herzen deiner Gläubigen,
und entzünde in ihnen das Feuer deiner Liebe!

Halleluja.

ZUM EVANGELIUM   *Jesus hat in der Welt Widerspruch erfahren,
den Jüngern wird es nicht anders gehen. Der Prozeß gegen Jesus ist
nicht zu Ende; durch die Jahrhunderte hindurch werden die Jünger
die Wahrheit Gottes bezeugen, die in Jesus sichtbar geworden ist. Der
„Geist der Wahrheit", der in ihnen wohnt, gibt ihrem Wort die Kraft
der Überzeugung.*

EVANGELIUM   Joh 15, 26 – 16, 3. 12–15

*Der Geist wird Zeugnis für mich ablegen,
und auch ihr sollt Zeugnis ablegen*

✛ Aus dem heiligen Evangelium nach Johannes.

In jener Zeit sprach Jesus zu seinen Jüngern:
26 Wenn der Beistand kommt,
        den ich euch vom Vater aus senden werde,
        der Geist der Wahrheit, der vom Vater ausgeht,
        dann wird er Zeugnis für mich ablegen.
27 Und auch ihr sollt Zeugnis ablegen,
        weil ihr von Anfang an bei mir seid.

1   Das habe ich euch gesagt, damit ihr keinen Anstoß nehmt.
2   Sie werden euch aus der Synagoge ausstoßen,
    ja es kommt die Stunde,
        in der jeder, der euch tötet,
        meint, Gott einen heiligen Dienst zu leisten.
3   Das werden sie tun,
        weil sie weder den Vater noch mich erkannt haben.

12 Noch vieles habe ich euch zu sagen,
    aber ihr könnt es jetzt nicht tragen.
13 Wenn aber jener kommt, der Geist der Wahrheit,
        wird er euch in die ganze Wahrheit führen.
    Denn er wird nicht aus sich selbst heraus reden,
    sondern er wird sagen, was er hört,
    und euch verkünden, was kommen wird.
14 Er wird mich verherrlichen;
        denn er wird von dem, was mein ist, nehmen
            und es euch verkünden.
15 Alles, was der Vater hat, ist mein;

darum habe ich gesagt:
  Er nimmt von dem, was mein ist,
  und wird es euch verkünden.

Fürbitten vgl. S. 791.

ZUR EUCHARISTIEFEIER *Die Teilnahme an dem einen Brot macht uns zu dem einen Leib Christi. Das hat Folgen für unser Zusammenleben im Alltag. Dem Bruder und der Schwester begegnen heißt von nun an: Christus selbst begegnen.*

GABENGEBET

Gott, unser Vater,
nimm unsere Gaben an,
in denen das Opfer deines Sohnes
gegenwärtig wird.
Aus seiner Seitenwunde
ist die Kirche hervorgegangen
als Werk des Heiligen Geistes.
Laß sie ihren Ursprung nie vergessen,
sondern daraus in dieser Feier
Heil und Leben schöpfen.
Darum bitten wir durch Christus, unseren Herrn.

Sonntagspräfation VIII. S. 428.

KOMMUNIONVERS   Joh 16, 13

Wenn der Geist der Wahrheit kommt,
wird er euch in die volle Wahrheit einführen. Halleluja.

SCHLUSSGEBET

Herr, du hast uns gestärkt
durch das Sakrament deines Sohnes.
Mache das Werk deiner Kirche fruchtbar
und enthülle durch sie den Armen
das Geheimnis unserer Erlösung;
denn die Armen hast du vor allen dazu berufen,
Anteil zu haben an deinem Reich.
Darum bitten wir durch Christus, unseren Herrn.

Oder:

Gütiger Gott,
bewahre dem Volk der Erlösten
deine Liebe und Treue.
Das Leiden deines Sohnes hat uns gerettet,
sein Geist, der von dir ausgeht,
führe uns den rechten Weg.
Darum bitten wir durch Christus, unseren Herrn.

GEBET UM HOFFNUNG

Lieber himmlischer Vater, nun bitten wir dich,
daß du uns allen deinen heiligen Geist gebest, immer wieder,
damit er uns erwecke, erleuchte, ermutige und fähig mache,
den kleinen und doch so großen Schritt zu wagen:
aus dem Trost, mit dem wir uns selbst trösten können, heraus,
und hinein in die Hoffnung auf dich.
Kehre du uns von uns selbst weg zu dir hin.
Zeige uns, wie herrlich du bist und wie herrlich es ist,
dir vertrauen und gehorchen zu dürfen. (K. Barth)

HERRENFESTE IM JAHRESKREIS

Sonntag nach Pfingsten

DREIFALTIGKEITSSONNTAG

Hochfest

Der Gott des Neuen Bundes ist kein anderer als der des Alten Bundes: der verborgene Gott, das große Geheimnis, aber zugleich der Gott, der „herabkommt", sich öffnet und mitteilt, der uns in sein eigenes Leben hineinzieht. „Wir haben seine Herrlichkeit gesehen", schreibt der Evangelist Johannes: die Herrlichkeit des Sohnes, die keine andere ist als die des Vaters: der Glanz seiner Heiligkeit, die Macht seiner Liebe. Und wir haben den Geist empfangen, der uns zu Söhnen Gottes macht. „Der Geist selber bezeugt unserem Geist, daß wir Kinder Gottes sind" (Röm 8, 16).

ERÖFFNUNGSVERS

**Gepriesen sei der dreieinige Gott:
der Vater und sein eingeborener Sohn
und der Heilige Geist;
denn er hat uns sein Erbarmen geschenkt.**

Ehre sei Gott, S. 352 ff.

TAGESGEBET

**Herr, himmlischer Vater,
du hast dein Wort und deinen Geist
in die Welt gesandt,
um das Geheimnis des göttlichen Lebens
zu offenbaren.
Gib, daß wir im wahren Glauben
die Größe der göttlichen Dreifaltigkeit bekennen
und die Einheit der drei Personen
in ihrem machtvollen Wirken verehren.
Darum bitten wir durch Jesus Christus.**

ZUR 1. LESUNG   *Beim Auszug aus Ägypten und am Sinai hat sich Jahwe vor Mose und dem ganzen Volk als der lebendige und anwesende Gott erwiesen. Er vereinigt in sich verschiedene, ja gegensätzliche Eigenschaften: er ist der heilige und unnahbare, aber auch der nahe und barmherzige Gott. Auf Gottes Barmherzigkeit und seine Treue berufen sich im Alten Testament die Menschen in Schuld und Not. Auch dem untreuen Volk bleibt Gott treu und begleitet es auf seinem Weg.*

ERSTE LESUNG   Ex 34,4b.5–6.8–9

Jahwe ist ein barmherziger und gnädiger Gott

Lesung
   aus dem Buch Éxodus.

In jenen Tagen
4b   **stand Mose am Morgen zeitig auf**
   und ging auf den Sínai hinauf,
      wie es ihm der Herr aufgetragen hatte.
5   **Der Herr aber stieg in der Wolke herab**
      und stellte sich dort neben ihn hin.
   Er rief den Namen Jahwe aus.
6   **Der Herr ging an ihm vorüber**
      und rief: Jahwe ist ein barmherziger und gnädiger Gott,
      langmütig,
   reich an Huld und Treue.
8   **Sofort verneigte sich Mose bis zur Erde**
      und warf sich zu Boden.
9   **Er sagte: Wenn ich deine Gnade gefunden habe, mein Herr,**
      dann ziehe doch mein Herr mit uns.
   Es ist zwar ein störrisches Volk,
      doch vergib uns unsere Schuld und Sünde,
      und laß uns dein Eigentum sein!

ANTWORTPSALM   Dan 3,52.53.54.55.56 (R: vgl. 52b)

52   **Gepriesen bist du, Herr, du Gott unsrer Väter, ***   (GL 677,2)
   R Gerühmt und verherrlicht in Ewigkeit.

53   **Gepriesen bist du im Tempel deiner heiligen Herrlichkeit. ***
   R Gerühmt und verherrlicht in Ewigkeit.

54 **Gepriesen bist du, der in die Tiefen schaut und auf Kérubim thront.***
R Gerühmt und verherrlicht in Ewigkeit.

55 **Gepriesen bist du auf dem Thron deiner Herrschaft.***
R Gerühmt und verherrlicht in Ewigkeit.

56 **Gepriesen bist du am Gewölbe des Himmels.**
R Gerühmt und verherrlicht in Ewigkeit.

ZUR 2. LESUNG *Die Lesung beginnt mit der Freude und schließt mit der Dreiheit Gnade – Liebe – Einheit. Diese drei sind die Gaben des dreifaltigen Gottes. Die „Liebe Gottes" ist sichtbar geworden in der „Gnade des Herrn Jesus Christus" und erweist ihre Kraft in der Kirche, der „Gemeinschaft des Heiligen Geistes". Der dreifaltige Gott ist also nicht ein fernes, in sich ruhendes Geheimnis; in Jesus Christus ist der verborgene Gott zum offenbaren Gott geworden, zum Gott unserer Gegenwart und unserer Zukunft.*

ZWEITE LESUNG 2 Kor 13, 11–13

Die Gnade Jesu Christi und die Liebe Gottes und die Gemeinschaft des Heiligen Geistes sei mit euch allen

Lesung
 aus dem zweiten Brief des Apostels Paulus an die Korínther.

1 **Brüder!**
Freut euch,
kehrt zur Ordnung zurück,
laßt euch ermahnen,
seid eines Sinnes,
 und lebt in Frieden!
Dann wird der Gott der Liebe und des Friedens mit euch sein.

2 **Grüßt einander mit dem heiligen Kuß!**
Es grüßen euch alle Heiligen.

3 **Die Gnade Jesu Christi, des Herrn,**
 die Liebe Gottes
 und die Gemeinschaft des Heiligen Geistes
 sei mit euch allen!

RUF VOR DEM EVANGELIUM   Vers: vgl. Offb 1, 8

Halleluja. Halleluja.

Ehre sei dem Vater und dem Sohn und dem Heiligen Geist.
Ehre sei dem einen Gott,
der war und der ist und der kommen wird.
Halleluja.

ZUM EVANGELIUM   *Gott, der Sohn und die Liebe: das ist die
Dreifaltigkeit, von der dieses Evangelium spricht (Joh 3, 16). Die Erlösungstat des Sohnes ist getragen von Gott und von der Liebe: vom Vater und vom Heiligen Geist. In der Person Jesu ist der Vater sichtbar
und seine wesenhafte Liebe für uns erfahrbar geworden. Wo aber dem
Menschen die Liebe begegnet, da fällt die große Entscheidung (3, 18).*

EVANGELIUM   Joh 3, 16–18

Gott hat seinen Sohn gesandt, damit die Welt durch ihn gerettet wird

✝ Aus dem heiligen Evangelium nach Johannes.

16 Gott hat die Welt so sehr geliebt,
     daß er seinen einzigen Sohn hingab,
damit jeder, der an ihn glaubt,
     nicht zugrunde geht,
     sondern das ewige Leben hat.

17 Denn Gott hat seinen Sohn nicht in die Welt gesandt,
     damit er die Welt richtet,
sondern damit die Welt durch ihn gerettet wird.

18 Wer an ihn glaubt,
wird nicht gerichtet;
wer nicht glaubt, ist schon gerichtet,
     weil er an den Namen des einzigen Sohnes Gottes
     nicht geglaubt hat.

Glaubensbekenntnis, S. 356 ff.
Fürbitten vgl. S. 792 ff.

ZUR EUCHARISTIEFEIER *Wenn der Geist Christi in uns wohnt, verstehen wir sein Wort, und unser innerer Raum weitet sich zur Wohnung des dreifaltigen Gottes: „Wir werden zu ihm kommen und bei ihm wohnen."*

GABENGEBET

Gott, unser Vater,
wir rufen deinen Namen an über Brot und Wein.
Heilige diese Gaben
und nimm mit ihnen auch uns an,
damit wir dir auf ewig gehören.
Darum bitten wir durch Christus, unseren Herrn.

Präfation, S. 423.

KOMMUNIONVERS   Gal 4, 6

Weil ihr Söhne seid,
sandte Gott den Geist seines Sohnes in eure Herzen,
den Geist, der ruft: Abba, Vater.

SCHLUSSGEBET

Herr, unser Gott,
wir haben den Leib
und das Blut deines Sohnes empfangen.
Erhalte uns durch dieses Sakrament
im wahren Glauben und im Bekenntnis
des einen Gottes in drei Personen.
Darum bitten wir durch Christus, unseren Herrn.

FÜR DEN TAG UND DIE WOCHE

Wir werden zu ihm kommen *„Wer mich gesehen hat, hat den Vater gesehen. Wie kannst du sagen: Zeig uns den Vater? Glaubst du nicht, daß ich im Vater bin und daß der Vater in mir ist?"*

„Wenn jemand mich liebt, wird er an meinem Wort festhalten; mein Vater wird ihn lieben, und wir werden zu ihm kommen und bei ihm wohnen."

„Der Beistand aber, der Heilige Geist, den der Vater in meinem Namen senden wird, der wird euch alles lehren und euch an alles erinnern, was ich euch gesagt habe." (Joh 14, 9–10.23.26)

Donnerstag der 2. Woche nach Pfingsten

HOCHFEST DES LEIBES UND BLUTES CHRISTI
FRONLEICHNAM

Fronleichnam ist ein österliches Fest, näherhin dem Gründonnerstag und der Erinnerung an das Letzte Abendmahl zugeordnet. Erinnerung, Lobpreis, Danksagung und brüderliche Gemeinschaft – damit erfüllt die Kirche den Auftrag Jesu: Tut dies zu meinem Gedächtnis. In der gemeinsamen Teilnahme am Mahl des Herrn hat die brüderliche Gemeinschaft der Versammelten ihren Grund, ihre Norm und ihr Gericht.

ERÖFFNUNGSVERS   Vgl. Ps 81 (80), 17

**Er hat uns mit bestem Weizen genährt
und mit Honig aus dem Felsen gesättigt.**

Ehre sei Gott, S. 352 ff.

TAGESGEBET

Herr Jesus Christus,
im wunderbaren Sakrament des Altares
hast du uns das Gedächtnis deines Leidens
und deiner Auferstehung hinterlassen.
Gib uns die Gnade, die heiligen Geheimnisse
deines Leibes und Blutes so zu verehren,
daß uns die Frucht der Erlösung zuteil wird.
Der du in der Einheit des Heiligen Geistes
mit Gott dem Vater lebst und herrschest in alle Ewigkeit.

ZUR 1. LESUNG   *Auf seinem Weg durch die Wüste hat das Volk Israel Erfahrungen gemacht und Erkenntnisse gewonnen, die auch für seinen weiteren Weg durch die Jahrhunderte gültig bleiben. Vor allem die Erfahrung seiner vollkommenen Abhängigkeit von Gott. Das Manna war das Symbol dieser Abhängigkeit, aber auch das Zeichen*

der sorgenden Liebe Gottes. „Denk daran", „Nimm dich in acht", „Ver-
giß nicht": das wird einem Volk gesagt, das in der Situation des Wohl-
standes vergessen möchte, wie sehr es auf Gott angewiesen ist.

ERSTE LESUNG   Dtn 8, 2–3.14b–16a

Er hat dich mit Manna gespeist, das du nicht kanntest und das auch deine
Väter nicht kannten

Lesung
     aus dem Buch Deuteronómium.

Mose sprach zum Volk:
Du sollst an den ganzen Weg denken,
     den der Herr, dein Gott,
     dich während der vierzig Jahre in der Wüste geführt hat,
     um dich gefügig zu machen und dich zu prüfen.
Er wollte erkennen, wie du dich entscheiden würdest:
ob du auf seine Gebote achtest oder nicht.

Durch Hunger hat er dich gefügig gemacht
und hat dich dann mit dem Manna gespeist,
     das du nicht kanntest
     und das auch deine Väter nicht kannten.
Er wollte dich erkennen lassen,
     daß der Mensch nicht nur von Brot lebt,
     sondern daß der Mensch von jedem Wort lebt,
     das aus dem Mund des Herrn hervorgeht.

4b **Nimm dich in acht,**
     daß dein Herz nicht hochmütig wird
     und du den Herrn, deinen Gott, nicht vergißt,
     der dich aus Ägypten, dem Sklavenhaus, geführt hat;
5 **der dich durch die große und furchterregende Wüste geführt hat,**
durch Feuernattern und Skorpione,
durch ausgedörrtes Land, wo es kein Wasser gab;
der für dich
     Wasser aus dem Felsen der Steilwand hervorsprudeln ließ;
6a **der dich in der Wüste mit dem Manna speiste,**
     das deine Väter noch nicht kannten.

ANTWORTPSALM   Ps 147, 12–13.14–15.19–20 (R: 12a)

R Jerusalem, preise den Herrn! – **R**   (GL 535, 5)

(*Oder:* Halleluja.)

12 Jerusalem, preise den <u>Herrn</u>, *   Ton IIb
    lobsinge, <u>Zi</u>on, <u>dei</u>nem Gott!

13 Denn er hat die Riegel deiner Tore <u>fest</u>gemacht, *
    die Kinder in deiner Mi<u>tte</u> gesegnet; – (R)

14 er verschafft deinen Grenzen <u>Frie</u>den *
    und sättigt dich mit <u>bes</u>tem Weizen.

15 Er sendet sein Wort zur <u>Er</u>de, *
    rasch eilt sein <u>Be</u>fehl dahin. – (R)

19 Er verkündet Jakob sein <u>Wort</u>, *
    Israel seine Gesetze und Rechte.

20 An keinem andern Volk hat er so ge<u>han</u>delt, *
    keinem sonst seine Rechte verkündet. – **R**

ZUR 2. LESUNG   *Durch die gemeinsame Teilhabe am Leib Christi
und am Blut Christi werden die vielen zum einen Leib Christi. Das ist
nicht nur ein Bild, sondern große Wirklichkeit, aus der sich auch Folgerungen ergeben. Wer den Leib Christi „nicht unterscheidet", wer die
Gemeinde und jedes ihrer Glieder nicht als den Leib Christi ehrt, der
ißt und trinkt sich das Gericht (1 Kor 11, 29).*

ZWEITE LESUNG   1 Kor 10, 16–17

Ein Brot ist es. Darum sind wir viele ein Leib

Lesung
    aus dem ersten Brief des Apostels Paulus an die Korinther.

Brüder!
16 Ist der Kelch des Segens, über den wir den Segen sprechen,
        nicht Teilhabe am Blut Christi?
    Ist das Brot, das wir brechen,
        nicht Teilhabe am Leib Christi?

17 Ein Brot ist es.
    Darum sind wir viele ein Leib;
    denn wir alle haben teil an dem einen Brot.

SEQUENZ[1]

Deinem Heiland, deinem Lehrer, / deinem Hirten und Ernährer, /
Sion, stimm ein Loblied an!

Preis nach Kräften seine Würde, / da kein Lobspruch, keine Zierde /
seinem Ruhm genügen kann.

Dieses Brot sollst du erheben, / welches lebt und gibt das Leben, /
das man heut' den Christen weist.

Dieses Brot, mit dem im Saale / Christus bei dem Abendmahle / die
zwölf Jünger hat gespeist.

Laut soll unser Lob erschallen / und das Herz in Freude wallen, /
denn der Tag hat sich genaht,

Da der Herr zum Tisch der Gnaden / uns zum erstenmal geladen /
und dies Mahl gestiftet hat.

Neuer König, neue Zeiten, / neue Ostern, neue Freuden, / neues Opfer allzumal!

Vor der Wahrheit muß das Zeichen, / vor dem Licht der Schatten weichen, / hell erglänzt des Tages Strahl.

Was von Christus dort geschehen, / sollen wir fortan begehen, / seiner eingedenk zu sein.

Treu dem heiligen Befehle / wandeln wir zum Heil der Seele / in
sein Opfer Brot und Wein.

Doch wie uns der Glaube kündet, / der Gestalten Wesen schwindet, /
Fleisch und Blut wird Brot und Wein.

Was das Auge nicht kann sehen, / der Verstand nicht kann verstehen, / sieht der feste Glaube ein.

Unter beiderlei Gestalten / hohe Dinge sind enthalten, / in den Zeichen tief verhüllt.

Blut ist Trank, und Fleisch ist Speise, / doch der Herr bleibt gleicher-
weise / ungeteilt in beider Bild.

Wer ihm nahet voll Verlangen, / darf ihn unversehrt empfangen, /
ungemindert, wunderbar.

[1] Vor dem Ruf vor dem Evangelium kann die Sequenz eingefügt werden. Sie
wird entweder ganz genommen oder in ihrer Kurzform, beginnend mit *Seht
das Brot.

Einer kommt, und tausend kommen, / doch so viele ihn genommen, / er bleibt immer, der er war.

Gute kommen, Böse kommen, / alle haben ihn genommen, / die zum Leben, die zum Tod.

Bösen wird er Tod und Hölle, / Guten ihres Lebens Quelle, / wie verschieden wirkt dies Brot!

Wird die Hostie auch gespalten, / zweifle nicht an Gottes Walten, / daß die Teile das enthalten, / was das ganze Brot enthält.

Niemals kann das Wesen weichen, / teilen läßt sich nur das Zeichen, / Sach' und Wesen sind die gleichen, / beide bleiben unentstellt.

*Seht das Brot, die Engelspeise! / Auf des Lebens Pilgerreise, / nehmt es nach der Kinder Weise, / nicht den Hunden werft es hin!

Lang im Bild war's vorbereitet: / Isaak, der zum Opfer schreitet; / Osterlamm, zum Mahl bereitet; / Manna nach der Väter Sinn.

Guter Hirt, du wahre Speise, / Jesus, gnädig dich erweise! / Nähre uns auf deinen Auen, / laß uns deine Wonnen schauen / in des Lebens ewigem Reich!

Du, der alles weiß und leitet, / uns im Tal des Todes weidet, / laß an deinem Tisch uns weilen, / deine Herrlichkeit uns teilen. / Deinen Seligen mach uns gleich!

Oder:

Lobe, Zion, deinen Hirten; / dem Erlöser der Verirrten / stimme Dank und Jubel an. / Laß dein Lob zum Himmel dringen; / ihn zu rühmen, ihm zu singen, / hat kein Mensch genug getan.

Er ist uns im Brot gegeben, / Brot, das lebt und spendet Leben, / Brot, das Ewigkeit verheißt, / Brot, mit dem der Herr im Saale / dort beim österlichen Mahle / die zwölf Jünger hat gespeist.

Lobt und preist, singt Freudenlieder; / festlich kehrt der Tag uns wieder, / jener Tag von Brot und Wein, / da der Herr zu Tisch geladen / und dies heilge Mahl der Gnaden / setzte zum Gedächtnis ein.

Was bei jenem Mahl geschehen, / sollen heute wir begehen / und verkünden seinen Tod. / Wie der Herr uns aufgetragen, / weihen wir, Gott Dank zu sagen, / nun zum Opfer Wein und Brot.

*Seht das Brot, der Engel Speise, / Brot auf unsrer Pilgerreise, / das den Hunger wahrhaft stillt. / Abrams Opfer hat's gedeutet, / war im Manna vorbereitet, / fand im Osterlamm sein Bild.

Guter Hirt, du Brot des Lebens, / wer dir traut, hofft nicht vergebens, / geht getrost durch diese Zeit. / Die du hier zu Tisch geladen, / ruf auch dort zum Mahl der Gnaden / in des Vaters Herrlichkeit.

RUF VOR DEM EVANGELIUM · Vers: vgl. Joh 6, 51

Halleluja. Halleluja.

(So spricht der Herr:)
Ich bin das lebendige Brot,
das vom Himmel gekommen ist.
Wer dieses Brot ißt, wird in Ewigkeit leben.

Halleluja.

ZUM EVANGELIUM

Jesus verlangt nicht nur Glauben an seine Person, sondern auch wirkliches Essen des Brotes, das er selber ist. Wie soll man das verstehen? Jesus selbst wendet sich gegen ein „fleischliches" Verständnis: der Geist ist es, der lebendig macht (6, 63). Beim Letzten Abendmahl werden die Jünger die Tragweite der Worte Jesu besser verstehen. Und nach dem Weggang Jesu werden sie das „Mahl des Herrn" feiern, das die vielen, die das eine Brot empfangen, zu dem einen Leib Christi macht.

EVANGELIUM · Joh 6, 51–58

Mein Fleisch ist wirklich eine Speise, und mein Blut ist wirklich ein Trank

✛ Aus dem heiligen Evangelium nach Johannes.

In jener Zeit sprach Jesus zu der Menge:
Ich bin das lebendige Brot,
    das vom Himmel herabgekommen ist.
Wer von diesem Brot ißt,
    wird in Ewigkeit leben.
Das Brot, das ich geben werde, ist mein Fleisch,
ich gebe es hin für das Leben der Welt.

Da stritten sich die Juden
und sagten: Wie kann er uns sein Fleisch zu essen geben?

53 Jesus sagte zu ihnen: Amen, amen, das sage ich euch:
Wenn ihr das Fleisch des Menschensohnes nicht eßt
  und sein Blut nicht trinkt,
    habt ihr das Leben nicht in euch.

54 Wer mein Fleisch ißt und mein Blut trinkt,
    hat das ewige Leben,
und ich werde ihn auferwecken am Letzten Tag.

55 Denn mein Fleisch ist wirklich eine Speise,
und mein Blut ist wirklich ein Trank.

56 Wer mein Fleisch ißt und mein Blut trinkt,
    der bleibt in mir,
    und ich bleibe in ihm.

57 Wie mich der lebendige Vater gesandt hat
    und wie ich durch den Vater lebe,
    so wird jeder, der mich ißt, durch mich leben.

58 Dies ist das Brot, das vom Himmel herabgekommen ist.
Mit ihm ist es nicht
wie mit dem Brot, das die Väter gegessen haben;
sie sind gestorben.
Wer aber dieses Brot ißt,
    wird leben in Ewigkeit.

Glaubensbekenntnis, S. 356 ff.

ZUR EUCHARISTIEFEIER   *Christus ist das große Ja Gottes zum Menschen, und er ist die Antwort des Menschen, sein Amen zur offenbar gewordenen Liebe. Das Amen, das wir in der Eucharistiefeier sagen, ist unser Ja zum neuen und ewigen Bund.*

GABENGEBET

Herr, unser Gott,
wir bringen das Brot dar,
das aus vielen Körnern bereitet,
und den Wein,
der aus vielen Trauben gewonnen ist.
Schenke deiner Kirche,
was diese Gaben geheimnisvoll bezeichnen:
die Einheit und den Frieden.
Darum bitten wir durch Christus, unseren Herrn.

Präfation von der heiligen Eucharistie, S. 428 f.

KOMMUNIONVERS Joh 6, 56

So spricht der Herr:
Wer mein Fleisch ißt und mein Blut trinkt,
der bleibt in mir, und ich bleibe in ihm.

SCHLUSSGEBET

Herr Jesus Christus,
der Empfang deines Leibes und Blutes
ist für uns ein Vorgeschmack der kommenden Herrlichkeit.
Sättige uns im ewigen Leben
durch den vollen Genuß deiner Gottheit.
Der du lebst und herrschest in alle Ewigkeit.

LEIB CHRISTI

Wir essen das Brot:
Wir empfangen den Leib Christi.
So zeigen wir:
Wir sind mit Christus verbunden.
Wir gehören zu ihm.
Wer mit Jesus Mahl halten
und mit ihm eins werden will,
muß bereit sein, zu lieben.
Jeder, der denkt:
ich will nicht lieben;
ich will nicht verzeihen;
ich will nur an mich denken;
die anderen sind mir gleichgültig:
der sondert sich ab. Er sündigt.
Wenn er das heilige Brot ißt,
wird er nicht eins mit Christus,
er wird auch nicht eins mit den andern. (G. Weber)

Freitag der 3. Woche nach Pfingsten

HEILIGSTES HERZ JESU

Hochfest

Die Propheten des Alten Bundes haben als das größte Geheimnis Gottes seine Liebe erkannt, und zwar die Liebe zu einem Volk, das dieser Liebe immer wieder davonlief. In Jesus ist die Liebe Gottes sichtbar und greifbar geworden, und am Kreuz wurde sie zur „Torheit" (1 Kor 1, 23). Sie ist das Zeichen des Widerspruchs, sie ist aber auch die einzige Hoffnung für die Menschen in ihrer Not.

ERÖFFNUNGSVERS   Vgl. Ps 33 (32), 11.19

Der Ratschluß des Herrn bleibt ewig bestehen,
die Pläne seines Herzens überdauern die Zeiten:
Er will uns dem Tod entreißen
und in der Hungersnot unser Leben erhalten.

Ehre sei Gott, S. 352 ff.

TAGESGEBET

Allmächtiger Gott,
wir verehren das Herz deines geliebten Sohnes
und preisen die großen Taten seiner Liebe.
Gib, daß wir aus dieser Quelle göttlichen Erbarmens
die Fülle der Gnade und des Lebens empfangen.
Darum bitten wir durch Jesus Christus.

Oder:

Barmherziger Gott,
du öffnest uns den unendlichen Reichtum der Liebe
im Herzen deines Sohnes,
das unsere Sünden verwundet haben.
Gib, daß wir durch aufrichtige Umkehr
Christus Genugtuung leisten
und ihm mit ganzer Hingabe dienen,
der in der Einheit des Heiligen Geistes
mit dir lebt und herrscht in alle Ewigkeit.

ZUR 1. LESUNG   *Warum hat sich Gott um das Volk Israel in die-*
ser einmaligen Weise angenommen? Auf diese Frage gibt es nur die
eine Antwort: Weil er selbst es wollte. Das ist aber keine verstehbare
Antwort, und dieses Nichtverstehbare nennt die Schrift „Liebe". Das
Leben des Gottesvolkes und das Leben des einzelnen Menschen ent-
scheidet sich daran, daß er in Treue und Gehorsam auf die erfahrene
Liebe antwortet. Das Herz eines einzigen Menschen, des Gottmen-
schen Jesus Christus, war fähig, die vollkommene Antwort zu geben.

ERSTE LESUNG   Dtn 7,6–11

Der Herr hat euch ins Herz geschlossen und ausgewählt

Lesung
   aus dem Buch Deuteronómium.

Mose sprach zum Volk:
Du bist ein Volk,
   das dem Herrn, deinem Gott, heilig ist.
Dich hat der Herr, dein Gott, ausgewählt,
   damit du unter allen Völkern, die auf der Erde leben,
   das Volk wirst, das ihm persönlich gehört.

Nicht weil ihr zahlreicher als die anderen Völker wäret,
   hat euch der Herr ins Herz geschlossen und ausgewählt;
ihr seid das kleinste unter allen Völkern.
Weil der Herr euch liebt
   und weil er auf den Schwur achtet,
   den er euren Vätern geleistet hat,
   deshalb hat der Herr euch mit starker Hand herausgeführt
und euch aus dem Sklavenhaus freigekauft,
   aus der Hand des Pharao, des Königs von Ägypten.

Daran sollst du erkennen:
   Jahwe, dein Gott, ist der Gott;
er ist der treue Gott;
noch nach tausend Generationen achtet er auf den Bund
und erweist denen seine Huld, die ihn lieben
   und auf seine Gebote achten.
Denen aber, die ihm feind sind,
   vergilt er sofort
und tilgt einen jeden aus;

er zögert nicht, wenn einer ihm feind ist,
sondern vergilt ihm sofort.

11 Deshalb sollst du auf das Gebot achten,
auf die Gesetze und Rechtsvorschriften,
   auf die ich dich heute verpflichte,
und du sollst sie halten.

ANTWORTPSALM   Ps 103 (102), 1–2.3–4.6–7.8 u. 10 (R: 17a)

R Die Huld des Herrn währt immer und ewig. – R   (GL 527, 2)

1 Lobe den Herrn, meine Seele, *   VIII. Ton
und alles in mir seinen heiligen Namen!

2 Lobe den Herrn, meine Seele, *
und vergiß nicht, was er dir Gutes getan hat: – (R)

3 der dir all deine Schuld vergibt *
und all deine Gebrechen heilt,

4 der dein Leben vor dem Untergang rettet *
und dich mit Huld und Erbarmen krönt. – (R)

6 Der Herr vollbringt Taten des Heiles, *
Recht verschafft er allen Bedrängten.

7 Er hat Mose seine Wege kundgetan, *
den Kindern Israels seine Werke. – (R)

8 Der Herr ist barmherzig und gnädig, *
langmütig und reich an Güte.

10 Er handelt an uns nicht nach unsern Sünden *
und vergilt uns nicht nach unsrer Schuld. – R

ZUR 2. LESUNG   *Durch den menschgewordenen Sohn hat Gott zu uns allen das Ja seiner Liebe gesagt. Ob wir die Liebe Gottes annehmen, wird daran sichtbar, daß wir den Mitmenschen als Bruder, als Nächsten, in unser Leben hereinnehmen. Wenn wir ihn als den andern, als Fremden draußen stehen lassen, dann weisen wir die Liebe Gottes zurück. An Jesus glauben heißt an die Liebe glauben. Und nur wer liebt, kann glauben.*

ZWEITE LESUNG 1 Joh 4,7–16

Nicht darin besteht die Liebe, daß wir Gott geliebt haben, sondern daß er uns geliebt hat

Lesung
aus dem ersten Johannesbrief.

7 Liebe Brüder, wir wollen einander lieben;
denn die Liebe ist aus Gott,
und jeder, der liebt, stammt von Gott
und erkennt Gott.
8 Wer nicht liebt,
hat Gott nicht erkannt;
denn Gott ist die Liebe.

Die Liebe Gottes wurde unter uns dadurch offenbart,
daß Gott seinen einzigen Sohn in die Welt gesandt hat,
damit wir durch ihn leben.
10 Nicht darin besteht die Liebe,
daß wir Gott geliebt haben,
sondern daß er uns geliebt
und seinen Sohn als Sühne für unsere Sünden gesandt hat.

11 Liebe Brüder, wenn Gott uns so geliebt hat,
müssen auch wir einander lieben.
12 Niemand hat Gott je geschaut;
wenn wir einander lieben,
bleibt Gott in uns,
und seine Liebe ist in uns vollendet.

13 Daran erkennen wir, daß wir in ihm bleiben
und er in uns bleibt:
Er hat uns von seinem Geist gegeben.
14 Wir haben gesehen und bezeugen,
daß der Vater den Sohn gesandt hat
als den Retter der Welt.

15 Wer bekennt, daß Jesus der Sohn Gottes ist,
in dem bleibt Gott,
und er bleibt in Gott.
16 Wir haben die Liebe, die Gott zu uns hat, erkannt
und gläubig angenommen.

Gott ist die Liebe,
und wer in der Liebe bleibt,
    bleibt in Gott,
und Gott bleibt in ihm.

RUF VOR DEM EVANGELIUM   Vers: Mt 11,29ab

Halleluja. Halleluja.

(So spricht der Herr:)
Nehmt mein Joch auf euch und lernt von mir.
Denn ich bin gütig und von Herzen demütig.

Halleluja.

ZUM EVANGELIUM   *Die „Weisen und Klugen", die angesehenen
Leute in Israel, zufrieden mit sich und ihrer Position, haben Jesus
nicht verstanden; sie waren ja satt. Jesus kennt die Absicht Gottes; er
wendet sich den Armen zu, den hungrigen und müden Menschen gilt
seine Einladung und seine Verheißung.*

EVANGELIUM   Mt 11,25–30

Lernt von mir; denn ich bin gütig und von Herzen demütig

✛ Aus dem heiligen Evangelium nach Matthäus.

25   In jener Zeit sprach Jesus:
     Ich preise dich, Vater, Herr des Himmels und der Erde,
     weil du all das den Weisen und Klugen verborgen,
         den Unmündigen aber offenbart hast.

26   Ja, Vater,
     so hat es dir gefallen.

27   Mir ist von meinem Vater alles übergeben worden;
     niemand kennt den Sohn,
         nur der Vater,
     und niemand kennt den Vater,
         nur der Sohn
     und der, dem es der Sohn offenbaren will.

28   Kommt alle zu mir,
         die ihr euch plagt und schwere Lasten zu tragen habt.
     Ich werde euch Ruhe verschaffen.

29 Nehmt mein Joch auf euch
      und lernt von mir;
    denn ich bin gütig und von Herzen demütig;
    so werdet ihr Ruhe finden für eure Seele.
30 Denn mein Joch drückt nicht,
      und meine Last ist leicht.

Glaubensbekenntnis, S. 356 ff.

ZUR EUCHARISTIEFEIER   *Das Herz-Jesu-Fest ist im Grunde
kein besonderes, kein abgesondertes Fest; wir feiern es Tag um Tag,
immer wenn wir der Einladung Jesu folgen: Kommt alle zu mir.*

GABENGEBET

Allmächtiger Gott,
sieh auf das durchbohrte Herz deines Sohnes,
der uns geliebt und sich für uns hingegeben hat.
Laß unser Opfer dir wohlgefallen
und zur Sühne für unsere Sünden werden.
Darum bitten wir durch Christus, unseren Herrn.

Präfation, S. 423.

KOMMUNIONVERS   Joh 7, 37–38

Wer Durst hat, komme zu mir,
und es trinke, wer an mich glaubt!
Die Schrift sagt:
Aus seinem Inneren werden Ströme von lebendigem Wasser fließen.

Oder: Joh 19, 34

Ein Soldat stieß mit der Lanze in seine Seite,
und sogleich floß Blut und Wasser heraus.

SCHLUSSGEBET

Herr, unser Gott,
du hast uns gestärkt
mit dem Sakrament jener Liebe,
durch die dein Sohn alles an sich zieht.
Entzünde auch in uns das Feuer seiner Liebe,
damit wir in unseren Brüdern
ihn erkennen und ihm dienen.
Darum bitten wir durch ihn, Christus, unseren Herrn.

BRENNENDE GLUT

O Feuer, das immer loht und nie erlischt,
o immer brennende Glut, die nie erkaltet:
entzünde auch mich, damit ich
in deiner Liebe nur dich allein liebe. (Augustinus)

DIE FEIER DER GEMEINDEMESSE

ERÖFFNUNG

EINZUG — GESANG ZUR ERÖFFNUNG

Während der Priester einzieht, kann der Gesang zur Eröffnung gesungen werden*.

VEREHRUNG DES ALTARES

BEGRÜSSUNG DER GEMEINDE

Nachdem der Priester den Altar begrüßt hat und an seinen Platz gegangen ist, spricht er (während alle stehen):

Pr.: ✛ Im Namen des Vaters und des Sohnes und des Heiligen Geistes. Amen.

Der Herr sei mit euch.

A.: Und mit deinem Geiste.

Oder:

Die Gnade unseres Herrn Jesus Christus,
die Liebe Gottes des Vaters
und die Gemeinschaft des Heiligen Geistes
sei mit euch.

Oder:

Gnade und Friede von Gott, unserem Vater,
und dem Herrn Jesus Christus
sei mit euch.

* Die hier und im folgenden abgedruckten Rubriken sind ein Auszug aus der authentischen Ausgabe des Meßbuchs für den liturgischen Gebrauch, in der weitere Gestaltungsmöglichkeiten der Meßfeier näherhin beschrieben werden.

Oder:

Gnade und Friede von dem,
der ist und der war und der kommen wird,
sei mit euch.

Oder:

Gnade und Friede
in der heiligen Versammlung der Kirche Gottes
sei mit euch.

Oder:

Der Herr der Herrlichkeit
und Spender jeder Gnade
sei mit euch.

Oder:

Die Gnade des Herrn Jesus,
der für uns Mensch geworden ist
(gelitten hat, gestorben ist . . .),
sei mit euch.

Oder:

Die Gnade unseres Herrn Jesus Christus
sei mit euch.

A.: Und mit deinem Geiste.

Darauf kann der Priester, der Diakon oder ein anderer dazu Beauftragter eine knappe Einführung in die Feier geben.
Wenn zur Eröffnung nicht gesungen wurde, empfiehlt es sich, in die Einführung den Eröffnungsvers einzubeziehen, da dieser häufig einen Leitgedanken der Meßfeier angibt.

ALLGEMEINES SCHULDBEKENNTNIS

An Sonntagen kann an die Stelle des Allgemeinen Schuldbekenntnis-
ses das sonntägliche Taufgedächtnis (Besprengung mit Weihwasser)
treten.

Einladung (Form A und B)

Brüder und Schwestern,
damit wir die heiligen Geheimnisse in rechter Weise
feiern können, wollen wir bekennen, daß wir gesündigt haben.

Oder:
Bevor wir das Gedächtnis des Herrn begehen, wollen
wir uns besinnen und bekennen, daß wir sündige Menschen sind.

Oder:
Brüder und Schwestern,
bevor wir das Wort Gottes hören und das Opfer Christi
feiern, wollen wir uns bereiten und Gott um Vergebung
unserer Sünden bitten.

Oder:
Damit wir das Gedächtnis des Herrn recht begehen,
prüfen wir uns selbst und bekennen unsere Schuld vor
Gott und der Kirche.

Einladung (Form B und C)
Zu Beginn dieser Meßfeier wollen wir uns besinnen und
das Erbarmen des Herrn auf uns herabrufen.

Oder ein ähnlicher passender Text.

Es folgt eine kurze Stille für die Besinnung; danach das

Bekenntnis:

Form A
Pr.: Wir sprechen das Schuldbekenntnis:
A.:   Ich bekenne Gott, dem Allmächtigen,
und allen Brüdern und Schwestern,
daß ich Gutes unterlassen und Böses getan habe
— ich habe gesündigt
in Gedanken, Worten und Werken —
durch meine Schuld, durch meine Schuld,
durch meine große Schuld.
Darum bitte ich die selige Jungfrau Maria,
alle Engel und Heiligen
und euch, Brüder und Schwestern,
für mich zu beten bei Gott, unserem Herrn.

Oder: Form B
Pr.: Erbarme dich, Herr, unser Gott,
        erbarme dich.
A.:   Denn wir haben vor dir gesündigt.
Pr.: Erweise, Herr, uns deine Huld.
A.:   Und schenke uns dein Heil.

Die Formen A und B können durch ein Bußlied ersetzt werden.

Oder: Form C
mit den hier folgenden oder anderen Anrufungen.

Kyrie-Litanei
V.:   Herr Jesus Christus,
du bist vom Vater gesandt,
zu heilen, was verwundet ist:

Kýrie, eléison   *oder:* Herr, erbarme dich (unser).
A.: Kýrie, eléison *oder:* Herr, erbarme dich (unser).

V.: Du bist gekommen, die Sünder zu berufen:
Christe, eléison   *oder:* Christus, erbarme dich (unser).
A.: Christe, eléison
                   oder: Christus, erbarme dich (unser).

V.: Du bist zum Vater heimgekehrt,
um für uns einzutreten:
Kýrie, eléison   *oder:* Herr, erbarme dich (unser).
A.: Kýrie, eléison *oder:* Herr, erbarme dich (unser).

Jede dieser drei Formen wird abgeschlossen durch die
Vergebungsbitte:
Pr.: Der allmächtige Gott erbarme sich unser.
Er lasse uns die Sünden nach
und führe uns zum ewigen Leben.
A.: Amen.

Oder:
Pr.: Nachlaß, Vergebung und Verzeihung unserer Sün-
den gewähre uns der allmächtige und barmherzige Herr.
A.: Amen.

Oder (besonders bei Form C):
Pr.: Der Herr erbarme sich unser, er nehme von uns
Sünde und Schuld, damit wir mit reinem Herzen diese
Feier begehen.
A.: Amen.

KYRIE

Es folgen die Kyrie-Rufe (falls sie nicht schon vorausgegangen sind).

V.: Herr, erbarme dich (unser).
A.: Herr, erbarme dich (unser).
V.: Christus, erbarme dich (unser).
A.: Christus, erbarme dich (unser).
V.: Herr, erbarme dich (unser).
A.: Herr, erbarme dich (unser).

Oder:

V.: Kýrie, eléison.
A.: Kýrie, eléison.
V.: Christe, eléison.
A.: Christe, eléison.
V.: Kýrie, eléison.
A.: Kýrie, eléison.

GLORIA

An den Sonntagen außerhalb der Advents- und Fastenzeit, an Hochfesten, Festen und bei anderen festlichen Gottesdiensten folgt das
Gloria:

Ehre sei Gott in der Höhe
und Friede auf Erden den Menschen seiner Gnade.
Wir loben dich,
wir preisen dich,
wir beten dich an,
wir rühmen dich und danken dir,
denn groß ist deine Herrlichkeit:
Herr und Gott, König des Himmels,

Gott und Vater, Herrscher über das All,
Herr, eingeborener Sohn, Jesus Christus.
Herr und Gott, Lamm Gottes, Sohn des Vaters,
du nimmst hinweg die Sünde der Welt:
erbarme dich unser;
du nimmst hinweg die Sünde der Welt:
nimm an unser Gebet;
du sitzest zur Rechten des Vaters:
erbarme dich unser.
Denn du allein bist der Heilige,
du allein der Herr,
du allein der Höchste:
Jesus Christus,
mit dem Heiligen Geist,
zur Ehre Gottes des Vaters. Amen.

Oder:

Glória in excélsis Deo
et in terra pax homínibus bonæ voluntátis.
Laudámus te,
benedícimus te,
adorámus te,
glorificámus te, grátias ágimus tibi
propter magnam glóriam tuam,
Dómine Deus, Rex cæléstis,
Deus Pater omnípotens.
Dómine Fili unigénite, Jesu Christe,
Dómine Deus, Agnus Dei, Fílius Patris,
qui tollis peccáta mundi,
miserére nobis;

qui tollis peccáta mundi,
súscipe deprecatiónem nostram.
Qui sedes ad déxteram Patris,
miserére nobis.
Quóniam tu solus Sanctus,
tu solus Dóminus,
tu solus Altíssimus,
Iesu Christe,
cum Sancto Spíritu:
in glória Dei Patris. Amen.

Das Gloria darf durch ein Gloria-Lied ersetzt werden.

TAGESGEBET

Der Priester lädt zum Gebet ein. Er singt oder spricht:

Lasset uns beten.

Nach einer kurzen Stille spricht der Priester das Tagesgebet.
Die Gemeinde beschließt das Gebet mit dem Ruf:

Amen.

WORTGOTTESDIENST

1. LESUNG UND ANTWORTPSALM

Der Lektor geht zum Ambo und trägt die erste Lesung vor. Alle hören
sitzend zu. Wo nach der Lesung ein Zuruf der Gemeinde üblich ist,
fügt der Lektor an:

Wort des lebendigen Gottes.
A.:   Dank sei Gott.

Danach kann eine kurze Stille folgen.
Dann trägt der Kantor (Psalmist) den Antwortpsalm vor. Die Gemeinde übernimmt den Kehrvers.

2. LESUNG UND RUF VOR DEM EVANGELIUM

Auf die zweite Lesung folgt das Halleluja bzw. der an dessen Stelle vorgesehene Ruf vor dem Evangelium.

EVANGELIUM

D. (Pr.): Der Herr sei mit euch.
A.: Und mit deinem Geiste.

D. (Pr.): ✝ Aus dem heiligen Evangelium nach **N.**
Oder: Aus dem Evangelium Jesu Christi nach **N.**
Oder: Aus dem Evangelium nach **N.**

Dabei bezeichnet er das Buch und sich selbst (auf Stirn, Mund und Brust) mit dem Kreuzzeichen.
A.: Ehre sei dir, o Herr.

Wo nach dem Evangelium ein Zuruf der Gemeinde üblich ist, fügt der Diakon (Priester) an:
Evangelium unseres Herrn Jesus Christus.

Die Gemeinde antwortet:
Lob sei dir, Christus.

Danach küßt der Diakon (Priester) das Buch und spricht leise:
Herr, durch dein Evangelium
nimm hinweg unsere Sünden.

HOMILIE

Die Homilie ist ein Teil der Liturgie. Sie ist an allen Sonntagen und gebotenen Feiertagen vorgeschrieben, sonst empfohlen.

CREDO

An Sonntagen, an Hochfesten und bei anderen festlichen Gottesdiensten folgt das Credo:

Das Große Glaubensbekenntnis

(Pr.: Wir sprechen das Große Glaubensbekenntnis.)

A.: Wir glauben an den einen Gott,
den Vater, den Allmächtigen,
der alles geschaffen hat, Himmel und Erde,
die sichtbare und die unsichtbare Welt.

Und an den einen Herrn Jesus Christus,
Gottes eingeborenen Sohn,
aus dem Vater geboren vor aller Zeit:
Gott von Gott, Licht vom Licht,
wahrer Gott vom wahren Gott,
gezeugt, nicht geschaffen,
eines Wesens mit dem Vater;
durch ihn ist alles geschaffen.

Für uns Menschen und zu unserem Heil
ist er vom Himmel gekommen,

Zu den folgenden Worten (bis zu Mensch geworden) verbeugen sich
alle (an Weihnachten und am Hochfest der Verkündigung des Herrn
kniet man nieder).

hat Fleisch angenommen
durch den Heiligen Geist
von der Jungfrau Maria
und ist Mensch geworden.

Oder:

Credo in unum Deum,
Patrem omnipoténtem,
factórem cæli et terræ,
visibílium ómnium et invisibílium.

Et in unum Dóminum Iesum Christum,
Fílium Dei unigénitum,
et ex Patre natum ante ómnia sǽcula.
Deum de Deo, lumen de lúmine,
Deum verum de Deo vero,
génitum, non factum,
consubstantiálem Patri:
per quem ómnia facta sunt.

Qui propter nos hómines et propter nostram salútem
descéndit de cælis.

Ad verba quæ sequuntur, usque ad factus est omnes se inclinant.

Et incarnátus est
de Spíritu Sancto
ex María Vírgine,
et homo factus est.

Er wurde für uns gekreuzigt
unter Pontius Pilatus,
hat gelitten und ist begraben worden,
ist am dritten Tage auferstanden
nach der Schrift
und aufgefahren in den Himmel.

Er sitzt zur Rechten des Vaters
und wird wiederkommen in Herrlichkeit,
zu richten die Lebenden und die Toten;
seiner Herrschaft wird kein Ende sein.

Wir glauben an den Heiligen Geist,
der Herr ist und lebendig macht,
der aus dem Vater und dem Sohn hervorgeht,
der mit dem Vater und dem Sohn
angebetet und verherrlicht wird,
der gesprochen hat durch die Propheten;
und die eine, heilige, katholische
und apostolische Kirche.

Wir bekennen die eine Taufe
zur Vergebung der Sünden.
Wir erwarten die Auferstehung der Toten
und das Leben der kommenden Welt.
Amen.

Crucifixus étiam pro nobis
sub Póntio Piláto;
passus et sepúltus est,
et resurréxit tértia die,
secúndum Scriptúras,
et ascéndit in cælum,
sedet ad déxteram Patris.

Et íterum ventúrus est cum glória,
iudicáre vivos et mórtuos,
cuius regni non erit finis.

Et in Spíritum Sanctum,
Dóminum et vivificántem:
qui ex Patre Filióque procédit.
Qui cum Patre et Fílio
simul adorátur et conglorificátur:
qui locútus est per prophétas.
Et unam, sanctam, cathólicam
et apostólicam Ecclésiam.

Confiteor unum baptísma
in remissiónem peccatórum.
Et exspécto resurrectiónem mortuórum,
et vitam ventúri sǽculi.
Amen.

An Stelle des Großen Glaubensbekenntnisses kann das Apostolische Glaubensbekenntnis gebetet werden.

(Pr.: Wir sprechen das Apostolische Glaubensbekenntnis.)

A.: Ich glaube an Gott,
den Vater, den Allmächtigen,
den Schöpfer des Himmels und der Erde,
und an Jesus Christus,
seinen eingeborenen Sohn, unsern Herrn,

Zu den folgenden Worten (bis zu Jungfrau Maria) verbeugen sich alle (an Weihnachten und am Hochfest der Verkündigung des Herrn kniet man nieder).

empfangen durch den Heiligen Geist,
geboren von der Jungfrau Maria,
gelitten unter Pontius Pilatus,
gekreuzigt, gestorben und begraben,
hinabgestiegen in das Reich des Todes,
am dritten Tage auferstanden von den Toten,
aufgefahren in den Himmel;
er sitzt zur Rechten Gottes, des allmächtigen Vaters;
von dort wird er kommen,
zu richten die Lebenden und die Toten.
Ich glaube an den Heiligen Geist,
die heilige katholische Kirche,
Gemeinschaft der Heiligen,
Vergebung der Sünden,
Auferstehung der Toten
und das ewige Leben. Amen.

Oder:

Credo in Deum,
Patrem omnipoténtem,
Creatórem cæli et terræ.
Et in Iesum Christum,
Fílium eius únicum, Dóminum nostrum:
qui concéptus est de Spíritu Sancto,
natus ex María Vírgine,
passus sub Póntio Piláto,
crucifíxus, mórtuus, et sepúltus:
descéndit ad ínferos:
tértia die resurréxit a mórtuis;
ascéndit ad cælos;
sedet ad déxteram Dei
Patris omnipoténtis:
inde ventúrus est
iudicáre vivos et mórtuos.
Credo in Spíritum Sanctum,
sanctam Ecclésiam cathólicam,
Sanctórum communiónem,
remissiónem peccatórum,
carnis resurrectiónem,
vitam ætérnam. Amen.

FÜRBITTEN (ALLGEMEINES GEBET)

Die Fürbitten werden vom Priester eingeleitet und abgeschlossen. Die einzelnen Anliegen können vom Diakon, Lektor, Kantor oder anderen vorgetragen werden. Beispiele S. 781 ff.

EUCHARISTIEFEIER
Gabenbereitung

GESANG ZUR GABENBEREITUNG

Das Herbeibringen und die Bereitung der Gaben können von einem geeigneten Gesang oder von Orgelspiel begleitet werden oder auch in der Stille geschehen.

Es empfiehlt sich, daß die Gläubigen ihre Teilnahme durch eine Gabe bekunden. Sie können durch Vertreter Brot und Wein für die Eucharistie oder selber andere Gaben herbeibringen, die für die Bedürfnisse der Kirche und der Armen bestimmt sind. Auch die Geldkollekte ist eine solche Gabe.

BEGLEITGEBETE ZUR GABENBEREITUNG

Über das Brot:

Gepriesen bist du, Herr, unser Gott, Schöpfer der Welt.
Du schenkst uns das Brot,
die Frucht der Erde und der menschlichen Arbeit.
Wir bringen dieses Brot vor dein Angesicht,
damit es uns das Brot des Lebens werde.

(Gepriesen bist du in Ewigkeit, Herr, unser Gott.)

Der Priester gießt Wein und ein wenig Wasser in den Kelch und spricht leise:

Wie das Wasser sich mit dem Wein verbindet zum heiligen Zeichen, so lasse uns dieser Kelch teilhaben an der Gottheit Christi, der unsere Menschennatur angenommen hat.

Über den Kelch:

Gepriesen bist du, Herr, unser Gott, Schöpfer der Welt.
Du schenkst uns den Wein,
die Frucht des Weinstocks und der menschlichen Arbeit.
Wir bringen diesen Kelch vor dein Angesicht,
damit er uns der Kelch des Heiles werde.

(Gepriesen bist du in Ewigkeit, Herr, unser Gott.)

Der Priester verneigt sich und spricht leise:

Herr, wir kommen zu dir mit reumütigem Herzen und
mit demütigem Sinn. Nimm uns an und gib, daß unser
Opfer dir gefalle.

*Der Priester kann die Gaben und den Altar inzensieren; anschließend
können der Priester und die Gemeinde inzensiert werden.*

ZUR HÄNDEWASCHUNG

Herr, wasche ab meine Schuld,
von meinen Sünden mach mich rein.

EINLADUNG ZUM GABENGEBET

Form A

Pr.: Lasset uns beten zu Gott, dem allmächtigen Vater,
daß er die Gaben der Kirche annehme
zu seinem Lob und zum Heil der ganzen Welt.

Oder Form B

Pr.: Lasset uns beten.

*Oder eine andere geeignete Gebetseinladung.
Alle verharren eine kurze Zeit in stillem Gebet.*

Oder: Form C

Pr.: Betet, Brüder und Schwestern,
daß mein und euer Opfer
Gott, dem allmächtigen Vater, gefalle.
A.: Der Herr nehme das Opfer an aus deinen Händen
zum Lob und Ruhm seines Namens,
zum Segen für uns und seine ganze heilige Kirche.

GABENGEBET

Durch das Gabengebet wird die Bereitung der Opfergaben abgeschlossen. Die Gemeinde beschließt das Gebet mit dem Ruf:
Amen.

Das Eucharistische Hochgebet

Das Eucharistische Hochgebet beginnt mit der Präfation und wird von der Gemeinde mit dem Zuruf Amen (vor dem Vaterunser) abgeschlossen.

Pr.: Der Herr sei mit euch.
A.: Und mit deinem Geiste.
Pr.: Erhebet die Herzen.
A.: Wir haben sie beim Herrn.
Pr.: Lasset uns danken dem Herrn, unserm Gott.
A.: Das ist würdig und recht.

Oder:

Pr.: Dóminus vobíscum.
A.: Et cum spíritu tuo.
Pr.: Sursum corda.
A.: Habémus ad Dóminum.
Pr.: Grátias agámus Dómino Deo nostro.
A.: Dignum et iustum est.

Präfationen, S. 406–442.

Zum Schluß der Präfation singt oder spricht der Priester zusammen mit der Gemeinde:

Heilig, heilig, heilig
Gott, Herr aller Mächte und Gewalten.
Erfüllt sind Himmel und Erde
von deiner Herrlichkeit.
Hosanna in der Höhe.
Hochgelobt sei,
der da kommt im Namen des Herrn.
Hosanna in der Höhe.

Oder:

Sanctus, Sanctus, Sanctus
Dóminus Deus Sábaoth.
Pleni sunt cæli et terra
glória tua.
Hosánna in excélsis.
Benedíctus
qui venit in nómine Dómini.
Hosánna in excélsis.

Das **Sanctus** darf nur durch ein Lied ersetzt werden, das mit dem dreimaligen Heilig-Ruf beginnt und dem Inhalt des **Sanctus** entspricht.

ERSTES HOCHGEBET
DER RÖMISCHE MESS-KANON

Dich, gütiger Vater, bitten wir durch deinen Sohn, unseren Herrn Jesus Christus: Nimm diese heiligen, makellosen Opfergaben an und segne + sie.

Für die Kirche und ihre Hirten

Wir bringen sie dar vor allem für deine heilige katholische Kirche in Gemeinschaft mit deinem Diener, unserem Papst N., mit unserem Bischof N. und mit allen, die Sorge tragen für den rechten, katholischen und apostolischen Glauben. Schenke deiner Kirche Frieden und Einheit, behüte und leite sie auf der ganzen Erde.

Für anwesende und abwesende Gläubige

Gedenke deiner Diener und Dienerinnen (für die wir heute besonders beten) und aller, die hier versammelt sind.

Stilles Gedenken

Herr, du kennst ihren Glauben und ihre Hingabe; für sie bringen wir dieses Opfer des Lobes dar, und sie selber weihen es dir für sich und für alle, die ihnen verbunden sind, für ihre Erlösung und für ihre Hoffnung auf das unverlierbare Heil. Vor dich, den ewigen, lebendigen und wahren Gott, bringen sie ihre Gebete und Gaben.

Gedächtnis der Heiligen

In Gemeinschaft mit der ganzen Kirche gedenken wir deiner Heiligen. Wir ehren vor allem Maria, die glorreiche, allzeit jungfräuliche Mutter unseres Herrn und Gottes Jesus Christus.

* Wir ehren ihren Bräutigam, den heiligen Josef, deine heiligen Apostel und Märtyrer: Petrus und Paulus, Andreas (Jakobus, Johannes, Thomas, Jakobus, Philippus, Bartholomäus, Matthäus, Simon und Thaddäus, Linus, Kletus, Klemens, Xystus, Kornelius, Cyprianus, Laurentius, Chrysogonus, Johannes und Paulus, Kosmas und Damianus) und alle deine Heiligen; blicke auf ihr heiliges Leben und Sterben und gewähre uns auf ihre Fürsprache in allem deine Hilfe und deinen Schutz.

Das Gedächtnis der Heiligen kann auch beginnen:

An Sonntagen:

In Gemeinschaft mit der ganzen Kirche feiern wir den ersten Tag der Woche als den Tag, an dem Christus von den Toten erstanden ist, und gedenken deiner Heiligen: Wir ehren vor allem Maria, die glorreiche, allzeit jungfräuliche Mutter unseres Herrn und Gottes Jesus Christus. *

Von Weihnachten bis Neujahr:

In Gemeinschaft mit der ganzen Kirche feiern wir (die hochheilige Nacht) den hochheiligen Tag, (in der) an dem Maria in unversehrter Jungfräulichkeit der Welt den Erlöser geboren hat. Wir ehren vor allen Heiligen sie, die glorreiche, allzeit jungfräuliche Mutter unseres Herrn und Gottes Jesus Christus. *

An Erscheinung des Herrn:

In Gemeinschaft mit der ganzen Kirche feiern wir den hochheiligen Tag, an dem dein eingeborener Sohn, dir gleich in ewiger Herrlichkeit, als wahrer Mensch leibhaft und sichtbar erschienen ist. Wir gedenken deiner Heiligen und ehren vor allem Maria, die glorreiche, allzeit jungfräuliche Mutter unseres Herrn und Gottes Jesus Christus. *

Am Gründonnerstag, S. 172.

Von der Osternacht bis zum Weißen Sonntag:

In Gemeinschaft mit der ganzen Kirche feiern wir (die hochheilige Nacht) das Hochfest der Auferstehung unseres Herrn Jesus Christus. Wir gedenken deiner Heiligen und ehren vor allem Maria, die glorreiche, allzeit jungfräuliche Mutter unseres Herrn und Gottes Jesus Christus. *

An Christi Himmelfahrt:

In Gemeinschaft mit der ganzen Kirche feiern wir den Tag, an dem unser Herr Jesus Christus, dein eingeborener Sohn, unsere schwache, mit seiner Gottheit vereinte Menschennatur zu deiner Rechten erhoben hat. Wir gedenken deiner Heiligen und ehren vor allem Maria, die glorreiche, allzeit jungfräuliche Mutter unseres Herrn und Gottes Jesus Christus. *

Am Pfingsttag:

In Gemeinschaft mit der ganzen Kirche feiern wir das hohe Pfingstfest, an dem der Heilige Geist in Feuerzungen auf die Jünger herabkam. Wir gedenken deiner Heiligen und ehren vor allem Maria, die glorreiche, allzeit jungfräuliche Mutter unseres Herrn und Gottes Jesus Christus. *

Am eigenen Kirchweihfest:

In Gemeinschaft mit der ganzen Kirche feiern wir den Weihetag dieses Hauses, an dem du es zu eigen genommen und mit deiner Gegenwart erfüllt hast. Wir gedenken deiner Heiligen und ehren vor allem Maria, die glorreiche, allzeit jungfräuliche Mutter unseres Herrn und Gottes Jesus Christus. *

An Lichtmeß (2. Februar):

In Gemeinschaft mit der ganzen Kirche feiern wir den Tag, an dem dein eingeborener Sohn im Tempel dargestellt wurde. Wir gedenken deiner Heiligen und ehren vor allem Maria, die glorreiche, allzeit jungfräuliche Mutter unseres Herrn und Gottes Jesus Christus.*

An Verkündigung des Herrn (25. März):

In Gemeinschaft mit der ganzen Kirche feiern wir den Tag, an dem Maria deinen ewigen Sohn durch den Heiligen Geist empfangen hat. Wir ehren vor allen Heiligen sie, die glorreiche, allzeit jungfräuliche Mutter unseres Herrn und Gottes Jesus Christus. *

An Johannes' Geburt (24. Juni):

In Gemeinschaft mit der ganzen Kirche feiern wir den Tag, an dem Johannes geboren wurde, der Christus voranging, um ihm den Weg zu bereiten, dem Erlöser der Welt. Wir gedenken deiner Heiligen und ehren vor allem Maria, die glorreiche, allzeit jungfräuliche Mutter unseres Herrn und Gottes Jesus Christus. *

An Mariä Himmelfahrt (15. August):

In Gemeinschaft mit der ganzen Kirche feiern wir den Tag, an dem die jungfräuliche Gottesmutter in den Himmel aufgenommen wurde. Wir ehren vor allen Heiligen sie, die glorreiche, allzeit jungfräuliche Mutter unseres Herrn und Gottes Jesus Christus. *

An Mariä Geburt (8. September):

In Gemeinschaft mit der ganzen Kirche feiern wir den Tag, an dem Maria geboren wurde, die von Ewigkeit her auserwählte Mutter des Erlösers. Wir ehren vor allen Heiligen sie, die glorreiche, allzeit jungfräuliche Mutter unseres Herrn und Gottes Jesus Christus. *

An Allerheiligen (1. November):

In Gemeinschaft mit der ganzen Kirche feiern wir den Tag, der dem Gedächtnis aller Heiligen geweiht ist, die im Leben Christus nachfolgten und im Sterben von ihm die Krone der Herrlichkeit empfingen. Wir ehren vor allen Heiligen Maria, die glorreiche, allzeit jungfräuliche Mutter unseres Herrn und Gottes Jesus Christus. *

An Mariä Empfängnis (8. Dezember):

In Gemeinschaft mit der ganzen Kirche feiern wir den Tag, an dem Maria ohne Erbschuld empfangen wurde, da sie auserwählt war, die Mutter des Erlösers zu werden. Wir ehren vor allen Heiligen sie, die glorreiche, allzeit jungfräuliche Mutter unseres Herrn und Gottes Jesus Christus. *

Für die Ortsgemeinde

Nimm gnädig an, o Gott, diese Gaben deiner Diener und deiner ganzen Gemeinde; ordne unsere Tage in deinem Frieden, rette uns vor dem ewigen Verderben und nimm uns auf in die Schar deiner Erwählten.

In der Abendmahlsmesse des Gründonnerstages, S. 172.

Von der Osternacht bis zum Weißen Sonntag:

Nimm gnädig an, o Gott, diese Gaben deiner Diener und deiner ganzen Gemeinde. Wir bringen sie dar auch für jene, die an diesem Osterfest aus dem Wasser und dem Heiligen Geist zum neuen Leben geboren wurden, denen du alle Sünden vergeben hast. Ordne unsere Tage in deinem Frieden, rette uns vor dem ewigen Verderben und nimm uns auf in die Schar deiner Erwählten.

Bei einer Brautmesse:

Nimm gnädig an, o Gott, dieses Opfer deiner Diener, die Gaben der Neuvermählten N. und N. und die Opfergaben deiner ganzen Gemeinde. Sie bittet dich für diese Brautleute, die du zum Traualtar geführt hast: Erhalte sie bis ins hohe Alter in Glück und Frieden (und segne ihren Bund mit Kindern, die sie von deiner Güte erhoffen).

Bitte um Heiligung der Gaben

Schenke, o Gott, diesen Gaben Segen in Fülle und nimm sie zu eigen an. Mache sie uns zum wahren Opfer im Geiste, das dir wohlgefällt: zum Leib und Blut deines geliebten Sohnes, unseres Herrn Jesus Christus.

Am Abend vor seinem Leiden nahm er das Brot in seine heiligen und ehrwürdigen Hände, erhob die Augen zum Himmel, zu dir, seinem Vater, dem allmächtigen Gott, sagte dir Lob und Dank, brach das Brot, reichte es seinen Jüngern und sprach:

Nehmet und esset alle davon:

Das ist mein Leib,

der für euch hingegeben wird.

Ebenso nahm er nach dem Mahl diesen erhabenen Kelch in seine heiligen und ehrwürdigen Hände, sagte dir Lob und Dank, reichte den Kelch seinen Jüngern und sprach:

Nehmet und trinket alle daraus:

Das ist der Kelch

des neuen und ewigen Bundes,

mein Blut, das für euch

und für alle vergossen wird

zur Vergebung der Sünden.

Tut dies zu meinem Gedächtnis.

Priester:

Geheimnis des Glaubens.

Zuruf der Gemeinde

**Deinen Tod, o Herr, verkünden wir,
und deine Auferstehung preisen wir,
bis du kommst in Herrlichkeit.**

Oder:

Mystérium fídei.

Mortem tuam annuntiámus, Dómine,
et tuam resurrectiónem confitémur,
donec vénias.

Darum, gütiger Vater, feiern wir, deine Diener und dein heiliges Volk, das Gedächtnis deines Sohnes, unseres Herrn Jesus Christus. Wir verkünden sein heilbringendes Leiden, seine Auferstehung von den Toten und seine glorreiche Himmelfahrt. So bringen wir aus den Gaben, die du uns geschenkt hast, dir, dem erhabenen Gott, die reine, heilige und makellose Opfergabe dar: das Brot des Lebens und den Kelch des ewigen Heiles.

Blicke versöhnt und gütig darauf nieder und nimm sie an wie einst die Gaben deines gerechten Dieners Abel, wie das Opfer unseres Vaters Abraham, wie die heilige Gabe, das reine Opfer deines Hohenpriesters Melchisedek.

Wir bitten dich, allmächtiger Gott: Dein heiliger Engel trage diese Opfergabe auf deinen himmlischen Altar vor deine göttliche Herrlichkeit; und wenn wir durch unsere Teilnahme am Altar den heiligen Leib und das Blut deines Sohnes empfangen, erfülle uns mit aller Gnade und allem Segen des Himmels.

Für die Verstorbenen

Gedenke auch deiner Diener und Dienerinnen, die uns vorangegangen sind, bezeichnet mit dem Siegel des Glaubens, und die nun ruhen in Frieden.

(Stilles Gedenken)

Wir bitten dich: Führe sie und alle, die in Christus entschlafen sind, in das Land der Verheißung, des Lichtes und des Friedens.

Weitere Bitten

Auch uns, deinen sündigen Dienern, die auf deine reiche Barmherzigkeit hoffen, gib Anteil und Gemeinschaft mit deinen heiligen Aposteln und Märtyrern: Johannes, Stephanus, Matthias, Barnabas (Ignatius, Alexander, Marzellinus, Petrus, Felizitas, Perpetua, Agatha, Luzia, Agnes, Cäcilia, Anastasia) und mit allen deinen Heiligen; wäge nicht unser Verdienst, sondern schenke gnädig Verzeihung und gib uns mit ihnen das Erbe des Himmels. Darum bitten wir dich durch unseren Herrn Jesus Christus.

Denn durch ihn erschaffst du immerfort all diese guten Gaben, gibst ihnen Leben und Weihe und spendest sie uns.

Abschließender Lobpreis

Durch ihn und mit ihm und in ihm
ist dir, Gott, allmächtiger Vater,
in der Einheit des Heiligen Geistes
alle Herrlichkeit und Ehre
jetzt und in Ewigkeit.

Alle: Amen.

Fortsetzung S. 397.

ZWEITES HOCHGEBET

Pr.: Der Herr sei mit euch.
A.: Und mit deinem Geiste.
Pr.: Erhebet die Herzen.
A.: Wir haben sie beim Herrn.
Pr.: Lasset uns danken dem Herrn, unserm Gott.
A.: Das ist würdig und recht.

Oder:

Pr.: Dóminus vobíscum.
A.: Et cum spíritu tuo.
Pr.: Sursum corda.
A.: Habémus ad Dóminum.
Pr.: Grátias agámus Dómino Deo nostro.
A.: Dignum et iustum est.

In Wahrheit ist es würdig und recht, dir, Herr, heiliger Vater, immer und überall zu danken durch deinen geliebten Sohn Jesus Christus. Er ist dein Wort, durch ihn hast du alles erschaffen. Ihn hast du gesandt als unseren Erlöser und Heiland: Er ist Mensch geworden durch den Heiligen Geist, geboren von der Jungfrau Maria. Um deinen Ratschluß zu erfüllen und dir ein heiliges Volk zu erwerben, hat er sterbend die Arme ausgebreitet am Holze des Kreuzes. Er hat die Macht des Todes gebrochen und die Auferstehung kundgetan. Darum preisen wir dich mit allen Engeln und Heiligen und singen vereint mit ihnen das Lob deiner Herrlichkeit:

Heilig, heilig, heilig
Gott, Herr aller Mächte und Gewalten.
Erfüllt sind Himmel und Erde
von deiner Herrlichkeit.
Hosanna in der Höhe.
Hochgelobt sei,
der da kommt im Namen des Herrn.
Hosanna in der Höhe.

Oder:
Sanctus, Sanctus, Sanctus
Dóminus Deus Sábaoth.
Pleni sunt cæli et terra
glória tua.
Hosánna in excélsis.
Benedíctus
qui venit in nómine Dómini.
Hosánna in excélsis.

Bitte um Heiligung der Gaben

Ja, du bist heilig, großer Gott, du bist der Quell aller
Heiligkeit. Darum bitten wir dich: *

(Fortsetzung S. 380.)

Hier kann an bestimmten Tagen das Festgeheimnis erwähnt werden
(S. 377–379).

An Sonntagen:

Darum kommen wir vor dein Angesicht und feiern in Gemeinschaft mit der ganzen Kirche den ersten Tag der Woche als den
Tag, an dem Christus von den Toten erstanden ist. Durch ihn,
den du zu deiner Rechten erhöht hast, bitten wir dich: *

Von Weihnachten bis Neujahr:

Darum kommen wir vor dein Angesicht und feiern in Gemeinschaft mit der ganzen Kirche (die hochheilige Nacht) den hochheiligen Tag, (in der) an dem Maria in unversehrter Jungfräulichkeit der Welt den Erlöser geboren hat. Durch ihn, unseren
Retter und Herrn, bitten wir dich: *

An Erscheinung des Herrn:

Darum kommen wir vor dein Angesicht und feiern in Gemeinschaft mit der ganzen Kirche den hochheiligen Tag, an dem
dein eingeborener Sohn, dir gleich in ewiger Herrlichkeit, als
wahrer Mensch leibhaft und sichtbar erschienen ist. Durch ihn,
unseren Erlöser und Heiland, bitten wir dich: *

In der Abendmahlmesse des Gründonnerstages: S. 173.

Von der Osternacht bis zum Weißen Sonntag:

Darum kommen wir vor dein Angesicht und feiern in Gemeinschaft mit der ganzen Kirche (die hochheilige Nacht) das Hochfest der Auferstehung unseres Herrn Jesus Christus. Durch ihn,
der zu deiner Rechten erhöht ist, bitten wir dich: *

An Christi Himmelfahrt:

Darum kommen wir vor dein Angesicht und feiern in Gemeinschaft mit der ganzen Kirche den Tag, an dem unser Herr Jesus Christus, dein eingeborener Sohn, unsere schwache, mit seiner Gottheit vereinte Menschennatur zu deiner Rechten erhoben hat. Durch ihn bitten wir dich:*

Am Pfingsttag:

Darum kommen wir vor dein Angesicht und feiern in Gemeinschaft mit der ganzen Kirche das hohe Pfingstfest, an dem der Heilige Geist in Feuerzungen auf die Jünger herabkam. Und wir bitten dich:*

Am eigenen Kirchweihfest:

Darum kommen wir vor dein Angesicht und feiern in Gemeinschaft mit der ganzen Kirche den Weihetag dieses Hauses, an dem du es zu eigen genommen und mit deiner Gegenwart erfüllt hast. Durch Christus, den Herrn und das Haupt der Kirche, bitten wir dich:*

An Lichtmeß (2. Februar):

Darum kommen wir vor dein Angesicht und feiern in Gemeinschaft mit der ganzen Kirche den Tag, an dem dein eingeborener Sohn im Tempel dargestellt wurde. Durch ihn, das Licht von deinem Licht, bitten wir dich:*

An Verkündigung des Herrn (25. März):

Darum kommen wir vor dein Angesicht und feiern in Gemeinschaft mit der ganzen Kirche den Tag, an dem Maria deinen ewigen Sohn durch den Heiligen Geist empfangen hat. Durch ihn, der zu unserem Heil Mensch geworden ist, bitten wir dich:*

An Johannes' Geburt (24. Juni):

Darum kommen wir vor dein Angesicht und feiern in Gemeinschaft mit der ganzen Kirche den Tag, an dem Johannes geboren wurde, der Christus voranging, um ihm den Weg zu bereiten, dem Erlöser der Welt. Durch ihn, der nach Johannes kam und doch vor ihm war, bitten wir dich: *

An Mariä Himmelfahrt (15. August):

Darum kommen wir vor dein Angesicht und feiern in Gemeinschaft mit der ganzen Kirche den Tag, an dem die jungfräuliche Gottesmutter in den Himmel aufgenommen wurde von unserem Herrn Jesus Christus. Durch ihn, den Urheber und Vollender unseres Glaubens, bitten wir dich: *

An Mariä Geburt (8. September):

Darum kommen wir vor dein Angesicht und feiern in Gemeinschaft mit der ganzen Kirche den Tag, an dem Maria geboren wurde, die von Ewigkeit her auserwählte Mutter des Erlösers. Durch ihn, unseren Heiland, bitten wir dich: *

An Allerheiligen (1. November):

Darum kommen wir vor dein Angesicht und feiern in Gemeinschaft mit der ganzen Kirche den Tag, der dem Gedächtnis aller Heiligen geweiht ist, die im Leben Christus nachfolgten und im Sterben von ihm die Krone der Herrlichkeit empfingen. Durch ihn, den Urheber und Vollender unseres Glaubens, bitten wir dich: *

An Mariä Empfängnis (8. Dezember):

Darum kommen wir vor dein Angesicht und feiern in Gemeinschaft mit der ganzen Kirche den Tag, an dem Maria ohne Erbschuld empfangen wurde, da sie auserwählt war, die Mutter des Erlösers zu werden. Durch ihn, der unsere Sünden hinwegnimmt, bitten wir dich: *

* **S**ende deinen Geist auf diese Gaben herab und heilige sie, damit sie uns werden Leib ✝ und Blut deines Sohnes, unseres Herrn Jesus Christus.

Denn am Abend, an dem er ausgeliefert wurde und sich aus freiem Willen dem Leiden unterwarf, nahm er das Brot und sagte Dank, brach es, reichte es seinen Jüngern und sprach:

Nehmet und esset alle davon:
Das ist mein Leib,
der für euch hingegeben wird.

Ebenso nahm er nach dem Mahl den Kelch, dankte wiederum, reichte ihn seinen Jüngern und sprach:

Nehmet und trinket alle daraus:
Das ist der Kelch
des neuen und ewigen Bundes,
mein Blut, das für euch
und für alle vergossen wird
zur Vergebung der Sünden.
Tut dies zu meinem Gedächtnis.

Priester:
Geheimnis des Glaubens.

Zuruf der Gemeinde
Deinen Tod, o Herr, verkünden wir,
und deine Auferstehung preisen wir,
bis du kommst in Herrlichkeit.

Oder:

Mystérium fidei.

Mortem tuam annuntiámus, Dómine,
et tuam resurrectiónem confitémur,
donec vénias.

Gedächtnis — Darbringung — Dank und Bitte
Darum, gütiger Vater, feiern wir das Gedächtnis des
Todes und der Auferstehung deines Sohnes und
bringen dir so das Brot des Lebens und den Kelch des
Heiles dar. Wir danken dir, daß du uns berufen hast,
vor dir zu stehen und dir zu dienen.

Wir bitten dich: Schenke uns Anteil an Christi Leib
und Blut und laß uns eins werden durch den Heiligen Geist.

Fürbitten für die Kirche und ihre Hirten

Gedenke deiner Kirche auf der ganzen Erde und vollende dein Volk in der Liebe, vereint mit unserem Papst N., unserem Bischof N. und allen Bischöfen, unseren Priestern und Diakonen und mit allen, die zum Dienst in der Kirche bestellt sind.

An bestimmten Tagen und bei verschiedenen Anlässen kann hier eine besondere Bitte angefügt werden.

Von der Osternacht bis zum Weißen Sonntag:

Gedenke auch jener, die an diesem Osterfest aus dem Wasser und dem Heiligen Geist zum neuen Leben geboren wurden, denen du alle Sünden vergeben hast.

Bei einer Brautmesse:

Gedenke auch der Neuvermählten N. und N. Du hast sie zusammengeführt und ihren Bund gesegnet. Darum erhalte sie bis ins hohe Alter in Glück und Frieden (und schenke ihnen die Kinder, die sie von deiner Güte erhoffen).

Für die Verstorbenen

In Messen für Verstorbene:

Erbarme dich unseres Bruders N. (unserer Schwester N.), den (die) du aus dieser Welt zu dir gerufen hast. Durch die Taufe gehört er (sie) Christus an, ihm ist er (sie) gleichgeworden im Tod: laß ihn (sie) mit Christus zum Leben auferstehen.

Gedenke (aller) unserer Brüder und Schwestern, die entschlafen sind in der Hoffnung, daß sie auferstehen. Nimm sie und alle, die in deiner Gnade aus dieser Welt geschieden sind, in dein Reich auf, wo sie dich schauen von Angesicht zu Angesicht.

Für alle

Vater, erbarme dich über uns alle, damit uns das ewige Leben zuteil wird in der Gemeinschaft mit der seligen Jungfrau und Gottesmutter Maria, mit deinen Aposteln und mit allen, die bei dir Gnade gefunden haben von Anbeginn der Welt, daß wir dich loben und preisen durch deinen Sohn Jesus Christus.

Abschließender Lobpreis

Durch ihn und mit ihm und in ihm
ist dir, Gott, allmächtiger Vater,
in der Einheit des Heiligen Geistes
alle Herrlichkeit und Ehre
jetzt und in Ewigkeit.

Alle: Amen.

Fortsetzung S. 397.

DRITTES HOCHGEBET

Lobpreis

Ja, du bist heilig, großer Gott, und alle deine Werke verkünden dein Lob. Denn durch deinen Sohn, unseren Herrn Jesus Christus, und in der Kraft des Heiligen Geistes erfüllst du die ganze Schöpfung mit Leben und Gnade. Bis ans Ende der Zeiten versammelst du dir ein Volk, damit deinem Namen das reine Opfer dargebracht werde vom Aufgang der Sonne bis zum Untergang.

Bitte um Heiligung der Gaben

Darum bitten wir dich, allmächtiger Gott: *

(Fortsetzung S. 387).

Hier kann an bestimmten Tagen das Festgeheimnis erwähnt werden (S. 384–387).

An Sonntagen:

Darum kommen wir vor dein Angesicht und feiern in Gemeinschaft mit der ganzen Kirche den ersten Tag der Woche als den Tag, an dem Christus von den Toten erstanden ist. Durch ihn, den du zu deiner Rechten erhöht hast, bitten wir dich, allmächtiger Gott: *

Von Weihnachten bis Neujahr:

Darum kommen wir vor dein Angesicht und feiern in Gemeinschaft mit der ganzen Kirche (die hochheilige Nacht) den hochheiligen Tag, (in der) an dem Maria in unversehrter Jungfräulichkeit der Welt den Erlöser geboren hat. Durch ihn, unseren Retter und Herrn, bitten wir dich, allmächtiger Gott: *

An Erscheinung des Herrn:

Darum kommen wir vor dein Angesicht und feiern in Gemeinschaft mit der ganzen Kirche den hochheiligen Tag, an dem dein eingeborener Sohn, dir gleich in ewiger Herrlichkeit, als wahrer Mensch leibhaft und sichtbar erschienen ist. Durch ihn, unseren Erlöser und Heiland, bitten wir dich, allmächtiger Gott:*

In der Abendmahlmesse des Gründonnerstages: S. 173 f.

Von der Osternacht bis zum Weißen Sonntag:

Darum kommen wir vor dein Angesicht und feiern in Gemeinschaft mit der ganzen Kirche (die hochheilige Nacht) das Hochfest der Auferstehung unseres Herrn Jesus Christus. Durch ihn, der zu deiner Rechten erhöht ist, bitten wir dich, allmächtiger Gott:*

An Christi Himmelfahrt:

Darum kommen wir vor dein Angesicht und feiern in Gemeinschaft mit der ganzen Kirche den Tag, an dem unser Herr Jesus Christus, dein eingeborener Sohn, unsere schwache, mit seiner Gottheit vereinte Menschennatur zu deiner Rechten erhoben hat. Durch ihn bitten wir dich, allmächtiger Gott:*

Am Pfingsttag:

Darum kommen wir vor dein Angesicht und feiern in Gemeinschaft mit der ganzen Kirche das hohe Pfingstfest, an dem der Heilige Geist in Feuerzungen auf die Jünger herabkam. Und wir bitten dich, allmächtiger Gott:*

Am eigenen Kirchweihfest:

Darum kommen wir vor dein Angesicht und feiern in Gemeinschaft mit der ganzen Kirche den Weihetag dieses Hauses, an dem du es zu eigen genommen und mit deiner Gegenwart erfüllt hast. Durch Christus, den Herrn und das Haupt der Kirche, bitten wir dich, allmächtiger Gott:*

An Lichtmeß (2. Februar):

Darum kommen wir vor dein Angesicht und feiern in Gemeinschaft mit der ganzen Kirche den Tag, an dem dein eingeborener Sohn im Tempel dargestellt wurde. Durch ihn, das Licht von deinem Licht, bitten wir dich, allmächtiger Gott: *

An Verkündigung des Herrn (25. März):

Darum kommen wir vor dein Angesicht und feiern in Gemeinschaft mit der ganzen Kirche den Tag, an dem Maria deinen ewigen Sohn durch den Heiligen Geist empfangen hat. Durch ihn, der zu unserem Heil Mensch geworden ist, bitten wir dich, allmächtiger Gott: *

An Johannes' Geburt (24. Juni):

Darum kommen wir vor dein Angesicht und feiern in Gemeinschaft mit der ganzen Kirche den Tag, an dem Johannes geboren wurde, der Christus voranging, um ihm den Weg zu bereiten, dem Erlöser der Welt. Durch ihn, der nach Johannes kam und doch vor ihm war, bitten wir dich, allmächtiger Gott: *

An Mariä Himmelfahrt (15. August):

Darum kommen wir vor dein Angesicht und feiern in Gemeinschaft mit der ganzen Kirche den Tag, an dem die jungfräuliche Gottesmutter in den Himmel aufgenommen wurde von unserem Herrn Jesus Christus. Durch ihn, den Urheber und Vollender unseres Glaubens, bitten wir dich, allmächtiger Gott: *

An Mariä Geburt (8. September):

Darum kommen wir vor dein Angesicht und feiern in Gemeinschaft mit der ganzen Kirche den Tag, an dem Maria geboren wurde, die von Ewigkeit her auserwählte Mutter des Erlösers. Durch ihn, unseren Heiland, bitten wir dich, allmächtiger Gott: *

An Allerheiligen (1. November):

Darum kommen wir vor dein Angesicht und feiern in Gemeinschaft mit der ganzen Kirche den Tag, der dem Gedächtnis aller
Heiligen geweiht ist, die im Leben Christus nachfolgten und im
Sterben von ihm die Krone der Herrlichkeit empfingen. Durch ihn,
den Urheber und Vollender unseres Glaubens, bitten wir dich,
allmächtiger Gott:*

An Mariä Empfängnis (8. Dezember):

Darum kommen wir vor dein Angesicht und feiern in Gemeinschaft mit der ganzen Kirche den Tag, an dem Maria ohne Erbschuld empfangen wurde, da sie auserwählt war, die Mutter
des Erlösers zu werden. Durch ihn, der unsere Sünden hinwegnimmt, bitten wir dich, allmächtiger Gott:*

* **H**eilige unsere Gaben durch deinen Geist, damit sie
uns werden Leib + und Blut deines Sohnes, unseres
Herrn Jesus Christus, der uns aufgetragen hat, dieses
Geheimnis zu feiern.

Denn in der Nacht, da er verraten wurde,
nahm er das Brot und sagte Dank, brach es,
reichte es seinen Jüngern und sprach:
Nehmet und esset alle davon:
Das ist mein Leib,
der für euch hingegeben wird.

Ebenso nahm er nach dem Mahl den Kelch,
dankte wiederum, reichte ihn seinen Jüngern
und sprach:
Nehmet und trinket alle daraus:
Das ist der Kelch
des neuen und ewigen Bundes,
mein Blut, das für euch
und für alle vergossen wird
zur Vergebung der Sünden.
Tut dies zu meinem Gedächtnis.

Priester:
Geheimnis des Glaubens.

Zuruf der Gemeinde
Deinen Tod, o Herr, verkünden wir,
und deine Auferstehung preisen wir,
bis du kommst in Herrlichkeit.

Oder:
Mystérium fídei.

Mortem tuam annuntiámus, Dómine,
et tuam resurrectiónem confitémur,
donec vénias.

Gedächtnis – Darbringung – Bitte
Darum, gütiger Vater, feiern wir das Gedächtnis
deines Sohnes. Wir verkünden sein heilbringendes
Leiden, seine glorreiche Auferstehung und Himmelfahrt
und erwarten seine Wiederkunft. So bringen wir dir mit
Lob und Dank dieses heilige und lebendige Opfer dar.

Schau gütig auf die Gabe deiner Kirche. Denn sie stellt dir das Lamm vor Augen, das geopfert wurde und uns nach deinem Willen mit dir versöhnt hat. Stärke uns durch den Leib und das Blut deines Sohnes und erfülle uns mit seinem Heiligen Geist, damit wir ein Leib und ein Geist werden in Christus.

Er mache uns auf immer zu einer Gabe, die dir wohlgefällt, damit wir das verheißene Erbe erlangen mit deinen Auserwählten, mit der seligen Jungfrau und Gottesmutter Maria, mit deinen Aposteln und Märtyrern (mit dem – der – heiligen N.: *Tagesheiliger oder Patron*) und mit allen Heiligen, auf deren Fürsprache wir vertrauen.

Fürbitten für die Welt, die Kirche und ihre Hirten

Barmherziger Gott, wir bitten dich: Dieses Opfer unserer Versöhnung bringe der ganzen Welt Frieden und Heil. Beschütze deine Kirche auf ihrem Weg durch die Zeit und stärke sie im Glauben und in der Liebe: deinen Diener, unseren Papst N., unseren Bischof N. und die Gemeinschaft der Bischöfe, unsere Priester und Diakone, alle, die zum Dienst in der Kirche bestellt sind, und das ganze Volk deiner Erlösten.

Von der Osternacht bis zum Weißen Sonntag, S. 382.
Bei einer Brautmesse, S. 382.

Für die anwesende Gemeinde und für alle

Erhöre, gütiger Vater, die Gebete der hier versammelten Gemeinde und führe zu dir auch alle deine Söhne und Töchter, die noch fern sind von dir.

Für die Verstorbenen

In einer Messe für bestimmte Verstorbene:

Erbarme dich unseres Bruders N. (unserer Schwester N.), den (die) du aus dieser Welt zu dir gerufen hast. Durch die Taufe gehört er (sie) Christus an, ihm ist er (sie) gleichgeworden im Tod: gib ihm (ihr) auch Anteil an der Auferstehung, wenn Christus die Toten auferweckt und unseren irdischen Leib seinem verklärten Leib ähnlich macht.

Erbarme dich (aller) unserer verstorbenen Brüder und Schwestern und aller, die in deiner Gnade aus dieser Welt geschieden sind. Nimm sie auf in deine Herrlichkeit. Und mit ihnen laß auch uns, wie du verheißen hast, zu Tische sitzen in deinem Reich.

In einer Messe für bestimmte Verstorbene:

Dann wirst du alle Tränen trocknen. Wir werden dich, unseren Gott, schauen, wie du bist, dir ähnlich sein auf ewig und dein Lob singen ohne Ende.

Darum bitten wir dich durch unseren Herrn Jesus Christus. Denn durch ihn schenkst du der Welt alle guten Gaben.

Abschließender Lobpreis

Durch ihn und mit ihm und in ihm
ist dir, Gott, allmächtiger Vater,
in der Einheit des Heiligen Geistes
alle Herrlichkeit und Ehre
jetzt und in Ewigkeit.

Alle: **Amen.**

Fortsetzung S. 397.

VIERTES HOCHGEBET

Pr.: Der Herr sei mit euch.

A.: Und mit deinem Geiste.

Pr.: Erhebet die Herzen.

A.: Wir haben sie beim Herrn.

Pr.: Lasset uns danken dem Herrn, unserm Gott.

A.: Das ist würdig und recht.

Oder:

Pr.: Dóminus vobíscum.

A.: Et cum spíritu tuo.

Pr.: Sursum corda.

A.: Habémus ad Dóminum.

Pr.: Grátias agámus Dómino Deo nostro.

A.: Dignum et iustum est.

In Wahrheit ist es würdig, dir zu danken, heiliger
Vater. Es ist recht, dich zu preisen. Denn du allein
bist der lebendige und wahre Gott. Du bist vor den Zei-

ten und lebst in Ewigkeit. Du wohnst in unzugänglichem Lichte. Alles hast du erschaffen, denn du bist die Liebe und der Ursprung des Lebens. Du erfüllst deine Geschöpfe mit Segen und erfreust sie alle mit dem Glanz deines Lichtes. Vor dir stehen die Scharen der Engel und schauen dein Angesicht. Sie dienen dir Tag und Nacht, nie endet ihr Lobgesang. Mit ihnen preisen auch wir deinen Namen, durch unseren Mund rühmen dich alle Geschöpfe und künden voll Freude das Lob deiner Herrlichkeit:

Heilig, heilig, heilig
Gott, Herr aller Mächte und Gewalten.
Erfüllt sind Himmel und Erde
von deiner Herrlichkeit.
Hosanna in der Höhe.
Hochgelobt sei,
der da kommt im Namen des Herrn.
Hosanna in der Höhe.

Oder:

Sanctus, Sanctus, Sanctus
Dóminus Deus Sábaoth.
Pleni sunt cæli et terra
glória tua.
Hosánna in excélsis.
Benedíctus
qui venit in nómine Dómini.
Hosánna in excélsis.

Dank für das Werk der Schöpfung und der Erlösung

Wir preisen dich, heiliger Vater, denn groß bist du, und alle deine Werke künden deine Weisheit und Liebe.

Den Menschen hast du nach deinem Bild geschaffen und ihm die Sorge für die ganze Welt anvertraut. Über alle Geschöpfe sollte er herrschen und allein dir, seinem Schöpfer, dienen.

Als er im Ungehorsam deine Freundschaft verlor und der Macht des Todes verfiel, hast du ihn dennoch nicht verlassen, sondern voll Erbarmen allen geholfen, dich zu suchen und zu finden.

Immer wieder hast du den Menschen deinen Bund angeboten und sie durch die Propheten gelehrt, das Heil zu erwarten.

So sehr hast du die Welt geliebt, heiliger Vater, daß du deinen eingeborenen Sohn als Retter gesandt hast, nachdem die Fülle der Zeiten gekommen war. Er ist Mensch geworden durch den Heiligen Geist, geboren von der Jungfrau Maria. Er hat wie wir als Mensch gelebt, in allem uns gleich außer der Sünde.

Den Armen verkündete er die Botschaft vom Heil, den Gefangenen Freiheit, den Trauernden Freude.

Um deinen Ratschluß zu erfüllen, hat er sich dem Tod überliefert, durch seine Auferstehung den Tod bezwungen und das Leben neu geschaffen.

Damit wir nicht mehr uns selber leben, sondern ihm, der für uns gestorben und auferstanden ist, hat er von dir, Vater, als erste Gabe für alle, die glauben, den Heiligen Geist gesandt, der das Werk deines Sohnes auf Erden weiterführt und alle Heiligung vollendet.

Bitte um Heiligung der Gaben

So bitten wir dich, Vater: der Geist heilige diese Gaben, damit sie uns werden Leib + und Blut unseres Herrn Jesus Christus, der uns die Feier dieses Geheimnisses aufgetragen hat als Zeichen des ewigen Bundes.

Da er die Seinen liebte, die in der Welt waren, liebte er sie bis zur Vollendung. Und als die Stunde kam, da er von dir verherrlicht werden sollte, nahm er beim Mahl das Brot und sagte Dank, brach das Brot, reichte es seinen Jüngern und sprach:
Nehmet und esset alle davon:
Das ist mein Leib,
der für euch hingegeben wird.

Ebenso nahm er den Kelch mit Wein, dankte wiederum, reichte den Kelch seinen Jüngern und sprach:

Nehmet und trinket alle daraus:
Das ist der Kelch
des neuen und ewigen Bundes,
mein Blut, das für euch
und für alle vergossen wird
zur Vergebung der Sünden.
Tut dies zu meinem Gedächtnis.

Priester:
Geheimnis des Glaubens.

Zuruf der Gemeinde
Deinen Tod, o Herr, verkünden wir,
und deine Auferstehung preisen wir,
bis du kommst in Herrlichkeit.

Oder:
Mystérium fidei.

Mortem tuam annuntiámus, Dómine,
et tuam resurrectiónem confitémur,
donec vénias.

Gedächtnis – Darbringung – Bitte
Darum, gütiger Vater, feiern wir das Gedächtnis unserer Erlösung. Wir verkünden den Tod deines Sohnes und sein Hinabsteigen zu den Vätern, bekennen seine Auferstehung und Himmelfahrt und erwarten sein Kommen in Herrlichkeit. So bringen wir dir seinen Leib und sein Blut dar, das Opfer, das dir wohlgefällt und der ganzen Welt Heil bringt.

Sieh her auf die Opfergabe, die du selber deiner Kirche bereitet hast, und gib, daß alle, die Anteil erhalten an dem einen Brot und dem einen Kelch, ein Leib werden im Heiligen Geist, eine lebendige Opfergabe in Christus zum Lob deiner Herrlichkeit.

Fürbitten für die Kirche und ihre Hirten,
für die anwesende Gemeinde und für alle

Herr, gedenke aller, für deren Heil wir das Opfer darbringen. Wir bitten dich für unseren Papst N., unseren Bischof N. und die Gemeinschaft der Bischöfe, für unsere Priester und Diakone und für alle, die zum Dienst in der Kirche bestellt sind, für alle, die ihre Gaben spenden, für die hier versammelte Gemeinde, für dein ganzes Volk und für alle Menschen, die mit lauterem Herzen dich suchen.

Für die Verstorbenen

Wir empfehlen dir auch jene, die im Frieden Christi heimgegangen sind, und alle Verstorbenen, um deren Glauben niemand weiß als du. Gütiger Vater, gedenke, daß wir deine Kinder sind, und schenke uns allen das Erbe des Himmels in Gemeinschaft mit der seligen Jungfrau und Gottesmutter Maria, mit deinen Aposteln und mit allen Heiligen. Und wenn die ganze Schöpfung von der Verderbnis der Sünde und des Todes befreit ist, laß uns zusammen mit ihr dich verherrlichen in deinem Reich durch unseren Herrn Jesus Christus. Denn durch ihn schenkst du der Welt alle guten Gaben.

Abschließender Lobpreis

Durch ihn und mit ihm und in ihm
ist dir, Gott, allmächtiger Vater,
in der Einheit des Heiligen Geistes
alle Herrlichkeit und Ehre
jetzt und in Ewigkeit.

Alle: **Amen.**

KOMMUNION

GEBET DES HERRN

Dem Wort unseres Herrn und Erlösers gehorsam und
getreu seiner göttlichen Weisung wagen wir zu sprechen:

Oder:

Lasset uns beten, wie der Herr uns zu beten gelehrt hat:

Oder:

Wir heißen Kinder Gottes und sind es. Darum beten wir
voll Vertrauen:

Oder:

Wir haben den Geist empfangen, der uns zu Kindern
Gottes macht. Darum wagen wir zu sprechen:

Oder eine andere geeignete Einladung. Diese kann auch der Zeit des
Kirchenjahres angepaßt werden.

A.: Vater unser im Himmel,
Geheiligt werde dein Name.
Dein Reich komme.
Dein Wille geschehe, wie im Himmel so auf Erden.
Unser tägliches Brot gib uns heute.
Und vergib uns unsere Schuld,
wie auch wir vergeben unsern Schuldigern.
Und führe uns nicht in Versuchung,
sondern erlöse uns von dem Bösen.

Oder:
Pater noster, qui es in cælis:
sanctificétur nomen tuum;
advéniat regnum tuum;
fiat volúntas tua, sicut in cælo, et in terra.
Panem nostrum cotidiánum da nobis hódie;
et dimítte nobis débita nostra,
sicut et nos dimíttimus debitóribus nostris;
et ne nos indúcas in tentatiónem;
sed líbera nos a malo.

Pr.: Erlöse uns, Herr, allmächtiger Vater, von allem Bösen und gib Frieden in unseren Tagen. Komm uns zu Hilfe mit deinem Erbarmen und bewahre uns vor Verwirrung und Sünde, damit wir voll Zuversicht das Kommen unseres Erlösers Jesus Christus erwarten.

A.: Denn dein ist das Reich und die Kraft
und die Herrlichkeit in Ewigkeit. Amen.

Oder:
Quia tuum est regnum, et potéstas,
et glória in sǽcula.

FRIEDENSGEBET

Der Priester lädt nun mit folgenden oder ähnlichen Worten zum
Friedensgebet ein:

Der Herr hat zu seinen Aposteln gesagt:
Frieden hinterlasse ich euch,
meinen Frieden gebe ich euch.
Deshalb bitten wir:
Herr Jesus Christus, schau nicht auf unsere Sünden,
sondern auf den Glauben deiner Kirche
und schenke ihr nach deinem Willen
Einheit und Frieden.

Gebetseinladung und Christusanrede können der Zeit des Kirchenjahres oder dem Anlaß angepaßt werden. Etwa:

In der Weihnachtszeit:

Als Christus geboren wurde,
verkündeten Engel den Frieden auf Erden.
Deshalb bitten wir:
Herr Jesus Christus, starker Gott, Friedensfürst,*

In der Fastenzeit:

Christus ist unser Friede und unsere Versöhnung.
Deshalb bitten wir:
Herr Jesus Christus,*

* schau nicht auf unsere Sünden,
sondern auf den Glauben deiner Kirche
und schenke ihr nach deinem Willen
Einheit und Frieden.

In der Osterzeit:

**Am Ostertag trat Jesus in die Mitte seiner Jünger
und sprach den Friedensgruß.
Deshalb bitten wir:
Herr Jesus Christus, du Sieger über Sünde und Tod,** *

An Pfingsten:

**Unser Herr Jesus Christus hat den Heiligen Geist gesandt,
damit er die Kirche aus allen Völkern
in Einheit und Liebe zusammenfüge.
Deshalb bitten wir:
Herr Jesus Christus,** *

*** schau nicht auf unsere Sünden,
sondern auf den Glauben deiner Kirche
und schenke ihr nach deinem Willen
Einheit und Frieden.**

Der Gemeinde zugewandt, breitet der Priester die Hände aus und singt
oder spricht:

Der Friede des Herrn sei allezeit mit euch.

Die Gemeinde antwortet:

Und mit deinem Geiste.

(Priester oder Diakon:

**Gebt einander ein Zeichen des Friedens und der Ver-
söhnung.)**

BRECHUNG DES BROTES

Der Priester bricht die Hostie in mehrere Teile zum Zeichen, daß alle an dem einen Leib Christi teilhaben. Ein kleines Fragment der Hostie senkt er in den Kelch. Dabei spricht er leise:

Das Sakrament des Leibes und Blutes Christi schenke uns ewiges Leben.

Inzwischen wird der Gesang zur Brotbrechung (**Agnus Dei**) gesungen bzw. gesprochen:

**Lamm Gottes,
du nimmst hinweg die Sünde der Welt:
erbarme dich unser.**

**Lamm Gottes,
du nimmst hinweg die Sünde der Welt:
erbarme dich unser.**

**Lamm Gottes,
du nimmst hinweg die Sünde der Welt:
gib uns deinen Frieden.**

Oder:
**Agnus Dei,
qui tollis peccáta mundi:
miserére nobis.**

**Agnus Dei,
qui tollis peccáta mundi:
miserére nobis.**

**Agnus Dei,
qui tollis peccáta mundi:
dona nobis pacem.**

Es kann auch ein Agnus-Dei-Lied gesungen werden.

STILLES GEBET VOR DER KOMMUNION

Der Priester spricht leise:

Herr Jesus Christus, Sohn des lebendigen Gottes,
dem Willen des Vaters gehorsam,
hast du im Heiligen Geist durch deinen Tod
der Welt das Leben geschenkt.
Erlöse mich durch deinen Leib und dein Blut
von allen Sünden und allem Bösen.
Hilf mir, daß ich deine Gebote treu erfülle,
und laß nicht zu,
daß ich jemals von dir getrennt werde.

Oder:

Herr Jesus Christus,
der Empfang deines Leibes und Blutes
bringe mir nicht Gericht und Verdammnis,
sondern Segen und Heil.

EINLADUNG ZUR KOMMUNION

Der Priester hält ein Stück der Hostie über der Schale und spricht, zur
Gemeinde gewandt, laut:

Seht das Lamm Gottes, das hinwegnimmt die Sünde
der Welt.

Gemeinsam mit der Gemeinde spricht er einmal:

Herr, ich bin nicht würdig, daß du eingehst unter mein
Dach, aber sprich nur ein Wort, so wird meine Seele
gesund.

Der Priester kann hinzufügen:

Selig, die zum Hochzeitsmahl des Lammes geladen sind.

Oder:

Kostet und seht, wie gut der Herr ist.

Oder:

Wer von diesem Brot ißt, wird in Ewigkeit leben.

Oder einen Kommunionvers aus dem Meßbuch.

KOMMUNIONSPENDUNG

Kommunion des Priesters:

Der Leib Christi schenke mir das ewige Leben.
Das Blut Christi schenke mir das ewige Leben.

Kommunion der Gläubigen
Der Priester zeigt dem, der die Kommunion empfängt, die Hostie, indem er sagt:

Der Leib Christi.

Der Kommunikant antwortet:

Amen.

Wird die Kommunion unter beiden Gestalten gereicht, so sagt der Kommunionspender beim Reichen des Kelches:

Das Blut Christi.

Der Kommunikant antwortet:

Amen.

KOMMUNIONVERS

Während oder nach der Kommunion: Kommunionvers oder ein entsprechendes Lied.

Nach der Kommunionausteilung betet der Priester still:

Was wir mit dem Munde empfangen haben, Herr, das laß uns mit reinem Herzen aufnehmen, und diese zeitliche Speise werde uns zur Arznei der Unsterblichkeit.

BESINNUNG UND DANK

Nach der Kommunionausteilung kann der Priester an seinen Sitz zurückkehren. Auch kann man einige Zeit in stillem Gebet verweilen. Es empfiehlt sich, einen Dankpsalm oder ein Loblied zu singen.

SCHLUSSGEBET

Der Priester singt oder spricht das Schlußgebet.
Die Gemeinde beschließt das Gebet mit dem Ruf:

Amen.

ENTLASSUNG

Wenn noch kurze Verlautbarungen für die Gemeinde zu machen sind, werden sie hier eingefügt. Darauf folgt die Entlassung:

Pr.:   Der Herr sei mit euch.

A.:   Und mit deinem Geiste.

Pr.:   Es segne euch der allmächtige Gott, der Vater und der Sohn + und der Heilige Geist.

A.:   Amen.

Oder:

Pr.:   Dóminus vobíscum.

A.:   Et cum spíritu tuo.

Pr.:   Benedícat vos omnípotens Deus, Pater, et Fílius, + et Spíritus Sanctus.

A.:   Amen.

Statt des einfachen Segens kann der Priester eine feierliche Segensformel oder das Gebet über die Gläubigen sprechen.

Dann singt oder spricht der Diakon (oder der Priester selbst):

Gehet hin in Frieden.

Die Gemeinde:

Dank sei Gott, dem Herrn.

In der Osterwoche bis zum Weißen Sonntag:

Gehet hin in Frieden. Halleluja, halleluja.

Dank sei Gott, dem Herrn. Halleluja, halleluja.

Das doppelte Halleluja kann in der ganzen Osterzeit hinzugefügt werden.

Folgt unmittelbar auf die Meßfeier eine andere liturgische Feier, so endet die Meßfeier mit dem Schlußgebet, ohne den Schlußsegen und die Entlassung.

PRÄFATIONEN

Präfation vom Advent I

Das zweimalige Kommen Christi

In Wahrheit ist es würdig und recht, dir, allmächtiger Vater, zu danken durch unseren Herrn Jesus Christus. Denn in seinem ersten Kommen hat er sich entäußert und ist Mensch geworden. So hat er die alte Verheißung erfüllt und den Weg des Heiles erschlossen. Wenn er wiederkommt im Glanz seiner Herrlichkeit, werden wir sichtbar empfangen, was wir jetzt mit wachem Herzen gläubig erwarten. Darum preisen wir dich mit allen Engeln und Heiligen und singen vereint mit ihnen das Lob deiner Herrlichkeit: Heilig . . .

Präfation vom Advent II

Das Warten auf den Herrn einst und heute

In Wahrheit ist es würdig und recht, dir, Herr, heiliger Vater, allmächtiger, ewiger Gott, immer und überall zu danken durch unseren Herrn Jesus Christus. Von ihm redet die Botschaft aller Propheten, die jungfräuliche Mutter trug ihn voll Liebe in ihrem Schoß, seine Ankunft verkündete Johannes der Täufer und zeigte auf ihn, der unerkannt mitten unter den Menschen war. Er schenkt uns in diesen Tagen die Freude, uns für das Fest seiner Geburt zu bereiten, damit wir ihn wachend und betend erwarten und bei seinem Kommen mit Liedern des Lobes empfangen. Darum singen wir mit den Engeln und Erzengeln, den Thronen und Mächten und mit all den Scharen des himmlischen Heeres den Hochgesang von deiner göttlichen Herrlichkeit: Heilig . . .

Weitere Präfationen für die Adventszeit
(für den deutschen Sprachraum)

Präfation vom Advent III

Die Geschenke des kommenden Herrn

Wir danken dir, Vater im Himmel, und rühmen dich durch
unseren Herrn Jesus Christus. Ihn hast du der verlorenen
Menschheit als Erlöser verheißen. Seine Wahrheit leuchtet
den Suchenden, seine Kraft stärkt die Schwachen, seine Heiligkeit bringt den Sündern Vergebung. Denn er der Heiland
der Welt, den du gesandt hast, weil du getreu bist. Darum preisen wir dich mit den Kerubim und Serafim und singen mit allen
Chören der Engel das Lob deiner Herrlichkeit: Heilig . . .

Präfation vom Advent IV

Adams Sünde und Christi Gnade

In Wahrheit ist es würdig und recht, dir, Herr, heiliger Vater,
allmächtiger, ewiger Gott, immer und überall zu danken und
dein Erbarmen zu preisen. Denn was durch Adams Sünde ver-
lorenging, bringt uns Christus zurück, unser Retter und Heiland.
Was du durch sein erstes Kommen begonnen hast, wirst du
bei seiner Wiederkunft an uns vollenden. Darum dienen dir
alle Geschöpfe, ehren dich die Erlösten, rühmt dich die Schar
deiner Heiligen. Auch wir preisen dich mit den Chören der Engel
und singen vereint mit ihnen das Lob deiner Herrlichkeit:
Heilig . . .

Präfation vom Advent V

Der Herr ist nahe

In Wahrheit ist es würdig und recht, dir, Vater im Himmel,
zu danken und dein Erbarmen zu preisen. Denn schon leuchtet
auf der Tag der Erlösung, und nahe ist die Zeit unsres Heiles,
da der Retter kommt, unser Herr Jesus Christus. Durch ihn
rühmen wir das Werk deiner Liebe und vereinen uns mit den
Chören der Engel zum Hochgesang von deiner göttlichen Herrlichkeit: Heilig . . .

Präfation von Weihnachten I

Christus, das Licht

In Wahrheit ist es würdig und recht, dir, Herr, heiliger Vater, allmächtiger, ewiger Gott, immer und überall zu danken. Denn Fleisch geworden ist das Wort, und in diesem Geheimnis erstrahlt dem Auge unseres Geistes das neue Licht deiner Herrlichkeit. In der sichtbaren Gestalt des Erlösers läßt du uns den unsichtbaren Gott erkennen, um in uns die Liebe zu entflammen zu dem, was kein Auge geschaut hat. Darum singen wir mit den Engeln und Erzengeln, den Thronen und Mächten und mit all den Scharen des himmlischen Heeres den Hochgesang von deiner göttlichen Herrlichkeit: Heilig . . .

Präfation von Weihnachten II

Die Erneuerung der Welt durch den menschgewordenen Sohn Gottes

In Wahrheit ist es würdig und recht, dir, Vater im Himmel, zu danken durch unseren Herrn Jesus Christus. Denn groß ist das Geheimnis seiner Geburt, heute ist er, der unsichtbare Gott, sichtbar als Mensch erschienen. Vor aller Zeit aus dir geboren, hat er sich den Gesetzen der Zeit unterworfen. In ihm ist alles neu geschaffen. Er heilt die Wunden der ganzen Schöpfung, richtet auf, was darniederliegt, und ruft den verlorenen Menschen ins Reich deines Friedens. Darum rühmen dich Himmel und Erde, Engel und Menschen und singen das Lob deiner Herrlichkeit: Heilig . . .

Präfation von Weihnachten III

Der wunderbare Tausch

In Wahrheit ist es würdig und recht, dir, allmächtiger Vater, zu danken und dein Erbarmen zu rühmen durch unseren Herrn Jesus Christus. Durch ihn schaffst du den Menschen neu und schenkst ihm ewige Ehre. Denn einen wunderbaren Tausch hast du vollzogen: dein göttliches Wort wurde ein sterblicher Mensch, und wir sterbliche Menschen empfangen in Christus dein göttliches Leben. Darum preisen wir dich mit allen Chören der Engel und singen vereint mit ihnen das Lob deiner Herrlichkeit: Heilig . . .

Präfation von Erscheinung des Herrn

Christus als Licht der Völker

In Wahrheit ist es würdig und recht, dir, Herr, heiliger Vater, allmächtiger, ewiger Gott, immer und überall zu danken. Denn heute enthüllst du das Geheimnis unseres Heiles, heute offenbarst du das Licht der Völker, deinen Sohn Jesus Christus. Er ist als sterblicher Mensch auf Erden erschienen und hat uns neu geschaffen im Glanz seines göttlichen Lebens. Darum singen wir mit den Engeln und Erzengeln, den Thronen und Mächten und mit all den Scharen des himmlischen Heeres den Hochgesang von deiner göttlichen Herrlichkeit: Heilig . . .

Präfation am Fest der Taufe Jesu

Die Offenbarung des Geheimnisses Jesu am Jordan

In Wahrheit ist es würdig und recht, dir, allmächtiger Vater, zu danken und deine Größe zu preisen. Denn bei der Taufe im Jordan offenbarst du das Geheimnis deines Sohnes durch wunderbare Zeichen: Die Stimme vom Himmel verkündet ihn als deinen geliebten Sohn, der auf Erden erschienen ist, als dein ewiges Wort, das unter uns Menschen wohnt. Der Geist schwebt über ihm in Gestalt einer Taube und bezeugt ihn als deinen Knecht, den du gesalbt hast, den Armen die Botschaft der Freude zu bringen. Darum singen wir mit den Engeln und Erzengeln, den Thronen und Mächten und mit all den Scharen des himmlischen Heeres den Hochgesang von deiner göttlichen Herrlichkeit: Heilig . . .

Präfation vom 1. Fastensonntag

Jesu Fasten und unsere Buße

In Wahrheit ist es würdig und recht, dir, Herr, heiliger Vater, allmächtiger, ewiger Gott, immer und überall zu danken durch unseren Herrn Jesus Christus. Denn er hat in der Wüste vierzig Tage gefastet und durch sein Beispiel diese Zeit der Buße geheiligt. Er macht die teuflische List des Versuchers zunichte und läßt uns die Bosheit des Feindes durchschauen. Er gibt uns die Kraft, den alten Sauerteig zu entfernen, damit wir Ostern halten mit lauterem Herzen und zum ewigen Ostern gelangen. Darum preisen wir dich mit den Kerubim und Serafim und singen mit allen Chören der Engel das Lob deiner Herrlichkeit: Heilig . . .

Präfation vom 2. Fastensonntag

Die Botschaft vom Berg der Verklärung

In Wahrheit ist es würdig und recht, dir, Vater im Himmel, zu danken durch unseren Herrn Jesus Christus. Denn er hat den Jüngern seinen Tod vorausgesagt und ihnen auf dem heiligen Berg seine Herrlichkeit kundgetan. In seiner Verklärung erkennen wir, was Gesetz und Propheten bezeugen: daß wir durch das Leiden mit Christus zur Auferstehung gelangen. Durch ihn rühmen wir deine Größe und singen mit den Chören der Engel das Lob deiner Herrlichkeit: Heilig ...

Präfation vom 3. Fastensonntag

Jesus hat Verlangen nach unserem Glauben

In Wahrheit ist es würdig und recht, dir, Herr, heiliger Vater, allmächtiger, ewiger Gott, immer und überall zu danken durch unseren Herrn Jesus Christus. Er hatte der Samariterin schon die Gnade des Glaubens geschenkt, als er sie bat, ihm einen Trunk Wasser zu reichen. Nach ihrem Glauben dürstete ihn mehr als nach dem Wasser, denn er wollte im gläubigen Herzen das Feuer der göttlichen Liebe entzünden. Darum preisen dich deine Erlösten und vereinen sich mit den Chören der Engel zum Hochgesang von deiner göttlichen Herrlichkeit: Heilig ...

Präfation vom 4. Fastensonntag

Die Erleuchtung des Menschen durch Christus

In Wahrheit ist es würdig und recht, dir, Herr, heiliger Vater, allmächtiger, ewiger Gott, immer und überall zu danken durch unseren Herrn Jesus Christus. Denn durch seine Menschwerdung hat er das Menschengeschlecht aus der Finsternis zum Licht des Glaubens geführt. Wir sind als Knechte der Sünde geboren, er aber macht uns zu deinen Kindern durch die neue Geburt aus dem Wasser der Taufe. Darum preisen wir jetzt und in Ewigkeit dein Erbarmen und singen mit den Chören der Engel das Lob deiner Herrlichkeit: Heilig ...

Präfation vom 5. Fastensonntag

Jesu Erbarmen mit Lazarus und mit uns

In Wahrheit ist es würdig und recht, dir, Herr, heiliger Vater, allmächtiger, ewiger Gott, immer und überall zu danken durch unseren Herrn Jesus Christus. Da er Mensch ist wie wir, weinte er über den Tod seines Freundes, da er Gott ist von Ewigkeit, rief er Lazarus aus dem Grabe. Er hat Erbarmen mit uns Menschen und führt uns zum neuen Leben durch die österlichen Sakramente. Durch ihn preisen wir das Werk deiner Liebe und vereinen uns mit den Chören der Engel zum Hochgesang von deiner göttlichen Herrlichkeit: Heilig ...

Präfation für die Fastenzeit I

Der geistliche Sinn der Fastenzeit

In Wahrheit ist es würdig und recht, dir, Vater im Himmel, zu danken und dein Erbarmen zu preisen. Denn jedes Jahr schenkst du deinen Gläubigen die Gnade, das Osterfest in der Freude des Heiligen Geistes zu erwarten. Du mahnst uns in dieser Zeit der Buße zum Gebet und zu Werken der Liebe, du rufst uns zur Feier der Geheimnisse, die in uns die Gnade der Kindschaft erneuern. So führst du uns mit geläutertem Herzen zur österlichen Freude und zur Fülle des Lebens durch unseren Herrn Jesus Christus. Durch ihn rühmen wir deine Größe und vereinen uns mit den Chören der Engel zum Hochgesang von deiner göttlichen Herrlichkeit: Heilig . . .

Präfation für die Fastenzeit II

Innere Erneuerung durch Buße

Wir danken dir, Vater im Himmel, und rühmen deinen heiligen Namen. Denn jetzt ist die Zeit der Gnade, jetzt sind die Tage des Heiles. Du hilfst uns, das Böse zu überwinden, du schenkst uns von neuem die Reinheit des Herzens. Du gibst deinen Kindern die Kraft, in dieser vergänglichen Welt das unvergängliche Heil zu wirken durch unseren Herrn Jesus Christus. Durch ihn preisen wir dich in deiner Kirche und vereinen uns mit den Engeln und Heiligen zum Hochgesang von deiner göttlichen Herrlichkeit: Heilig . . .

Präfation für die Fastenzeit III

Die Früchte der Entsagung

In Wahrheit ist es würdig und recht, dir, allmächtiger Vater, zu danken und dich in dieser Zeit der Buße durch Entsagung zu ehren. Die Entsagung mindert in uns die Selbstsucht und öffnet unser Herz für die Armen. Denn deine Barmherzigkeit drängt uns, das Brot mit ihnen zu teilen in der Liebe deines Sohnes, unseres Herrn Jesus Christus. Durch ihn preisen wir deine Größe und singen mit den Chören der Engel das Lob deiner Herrlichkeit: Heilig . . .

Präfation für die Fastenzeit IV

Das Fasten als Sieg

In Wahrheit ist es würdig und recht, dir, Herr, heiliger Vater, allmächtiger, ewiger Gott, immer und überall zu danken. Durch das Fasten des Leibes hältst du die Sünde nieder, erhebst du den Geist, gibst du uns die Kraft und den Sieg durch unseren Herrn Jesus Christus. Durch ihn preisen wir dein Erbarmen und singen mit den Chören der Engel das Lob deiner Herrlichkeit: Heilig . . .

Präfation vom Palmsonntag

Der Unschuldige leidet für die Sünder

In Wahrheit ist es würdig und recht, dir, allmächtiger Vater, zu danken und das Werk deiner Liebe zu rühmen durch unseren Herrn Jesus Christus. Er war ohne Sünde und hat für die Sünder gelitten. Er war ohne Schuld und hat sich ungerechtem Urteil unterworfen. Sein Tod hat unsere Vergehen getilgt, seine Auferstehung uns Gnade und Leben erworben. Darum preisen wir jetzt und in Ewigkeit dein Erbarmen und singen mit den Chören der Engel das Lob deiner Herrlichkeit: Heilig ...

Präfation vom Gründonnerstag

(Chrisam-Messe)
Das Priestertum des Neuen Bundes

In Wahrheit ist es würdig und recht, dir, Herr, heiliger Vater, allmächtiger, ewiger Gott, immer und überall zu danken. Du hast deinen eingeborenen Sohn gesalbt mit dem Heiligen Geist und ihn bestellt zum Hohenpriester des Neuen und Ewigen Bundes; du hast bestimmt, daß dieses eine Priestertum fortlebe in deiner Kirche. Denn Christus hat dein ganzes Volk ausgezeichnet mit der Würde seines königlichen Priestertums, aus ihm hat er in brüderlicher Liebe Menschen erwählt, die durch Auflegung der Hände teilhaben an seinem priesterlichen Dienste. In seinem Namen feiern sie immer neu das Opfer, durch das er die Menschen erlöst hat, und bereiten deinen Kindern das Ostermahl. Sie dienen deinem Volke in Werken der Liebe, sie nähren es durch das Wort und stärken es durch die Sakramente. Ihr Leben sollen sie einsetzen für dich und das Heil der Menschen, dem Vorbild Christi folgen und dir ihre Liebe und ihren Glauben in Treue bezeugen. Darum preisen wir dich mit allen Chören der Engel und singen vereint mit ihnen das Lob deiner Herrlichkeit: Heilig ...

Präfation vom Leiden Christi I

Die Macht des gekreuzigten Herrn

In Wahrheit ist es würdig und recht, dir, allmächtiger Vater, zu danken und das Werk deiner Gnade zu rühmen. Denn das Leiden deines Sohnes wurde zum Heil für die Welt. Seine Erlösungstat bewegt uns, deine Größe zu preisen. Im Kreuz enthüllt sich dein Gericht, im Kreuz erstrahlt die Macht des Retters, der sich für uns dahingab, unseres Herrn Jesus Christus. Durch ihn loben dich deine Erlösten und vereinen sich mit den Chören der Engel zum Hochgesang von deiner göttlichen Herrlichkeit: Heilig . . .

Präfation vom Leiden Christi II

Der Sieg Christi in seinem Leiden

In Wahrheit ist es würdig und recht, dir, allmächtiger Vater, zu danken und das Werk deines Erbarmens zu rühmen durch unseren Herrn Jesus Christus. Denn wiederum kommen die Tage, die seinem heilbringenden Leiden und seiner glorreichen Auferstehung geweiht sind. Es kommt der Tag des Triumphes über den alten Feind, es naht das Fest der Erlösung. Darum preisen wir dich mit allen Chören der Engel und singen vereint mit ihnen das Lob deiner Herrlichkeit: Heilig . . .

Präfation für die Osterzeit I

Das wahre Osterlamm

In Wahrheit ist es würdig und recht, dir, Vater, immer und überall zu danken, diese Nacht (diesen Tag, diese Tage) aber aufs höchste zu feiern, da unser Osterlamm geopfert ist, Jesus Christus. Denn er ist das wahre Lamm, das die Sünde der Welt hinwegnimmt. Durch seinen Tod hat er unseren Tod vernichtet und durch seine Auferstehung das Leben neu geschaffen. Darum jubelt in dieser Nacht (heute) der ganze Erdkreis in österlicher Freude, darum preisen dich die himmlischen Mächte und die Chöre der Engel und singen das Lob deiner Herrlichkeit: Heilig ...

Präfation für die Osterzeit II

Das neue Leben in Christus

Wir danken dir, Vater im Himmel, und rühmen dich durch unseren Herrn Jesus Christus. Durch ihn erstehen die Kinder des Lichtes zum ewigen Leben, durch ihn wird den Gläubigen das Tor des himmlischen Reiches geöffnet. Denn unser Tod ist durch seinen Tod überwunden, in seiner Auferstehung ist das Leben für alle erstanden. Durch ihn preisen wir dich in österlicher Freude und singen mit den Chören der Engel das Lob deiner Herrlichkeit: Heilig ...

Präfation für die Osterzeit III

Christus lebt und tritt beim Vater für uns ein

In Wahrheit ist es würdig und recht, dir, Vater, in diesen Tagen freudig zu danken, da unser Osterlamm geopfert ist, Jesus Christus. Er bringt sich dir allzeit für uns dar und steht vor dir als unser Anwalt. Denn einmal geopfert, stirbt er nicht wieder, sondern lebt auf ewig als das Lamm, das geschlachtet ist. Durch ihn preisen wir dich in österlicher Freude und singen mit den Chören der Engel das Lob deiner Herrlichkeit: Heilig . . .

Präfation für die Osterzeit IV

Die Erneuerung der ganzen Schöpfung durch das Ostergeheimnis

In Wahrheit ist es würdig und recht, dir, Vater, in diesen Tagen freudig zu danken, da unser Osterlamm geopfert ist, Jesus Christus. Das Alte ist vergangen, die gefallene Welt erlöst, das Leben in Christus erneuert. Darum preisen wir dich in österlicher Freude und singen mit den Chören der Engel das Lob deiner Herrlichkeit: Heilig . . .

Präfation für die Osterzeit V

Christus als Priester und Opferlamm

In Wahrheit ist es würdig und recht, dir, Vater, in diesen Tagen freudig zu danken, da unser Osterlamm geopfert ist, Jesus Christus. Als er seinen Leib am Kreuz dahingab, hat er die Opfer der Vorzeit vollendet. Er hat sich dir dargebracht zu unserem Heil, er selbst ist der Priester, der Altar und das Opferlamm. Durch ihn preisen wir dich in österlicher Freude und singen mit den Chören der Engel das Lob deiner Herrlichkeit: Heilig ...

Präfation von Christi Himmelfahrt I

Das Geheimnis der Himmelfahrt

In Wahrheit ist es würdig und recht, dir, allmächtiger Vater, zu danken durch unseren Herrn Jesus Christus, den König der Herrlichkeit. Denn er ist (heute) als Sieger über Sünde und Tod aufgefahren in den Himmel. Die Engel schauen den Mittler zwischen Gott und den Menschen, den Richter der Welt, den Herrn der ganzen Schöpfung. Er kehrt zu dir heim, nicht um uns Menschen zu verlassen, er gibt den Gliedern seines Leibes die Hoffnung, ihm dorthin zu folgen, wohin er als erster vorausging.

Am Fest:
Darum jubelt heute der ganze Erdkreis in österlicher Freude, darum preisen dich die himmlischen Mächte und die Chöre der Engel und singen das Lob deiner Herrlichkeit: Heilig ...

An den Tagen bis Pfingsten:
Darum preisen wir dich in österlicher Freude und singen mit den Chören der Engel das Lob deiner Herrlichkeit: Heilig ...

Präfation von Christi Himmelfahrt II

Erscheinung und Himmelfahrt des Auferstandenen

In Wahrheit ist es würdig und recht, dir, Herr, heiliger Vater, allmächtiger, ewiger Gott, immer und überall zu danken durch unseren Herrn Jesus Christus. Denn nach seiner Auferstehung ist er den Jüngern leibhaft erschienen; vor ihren Augen wurde er zum Himmel erhoben, damit er uns Anteil gebe an seinem göttlichen Leben.

Am Fest:

Darum jubelt heute der ganze Erdkreis in österlicher Freude, darum preisen dich die himmlischen Mächte und die Chöre der Engel und singen das Lob deiner Herrlichkeit: Heilig . . .

An den Tagen bis Pfingsten:

Darum preisen wir dich in österlicher Freude und singen mit den Chören der Engel das Lob deiner Herrlichkeit: Heilig . . .

Präfation von Pfingsten

Die Vollendung des Ostergeschehens am Pfingsttag

In Wahrheit ist es würdig und recht, dir, Herr, heiliger Vater, immer und überall zu danken und diesen Tag in festlicher Freude zu feiern. Denn heute hast du das österliche Heilswerk vollendet, heute hast du den Heiligen Geist gesandt über alle, die du mit Christus auferweckt und zu deinen Kindern berufen hast. Am Pfingsttag erfüllst du deine Kirche mit Leben: Dein Geist schenkt allen Völkern die Erkenntnis des lebendigen Gottes und vereint die vielen Sprachen im Bekenntnis des einen Glaubens. Darum preisen dich alle Völker auf dem Erdenrund in österlicher Freude. Darum rühmen dich die himmlischen Kräfte und die Mächte der Engel und singen das Lob deiner Herrlichkeit: Heilig . . .

Präfation vom Heiligen Geist I

Der Heilige Geist als Geschenk des erhöhten Christus

In Wahrheit ist es würdig und recht, dir, Herr, heiliger Vater, allmächtiger, ewiger Gott, immer und überall zu danken durch unseren Herrn Jesus Christus. Denn er hat das Werk der Erlösung vollbracht, er ist aufgefahren über alle Himmel und thront zu deiner Rechten. Er hat den Heiligen Geist, wie er den Jüngern versprochen, ausgegossen über alle, die du zu deinen Kindern erwählt hast. Darum preisen wir jetzt und in Ewigkeit dein Erbarmen und singen mit den Chören der Engel das Lob deiner Herrlichkeit: Heilig . . .

Präfation vom Heiligen Geist II

Durch den Heiligen Geist führt Gott die Kirche

In Wahrheit ist es würdig und recht, dir, Vater im Himmel, zu danken und dich mit der ganzen Schöpfung zu loben. Denn deine Vorsehung waltet über jeder Zeit; in deiner Weisheit und Allmacht führst du das Steuer der Kirche und stärkst sie durch die Kraft des Heiligen Geistes. In ihm kann sie allezeit auf deine Hilfe vertrauen, in Not und Bedrängnis zu dir rufen und in Tagen der Freude dir danken durch unseren Herrn Jesus Christus. Durch ihn preisen wir dein Erbarmen und singen mit den Chören der Engel das Lob deiner Herrlichkeit: Heilig . . .

Präfation von der Heiligsten Dreifaltigkeit

Das Geheimnis des einen Gottes in drei Personen

In Wahrheit ist es würdig und recht, dir, Herr, heiliger Vater, allmächtiger, ewiger Gott, immer und überall zu danken. Mit deinem eingeborenen Sohn und dem Heiligen Geist bist du der eine Gott und der eine Herr, nicht in der Einzigkeit einer Person, sondern in den drei Personen des einen göttlichen Wesens. Was wir auf deine Offenbarung hin von deiner Herrlichkeit glauben, das bekennen wir ohne Unterschied von deinem Sohn, das bekennen wir vom Heiligen Geiste. So beten wir an im Lobpreis des wahren und ewigen Gottes die Sonderheit in den Personen, die Einheit im Wesen und die gleiche Fülle in der Herrlichkeit. Dich loben die Engel und Erzengel, die Kerubim und Serafim. Wie aus einem Mund preisen sie dich Tag um Tag und singen auf ewig das Lob deiner Herrlichkeit: Heilig . . .

Präfation vom heiligsten Herzen Jesu

Das Herz des Erlösers und die Gläubigen

In Wahrheit ist es würdig und recht, dir, allmächtiger Vater, zu danken und dich mit der ganzen Schöpfung zu loben durch unseren Herrn Jesus Christus. Am Kreuz erhöht, hat er sich für uns dahingegeben aus unendlicher Liebe und alle an sich gezogen. Aus seiner geöffneten Seite strömen Blut und Wasser, aus seinem durchbohrten Herzen entspringen die Sakramente der Kirche. Das Herz des Erlösers steht offen für alle, damit sie freudig schöpfen aus den Quellen des Heiles. Durch ihn rühmen dich deine Erlösten und singen mit den Chören der Engel das Lob deiner Herrlichkeit: Heilig . . .

Präfation vom Königtum Christi

Christus als Priester und König

In Wahrheit ist es würdig und recht, dir, Herr, heiliger Vater, immer und überall zu danken. Du hast deinen eingeborenen Sohn, unseren Herrn Jesus Christus, mit dem Öl der Freude gesalbt zum ewigen Priester und zum König der ganzen Schöpfung. Als makelloses Lamm und friedenstiftendes Opfer hat er sich dargebracht auf dem Altar des Kreuzes, um das Werk der Erlösung zu vollziehen. Wenn einst die ganze Schöpfung seiner Herrschaft unterworfen ist, wird er dir, seinem Vater, das ewige, alles umfassende Reich übergeben: das Reich der Wahrheit und des Lebens, das Reich der Heiligkeit und der Gnade, das Reich der Gerechtigkeit, der Liebe und des Friedens. Durch ihn rühmen dich Himmel und Erde, Engel und Menschen und singen das Lob deiner Herrlichkeit: Heilig . . .

Präfation für die Sonntage im Jahreskreis I

Ostergeheimnis und Gottesvolk

In Wahrheit ist es würdig und recht, dir, Herr, heiliger Vater, allmächtiger, ewiger Gott, immer und überall zu danken durch unseren Herrn Jesus Christus. Denn er hat Großes an uns getan: durch seinen Tod und seine Auferstehung hat er uns von der Sünde und von der Knechtschaft des Todes befreit und zur Herrlichkeit des neuen Lebens berufen. In ihm sind wir ein auserwähltes Geschlecht, dein heiliges Volk, dein königliches Priestertum. So verkünden wir die Werke deiner Macht, denn du hast uns aus der Finsternis in dein wunderbares Licht gerufen. Darum singen wir mit den Engeln und Erzengeln, den Thronen und Mächten und mit all den Scharen des himmlischen Heeres den Hochgesang von deiner göttlichen Herrlichkeit: Heilig . . .

Präfation für die Sonntage im Jahreskreis II

Das Heilsgeschehen in Christus

In Wahrheit ist es würdig und recht, dir, allmächtiger Vater, zu danken und das Werk deiner Gnade zu rühmen durch unseren Herrn Jesus Christus. Denn aus Erbarmen mit uns sündigen Menschen ist er Mensch geworden aus Maria, der Jungfrau. Durch sein Leiden am Kreuz hat er uns vom ewigen Tod befreit und durch seine Auferstehung uns das unvergängliche Leben erworben. Darum preisen dich deine Erlösten und singen mit den Chören der Engel das Lob deiner Herrlichkeit: Heilig . . .

Präfation für die Sonntage im Jahreskreis III

Die Rettung des Menschen durch den Menschen Jesus Christus

In Wahrheit ist es würdig und recht, dir, Herr, heiliger Vater, allmächtiger, ewiger Gott, immer und überall zu danken. Denn wir erkennen deine Herrlichkeit in dem, was du an uns getan hast: Du bist uns mit der Macht deiner Gottheit zu Hilfe gekommen und hast uns durch deinen menschgewordenen Sohn Rettung und Heil gebracht aus unserer menschlichen Sterblichkeit. So kam uns aus unserer Vergänglichkeit das unvergängliche Leben durch unseren Herrn Jesus Christus. Durch ihn preisen wir jetzt und in Ewigkeit dein Erbarmen und singen mit den Chören der Engel das Lob deiner Herrlichkeit: Heilig . . .

Präfation für die Sonntage im Jahreskreis IV

Das Heilsgeschehen in Christus

Wir danken dir, Vater im Himmel, und rühmen dich durch unseren Herrn Jesus Christus. Denn durch seine Geburt hat er den Menschen erneuert, durch sein Leiden unsere Sünden getilgt, in seiner Auferstehung den Weg zum Leben erschlossen und in seiner Auffahrt zu dir das Tor des Himmels geöffnet. Durch ihn rühmen dich deine Erlösten und singen mit den Chören der Engel das Lob deiner Herrlichkeit: Heilig . . .

Präfation für die Sonntage im Jahreskreis V

Das Ziel der Schöpfung

In Wahrheit ist es würdig und recht, dir, allmächtiger Vater, zu danken und dich mit der ganzen Schöpfung zu loben. Denn du hast die Welt mit all ihren Kräften ins Dasein gerufen und sie dem Wechsel der Zeit unterworfen. Den Menschen aber hast du auf dein Bild hin geschaffen und ihm das Werk deiner Allmacht übergeben. Du hast ihn bestimmt, über die Erde zu herrschen, dir, seinem Herrn und Schöpfer, zu dienen und das Lob deiner großen Taten zu verkünden durch unseren Herrn Jesus Christus. Darum singen wir mit den Engeln und Erzengeln, den Thronen und Mächten und mit all den Scharen des himmlischen Heeres den Hochgesang von deiner göttlichen Herrlichkeit: Heilig . . .

Präfation für die Sonntage im Jahreskreis VI

Der Heilige Geist, Anfang der ewigen Osterfreude

In Wahrheit ist es würdig und recht, dir, Vater im Himmel, zu danken und dich mit der ganzen Schöpfung zu loben. Denn in dir leben wir, in dir bewegen wir uns und sind wir. Jeden Tag erfahren wir aufs neue das Wirken deiner Güte. Schon in diesem Leben besitzen wir den Heiligen Geist, das Unterpfand ewiger Herrlichkeit. Durch ihn hast du Jesus auferweckt von den Toten und uns die sichere Hoffnung gegeben, daß sich an uns das österliche Geheimnis vollendet. Darum preisen wir dich mit allen Chören der Engel und singen vereint mit ihnen das Lob deiner Herrlichkeit: Heilig . . .

Präfation für die Sonntage im Jahreskreis VII

Der Gehorsam Christi und unsere Versöhnung mit Gott

In Wahrheit ist es würdig und recht, dir, Vater im Himmel, zu danken und deine Gnade zu rühmen. So sehr hast du die Welt geliebt, daß du deinen Sohn als Erlöser gesandt hast. Er ist uns Menschen gleichgeworden in allem, außer der Sünde, damit du in uns lieben kannst, was du in deinem eigenen Sohne geliebt hast. Durch den Ungehorsam der Sünde haben wir deinen Bund gebrochen, durch den Gehorsam deines Sohnes hast du ihn erneuert. Darum preisen wir das Werk deiner Liebe und vereinen uns mit den Chören der Engel zum Hochgesang von deiner göttlichen Herrlichkeit: Heilig . . .

Präfation für die Sonntage im Jahreskreis VIII

Einheit der Dreifaltigkeit und Einheit der Kirche

In Wahrheit ist es würdig und recht, dir, allmächtiger Vater, zu danken und dein Erbarmen zu rühmen. Die Sünde hatte die Menschen von dir getrennt, du aber hast sie zu dir zurückgeführt durch das Blut deines Sohnes und die Kraft deines Geistes. Wie du eins bist mit dem Sohn und dem Heiligen Geist, so ist deine Kirche geeint nach dem Bild des dreieinigen Gottes. Sie ist dein heiliges Volk, der Leib Christi und der Tempel des Heiligen Geistes zum Lob deiner Weisheit und Liebe. Darum preisen wir dich in deiner Kirche und vereinen uns mit den Engeln und Heiligen zum Hochgesang von deiner göttlichen Herrlichkeit: Heilig . . .

FESTGEHEIMNISSE CHRISTI
UND HEILIGENFESTE IM JAHRESKREIS

Präfation von der heiligen Eucharistie I

Die Eucharistie als Opfer Christi und Opfer der Kirche

In Wahrheit ist es würdig und recht, dir, Herr, heiliger Vater, allmächtiger, ewiger Gott, immer und überall zu danken durch unseren Herrn Jesus Christus. Als der wahre und ewige Hohepriester hat er die Feier eines immerwährenden Opfers gestiftet. Er hat sich selbst als Opfergabe dargebracht für das Heil der Welt und uns geboten, daß auch wir diese Gabe darbringen zu seinem Gedächtnis. Er stärkt uns, wenn wir seinen Leib empfangen, den er für uns geopfert hat. Er heiligt uns, wenn wir sein Blut trinken, das er für uns vergossen hat. Darum singen wir mit den Engeln und Erzengeln, den Thronen und Mächten und mit all den Scharen des himmlischen Heeres den Hochgesang von deiner göttlichen Herrlichkeit: Heilig . . .

Präfation von der heiligen Eucharistie II

Abendmahl Christi und Eucharistiefeier der Gläubigen

In Wahrheit ist es würdig und recht, dir, Herr, heiliger Vater, allmächtiger, ewiger Gott, immer und überall zu danken durch unseren Herrn Jesus Christus. Denn er hat beim Letzten Abendmahl das Gedächtnis des Kreuzesopfers gestiftet zum Heil der Menschen bis ans Ende der Zeiten. Er hat sich dargebracht als Lamm ohne Makel, als Gabe, die dir gefällt, als Opfer des Lobes. Dieses erhabene Geheimnis heiligt und stärkt deine Gläubigen, damit der eine Glaube die Menschen der einen Erde erleuchte, die eine Liebe sie alle verbinde. So kommen wir zu deinem heiligen Tisch, empfangen von dir Gnade um Gnade und werden neu gestaltet nach dem Bild deines Sohnes. Durch ihn rühmen dich Himmel und Erde, Engel und Menschen und singen wie aus einem Munde das Lob deiner Herrlichkeit: Heilig . . .

Präfation von der seligen Jungfrau Maria I

Maria, die Mutter des Erlösers

In Wahrheit ist es würdig und recht, dir, Herr, heiliger Vater, immer und überall zu danken und dich am Fest (Gedenktag) der seligen Jungfrau Maria zu preisen.

(In Votivmessen:

In Wahrheit ist es würdig und recht, dir, Herr, heiliger Vater, immer und überall zu danken, weil du Großes getan hast an der seligen Jungfrau Maria.)

Vom Heiligen Geist überschattet, hat sie deinen eingeborenen Sohn empfangen und im Glanz unversehrter Jungfräulichkeit der Welt das ewige Licht geboren, unseren Herrn Jesus Christus. Durch ihn loben die Engel deine Herrlichkeit, beten dich an die Mächte, erbeben die Gewalten. Die Himmel und die himmlischen Kräfte und die seligen Serafim feiern dich jubelnd im Chore. Mit ihrem Lobgesang laß auch unsere Stimmen sich vereinen und voll Ehrfurcht rufen: Heilig . . .

Präfation von der seligen Jungfrau Maria II

Das Magnificat der Kirche

In Wahrheit ist es würdig und recht, dir, Vater, für die Erwählung der seligen Jungfrau Maria zu danken und mit ihr das Werk deiner Gnade zu rühmen. Du hast an der ganzen Schöpfung Großes getan und allen Menschen Barmherzigkeit erwiesen. Denn du hast geschaut auf die Niedrigkeit deiner Magd und durch sie der Welt den Heiland geschenkt, deinen Sohn, unseren Herrn Jesus Christus. Durch ihn preisen wir jetzt und in Ewigkeit dein Erbarmen und singen mit den Chören der Engel das Lob deiner Herrlichkeit: Heilig . . .

Präfation von den Engeln

Lob Gottes durch die Verehrung der Engel

In Wahrheit ist es würdig und recht, dir, allmächtiger Vater, zu danken und in der Herrlichkeit der Engel deine Macht und Größe zu preisen. Denn dir gereicht es zur Verherrlichung und zum Lob, wenn wir sie ehren, die du erschaffen hast. An ihrem Glanz und ihrer Würde erkennen wir, wie groß und über alle Geschöpfe erhaben du selber bist. Dich, den ewigen Gott, rühmen sie ohne Ende durch unseren Herrn Jesus Christus. Mit ihrem Lobgesang laß auch unsere Stimmen sich vereinen und voll Ehrfurcht rufen: Heilig . . .

Präfation vom heiligen Josef

Josef in der Heilsgeschichte

In Wahrheit ist es würdig und recht, dir, allmächtiger Vater, zu danken und am Fest (bei der Verehrung) des heiligen Josef die Wege deiner Weisheit zu rühmen. Denn ihm, dem Gerechten, hast du die jungfräuliche Gottesmutter anvertraut, ihn, deinen treuen und klugen Knecht, bestellt zum Haupt der Heiligen Familie. An Vaters Statt sollte er deinen eingeborenen Sohn beschützen, der durch die Überschattung des Heiligen Geistes empfangen war, unseren Herrn Jesus Christus. Durch ihn loben die Engel deine Herrlichkeit, beten dich an die Mächte, erbeben die Gewalten. Die Himmel und die himmlischen Kräfte und die seligen Serafim feiern dich jubelnd im Chore. Mit ihrem Lobgesang laß auch unsere Stimmen sich vereinen und voll Ehrfurcht rufen: Heilig . . .

Präfation von den Heiligen I

Die Glorie der Heiligen und die Gläubigen

In Wahrheit ist es würdig und recht, dir, Herr, heiliger Vater, allmächtiger, ewiger Gott, immer und überall zu danken. Die Schar der Heiligen verkündet deine Größe, denn in der Krönung ihrer Verdienste krönst du das Werk deiner Gnade. Du schenkst uns in ihrem Leben ein Vorbild, auf ihre Fürsprache gewährst du uns Hilfe und gibst uns in ihrer Gemeinschaft das verheißene Erbe. Ihr Zeugnis verleiht uns die Kraft, im Kampf gegen das Böse zu siegen und mit ihnen die Krone der Herrlichkeit zu empfangen durch unseren Herrn Jesus Christus. Darum preisen wir dich mit allen Engeln und Heiligen und singen vereint mit ihnen das Lob deiner Herrlichkeit: Heilig . . .

Präfation von den Heiligen II

Die Heiligen und wir

In Wahrheit ist es würdig und recht, dir, Vater im Himmel, zu danken und das Werk deiner Gnade zu preisen. Denn in den Heiligen schenkst du der Kirche leuchtende Zeichen deiner Liebe. Durch das Zeugnis ihres Glaubens verleihst du uns immer neu die Kraft, nach der Fülle des Heiles zu streben. Durch ihre Fürsprache und ihr heiliges Leben gibst du uns Hoffnung und Zuversicht. Darum rühmen dich Himmel und Erde, Engel und Menschen und singen wie aus einem Munde das Lob deiner Herrlichkeit: Heilig . . .

Präfation am Fest der Darstellung des Herrn

Christus kommt in seinen Tempel

In Wahrheit ist es würdig und recht, dir, Herr, heiliger Vater, allmächtiger, ewiger Gott, immer und überall zu danken. Denn heute hat die jungfräuliche Mutter deinen ewigen Sohn zum Tempel getragen; Simeon, vom Geist erleuchtet, preist ihn als Ruhm deines Volkes Israel, als Licht zur Erleuchtung der Heiden. Darum gehen auch wir dem Erlöser freudig entgegen und singen mit den Engeln und Heiligen das Lob deiner Herrlichkeit: Heilig . . .

Präfation am Fest der Verkündigung des Herrn

Maria empfängt das ewige Wort

In Wahrheit ist es würdig und recht, dir, Vater im Himmel, zu danken und das Werk deiner Liebe zu rühmen. Denn heute brachte der Engel Maria die Botschaft, und deine Magd nahm sie auf mit gläubigem Herzen. Durch die Kraft des Heiligen Geistes empfing die Jungfrau dein ewiges Wort, und das Wort wurde Mensch in ihrem Schoß, um unter uns Menschen zu wohnen. So hast du an Israel deine Verheißung erfüllt und den gesandt, den die Völker erwarten, deinen Sohn, unseren Herrn Jesus Christus. Durch ihn preisen wir dein Erbarmen und singen mit den Chören der Engel das Lob deiner Herrlichkeit: Heilig . . .

Präfation von Johannes dem Täufer

Johannes als Vorläufer Christi

In Wahrheit ist es würdig und recht, dir, allmächtiger Vater, zu danken und am Fest des heiligen Johannes das Werk deiner Gnade zu rühmen. Du hast ihn geehrt vor allen, die je eine Frau geboren hat, schon im Mutterschoß erfuhr er das kommende Heil, seine Geburt erfüllte viele mit Freude. Als einziger der Propheten schaute er den Erlöser und zeigte hin auf das Lamm, das die Sünde der Welt hinwegnimmt. Im Jordan taufte er Christus, der seiner Kirche die Taufe geschenkt hat, so wurde das Wasser zum heiligen Quell des ewigen Lebens. Bis an sein Ende gab Johannes Zeugnis für das Licht und besiegelte mit dem Blut seine Treue. Darum preisen wir dich mit allen Engeln und Heiligen und singen vereint mit ihnen das Lob deiner Herrlichkeit: Heilig . . .

Präfation von den Aposteln Petrus und Paulus

Die verschiedene Sendung der Apostel Petrus und Paulus

In Wahrheit ist es würdig und recht, dich, allmächtiger Vater, in deinen Heiligen zu preisen und am Fest der Apostel Petrus und Paulus das Werk deiner Gnade zu rühmen. Petrus hat als erster den Glauben an Christus bekannt und aus Israels heiligem Rest die erste Kirche gesammelt. Paulus empfing die Gnade tiefer Einsicht und die Berufung zum Lehrer der Heiden. Auf verschiedene Weise dienten beide Apostel der einen Kirche, gemeinsam empfingen sie die Krone des Lebens. Darum ehren wir beide in gemeinsamer Feier und vereinen uns mit allen Engeln und Heiligen zum Hochgesang von deiner göttlichen Herrlichkeit: Heilig . . .

Präfation am Fest der Verklärung Christi

Die Verklärung Christi als Verheißung

In Wahrheit ist es würdig und recht, dir, Herr, heiliger Vater, allmächtiger, ewiger Gott, immer und überall zu danken durch unseren Herrn Jesus Christus. Denn er enthüllte auf dem Berg der Verklärung seine verborgene Herrlichkeit, er ließ vor auserwählten Zeugen seinen sterblichen Leib im Lichtglanz erstrahlen und gab den Jüngern die Kraft, das Ärgernis des Kreuzes zu tragen. So schenkte er der ganzen Kirche die Hoffnung, vereint mit ihrem Haupt die ewige Verklärung zu empfangen. Darum preisen wir deine Größe und vereinen uns mit den Chören der Engel zum Hochgesang von deiner göttlichen Herrlichkeit: Heilig . . .

Präfation am Fest der Aufnahme Mariens in den Himmel

Die Herrlichkeit Marias und die Kirche

In Wahrheit ist es würdig und recht, dir, allmächtiger Vater, zu danken und das Werk deiner Gnade zu rühmen. Denn heute hast du die jungfräuliche Gottesmutter in den Himmel erhoben, als erste empfing sie von Christus die Herrlichkeit, die uns allen verheißen ist, und wurde zum Urbild der Kirche in ihrer ewigen Vollendung. Dem pilgernden Volk ist sie ein untrügliches Zeichen der Hoffnung und eine Quelle des Trostes. Denn ihr Leib, der den Urheber des Lebens geboren hat, sollte die Verwesung nicht schauen. Darum preisen wir jetzt und in Ewigkeit dein Erbarmen und singen mit den Chören der Engel das Lob deiner Herrlichkeit: Heilig ...

Präfation am Fest Kreuzerhöhung

Das Kreuz als Zeichen des Sieges

In Wahrheit ist es würdig und recht, dir, Herr, heiliger Vater, allmächtiger, ewiger Gott, immer und überall zu danken. Denn du hast das Heil der Welt auf das Holz des Kreuzes gegründet. Vom Baum des Paradieses kam der Tod, vom Baum des Kreuzes erstand das Leben. Der Feind, der am Holz gesiegt hat, wurde auch am Holze besiegt durch unseren Herrn Jesus Christus. Durch ihn loben die Engel deine Herrlichkeit, beten dich an die Mächte, erbeben die Gewalten. Die Himmel und die himmlischen Kräfte und die seligen Serafim feiern dich jubelnd im Chore. Mit ihrem Lobgesang laß auch unsere Stimmen sich vereinen und voll Ehrfurcht rufen: Heilig ...

Präfation am Hochfest Allerheiligen

Das himmlische Jerusalem, unsere Heimat

In Wahrheit ist es würdig und recht, dir, allmächtiger Vater, zu danken und dich mit der ganzen Schöpfung zu rühmen. Denn heute schauen wir deine heilige Stadt, unsere Heimat, das himmlische Jerusalem. Dort loben dich auf ewig die verherrlichten Glieder der Kirche, unsere Brüder und Schwestern, die schon zur Vollendung gelangt sind. Dorthin pilgern auch wir im Glauben, ermutigt durch ihre Fürsprache und ihr Beispiel, und gehen freudig dem Ziel der Verheißung entgegen. Darum preisen wir dich in der Gemeinschaft deiner Heiligen und singen mit den Chören der Engel das Lob deiner Herrlichkeit: Heilig ...

Präfation am Hochfest der ohne Erbsünde empfangenen Jungfrau Maria

Maria, das Urbild der Kirche

In Wahrheit ist es würdig und recht, dir, Vater im Himmel, zu danken und das Werk deiner Liebe zu rühmen. Denn du hast Maria vor der Erbschuld bewahrt, du hast sie mit der Fülle der Gnade beschenkt, da sie erwählt war, die Mutter deines Sohnes zu werden. In unversehrter Jungfräulichkeit hat sie Christus geboren, der als schuldloses Lamm die Sünde der Welt hinwegnimmt. Sie ist Urbild und Anfang der Kirche, der makellosen Braut deines Sohnes. Vor allen Heiligen ist sie ein Vorbild der Heiligkeit, ihre Fürsprache erfleht uns deine Gnade durch unseren Herrn Jesus Christus. Durch ihn preisen dich Himmel und Erde, Engel und Menschen und singen wie aus einem Munde das Lob deiner Herrlichkeit: Heilig ...

Am Jahrestag der Kirchweihe
A: Jahrestag der eigenen Kirche

Die Kirche als Tempel Gottes

In Wahrheit ist es würdig und recht, dir, Herr, heiliger Vater, allmächtiger, ewiger Gott, immer und überall zu danken. Zu deiner Ehre wurde dieses Haus errichtet, in dem du deine pilgernde Kirche versammelst, um ihr darin ein Bild deiner Gegenwart zu zeigen und ihr die Gnade deiner Gemeinschaft zu schenken. Denn du selbst erbaust dir einen Tempel aus lebendigen Steinen. Von allen Orten rufst du deine Kinder zusammen und fügst sie ein in den geheimnisvollen Leib deines Sohnes. Hier lenkst du unseren Blick auf das himmlische Jerusalem und gibst uns die Hoffnung, dort deinen Frieden zu schauen. Darum preisen wir dich in deiner Kirche und vereinen uns mit allen Engeln und Heiligen zum Hochgesang von deiner göttlichen Herrlichkeit: Heilig . . .

B: Jahrestag einer andern Kirche

Die Kirche als Braut Christi und Tempel des Heiligen Geistes

In Wahrheit ist es würdig und recht, dir, Vater im Himmel, zu danken und deine Größe zu rühmen. In jedem Haus des Gebetes wohnst du als Spender der Gnade, als Geber alles Guten: Denn du erbaust uns zum Tempel des Heiligen Geistes, dessen Glanz im Leben der Gläubigen aufstrahlt. Im sichtbaren Bau erkennen wir das Bild deiner Kirche, die du zur Braut deines Sohnes erwählt hast. Du heiligst sie Tag für Tag, bis du sie, unsere Mutter, in die Herrlichkeit aufnimmst mit der unzählbaren Schar ihrer Kinder. Darum preisen wir dich in deiner Kirche und vereinen uns mit allen Engeln und Heiligen zum Hochgesang von deiner göttlichen Herrlichkeit: Heilig . . .

Präfation in der Brautmesse

Die eheliche Liebe als Zeichen der Liebe Gottes

In Wahrheit ist es würdig und recht, dir, allmächtiger Vater, zu danken und das Werk deiner Gnade zu rühmen. Denn du hast den Menschen als Mann und Frau erschaffen und ihren Bund zum Abbild deiner schöpferischen Liebe erhoben. Die du aus Liebe geschaffen und unter das Gesetz der Liebe gestellt hast, die verbindest du in der Ehe zu heiliger Gemeinschaft und gibst ihnen Anteil an deinem ewigen Leben. So heiligt das Sakrament der Ehe den Bund der Gatten und macht ihn zu einem Zeichen deiner göttlichen Liebe durch unseren Herrn Jesus Christus. Durch ihn preisen dich deine Erlösten und singen mit den Chören der Engel das Lob deiner Herrlichkeit: Heilig . . .

In Messen für die Einheit der Christen

Die Einheit als Werk Gottes durch Christus und den Heiligen Geist

In Wahrheit ist es würdig und recht, dir, Herr, heiliger Vater, allmächtiger, ewiger Gott, immer und überall zu danken durch unseren Herrn Jesus Christus. In ihm hast du uns zur Erkenntnis der Wahrheit geführt und uns zu Gliedern seines Leibes gemacht durch den einen Glauben und die eine Taufe. Durch ihn hast du deinen Heiligen Geist ausgegossen über alle Völker, damit er Großes wirke mit seinen Gaben. Er wohnt in den Herzen der Glaubenden, er durchdringt und leitet die ganze Kirche und schafft ihre Einheit in Christus. Darum preisen wir jetzt und in Ewigkeit dein Erbarmen und singen mit den Chören der Engel das Lob deiner Herrlichkeit: Heilig . . .

Präfation von den Verstorbenen I

Die Hoffnung der Gläubigen

In Wahrheit ist es würdig und recht, dir, Herr, heiliger Vater, allmächtiger, ewiger Gott, immer und überall zu danken durch unseren Herrn Jesus Christus. In ihm erstrahlt uns die Hoffnung, daß wir zur Seligkeit auferstehn. Bedrückt uns auch das Los des sicheren Todes, so tröstet uns doch die Verheißung der künftigen Unsterblichkeit. Denn deinen Gläubigen, o Herr, wird das Leben gewandelt, nicht genommen. Und wenn die Herberge der irdischen Pilgerschaft zerfällt, ist uns im Himmel eine ewige Wohnung bereitet. Darum singen wir mit den Engeln und Erzengeln, den Thronen und Mächten und mit all den Scharen des himmlischen Heeres den Hochgesang von deiner göttlichen Herrlichkeit: Heilig . . .

Präfation von den Verstorbenen II

Der Eine, der für alle starb

Wir danken dir, Vater im Himmel, und rühmen dich durch unseren Herrn Jesus Christus. Denn er ist der Eine, der den Tod auf sich nahm für uns alle, damit wir im Tode nicht untergehn. Er ist der Eine, der für uns alle gestorben ist, damit wir bei dir in Ewigkeit leben. Durch ihn preisen dich deine Erlösten und singen mit den Chören der Engel das Lob deiner Herrlichkeit: Heilig . . .

Präfation von den Verstorbenen III

Christus, die Auferstehung und das Leben

In Wahrheit ist es würdig und recht, dir, allmächtiger Vater, zu danken durch unseren Herrn Jesus Christus. Denn er ist das Heil der Welt, das Leben der Menschen, die Auferstehung der Toten. Durch ihn rühmen dich Himmel und Erde, Engel und Menschen und singen wie aus einem Munde das Lob deiner Herrlichkeit: Heilig . . .

Präfation von den Verstorbenen IV

Der Mensch in Gottes Hand

In Wahrheit ist es würdig und recht, dir, Herr, heiliger Vater, allmächtiger, ewiger Gott, immer und überall zu danken. Denn in deinen Händen ruht unser Leben: nach deinem Willen werden wir geboren und durch deine Führung geleitet. Nach deiner Verfügung empfangen wir den Sold der Sünde und kehren zurück zur Erde, von der wir genommen sind. Doch du hast uns erlöst durch das Kreuz deines Sohnes, darum erweckt uns einst dein Befehl zur Herrlichkeit der Auferstehung mit Christus. Durch ihn preisen wir jetzt und in Ewigkeit dein Erbarmen und singen mit den Chören der Engel das Lob deiner Herrlichkeit: Heilig . . .

Präfation von den Verstorbenen V

Der Tod als Sold der Sünde und das neue Leben als Geschenk Gottes

In Wahrheit ist es würdig und recht, dir, Herr, heiliger Vater, allmächtiger, ewiger Gott, immer und überall zu danken. Durch die Sünde kam der Tod in die Welt, und niemand kann ihm entrinnen. Doch deine Liebe hat die Macht des Todes gebrochen und uns gerettet durch den Sieg unseres Herrn Jesus Christus, der uns aus der Vergänglichkeit hinüberführt in das ewige Leben. Durch ihn rühmen dich Himmel und Erde, Engel und Menschen und singen wie aus einem Munde das Lob deiner Herrlichkeit: Heilig . . .

Präfation für Wochentage I

Die Erneuerung der Welt durch Christus

Wir danken dir, Vater im Himmel, und rühmen dich durch unseren Herrn Jesus Christus. Denn ihn hast du zum Haupt der neuen Schöpfung gemacht, aus seiner Fülle haben wir alle empfangen. Obwohl er dir gleich war an Herrlichkeit, hat er sich selbst erniedrigt und der Welt den Frieden gebracht durch sein Blut, das er am Stamm des Kreuzes vergossen hat. Deshalb hast du ihn über alle Geschöpfe erhöht, so wurde er für jene, die auf ihn hören, zum Urheber des ewigen Heiles. Durch ihn preisen wir jetzt und in Ewigkeit dein Erbarmen und singen mit den Chören der Engel das Lob deiner Herrlichkeit: Heilig . . .

Präfation für Wochentage II

Schöpfung, Sünde und Erlösung

In Wahrheit ist es würdig und recht, dir, Herr, heiliger Vater, immer und überall zu danken für deine Liebe, die du uns niemals entzogen hast. Du hast den Menschen in deiner Güte erschaffen und ihn, als er der gerechten Strafe verfallen war, in deiner großen Barmherzigkeit erlöst durch unseren Herrn Jesus Christus. Durch ihn preisen wir das Werk deiner Gnade und singen mit den Chören der Engel das Lob deiner Herrlichkeit: Heilig . . .

Präfation für Wochentage III

Gott als unser Schöpfer und Erlöser

In Wahrheit ist es würdig und recht, dir, Herr, heiliger Vater, allmächtiger, ewiger Gott, immer und überall zu danken. Denn du bist der Schöpfer der Welt, du bist der Erlöser aller Menschen durch deinen geliebten Sohn, unseren Herrn Jesus Christus. Durch ihn loben die Engel deine Herrlichkeit, beten dich an die Mächte, erbeben die Gewalten. Die Himmel und die himmlischen Kräfte und die seligen Serafim feiern dich jubelnd im Chore. Mit ihrem Lobgesang laß auch unsere Stimmen sich vereinen und voll Ehrfurcht rufen: Heilig . . .

DIE ZEIT IM JAHRESKREIS

1. Sonntag im Jahreskreis
FEST DER TAUFE CHRISTI
S. 74 ff.

2. SONNTAG IM JAHRESKREIS

Jesus ist das Lamm Gottes, das die Sünde der Welt hinwegnimmt, und er ist der „Knecht", den Gott erwählt, in seinen Dienst genommen und zum Licht der Völker gemacht hat. Daß wir sehen und begreifen, was Gott durch Jesus getan hat und daß wir darauf antworten, mit unserem Lied und mit der Tat unseres Lebens, damit ehren wir Gott und helfen ihm, die Welt zu retten.

ERÖFFNUNGSVERS   Ps 66 (65), 4

**Alle Welt bete dich an, o Gott, und singe dein Lob,
sie lobsinge deinem Namen, du Allerhöchster.**

Ehre sei Gott, S. 352 ff.

TAGESGEBET

Allmächtiger Gott,
du gebietest über Himmel und Erde,
du hast Macht über die Herzen der Menschen.
Darum kommen wir voll Vertrauen zu dir;
stärke alle, die sich um die Gerechtigkeit mühen,
und schenke unserer Zeit deinen Frieden.
Darum bitten wir durch Jesus Christus.

ZUR 1. LESUNG   *Das 2. Lied vom Gottesknecht wird am Dienstag in der Karwoche ganz gelesen (s. dort). Jesus verkörpert das
wahre Israel und erfüllt dessen Sendung, die Wahrheit Gottes in die*

Welt zu tragen. Er bringt Rettung und Heil für Israel und für die Völker der Erde. Sein Weg führt durch das Dunkel des Leidens, aber Gott wird ihn nicht verlassen; er wird ihn in Herrlichkeit vollenden.

ERSTE LESUNG   Jes 49, 3.5–6

Ich mache dich zum Licht für die Völker

Lesung
aus dem Buch Jesája.

3   Der Herr sagte zu mir: Du bist mein Knecht, Israel,
an dem ich meine Herrlichkeit zeigen will.

5   Jetzt hat der Herr gesprochen,
der mich schon im Mutterleib
zu seinem Knecht gemacht hat,
damit ich Jakob zu ihm heimführe
und Israel bei ihm versammle.
So wurde ich in den Augen des Herrn geehrt,
und mein Gott war meine Stärke.

6   Und er sagte:
Es ist zu wenig,
daß du mein Knecht bist,
nur um die Stämme Jakobs wieder aufzurichten
und die Verschonten Israels heimzuführen.
Ich mache dich zum Licht für die Völker,
damit mein Heil bis an das Ende der Erde reicht.

ANTWORTPSALM   Ps 40 (39), 2 u. 4ab.7–8.9–10 (R: vgl. 8a.9a)

R Mein Gott, ich komme;   (GL 170, 1)
deinen Willen zu tun macht mir Freude. – R

2   Ich hoffte, ja ich hoffte auf den Herrn. *   II. Ton
Da neigte er sich mir zu und hörte mein Schreien.

4ab Er legte mir ein neues Lied in den Mund, *
einen Lobgesang auf ihn, unsern Gott. – (R)

7   An Schlacht- und Speiseopfern hast du kein Gefallen, *
Brand- und Sündopfer forderst du nicht.

Doch das Gehör hast du mir eingepflanzt; †
8   darum sage ich: Ja, ich komme. *
In dieser Schriftrolle steht, was an mir geschehen ist. – (R)

9   Deinen Willen zu tun, mein Gott, macht mir Freude, *
    deine Weisung trag' ich im Herzen.

10 Gerechtigkeit verkünde ich in großer Gemeinde, *
    meine Lippen verschließe ich nicht; Herr, du weißt es. – R

ZUR 2. LESUNG   *Von heute bis zum 8. Sonntag wird der 1. Korintherbrief gelesen; diesen Brief hat der Apostel Paulus zwischen 53
und 55 n. Chr. geschrieben, nur wenige Jahre nach Gründung der Gemeinde. Paulus nennt die Christen „Heilige", weil Gott sie durch Christus in seine Nähe gerufen und dadurch „geheiligt" hat. Nun gehören
sie zu den Menschen, die „den Namen Jesu Christi, unseres Herrn, anrufen". Dank seiner Berufung ist der Apostel mit dieser Gemeinde eng
verbunden, trotz harter Auseinandersetzungen.*

ZWEITE LESUNG   1 Kor 1, 1–3

*Gnade sei mit euch und Friede von Gott, unserem Vater, und dem Herrn Jesus
Christus*

Lesung
    aus dem ersten Brief des Apostels Paulus an die Korinther.

1   Paulus, durch Gottes Willen berufener Apostel Christi Jesu,
        und der Bruder Sósthenes
2   an die Kirche Gottes, die in Korínth ist,
    – an die Geheiligten in Christus Jesus,
    berufen als Heilige
    mit allen, die den Namen Jesu Christi, unseres Herrn,
        überall anrufen, bei ihnen und bei uns.
3   Gnade sei mit euch und Friede
        von Gott, unserem Vater,
        und dem Herrn Jesus Christus.

RUF VOR DEM EVANGELIUM   Vers: Joh 1, 14a.12a

Halleluja. Halleluja.

Das Wort ist Fleisch geworden und hat unter uns gewohnt.
Allen, die ihn aufnahmen,
gab er Macht, Kinder Gottes zu werden.

Halleluja.

ZUM EVANGELIUM   *Drei Aussagen stehen im Zeugnis Johannes'*
des Täufers über Jesus: 1. Jesus ist das Lamm, das die Sünde der Welt
hinwegnimmt; 2. der Geist ist auf ihn herabgekommen und auf ihm (in
ihm) geblieben; 3. Jesus ist der Erwählte Gottes (der Sohn Gottes).
Diese drei Aussagen weisen auf die Gestalt des „Gottesknechts" beim
Propheten Jesaja zurück (vgl. 1. Lesung). Eine innere Stimme sagt
dem Täufer, als er Jesus kommen sieht: Er ist es, in ihm erfüllt sich,
was die Propheten gesagt haben.

EVANGELIUM   Joh 1, 29–34

Seht, das Lamm Gottes, das die Sünde der Welt hinwegnimmt

✠ Aus dem heiligen Evangelium nach Johannes.

In jener Zeit
29   sah Johannes der Täufer Jesus auf sich zukommen
und sagte: Seht, das Lamm Gottes,
    das die Sünde der Welt hinwegnimmt.
30   Er ist es,
    von dem ich gesagt habe: Nach mir kommt ein Mann,
    der mir voraus ist, weil er vor mir war.
31   Auch ich kannte ihn nicht;
aber ich bin gekommen und taufe mit Wasser,
    um Israel mit ihm bekanntzumachen.
32   Und Johannes bezeugte:
Ich sah, daß der Geist vom Himmel herabkam wie eine Taube
    und auf ihm blieb.
33   Auch ich kannte ihn nicht;
aber er, der mich gesandt hat, mit Wasser zu taufen,
    er hat mir gesagt: Auf wen du den Geist herabkommen siehst
    und auf wem er bleibt,
    der ist es, der mit dem Heiligen Geist tauft.
34   Das habe ich gesehen,
und ich bezeuge:
    Er ist der Sohn Gottes.

Glaubensbekenntnis, S. 356 ff.
Fürbitten vgl. S. 792 ff.

ZUR EUCHARISTIEFEIER *Jesus ist der „Knecht" Gottes und das Lamm Gottes. Wir sind zu seinem Mahl geladen (Offb 19, 9). Auch wir bezeugen: Er ist der Erwählte Gottes, der Sohn Gottes.*

GABENGEBET

Herr,
gib, daß wir das Geheimnis des Altares
ehrfürchtig feiern;
denn sooft wir
die Gedächtnisfeier dieses Opfers begehen,
vollzieht sich an uns das Werk der Erlösung.
Darum bitten wir durch Christus, unseren Herrn.

Präfation, S. 424 ff.

KOMMUNIONVERS   Ps 23 (22), 5

Herr, du deckst mir den Tisch vor den Augen meiner Feinde.
Du füllst mir reichlich den Becher.

Oder: 1 Joh 4, 16

Wir haben die Liebe erkannt und an die Liebe geglaubt,
die Gott zu uns hat.

SCHLUSSGEBET

Barmherziger Gott,
du hast uns alle
mit dem einen Brot des Himmels gestärkt.
Erfülle uns mit dem Geist deiner Liebe,
damit wir ein Herz und eine Seele werden.
Darum bitten wir durch Christus, unseren Herrn.

FÜR DEN TAG UND DIE WOCHE

Einverstanden *Die höchste Macht Gottes ist, daß er lieben kann, und keine Liebe weigert sich, für den Geliebten zu leiden … Deshalb ist das Wappentier Gottes schon vor Grundlegung der Welt nichts weiter als ein verwundetes Lamm. Das Lamm zeigt an, daß Gott, der Schöpfer, damit einverstanden ist, das erste Opfer seiner Schöpfung zu werden, und daß er es uns eigenwilligen Narren nie übelnehmen wird, ihn diesen Weg einschlagen zu lassen, um uns sein Wesen zu of-*

fenbaren. Bevor er uns schwarz auf weiß die Liebe nachweist, die wir ihm schulden, zeigt er als erster im erwählten Lamm den Liebesabgrund, in den hinein er sich schaffend einläßt. (Gustave Martelet)

3. SONNTAG IM JAHRESKREIS

Das Evangelium vom Reich Gottes, d. h. von der anbrechenden Gottesherrschaft, ist gute Nachricht für den, der sich darauf einläßt. Verstanden wird sie vom Menschen in dem Maß, als er sich in die Nachfolge Jesu begibt und anfängt, ein anderer Mensch zu werden: der klare und ganze Mensch in der Freiheit, die Gott ihm gibt.

ERÖFFNUNGSVERS   Ps 96 (95), 1.6

**Singet dem Herrn ein neues Lied, singt dem Herrn, alle Lande!
Hoheit und Pracht sind vor seinem Angesicht,
Macht und Glanz in seinem Heiligtum!**

Ehre sei Gott, S. 352 ff.

TAGESGEBET

Allmächtiger, ewiger Gott,
lenke unser Tun nach deinem Willen
und gib,
daß wir im Namen deines geliebten Sohnes
reich werden an guten Werken.
Darum bitten wir durch ihn, Jesus Christus.

ZUR 1. LESUNG   *Große Teile des israelitischen Nordreichs waren im Jahr 732 v. Chr. dem assyrischen Reich angegliedert, die Bevölkerung Galiläas (die Stämme Sebulon und Naftali) verschleppt und in das Dunkel der Geschichtslosigkeit hinausgestoßen worden. Aber in das Dunkel hinein leuchtet ein Licht (vgl. 1. Lesung der Weihnachtsmesse in der Nacht). Das Matthäusevangelium sieht diese Verheißung erfüllt, da Jesus in das Gebiet von Galiläa kommt, das Reich Gottes ausruft und zur Nachfolge einlädt.*

ERSTE LESUNG
Jes 8, 23b–9, 3

In Galiläa, dem Gebiet der Heiden, sieht das Volk ein helles Licht

Lesung
aus dem Buch Jesája.

²³ᵇ Einst hat der Herr
das Land Sébulon und das Land Náftali verachtet,
aber später
bringt er die Straße am Meer wieder zu Ehren,
das Land jenseits des Jordan, das Gebiet der Heiden.

¹ Das Volk, das im Dunkel lebt,
sieht ein helles Licht;
über denen, die im Land der Finsternis wohnen,
strahlt ein Licht auf.

² Du erregst lauten Jubel
und schenkst große Freude.
Man freut sich in deiner Nähe,
wie man sich freut bei der Ernte,
wie man jubelt, wenn Beute verteilt wird.

³ Denn wie am Tag von Mídian
zerbrichst du das drückende Joch,
das Tragholz auf unserer Schulter
und den Stock des Treibers.

ANTWORTPSALM
Ps 27 (26), 1.4.13–14 (R: 1a)

R Der Herr ist mein Licht und mein Heil. – **R**
(GL 487)

¹ Der Herr ist mein Licht und mein Heil: *
Vor wem sollte ich mich fürchten?
IV. Ton

Der Herr ist die Kraft meines Lebens: *
Vor wem sollte mir bangen? – **(R)**

⁴ Nur eines erbitte ich vom Herrn, danach verlangt mich: *
Im Haus des Herrn zu wohnen alle Tage meines Lebens,

die Freundlichkeit des Herrn zu schauen *
und nachzusinnen in seinem Tempel. – **(R)**

¹³ Ich bin gewiß, zu schauen *
die Güte des Herrn im Land der Lebenden.

¹⁴ Hoffe auf den Herrn, und sei stark! *
Hab festen Mut, und hoffe auf den Herrn! – **R**

ZUR 2. LESUNG *In der Gemeinde von Korinth gibt es Spaltun-*
gen, Gruppen oder Grüppchen, die sich auf bestimmte Missionare und
Lehrer berufen: Persönlichkeitskult. Damit aber wird Christus „zer-
teilt", die Mitte des Evangeliums zerstört. Nicht vom persönlichen
Charisma eines Predigers, seinem Charme und Talent lebt die Ge-
meinde, sondern von der Kraft des Kreuzes Christi.

ZWEITE LESUNG   1 Kor 1, 10–13.17

Seid alle einmütig, und duldet keine Spaltungen

Lesung
  aus dem ersten Brief des Apostels Paulus an die Korínther.

10 Ich ermahne euch, Brüder,
      im Namen Jesu Christi, unseres Herrn:
    Seid alle einmütig,
    und duldet keine Spaltungen unter euch;
    seid ganz eines Sinnes und einer Meinung.

11 Es wurde mir nämlich, meine Brüder,
      von den Leuten der Chloë berichtet,
      daß es Zank und Streit unter euch gibt.

12 Ich meine damit, daß jeder von euch etwas anderes sagt:
    Ich halte zu Paulus
    – ich zu Apóllos
    – ich zu Kephas
    – ich zu Christus.

13 Ist denn Christus zerteilt?
    Wurde etwa Paulus für euch gekreuzigt?
    Oder seid ihr auf den Namen des Paulus getauft worden?

17 Christus hat mich nicht gesandt zu taufen,
      sondern das Evangelium zu verkünden,
    aber nicht mit gewandten und klugen Worten,
    damit das Kreuz Christi nicht um seine Kraft gebracht wird.

RUF VOR DEM EVANGELIUM   Vers: Mt 4, 23b

Halleluja. Halleluja.

Jesus verkündete das Evangelium vom Reich
und heilte im Volk alle Krankheiten und Leiden.

Halleluja.

ZUM EVANGELIUM   *Jesus beginnt seine öffentliche Tätigkeit in Galiläa; er ruft die Königsherrschaft Gottes aus und heilt Kranke. Wort und Wunder sind die Zeichen des Heils, das Gott für die Menschen bereit hat. Vor den Wundern aber berichtet Matthäus die Berufung der ersten Jünger: Petrus und Andreas, Jakobus und Johannes; zweimal zwei Brüder. Sie hören den Ruf und verstehen ihn mit dem Herzen, noch ehe sie mit dem Verstand wissen, was die Nachfolge ihnen bringen wird an Erniedrigung und an Größe.*

EVANGELIUM   Mt 4, 12–23

Jesus verließ Nazaret, um in Kafarnaum zu wohnen, im Gebiet von Sebulon und Naftali; denn es sollte sich erfüllen, was durch Jesaja gesagt worden ist

✛ Aus dem heiligen **Evangelium** nach **Matthäus**.

12 Als Jesus hörte, daß man Johannes ins Gefängnis geworfen hatte,
    zog er sich nach **Galiläa zurück**.

13 Er verließ **Názaret**,
    um in **Kafárnaum zu wohnen**, das am See liegt,
im Gebiet von **Sébulon** und **Náftali**.

14 Denn es sollte sich erfüllen,
    was durch den Propheten **Jesája** gesagt worden ist:

15 Das Land **Sébulon** und das Land **Náftali**,
    die Straße am Meer, das Gebiet jenseits des Jordan,
    das heidnische Galiläa:

16 das Volk, das im Dunkel lebte,
    hat ein helles Licht gesehen;
denen, die im Schattenreich des Todes wohnten,
    ist ein Licht erschienen.

17 Von da an begann Jesus zu verkünden: **Kehrt um!**
    Denn das Himmelreich ist nahe.

18 Als Jesus am **See von Galiläa** entlangging,
    sah er zwei **Brüder**,
    Simon, genannt Petrus,
    und seinen Bruder Andreas;
sie warfen gerade ihr Netz in den See,
    denn sie waren Fischer.

19 Da sagte er zu ihnen: Kommt her, folgt mir nach!
    Ich werde euch zu Menschenfischern machen.

20 Sofort ließen sie ihre Netze liegen und folgten ihm.

21 Als er weiterging, sah er zwei andere Brüder,
Jakobus, den Sohn des Zebedäus,
und seinen Bruder Johannes;
sie waren mit ihrem Vater Zebedäus im Boot
und richteten ihre Netze her.
Er rief sie,

22 und sogleich verließen sie das Boot und ihren Vater
und folgten Jesus.

23 Er zog in ganz Galiläa umher,
lehrte in den Synagogen,
verkündete das Evangelium vom Reich
und heilte im Volk
alle Krankheiten und Leiden.

Oder:

KURZFASSUNG   Mt 4, 12–17

*Jesus verließ Nazaret, um in Kafarnaum zu wohnen, im Gebiet von Sebulon und
Naftali; denn es sollte sich erfüllen, was durch Jesaja gesagt worden ist*

✝ Aus dem heiligen Evangelium nach Matthäus.

12 Als Jesus hörte, daß man Johannes ins Gefängnis geworfen hatte,
zog er sich nach Galiläa zurück.

13 Er verließ Názaret,
um in Kafárnaum zu wohnen, das am See liegt,
im Gebiet von Sébulon und Náftali.

14 Denn es sollte sich erfüllen,
was durch den Propheten Jesája gesagt worden ist:

15 Das Land Sébulon und das Land Náftali,
die Straße am Meer, das Gebiet jenseits des Jordan,
das heidnische Galiläa:

16 das Volk, das im Dunkel lebte,
hat ein helles Licht gesehen;
denen, die im Schattenreich des Todes wohnten,
ist ein Licht erschienen.

17 Von da an begann Jesus zu verkünden: Kehrt um!
Denn das Himmelreich ist nahe.

Glaubensbekenntnis, S. 356 ff.
Fürbitten vgl. S. 792 ff.

ZUR EUCHARISTIEFEIER   *Licht – Freude und Hoffnung –*
kommt in die Welt durch die Botschaft Jesu und durch sein Kreuz. In
der Torheit des Kreuzes wird die Weisheit Gottes sichtbar, seine Liebe
und seine Heiligkeit.

GABENGEBET

Herr,
nimm unsere Gaben an und heilige sie,
damit sie zum Sakrament der Erlösung werden,
das uns Heil und Segen bringt.
Darum bitten wir durch Christus, unseren Herrn.

Pfingstpräfation, S. 424 ff.

KOMMUNIONVERS   Ps 34 (33), 6

Blickt auf zum Herrn, so wird euer Gesicht leuchten,
und ihr braucht nicht zu erröten.

Oder: Joh 8, 12

Ich bin das Licht der Welt – so spricht der Herr.
Wer mir nachfolgt, wird nicht in der Finsternis gehen.
Er wird das Licht des Lebens haben.

SCHLUSSGEBET

Allmächtiger Gott,
in deinem Mahl
schenkst du uns göttliches Leben.
Gib, daß wir dieses Sakrament
immer neu als dein großes Geschenk empfangen
und aus seiner Kraft leben.
Darum bitten wir durch Christus, unseren Herrn.

FÜR DEN TAG UND DIE WOCHE

Die Bekehrung   *Der Hang, alles beim alten zu lassen, geht im Men-*
schen so tief, daß eine Entscheidung, die grundlegende Veränderung
bedeutet, von ihm nur zu erwarten ist, wenn er begreift, daß in der
kurzen Frist, die er zu leben hat, das Letzte auf dem Spiel steht und
daß er sich entscheiden muß. (H. Spaemann)

4. SONNTAG IM JAHRESKREIS

Warum liebt Gott die Armen mehr als die Reichen, die Hungrigen mehr als die Satten? Er liebt die einen und die anderen; aber die Reichen fürchten sich davor, geliebt zu werden; ihr hartes Herz könnte davon weich werden, ihr Reichtum schmelzen. Und doch wäre das viel besser für sie.

ERÖFFNUNGSVERS   Ps 106 (105), 47

**Hilf uns, Herr, unser Gott, führe uns aus den Völkern zusammen!
Wir wollen deinen heiligen Namen preisen,
uns rühmen, weil wir dich loben dürfen.**

Ehre sei Gott, S. 352 ff.

TAGESGEBET

Herr, unser Gott,
du hast uns erschaffen, damit wir dich preisen.
Gib, daß wir dich mit ungeteiltem Herzen anbeten
und die Menschen lieben, wie du sie liebst.
Darum bitten wir durch Jesus Christus.

ZUR 1. LESUNG   *Wenn sich das Volk dazu durchringen könnte, Gerechtigkeit und Demut zu lernen, also das zu tun, was vor Gott und den Menschen recht ist, dann gäbe es im kommenden Gericht Gottes vielleicht Rettung. Aber wahrscheinlich wird das reinigende Feuer der Katastrophe notwendig sein, und nur ein Rest des Volkes wird übrigbleiben. Diesem armen, gedemütigten Volk gibt der Prophet Hoffnung. Was er in die konkrete Situation seiner Zeit hinein gesagt hat, kann auch uns heute beunruhigen. – Jesus hat die Menschen seliggepriesen, die „vor Gott arm sind".*

ERSTE LESUNG   Zef 2, 3; 3, 12−13

Ich lasse in deiner Mitte übrig ein demütiges und armes Volk

Lesung
    aus dem Buch Zefánja.

3 Sucht den Herrn, ihr Gedemütigten im Land,
   die ihr nach dem Recht des Herrn lebt.
   Sucht Gerechtigkeit, sucht Demut!
   Vielleicht bleibt ihr geborgen
       am Tag des Zornes des Herrn.

12 Ich lasse in deiner Mitte übrig
       ein demütiges und armes Volk,
    das seine Zuflucht sucht beim Namen des Herrn.
13 Der Rest von Israel wird kein Unrecht mehr tun
       und wird nicht mehr lügen,
    in ihrem Mund findet man kein unwahres Wort mehr.
    Ja, sie gehen friedlich auf die Weide,
    und niemand schreckt sie auf, wenn sie ruhen.

ANTWORTPSALM   Ps 146 (145), 5 u. 7.8−9b.9c−10 (R: Mt 5, 3)

R Selig, die arm sind vor Gott;   (GL 631, 1)
   denn ihnen gehört das Himmelreich. − R

(Oder: **Halleluja.***)*

5 Wohl dem, dessen Halt der Gott Jakobs ist *   I. Ton
   und der seine Hoffnung auf den Herrn, seinen Gott, setzt.
7 Recht verschafft der Herr den Unterdrückten, †
   den Hungernden gibt er Brot; *
   der Herr befreit die Gefangenen. − (R)
8 Der Herr öffnet den Blinden die Augen, *
   er richtet die Gebeugten auf.
9ab Der Herr beschützt die Fremden *
   und verhilft den Waisen und Witwen zu ihrem Recht. − (R)
9cd Der Herr liebt die Gerechten, *
   doch die Schritte der Frevler leitet er in die Irre.
10 Der Herr ist König auf ewig, *
   dein Gott, Zion, herrscht von Geschlecht zu Geschlecht. − R

ZUR 2. LESUNG   *Die Botschaft vom Kreuz, d. h. von der Erlösung durch den Kreuzestod Jesu, bleibt ärgerlich, sie kommt bei den
Weisen und Mächtigen dieser Welt nicht an. Die armen und einfachen
Leute verstehen sie besser. So war es immer schon. Gott schafft sich
sein Volk aus dem, „was nichts ist" (1,28). Gerade darin erweist er
sich als Gott. Vor ihm kann es kein stolzes Sich-Rühmen, sondern nur
ein demütiges Danken geben.*

ZWEITE LESUNG   1 Kor 1, 26–31

Das Niedrige in der Welt und das Verachtete hat Gott erwählt

Lesung
aus dem ersten Brief des Apostels Paulus an die Korinther.

26 **Seht auf eure Berufung, Brüder!**
    Da sind nicht viele Weise im irdischen Sinn,
    nicht viele Mächtige, nicht viele Vornehme,
27 **sondern das Törichte in der Welt hat Gott erwählt,**
        um die Weisen zuschanden zu machen,
    und das Schwache in der Welt hat Gott erwählt,
        um das Starke zuschanden zu machen.
28 **Und das Niedrige in der Welt und das Verachtete hat Gott erwählt:**
    das, was nichts ist,
        um das, was etwas ist, zu vernichten,
29 **damit kein Mensch sich rühmen kann vor Gott.**
30 **Von ihm her seid ihr in Christus Jesus,**
        den Gott für uns zur Weisheit gemacht hat,
        zur Gerechtigkeit, Heiligung und Erlösung.
31 **Wer sich also rühmen will,**
        der rühme sich des Herrn;
    so heißt es schon in der Schrift.

RUF VOR DEM EVANGELIUM   Vers: Mt 5, 12a

Halleluja. Halleluja.

Freut euch und jubelt:
Euer Lohn im Himmel wird groß sein.

Halleluja.

ZUM EVANGELIUM In der Bergpredigt (Mt 5–7) tritt Jesus als *der neue Mose auf, der die neue, „bessere" Gerechtigkeit verkündet. Die Seligpreisungen der Bergpredigt sind der Form nach Glückwünsche, dem Inhalt nach nennen sie die Einlaßbedingungen zum Gottesreich. Die kürzere Form der Seligpreisungen bei Lukas (6, 20–23) ist vermutlich die ursprüngliche; die Erweiterungen bei Matthäus sind bereits Deutungen des Evangelisten. Die „Armen" und „Hungrigen" sind nicht nur eine wirtschaftlich-soziale Gruppe; es sind Menschen, die vor Gott wissen und bejahen, daß sie nichts haben und nichts können, also ganz auf Gott angewiesen sind.*

EVANGELIUM   Mt 5, 1–12 a

Selig, die arm sind vor Gott

✛ Aus dem heiligen Evangelium nach Matthäus.

In jener Zeit,
    als Jesus die vielen Menschen sah, die ihm folgten,
    stieg er auf einen Berg.
Er setzte sich,
    und seine Jünger traten zu ihm.
Dann begann er zu reden
    und lehrte sie.
Er sagte:
Selig, die arm sind vor Gott;
    denn ihnen gehört das Himmelreich.
Selig die Trauernden;
    denn sie werden getröstet werden.
Selig, die keine Gewalt anwenden;
    denn sie werden das Land erben.
Selig, die hungern und dürsten nach der Gerechtigkeit;
    denn sie werden satt werden.
Selig die Barmherzigen;
    denn sie werden Erbarmen finden.
Selig, die ein reines Herz haben;
    denn sie werden Gott schauen.
Selig, die Frieden stiften;
    denn sie werden Söhne Gottes genannt werden.
Selig, die um der Gerechtigkeit willen verfolgt werden;
    denn ihnen gehört das Himmelreich.

11 Selig seid ihr, wenn ihr um meinetwillen beschimpft und verfolgt
und auf alle mögliche Weise verleumdet werdet.

12a Freut euch und jubelt:
Euer Lohn im Himmel wird groß sein.

Glaubensbekenntnis, S. 356 ff.
Fürbitten vgl. S. 792 ff.

ZUR EUCHARISTIEFEIER *Vor Gott wissen wir, daß wir arm
sind. Er beschenkt uns aus seiner Fülle, das ist seine Seligkeit. Und er
will, daß wir aus unserer Armut andere beschenken. Im Teilen, im
Brotbrechen finden wir Gott – und unser Glück.*

GABENGEBET

Herr, unser Gott,
wir legen die Gaben
als Zeichen unserer Hingabe auf deinen Altar.
Nimm sie entgegen
und mach sie zum Sakrament unserer Erlösung.
Darum bitten wir durch Christus, unseren Herrn.

Präfation, S. 424 ff.

KOMMUNIONVERS   Ps 31 (30), 17–18

Laß dein Angesicht leuchten über deinem Knecht,
hilf mir in deiner Güte.
Herr, laß mich nicht scheitern, denn ich rufe zu dir.

Oder: Mt 5, 3.5

Selig, die vor Gott arm sind; denn ihnen gehört das Himmelreich.
Selig, die keine Gewalt anwenden; denn sie werden das Land erben.

SCHLUSSGEBET

Barmherziger Gott,
das Sakrament der Erlösung,
das wir empfangen haben,
nähre uns auf dem Weg zu dir
und schenke dem wahren Glauben
beständiges Wachstum.
Darum bitten wir durch Christus, unseren Herrn.

FÜR DEN TAG UND DIE WOCHE

Arm geworden   *Christus hat das Werk der Erlösung in Armut und Verfolgung vollbracht; so ist auch die Kirche berufen, den gleichen Weg einzuschlagen, um den Menschen die Heilsfrucht mitzuteilen. Christus Jesus hat, „obwohl er in Gottesgestalt war, sich selbst entäußert und Knechtsgestalt angenommen" (Phil 2, 6); um unseretwillen „ist er arm geworden, obwohl er doch reich war" (2 Kor 8, 9). So ist die Kirche, auch wenn sie zur Erfüllung ihrer Sendung menschlicher Mittel bedarf, nicht gegründet, um irdische Herrlichkeit zu suchen, sondern um Demut und Selbstverleugnung auch durch ihr Beispiel auszubreiten. Christus wurde vom Vater gesandt, „den Armen die frohe Botschaft zu bringen und verwundete Herzen zu heilen" (Lk 4, 18); so erkennt auch die Kirche in den Armen und Leidenden das Bild dessen, der sie gegründet hat und selbst ein Armer und Leidender war. (2. Vatikan. Konzil, Über die Kirche 8)*

5. SONNTAG IM JAHRESKREIS

Wir ehren Gott dadurch, daß wir sein Wort ernst nehmen: daß wir glauben, was er uns sagt, und tun, was er fordert. Auf die Taten kommt es an, nicht auf die Reden. Was wir heute tun, entscheidet, wie die Welt von morgen aussehen wird. Es kommt nicht auf die sichtbare Größe unserer Taten an; wenn durch mein Tun für einen anderen Menschen die Nähe Gottes erfahrbar wird, dann hat Gott durch mich Großes getan.

ERÖFFNUNGSVERS   Ps 95 (94), 6–7

**Kommt, laßt uns niederfallen,
uns verneigen vor dem Herrn, unserem Schöpfer!
Denn er ist unser Gott.**

Ehre sei Gott, S. 352 ff.

TAGESGEBET

Gott, unser Vater,
wir sind dein Eigentum
und setzen unsere Hoffnung
allein auf deine Gnade.
Bleibe uns nahe in jeder Not und Gefahr
und schütze uns.
Darum bitten wir durch Jesus Christus.

ZUR 1. LESUNG

An einem Buß- und Fasttag richtet der Prophet an die versammelte Gemeinde von Jerusalem seine Mahnung: Euer Fasten und der ganze Gottesdienst sind nichts wert, wenn ihr nicht das tut, was Gott von euch verlangt. Es gibt keine Gemeinschaft mit Gott und keine Hilfe von Gott, solange der Mensch nicht bereit ist, Gemeinschaft mit seinen Mitmenschen zu haben und denen zu helfen, die in Not sind.

ERSTE LESUNG   Jes 58,7–10

Wenn du den Darbenden satt machst, dann geht im Dunkel dein Licht auf

**Lesung
aus dem Buch Jesája.**

So spricht der Herr:

7 Teile an die Hungrigen dein Brot aus,
nimm die obdachlosen Armen ins Haus auf,
wenn du einen Nackten siehst, bekleide ihn
und entziehe dich nicht deinen Verwandten.

8 Dann wird dein Licht hervorbrechen wie die Morgenröte,
und deine Wunden werden schnell vernarben.
Deine Gerechtigkeit geht dir voran,
die Herrlichkeit des Herrn folgt dir nach.

9 Wenn du dann rufst, wird der Herr dir Antwort geben,
und wenn du um Hilfe schreist,
wird er sagen: Hier bin ich.

Wenn du der Unterdrückung bei dir ein Ende machst,
auf keinen mit dem Finger zeigst und niemand verleumdest,

10 dem Hungrigen dein Brot reichst
und den Darbenden satt machst,
   dann geht im Dunkel dein Licht auf,
und deine Finsternis
   wird hell wie der Mittag.

ANTWORTPSALM Ps 112 (111), 4–5.6–7.8–9 (R: 4a)

R Den Redlichen erstrahlt im Finstern ein Licht. – R (GL 708, 1)

(*Oder:* Halleluja.)

4 Den Redlichen erstrahlt im Finstern ein Licht: * IV. Ton
der Gnädige, Barmherzige und Gerechte.

5 Wohl dem Mann, der gütig und zum Helfen bereit ist, *
der das Seine ordnet, wie es recht ist. – (R)

6 Niemals gerät er ins Wanken; *
ewig denkt man an den Gerechten.

7 Er fürchtet sich nicht vor Verleumdung; *
sein Herz ist fest, er vertraut auf den Herrn. – (R)

8 Sein Herz ist getrost, er fürchtet sich nie, *
denn bald wird er herabschauen auf seine Bedränger.

9 Reichlich gibt er den Armen, †
sein Heil hat Bestand für immer; *
er ist mächtig und hoch geehrt. – R

ZUR 2. LESUNG *Das Evangelium ist Botschaft vom Kreuz. Mit armen, geradezu ungeeigneten Mitteln vollbringt Gott das Werk der Erlösung. Das zeigt sich auch in der Art, wie Christus seine Boten und Mitarbeiter auswählt. Dadurch wird deutlich, daß die Kraft des Evangeliums nicht von den Menschen kommt, sondern von Gott. Das ist auch der Kirche von heute gesagt.*

ZWEITE LESUNG   1 Kor 2, 1–5

Ich habe euch das Zeugnis Gottes verkündigt: Jesus Christus, den Gekreuzigten

Lesung
    aus dem ersten Brief des Apostels Paulus an die Korinther.

1   **Als ich zu euch kam, Brüder,**
        kam ich nicht, um glänzende Reden
        oder gelehrte Weisheit vorzutragen,
    sondern um euch das Zeugnis Gottes zu verkündigen.
2   **Denn ich hatte mich entschlossen,**
        bei euch nichts zu wissen außer Jesus Christus,
    und zwar als den Gekreuzigten.
3   **Zudem kam ich in Schwäche und in Furcht,**
        zitternd und bebend zu euch.
4   **Meine Botschaft und Verkündigung war nicht Überredung**
        durch gewandte und kluge Worte,
    sondern war mit dem Erweis von Geist und Kraft verbunden,
5   **damit sich euer Glaube nicht auf Menschenweisheit stützte,**
        sondern auf die Kraft Gottes.

RUF VOR DEM EVANGELIUM   Vers: vgl. Joh 8, 12

Halleluja. Halleluja.

(So spricht der Herr:)
Ich bin das Licht der Welt.
Wer mir nachfolgt, hat das Licht des Lebens.

Halleluja.

ZUM EVANGELIUM   *Die Jünger Jesu tragen Verantwortung für die Welt, in der sie leben. Salz der Erde und Licht der Welt sollen sie sein. Das Licht leuchtet, das Salz macht die Speise schmackhaft. Die Menschen wollen nicht nur die schönen Reden der Christen hören, sie wollen die Taten sehen. Ob sie dann den Vater im Himmel preisen, ist eine andere Frage; es kann auch sein, daß sie darauf mit Spott und Verfolgung antworten. Der Jünger teilt das Schicksal seines Meisters, der das wahre Licht der Welt ist.*

EVANGELIUM   Mt 5, 13−16

Euer Licht soll vor den Menschen leuchten

✢ Aus dem heiligen Evangelium nach Matthäus.

In jener Zeit sprach Jesus zu seinen Jüngern:
13 Ihr seid das Salz der Erde.
Wenn das Salz seinen Geschmack verliert,
    womit kann man es wieder salzig machen?
Es taugt zu nichts mehr;
es wird weggeworfen und von den Leuten zertreten.

14 Ihr seid das Licht der Welt.
Eine Stadt, die auf einem Berg liegt,
    kann nicht verborgen bleiben.
15 Man zündet auch nicht ein Licht an und stülpt ein Gefäß darüber,
sondern man stellt es auf den Leuchter;
dann leuchtet es allen im Haus.

16 So soll euer Licht vor den Menschen leuchten,
    damit sie eure guten Werke sehen
    und euren Vater im Himmel preisen.

Glaubensbekenntnis, S. 356 ff.
Fürbitten vgl. S. 792 ff.

ZUR EUCHARISTIEFEIER   *Herr, du bist das wahre Licht, das jeden Menschen erleuchtet. Lebe in mir, leuchte in mir, mach mich durchlässig für dein Licht.*

GABENGEBET

Herr, unser Gott,
du hast Brot und Wein geschaffen,
um uns Menschen in diesem vergänglichen Leben
Nahrung und Freude zu schenken.
Mache diese Gaben zum Sakrament,
das uns ewiges Leben bringt.
Darum bitten wir durch Christus, unseren Herrn.

Präfation, S. 424 ff.

KOMMUNIONVERS   Ps 107 (106), 8–9

Wir wollen dem Herrn danken für seine Huld,
für sein wunderbares Tun an den Menschen,
weil er die hungernde Seele mit seinen Gaben erfüllt hat.

Oder: Mt 5, 4.6

Selig, die trauern; denn sie werden getröstet werden.
Selig, die hungern und dürsten nach der Gerechtigkeit;
denn sie werden satt werden.

SCHLUSSGEBET

B armherziger Gott,
du hast uns teilhaben lassen
an dem einen Brot und dem einen Kelch.
Laß uns eins werden in Christus
und Diener der Freude sein für die Welt.
Darum bitten wir durch Christus, unseren Herrn.

FÜR DEN TAG UND DIE WOCHE
Licht sein

Jesus Christus, der lebendige Mensch
ist für dich
die Herrlichkeit deiner Gegenwart
und ein Licht unter den Völkern,
weil durch ihn dein Leben
über die vier Himmelsrichtungen
die ganze Erde erreicht.
Wir sind da, jeder in seiner Art,
um dieses Licht zu sein,
das die Herzen der Menschen erwärmt
und die Freude Gottes weitergibt. (Frère Roger)

6. SONNTAG IM JAHRESKREIS

Der ist ein freier Mensch, der tun kann, was er will – stimmt das? Es könnte stimmen, wenn nur die Worte den rechten Sinn hätten. Aber was heißt „wollen", und was heißt „können"? Zu bedenken ist jedenfalls auch dieser andere Satz: Frei ist nur der Mensch, der auch das zu tun vermag, was er nicht will; in anderer Sprache: der Mensch, der gehorchen kann.

ERÖFFNUNGSVERS
Ps 31 (30), 3–4

Sei mir ein schützender Fels, eine feste Burg, die mich rettet.
Denn du bist mein Fels und meine Burg;
um deines Namens willen wirst du mich führen und leiten.

Ehre sei Gott. S. 352 ff.

TAGESGEBET

Gott, du liebst deine Geschöpfe,
und es ist deine Freude,
bei den Menschen zu wohnen.
Gib uns ein neues und reines Herz,
das bereit ist, dich aufzunehmen.
Darum bitten wir durch Jesus Christus.

ZUR 1. LESUNG
Gegen zwei Irrtümer richtet sich der Weisheitslehrer Ben Sirach (um 180 v. Chr.): gegen die Behauptung, die Sünde sei nicht vermeidbar, ja, Gott selbst sei dafür verantwortlich, und die andere Behauptung, Gott kümmere sich gar nicht um den Menschen und wisse nichts von seiner Sünde. Das sagen die Toren; sie haben nichts von Gott begriffen und nicht viel vom Menschen. Es gehört zum Wesen des Menschen, daß er zwischen Gut und Böse unterscheiden und wählen kann, und zum Wesen Gottes, daß er sich um sein Geschöpf, den Menschen, kümmert.

ERSTE LESUNG   Sir 15, 15–20 (16–21)

Keinem gebietet er zu sündigen

Lesung
   aus dem Buch Jesus Sirach.

15 Gott gab den Menschen seine Gebote und Vorschriften.
    Wenn du willst, kannst du das Gebot halten;
    Gottes Willen zu tun ist Treue.
16 Feuer und Wasser sind vor dich hingestellt;
    streck deine Hände aus nach dem, was dir gefällt.
17 Der Mensch hat Leben und Tod vor sich;
    was er begehrt, wird ihm zuteil.
18 Überreich ist die Weisheit des Herrn;
    stark und mächtig ist er und sieht alles.
19 Die Augen Gottes schauen auf das Tun des Menschen,
    er kennt alle seine Taten.
20 Keinem gebietet er zu sündigen,
    und die Betrüger unterstützt er nicht.

ANTWORTPSALM   Ps 119 (118), 1–2.4–5.17–18.33–34 (R: vgl. 1)

R Selig die Menschen,   (GL 708, 1)
  die leben nach der Weisung des Herrn. – R

1 Wohl denen, deren Weg ohne Tadel ist, *   IV. Ton
   die leben nach der Weisung des Herrn.

2 Wohl denen, die seine Vorschriften befolgen *
   und ihn suchen von ganzem Herzen. – (R)

4 Du hast deine Befehle gegeben, *
   damit man sie genau beachtet.

5 Wären doch meine Schritte fest darauf gerichtet, *
   deinen Gesetzen zu folgen! – (R)

17 Herr, tu deinem Knecht Gutes, erhalt mich am Leben! *
    Dann will ich dein Wort befolgen.

18 Öffne mir die Augen *
    für das Wunderbare an deiner Weisung! – (R)

33 Herr, weise mir den Weg deiner Gesetze! *
    Ich will ihn einhalten bis ans Ende.

34 Gib mir Einsicht, damit ich deiner Weisung folge *
    und mich an sie halte aus ganzem Herzen. – R

ZUR 2. LESUNG *Die Christengemeinde von Korinth war keine ideale Gemeinde. Es gab allerlei Mißstände, daneben aber den Anspruch einer hohen Erkenntnis und geistlichen Erfahrung. Die „Weisheit" aber, auf die es ankommt, ist das Geheimnis des Kreuzes. Diese Weisheit, die Einsicht in die Tiefen Gottes, offenbart der Geist nur den Vollkommenen, und die Vollkommenheit besteht in der Liebe.*

ZWEITE LESUNG 1 Kor 2,6–10

Wir verkündigen die Weisheit, die Gott vorausbestimmt hat zu unserer Verherrlichung

Lesung
aus dem ersten Brief des Apostels Paulus an die Korinther.

Brüder!
Wir verkündigen Weisheit unter den Vollkommenen,
aber nicht Weisheit dieser Welt
oder der Machthaber dieser Welt,
die einst entmachtet werden.

Vielmehr verkündigen wir
das Geheimnis der verborgenen Weisheit Gottes,
die Gott vor allen Zeiten vorausbestimmt hat
zu unserer Verherrlichung.
Keiner der Machthaber dieser Welt hat sie erkannt;
denn hätten sie die Weisheit Gottes erkannt,
so hätten sie den Herrn der Herrlichkeit nicht gekreuzigt.

Nein, wir verkündigen, wie es in der Schrift heißt,
was kein Auge gesehen und kein Ohr gehört hat,
was keinem Menschen in den Sinn gekommen ist:
das Große, das Gott denen bereitet hat, die ihn lieben.

Denn uns hat es Gott enthüllt durch den Geist.
Der Geist ergründet nämlich alles,
auch die Tiefen Gottes.

RUF VOR DEM EVANGELIUM Vers: vgl. Mt 11,25

Halleluja. Halleluja.

Sei gepriesen, Vater, Herr des Himmels und der Erde;
du hast die Geheimnisse des Reiches den Unmündigen offenbart.

Halleluja.

ZUM EVANGELIUM   „*Das Gesetz und die Propheten*" *versteht Jesus als die eine große Willenskundgabe Gottes für sein Volk. Jesus will diesen Willen Gottes neu und unverfälscht verkünden. Für die Erfüllung des Gesetzes genügt nicht die rein äußerliche Tat; auf die innere Haltung, auf das „Herz" kommt es an.*

EVANGELIUM   Mt 5, 17–37

Zu den Alten ist gesagt worden – ich aber sage euch

✝ Aus dem heiligen Evangelium nach Matthäus.

In jener Zeit sprach Jesus zu seinen Jüngern:
17 Denkt nicht,
    ich sei gekommen,
    um das Gesetz und die Propheten aufzuheben.
Ich bin nicht gekommen, um aufzuheben,
    sondern um zu erfüllen.
18 Amen, das sage ich euch:
Bis Himmel und Erde vergehen,
    wird auch nicht der kleinste Buchstabe des Gesetzes vergehen,
    bevor nicht alles geschehen ist.
19 Wer auch nur eines von den kleinsten Geboten aufhebt
und die Menschen entsprechend lehrt,
    der wird im Himmelreich der Kleinste sein.
Wer sie aber hält und halten lehrt,
    der wird groß sein im Himmelreich.
20 Darum sage ich euch:
Wenn eure Gerechtigkeit nicht weit größer ist
    als die der Schriftgelehrten und der Pharisäer,
    werdet ihr nicht in das Himmelreich kommen.
21 Ihr habt gehört,
    daß zu den Alten gesagt worden ist: Du sollst nicht töten;
wer aber jemand tötet,
    soll dem Gericht verfallen sein.
22 Ich aber sage euch:
    Jeder, der seinem Bruder auch nur zürnt,
    soll dem Gericht verfallen sein;
und wer zu seinem Bruder sagt: Du Dummkopf!,
    soll dem Spruch des Hohen Rates verfallen sein;

wer aber zu ihm sagt: Du gottloser Narr!,
  soll dem Feuer der Hölle verfallen sein.

23 Wenn du deine Opfergabe zum Altar bringst
  und dir dabei einfällt, daß dein Bruder etwas gegen dich hat,
24 so laß deine Gabe dort vor dem Altar liegen;
geh und versöhne dich zuerst mit deinem Bruder,
dann komm
  und opfere deine Gabe.

25 Schließ ohne Zögern Frieden mit deinem Gegner,
  solange du mit ihm noch auf dem Weg zum Gericht bist.
Sonst wird dich dein Gegner vor den Richter bringen,
und der Richter wird dich dem Gerichtsdiener übergeben,
und du wirst ins Gefängnis geworfen.
26 Amen, das sage ich dir:
  Du kommst von dort nicht heraus,
  bis du den letzten Pfennig bezahlt hast.

27 Ihr habt gehört,
  daß gesagt worden ist: Du sollst nicht die Ehe brechen.
28 Ich aber sage euch:
  Wer eine Frau auch nur lüstern ansieht,
  hat in seinem Herzen schon Ehebruch mit ihr begangen.

29 Wenn dich dein rechtes Auge zum Bösen verführt,
  dann reiß es aus und wirf es weg!
Denn es ist besser für dich,
  daß eines deiner Glieder verlorengeht,
  als daß dein ganzer Leib in die Hölle geworfen wird.
30 Und wenn dich deine rechte Hand zum Bösen verführt,
  dann hau sie ab und wirf sie weg!
Denn es ist besser für dich,
  daß eines deiner Glieder verlorengeht,
  als daß dein ganzer Leib in die Hölle kommt.

31 Ferner ist gesagt worden: Wer seine Frau aus der Ehe entläßt,
  muß ihr eine Scheidungsurkunde geben.
32 Ich aber sage euch:
  Wer seine Frau entläßt,
  obwohl kein Fall von Unzucht vorliegt,
  liefert sie dem Ehebruch aus;
und wer eine Frau heiratet, die aus der Ehe entlassen worden ist,
  begeht Ehebruch.

³³ Ihr habt gehört,
    daß zu den Alten gesagt worden ist:
    Du sollst keinen Meineid schwören,
    und: Du sollst halten, was du dem Herrn geschworen hast.
³⁴ Ich aber sage euch: Schwört überhaupt nicht,
    weder beim Himmel,
        denn er ist Gottes Thron,
³⁵ noch bei der Erde,
        denn sie ist der Schemel für seine Füße,
    noch bei Jerusalem,
        denn es ist die Stadt des großen Königs.
³⁶ Auch bei deinem Haupt sollst du nicht schwören;
    denn du kannst kein einziges Haar weiß oder schwarz machen.
³⁷ Euer Ja sei ein Ja,
    euer Nein ein Nein;
    alles andere stammt vom Bösen.

Oder:

KURZFASSUNG   Mt 5, 20–22a.27–28.33–34a.37

Zu den Alten ist gesagt worden – ich aber sage euch

✛ Aus dem heiligen Evangelium nach Matthäus.

In jener Zeit sprach Jesus zu seinen Jüngern:
²⁰ Ich sage euch:
    Wenn eure Gerechtigkeit nicht weit größer ist
        als die der Schriftgelehrten und der Pharisäer,
        werdet ihr nicht in das Himmelreich kommen.
²¹ Ihr habt gehört,
    daß zu den Alten gesagt worden ist: Du sollst nicht töten;
    wer aber jemand tötet,
        soll dem Gericht verfallen sein.
^{22a} Ich aber sage euch:
    Jeder, der seinem Bruder auch nur zürnt,
    soll dem Gericht verfallen sein.
²⁷ Ihr habt gehört,
    daß gesagt worden ist: Du sollst nicht die Ehe brechen.
²⁸ Ich aber sage euch:
    Wer eine Frau auch nur lüstern ansieht,
    hat in seinem Herzen schon Ehebruch mit ihr begangen.

33 Ihr habt gehört,
  daß zu den Alten gesagt worden ist:
  Du sollst keinen Meineid schwören,
und: Du sollst halten, was du dem Herrn geschworen hast.

34a Ich aber sage euch: Schwört überhaupt nicht.

37 Euer Ja sei ein Ja,
euer Nein ein Nein;
alles andere stammt vom Bösen.

Glaubensbekenntnis, S. 356 ff.
Fürbitten vgl. S. 792 ff.

ZUR EUCHARISTIEFEIER *Jesus konnte das Gesetz Gottes neu verkünden, weil er selbst es auf neue Weise erfüllt hat. „Ich komme, um deinen Willen zu tun": in diesem Psalmwort ist die Haltung Jesu ausgesprochen und sein Weg vorgezeichnet (vgl. Hebr 10, 5–10).*

GABENGEBET

Barmherziger Gott,
das heilige Opfer reinige uns von Sünden
und mache uns zu neuen Menschen.
Es helfe uns, nach deinem Willen zu leben,
damit wir den verheißenen Lohn erlangen.
Darum bitten wir durch Christus, unseren Herrn.

Präfation, S. 424 ff.

KOMMUNIONVERS   Vgl. Ps 78 (77), 29–30

Alle aßen und wurden satt; er gab ihnen, was sie begehrten.
Ihr Verlangen wurde erfüllt.

Oder: Joh 3, 16

Gott hat die Welt so geliebt, daß er seinen einzigen Sohn hingab,
damit jeder, der an ihn glaubt, nicht zugrunde geht,
sondern das ewige Leben hat.

SCHLUSSGEBET

Gott, du Spender alles Guten,
du hast uns das Brot des Himmels geschenkt.
Erhalte in uns das Verlangen nach dieser Speise,
die unser wahres Leben ist.
Darum bitten wir durch Christus, unseren Herrn.

FÜR DEN TAG UND DIE WOCHE

Ja und Amen *Im Wort Jesu und in seinem Geschick offenbart sich Gott so, wie er ist: als ein Gott für die Menschen. Jesus ist das Ja Gottes zum konkret existierenden Menschen. Er ist aber auch, stellvertretend für die vielen, das Ja des Menschen zu Gott, das Amen, das wir ihm nachsprechen und nachtun sollen: das Amen der Treue und des Vertrauens.*

7. SONNTAG IM JAHRESKREIS

Jesus hat die Menschen gelobt, die keine Gewalt anwenden, auch da, wo ihnen Unrecht geschieht (Mt 5, 5). Sein Recht um jeden Preis durchsetzen ist nicht immer das Beste; vielleicht fügt man zum alten Unrecht neues hinzu, und man nährt den Haß. Wer es fertigbringt, auf sein Recht ohne Bitterkeit zu verzichten, hat etwas Größeres gewonnen: die Freiheit und den Frieden.

ERÖFFNUNGSVERS   Ps 13 (12), 6

Herr, ich baue auf deine Huld,
mein Herz soll über deine Hilfe frohlocken.
Singen will ich dem Herrn, weil er mir Gutes getan hat.

Ehre sei Gott, S. 352 ff.

TAGESGEBET

Barmherziger Gott,
du hast durch deinen Sohn zu uns gesprochen.
Laß uns immer wieder über dein Wort nachsinnen,
damit wir reden und tun, was dir gefällt.
Darum bitten wir durch Jesus Christus.

ZUR 1. LESUNG *Das Buch Levitikus enthält eine Sammlung von Gesetzen, die man unter dem Namen „Heiligkeitsgesetz" zusammenfaßt (Kap. 17–25). – Das Volk Israel ist „heilig", weil es Gott geweiht ist, ihm in besonderer Weise gehört, und zwar vom Anfang seiner Ge-*

schichte her. „Ich bin Jahwe, euer Gott, der euch aus Ägypten herausgeführt hat" (Lev 19, 36). Daraus ergeben sich Folgerungen für das
Leben dieses Volkes. Der „Nächste" war zunächst der Angehörige des
eigenen Volkes, der „Bruder". Ihn lieben heißt: ihm Gutes wollen und
Gutes tun. Jesus hat auch hierin das alte Gesetz vertieft und seinen eigentlichen Sinn verdeutlicht.

ERSTE LESUNG   Lev 19, 1–2.17–18

Du sollst deinen Nächsten lieben wie dich selbst

Lesung
   aus dem Buch Levítikus.

Der Herr sprach zu Mose:
Rede zur ganzen Gemeinde der Israeliten,
und sag zu ihnen: Seid heilig,
denn ich, der Herr, euer Gott, bin heilig.

Du sollst in deinem Herzen
   keinen Haß gegen deinen Bruder tragen.
Weise deinen Stammesgenossen zurecht,
   so wirst du seinetwegen keine Schuld auf dich laden.

An den Kindern deines Volkes sollst du dich nicht rächen
   und ihnen nichts nachtragen.
Du sollst deinen Nächsten lieben wie dich selbst.
Ich bin der Herr.

ANTWORTPSALM   Ps 103 (102), 1–2.3–4.9–10.12–13 (R: vgl. 8)

R Gnädig und barmherzig ist der Herr,   (GL 527, 3)
voll Langmut und reich an Güte. – R

Lobe den Herrn, meine Seele, *   I. Ton
und alles in mir seinen heiligen Namen!

Lobe den Herrn, meine Seele, *
und vergiß nicht, was er dir Gutes getan hat: – (R)

der dir all deine Schuld vergibt *
und all deine Gebrechen heilt,

der dein Leben vor dem Untergang rettet *
und dich mit Huld und Erbarmen krönt. – (R)

9   Er wird nicht immer zürnen, *
nicht ewig im Groll verharren.

10   Er handelt an uns nicht nach unsern Sünden *
und vergilt uns nicht nach unsrer Schuld. – (R)

12   So weit der Aufgang entfernt ist vom Untergang, *
so weit entfernt er die Schuld von uns.

13   Wie ein Vater sich seiner Kinder erbarmt, *
so erbarmt sich der Herr über alle, die ihn fürchten.

R Gnädig und barmherzig ist der Herr,
voll Langmut und reich an Güte.

ZUR 2. LESUNG   *Die Gemeinde Christi ist der lebendige Tempel
Gottes. Sie ist „heilig", weil der Geist Gottes in ihr wohnt. Wer die Gemeinde spaltet, zerstört den Tempel Gottes. Jede Spaltung widerspricht dem Wesen der Gemeinde Christi (der Kirche) und ihrem
Lebensgesetz. Das wird denen gesagt, die sich selber weise vorkom-
men und auf ihre angebliche höhere Erkenntnis pochen.*

ZWEITE LESUNG   1 Kor 3, 16–23

Alles gehört euch; ihr aber gehört Christus, und Christus gehört Gott

Lesung
     aus dem ersten Brief des Apostels Paulus an die Korínther.

Brüder!
16   Wißt ihr nicht, daß ihr Gottes Tempel seid
     und der Geist Gottes in euch wohnt?
17   Wer den Tempel Gottes verdirbt,
     den wird Gott verderben.
Denn Gottes Tempel ist heilig,
und der seid ihr.

18   Keiner täusche sich selbst.
Wenn einer unter euch meint, er sei weise in dieser Welt,
     dann werde er töricht, um weise zu werden.
19   Denn die Weisheit dieser Welt
     ist Torheit vor Gott.
In der Schrift steht nämlich:
     Er fängt die Weisen in ihrer eigenen List.

20 Und an einer anderen Stelle:
Der Herr kennt die Gedanken der Weisen;
er weiß, sie sind nichtig.

21 Daher soll sich niemand eines Menschen rühmen.
Denn alles gehört euch;
22 Paulus, Apóllos, Kephas,
Welt, Leben, Tod, Gegenwart und Zukunft:
alles gehört euch;
23 ihr aber gehört Christus,
und Christus gehört Gott.

RUF VOR DEM EVANGELIUM   Vers: 1 Joh 2, 5

Halleluja. Halleluja.

Wer sich an Christi Wort hält,
in dem ist die Gottesliebe wahrhaft vollendet.

Halleluja.

ZUM EVANGELIUM   *Gleiches mit Gleichem vergelten, das scheint so vernünftig und konnte in der alten Zeit durchaus als „gerecht" gelten. Aber was einst einem hartherzigen Volk zugestanden war, kann jetzt nicht mehr als der Wille Gottes ausgegeben werden. Das neue Gebot heißt Liebe ohne Vorbehalt. Es hat seine letzte Begründung in Gottes eigenem Wesen und Verhalten.*

EVANGELIUM   Mt 5, 38–48

Ich aber sage euch: Liebt eure Feinde!

✛ Aus dem heiligen Evangelium nach Matthäus.

In jener Zeit sprach Jesus zu seinen Jüngern:
Ihr habt gehört,
38 daß gesagt worden ist: Auge für Auge und Zahn für Zahn.
39 Ich aber sage euch:
Leistet dem, der euch etwas Böses antut, keinen Widerstand,
sondern wenn dich einer auf die rechte Wange schlägt,
dann halt ihm auch die andere hin.
40 Und wenn dich einer vor Gericht bringen will,
um dir das Hemd wegzunehmen,
dann laß ihm auch den Mantel.

41 Und wenn dich einer zwingen will,
   eine Meile mit ihm zu gehen,
   dann geh zwei mit ihm.

42 Wer dich bittet, dem gib,
   und wer von dir borgen will, den weise nicht ab.

43 Ihr habt gehört,
   daß gesagt worden ist: Du sollst deinen Nächsten lieben
   und deinen Feind hassen.

44 Ich aber sage euch: Liebt eure Feinde
   und betet für die, die euch verfolgen,

45 damit ihr Söhne eures Vaters im Himmel werdet;
   denn er läßt seine Sonne aufgehen über Bösen und Guten,
   und er läßt regnen über Gerechte und Ungerechte.

46 Wenn ihr nämlich nur die liebt, die euch lieben,
   welchen Lohn könnt ihr dafür erwarten?
   Tun das nicht auch die Zöllner?

47 Und wenn ihr nur eure Brüder grüßt,
   was tut ihr damit Besonderes?
   Tun das nicht auch die Heiden?

48 Ihr sollt also vollkommen sein,
   wie es auch euer himmlischer Vater ist.

Glaubensbekenntnis, S. 356 ff.; Fürbitten vgl. S. 792 ff.

ZUR EUCHARISTIEFEIER   *Unser Verhalten wird in dem Maße
christlich, als wir uns in der Gesinnung Jesu einüben: lieben, wie er
geliebt hat; geben und vergeben. Das kann ich nicht; aber wenn ich
beharrlich auf Jesus schaue, werde ich ihm allmählich ähnlicher werden.*

GABENGEBET

Allmächtiger Gott,
in der Feier der göttlichen Geheimnisse
erfüllen wir den Dienst, der uns aufgetragen ist.
Gib, daß wir deine Größe würdig loben und preisen
und aus diesem Opfer Heil empfangen.
Darum bitten wir durch Christus, unseren Herrn.

Präfation, S. 424 ff.

KOMMUNIONVERS   Ps 9, 2–3

Herr, verkünden will ich all deine Wunder.
Ich will jauchzen und an dir mich freuen,
für dich, du Höchster, will ich singen und spielen.

Oder: Joh 11, 27

Ja, Herr, ich glaube, daß du der Messias bist,
der Sohn Gottes, der in die Welt kommen soll.

SCHLUSSGEBET

Getreuer Gott,
du hast uns das heilige Sakrament
als Unterpfand der kommenden Herrlichkeit gegeben.
Schenke uns einst das Heil in seiner ganzen Fülle.
Darum bitten wir durch Christus, unseren Herrn.

FÜR DEN TAG UND DIE WOCHE

Erziehung *Was hat Jesus eigentlich getan? Er hat nichts geschrie-*
ben, gar nichts. Erziehung geschieht nicht durch das geschriebene
Wort. Er war wie ein Lehrer, der sagt: Hört einmal! Ich werde euch
keine Fragen stellen, aber ich werde Tag und Nacht ununterbrochen
bei euch sein.
Sobald wir erkennen, was das Zusammenleben, das gemeinsame Le-
ben, zu dem wir verpflichtet sind, erfordert, finden wir praktisch alle
Normen der göttlichen Erziehung wieder. Alles im Leben ist eine Sache
des Dabeiseins, auf den Alltag kommt es an. (Jean Steinmann)

8. SONNTAG IM JAHRESKREIS

Rechnen wir im Ernst damit, daß Gott für die Menschen sorgt, heute
und morgen? Oder ist das, was man die göttliche Vorsehung genannt
hat, inzwischen etwa durch Technik und Organisation ersetzt wor-
den? Der Augenschein bestätigt einen bequemen Vorsehungsglauben
nicht. Der Gott, an den wir glauben, der Vater Jesu Christi und unser
Vater, ist kein Brotverteiler. Er ist der Herr. Er sagt zu jedem von uns:
Tu etwas! Hilf deinem Bruder!

ERÖFFNUNGSVERS   Ps 18 (17), 19.20

Der Herr wurde mein Halt.
Er führte mich hinaus ins Weite,
er befreite mich, denn er hat an mir Gefallen.

Ehre sei Gott, S. 352 ff.

TAGESGEBET

Allmächtiger Gott,
deine Vorsehung bestimmt den Lauf der Dinge
und das Schicksal der Menschen.
Lenke die Welt in den Bahnen deiner Ordnung,
damit die Kirche
in Frieden deinen Auftrag erfüllen kann.
Darum bitten wir durch Jesus Christus.

ZUR 1. LESUNG   *Das Volk im babylonischen Exil hat Mühe zu*
glauben, daß Gott es wieder in die Heimat zurückführen wird; es fühlt
sich von Gott verlassen und vergessen. Der Prophet antwortet darauf
mit einer Heilsankündigung (Jes 49, 15–20), von der die heutige Le-
sung nur den Anfang enthält (V. 15). Gott vergißt sein Volk nicht, so
wenig wie eine Mutter ihr Kind vergißt.

ERSTE LESUNG   Jes 49, 14–15

Ich vergesse dich nicht

Lesung
    aus dem Buch Jesája.

14 **Zion sagt: Der Herr hat mich verlassen,**
    Gott hat mich vergessen.

15 **Kann denn eine Frau ihr Kindlein vergessen,**
    eine Mutter ihren leiblichen Sohn?
    Und selbst wenn sie ihn vergessen würde:
        ich vergesse dich nicht
    – Spruch des Herrn.

ANTWORTPSALM   Ps 62 (61), 2–3.6–7.8–9 (R: 2a)

R Bei Gott allein kommt meine Seele zur Ruhe. – R   (GL 528, 4)

2 Bei Gott allein kommt meine Seele zur Ruhe, *   I. Ton
   von ihm kommt mir Hilfe.

3 Nur er ist mein Fels, meine Hilfe, meine Burg; *
   darum werde ich nicht wanken. – (R)

5 Bei Gott allein kommt meine Seele zur Ruhe; *
   denn von ihm kommt meine Hoffnung.

7 Nur er ist mein Fels, meine Hilfe, meine Burg; *
   darum werde ich nicht wanken. – (R)

8 Bei Gott ist mein Heil, meine Ehre; *
   Gott ist mein schützender Fels, meine Zuflucht.

9 Vertrau ihm, Volk Gottes, zu jeder Zeit! †
   Schüttet euer Herz vor ihm aus! *
   Denn Gott ist unsere Zuflucht. – R

ZUR 2. LESUNG   *Die Apostel und ihre Mitarbeiter sind nicht Herren der Gemeinde, sondern ihre Diener. Sie geben das weiter, was sie selbst empfangen haben: die Offenbarung Gottes durch Jesus Christus. Ob sie ihren Dienst treu verwaltet haben, darüber steht das Urteil allein Gott zu.*

ZWEITE LESUNG   1 Kor 4, 1–5

Der Herr wird die Absichten der Herzen aufdecken

Lesung
   aus dem ersten Brief des Apostels Paulus an die Korinther.

Brüder!
Als Diener Christi soll man uns betrachten
und als Verwalter von Geheimnissen Gottes.
Von Verwaltern aber verlangt man,
   daß sie sich treu erweisen.

Mir macht es allerdings nichts aus,
   wenn ihr oder ein menschliches Gericht
   mich zur Verantwortung zieht;
ich urteile auch nicht über mich selbst.

4   Ich bin mir zwar keiner Schuld bewußt,
    doch bin ich dadurch noch nicht gerecht gesprochen;
    der Herr ist es, der mich zur Rechenschaft zieht.

5   Richtet also nicht vor der Zeit;
    wartet, bis der Herr kommt,
        der das im Dunkeln Verborgene ans Licht bringen
        und die Absichten der Herzen aufdecken wird.
    Dann wird jeder sein Lob von Gott erhalten.

RUF VOR DEM EVANGELIUM   Vers: vgl. Hebr 4, 12

Halleluja. Halleluja.

Lebendig ist das Wort Gottes und kraftvoll.
Es richtet über die Regungen und Gedanken der Herzen.

Halleluja.

ZUM EVANGELIUM   *Das heutige Evangelium hat zwei ungleiche
Teile: das Wort von den zwei Herren: Gott und dem Mammon (6, 24),
und die Spruchreihe von den Vögeln des Himmels und den Lilien des
Feldes. – Mammon ist das Geld, das zum Götzen geworden ist. Man
kann nicht Gott und dem Mammon dienen; die Wahrheit dieses Wortes ist heute wie damals mit Händen zu greifen.*

EVANGELIUM   Mt 6, 24–34

Sorgt euch nicht um morgen

✝ Aus dem heiligen Evangelium nach Matthäus.

In jener Zeit sprach Jesus zu seinen Jüngern:
24 Niemand kann zwei Herren dienen;
    er wird entweder den einen hassen und den andern lieben,
        oder er wird zu dem einen halten und den andern verachten.
    Ihr könnt nicht beiden dienen,
        Gott und dem Mammon.

25 Deswegen sage ich euch:
    Sorgt euch nicht um euer Leben
        und darum, daß ihr etwas zu essen habt,
    noch um euren Leib
        und darum, daß ihr etwas anzuziehen habt.

Ist nicht das Leben wichtiger als die Nahrung
   und der Leib wichtiger als die Kleidung?

26 Seht euch die Vögel des Himmels an:
Sie säen nicht,
sie ernten nicht und sammeln keine Vorräte in Scheunen;
euer himmlischer Vater ernährt sie.
Seid ihr nicht viel mehr wert als sie?

27 Wer von euch kann mit all seiner Sorge
   sein Leben auch nur um eine kleine Zeitspanne verlängern?

28 Und was sorgt ihr euch um eure Kleidung?
Lernt von den Lilien, die auf dem Feld wachsen:
Sie arbeiten nicht und spinnen nicht.

29 Doch ich sage euch:
   Selbst Sálomo war in all seiner Pracht
   nicht gekleidet wie eine von ihnen.

30 Wenn aber Gott schon das Gras so prächtig kleidet,
   das heute auf dem Feld steht
   und morgen ins Feuer geworfen wird,
   wieviel mehr dann euch, ihr Kleingläubigen!

31 Macht euch also keine Sorgen
und fragt nicht: Was sollen wir essen?
Was sollen wir trinken?
Was sollen wir anziehen?

32 Denn um all das geht es den Heiden.
Euer himmlischer Vater weiß, daß ihr das alles braucht.

33 Euch aber
   muß es zuerst um sein Reich und um seine Gerechtigkeit gehen;
dann wird euch alles andere dazugegeben.

34 Sorgt euch also nicht um morgen;
denn der morgige Tag wird für sich selbst sorgen.
Jeder Tag hat genug eigene Plage.

Glaubensbekenntnis, S. 356 ff.
Fürbitten vgl. S. 792 ff.

ZUR EUCHARISTIEFEIER   *Der Christ betet um das Brot für das
gegenwärtige und für das ewige Leben; er bittet für sich und für alle,
die Hunger haben. Er weiß aber auch, daß er für alle verantwortlich
ist.*

GABENGEBET

Gütiger Gott,
du selber hast uns die Gaben geschenkt,
die wir auf den Altar legen.
Nimm sie an als Zeichen unserer Hingabe
und gib uns die Kraft
zu einem Leben nach deinem Willen,
damit wir einst den ewigen Lohn empfangen.
Darum bitten wir durch Christus, unseren Herrn.

Präfation, S. 424 ff.

KOMMUNIONVERS   Ps 13 (12), 6

Singen will ich dem Herrn, weil er mir Gutes getan hat,
den Namen des Höchsten will ich preisen.

Oder: Mt 28, 20

Ich bin bei euch alle Tage bis zum Ende der Welt – so spricht der Herr.

SCHLUSSGEBET

Barmherziger Gott,
du hast uns in diesem Mahl
die Gabe des Heiles geschenkt.
Dein Sakrament gebe uns Kraft in dieser Zeit
und in der kommenden Welt das ewige Leben.
Darum bitten wir durch Christus, unseren Herrn.

FÜR DEN TAG UND DIE WOCHE

Der Zusatz *Wovon lebt der arme Christ? Vom täglichen Brot.
Darin ist er dem Vogel gleich. Aber der Vogel, wenn er auch kein
Heide ist, ist doch kein Christ. Der Christ betet um das tägliche Brot.
Er lebt vom täglichen Brot nicht so wie der Vogel oder der Abenteurer,
der es nimmt, wo er es findet. Der Christ findet es, wo er es sucht, und
er sucht es, indem er betet. Eben darum hat er, um zu leben, mehr als
nur das tägliche Brot; dieses hat für ihn einen Zusatz, einen Wert und
eine Sättigung, die es für den Vogel nicht haben kann: der Christ
weiß, daß das tägliche Brot von Gott ist. Hat nicht auch eine sonst un-
bedeutende Gabe, eine Kleinigkeit, für den Liebenden unendlichen
Wert, weil sie vom Geliebten kommt?*

Der Christ bittet wohl um das tägliche Brot und dankt dafür – was
der Vogel nicht tut. Aber bitten und danken ist ihm wichtiger als die
Nahrung; es ist seine Speise, wie es die Speise Christi war, den Willen
des Vaters zu tun. (S. Kierkegaard, Christliche Reden, 1848)

9. SONNTAG IM JAHRESKREIS

Die Worte Jesu haben wir erst dann wirklich gehört, wenn unser Herz
davon berührt wird. „Herz“: das ist in der Sprache der Bibel die Mitte
des Menschen, der Ort, wo die Wahrheit ergriffen und der Glaube ge-
boren wird; der Ort, wo im Menschenleben die Entscheidungen fallen.

ERÖFFNUNGSVERS   Ps 25 (24), 16.18

Herr, wende dich mir zu und sei mir gnädig,
denn ich bin einsam und gebeugt.
Sieh meine Not und meine Plage an
und vergib mir all meine Sünden.

Ehre sei Gott, S. 352 ff.

TAGESGEBET

Gott, unser Vater,
deine Vorsehung geht niemals fehl.
Halte von uns fern, was uns schadet,
und gewähre uns alles, was zum Heile dient.
Darum bitten wir durch Jesus Christus.

ZUR 1. LESUNG   *Gott hat seinem Volk am Sinai den Weg gezeigt,*
den es gehen soll: den Weg durch die Wüste zum verheißenen Land;
aber zugleich den inneren Weg der Treue zu Bund und Gesetz. Der
späte Deuteronomium-Text schaut bereits auf eine lange Geschichte
zurück, die sich zwischen Treue und Abfall, deshalb auch zwischen
Segen und Fluch bewegt hat. Gott will für sein Volk Segen und Glück;
ins Unglück geht Israel, wenn es seinen Gott vergißt und falsche Wege
geht.

ERSTE LESUNG   Dtn 11, 18.26–28.32

Segen und Fluch lege ich euch vor

Lesung
    aus dem Buch Deuteronómium.

Mose sagte zum Volk:
18 Diese meine Worte
        sollt ihr auf euer Herz und auf eure Seele schreiben.
    Ihr sollt sie als Zeichen um das Handgelenk binden.
    Sie sollen zum Schmuck auf eurer Stirn werden.

26 Seht, heute werde ich euch den Segen und den Fluch vorlegen:
27 den Segen,
        weil ihr auf die Gebote des Herrn, eures Gottes,
        auf die ich euch heute verpflichte, hört,
28 und den Fluch für den Fall,
        daß ihr nicht auf die Gebote des Herrn, eures Gottes, hört,
    sondern von dem Weg abweicht,
        den ich euch heute vorschreibe,
    und anderen Göttern nachfolgt,
        die ihr früher nicht gekannt habt.

32 Ihr sollt also
        auf alle Gesetze und Rechtsvorschriften,
        die ich euch heute vorlege,
        achten
    und sie halten.

ANTWORTPSALM

Ps 31 (30), 2–3a.3b–4.17 u. 20ab.24ab u. 25 (R: 3b)

R Sei mir ein schützender Fels,   (GL 745, 1)
eine feste Burg, die mich rettet! – R

2   Herr, ich suche Zuflucht bei dir. †   IX. Ton
    Laß mich doch niemals scheitern; *
    rette mich in deiner Gerechtigkeit!

3a Wende dein Ohr mir zu, *
    erlöse mich bald! – (R)

3b Sei mir ein schützender Fels, *
    eine feste Burg, die mich rettet.

4 Denn du bist mein <u>Fels</u> und meine Burg; *
   um deines Namens willen wirst du mich führen und leiten. – (R)

17 Laß dein Angesicht leuchten über deinem Knecht, *
   hilf mir in deiner Güte!

20ab Wie groß ist deine Güte, Herr, *
   die du bereithältst für alle, die dich fürchten und ehren. – (R)

24ab Liebt den Herrn, all seine Frommen! *
   Seine Getreuen behütet der Herr.

25 Euer Herz sei stark und unverzagt, *
   ihr alle, die ihr wartet auf den Herrn. – R

ZUR 2. LESUNG *Vom 9.–24. Sonntag werden wichtige Teile des Römerbriefs gelesen (Kap. 3–14). Die großen Fragen des Glaubens und des christlichen Lebens kommen hier zur Sprache. – Vor Gott stehen alle Menschen als Sünder da. Aber die „Gerechtigkeit Gottes", seine Treue zu sich und zu seinen Verheißungen, will alle retten. Es gibt Erlösung und Gnade durch den Glauben an Jesus Christus.*

ZWEITE LESUNG   Röm 3, 21–25a.28

Der Mensch wird gerecht durch Glauben, unabhängig von Werken des Gesetzes

Lesung
   aus dem Brief des Apostels Paulus an die Römer.

Brüder!
21 Jetzt ist unabhängig vom Gesetz
      die Gerechtigkeit Gottes offenbart worden,
   bezeugt vom Gesetz und von den Propheten:

2 die Gerechtigkeit Gottes aus dem Glauben an Jesus Christus,
   offenbart für alle, die glauben.

   Denn es gibt keinen Unterschied:

3 Alle haben gesündigt und die Herrlichkeit Gottes verloren.

4 Ohne es verdient zu haben,
      werden sie gerecht,
   dank seiner Gnade,
   durch die Erlösung in Christus Jesus.

25a **Ihn hat Gott dazu bestimmt,**
     Sühne zu leisten mit seinem Blut,
Sühne, wirksam durch Glauben.

28 **Denn wir sind der Überzeugung,**
     daß der Mensch gerecht wird durch Glauben,
unabhängig von Werken des Gesetzes.

RUF VOR DEM EVANGELIUM   Vers: Joh 15, 5

Halleluja. Halleluja.

(So spricht der Herr:)
Ich bin der Weinstock, ihr seid die Reben.
Wer in mir bleibt und in wem ich bleibe, der bringt reiche Frucht.

Halleluja.

ZUM EVANGELIUM   *Jesus spricht wie einer, der Macht hat. Vor*
seinem Wort und seiner Person muß der Mensch sich entscheiden. Am
Schluß der Bergpredigt wird nochmals klar, worauf es ankommt: auf
die Tat, die Praxis des Lebens. Der Hinweis auf das Endgericht ver-
leiht den Weisungen der Bergpredigt ihr besonderes Gewicht. Der
göttliche Richter wird das Leben eines Menschen danach beurteilen,
ob er „diese meine Worte hört und danach handelt".

EVANGELIUM   Mt 7, 21–27
Auf Fels gebaut – auf Sand gebaut

✢ **Aus dem heiligen Evangelium nach Matthäus.**

In jener Zeit sprach Jesus zu seinen Jüngern:
21 **Nicht jeder, der zu mir sagt: Herr! Herr!,**
     wird in das Himmelreich kommen,
sondern nur, wer den Willen meines Vaters im Himmel erfüllt.

22 **Viele werden an jenem Tag zu mir sagen: Herr, Herr,**
     sind wir nicht in deinem Namen als Propheten aufgetreten,
     und haben wir nicht mit deinem Namen Dämonen ausgetrieben
     und mit deinem Namen viele Wunder vollbracht?

23 **Dann werde ich ihnen antworten: Ich kenne euch nicht.**
Weg von mir, ihr Übertreter des Gesetzes!

24 **Wer diese meine Worte hört und danach handelt,**
     ist wie ein kluger Mann, der sein Haus auf Fels baute.

25 Als nun ein Wolkenbruch kam
und die Wassermassen heranfluteten,
als die Stürme tobten und an dem Haus rüttelten,
da stürzte es nicht ein;
denn es war auf Fels gebaut.

26 Wer aber meine Worte hört
und nicht danach handelt,
ist wie ein unvernünftiger Mann, der sein Haus auf Sand baute.

27 Als nun ein Wolkenbruch kam
und die Wassermassen heranfluteten,
als die Stürme tobten und an dem Haus rüttelten,
da stürzte es ein
und wurde völlig zerstört.

Glaubensbekenntnis, S. 356 ff.
Fürbitten vgl. S. 792 ff.

ZUR EUCHARISTIEFEIER   *Das Wort Gottes ist die Speise, von
der wir leben; anders wäre das Brot des Sakraments für uns nicht das
lebendige Brot. Jesus selbst hat davon gelebt, den Willen des Vaters
zu tun, und dafür ist er gestorben.*

GABENGEBET

Herr, unser Gott,
im Vertrauen auf deine Güte
kommen wir mit Gaben zu deinem Altar.
Tilge unsere Schuld
durch das Geheimnis des Glaubens,
das wir im Auftrag deines Sohnes feiern,
und schenke uns deine Gnade.
Darum bitten wir durch Christus, unseren Herrn.

Präfation, S. 424 ff.

KOMMUNIONVERS   Ps 17 (16), 6

Ich rufe dich an, denn du, Gott, erhörst mich.
Wende dein Ohr mir zu, vernimm meine Rede.

Oder: Mk 11, 23.24

So spricht der Herr: Amen, ich sage euch:
Betet und bittet, um was ihr wollt;
glaubt nur, daß ihr es schon erhalten habt, dann wird es euch zuteil.

SCHLUSSGEBET

Herr, wir haben den Leib
und das Blut deines Sohnes empfangen.
Führe uns durch deinen Geist,
damit wir uns nicht nur mit Worten zu dir bekennen,
sondern dich auch durch unser Tun bezeugen
und den ewigen Lohn erhalten in deinem Reich.
Darum bitten wir durch Christus, unseren Herrn.

FÜR DEN TAG UND DIE WOCHE

Aktive Wachsamkeit *Die Offenbarung, die aus Erinnerung und
Hoffnung auf uns zukommt, stellt uns in die Mitte der Zeiten. Es ist
uns aufgegeben, das Gegenwärtige zu tun, bereit, in ein geschichtli-
ches Werden hineingerissen zu werden, das sich erst im Tod vollendet.
Der Christ ist ein Mensch, der einer Stimme nachgeht. In der großen,
schweigenden Nacht, die er mit allen Menschen teilt, erwartet er den
Morgen. In dieser aktiven Wachsamkeit verwirklichen wir das ganze
Gesetz und die Propheten. (J.-P. Manigne)*

10. SONNTAG IM JAHRESKREIS

*Barmherzigkeit hat in unserer Sprache keinen besonders guten Klang.
Wir wollen zuerst Gerechtigkeit. Aber sagen wir statt Barmherzigkeit
einmal Freundlichkeit, Verständnis, Hilfsbereitschaft, Versöhnung: all
das läßt sich nicht durch Gesetze erzwingen, es kann nur aus dem Herzen kommen. Ohne diese Barmherzigkeit (oder wie wir es nennen wollen), ohne die Liebe, die dem anderen Gutes will und Gutes tut, ist
unser ganzer Gottesdienst nichts wert.*

ERÖFFNUNGSVERS   Ps 27 (26), 1–2

Der Herr ist mein Licht und mein Heil;
vor wem sollte ich mich fürchten?
Der Herr ist die Kraft meines Lebens;
vor wem sollte mir bangen?
Meine Bedränger und Feinde,
sie müssen straucheln und fallen.
Ehre sei Gott, S. 352 ff.

TAGESGEBET

Gott, unser Vater,
alles Gute kommt allein von dir.
Schenke uns deinen Geist,
damit wir erkennen, was recht ist,
und es mit deiner Hilfe auch tun.
Darum bitten wir durch Jesus Christus.

ZUR 1. LESUNG *In dem Bußgebet Hos 6, 1–3 ist von Rückkehr
zu Gott die Rede, und von Rettung als der erwarteten Frucht dieses
Bußgottesdienstes. Aber was soll ein Bußgottesdienst, wo kein ernster
Wille zur Umkehr vorhanden ist? Gott will nicht äußerlichen Opferkult, sondern Liebe und Gotteserkenntnis: lebendiges Wissen um den
hier und jetzt anwesenden, schenkenden und fordernden Gott.*

ERSTE LESUNG   Hos 6, 3–6

Liebe will ich, nicht Schlachtopfer

**Lesung
aus dem Buch Hoséa.**

Laßt uns streben nach Erkenntnis,
nach der Erkenntnis des Herrn.
Er kommt so sicher wie das Morgenrot;
er kommt zu uns wie der Regen,
wie der Frühjahrsregen, der die Erde tränkt.

Was soll ich tun mit dir, Éfraim?
Was soll ich tun mit dir, Juda?
Eure Liebe ist wie eine Wolke am Morgen
  und wie der Tau, der bald vergeht.
Darum schlage ich drein durch die Propheten,
ich töte sie durch die Worte meines Mundes.
Dann leuchtet mein Recht auf wie das Licht.
Liebe will ich, nicht Schlachtopfer,
Gotteserkenntnis statt Brandopfer.

ANTWORTPSALM   Ps 50 (49), 7–8.12–13.14–15 (R: 23b)

R Wer rechtschaffen lebt, dem zeig' ich mein Heil. – R   (GL 729, 1)

7   „Höre, mein Volk, ich rede. †   I. Ton
    Israel, ich klage dich an, *
    ich, der ich dein Gott bin.

8   Nicht wegen deiner Opfer rüge ich dich, *
    deine Brandopfer sind mir immer vor Augen. – (R)

12 Hätte ich Hunger, ich brauchte es dir nicht zu sagen, *
    denn mein ist die Welt und was sie erfüllt.

13 Soll ich denn das Fleisch von Stieren essen *
    und das Blut von Böcken trinken? – (R)

14 Bring Gott als Opfer dein Lob, *
    und erfülle dem Höchsten deine Gelübde!

15 Rufe mich an am Tag der Not; *
    dann rette ich dich, und du wirst mich ehren." – R

ZUR 2. LESUNG   *Nicht durch Erfüllung des mosaischen Gesetzes
oder anderer Gesetze wird der Mensch vor Gott gerecht, sondern
durch den Glauben (Röm 3, 22). Der Glaube Abrahams war Hoffnung,
Vertrauen, Gehorsam. Er hat Gott als den anerkannt, der sein Wort
wahr macht, selbst da, wo es ganz unmöglich scheint. Wer so, ohne
Vorbehalt, zu Gott ja sagt und sich in seine Hände gibt, zu dem sagt
auch Gott ja; der ist „gerecht", von Gott angenommen.*

ZWEITE LESUNG   Röm 4, 18–25

Er wurde stark im Glauben und erwies Gott Ehre

Lesung
    aus dem Brief des Apostels Paulus an die Römer.

Brüder!
18 Gegen alle Hoffnung
        hat Abraham voll Hoffnung geglaubt,
        daß er der Vater vieler Völker werde,
    nach dem Wort:
        So zahlreich werden deine Nachkommen sein.

19 Ohne im Glauben schwach zu werden,
      war er, der fast Hundertjährige, sich bewußt,
      daß sein Leib und auch Saras Mutterschoß erstorben waren.
20 Er zweifelte nicht im Unglauben an der Verheißung Gottes,
   sondern wurde stark im Glauben,
   und er erwies Gott Ehre,
21 fest davon überzeugt,
      daß Gott die Macht besitzt zu tun, was er verheißen hat.
22 Darum wurde der Glaube ihm als Gerechtigkeit angerechnet.

23 Doch nicht allein um seinetwillen
      steht in der Schrift, daß der Glaube ihm angerechnet wurde,
24   sondern auch um unseretwillen;
   er soll auch uns angerechnet werden,
   die wir an den glauben,
      der Jesus, unseren Herrn, von den Toten auferweckt hat.
5 Wegen unserer Verfehlungen wurde er hingegeben,
   wegen unserer Gerechtmachung wurde er auferweckt.

RUF VOR DEM EVANGELIUM   Vers: vgl. Jes 61, 1 (Lk 4, 18)

Halleluja. Halleluja.

Der Herr hat mich gesandt,
den Armen die Frohe Botschaft zu bringen
und den Gefangenen die Freiheit zu verkünden.

Halleluja.

ZUM EVANGELIUM *Für die gesetzestreuen Pharisäer ist es ein
Ärgernis, daß Jesus sich mit Zöllnern und Sündern an einen Tisch
setzt. Jesus aber beruft sich auf seine Sendung und auf den Willen
Gottes. Er ist als Arzt für die Kranken gekommen, und seine Tischge-
meinschaft mit den Sündern ist ein wahrerer Gottesdienst als die
schöne Liturgie im Tempel. Herzliches Erbarmen und helfende Liebe ist
der Dienst, den Gott eigentlich will.*

EVANGELIUM   Mt 9, 9–13

Ich bin gekommen, um die Sünder zu rufen, nicht die Gerechten

✠ Aus dem heiligen Evangelium nach Matthäus.

In jener Zeit

9   sah Jesus einen Mann namens Matthäus am Zoll sitzen
und sagte zu ihm: Folge mir nach!
Da stand Matthäus auf
    und folgte ihm.

10   Und als Jesus in seinem Haus beim Essen war,
        kamen viele Zöllner und Sünder
und aßen zusammen mit ihm und seinen Jüngern.

11   Als die Pharisäer das sahen,
        sagten sie zu seinen Jüngern:
        Wie kann euer Meister
        zusammen mit Zöllnern und Sündern essen?

12   Er hörte es
und sagte: Nicht die Gesunden brauchen den Arzt,
        sondern die Kranken.

13   Darum lernt,
        was es heißt: Barmherzigkeit will ich, nicht Opfer.
Denn ich bin gekommen, um die Sünder zu rufen,
nicht die Gerechten.

Glaubensbekenntnis, S. 356 ff.
Fürbitten vgl. S. 792 ff.

ZUR EUCHARISTIEFEIER   *Es ist heute wie damals: Gott lädt die
Sünder ein und ruft sie an seinen Tisch. Auch die frommen und feinen
Leute gehören dazu, auch sie müssen sagen: Herr, ich bin nicht wür-
dig.*

GABENGEBET

Herr, sieh gütig auf dein Volk,
    das sich zu deinem Lob versammelt hat.
Nimm an, was wir darbringen,
    und mehre durch diese Feier unsere Liebe.
Darum bitten wir durch Christus, unseren Herrn.

Präfation, S. 424 ff.

KOMMUNIONVERS

Ps 18 (17), 3

Herr, du bist mein Fels, meine Burg, mein Retter,
mein Gott, meine Zuflucht.

Oder:

1 Joh 4, 16

Gott ist Liebe, und wer in der Liebe bleibt, bleibt in Gott,
und Gott bleibt in ihm.

SCHLUSSGEBET

Barmherziger Gott,
die heilende Kraft dieses Sakramentes
befreie uns von allem verkehrten Streben
und führe uns auf den rechten Weg.
Darum bitten wir durch Christus, unseren Herrn.

FÜR DEN TAG UND DIE WOCHE

Das Maß „Barmherzigkeit will ich, nicht Opfer": Jesus zitiert bei
Matthäus gleich zweimal diesen großen Lehrsatz des Propheten Ho-
sea (Mt 9, 13; 12, 7). Die Christenheit hat den Akzent vielfach anders
setzen wollen; das schiefe Wort vom „praktizierenden Christen" ist
der unwiderlegliche Zeuge für solches Denken und Werten. Der Gott
der Offenbarung sollte aber gerade für die, die sich seine Frommen
und seine Bekenner nennen, der Maßgebende schlechthin sein. Anderswo Maß zu nehmen, etwa an den eigenen Vorstellungen von Religion, ist gerade nicht die Religion, die Jahwe und Jesus wollen. (nach
A. Deissler)

11. SONNTAG IM JAHRESKREIS

*Wen Gott in seinen Dienst ruft, den macht er verantwortlich: für die
eigene Treue und für die Rettung anderer. Jeder Getaufte hat eine Sendung, die er begreifen, einen Auftrag, den er erfüllen muß; tut er es
nicht, ist sein Leben verfehlt. Der Auftrag: Zeugnis geben vom lebendigen Gott, von seiner rettenden Nähe.*

ERÖFFNUNGSVERS

Ps 27 (26), 7.9

Vernimm, o Herr, mein lautes Rufen, sei mir gnädig und erhöre mich.
Du bist meine Hilfe: Verstoß mich nicht,
verlaß mich nicht, du Gott meines Heils!

Ehre sei Gott. S. 352 ff.

TAGESGEBET

Gott, du unsere Hoffnung und unsere Kraft,
ohne dich vermögen wir nichts.
Steh uns mit deiner Gnade bei,
damit wir denken, reden und tun, was dir gefällt.
Darum bitten wir durch Jesus Christus.

ZUR 1. LESUNG *Die Lesung erinnert in konzentrierter Form an
die Ereignisse vom Auszug aus Ägypten bis zur Ankunft der Israeliten
am Berg Sinai. Dann geht der Blick in die Zukunft („Jetzt aber ..."
V. 5). Israel, als priesterliches Volk in die Nähe des heiligen Gottes gerufen, soll ständig auf die Stimme seines Gottes hören. Es wird mitverantwortlich dafür gemacht, daß die Völker der Erde den wahren Gott
erkennen und ehren.*

ERSTE LESUNG

Ex 19, 2–6a

Ihr sollt mir als ein Reich von Priestern und als ein heiliges Volk gehören

Lesung
    aus dem Buch Éxodus.

   In jenen Tagen
2   kamen die Israeliten in die Wüste Sínai.
   Sie schlugen in der Wüste das Lager auf.
   Dort lagerte Israel gegenüber dem Berg.
3   Mose stieg zu Gott hinauf.
   Da rief ihm der Herr vom Berg her zu:
      Das sollst du dem Haus Jakob sagen
      und den Israeliten verkünden:
4   Ihr habt gesehen, was ich den Ägyptern angetan habe,
   wie ich euch auf Adlerflügeln getragen
      und hierher zu mir gebracht habe.

Jetzt aber,
    wenn ihr auf meine Stimme hört und meinen Bund haltet,
    werdet ihr unter allen Völkern mein besonderes Eigentum sein.
Mir gehört die ganze Erde,
ihr aber sollt mir als ein Reich von Priestern
    und als ein heiliges Volk gehören.

ANTWORTPSALM   Ps 100 (99), 1–3.4–5 (R: vgl. 3c)

R Wir sind das Volk des Herrn,   (GL 646, 1)
die Herde seiner Weide. – R

Jauchzt vor dem Herrn, alle Länder der Erde! †   V. Ton
Dient dem Herrn mit Freude! *
Kommt vor sein Antlitz mit Jubel!

Erkennt: Der Herr allein ist Gott. †
Er hat uns geschaffen, wir sind sein Eigentum, *
sein Volk und die Herde seiner Weide. – (R)

Tretet mit Dank durch seine Tore ein! †
Kommt mit Lobgesang in die Vorhöfe seines Tempels! *
Dankt ihm, preist seinen Namen!

Denn der Herr ist gütig, †
ewig währt seine Huld, *
von Geschlecht zu Geschlecht seine Treue. – R

ZUR 2. LESUNG   *Seitdem Christus für uns, die Sünder, gestorben
ist, können wir nicht mehr daran zweifeln, daß Gott die Rettung aller
will. Er liebt auch die Menschen, die es nicht wissen und nicht glauben. Daran hat sich bei Gott nie etwas geändert. Er will im „Gericht"
nicht verurteilen, sondern retten.*

ZWEITE LESUNG   Röm 5, 6–11

*Da wir mit Gott versöhnt wurden durch den Tod seines Sohnes, werden wir
erst recht gerettet werden durch sein Leben*

Lesung
    aus dem Brief des Apostels Paulus an die Römer.

Brüder!
Christus ist schon zu der Zeit,
    da wir noch schwach und gottlos waren,
    für uns gestorben.

7 Dabei wird nur schwerlich jemand für einen Gerechten sterben;
   vielleicht wird er jedoch
       für einen guten Menschen sein Leben wagen.
8 Gott aber hat seine Liebe zu uns darin erwiesen,
       daß Christus für uns gestorben ist,
       als wir noch Sünder waren.

9 Nachdem wir jetzt
       durch sein Blut gerecht gemacht sind,
       werden wir durch ihn erst recht
       vor dem Gericht Gottes gerettet werden.

10 Da wir mit Gott versöhnt wurden durch den Tod seines Sohnes,
       als wir noch Gottes Feinde waren,
       werden wir erst recht, nachdem wir versöhnt sind,
       gerettet werden durch sein Leben.

11 Mehr noch,
   wir rühmen uns Gottes
       durch Jesus Christus, unseren Herrn,
   durch den wir jetzt schon die Versöhnung empfangen haben.

RUF VOR DEM EVANGELIUM   Vers: Mk 1, 15

Halleluja. Halleluja.
Das Reich Gottes ist nahe.
Kehrt um, und glaubt an das Evangelium!
Halleluja.

ZUM EVANGELIUM   *Die ganze Tätigkeit Jesu und auch die Aus-
sendung der Jünger stehen unter dem Motiv des Erbarmens mit dem
führerlosen Volk. „Ernte" ist Bild für das kommende Gericht. Erntezeit ist überall da, wo das Wort Gottes verkündet wird. Die Verkündigung ist Angebot des Heils, der Gnade Gottes. Ob die Menschen es
annehmen oder abweisen, daran scheiden sich die Wege.*

EVANGELIUM   Mt 9, 36 – 10, 8

Jesus rief seine zwölf Jünger zu sich und sandte sie aus

✠ Aus dem heiligen Evangelium nach Matthäus.

In jener Zeit,
36   als Jesus die vielen Menschen sah,
        hatte er Mitleid mit ihnen;
denn sie waren müde und erschöpft
wie Schafe, die keinen Hirten haben.
37 Da sagte er zu seinen Jüngern: Die Ernte ist groß,
        aber es gibt nur wenig Arbeiter.
38 Bittet also den Herrn der Ernte,
        Arbeiter für seine Ernte auszusenden.

1   Dann rief er seine zwölf Jünger zu sich
und gab ihnen die Vollmacht, die unreinen Geister auszutreiben
        und alle Krankheiten und Leiden zu heilen.

2   Die Namen der zwölf Apostel sind:
an erster Stelle Simon, genannt Petrus,
        und sein Bruder Andreas,
dann Jakobus, der Sohn des Zebedäus,
        und sein Bruder Johannes,
3   Philippus und Bartholomäus,
        Thomas und Matthäus, der Zöllner,
Jakobus, der Sohn des Alphäus,
        und Thaddäus,
4   Simon Kananäus und Judas Iskáriot,
        der ihn später verraten hat.

5   Diese Zwölf sandte Jesus aus
und gebot ihnen: Geht nicht zu den Heiden,
und betretet keine Stadt der Samaríter,
6   sondern geht zu den verlorenen Schafen des Hauses Israel.

7   Geht und verkündet: Das Himmelreich ist nahe.
8   Heilt Kranke,
weckt Tote auf,
macht Aussätzige rein,
treibt Dämonen aus!
Umsonst habt ihr empfangen,
        umsonst sollt ihr geben.

Glaubensbekenntnis, S. 356 ff.; fürbitten vgl. S. 792 ff.

ZUR EUCHARISTIEFEIER   *Die Apostel und ihre Nachfolger ver-*
künden die Botschaft von Jesus, dem Christus. Hinter ihrer Verkündi-
gung steht der Glaube der Gemeinde. Der Glaube aber lebt vom Wort
Jesu und von der Kraft des Sakramentes.

GABENGEBET

Herr,
durch diese Gaben
nährst du den ganzen Menschen:
du gibst dem irdischen Leben Nahrung
und dem Leben der Gnade Wachstum.
Laß uns daraus immer neue Kraft schöpfen
für Seele und Leib.
Darum bitten wir durch Christus, unseren Herrn.

Präfation, S. 424 ff.

KOMMUNIONVERS   Ps 27 (26), 4

Nur eines erbitte ich mir vom Herrn, danach verlangt mich:
im Haus des Herrn zu wohnen alle Tage meines Lebens.

Oder: Joh 17, 11

Heiliger Vater, bewahre sie in deinem Namen, die du mir gegeben hast,
damit sie eins sind wie wir.

SCHLUSSGEBET

Herr, unser Gott,
das heilige Mahl ist ein sichtbares Zeichen,
daß deine Gläubigen in dir eins sind.
Laß diese Feier wirksam werden
für die Einheit der Kirche.
Darum bitten wir durch Christus, unseren Herrn.

FÜR DEN TAG UND DIE WOCHE

Zwei Möglichkeiten   *Christus und Gott sind für Paulus so sehr*
eine Einheit, daß die Selbsthingabe des Sohnes ohne weiteres der Be-
weis der Liebe des Vaters ist ... Nicht Gott ist es, der versöhnt wird,
sondern wir werden mit Gott versöhnt. Allerdings geht es darum, daß
wir vor dem „Gericht" Gottes gerettet werden (vor seinem „Zorn"),

aber durch seine Liebe. Denn es gibt nur diese zwei Möglichkeiten:
das Sein unter dem Zorn Gottes und das Sein in der Liebe Gottes. Gott
aber liebt auch die Sünder, denen er zürnen muß, solange sie nicht
seiner Liebe trauen. Daß sie, daß wir seiner Liebe trauen, darum hat er
uns seinen Sohn dahingegeben. (E. Brunner)

12. SONNTAG IM JAHRESKREIS

Das Heidentum kennt nicht die erwählende Liebe Gottes und nicht die
Geborgenheit in Gott; da ist nur ein dunkles Schicksal. Auch der Gott
Israels, der Gott, den Jesus seinen Vater nennt, ist immer wieder der
Verborgene, der Unfaßbare — sonst wäre er nicht Gott. Aber er will,
daß wir ihn suchen, nach ihm fragen. Er läßt sich finden.

ERÖFFNUNGSVERS   Ps 28 (27), 8–9

Der Herr ist die Stärke seines Volkes,
er ist Schutz und Heil für seinen Gesalbten.
Herr, hilf deinem Volk und segne dein Erbe,
führe und trage es in Ewigkeit.

Ehre sei Gott, S. 352 ff.

TAGESGEBET

Heiliger Gott,
gib, daß wir deinen Namen allezeit
fürchten und lieben.
Denn du entziehst keinem deine väterliche Hand,
der fest in deiner Liebe verwurzelt ist.
Darum bitten wir durch Jesus Christus.

ZUR 1. LESUNG   *Der Prophet ist ein einsamer Rufer und Warner.*
Er muß auf Mißstände und auf drohendes Unheil hinweisen. Das
trägt ihm Haß und Verfolgung ein. Manchmal möchte er selbst an sei-
ner Sendung verzweifeln. Aber dann erfährt er wieder die rettende
Nähe seines Gottes. Er gehört zu den „Armen"; er hat nichts, aber er
weiß sich geborgen.

ERSTE LESUNG   Jer 20, 10–13

Er rettet das Leben der Armen aus der Hand der Übeltäter

Lesung
   aus dem Buch Jeremía.

Jeremía sprach:

10 Ich hörte das Flüstern der Vielen:
Grauen ringsum! Zeigt ihn an!
Wir wollen ihn anzeigen.
Meine nächsten Bekannten
   warten alle darauf, daß ich stürze:
Vielleicht läßt er sich betören,
   daß wir ihm beikommen können und uns an ihm rächen.

11 Doch der Herr steht mir bei wie ein gewaltiger Held.
Darum straucheln meine Verfolger und kommen nicht auf.
Sie werden schmählich zuschanden,
   da sie nichts erreichen,
in ewiger, unvergeßlicher Schmach.

12 Aber der Herr der Heere prüft den Gerechten,
er sieht Herz und Nieren.
Ich werde deine Rache an ihnen erleben;
   denn dir habe ich meine Sache anvertraut.

13 Singt dem Herrn, rühmt den Herrn;
denn er rettet das Leben des Armen
   aus der Hand der Übeltäter.

ANTWORTPSALM   Ps 69 (68), 8 u. 10.14.33–34 (R: 14bc)

R Erhöre mich in deiner großen Huld,   (GL 733, 1)
Gott, hilf mir in deiner Treue! – **R**

8 Herr, deinetwegen erleide ich Schmach, *   VI. Ton
und Schande bedeckt mein Gesicht.

10 Denn der Eifer für dein Haus hat mich verzehrt; *
die Schmähungen derer, die dich schmähen, haben mich getroffen. – (R)

14 Ich bete zu dir, *
Herr, zur Zeit der Gnade.

Erhöre mich in deiner großen Huld, *
Gott, hilf mir in deiner Treue! – (R)

³³ Schaut her, ihr Gebeugten, und freut euch; *
ihr, die ihr Gott sucht: euer Herz lebe auf!

³⁴ Denn der Herr hört auf die Armen, *
er verachtet die Gefangenen nicht. – R

ZUR 2. LESUNG   *Seit ihren Anfängen kennt die Menschheit das
Lied von Leiden und Tod. Und der Mensch, anders als das Tier, weiß
sich verantwortlich; er fühlt sich schuldig und ruft nach Erlösung.
Christus hat einen neuen Anfang gemacht, er selbst ist der Anfang, er
ist der neue Mensch. Durch die „Gnadentat des einen Menschen Jesus
Christus" ist die Sünde grundsätzlich überwunden, der Tod hat seinen Schrecken verloren.*

ZWEITE LESUNG   Röm 5, 12–15

Anders als mit der Übertretung verhält es sich mit der Gnade

Lesung
aus dem Brief des Apostels Paulus an die Römer.

Brüder!
2 Durch einen einzigen Menschen kam die Sünde in die Welt
und durch die Sünde der Tod,
und auf diese Weise gelangte der Tod zu allen Menschen,
weil alle sündigten.

3 Sünde war schon vor dem Gesetz in der Welt,
aber Sünde wird nicht angerechnet, wo es kein Gesetz gibt;
4 dennoch herrschte der Tod von Adam bis Mose
auch über die, welche nicht wie Adam
durch Übertreten eines Gebots gesündigt hatten;
Adam aber ist die Gestalt, die auf den Kommenden hinweist.

5 Doch anders als mit der Übertretung
verhält es sich mit der Gnade;
sind durch die Übertretung des einen
die vielen dem Tod anheimgefallen,
so ist erst recht die Gnade Gottes
und die Gabe,
die durch die Gnadentat
des einen Menschen Jesus Christus bewirkt worden ist,
den vielen reichlich zuteil geworden.

RUF VOR DEM EVANGELIUM   Vers: vgl. Joh 15,26b.27a

Halleluja. Halleluja.

(So spricht der Herr:)
Der Geist der Wahrheit wird Zeugnis geben für mich;
und auch ihr sollt Zeugen sein.

Halleluja.

ZUM EVANGELIUM   *Was Gott im Alten Bund zu den Propheten gesagt hat, das sagt Jesus zu den Jüngern, die er als seine Boten aussendet: Fürchtet euch nicht! Weder um die Botschaft noch um sein eigenes Leben soll der Jünger Jesu sich Sorge machen. Die Botschaft wird gehört werden; Jesus steht zu denen, die sich zu ihm bekennen.*

EVANGELIUM   Mt 10,26–33

Fürchtet euch nicht vor denen, die den Leib töten

✝ Aus dem heiligen Evangelium nach Matthäus.

In jener Zeit sprach Jesus zu seinen Aposteln:
26 Fürchtet euch nicht vor den Menschen!
Denn nichts ist verhüllt, was nicht enthüllt wird,
und nichts ist verborgen, was nicht bekannt wird.
27 Was ich euch im Dunkeln sage,
     davon redet am hellen Tag,
und was man euch ins Ohr flüstert,
     das verkündet von den Dächern.
28 Fürchtet euch nicht vor denen,
     die den Leib töten, die Seele aber nicht töten können,
sondern fürchtet euch vor dem,
     der Seele und Leib ins Verderben der Hölle stürzen kann.
29 Verkauft man nicht zwei Spatzen für ein paar Pfennig?
Und doch fällt keiner von ihnen zur Erde
     ohne den Willen eures Vaters.
30 Bei euch aber sind sogar die Haare auf dem Kopf alle gezählt.
31 Fürchtet euch also nicht!
Ihr seid mehr wert als viele Spatzen.

32 Wer sich nun vor den Menschen zu mir bekennt,
    zu dem werde auch ich
    mich vor meinem Vater im Himmel bekennen.
33 Wer mich aber vor den Menschen verleugnet,
    den werde auch ich vor meinem Vater im Himmel verleugnen.

Glaubensbekenntnis, S. 356 ff.
Fürbitten vgl. S. 792 ff.

ZUR EUCHARISTIEFEIER   *Weitersagen, was wir als Wort Gottes gehört und begriffen haben; weitergeben, was wir als Gabe Gottes empfangen haben: das wäre der wahre Gottesdienst, die richtige „Danksagung".*

GABENGEBET

Barmherziger Gott,
nimm das Opfer des Lobes
und der Versöhnung an.
Löse uns durch diese Feier aus aller Verstrickung,
damit wir in freier Hingabe ganz dir angehören.
Darum bitten wir durch Christus, unseren Herrn.

Präfation, S. 424 ff.

KOMMUNIONVERS   Ps 145 (144), 15

Aller Augen warten auf dich, o Herr,
und du gibst ihnen Speise zur rechten Zeit.

Oder: Joh 10, 11.15

Ich bin der gute Hirt. Ich gebe mein Leben für meine Schafe – so
spricht der Herr.

SCHLUSSGEBET

Gütiger Gott,
du hast uns
durch den Leib und das Blut Christi gestärkt.
Gib, daß wir niemals verlieren,
was wir in jeder Feier der Eucharistie empfangen.
Darum bitten wir durch Christus, unseren Herrn.

FÜR DEN TAG UND DIE WOCHE

Gott ist anders.   *Nicht nur der Gott, den wir aus der Schöpfung erahnen, ist ein Geheimnis: das dunkle Geheimnis Gottes verdichtet sich erst ganz in der biblischen Offenbarung. Offenbarung als Verdunklung! Gott ist dadurch nicht leichter geworden, sondern schwerer; nicht begreiflicher, sondern unbegreiflicher. Gott ist nicht nur hie und da anders, als wir denken, als wir zunächst meinen; sondern Gott ist immer „anders". Gott ist radikal anders, universal anders. Er bringt uns immer durcheinander. Ein Gott, der „eingeht", der „aufgeht", ist damit allein schon ein Götze. (Josef Eger)*

13. SONNTAG IM JAHRESKREIS

Der Jünger Jesu ist kein Fanatiker. Er ist glücklich, weil er Jesus gefunden hat; weil Jesus ihn gefunden hat. Und er kann von dem nicht schweigen, wovon sein Herz voll ist, auch dann nicht, wenn er dadurch für andere Menschen, sogar für seine Freunde, ein Fremder wird. Er beansprucht nichts; aber wer zu ihm gut ist, dem wird Gott es danken.

ERÖFFNUNGSVERS   Ps 47 (46), 2

**Ihr Völker alle, klatscht in die Hände;
jauchzt Gott zu mit lautem Jubel.**
Ehre sei Gott, S. 352 ff.

TAGESGEBET

G ott, unser Vater,
du hast uns in der Taufe
zu Kindern des Lichtes gemacht.
Laß nicht zu,
daß die Finsternis des Irrtums
über uns Macht gewinnt,
sondern hilf uns,
im Licht deiner Wahrheit zu bleiben.
Darum bitten wir durch Jesus Christus.

ZUR 1. LESUNG *Der Prophet Elischa (um 850 v. Chr.) war ein großer Wundertäter, vom Volk geehrt und gefürchtet wie vor ihm Elija. Die Frau aus Schunem beherbergte ihn gern, weil sie in ihm einen heiligen Gottesmann erkannte. Elischa war für diese Gastlichkeit dankbar (Propheten sind auch Menschen), und Gott segnete die Frau und ihren Mann, indem er ihren heißesten Wunsch erfüllte.*

ERSTE LESUNG   2 Kön 4, 8–11.14–16a

Dieser Mann, der ständig bei uns vorbeikommt, ist ein heiliger Gottesmann

Lesung
  aus dem zweiten Buch der Könige.

Eines Tages ging Elíscha nach Schunem.
Dort lebte eine vornehme Frau,
  die ihn dringend bat, bei ihr zu essen.
Seither kehrte er zum Essen bei ihr ein, sooft er vorbeikam.
Sie aber sagte zu ihrem Mann:
  Ich weiß, daß dieser Mann, der ständig bei uns vorbeikommt,
  ein heiliger Gottesmann ist.
Wir wollen ein kleines, gemauertes Obergemach herrichten
und dort ein Bett, einen Tisch,
  einen Stuhl und einen Leuchter für ihn bereitstellen.
Wenn er dann zu uns kommt,
  kann er sich dorthin zurückziehen.

Als Elíscha eines Tages wieder hinkam,
  ging er in das Obergemach, um dort zu schlafen.
Er fragte seinen Diener Géhasi,
  was man für die Frau tun könne.
Dieser sagte: Nun, sie hat keinen Sohn,
und ihr Mann ist alt.
Da befahl er: Ruf sie herein!
Er rief sie,
  und sie blieb in der Tür stehen.
Darauf versicherte ihr Elíscha:
  Im nächsten Jahr um diese Zeit wirst du einen Sohn liebkosen.

ANTWORTPSALM   Ps 89 (88), 2–3.16–17.18–19 (R: 2a)

℟ Von den Taten deiner Huld, o Herr, will ich ewig singen. – ℟
(GL 527, 2)

2 Von den Taten deiner Huld, Herr, will ich ewig singen, *   VIII. Ton
bis zum fernsten Geschlecht laut deine Treue verkünden.

3 Denn ich bekenne: Deine Huld besteht für immer und ewig; *
deine Treue steht fest im Himmel. – (℟)

16 Wohl dem Volk, das dich als König zu feiern weiß! *
Herr, sie gehen im Licht deines Angesichts.

17 Sie freuen sich über deinen Namen zu jeder Zeit, *
über deine Gerechtigkeit jubeln sie. – (℟)

18 Denn du bist ihre Schönheit und Stärke, *
du erhöhst unsre Kraft in deiner Güte.

19 Ja, unser Schild gehört dem Herrn, *
unser König dem heiligen Gott Israels. – ℟

ZUR 2. LESUNG   *Zwischen Tod und Herrlichkeit ist unser gegenwärtiges Leben gespannt. Wir sind getauft worden: mit Christus sind
wir durch den Tod hindurchgegangen, um als freie, erlöste Menschen
zu leben. Weil wir Gemeinschaft mit Christus haben, können wir „für
Gott" leben: aus der Kraft seiner liebenden Gegenwart, als wahre und
heile Menschen.*

ZWEITE LESUNG   Röm 6, 3–4.8–11

*Wir wurden mit Christus begraben durch die Taufe;
wir sollen als neue Menschen leben*

Lesung
aus dem Brief des Apostels Paulus an die Römer.

Brüder!
3 Wir alle, die wir auf Christus Jesus getauft wurden,
sind auf seinen Tod getauft worden.
4 Wir wurden mit ihm begraben durch die Taufe auf den Tod;
und wie Christus durch die Herrlichkeit des Vaters
von den Toten auferweckt wurde,
so sollen auch wir als neue Menschen leben.

8   **Sind wir nun mit Christus gestorben,**
      so glauben wir, daß wir auch mit ihm leben werden.

9   **Wir wissen,**
      daß Christus, von den Toten auferweckt, nicht mehr stirbt;
  der Tod hat keine Macht mehr über ihn.

10   **Denn durch sein Sterben**
      ist er ein für allemal gestorben für die Sünde,
  sein Leben aber lebt er für Gott.

11   **So sollt auch ihr euch als Menschen begreifen,**
      die für die Sünde tot sind,
      aber für Gott leben in Christus Jesus.

RUF VOR DEM EVANGELIUM   Vers: vgl. 1 Petr 2, 9

Halleluja. Halleluja.

Ihr seid ein auserwähltes Geschlecht,
eine königliche Priesterschaft, ein heiliger Stamm.
Verkündet die großen Taten Gottes,
der euch in sein wunderbares Licht gerufen hat.

Halleluja.

ZUM EVANGELIUM   *Nachfolge Jesu bedeutet bewußtes und intensives Leben, und eben darum auch: ständiges Abschiednehmen, ein Leben wie durch den Tod hindurch. – „Propheten" und „Gerechte" werden im Matthäusevangelium die Gottesmänner des Alten Bundes genannt. Ihnen werden die Jünger Jesu gleichgestellt; ihre Sendung ist Fortsetzung der Sendung Jesu; wer sie aufnimmt, dem wird Gott es danken.*

EVANGELIUM   Mt 10, 37–42

Wer nicht sein Kreuz auf sich nimmt, ist meiner nicht würdig. –
Wer euch aufnimmt, nimmt mich auf

✝ **Aus dem heiligen Evangelium nach Matthäus.**

In jener Zeit sprach Jesus zu seinen Aposteln:
37   **Wer Vater oder Mutter mehr liebt als mich,**
      ist meiner nicht würdig,
  und wer Sohn oder Tochter mehr liebt als mich,
      ist meiner nicht würdig.

38 **Und wer nicht sein Kreuz auf sich nimmt und mir nachfolgt,**
  ist meiner nicht würdig.

39 **Wer das Leben gewinnen will,**
  wird es verlieren;
wer aber das Leben um meinetwillen verliert,
  wird es gewinnen.

40 **Wer euch aufnimmt,**
  der nimmt mich auf,
und wer mich aufnimmt,
  nimmt den auf, der mich gesandt hat.

41 **Wer einen Propheten aufnimmt, weil es ein Prophet ist,**
  wird den Lohn eines Propheten erhalten.

Wer einen Gerechten aufnimmt, weil es ein Gerechter ist,
  wird den Lohn eines Gerechten erhalten.

42 **Und wer einem von diesen Kleinen**
  auch nur einen Becher frisches Wasser zu trinken gibt,
  weil es ein Jünger ist
  – amen, ich sage euch:
Er wird gewiß nicht um seinen Lohn kommen.

Glaubensbekenntnis, S. 356 ff.
Fürbitten vgl. S. 792 ff.

ZUR EUCHARISTIEFEIER   *Christus hat uns zum Leben befreit.*
Er selbst war der ganz freie Mensch, frei, um zu sterben, damit wir
leben können. Er lädt uns zu seinem Mahl ein; er nimmt uns mit auf
seinen Weg.

GABENGEBET

Herr, unser Gott,
in den Geheimnissen, die wir feiern,
wirkst du unser Heil.
Gib, daß wir den Dienst an diesem Altar
würdig vollziehen,
von dem wir deine Gaben empfangen.
Darum bitten wir durch Christus, unseren Herrn.

Präfation, S. 424 ff.

KOMMUNIONVERS   Ps 103 (102), 1

Lobe den Herrn, meine Seele!
Alles in mir lobe seinen heiligen Namen.

Oder: Joh 17, 20–21

Vater, ich bitte für sie, daß sie in uns eins seien,
damit die Welt glaubt, daß du mich gesandt hast – so spricht der Herr.

SCHLUSSGEBET

Gütiger Gott,
die heilige Opfergabe,
die wir dargebracht und empfangen haben,
schenke uns neues Leben.
Laß uns Frucht bringen in Beharrlichkeit
und dir auf immer verbunden bleiben.
Darum bitten wir durch Christus, unseren Herrn.

FÜR DEN TAG UND DIE WOCHE

Festhalten oder loslassen   *Jesus ist der Offenbarer nicht nur Gottes, sondern des Menschen; des Menschen nämlich, der über sein Leben entscheiden muß: ob er es festhalten oder loslassen will, anders
gesagt: ob er glaubend-vertrauend oder verschlossen, im Gegenüber
mit Gott oder mit sich allein leben will.*
*Indem ich mich weggebe wie Jesus, die Zeit an mir arbeiten lasse und
das ständige Wegsterben annehme, gewinne ich erst mein Leben, finde
seinen Sinn, kann ja dazu sagen – erfahre ich, daß ich von Gott gehalten bin. (L. Wachinger)*

14. SONNTAG IM JAHRESKREIS

*Wer im Namen Gottes zu den Menschen kommt, braucht nicht groß-
artig aufzutreten, er kann auf Gewalt verzichten. Jesus hat die seliggepriesen, die keine Gewalt anwenden; er selbst hat gezeigt, wie das
aussieht und was dabei herauskommt. Wirkliche Demut ist nicht
Schwachheit, sondern Freiheit. Jesus ist frei, um für andere dazusein,
auch für sie zu sterben.*

ERÖFFNUNGSVERS   Ps 48 (47), 10–11

Deiner Huld, o Gott, gedenken wir in deinem heiligen Tempel.
Wie dein Name, Gott, so reicht dein Ruhm bis an die Enden der Erde;
deine rechte Hand ist voll von Gerechtigkeit.

Ehre sei Gott, S. 352 ff.

TAGESGEBET

B armherziger Gott,
durch die Erniedrigung deines Sohnes
hast du die gefallene Menschheit
wieder aufgerichtet
und aus der Knechtschaft der Sünde befreit.
Erfülle uns mit Freude über die Erlösung
und führe uns zur ewigen Seligkeit.
Darum bitten wir durch Jesus Christus.

ZUR 1. LESUNG   *Nicht mit Macht und Glanz wird der Retter Isra-*
els, der Messias, kommen. Er ist ein armer, „demütiger" König. Er
hilft den Armen, und Gott hilft ihm; er steht in der Ordnung Gottes.
Gott selbst wird – durch ihn und für ihn – den Frieden schaffen; der
Messias, König und Prophet, wird das Heil Gottes allen Völkern brin-
gen – denen, die seine Königsherrschaft annehmen.

ERSTE LESUNG   Sach 9, 9–10

Siehe, dein König kommt zu dir; er ist demütig

Lesung
   aus dem Buch Sacharja.

So spricht der Herr:
Juble laut, Tochter Zion!
Jauchze, Tochter Jerusalem!
Siehe, dein König kommt zu dir.
Er ist gerecht und hilft;
er ist demütig und reitet auf einem Esel,
auf einem Fohlen, dem Jungen einer Eselin.

10 Ich vernichte die Streitwagen aus Éfraim
    und die Rosse aus Jerusalem,
vernichtet wird der Kriegsbogen.

Er verkündet für die Völker den Frieden;
seine Herrschaft reicht von Meer zu Meer
    und vom Eufrat bis an die Enden der Erde.

ANTWORTPSALM   Ps 145 (144), 1–2.8–9.10–11.13c–14. (R: 1a)

R Ich will dich rühmen, mein Gott und König. – R   (GL 477)

(*Oder:* Halleluja.)

Ich will dich rühmen, mein Gott und König, *   V. Ton
und deinen Namen preisen immer und ewig;

ich will dich preisen Tag für Tag *
und deinen Namen loben immer und ewig. – (R)

Der Herr ist gnädig und barmherzig, *
langmütig und reich an Gnade.

Der Herr ist gütig zu allen, *
sein Erbarmen waltet über all seinen Werken. – (R)

10 Danken sollen dir, Herr, all deine Werke *
und deine Frommen dich preisen.

11 Sie sollen von der Herrlichkeit deines Königtums reden, *
sollen sprechen von deiner Macht. – (R)

3cd Der Herr ist treu in all seinen Worten, *
voll Huld in all seinen Taten.

4 Der Herr stützt alle, die fallen, *
und richtet alle Gebeugten auf. – R

ZUR 2. LESUNG   *Der Geist Gottes, der Jesus von den Toten auferweckt hat, prägt auch das Leben der Getauften. Christ sein heißt: den Geist Christi haben und wie Christus leben. Der „alte Mensch" ist „Fleisch": eingesperrt in sein kleines Ich, unzugänglich für den Geist Gottes. Der neue Mensch ist der lebendige Mensch, in ihm kann Gottes Geist wohnen und seine Herrlichkeit aufscheinen.*

ZWEITE LESUNG   Röm 8,9.11–13

Wenn ihr durch den Geist die sündigen Taten des Leibes tötet, werdet ihr leben

Lesung
   aus dem Brief des Apostels Paulus an die Römer

Brüder!

9 **Ihr seid nicht vom Fleisch,**
      sondern vom Geist bestimmt,
   da ja der Geist Gottes in euch wohnt.
   Wer den Geist Christi nicht hat,
      der gehört nicht zu ihm.

11 **Wenn der Geist dessen in euch wohnt,**
      der Jesus von den Toten auferweckt hat,
      dann wird er, der Christus Jesus von den Toten auferweckt hat,
      auch euren sterblichen Leib lebendig machen,
   durch seinen Geist, der in euch wohnt.

12 **Wir sind also nicht dem Fleisch verpflichtet, Brüder,**
      so daß wir nach dem Fleisch leben müßten.

13 **Wenn ihr nach dem Fleisch lebt,**
      müßt ihr sterben;
   wenn ihr aber
      durch den Geist die sündigen Taten des Leibes tötet,
      werdet ihr leben.

RUF VOR DEM EVANGELIUM   Vers: vgl. Mt 11,25

Halleluja. Halleluja.

Sei gepriesen, Vater, Herr des Himmels und der Erde;
du hast die Geheimnisse des Reiches den Unmündigen offenbart.

Halleluja.

ZUM EVANGELIUM   *Jesus hat bei den maßgebenden Leuten seiner Zeit wenig Glauben gefunden, weder in Galiläa noch in Jerusalem.
Er war den Reichen zu arm, den Gebildeten zu einfach, den Frommen
zu frei. Aber die Wahrheit Gottes, seine Heiligkeit und seine Liebe
leuchteten in allem, was er sagte und tat. Die Armen verstehen das
besser, auch heute.*

EVANGELIUM   Mt 11, 25–30

Ich bin gütig und von Herzen demütig

✠ Aus dem heiligen Evangelium nach Matthäus.

25 In jener Zeit sprach Jesus:
Ich preise dich, Vater, Herr des Himmels und der Erde,
weil du all das den Weisen und Klugen verborgen,
    den Unmündigen aber offenbart hast.
26 Ja, Vater,
so hat es dir gefallen.
27 Mir ist von meinem Vater alles übergeben worden;
niemand kennt den Sohn,
    nur der Vater,
und niemand kennt den Vater,
    nur der Sohn
und der, dem es der Sohn offenbaren will.
28 Kommt alle zu mir,
    die ihr euch plagt und schwere Lasten zu tragen habt.
Ich werde euch Ruhe verschaffen.
29 Nehmt mein Joch auf euch
    und lernt von mir;
denn ich bin gütig und von Herzen demütig;
so werdet ihr Ruhe finden für eure Seele.
30 Denn mein Joch drückt nicht,
    und meine Last ist leicht.

Glaubensbekenntnis, S. 356 ff.
Fürbitten vgl. S. 792 ff.

ZUR EUCHARISTIEFEIER   *Jesus lädt alle ein, die Reichen und
die Armen: Kommt alle zu mir! Die Müden können bei ihm ausruhen,
die Hungrigen empfangen seine Gaben; die Harten werden weich (die
Reichen arm?), die Unruhigen ruhig – bei ihm.*

GABENGEBET

Herr, zu deiner Ehre feiern wir dieses Opfer.
Es befreie uns vom Bösen
und helfe uns,
Tag für Tag das neue Leben sichtbar zu machen,
das wir von dir empfangen.
Darum bitten wir durch Christus, unseren Herrn.

Präfation, S. 424 ff.

KOMMUNIONVERS   Ps 34 (33), 9

Kostet und seht, wie gütig der Herr ist.
Selig der Mensch, der bei ihm seine Zuflucht nimmt.

Oder: Mt 11, 28

Kommt alle zu mir,
die ihr euch plagt und unter Lasten stöhnt!
Ich will euch Ruhe verschaffen – so spricht der Herr.

SCHLUSSGEBET

Herr, du hast uns mit reichen Gaben beschenkt.
Laß uns in der Danksagung verharren
und einst die Fülle des Heils erlangen.
Darum bitten wir durch Christus, unseren Herrn.

FÜR DEN TAG UND DIE WOCHE
Ewiges Ziel
Du, Herr, steigst hernieder zu uns,
du läßt dich anfassen
und bleibst doch unfaßlich, unendlich.
Du bist unendlich, um unserer Sehnsucht
ewiges Ziel zu sein.
Du, Herr, bist die Unendlichkeit,
die ich ersehne
in all meinen Sehnsüchten. (Nikolaus Cusanus)

15. SONNTAG IM JAHRESKREIS

Bei allen Worten, die wir hören, müssen wir fragen, was sie eigentlich meinen; die Worte sind ja nicht die Dinge, sie sind Zeichen und Gleichnisse. Wenn das schon auf der Ebene menschlicher Verständigung so ist, kann es nicht überraschen, daß die Wahrheit Gottes uns in Gleichnissen gesagt wird. Was Jesus mit seinen Gleichnissen meint, begreifen wir ahnend in dem Maß, als wir damit einverstanden sind.

ERÖFFNUNGSVERS   Ps 17 (16), 15

Ich will in Gerechtigkeit dein Angesicht schauen,
mich satt sehen an deiner Gestalt, wenn ich einst erwache.

Ehre sei Gott. S. 352 ff.

TAGESGEBET

Gott, du bist unser Ziel,
du zeigst den Irrenden das Licht der Wahrheit
und führst sie auf den rechten Weg zurück.
Gib allen, die sich Christen nennen,
die Kraft, zu meiden,
was diesem Namen widerspricht,
und zu tun, was unserem Glauben entspricht.
Darum bitten wir durch Jesus Christus.

ZUR 1. LESUNG   *Das Wort Gottes, das Neues schafft und Bestehendes segnet, ist gültig; denn Gott hat die Macht, und er ist treu. Die Natur gehorcht seinem Wort ohne Widerspruch; wir Menschen haben, wie einst das Volk Israel in Zeiten der Prüfung, oft Mühe, dem Wort des Trostes und der Verheißung zu trauen. Da muß unser Glaube sich als Hoffnung bewähren.*

ERSTE LESUNG   Jes 55, 10–11

Wie der Regen die Erde zum Keimen und Sprossen bringt, so bewirkt mein Wort,
was ich will

Lesung
   aus dem Buch Jesája.

So spricht der Herr:

10   Wie der Regen und der Schnee vom Himmel fällt
        und nicht dorthin zurückkehrt,
     sondern die Erde tränkt
        und sie zum Keimen und Sprossen bringt,
     wie er dem Sämann Samen gibt und Brot zum Essen,
11   so ist es auch mit dem Wort, das meinen Mund verläßt:
     Es kehrt nicht leer zu mir zurück,
        sondern bewirkt, was ich will,
     und erreicht all das, wozu ich es ausgesandt habe.

ANTWORTPSALM   Ps 65 (64), 10.11–12.13–14 (R: vgl. Lk 8, 8)

R Dein Wort, Herr, fiel auf guten Boden   (GL 119, 4)
  und brachte reiche Frucht. – R

10   Du sorgst für das <u>Land</u> und tränkst es; *   IV. Ton
     du über<u>schütt</u>est es mit Reichtum.

     Der Bach Gottes ist reich<u>lich</u> gefüllt, *
     du schaffst ihnen Korn, so <u>ord</u>nest du alles. – (R)

11   Du tränkst die Furchen, eb<u>nest</u> die Schollen, *
     machst sie weich durch Regen, segnest <u>ihre</u> Gewächse.

12   Du krönst das Jahr mit <u>deiner</u> Güte, *
     deinen <u>Spur</u>en folgt <u>Über</u>fluß. – (R)

13   In der Steppe <u>prang</u>en die Auen, *
     die Höhen um<u>gürt</u>en sich mit Jubel.

14   Die Weiden schmücken sich mit Herden, †
     die Täler hüllen <u>sich</u> in Korn. *
     Sie <u>jauch</u>zen und singen. – R

ZUR 2. LESUNG   *Der Christ hat als erste Gabe der Erlösung den Geist Gottes empfangen, den Geist Jesu Christi. Wenn er diesem Geist Raum gibt, wächst in ihm das feine Gespür für alles, was noch unerlöst ist, in seinem eigenen Leben und in der Welt, von der er ein Teil ist. Er spürt dann auch die Verantwortung gegenüber der Schöpfung, der sogenannten Umwelt. Vergänglichkeit ist das Gesetz der Schöpfung, die Verwüstung aber ist Schuld des Menschen: des Menschen, der als Walter und Priester der Schöpfung eingesetzt ist.*

ZWEITE LESUNG   Röm 8, 18–23

Die ganze Schöpfung wartet sehnsüchtig auf das Offenbarwerden der Söhne Gottes

Lesung
  aus dem Brief des Apostels Paulus an die Römer.

Brüder!
18 Ich bin überzeugt,
    daß die Leiden der gegenwärtigen Zeit nichts bedeuten
    im Vergleich zu der Herrlichkeit, die an uns offenbar werden soll.
19 Denn die ganze Schöpfung
    wartet sehnsüchtig auf das Offenbarwerden der Söhne Gottes.

20 Die Schöpfung ist der Vergänglichkeit unterworfen,
  nicht aus eigenem Willen,
    sondern durch den, der sie unterworfen hat;
  aber zugleich gab er ihr Hoffnung:
21 Auch die Schöpfung
    soll von der Sklaverei und Verlorenheit befreit werden
    zur Freiheit und Herrlichkeit der Kinder Gottes.

22 Denn wir wissen,
    daß die gesamte Schöpfung
    bis zum heutigen Tag seufzt und in Geburtswehen liegt.
23 Aber auch wir,
    obwohl wir als Erstlingsgabe den Geist haben,
    seufzen in unserem Herzen
  und warten darauf,
    daß wir mit der Erlösung unseres Leibes
    als Söhne offenbar werden.

RUF VOR DEM EVANGELIUM

Halleluja. Halleluja.

Der Samen ist das Wort Gottes, der Sämann ist Christus.
Wer Christus findet, der bleibt in Ewigkeit.

Halleluja.

ZUM EVANGELIUM   *Das 13. Kapitel bei Matthäus enthält sieben Gleichnisse vom Himmelreich, d. h. von der Königsherrschaft Gottes. Am Anfang steht das Gleichnis vom Sämann und seine Deutung (13, 1–23). Warum überhaupt die Redeform der Gleichnisse? Die Antwort Jesu steht im mittleren Teil dieses Evangeliums (13, 10–17). Die Menschen können nicht wirklich hören, sie können nicht glauben, weil sie nicht gehorchen wollen; zu ihnen spricht Jesus in verborgener Rede. Denen aber, die hören und verstehen, offenbaren die Gleichnisse den Sinn des Kommens Jesu, sie zeigen ihnen die Gegenwart im Licht der Wahrheit Gottes und öffnen ihnen die Zukunft.*

EVANGELIUM   Mt 13, 1–23

Ein Sämann ging aufs Feld, um zu säen

✛ Aus dem heiligen Evangelium nach Matthäus.

1   An jenem Tag verließ Jesus das Haus
        und setzte sich an das Ufer des Sees.
2   Da versammelte sich eine große Menschenmenge um ihn.
    Er stieg deshalb in ein Boot und setzte sich;
    die Leute aber standen am Ufer.
3   Und er sprach lange zu ihnen in Form von Gleichnissen.

    Er sagte: Ein Sämann ging aufs Feld, um zu säen.
4   Als er säte,
        fiel ein Teil der Körner auf den Weg,
    und die Vögel kamen und fraßen sie.
5   Ein anderer Teil fiel auf felsigen Boden,
        wo es nur wenig Erde gab,
    und ging sofort auf,
        weil das Erdreich nicht tief war;

6   als aber die Sonne hochstieg,
         wurde die Saat versengt
     und verdorrte, weil sie keine Wurzeln hatte.

7   Wieder ein anderer Teil fiel in die Dornen,
     und die Dornen wuchsen und erstickten die Saat.

8   Ein anderer Teil schließlich fiel auf guten Boden
         und brachte Frucht,
     teils hundertfach, teils sechzigfach, teils dreißigfach.

9   Wer Ohren hat, der höre!

10   Da kamen die Jünger zu ihm
     und sagten: Warum redest du zu ihnen in Gleichnissen?

11   Er antwortete:
         Euch ist es gegeben,
         die Geheimnisse des Himmelreichs zu erkennen;
     ihnen aber ist es nicht gegeben.

12   Denn wer hat,
         dem wird gegeben,
     und er wird im Überfluß haben;
     wer aber nicht hat,
         dem wird auch noch weggenommen, was er hat.

13   Deshalb rede ich zu ihnen in Gleichnissen,
     weil sie sehen und doch nicht sehen,
     weil sie hören und doch nicht hören und nichts verstehen.

14   An ihnen erfüllt sich die Weissagung Jesájas:

     Hören sollt ihr,
         hören, aber nicht verstehen;
     sehen sollt ihr,
         sehen, aber nicht erkennen.

15   Denn das Herz dieses Volkes ist hart geworden,
     und mit ihren Ohren hören sie nur schwer,
     und ihre Augen halten sie geschlossen,
         damit sie mit ihren Augen nicht sehen
         und mit ihren Ohren nicht hören,
     damit sie mit ihrem Herzen
         nicht zur Einsicht kommen,
     damit sie sich nicht bekehren
         und ich sie nicht heile.

¹⁶ Ihr aber seid selig,
denn eure Augen sehen
und eure Ohren hören.

¹⁷ Amen, ich sage euch:
Viele Propheten und Gerechte haben sich danach gesehnt
zu sehen, was ihr seht,
und haben es nicht gesehen,
und zu hören, was ihr hört,
und haben es nicht gehört.

¹⁸ Hört also, was das Gleichnis vom Sämann bedeutet.

¹⁹ Immer wenn ein Mensch das Wort vom Reich hört
und es nicht versteht,
kommt der Böse
und nimmt alles weg,
was diesem Menschen ins Herz gesät wurde;
hier ist der Samen auf den Weg gefallen.

²⁰ Auf felsigen Boden ist der Samen bei dem gefallen,
der das Wort hört und sofort freudig aufnimmt,

²¹ aber keine Wurzeln hat, sondern unbeständig ist;
sobald er um des Wortes willen bedrängt oder verfolgt wird,
kommt er zu Fall.

²² In die Dornen ist der Samen bei dem gefallen,
der das Wort zwar hört,
aber dann ersticken es die Sorgen dieser Welt
und der trügerische Reichtum,
und es bringt keine Frucht.

²³ Auf guten Boden ist der Samen bei dem gesät,
der das Wort hört und es auch versteht;
er bringt dann Frucht,
hundertfach oder sechzigfach oder dreißigfach.

Oder:

KURZFASSUNG   Mt 13,1–9

Ein Sämann ging aufs Feld, um zu säen

✛ Aus dem heiligen Evangelium nach Matthäus.

¹ An jenem Tag verließ Jesus das Haus
und setzte sich an das Ufer des Sees.

² Da versammelte sich eine große Menschenmenge um ihn.

Er stieg deshalb in ein Boot und setzte sich;
die Leute aber standen am Ufer.
Und er sprach lange zu ihnen in Form von Gleichnissen.

Er sagte: Ein Sämann ging aufs Feld, um zu säen.
Als er säte,
    fiel ein Teil der Körner auf den Weg,
und die Vögel kamen und fraßen sie.

Ein anderer Teil fiel auf felsigen Boden,
    wo es nur wenig Erde gab,
und ging sofort auf,
    weil das Erdreich nicht tief war;
als aber die Sonne hochstieg,
    wurde die Saat versengt
und verdorrte, weil sie keine Wurzeln hatte.

Wieder ein anderer Teil fiel in die Dornen,
und die Dornen wuchsen und erstickten die Saat.

Ein anderer Teil schließlich fiel auf guten Boden
    und brachte Frucht,
teils hundertfach, teils sechzigfach, teils dreißigfach.

Wer Ohren hat, der höre!

Glaubensbekenntnis, S. 356 ff.
Fürbitten vgl. S. 792 ff.

ZUR EUCHARISTIEFEIER *Auch das Sakrament ist ein Gleichnis. Im heiligen Zeichen birgt sich, dem Glaubenden sichtbar, das Geheimnis der göttlich-menschlichen Gegenwart. Gottes Herrschaft und
sein Reich werden verkündet und als gegenwärtige Wirklichkeit erfahren.*

GABENGEBET

Gott,
sieh auf dein Volk, das im Gebet versammelt ist,
und nimm unsere Gaben an.
Heilige sie, damit alle, die sie empfangen,
in deiner Liebe wachsen und dir immer treuer dienen.
Darum bitten wir durch Christus, unseren Herrn.

Präfation, S. 424 ff.

KOMMUNIONVERS   Ps 84 (83), 4–5

Der Sperling findet ein Haus
und die Schwalbe ein Nest für ihre Jungen –
deine Altäre, Herr der Heere, mein Gott und mein König!
Selig, die wohnen in deinem Haus, die dich allezeit loben!

Oder: Joh 6, 56

So spricht der Herr:
Wer mein Fleisch ißt und mein Blut trinkt,
der bleibt in mir, und ich bleibe in ihm.

SCHLUSSGEBET

Herr, unser Gott,
wir danken dir für die heilige Gabe.
Laß deine Heilsgnade in uns wachsen,
sooft wir diese Speise empfangen.
Darum bitten wir durch Christus, unseren Herrn.

FÜR DEN TAG UND DIE WOCHE

Sprache der Dichtung   *Man muß sich doch darüber klar sein, daß
in der Religion die Sprache in einer ganz anderen Weise gebraucht
wird als in der Wissenschaft. Die Sprache der Religion ist mit der
Sprache der Dichtung näher verwandt als mit der Sprache der Wissenschaft ... Wenn in den Religionen aller Zeiten in Bildern und Gleichnissen und Paradoxien gesprochen wird, so kann das kaum etwas
anderes bedeuten, als daß es eben keine anderen Möglichkeiten gibt,
die Wirklichkeit, die hier gemeint ist, zu ergreifen. Aber es heißt nicht,
daß sie keine echte Wirklichkeit sei. (Werner Heisenberg)*

16. SONNTAG IM JAHRESKREIS

Weizen und Unkraut stehen auf dem Acker durcheinander. Und so ist es in der Kirche Gottes: sie ist eine Kirche aus Sündern und Heiligen. Wo verläuft die Grenze? Gott läßt jeden seinen Weg gehen, er läßt auch das Unkraut wachsen. Am Tag der Ernte werden wir wissen, was Unkraut und was Weizen war. Und vielleicht wird die Überraschung groß sein.

ERÖFFNUNGSVERS   Ps 54 (53), 6.8

**Gott ist mein Helfer, der Herr beschützt mein Leben.
Freudig bringe ich dir mein Opfer dar
und lobe deinen Namen, Herr,
denn du bist gütig.**

Ehre sei Gott, S. 352 ff.

TAGESGEBET

**Herr, unser Gott, sieh gnädig auf alle,
die du in deinen Dienst gerufen hast.
Mach uns stark im Glauben,
in der Hoffnung und in der Liebe,
damit wir immer wachsam sind
und auf dem Weg deiner Gebote bleiben.
Darum bitten wir durch Jesus Christus.**

ZUR 1. LESUNG   *Seit eh und je neigt der Mensch – jeder von uns – dazu, seine Mitmenschen in Gute und Böse einzuteilen; das können einzelne Menschen oder ganze Völker sein. Die Feinde sind immer die Bösen, und wir meinen, auch Gott müßte das wissen. Dann aber sehen wir, daß Gott mit den Bösen Geduld hat und Nachsicht übt, vielleicht sogar auf Kosten der Guten. Und wir fragen nach seiner Gerechtigkeit. Gott aber ist größer, er weiß es besser. Er hat die Macht, und er ist gut. Auch die „Gerechten" leben von seiner Geduld und Güte.*

ERSTE LESUNG   Weish 12, 13.16–19

Du hast deinen Söhnen die Hoffnung geschenkt, daß du den Sündern die Umkehr gewährst

Lesung
aus dem Buch der Weisheit.

13 Es gibt keinen Gott, Herr, außer dir,
      der für alles Sorge trägt;
   daher brauchst du nicht zu beweisen,
      daß du gerecht geurteilt hast.

16 Deine Stärke ist die Grundlage deiner Gerechtigkeit,
   und deine Herrschaft über alles
      läßt dich gegen alles Nachsicht üben.

17 Stärke beweist du,
      wenn man an deine unbeschränkte Macht nicht glaubt,
   und bei denen, die sie kennen,
      strafst du die trotzige Auflehnung.

18 Weil du über Stärke verfügst,
      richtest du in Milde
   und behandelst uns mit großer Nachsicht;
   denn die Macht steht dir zur Verfügung,
      wann immer du willst.

19 Durch solches Handeln hast du dein Volk gelehrt,
      daß der Gerechte menschenfreundlich sein muß,
   und hast deinen Söhnen die Hoffnung geschenkt,
      daß du den Sündern die Umkehr gewährst.

ANTWORTPSALM   Ps 86 (85), 5–6.9–10.15–16 (R: 5a)

R Herr, du bist gütig und bereit zu verzeihen. – R   (GL 527, 5)

5 Herr, du bist gütig und bereit zu verzeihen, *
   für alle, die zu dir rufen, reich an Gnade.

6 Herr, vernimm mein Beten, *
   achte auf mein lautes Flehen! – (R)

9 Alle Völker kommen und beten dich an, *
   sie geben, Herr, deinem Namen die Ehre.

10 Denn du bist groß und tust Wunder; *
   du allein bist Gott. – (R)

15 Du, Herr, bist ein barmherziger und gnädiger Gott, *
du bist langmütig, reich an Huld und Treue.

16 Wende dich mir zu und sei mir gnädig, †
gib deinem Knecht wieder Kraft, *
und hilf dem Sohn deiner Magd! – R

ZUR 2. LESUNG   *Unser Gebet leidet unter der Enge und dem Wi-*
derspruch unseres Lebens. Anstatt ein Lobgesang oder wenigstens
eine rechte Bitte zu sein, ist es oft nur ein sprachloses Seufzen. Aber
der Heilige Geist läßt das, was er geschaffen hat, nicht im Stich. Er ist
der Atem im Leben des dreifaltigen Gottes; er ist seit der Taufe auch
der Atem unseres neuen Lebens. Er lehrt uns die Grundbewegungen
dieses Lebens, er hilft uns beten.

ZWEITE LESUNG   Röm 8, 26–27

Der Geist selber tritt für uns ein mit Seufzen, das wir nicht in Worte fassen kön-
nen

Lesung
   aus dem Brief des Apostels Paulus an die Römer.

Brüder!
26 Der Geist nimmt sich unserer Schwachheit an.
Denn wir wissen nicht,
   worum wir in rechter Weise beten sollen;
der Geist selber tritt jedoch für uns ein
   mit Seufzen, das wir nicht in Worte fassen können.
27 Und Gott, der die Herzen erforscht,
   weiß, was die Absicht des Geistes ist:
Er tritt so, wie Gott es will,
   für die Heiligen ein.

RUF VOR DEM EVANGELIUM   Vers: vgl. Mt 11, 25

Halleluja. Halleluja.

Sei gepriesen, Vater, Herr des Himmels und der Erde;
du hast die Geheimnisse des Reiches den Unmündigen offenbart.

Halleluja.

ZUM EVANGELIUM   *Dem Gleichnis vom Unkraut unter dem Weizen ist im Evangelium selbst die Deutung beigegeben. Die Zeit der Kirche ist Zeit der Saat und des Wachstums. Jesus ist der Sämann, der Acker ist die ganze Welt. Aber nicht alles, was da wächst, ist guter Weizen. Es gibt in der Kirche das Böse: den Unglauben, den Haß, den Hochmut. Soll man alles Unkraut ausreißen, Menschen ausschließen? Die Antwort Jesu: Laßt beides wachsen: Es gibt den Tag des Gerichts und der großen Scheidung, das aber ist nicht Sache der Menschen.*

EVANGELIUM   Mt 13, 24–43

Laßt beides wachsen bis zur Ernte

✛ **Aus dem heiligen Evangelium nach Matthäus.**

In jener Zeit
24   **erzählte Jesus der Menge das folgende Gleichnis:**
Mit dem Himmelreich
   ist es wie mit einem Mann,
   der guten Samen auf seinen Acker säte.
25   **Während nun die Leute schliefen,**
   kam sein Feind,
säte Unkraut unter den Weizen
und ging wieder weg.
26   **Als die Saat aufging und sich die Ähren bildeten,**
   kam auch das Unkraut zum Vorschein.
27   **Da gingen die Knechte zu dem Gutsherrn**
und sagten: Herr,
   hast du nicht guten Samen auf deinen Acker gesät?
Woher kommt dann das Unkraut?
28   **Er antwortete: Das hat ein Feind von mir getan.**
Da sagten die Knechte zu ihm: Sollen wir gehen und es ausreißen?
29   **Er entgegnete: Nein,**
sonst reißt ihr zusammen mit dem Unkraut auch den Weizen aus.
30   **Laßt beides wachsen bis zur Ernte.**
Wenn dann die Zeit der Ernte da ist,
   werde ich den Arbeitern sagen:
   Sammelt zuerst das Unkraut
   und bindet es in Bündel, um es zu verbrennen;
den Weizen aber bringt in meine Scheune.

Er erzählte ihnen ein weiteres Gleichnis
und sagte: Mit dem Himmelreich ist es wie mit einem Senfkorn,
das ein Mann auf seinen Acker säte.
Es ist das kleinste von allen Samenkörnern;
sobald es aber hochgewachsen ist,
ist es größer als die anderen Gewächse
und wird zu einem Baum,
so daß die Vögel des Himmels kommen
und in seinen Zweigen nisten.

Und er erzählte ihnen noch ein Gleichnis:
Mit dem Himmelreich ist es wie mit dem Sauerteig,
den eine Frau unter einen großen Trog Mehl mischte,
bis das Ganze durchsäuert war.

Dies alles sagte Jesus der Menschenmenge durch Gleichnisse;
er redete nur in Gleichnissen zu ihnen.
Damit sollte sich erfüllen,
was durch den Propheten gesagt worden ist:

Ich öffne meinen Mund und rede in Gleichnissen,
ich verkünde, was seit der Schöpfung verborgen war.

Dann verließ er die Menge
und ging nach Hause.
Und seine Jünger kamen zu ihm
und sagten:
Erkläre uns das Gleichnis vom Unkraut auf dem Acker.

Er antwortete: Der Mann, der den guten Samen sät,
ist der Menschensohn;
der Acker ist die Welt;
der gute Samen, das sind die Söhne des Reiches;
das Unkraut sind die Söhne des Bösen;
der Feind, der es gesät hat,
ist der Teufel;
die Ernte ist das Ende der Welt;
die Arbeiter bei dieser Ernte sind die Engel.

Wie nun das Unkraut aufgesammelt und im Feuer verbrannt wird,
so wird es auch am Ende der Welt sein:
Der Menschensohn wird seine Engel aussenden,
und sie werden aus seinem Reich alle zusammenholen,
die andere verführt und Gottes Gesetz übertreten haben,
und werden sie in den Ofen werfen, in dem das Feuer brennt.

Dort werden sie heulen und mit den Zähnen knirschen.
43 Dann werden die Gerechten
   im Reich ihres Vaters wie die Sonne leuchten.

Wer Ohren hat, der höre!

Oder:

KURZFASSUNG   Mt 13, 24–30

Laßt beides wachsen bis zur Ernte

✝ Aus dem heiligen Evangelium nach Matthäus.

In jener Zeit
24   erzählte Jesus der Menge das folgende Gleichnis:
Mit dem Himmelreich
   ist es wie mit einem Mann,
      der guten Samen auf seinen Acker säte.
25 Während nun die Leute schliefen,
      kam sein Feind,
   säte Unkraut unter den Weizen
   und ging wieder weg.
26 Als die Saat aufging und sich die Ähren bildeten,
      kam auch das Unkraut zum Vorschein.
27 Da gingen die Knechte zu dem Gutsherrn
   und sagten: Herr,
      hast du nicht guten Samen auf deinen Acker gesät?
   Woher kommt dann das Unkraut?
28 Er antwortete: Das hat ein Feind von mir getan.
   Da sagten die Knechte zu ihm: Sollen wir gehen und es ausreißen?
29 Er entgegnete: Nein,
   sonst reißt ihr zusammen mit dem Unkraut auch den Weizen aus.
30 Laßt beides wachsen bis zur Ernte.
   Wenn dann die Zeit der Ernte da ist,
      werde ich den Arbeitern sagen:
         Sammelt zuerst das Unkraut
         und bindet es in Bündel, um es zu verbrennen;
   den Weizen aber bringt in meine Scheune.

Glaubensbekenntnis, S. 356 ff.
Fürbitten vgl. S. 792 ff.

ZUR EUCHARISTIEFEIER *Es gibt Gutes und Böses in der Gemeinde. Gibt es auch gute und böse Menschen? In Wirklichkeit sind die Guten nicht nur gut, und die Bösen nicht nur böse. Gott lädt uns ein und nimmt uns an, nicht weil wir gut sind, sondern weil er gut ist.*

GABENGEBET

Herr, du hast die vielen Opfer,
die dir je von Menschen dargebracht werden,
in dem einen Opfer des Neuen Bundes vollendet.
Nimm die Gaben deiner Gläubigen an
und heilige sie,
wie du einst das Opfer Abels angenommen hast;
und was jeder einzelne zu deiner Ehre darbringt,
das werde allen zum Heil.
Darum bitten wir durch Christus, unseren Herrn.

Präfation, S. 424 ff.

KOMMUNIONVERS   Ps 111 (110), 4–5

Ein Gedächtnis seiner Wunder hat der Herr gestiftet,
gnädig und barmherzig ist der Herr.
Er gibt denen Speise, die ihn fürchten.

Oder: Offb 3, 20

So spricht der Herr:
Ich stehe an der Tür und klopfe.
Wenn einer meine Stimme hört und die Tür öffnet,
werde ich bei ihm eintreten und mit ihm Mahl halten,
und er mit mir.

SCHLUSSGEBET

Barmherziger Gott, höre unser Gebet.
Du hast uns im Sakrament
das Brot des Himmels gegeben,
damit wir an Seele und Leib gesunden.
Gib, daß wir
die Gewohnheiten des alten Menschen ablegen
und als neue Menschen leben.
Darum bitten wir durch Christus, unseren Herrn.

FÜR DEN TAG UND DIE WOCHE

Geheimnis Gottes *Die Schrift im Ganzen gestattet es weder, den Glauben an die Gerechtigkeit Gottes aufzugeben, um sich nur an seine Barmherzigkeit zu halten, noch sich an seiner Gerechtigkeit allein auszurichten. Der hier aufbrechende Widerspruch ist offenkundig unauflösbar. Der glaubende Mensch stößt im Hinblick auf das Weltgericht zugleich auf das unenträtselbare Wesen des Bösen und auf das Geheimnis des Gottes, der gerecht und gnädig in einem ist. (W. Strolz)*

17. SONNTAG IM JAHRESKREIS

Weisheit, wie die Bibel sie versteht, ist nicht das gleiche wie Philosophie oder Lebenskunst. Es handelt sich darum, die Wege Gottes und der Menschen zu begreifen und sich selbst zu verstehen. Das ist nicht nur eine Frage des Alters, der Begabung, des guten Willens. Die Weisheit ist ein Geschenk Gottes, ein notwendiges Geschenk, wenn unser Leben gelingen soll. Sie wird dem gegeben, der sie mit wachem Herzen sucht und ehrfürchtig um sie bittet.

ERÖFFNUNGSVERS   Vgl. Ps 68 (67),6–7.36

Gott ist hier, an heiliger Stätte.
Gott versammelt sein Volk in seinem Haus,
er schenkt ihm Stärke und Kraft.
Ehre sei Gott, S. 352 ff.

TAGESGEBET

Gott, du Beschützer aller, die auf dich hoffen,
ohne dich ist nichts gesund und nichts heilig.
Führe uns in deinem Erbarmen den rechten Weg
und hilf uns,
die vergänglichen Güter so zu gebrauchen,
daß wir die ewigen nicht verlieren.
Darum bitten wir durch Jesus Christus.

ZUR 1. LESUNG *Nach seinem Regierungsantritt macht Salomo die Wallfahrt nach Gibeon und betet um das, was er als König am mei-*

*sten braucht: um Weisheit, d. h. Klugheit für die Praxis der Regierung.
Er betet um ein „hörendes Herz", um die Fähigkeit der rechten Unterscheidung und Entscheidung. Schon aus dieser Bitte spricht die Weisheit Salomos. Gott gewährt sie ihm und gibt ihm ein paar Kleinigkeiten dazu: Reichtum, Ehre, langes Leben.*

ERSTE LESUNG   1 Kön 3, 5.7–12

Du hast um Weisheit gebeten

Lesung
   aus dem ersten Buch der Könige.

In jenen Tagen
   erschien der Herr dem Sálomo nachts im Traum
und forderte ihn auf:
   Sprich eine Bitte aus, die ich dir gewähren soll.

Und Sálomo sprach: Herr, mein Gott,
du hast deinen Knecht
   anstelle meines Vaters David zum König gemacht.
Doch ich bin noch sehr jung
und weiß nicht, wie ich mich als König verhalten soll.
Dein Knecht
   steht aber mitten in deinem Volk, das du erwählt hast:
einem großen Volk,
   das man wegen seiner Menge
   nicht zählen und nicht schätzen kann.
Verleih daher deinem Knecht ein hörendes Herz,
damit er dein Volk zu regieren
   und das Gute vom Bösen zu unterscheiden versteht.
Wer könnte sonst dieses mächtige Volk regieren?

Es gefiel dem Herrn, daß Sálomo diese Bitte aussprach.
Daher antwortete ihm Gott:
   Weil du gerade diese Bitte ausgesprochen hast
   und nicht um langes Leben,
   Reichtum oder um den Tod deiner Feinde,
   sondern um Einsicht gebeten hast, um auf das Recht zu hören,
   werde ich deine Bitte erfüllen.
Sieh, ich gebe dir ein so weises und verständiges Herz,
   daß keiner vor dir war und keiner nach dir kommen wird,
   der dir gleicht.

ANTWORTPSALM

Ps 119 (118),57 u. 72.76–77.127–128.129–130 (R: 97a)

R Wie lieb ist mir deine Weisung, o Herr! – R   (GL 465)

57 Mein Anteil ist der <u>Herr</u>; *   II. Ton
ich habe versprochen, dein Wort <u>zu</u> beachten.

72 Die Weisung deines Mundes ist mir <u>lieb</u>, *
mehr als große Mengen von <u>Gold</u> und Silber. – (R)

76 Tröste mich in deiner <u>Huld</u>, *
wie du es deinem <u>Knecht</u> verheißen hast.

77 Dein Erbarmen komme über mich, damit ich <u>le</u>be; *
denn deine Weisung macht mich froh. – (R)

127 Ich liebe deine <u>Gebo</u>te *
mehr als Rot<u>gold</u> und Weißgold.

128 Ich lebe genau nach deinen Be<u>feh</u>len; *
ich hasse alle <u>Pfade</u> der Lüge. – (R)

129 Herr, deine Vorschriften sind der Bewunderung <u>wert</u>; *
darum be<u>wahrt</u> sie mein Herz.

130 Die Erklärung deiner Worte bringt Er<u>leuch</u>tung, *
den Unerfahrenen <u>schenkt</u> sie Einsicht. – R

ZUR 2. LESUNG   *Unser Leben steht nicht nur in dem engen Raum
zwischen Geburt und Tod. Es hat einen ewigen Ursprung und ein ewiges Ziel. Was der Mensch in Wahrheit ist und werden soll, ist in Christus sichtbar geworden. Daß wir ihm ähnlich werden und an seinem
Leben teilhaben, das ist Gottes Absicht und unsere Hoffnung. „Wir
wissen" – so beginnt diese Lesung –, daß unser Leben durch Leid und
Tod hindurch diesem Ziel entgegengeführt wird.*

ZWEITE LESUNG   Röm 8, 28–30

Gott hat uns im voraus dazu bestimmt, an Wesen und Gestalt seines Sohnes teilzuhaben

**Lesung
aus dem Brief des Apostels Paulus an die Römer.**

Brüder!

**Wir wissen, daß Gott bei denen, die ihn lieben,
alles zum Guten führt,
bei denen, die nach seinem ewigen Plan berufen sind;
denn alle, die er im voraus erkannt hat,
hat er auch im voraus dazu bestimmt,
an Wesen und Gestalt seines Sohnes teilzuhaben,
damit dieser der Erstgeborene von vielen Brüdern sei.**

**Die aber, die er vorausbestimmt hat,
hat er auch berufen,
und die er berufen hat,
hat er auch gerecht gemacht;
die er aber gerecht gemacht hat,
die hat er auch verherrlicht.**

RUF VOR DEM EVANGELIUM   Vers: vgl. Mt 11, 25

Halleluja. Halleluja.

**Sei gepriesen, Vater, Herr des Himmels und der Erde;
du hast die Geheimnisse des Reiches den Unmündigen offenbart.**

Halleluja.

ZUM EVANGELIUM   *Am Ende der Gleichnisrede fragt Jesus die Jünger: Habt ihr das alles verstanden? Er fragt jeden von uns. Das wirkliche Verstehen geschieht mehr mit dem Herzen als mit dem Verstand. Auf das Herz kommt es an, auf die Bereitschaft, dem Wort Jesu Raum zu geben, damit es in uns wachsen und Frucht bringen kann. – Der heutige Abschnitt bildet den Schluß der Gleichnisrede. Die Freude des Evangeliums und der Ernst seiner Forderung kommen hier nochmals zur Sprache.*

EVANGELIUM   Mt 13, 44–52

Er verkaufte alles, was er besaß, und kaufte jenen Acker

✢ Aus dem heiligen Evangelium nach Matthäus.

In jener Zeit sprach Jesus zu der Menge:
44   Mit dem Himmelreich
        ist es wie mit einem Schatz, der in einem Acker vergraben war.
        Ein Mann entdeckte ihn,
        grub ihn aber wieder ein.
        Und in seiner Freude verkaufte er alles, was er besaß,
        und kaufte den Acker.

45   Auch ist es mit dem Himmelreich
        wie mit einem Kaufmann, der schöne Perlen suchte.
46   Als er eine besonders wertvolle Perle fand,
        verkaufte er alles, was er besaß,
        und kaufte sie.

47   Weiter ist es mit dem Himmelreich
        wie mit einem Netz, das man ins Meer warf,
        um Fische aller Art zu fangen.
48   Als es voll war,
        zogen es die Fischer ans Ufer;
        sie setzten sich,
        lasen die guten Fische aus und legten sie in Körbe,
        die schlechten aber warfen sie weg.

49   So wird es auch am Ende der Welt sein:
        Die Engel werden kommen
        und die Bösen von den Gerechten trennen
50   und in den Ofen werfen, in dem das Feuer brennt.
        Dort werden sie heulen und mit den Zähnen knirschen.

51   Habt ihr das alles verstanden?
        Sie antworteten: Ja.

52   Da sagte er zu ihnen:
        Jeder Schriftgelehrte also,
        der ein Jünger des Himmelreichs geworden ist,
        gleicht einem Hausherrn,
        der aus seinem reichen Vorrat Neues und Altes hervorholt.

Oder:

KURZFASSUNG Mt 13, 44–46

Er verkaufte alles, was er besaß, und kaufte jenen Acker

✝ Aus dem heiligen Evangelium nach Matthäus.

In jener Zeit sprach Jesus zu der Menge:

44 Mit dem Himmelreich
  ist es wie mit einem Schatz, der in einem Acker vergraben war.
Ein Mann entdeckte ihn,
  grub ihn aber wieder ein.
Und in seiner Freude verkaufte er alles, was er besaß,
  und kaufte den Acker.

45 Auch ist es mit dem Himmelreich
  wie mit einem Kaufmann, der schöne Perlen suchte.

46 Als er eine besonders wertvolle Perle fand,
  verkaufte er alles, was er besaß,
  und kaufte sie.

Glaubensbekenntnis, S. 356 ff.
Fürbitten vgl. S. 792 ff.

ZUR EUCHARISTIEFEIER *Wer Jesus entdeckt hat, dem verblassen vor der Freude dieses Fundes alle unechten Werte, die echten aber beginnen neu zu leuchten. Freude ist die Grunderfahrung eines Christenmenschen. Ein freudloses Christentum, ein freudloser Gottesdienst: das wäre kein Christentum und kein Gottesdienst.*

GABENGEBET

Gütiger Gott,
nimm die Gaben an,
die wir von deiner Güte empfangen haben.
Laß deine Kraft in ihnen wirken,
damit sie uns in diesem Leben heiligen
und zu den ewigen Freuden führen.
Darum bitten wir durch Christus, unseren Herrn.

Präfation, S. 424 ff.

KOMMUNIONVERS   Ps 103 (102), 2

Lobe den Herrn, meine Seele,
und vergiß nicht, was er dir Gutes getan hat!

Oder: Mt 5, 7–8

Selig, die barmherzig sind; denn sie werden Erbarmen finden.
Selig, die ein reines Herz haben; denn sie werden Gott schauen.

SCHLUSSGEBET

Herr, unser Gott,
wir haben
das Gedächtnis des Leidens Christi gefeiert
und das heilige Sakrament empfangen.
Was uns dein Sohn
in unergründlicher Liebe geschenkt hat,
das werde uns nicht zum Gericht,
sondern bringe uns das ewige Heil.
Darum bitten wir durch Christus, unseren Herrn.

FÜR DEN TAG UND DIE WOCHE

Fest ohne Ende   *Der auferstandene Christus macht das Leben des
Menschen zu einem ununterbrochenen Fest. (Athanasius von Alexandrien).
Dieses Fest, das eine gefährliche und zugleich befreiende Erinnerung
wachhält und der Gegenwart verkündet, läßt zugleich die uns verheißene absolute Zukunft vorscheinen: das ewige Fest Gottes mit den
Menschen. (Ralph Sauer)*

18. SONNTAG IM JAHRESKREIS

Hungrige Menschen gab es auch zur Zeit Jesu und in seiner Nähe. Jesus hat seine Jünger nicht gelehrt, Brot zu vermehren, wohl aber, für das vorhandene zu danken und es denen weiterzugeben, die Hunger haben. Das Problem des Hungers ist nicht nur ein Problem der Produktion. Es ist zuerst eine Frage des Austeilens: nicht nur Fremdes verteilen, sondern Eigenes hergeben. Also eine Frage an das Herz.

ERÖFFNUNGSVERS   Ps 70 (69), 2.6

Gott, komm mir zu Hilfe; Herr, eile, mir zu helfen.
Meine Hilfe und mein Retter bist du, Herr, säume nicht.
Ehre sei Gott, S. 352 ff.

TAGESGEBET

Gott, unser Vater,
steh deinen Dienern bei
und erweise allen, die zu dir rufen,
Tag für Tag deine Liebe.
Du bist unser Schöpfer
und der Lenker unseres Lebens.
Erneuere deine Gnade in uns, damit wir dir gefallen,
und erhalte, was du erneuert hast.
Darum bitten wir durch Jesus Christus.

ZUR 1. LESUNG   *Kostbare Gaben sind Wasser und Brot für den, der Hunger und Durst hat. Das Volk im babylonischen Exil hatte wohl genug zu essen, aber es war das Brot der Fremde, ein Brot, „das nicht nährt", ein armer Ersatz. Der eigentliche Hunger: nach der Nähe des lebendigen Gottes. Auch dafür bietet sich Ersatz an: die fremden Götter – in Babylon und anderswo. Daher das Drängende in der Heilsankündigung: Kommt, eßt und trinkt! Glaubt meinem Wort! Traut meiner Bundestreue! (Vgl. die Einführung zur 5. Lesung in der Osternacht).*

ERSTE LESUNG   Jes 55, 1–3

Kommt und eßt!

Lesung
aus dem Buch Jesája.

So spricht der Herr:
1   Auf, ihr Durstigen, kommt alle zum Wasser!
    Auch wer kein Geld hat, soll kommen.
    Kauft Getreide, und eßt, kommt und kauft ohne Geld,
    kauft Wein und Milch ohne Bezahlung!

2   Warum bezahlt ihr mit Geld, was euch nicht nährt,
    und mit dem Lohn eurer Mühen, was euch nicht satt macht?
    Hört auf mich,
    dann bekommt ihr das Beste zu essen
    und könnt euch laben an fetten Speisen.

3   Neigt euer Ohr mir zu, und kommt zu mir,
    hört, dann werdet ihr leben.
    Ich will einen ewigen Bund mit euch schließen
        gemäß der beständigen Huld, die ich David erwies.

ANTWORTPSALM   Ps 145 (144), 8–9.15.16.17–18 (R: 16)

R   Herr, du öffnest deine Hand   (GL 758, 1)
    und sättigst alles, was lebt, nach deinem Gefallen. – R

8   Der Herr ist gnädig und barmherzig, *   I. Ton
    langmütig und reich an Gnade.

9   Der Herr ist gütig zu allen, *
    sein Erbarmen waltet über all seinen Werken. – (R)

15 Aller Augen warten auf dich, *
    und du gibst ihnen Speise zur rechten Zeit.

16 Du öffnest deine Hand *
    und sättigst alles, was lebt, nach deinem Gefallen. – (R)

17 Gerecht ist der Herr in allem, was er tut, *
    voll Huld in all seinen Werken.

18 Der Herr ist allen, die ihn anrufen, nahe, *
    allen, die zu ihm aufrichtig rufen. – R

ZUR 2. LESUNG *Wer durch seinen Glauben und durch die Taufe zu Christus gehört, ist damit nicht aus der Welt herausgenommen. Auf vielfache Weise ist er mit der Schöpfung und mit der Geschichte verflochten, daher auch vielfach bedroht durch Mächte „aus der Tiefe und aus der Höhe". Dagegen helfen keine Beweise und keine Bibelstellen. Aber es gibt eine Gewißheit endgültiger Bewahrung und Rettung: die Treue Gottes, seine Liebe, die uns durch die Tat Jesu Christi offenbart wurde.*

ZWEITE LESUNG Röm 8, 35.37–39

Nichts kann uns scheiden von der Liebe Gottes, die in Christus Jesus ist

Lesung
aus dem **Brief des Apostels Paulus an die Römer.**

Brüder!
Was kann uns **scheiden von der Liebe Christi?**
Bedrängnis oder **Not oder Verfolgung,**
Hunger oder Kälte, Gefahr oder Schwert?
All das überwinden wir
durch den, der uns geliebt hat.

Denn ich bin gewiß:
Weder Tod noch Leben,
weder Engel noch Mächte,
weder Gegenwärtiges noch Zukünftiges,
weder Gewalten der Höhe oder Tiefe
noch irgendeine andere Kreatur
können uns scheiden von der Liebe Gottes,
die in Christus Jesus ist, unserem Herrn.

RUF VOR DEM EVANGELIUM Vers: vgl. Mt 4, 4b

Halleluja. Halleluja.

Nicht nur von Brot lebt der Mensch,
sondern von jedem Wort aus Gottes Mund.

Halleluja.

ZUM EVANGELIUM *Es waren nicht seine Freunde, nicht die Jünger, sondern einfach „Leute": Menschen, die Hunger hatten. Jesus*

schickt sie nicht fort, er hat Mitleid mit ihnen. Er heilt die Krankhei-
ten, er stillt den Hunger. So gibt er sich zu erkennen; so gibt in ihm
Gott sich zu erkennen. Die Jünger aber – und damit meint der Evange-
list auch uns – helfen austeilen: das Brot für den Leib und das gute
Wort für die Seele, oder richtiger: Beides für Leib und Seele.

EVANGELIUM   Mt 14, 13–21

Alle aßen und wurden satt

✠ Aus dem heiligen Evangelium nach Matthäus.

In jener Zeit,
13   als Jesus hörte, daß Johannes enthauptet worden war,
       fuhr er mit dem Boot in eine einsame Gegend,
       um allein zu sein.
Aber die Leute in den Städten hörten davon
und gingen ihm zu Fuß nach.
14 Als er ausstieg und die vielen Menschen sah,
       hatte er Mitleid mit ihnen
       und heilte die Kranken, die bei ihnen waren.
15 Als es Abend wurde,
       kamen die Jünger zu ihm
und sagten: Der Ort ist abgelegen,
und es ist schon spät geworden.
Schick doch die Menschen weg,
       damit sie in die Dörfer gehen
       und sich etwas zu essen kaufen können.
16 Jesus antwortete: Sie brauchen nicht wegzugehen.
Gebt ihr ihnen zu essen!
17 Sie sagten zu ihm:
       Wir haben nur fünf Brote und zwei Fische bei uns.
18 Darauf antwortete er:
       Bringt sie her!
19 Dann ordnete er an, die Leute sollten sich ins Gras setzen.
Und er nahm die fünf Brote und die zwei Fische,
       blickte zum Himmel auf,
       sprach den Lobpreis,
       brach die Brote und gab sie den Jüngern;
       die Jünger aber gaben sie den Leuten,
20 und alle aßen und wurden satt.

Als die Jünger die übriggebliebenen Brotstücke einsammelten,
  wurden zwölf Körbe voll.
Es waren etwa fünftausend Männer, die an dem Mahl teilnahmen,
dazu noch Frauen und Kinder.

Glaubensbekenntnis, S. 356 ff.
Fürbitten vgl. S. 792 ff.

ZUR EUCHARISTIEFEIER *Das eucharistische Mahl und die
Mahlzeit zu Hause: es ist nicht dasselbe, aber es sind auch nicht zwei
getrennte Welten. „Leib Christi" hier und dort, wenn auch auf verschiedene Weise. Jesus lädt uns ein – wen laden wir ein?*

GABENGEBET

Barmherziger Gott, heilige diese Gaben.
Nimm das Opfer an,
das dir im Heiligen Geist dargebracht wird,
und mache uns selbst zu einer Gabe,
die für immer dir gehört.
Darum bitten wir durch Christus, unseren Herrn.
Präfation, S. 424 ff.

KOMMUNIONVERS   Weish 16, 20

Herr, du hast uns Brot vom Himmel gegeben,
das allen Wohlgeschmack in sich enthält.

Oder: Joh 6, 35

So spricht der Herr:
Ich bin das Brot des Lebens,
wer zu mir kommt, wird nicht mehr hungern,
und wer an mich glaubt, wird nicht mehr Durst haben.

SCHLUSSGEBET

Barmherziger Gott,
in den heiligen Gaben empfangen wir neue Kraft.
Bleibe bei uns in aller Gefahr
und versage uns nie deine Hilfe,
damit wir der ewigen Erlösung würdig werden.
Darum bitten wir durch Christus, unseren Herrn.

FÜR DEN TAG UND DIE WOCHE

Verwandlungen   *Das Korn, das sterben muß, um Frucht zu bringen; die Ähren, die gemäht werden; die Körner, die gemahlen werden; das Mehl, das gebacken wird, damit es Brot wird und auf unseren Tisch kommt ... Und das Brot schließlich, das auf den Tisch der gläubigen Gemeinde kommt, von dem der Herr sagt: Das Brot bin ich, nehmt es und eßt. Das Brot, das ich empfange, will mich selber zu Brot machen ... Ernst Wiechert: „Und gib, daß es mir niemals fehlt an dem, wonach ihr Herz sich quält: ein bißchen Brot und viel Erbarmen". (H.-A. Höntges)*

19. SONNTAG IM JAHRESKREIS

Im Sturm und in der Stille kann der Mensch die Stimme Gottes hören. Aber erst in der Stille wird das Wort verstanden. Aus der Stille wächst auch die Verantwortung und die Antwort. Das Wort, das von Gott zu uns kommt, ist nie harmlos. Es schafft Bewegung, Gefahr, Rettung.

ERÖFFNUNGSVERS   Vgl. Ps 74 (73), 20.19.22.23

**Blick hin, o Herr, auf deinen Bund
und vergiß das Leben deiner Armen nicht für immer.
Erhebe dich, Gott, und führe deine Sache.
Vergiß nicht das Rufen derer, die dich suchen.**

Ehre sei Gott. S. 352 ff.

TAGESGEBET

**Allmächtiger Gott,
wir dürfen dich Vater nennen,
denn du hast uns an Kindes Statt angenommen
und uns den Geist deines Sohnes gesandt.
Gib, daß wir in diesem Geist wachsen
und einst das verheißene Erbe empfangen.
Darum bitten wir durch Jesus Christus.**

ZUR 1. LESUNG   *Die Götter der alten wie der neuen Zeit machen vielleicht Lärm, aber sie reden nicht, sie sagen nichts. Der lebendige Gott spricht, durch Taten und mit Worten. Nur die Worte sind deutlich und eindeutig. Der Prophet Elija (9. Jh. v. Chr.) glaubte am Ende seiner Mission zu sein, da erfuhr er neu die ganze Wucht Gottes, nicht im Sturm, nicht im Erdbeben, nicht im Feuer; es mußte still werden; im „verschwebenden Schweigen" eines leisen Windhauchs erfährt der Prophet die Nähe Gottes. Jetzt kann er das Wort hören (Verse 13–18): das befehlende und die kommenden Ereignisse deutende Wort seines Gottes.*

ERSTE LESUNG   1 Kön 19, 9a.11–13a

Komm heraus, und stell dich auf den Berg vor den Herrn!

Lesung
   aus dem ersten Buch der Könige.

In jenen Tagen
   kam Elíja zum Gottesberg Horeb.
Dort ging er in eine Höhle,
   um darin zu übernachten.
Doch das Wort des Herrn erging an ihn:
Komm heraus,
und stell dich auf den Berg vor den Herrn!

Da zog der Herr vorüber:
Ein starker, heftiger Sturm,
   der die Berge zerriß und die Felsen zerbrach,
   ging dem Herrn voraus.
Doch der Herr war nicht im Sturm.
Nach dem Sturm kam ein Erdbeben.
Doch der Herr war nicht im Erdbeben.
Nach dem Beben kam ein Feuer.
Doch der Herr war nicht im Feuer.

Nach dem Feuer
   kam ein sanftes, leises Säuseln.
Als Elíja es hörte,
   hüllte er sein Gesicht in den Mantel,
trat hinaus
und stellte sich an den Eingang der Höhle.

ANTWORTPSALM   Ps 85 (84), 9–10.11–12.13–14 (R: 8)

R Erweise uns, Herr, deine Huld,   (GL 528, 6)
und gewähre uns dein Heil! – **R**

9   Ich will hören, was Gott redet: †   II. Ton
    Frieden verkündet der Herr seinem <u>Volk</u> *
    und seinen Frommen, den Menschen mit red<u>l</u>ichem Herzen.

10 Sein Heil ist denen nahe, die ihn <u>fürch</u>ten. *
    Seine Herrlichkeit woh<u>ne</u> in un<u>ser</u>m Land. – **(R)**

11 Es begegnen einander Huld und <u>Treue</u>; *
    Gerechtigkeit und <u>Frie</u>de kü<u>ssen</u> sich.

12 Treue sproßt aus der Erde her<u>vor</u>; *
    Gerechtigkeit blickt vom <u>Him</u>mel hernieder. – **(R)**

13 Auch spendet der Herr dann <u>Se</u>gen, *
    und unser Land gibt <u>sei</u>nen Ertrag.

14 Gerechtigkeit geht vor ihm <u>her</u>, *
    und Heil folgt der Spur <u>sei</u>ner Schritte. – **R**

ZUR 2. LESUNG   *Der Apostel Paulus hat an sich selbst die Macht
der Liebe Christi erfahren, muß aber sehen, daß der Großteil seines
Volkes Jesus nicht als Messias anerkennt. Ist Israel also nicht mehr
das erwählte Gottesvolk? Im Römerbrief ist Paulus diesem Problem
nachgegangen (Kap. 9–11), nicht als neutraler Beobachter, sondern
als einer, der sein Volk leidenschaftlich liebt. In 9, 4 zählt er die
Merkmale auf, die dieses Volk auszeichnen, die Vorzüge, die Gott ihm
verliehen hat. Als Christ weiß Paulus sich diesem Volk auf neue Weise
verantwortlich.*

ZWEITE LESUNG   Röm 9, 1–5

Ich möchte selber verflucht sein um meiner Brüder willen

Lesung
    aus dem Brief des Apostels Paulus an die Römer.

Brüder!
1   Ich sage in Christus die Wahrheit
    und lüge nicht,
    und mein Gewissen bezeugt es mir im Heiligen Geist:
2   Ich bin voll Trauer,
    unablässig leidet mein Herz.

³ Ja, ich möchte selber verflucht
   und von Christus getrennt sein
   um meiner Brüder willen,
   die der Abstammung nach mit mir verbunden sind.
⁴ Sie sind Israeliten;
damit haben sie die Sohnschaft,
die Herrlichkeit,
die Bundesordnungen,
ihnen ist das Gesetz gegeben,
der Gottesdienst und die Verheißungen,
sie haben die Väter,
und dem Fleisch nach entstammt ihnen der Christus,
   der über allem als Gott steht,
er ist gepriesen in Ewigkeit.
Amen.

RUF VOR DEM EVANGELIUM
Vers: Ps 130 (129), 5

Halleluja. Halleluja.

Ich hoffe auf den Herrn,
ich warte voll Vertrauen auf sein Wort.

Halleluja.

ZUM EVANGELIUM *Vom Gehen Jesu über den See berichten außer Matthäus auch Markus und Johannes (Mk 6, 45–52; Joh 6, 15–21). Jeder setzt die Akzente auf seine Weise. Bei Matthäus richtet sich das Interesse vor allem auf die Jünger; Petrus fällt besonders auf. Was den Jüngern widerfährt, weist schon auf die Geschichte der Kirche hin: starker Gegenwind, schwacher Glaube, selbst bei Petrus. Aber Jesus ist da, er ist „der Herr", „der Sohn Gottes". Am Ende steht die Anbetung, der Lobpreis.*

EVANGELIUM
Mt 14, 22–33

Herr, befiehl, daß ich auf dem Wasser zu dir komme

✛ Aus dem heiligen Evangelium nach Matthäus.

Nachdem Jesus die Menge gespeist hatte,
   forderte er die Jünger auf, ins Boot zu steigen
   und an das andere Ufer vorauszufahren.
Inzwischen wollte er die Leute nach Hause schicken.

23 Nachdem er sie weggeschickt hatte,
        stieg er auf einen Berg, um in der Einsamkeit zu beten.
    Spät am Abend war er immer noch allein auf dem Berg.

24 Das Boot aber war schon viele Stadien vom Land entfernt
    und wurde von den Wellen hin und her geworfen;
    denn sie hatten Gegenwind.

25 In der vierten Nachtwache kam Jesus zu ihnen;
    er ging auf dem See.

26 Als ihn die Jünger über den See kommen sahen,
        erschraken sie,
    weil sie meinten, es sei ein Gespenst,
    und sie schrien vor Angst.

27 Doch Jesus begann mit ihnen zu reden
    und sagte: Habt Vertrauen, ich bin es;
    fürchtet euch nicht!

28 Darauf erwiderte ihm Petrus:
        Herr, wenn du es bist,
        so befiehl, daß ich auf dem Wasser zu dir komme.

29 Jesus sagte: Komm!

    Da stieg Petrus aus dem Boot
        und ging über das Wasser auf Jesus zu.

30 Als er aber sah, wie heftig der Wind war,
        bekam er Angst und begann unterzugehen.
    Er schrie: Herr, rette mich!

31 Jesus streckte sofort die Hand aus,
    ergriff ihn
    und sagte zu ihm: Du Kleingläubiger,
    warum hast du gezweifelt?

32 Und als sie ins Boot gestiegen waren,
        legte sich der Wind.

33 Die Jünger im Boot aber fielen vor Jesus nieder
    und sagten: Wahrhaftig, du bist Gottes Sohn.

Glaubensbekenntnis, S. 356 ff.
fürbitten vgl. S. 792 ff.

ZUR EUCHARISTIEFEIER   *Die Jünger im Boot, der Gegenwind,
Christus kaum zu erkennen: das ist immer wieder die Situation der
Jüngergemeinde. Da hilft nicht das Aussteigen aus dem Boot, sondern*

der Glaube an die Nähe des Herrn. Er ist da, er kommt, oft anders als wir ihn zu kennen meinten.

GABENGEBET

Herr, unser Gott,
wir bringen die Gaben zum Altar,
die du selber uns geschenkt hast.
Nimm sie von deiner Kirche entgegen
und mache sie für uns zum Sakrament des Heiles.
Darum bitten wir durch Christus, unseren Herrn.

Präfation, S. 424 ff.

KOMMUNIONVERS   Ps 147, 12.14

Jerusalem, preise den Herrn, er sättigt dich mit bestem Weizen.

Oder: Joh 6, 51

So spricht der Herr:
Das Brot, das ich geben werde, ist mein Fleisch;
ich gebe es hin für das Leben der Welt.

SCHLUSSGEBET

Barmherziger Gott,
wir haben
den Leib und das Blut deines Sohnes empfangen.
Das heilige Sakrament bringe uns Heil,
es erhalte uns in der Wahrheit
und sei unser Licht in der Finsternis.
Darum bitten wir durch Christus, unseren Herrn.

FÜR DEN TAG UND DIE WOCHE

Der Mut   *Die Kirche muß verstehbar werden als Weg Jesu zu uns. Er gibt sich in die Geschichte hinein (... Wort, Sakrament, Amt), um sich mitzuteilen und je neu Menschen in seine Nachfolge zu rufen. „Wenn du es bist, dann sag, daß ich kommen soll!" Diese Leidenschaft des Petrus für den Herrn, dieser Mut, das Boot des Gewohnten zu verlassen und auf dem See ihm entgegenzugehen, heißt heute Mut zur Kirche. Wenn Jesus es ist, der in der Kirche ruft, dann brauchen wir den Mut, uns auch auf eine fremde und schwer verständliche Kirche einzulassen. (Klaus Hemmerle)*

20. SONNTAG IM JAHRESKREIS

Er kam in sein Eigentum, aber die Seinen nahmen ihn nicht auf (Joh 1, 11). Daß Israel seinen Messias nicht erkannte, wiegt schwer, aber „sein Eigentum" sind alle Menschen, alles Geschaffene. Die Welt ist nicht christlich geworden, auch das „christliche Abendland" nicht. Immerhin, einige haben Christus aufgenommen, wenige Juden, viele Heiden. An ihnen liegt es, ob das Licht in der Finsternis leuchtet.

ERÖFFNUNGSVERS   Ps 84 (83), 10–11

**Gott, du unser Beschützer, schau auf das Angesicht deines Gesalbten.
Denn ein einziger Tag in den Vorhöfen deines Heiligtums
ist besser als tausend andere.**

Ehre sei Gott. S. 352 ff.

TAGESGEBET

Barmherziger Gott,
was kein Auge geschaut und kein Ohr gehört hat,
das hast du denen bereitet, die dich lieben.
Gib uns ein Herz,
das dich in allem und über alles liebt,
damit wir
den Reichtum deiner Verheißungen erlangen,
der alles übersteigt, was wir ersehnen.
Darum bitten wir durch Jesus Christus.

ZUR 1. LESUNG   *Nach der Rückkehr aus dem babylonischen Exil (nach 538 v. Chr.) sammelt sich in Jerusalem die neue Gemeinde um den Tempel als ihre Mitte. Aber bald wird die Frage laut: Wo bleibt das verheißene Heil, die Herrlichkeit des neuen Jerusalem? Was wir sehen, das kann doch nicht alles sein. Und die andere Frage: Wer gehört zu unserer Gemeinde, wer darf im Tempel beten und Opfer darbringen? Antwort des Propheten: Das Heil (Frieden und Glück) kommt von Gott, es kommt bald. Deshalb haltet euch an die Grundforderungen des göttlichen Rechts. Wer vor Gott „recht" ist und sich zu ihm bekennt, den soll die Gemeinde nicht abweisen. Im Haus Gottes ist Raum für alle, und am Sabbat gibt es – gibt Gott – Freude für alle.*

ERSTE LESUNG

Jes 56, 1.6–7

Die Fremden bringe ich zu meinem heiligen Berg

**Lesung
aus dem Buch Jesája.**

1 So spricht der Herr:
Wahrt das Recht,
    und sorgt für Gerechtigkeit;
denn bald kommt von mir das Heil,
meine Gerechtigkeit wird sich bald offenbaren.

Die Fremden, die sich dem Herrn angeschlossen haben,
die ihm dienen und seinen Namen lieben,
    um seine Knechte zu sein,
alle, die den Sabbat halten und ihn nicht entweihen,
die an meinem Bund festhalten,
sie bringe ich zu meinem heiligen Berg
    und erfülle sie in meinem Bethaus mit Freude.
Ihre Brandopfer und Schlachtopfer
    finden Gefallen auf meinem Altar,
denn mein Haus
    wird ein Haus des Gebets für alle Völker genannt.

ANTWORTPSALM

Ps 67 (66), 2–3.5.6 u. 8 (R: 4)
(GL 732, 1)

R Die Völker sollen dir danken Gott,
danken sollen dir die Völker al – R

Gott sei uns gnädig und segnes. *
Er lasse über uns sein Angesi leuchten,
damit auf Erden sein Weg erkt wird *
und unter allen Völkern sein l. – (R)

III. Ton

Die Nationen sollen sich freund jubeln. *
Denn du richtest den Erdkreirecht.

Du richtest die Völker nach R *
und regierst die Nationen aufen. – (R)

Die Völker sollen dir dankenott, *
danken sollen dir die Völker

Es segne uns Gott. *
Alle Welt fürchte und ehre ih R

ZUR 2. LESUNG *Ist das Gottesvolk Israel vom Heil des Neuen Bundes ausgeschlossen, weil es Jesus als den Messias ablehnt? Können überhaupt Menschen sich Gott gegenüber so verhalten, daß er nicht mehr ihr Gott sein will? Die Antwort nimmt Paulus aus dem Wesen Gottes selbst. Gott ist groß, und er ist treu, er nimmt keine seiner Verheißungen zurück; er will alle Menschen retten. Alle haben gesündigt, da ist kein Unterschied zwischen Juden und Heiden. Nur durch Gottes Erbarmen werden alle gerettet.*

ZWEITE LESUNG   Röm 11, 13–15.29–32

Unwiderruflich sind Gnade und Berufung, die Gott Israel gewährt

Lesung
   aus dem Brief des Apostels Paulus an die Römer.

Brüder!

13 Euch, den Heiden, sage ich:
   Gerade als Apostel der Heiden preise ich meinen Dienst,

14 weil ich hoffe,
      die Angehörigen meines Volkes eifersüchtig zu machen
      und wenigstens einige von ihnen zu retten.

15 Denn wenn schon ihre Verwerfung
      für die Welt Versöhnung gebracht hat,
      dann wird ihre Annahme nichts anderes sein
      als Leben aus dem Tod.

29 Denn unwiderruflich sind Gnade und Berufung, die Gott gewährt.

30 Und wie ihr einst Gott ungehorsam wart,
      jetzt aber infolge ihres Ungehorsams Erbarmen gefunden habt,

31 so sind sie infolge des Erbarmens, das ihr gefunden habt,
      ungehorsam geworden,
   damit jetzt auch sie Erbarmen finden.

32 Gott hat alle in den Ungehorsam eingeschlossen,
      um sich aller zu erbarmen.

RUF VOR DEM EVANGELIUM   Vers: Mt 4, 23b

Halleluja. Halleluja.

Jesus verkündete das Evangelium vom Reich
und heilte im Volk alle Krankheiten und Leiden.

Halleluja.

ZUM EVANGELIUM *Für Christen, die aus dem Judentum kamen, war es nicht von Anfang an klar, wie weit auch die Heiden in die christliche Gemeinschaft aufgenommen werden konnten. Die kanaanäische Frau, die Jesus um Hilfe für ihre Tochter bat, war eine Heidin. Jesus hat sie zunächst abgewiesen, dann aber sagt er: Frau, dein Glaube ist groß! Und hier fällt die Entscheidung.*

EVANGELIUM   Mt 15, 21–28

Frau, dein Glaube ist groß!

✛ Aus dem heiligen Evangelium nach Matthäus.

In jener Zeit
21 zog Jesus sich in das Gebiet von Tyrus und Sidon zurück.
22 Da kam eine kanaanäische Frau aus jener Gegend zu ihm
und rief: Hab Erbarmen mit mir,
Herr, du Sohn Davids!
Meine Tochter wird von einem Dämon gequält.
23 Jesus aber gab ihr keine Antwort.

Da traten seine Jünger zu ihm
und baten: Befrei sie von ihrer Sorge,
denn sie schreit hinter uns her.
24 Er antwortete:
Ich bin nur
zu den verlorenen Schafen des Hauses Israel gesandt.

25 Doch die Frau kam,
fiel vor ihm nieder
und sagte: Herr, hilf mir!
26 Er erwiderte:
Es ist nicht recht, das Brot den Kindern wegzunehmen
und den Hunden vorzuwerfen.
27 Da entgegnete sie: Ja, du hast recht, Herr!
Aber selbst die Hunde
bekommen von den Brotresten,
die vom Tisch ihrer Herren fallen.

28 Darauf antwortete ihr Jesus:
Frau, dein Glaube ist groß.
Was du willst, soll geschehen.

Und von dieser Stunde an
war ihre Tochter geheilt.

Glaubensbekenntnis, S. 356 ff.
Fürbitten vgl. S. 792 ff.

ZUR EUCHARISTIEFEIER *Härte und Verachtung gegenüber dem, der einer anderen Rasse oder Klasse angehört, der anders denkt und fühlt, das alles gibt es, auch unter Christen. Aber nur wenn wir einander annehmen und uns an den gleichen Tisch setzen, nimmt Christus uns an.*

GABENGEBET

Herr, wir bringen unsere Gaben dar
für die Feier,
in der sich ein heiliger Tausch vollzieht.
Nimm sie in Gnaden an
und schenke uns dich selbst
in deinem Sohn Jesus Christus,
der mit dir lebt und herrscht in alle Ewigkeit.

Präfation, S. 424 ff.

KOMMUNIONVERS   Ps 130 (129), 7

Beim Herrn ist die Huld, bei ihm ist Erlösung in Fülle.

Oder: Joh 6, 51

So spricht der Herr:
Ich bin das lebendige Brot, das vom Himmel herabgekommen ist.
Wer von diesem Brote ißt, wird leben in Ewigkeit.

SCHLUSSGEBET

Barmherziger Gott,
im heiligen Mahl
schenkst du uns Anteil am Leben deines Sohnes.
Dieses Sakrament
mache uns auf Erden Christus ähnlich,
damit wir im Himmel
zur vollen Gemeinschaft mit ihm gelangen,
der mit dir lebt und herrscht in alle Ewigkeit.

FÜR DEN TAG UND DIE WOCHE
Volk Gottes in aller Welt   *Auch die Menschen, die das Evangelium noch nicht empfangen haben, gehören auf verschiedene Weise zum Volk Gottes. Das gilt in erster Linie von jenem Volk, dem der Bund und die Verheißungen gegeben worden sind und aus dem Christus dem Fleisch nach geboren ist (Röm 9, 4–5). Gott liebt dieses Volk um der Väter willen und weil er es erwählt hat; Gott nimmt seine Gaben und eine einmal ergangene Berufung nicht zurück (Röm 11, 28–29). Sein Heilswille umfaßt aber auch alle, die ihn als ihren Schöpfer anerkennen. Unter ihnen sind besonders die Muslim zu nennen, die sich zum Glauben Abrahams bekennen und mit uns den einen Gott anbeten, den gnädigen und barmherzigen Gott, der die Menschen am Jüngsten Tag richten wird. Aber auch den anderen, die in Schatten und Bildern Gott suchen, auch ihnen ist er nahe, da er allen Wesen Leben und Atem und alles gibt (Apg 17, 25–28); er ist ihr Erlöser, er will, daß alle Menschen gerettet werden (1 Tim 2, 4). (II. Vatikan. Konzil, Über die Kirche 16)*

21. SONNTAG IM JAHRESKREIS

Zum Haus gehört, daß es festen Bestand hat und daß es bewohnbar ist. Bewohnbar ist es durch Mauen und durch die Tür; auch die Fenster gehören dazu. Tür und Fenster sind zum Öffnen und zum Schließen gut. Festen Bestand aber h das Haus vor allem durch das Fundament. Die Kirche Christi apostolisch: sie ruht auf dem Fundament der Apostel, auf ihrem auben, ihrer Lehre, das heißt aber letzten Endes: auf Christus sel. Er ist der Fels.

ERÖFFNUNGSVERS   Ps 86 (85), 1–3
**Wende dein Ohr mir zu, erhönich, Herr,
hilf deinem Knecht, der dir veut, sei mir gnädig, o Herr.
Den ganzen Tag rufe ich zu d**

Ehre sei Gott, S. 352 ff.

TAGESGEBET

Gott, unser Herr,
du verbindest alle, die an dich glauben,
zum gemeinsamen Streben.
Gib, daß wir lieben, was du befiehlst,
und ersehnen, was du uns verheißen hast,
damit in der Unbeständigkeit dieses Lebens
unsere Herzen dort verankert seien,
wo die wahren Freuden sind.
Darum bitten wir durch Jesus Christus.

ZUR 1. LESUNG   *Das Wort vom Schlüssel, der dem Beamten am*
Königshof in Jerusalem auf die Schulter gelegt wird, deutet eine Bezie-
hung dieser Lesung zum Evangelium an (Mt 16, 19). Schlüsselgewalt
bedeutet Macht und Ehre, aber auch Last der Verantwortung. Der
Vorgänger des neuen Palastvorstehers mußte abgesetzt werden (gegen
700 v. Chr.); aber auch Eljakim, der Nachfolger, auf den der Prophet
große Hoffnungen setzt, wird ihn später enttäuschen (vgl. Jes
22, 24–25).

ERSTE LESUNG   Jes 22, 19–23

Ich lege ihm den Schlüssel des Hauses Dad auf die Schulter

Lesung
   aus dem Buch Jesája.

So spricht der Herr zu Schebna, cn Tempelvorsteher:
19 Ich verjage dich aus deinem Amt,
ich vertreibe dich von deinem Posn.

20 An jenem Tag
   werde ich meinen Knecht Éljakn den Sohn Hilkíjas, berufen.
21 Ich bekleide ihn mit deinem Gewan
   und lege ihm deine Schärpe um.
Ich übergebe ihm dein Amt,
und er wird für die Einwohner Jeruems und für das Haus Juda
   ein Vater sein.

22 Ich lege ihm den Schlüssel des Hau David auf die Schulter.
Wenn er öffnet,
   kann niemand schließen;

wenn er schließt,
    kann niemand öffnen.
23 Ich schlage ihn an einer festen Stelle als Pflock ein;
    er wird in seinem Vaterhaus den Ehrenplatz einnehmen.

ANTWORTPSALM   Ps 138 (137), 1–2b.2c–3.6 u. 8 (R: 8bc)

R Herr, deine Huld währt ewig.   (GL 528, 1)
Laß nicht ab vom Werk deiner Hände! – R

1 Ich will dir danken aus ganzem Herzen, *   I. Ton
   dir vor den Engeln singen und spielen;

2ab ich will mich niederwerfen zu deinem heiligen Tempel hin *
    und deinem Namen danken für deine Huld und Treue. – (R)

2cd Denn du hast die Worte meines Mundes gehört, *
    deinen Namen und dein Wort über alles verherrlicht.

3 Du hast mich erhört an dem Tag, als ich rief; *
   du gabst meiner Seele große Kraft. – (R)

6 Der Herr ist erhaben; †
   doch er schaut auf die Niedrigen, *
   und die Stolzen erkennt er von fern.

8 Der Herr nimmt sich meiner an. †
   Herr, deine Huld währt ewig. *
   Laß nicht ab vom Werk deiner Hände! – R

ZUR 2. LESUNG   *Das Ziel der Schöpfung und der Menschheitsgeschichte ist Christus; er ist auch der Anfang. In hymnisch-feierlicher
Sprache steht diese Aussage am Ende der Überlegungen über den Unglauben Israels (Röm 9–11). Gott handelt an diesem Volk, wie an allen Völkern, entsprechend seiner Gerechtigkeit und Treue, das heißt
aber letzten Endes: nach seinem Erbarmen. Staunend stehen wir vor
dem Geheimnis Gottes (11,25).*

ZWEITE LESUNG   Röm 11, 33–36

Aus ihm und durch ihn und auf ihn hin ist die ganze Schöpfung

Lesung
    aus dem Brief des Apostels Paulus an die Römer.

33   O Tiefe des Reichtums,
        der Weisheit und der Erkenntnis Gottes!
      Wie unergründlich sind seine Entscheidungen,
      wie unerforschlich seine Wege!
34   Denn wer hat die Gedanken des Herrn erkannt?
      Oder wer ist sein Ratgeber gewesen?
35   Wer hat ihm etwas gegeben,
        so daß Gott ihm etwas zurückgeben müßte?
36   Denn aus ihm und durch ihn und auf ihn hin
        ist die ganze Schöpfung.
      Ihm sei Ehre in Ewigkeit!
      Amen.

RUF VOR DEM EVANGELIUM   Vers: Mt 16, 18

Halleluja. Halleluja.

Du bist Petrus – der Fels –,
und auf diesen Felsen werde ich meine Kirche bauen,
und die Mächte der Unterwelt werden sie nicht überwältigen.

Halleluja.

ZUM EVANGELIUM   *Der Glaube an Jesus als den Christus, den
Messias, und der Glaube an Christus als den Sohn Gottes ist nicht das
Ergebnis rein menschlicher Überlegung und Forschung: „Fleisch und
Blut" kann es nicht offenbaren. Wem Gott es schenkt, der ist glücklich
zu preisen. Jesus hat den Glauben des Simon bestätigt; er soll Petrus,
der Fels sein, in dem bis zur Wiederkunft des Herrn die Kirche ihr Fundament und ihre Festigkeit haben wird.*

EVANGELIUM

Du bist Petrus; ich werde dir die Schlüssel des Himmelreichs geben

✝ **Aus dem heiligen Evangelium nach Matthäus.**

In jener Zeit,
13   als Jesus in das Gebiet von Cäsaréa Philíppi kam,
     fragte er seine Jünger:
Für wen halten die Leute den Menschensohn?

14 Sie sagten: Die einen für Johannes den Täufer,
andere für Elíja,
wieder andere für Jeremía oder sonst einen Propheten.

15 Da sagte er zu ihnen: Ihr aber,
     für wen haltet ihr mich?

16 Simon Petrus antwortete:
     Du bist der Messias,
der Sohn des lebendigen Gottes!

17 Jesus sagte zu ihm:
     Selig bist du, Simon Barjóna;
denn nicht Fleisch und Blut haben dir das offenbart,
     sondern mein Vater im Himmel.

18 Ich aber sage dir:
Du bist Petrus – der Fels –,
und auf diesen Felsen werde ich meine Kirche bauen,
und die Mächte der Unterwelt werden sie nicht überwältigen.

19 Ich werde dir die Schlüssel des Himmelreichs geben;
was du auf Erden binden wirst,
     das wird auch im Himmel gebunden sein,
und was du auf Erden lösen wirst,
     das wird auch im Himmel gelöst sein.

20 *Dann befahl er den Jüngern,*
     niemand zu sagen, daß er der Messias sei.

Glaubensbekenntnis, S. 356 ff.:   Fürbitten vgl. S. 792 ff.

ZUR EUCHARISTIEFEIER   *In jeder Eucharistiefeier wird für den Nachfolger des Petrus gebetet und für alle, die in der Kirche Verantwortung tragen. Petrus ist der Fels, aber nicht er allein trägt die Kirche. Christus ist der Fels. Und jeder, der an Christus glaubt, trägt den Glauben aller anderen mit.*

GABENGEBET

Herr und Gott,
du hast dir
das eine Volk des Neuen Bundes erworben
durch das Opfer deines Sohnes,
das er ein für allemal dargebracht hat.
Sieh gnädig auf uns
und schenke uns in deiner Kirche
Einheit und Frieden.
Darum bitten wir durch Christus, unseren Herrn.

Präfation, S. 424 ff.

KOMMUNIONVERS   Vgl. Ps 104 (103), 13–15

Herr, von den Früchten deiner Schöpfung werden alle satt.
Du schenkst dem Menschen Brot von der Erde
und Wein, der sein Herz erfreut.

Oder: Joh 6, 54

So spricht der Herr:
Wer mein Fleisch ißt und mein Blut trinkt, hat das ewige Leben,
und ich werde ihn auferwecken am Letzten Tag.

SCHLUSSGEBET

Herr, unser Gott,
schenke uns durch dieses Sakrament
die Fülle deines Erbarmens und mache uns heil.
Gewähre uns deine Hilfe,
damit wir so vor dir leben können,
wie es dir gefällt.
Darum bitten wir durch Christus, unseren Herrn.

FÜR DEN TAG UND DIE WOCHE

In die Zukunft hinein *Jede wahrhaft im Glauben gesetzte Tat
wirkt jetzt und hier nicht nur Gegenwärtiges, sondern Zukünftiges, indem sie aufs wirksamste und unfehlbarste die Struktur des Kommenden bestimmt und verwandelt. Die Anregung, daß Kirche und Christen
mehr für die kommenden Geschlechter beten müßten (Gebet ist Tat), ist
deshalb richtig. Durch Jesu Leben ist die Kirche und alles innerhalb
der Kirche gelebte Leben möglich geworden; es ist potentiell darin er-*

halten und als echt zukünftiges verbürgt. So schafft jede sich erfül-
lende christliche Sendung die Grundlage neuer Sendungen. Entzieht
sich ein Christ der Aufgabe, an dieser bestimmten Stelle sich „als le-
bendiger Baustein in den geistigen Tempel" einfügen zu lassen (1 Petr
2, 5), dann verändert er in abträglichem Sinne die Sendung all derer,
die sich über ihm, auf der Grundlage seiner vollzogenen Sendung, hö-
her oben einfügen lassen sollten. (H. U. von Balthasar)

22. SONNTAG IM JAHRESKREIS

Jesus ist der Christus und Gottessohn, der aus Schwachheit gekreu-
zigt wurde und aus der Kraft Gottes lebt (2 Kor 13, 4). Das ist der
Glaube, den wir bekennen. Wir glauben und bekennen es gegen den
Widerspruch der „Welt" und auch gegen den Aufstand im eigenen Her-
zen. Erst in der Nachfolge des Gekreuzigten wird das Herz frei und
das Bekenntnis wahr.

## ERÖFFNUNGSVERS					Ps 86 (85), 3.5

Sei mir gnädig, o Herr. Den ganzen Tag rufe ich zu dir.
Herr, du bist gütig und bereit, zu verzeihen;
für alle, die zu dir rufen, reich an Gnade.
Ehre sei Gott. S. 352 ff.

TAGESGEBET

Allmächtiger Gott,
von dir kommt alles Gute.
Pflanze in unser Herz
die Liebe zu deinem Namen ein.
Binde uns immer mehr an dich,
damit in uns wächst, was gut und heilig ist.
Wache über uns und erhalte, was du gewirkt hast.
Darum bitten wir durch Jesus Christus.

ZUR 1. LESUNG   *Jeremia ist nicht Prophet geworden, weil er*
wollte, sondern weil er mußte; der Ruf Gottes ließ keine Widerrede gel-
ten. Mund Gottes zu sein, Worte Gottes zu sagen, gegen das eigene

Volk und gegen die öffentliche Meinung, das ist hart. Jeremia ist unter der Last fast zerbrochen. Aus Stunden einer tiefen Berufskrise und großer innerer Not stammt die Klage des Propheten in der heutigen Lesung, ursprünglich wohl als private Aufzeichnung niedergeschrieben.

ERSTE LESUNG   Jer 20, 7–9

Das Wort des Herrn bringt mir Spott und Hohn

**Lesung
aus dem Buch Jeremía.**

7   **Du hast mich betört, o Herr,
      und ich ließ mich betören;
du hast mich gepackt und überwältigt.
Zum Gespött bin ich geworden den ganzen Tag,
ein jeder verhöhnt mich.**

8   **Ja, sooft ich rede, muß ich schreien,
      „Gewalt und Unterdrückung!" muß ich rufen.
Denn das Wort des Herrn
      bringt mir den ganzen Tag nur Spott und Hohn.**

9   **Sagte ich aber: Ich will nicht mehr an ihn denken
      und nicht mehr in seinem Namen sprechen!,
      so war es mir, als brenne in meinem Herzen ein Feuer,
eingeschlossen in meinem Innern.
Ich quälte mich, es auszuhalten,
      und konnte nicht.**

ANTWORTPSALM   Ps 63 (62), 2.3–4.5–6.8–9 (R: vgl. 2)

R Meine Seele dürstet nach dir, mein Gott. – **R**   (GL 676, 1)

2   **Gott, du mein Gott, dich suche ich, ***   II. Ton
    meine Seele dürstet nach dir.

    Nach dir schmachtet mein Leib *
    wie dürres, lechzendes Land ohne Wasser. – (R)

3   **Darum halte ich Ausschau nach dir im Heiligtum, ***
    um deine Macht und Herrlichkeit zu sehen.

4   **Denn deine Huld ist besser als das Leben; ***
    darum preisen dich meine Lippen. – (R)

5 Ich will dich rühmen mein Leben lang, *
  in deinem Namen die Hände erheben.

6 Wie an Fett und Mark wird satt meine Seele, *
  mit jubelnden Lippen soll mein Mund dich preisen. – (R)

8 Ja, du wurdest meine Hilfe; *
  jubeln kann ich im Schatten deiner Flügel.

9 Meine Seele hängt an dir, *
  deine rechte Hand hält mich fest. – R

ZUR 2. LESUNG   *Nach den großen Aussagen im Hauptteil des Römerbriefs zieht Paulus im Schlußteil (Kap. 12–15) einige Folgerungen. Gleich zu Beginn faßt er das Wesentliche zusammen (12, 1–2).
Wer das Erbarmen Gottes erfahren und sein Wort gehört hat, weiß
sich angerufen, aus seiner bisherigen Gleichgültigkeit herausgerufen
und auf neue Weise für sein Tun verantwortlich. Dieses Tun, „der
wahre und angemessene Gottesdienst", ist dankbarer Lobpreis Gottes
durch Wort und Gesang und durch ein Leben aus dem Geist Christi.*

ZWEITE LESUNG   Röm 12, 1–2

Bringt euch selbst als lebendiges Opfer dar, das Gott gefällt

Lesung
  aus dem Brief des Apostels Paulus an die Römer.

1 Angesichts des Erbarmens Gottes
    ermahne ich euch, meine Brüder,
    euch selbst als lebendiges und heiliges Opfer darzubringen,
    das Gott gefällt;
  das ist für euch der wahre und angemessene Gottesdienst.

2 Gleicht euch nicht dieser Welt an,
  sondern wandelt euch
    und erneuert euer Denken,
  damit ihr prüfen und erkennen könnt,
    was der Wille Gottes ist:
  was ihm gefällt,
  was gut und vollkommen ist.

RUF VOR DEM EVANGELIUM   Vers: vgl. Eph 1, 17–18

Halleluja. Halleluja.

**Der Vater unseres Herrn Jesus Christus
erleuchte die Augen unseres Herzens,
damit wir verstehen, zu welcher Hoffnung wir berufen sind.**

Halleluja.

ZUM EVANGELIUM   *Der Weg Jesu, des Messias und Gottessohnes, führt in die Erniedrigung und in den Tod, ihn selbst und seine
Jünger. Nicht nur für Petrus ist dieser Gedanke unerträglich. Es ist
nicht „das, was die Menschen wollen". Aber wer es nicht versteht, der
hat Gott nicht verstanden. Hier am allerwenigsten gibt es eine halbe
Wahrheit. Das Heil der Berufenen und das Heil der Welt hängen tatsächlich am Kreuz.*

EVANGELIUM   Mt 16, 21–27

Wer mein Jünger sein will, der verleugne sich selbst

✝ **Aus dem heiligen Evangelium nach Matthäus.**

In jenen Tagen
21   **begann Jesus, seinen Jüngern zu erklären,
    er müsse nach Jerusalem gehen
und von den Ältesten,
    den Hohenpriestern und den Schriftgelehrten vieles erleiden;
er werde getötet werden,
aber am dritten Tag werde er auferstehen.**

22   **Da nahm ihn Petrus beiseite
    und machte ihm Vorwürfe;
er sagte: Das soll Gott verhüten, Herr!
Das darf nicht mit dir geschehen!**

23   **Jesus aber wandte sich um
    und sagte zu Petrus: Weg mit dir, Satan,
geh mir aus den Augen!
Du willst mich zu Fall bringen;
denn du hast nicht das im Sinn, was Gott will,
    sondern was die Menschen wollen.**

24   **Darauf sagte Jesus zu seinen Jüngern:**

Wer mein Jünger sein will,
der verleugne sich selbst,
nehme sein Kreuz auf sich
und folge mir nach.

25 Denn wer sein Leben retten will,
wird es verlieren;
wer aber sein Leben um meinetwillen verliert,
wird es gewinnen.

26 Was nützt es einem Menschen, wenn er die ganze Welt gewinnt,
dabei aber sein Leben einbüßt?
Um welchen Preis kann ein Mensch sein Leben zurückkaufen?

27 Der Menschensohn
wird mit seinen Engeln in der Hoheit seines Vaters kommen
und jedem Menschen vergelten, wie es seine Taten verdienen.

Glaubensbekenntnis, S. 356 ff.;   Fürbitten vgl. S. 792 ff.

ZUR EUCHARISTIEFEIER *Der ganze Weg Jesu ist ein Opfergang. „Ich komme, um deinen Willen zu tun": so steht es groß über dem Leben Jesu geschrieben. Wer ihm nachgeht, wird die Härte des Kreuzes spüren, aber auch seine befreiende und erlösende Kraft erfahren.*

GABENGEBET

Herr, unser Gott,
diese Opferfeier bringe uns Heil und Segen.
Was du jetzt unter heiligen Zeichen wirkst,
das vollende in deinem Reich.
Darum bitten wir durch Christus, unseren Herrn.

Präfation, S. 424 ff.

KOMMUNIONVERS   Ps 31 (30), 20

Wie groß ist deine Güte, o Herr,
die du bereithältst für alle, die dich fürchten und ehren.

Oder: Mt 5, 9–10

Selig, die Frieden stiften;
denn sie werden Söhne Gottes genannt werden.
Selig, die um der Gerechtigkeit willen verfolgt werden;
denn ihnen gehört das Himmelreich.

SCHLUSSGEBET

Allmächtiger Gott,
du hast uns gestärkt durch das lebendige Brot,
das vom Himmel kommt.
Deine Liebe,
die wir im Sakrament empfangen haben,
mache uns bereit,
dir in unseren Brüdern zu dienen.
Darum bitten wir durch Christus, unseren Herrn.

FÜR DEN TAG UND DIE WOCHE

Widerstand   *Die kommende Herrschaft des auferstandenen Chri-*
stus kann man nicht nur erhoffen und abwarten. Diese Hoffnung und
Erwartung prägt auch das Leben, Handeln und Leiden in der Gesell-
schaftsgeschichte. Sich nicht dieser Welt gleichstellen bedeutet nicht
nur, sich in sich selbst zu verändern, sondern in Widerstand und
schöpferischer Erwartung die Gestalt der Welt zu verändern, in der
man glaubt, hofft und liebt.

23. SONNTAG IM JAHRESKREIS

Nicht nur durch falsche Lehren wird das Leben einer Gemeinde be-
droht. Häufiger ist das falsche Tun und die Unterlassung des rechten
Tuns. Jeder einzelne trägt mit und ist mitverantwortlich. Jeder, der gut
ist und gut denkt und handelt, stärkt die Kraft des Guten in der Ge-
meinde Gottes.

ERÖFFNUNGSVERS   Ps 119 (118), 137.124

Herr, du bist gerecht, und deine Entscheide sind richtig.
Handle an deinem Knecht nach deiner Huld.
Ehre sei Gott, S. 352 ff.

TAGESGEBET

Gütiger Gott,
du hast uns durch deinen Sohn erlöst
und als deine geliebten Kinder angenommen.
Sieh voll Güte auf alle, die an Christus glauben,
und schenke ihnen die wahre Freiheit und das ewige Erbe.
Darum bitten wir durch Jesus Christus.

ZUR 1. LESUNG   *Der Prophet wird in dieser Lesung als „Menschensohn", d. h. als Mensch, angeredet; er steht in schicksalhafter Gemeinschaft mit allen Menschen. Die Rettung der anderen hängt davon ab, daß er zur rechten Zeit spricht und warnt; das ist sein Wächteramt. Erfüllt er seine Aufgabe nicht, dann trifft ihn die Verantwortung für alle anderen. Gott aber will nicht den Tod, sondern das Leben, daher warnt er auch den Propheten.*

ERSTE LESUNG   Ez 33,7–9

Wenn du den Schuldigen nicht warnst, fordere ich von dir Rechenschaft für sein Blut

Lesung
    aus dem Buch Ezéchiel.

So spricht der Herr:
7 Du Menschensohn,
ich gebe dich dem Haus Israel als Wächter;
wenn du ein Wort aus meinem Mund hörst,
    mußt du sie vor mir warnen.

8 Wenn ich zu einem, der sich schuldig gemacht hat,
    sage: Du mußt sterben!,
und wenn du nicht redest
und den Schuldigen nicht warnst,
    um ihn von seinem Weg abzubringen,
dann wird der Schuldige seiner Sünde wegen sterben.
Von dir aber fordere ich Rechenschaft für sein Blut.

9 Wenn du aber den Schuldigen vor seinem Weg gewarnt hast,
    damit er umkehrt,
und wenn er dennoch auf seinem Weg nicht umkehrt,
    dann wird er seiner Sünde wegen sterben;
du aber hast dein Leben gerettet.

ANTWORTPSALM   Ps 95 (94), 1–2.6–7c.7d–9 (R: vgl. 7d.8a)

R Hört auf die Stimme des Herrn;   (GL 529, 5)
verhärtet nicht euer Herz! – R

1   Kommt, laßt uns jubeln <u>vor</u> dem Herrn *   IV. Ton
     und zujauchzen dem <u>Fels</u> unsres Heiles!

2   Laßt uns mit Lob seinem Angesicht nahen, *
     vor ihm <u>jauchzen</u> mit Liedern! – (R)

6   Kommt, laßt uns niederfallen, uns vor <u>ihm</u> verneigen, *
     laßt uns niederknien vor dem <u>Herrn</u>, unserm Schöpfer!

7abc Denn er ist unser Gott, †
     wir sind das Volk <u>seiner</u> Weide, *
     die Herde, <u>von</u> seiner Hand geführt. – (R)

7d   Ach, würdet ihr doch heute auf seine Stimme hören! †
8   „Verhärtet euer Herz nicht wie <u>in</u> Meríba, *
     wie in der Wüste <u>am</u> Tag von Massa!

9   Dort haben eure Väter <u>mich</u> versucht, *
     sie haben mich auf die Probe gestellt
     und hatten doch <u>mein</u> Tun gesehen.“ – R

ZUR 2. LESUNG   *Die Frage nach dem eigentlichen Sinn der Gebote und nach der Möglichkeit, das ganze Gesetz zu erfüllen, wurde
schon im Judentum diskutiert. Paulus setzt voraus, daß die Gebote,
die Gott im Alten Bund gegeben hat, auch für die Christen in Geltung
bleiben. Ihr ganzer Inhalt aber ist die Liebe zum Mitmenschen. Darin
wird die Liebe Gottes offenbar und die Kraft des Heiligen Geistes, der
uns geschenkt worden ist.*

ZWEITE LESUNG   Röm 13, 8–10

Die Liebe ist die Erfüllung des Gesetzes

Lesung
     aus dem Brief des Apostels Paulus an die Römer.

Brüder!
8   Bleibt niemand etwas schuldig;
     nur die Liebe schuldet ihr einander immer.
     Wer den andern liebt,
       hat das Gesetz erfüllt.

9 Denn die Gebote:
    Du sollst nicht die Ehe brechen,
    du sollst nicht töten,
    du sollst nicht stehlen,
    du sollst nicht begehren!,
    und alle anderen Gebote
    sind in dem einen Satz zusammengefaßt:
Du sollst deinen Nächsten lieben wie dich selbst.

10 Die Liebe tut dem Nächsten nichts Böses.
Also ist die Liebe die Erfüllung des Gesetzes.

RUF VOR DEM EVANGELIUM   Vers: vgl. 2 Kor 5, 19

Halleluja. Halleluja.

Gott hat in Christus die Welt mit sich versöhnt
und uns das Wort von der Versöhnung anvertraut.

Halleluja.

ZUM EVANGELIUM   *Die Sünde gibt es nur als die von konkreten Menschen begangene Sünde, und das heißt in der Kirche Gottes, in der Gemeinde am Ort: als die Sünde des Bruders, für den Christus gestorben ist. Die Gemeinde hat Verantwortung für ihn. Sie wird versuchen, ihm zu helfen, ihn auf den guten Weg zurückzuführen. Ihn aus der Gemeinschaft auszuschließen kann nur die letzte Notmaßnahme sein, um die Gemeinde vor Schaden zu bewahren und ihm selbst die Schwere seiner Verfehlung bewußtzumachen. Und die Gemeinde wird nicht aufhören, für ihn zu beten.*

EVANGELIUM   Mt 18, 15–20

Wenn dein Bruder auf dich hört, so hast du ihn zurückgewonnen

✛ Aus dem heiligen Evangelium nach Matthäus.

In jener Zeit sprach Jesus zu seinen Jüngern:
15 Wenn dein Bruder sündigt,
    dann geh zu ihm und weise ihn unter vier Augen zurecht.
Hört er auf dich,
    so hast du deinen Bruder zurückgewonnen.

16 Hört er aber nicht auf dich,
     dann nimm einen oder zwei Männer mit,
denn jede Sache
     muß durch die Aussage von zwei oder drei Zeugen
     entschieden werden.

17 Hört er auch auf sie nicht,
     dann sag es der Gemeinde.
Hört er aber auch auf die Gemeinde nicht,
     dann sei er für dich wie ein Heide oder ein Zöllner.

18 Amen, ich sage euch:
Alles, was ihr auf Erden binden werdet,
     das wird auch im Himmel gebunden sein,
und alles, was ihr auf Erden lösen werdet,
     das wird auch im Himmel gelöst sein.

19 Weiter sage ich euch:
Alles, was zwei von euch auf Erden gemeinsam erbitten,
     werden sie von meinem himmlischen Vater erhalten.

20 Denn wo zwei oder drei in meinem Namen versammelt sind,
     da bin ich mitten unter ihnen.

Glaubensbekenntnis, S. 356 ff.
Fürbitten vgl. S. 792 ff.

ZUR EUCHARISTIEFEIER *Wir sind, wenn wir Eucharistie feiern, die Gemeinde der von Gott Berufenen und Geheiligten, und doch auch eine Versammlung von Sündern. Hier gilt: „Einer trage des anderen Last; so werdet ihr das Gesetz Christi erfüllen" (Gal 6, 2).*

GABENGEBET

Herr, unser Gott,
du schenkst uns den Frieden
und gibst uns die Kraft, dir aufrichtig zu dienen.
Laß uns dich mit unseren Gaben ehren
und durch die Teilnahme
an dem einen Brot und dem einen Kelch
eines Sinnes werden.
Darum bitten wir durch Christus, unseren Herrn.

Präfation, S. 424 ff.

KOMMUNIONVERS   Ps 42 (41), 2–3

Wie der Hirsch lechzt nach frischem Wasser,
so lechzt meine Seele, Gott, nach dir.
Meine Seele dürstet nach Gott, nach dem lebendigen Gott.

Oder: Joh 8, 1 2

So spricht der Herr:
Ich bin das Licht der Welt.
Wer mir nachfolgt, wird nicht in der Finsternis gehen,
sondern wird das Licht des Lebens haben.

SCHLUSSGEBET

Herr, unser Gott,
in deinem Wort und Sakrament
gibst du uns Nahrung und Leben.
Laß uns durch diese großen Gaben
in der Liebe wachsen
und zur ewigen Gemeinschaft
mit deinem Sohn gelangen,
der mit dir lebt und herrscht in alle Ewigkeit.

FÜR DEN TAG UND DIE WOCHE

Eine andere Welt   *Wo Glaubende beisammen sind, betend, ver-
trauend, zerbrechen die Riegel der Enttäuschung und Hoffnungslosig-
keit, keimt neues Leben in der Kraft des Geistes, wird Brüderlichkeit
unter den Menschen erfahrbar, öffnen sich Tore, die vorher verschlossen schienen, wird eine andere Welt faßbar, der neue Himmel und die
neue Erde – schon jetzt. (Drutmar Cremer)*

24. SONNTAG IM JAHRESKREIS

*Für erlittenes Unrecht Rache zu nehmen scheint ein menschliches Ur-
bedürfnis zu sein und eine Weise der Selbstverteidigung und Selbstbe-
hauptung. Aber wo endet das Recht, wo beginnt das Unrecht? Im
Alten Testament hieß es: Eins zu eins, also: Auge für Auge, Zahn für
Zahn. Jesus fordert völligen Verzicht auf Rache und darüber hinaus
aufrichtiges Verzeihen. Wer es ehrlich versucht, ist auf dem Weg der
wahren Menschwerdung.*

ERÖFFNUNGSVERS   Vgl. Sir 36, 18.21–22

**Herr, gib Frieden denen, die auf dich hoffen,
und erweise deine Propheten als zuverlässig.
Erhöre das Gebet deiner Diener und deines Volkes.**

Ehre sei Gott. S. 352 ff.

TAGESGEBET

Gott, du Schöpfer und Lenker aller Dinge,
sieh gnädig auf uns.
Gib, daß wir dir mit ganzem Herzen dienen
und die Macht deiner Liebe an uns erfahren.
Darum bitten wir durch Jesus Christus.

ZUR 1. LESUNG   *Auch der Mensch des Alten Bundes hatte genug Gründe, dem Nächsten (das heißt zunächst: dem Angehörigen des eigenen Volkes) zu verzeihen: Denk an den Tod, denk an die Gebote, denk an den Bund des Höchsten (Sir 28,6–7). Jeder Mensch braucht die Vergebung Gottes. Und jeder hat Grund zur Dankbarkeit. Die Geschichte Gottes mit den Menschen ist eine lange Geschichte göttlicher Geduld und immer neuer Vergebung.*

ERSTE LESUNG   Sir 27,30 – 28,7 (27,33 – 28,9)

Vergib deinem Nächsten das Unrecht, dann werden dir, wenn du betest, auch deine Sünden vergeben

**Lesung
aus dem Buch Jesus Sirach.**

30 Groll und Zorn sind abscheulich,
nur der Sünder hält daran fest.
1 Wer sich rächt, an dem rächt sich der Herr;
dessen Sünden behält er im Gedächtnis.
2 Vergib deinem Nächsten das Unrecht,
dann werden dir, wenn du betest, auch deine Sünden vergeben.
3 Der Mensch verharrt im Zorn gegen den andern,
vom Herrn aber sucht er Heilung zu erlangen?
4 Mit seinesgleichen hat er kein Erbarmen,
aber wegen seiner eigenen Sünden bittet er um Gnade?
5 Obwohl er nur ein Wesen aus Fleisch ist, verharrt er im Groll,
wer wird da seine Sünden vergeben?

⁵ Denk an das Ende,
laß ab von der Feindschaft,
denk an Untergang und Tod,
und bleib den Geboten treu!
⁷ Denk an die Gebote,
   und grolle dem Nächsten nicht,
denk an den Bund des Höchsten,
   und verzeih die Schuld!

ANTWORTPSALM   Ps 103 (102), 1–2.3–4.9–10.12–13 (R: vgl. 8)

R Gnädig und barmherzig ist der Herr,   (GL 57, 6)
voll Langmut und reich an Güte. – R

Lobe den Herrn, meine Seele, *   III. Ton
und alles in mir seinen heiligen Namen!

Lobe den Herrn, meine Seele, *
und vergiß nicht, was er dir Gutes getan hat: – (R)

der dir all deine Schuld vergibt *
und all deine Gebrechen heilt,

der dein Leben vor dem Untergang rettet *
und dich mit Huld und Erbarmen krönt. – (R)

Er wird nicht immer zürnen, *
nicht ewig im Groll verharren.

¹⁰ Er handelt an uns nicht nach unsern Sünden *
und vergilt uns nicht nach unsrer Schuld. – (R)

¹² So weit der Aufgang entfernt ist vom Untergang, *
so weit entfernt er die Schuld von uns.

¹³ Wie ein Vater sich seiner Kinder erbarmt, *
so erbarmt sich der Herr über alle, die ihn fürchten. – R

ZUR 2. LESUNG   *In der Gemeinde von Rom gab es „Schwache"
und „Starke": ängstlich gewissenhafte Christen und andere mit einem
eher großzügigen Gewissen. Paulus fragt hier nicht, wer recht hat.
Wichtig ist die Einheit der Gemeinde, und diese ruht nicht auf Meinungen, sondern auf dem gemeinsamen Glauben an Jesus, den Herrn, der
für alle gestorben und auferstanden ist.*

ZWEITE LESUNG   Röm 14, 7–9

Ob wir leben oder ob wir sterben, wir gehören dem Herrn

Lesung
aus dem Brief des Apostels Paulus an die Römer.

Brüder!
7   **Keiner von uns lebt sich selber,**
und keiner stirbt sich selber:
8   **Leben wir,**
so leben wir dem Herrn,
sterben wir,
so sterben wir dem Herrn.
Ob wir leben oder ob wir sterben,
wir gehören dem Herrn.
9   **Denn Christus ist gestorben und lebendig geworden,**
um Herr zu sein über Tote und Lebende.

RUF VOR DEM EVANGELIUM   Vers: Joh 13, 34ac

Halleluja. Halleluja.

(So spricht der Herr:)
Ein neues Gebot gebe ich euch:
Wie ich euch geliebt habe, so sollt auch ihr einander lieben.

Halleluja.

Oder:

Dies ist mein Gebot:
Liebet einander, wie ich euch geliebt.

ZUM EVANGELIUM   *Jesus verlangt, man solle dem Bruder, das
heißt jedem Menschen, aufrichtig verzeihen: „von ganzem Herzen".
Petrus fragt nach einem Maßstab, einer Grenze. Es gibt keine Grenze.
Wir leben jeden Tag davon, daß Gott uns verzeiht. Die empfangene
Vergebung aber bedeutet Verpflichtung und Verantwortung, so sehr,
daß der barmherzige Gott den zurückweist, der nicht barmherzig sein
und seinem Bruder nicht verzeihen will.*

EVANGELIUM

Mt 18, 21–35

Nicht nur siebenmal mußt du vergeben, sondern siebenundsiebzigmal

✠ Aus dem heiligen Evangelium nach Matthäus.

In jener Zeit

21 trat Petrus zu Jesus
und fragte: Herr, wie oft muß ich meinem Bruder vergeben,
wenn er sich gegen mich versündigt?
Siebenmal?

22 Jesus sagte zu ihm:
Nicht siebenmal, sondern siebenundsiebzigmal.

23 Mit dem Himmelreich
ist es deshalb wie mit einem König,
der beschloß, von seinen Dienern Rechenschaft zu verlangen.

24 Als er nun mit der Abrechnung begann,
brachte man einen zu ihm,
der ihm zehntausend Talente schuldig war.

25 Weil er aber das Geld nicht zurückzahlen konnte,
befahl der Herr,
ihn mit Frau und Kindern und allem, was er besaß,
zu verkaufen und so die Schuld zu begleichen.

26 Da fiel der Diener vor ihm auf die Knie
und bat: Hab Geduld mit mir!
Ich werde dir alles zurückzahlen.

27 Der Herr hatte Mitleid mit dem Diener,
ließ ihn gehen
und schenkte ihm die Schuld.

28 Als nun der Diener hinausging,
traf er einen anderen Diener seines Herrn,
der ihm hundert Denare schuldig war.
Er packte ihn,
würgte ihn
und rief: Bezahl, was du mir schuldig bist!

29 Da fiel der andere vor ihm nieder
und flehte: Hab Geduld mit mir!
Ich werde es dir zurückzahlen.

30 Er aber wollte nicht,
sondern ging weg
und ließ ihn ins Gefängnis werfen,
bis er die Schuld bezahlt habe.

31 Als die übrigen Diener das sahen,
        waren sie sehr betrübt;
    sie gingen zu ihrem Herrn
        und berichteten ihm alles, was geschehen war.

32 Da ließ ihn sein Herr rufen
    und sagte zu ihm: Du elender Diener!
    Deine ganze Schuld habe ich dir erlassen,
        weil du mich so angefleht hast.

33 Hättest nicht auch du
        mit jenem, der gemeinsam mit dir in meinem Dienst steht,
        Erbarmen haben müssen,
        so wie ich mit dir Erbarmen hatte?

34 Und in seinem Zorn übergab ihn der Herr den Folterknechten,
        bis er die ganze Schuld bezahlt habe.

35 Ebenso wird mein himmlischer Vater jeden von euch behandeln,
        der seinem Bruder nicht von ganzem Herzen vergibt.

Glaubensbekenntnis. S. 356 ff.
Fürbitten vgl. S. 792 ff.

ZUR EUCHARISTIEFEIER   *Wenn du deine Opfergabe zum Altar
bringst und dir dabei einfällt, daß dein Bruder etwas gegen dich hat,
so laß deine Gabe dort vor dem Altar liegen; geh und versöhne dich
zuerst mit deinem Bruder, dann komm und opfere deine Gabe (Mt
5, 23–24).*

GABENGEBET

Herr,
nimm die Gebete und Gaben deiner Kirche an;
und was jeder einzelne
zur Ehre deines Namens darbringt,
das werde allen zum Heil.
Darum bitten wir durch Christus, unseren Herrn.

Präfation. S. 424 ff.

KOMMUNIONVERS   Ps 36 (35), 8

Gott, wie köstlich ist deine Huld.
Die Menschen bergen sich im Schatten deiner Flügel.

Oder: Vgl. 1 Kor 10, 16

**Der Kelch des Segens, über den wir den Segen sprechen,
ist Teilhabe am Blut Christi.
Das Brot, das wir brechen, ist Teilhabe am Leib Christi.**

SCHLUSSGEBET

Herr, unser Gott,
wir danken dir,
daß du uns Anteil
am Leib und Blut Christi gegeben hast.
Laß nicht unser eigenes Streben
Macht über uns gewinnen,
sondern gib, daß die Wirkung dieses Sakramentes
unser Leben bestimmt.
Darum bitten wir durch Christus, unseren Herrn.

FÜR DEN TAG UND DIE WOCHE
Das Opfer

*Jesus hat recht in alle Ewigkeit. Mögen wir begreifen, daß wir niemals
wirklich Kinder unseres himmlischen Vaters sein können, solange wir
nicht unsere Feinde lieben und für unsere Verfolger beten. (Martin Luther King)*

*Die Verzeihung bricht die Ursachenkette dadurch, daß der Verzei-
hende – aus Liebe – die Verantwortung für die Folgen dessen, was du
getan hast, auf sich nimmt. Sie enthält deshalb immer ein Opfer.
(D. H.)*

25. SONNTAG IM JAHRESKREIS

*Hat mein Leben einen Sinn? Weiß ich, wofür ich lebe, arbeite, leide?
Kein Mensch, der einmal erwacht ist, kommt an dieser Frage vorbei.
Und keiner kann selber seinem Leben den letzten Sinn geben. Aber er
kann ihn entdecken, noch in der elften Stunde. Und dann weiß er, daß
er nicht umsonst gelebt hat; daß in seinem Warten und Suchen immer
schon Gott anwesend war und auf ihn gewartet hat, wie man auf einen Freund wartet.*

ERÖFFNUNGSVERS

Das Heil des Volkes bin ich – so spricht der Herr.
In jeder Not, aus der sie zu mir rufen, will ich sie erhören.
Ich will ihr Herr sein für alle Zeit.
Ehre sei Gott. S. 352 ff.

TAGESGEBET

Heiliger Gott,
du hast uns das Gebot der Liebe
zu dir und zu unserem Nächsten aufgetragen
als die Erfüllung des ganzen Gesetzes.
Gib uns die Kraft,
dieses Gebot treu zu befolgen,
damit wir das ewige Leben erlangen.
Darum bitten wir durch Jesus Christus.

ZUR 1. LESUNG *Gott ist anders: das ist keine neue Entdeckung.*
Der Prophet des 6. Jahrhunderts v. Chr. sagt es dem Rest des Volkes
Israel im babylonischen Exil. Wo Menschen meinen, sie können von
der Katastrophe her nur noch auf Sinnlosigkeit hin leben, da macht
Gott einen neuen Anfang. Das Neue, das Unerwartete kommt aus dem
Innersten, aus dem Herzen Gottes, denn „er ist groß im Verzeihen". Er
wendet sich den Menschen wieder zu, deshalb können auch die Men-
schen sich ihm wieder zuwenden.

ERSTE LESUNG   Jes 55,6–9
Meine Gedanken sind nicht eure Gedanken

Lesung
    aus dem Buch Jesája.

6   **Sucht den Herrn, solange er sich finden läßt,**
    ruft ihn an, solange er nahe ist.
7   **Der Ruchlose soll seinen Weg verlassen,**
        der Frevler seine Pläne.
    Er kehre um zum Herrn,
        ***damit er Erbarmen* hat mit ihm,**
    und zu unserem Gott;
        denn er ist groß im Verzeihen.
8   **Meine Gedanken sind nicht eure Gedanken,**
        und eure Wege sind nicht meine Wege – Spruch des Herrn.

9 So hoch der Himmel über der Erde ist,
   so hoch erhaben sind meine Wege über eure Wege
   und meine Gedanken über eure Gedanken.

ANTWORTPSALM   Ps 145 (144), 2–3.8–9.17–18 (R: vgl. 18a)

R Der Herr ist nahe allen, die zu ihm rufen. – R
                                                         (GL 698, 1)

2 Herr, ich will dich preisen Tag für Tag *   VIII. Ton
  und deinen Namen loben immer und ewig.

3 Groß ist der Herr und hoch zu loben, *
  seine Größe ist unerforschlich. – (R)

8 Der Herr ist gnädig und barmherzig, *
  langmütig und reich an Gnade.

9 Der Herr ist gütig zu allen, *
  sein Erbarmen waltet über all seinen Werken. – (R)

17 Gerecht ist der Herr in allem, was er tut, *
   voll Huld in all seinen Werken.

18 Der Herr ist allen, die ihn anrufen, nahe, *
   allen, die zu ihm aufrichtig rufen. – R

ZUR 2. LESUNG   *An diesem und den drei folgenden Sonntagen
werden Abschnitte aus dem Brief an die Gemeinde von Philippi gelesen. Paulus hat diesen Brief um das Jahr 55 n. Chr. im Gefängnis geschrieben. Der Apostel rechnet mit seinem Tod, aber das ist nicht sein
Problem; wichtiger ist ihm, daß Christus „verherrlicht" wird: daß
durch das verkündete Wort und durch den gelebten Glauben der
christlichen Gemeinde Christus als der Herr erkannt wird.*

ZWEITE LESUNG   Phil 1, 20ad–24.27a

Für mich ist Christus das Leben

Lesung
   aus dem Brief des Apostels Paulus an die Philípper.

Brüder!
20ad Darauf warte und hoffe ich,
   daß Christus durch meinen Leib verherrlicht wird,
      ob ich lebe oder sterbe.

21 **Denn für mich ist Christus das Leben,**
    und Sterben Gewinn.
22 **Wenn ich aber weiterleben soll,**
        bedeutet das für mich fruchtbare Arbeit.
    Was soll ich wählen?
    Ich weiß es nicht.
23 **Es zieht mich nach beiden Seiten:**
    Ich sehne mich danach, aufzubrechen und bei Christus zu sein
    – um wieviel besser wäre das!
24 **Aber euretwegen**
        ist es notwendiger, daß ich am Leben bleibe.
27a **Vor allem:**
        lebt als Gemeinde so,
        wie es dem Evangelium Christi entspricht.

RUF VOR DEM EVANGELIUM   Vers: vgl. Apg 16, 14b

Halleluja. Halleluja.

Herr, öffne uns das Herz,
daß wir auf die Worte deines Sohnes hören.

Halleluja.

ZUM EVANGELIUM   *Gott ist gerecht: er belohnt das Gute und be-*
straft das Böse. Das scheint einleuchtend, wenigstens als Grundsatz.
Aber Gott ist kein Grundsatz, und seine Gedanken sind nicht die Ge-
danken der Menschen, zum Glück. Wäre er nur gerecht, so wie die
Menschen gerecht sind, wir wären alle verloren. Aber Gott ist größer:
er ist auf göttliche Weise gerecht, und er hat kein Kleingeld. Auch dem
Arbeiter, der nur eine Stunde gearbeitet hat, gibt er den ganzen gro-
ßen Lohn. Sein letztes Wort: „weil ich gütig bin". Und fast scheint es,
als müßte er sich dafür bei uns Pharisäern entschuldigen.

EVANGELIUM   Mt 20, 1–16a

Bist du neidisch, weil ich zu anderen gütig bin?

✠ **Aus dem heiligen Evangelium nach Matthäus.**

In jener Zeit
    erzählte Jesus seinen Jüngern das folgende Gleichnis:

1 Mit dem Himmelreich
   ist es wie mit einem Gutsbesitzer,
   der früh am Morgen sein Haus verließ,
   um Arbeiter für seinen Weinberg anzuwerben.

2 Er einigte sich mit den Arbeitern auf einen Denár für den Tag
und schickte sie in seinen Weinberg.

3 Um die dritte Stunde ging er wieder auf den Markt
   und sah andere dastehen, die keine Arbeit hatten.

4 Er sagte zu ihnen: Geht auch ihr in meinen Weinberg!
Ich werde euch geben, was recht ist.

5 Und sie gingen.

Um die sechste und um die neunte Stunde
   ging der Gutsherr wieder auf den Markt
   und machte es ebenso.

6 Als er um die elfte Stunde noch einmal hinging,
   traf er wieder einige, die dort herumstanden.
Er sagte zu ihnen:
   Was steht ihr hier den ganzen Tag untätig herum?
7 Sie antworteten: Niemand hat uns angeworben.
Da sagte er zu ihnen: Geht auch ihr in meinen Weinberg!

8 Als es nun Abend geworden war,
   sagte der Besitzer des Weinbergs zu seinem Verwalter:
   Ruf die Arbeiter, und zahl ihnen den Lohn aus,
angefangen bei den letzten,
   bis hin zu den ersten.

9 Da kamen die Männer,
   die er um die elfte Stunde angeworben hatte,
   und jeder erhielt einen Denár.
10 Als dann die ersten an der Reihe waren,
   glaubten sie, mehr zu bekommen.
Aber auch sie erhielten nur einen Denár.

11 Da begannen sie, über den Gutsherrn zu murren,
12 und sagten: Diese letzten haben nur eine Stunde gearbeitet,
   und du hast sie uns gleichgestellt;
wir aber haben den ganzen Tag über
   die Last der Arbeit und die Hitze ertragen.

13 Da erwiderte er einem von ihnen:
   Mein Freund, dir geschieht kein Unrecht.
Hast du nicht einen Denár mit mir vereinbart?

14   **Nimm dein Geld und geh!**
     Ich will dem letzten ebensoviel geben wie dir.
15   **Darf ich mit dem, was mir gehört,**
         nicht tun, was ich will?
     Oder bist du neidisch,
         weil ich zu anderen gütig bin?
16a **So werden die Letzten die Ersten sein.**

Glaubensbekenntnis, S. 356 ff.
Fürbitten vgl. S. 792 ff.

ZUR EUCHARISTIEFEIER   *Es gibt Menschen, denen das Danken schwerfällt. Warum danken für etwas, was einem zusteht? Aber Gott gibt uns das, worauf wir keinen Anspruch haben, „denn er ist gütig". Und er freut sich, wenn wir seine Gabe als Geschenk annehmen.*

GABENGEBET

Herr, unser Gott,
nimm die Gaben deines Volkes an
und gib, daß wir im Geheimnis
der heiligen Eucharistie empfangen,
was wir im Glauben bekennen.
Darum bitten wir durch Christus, unseren Herrn.

Präfation, S. 424 ff.

KOMMUNIONVERS   Ps 119 (118), 4–5

Herr, du hast deine Befehle gegeben, damit man sie genau beachtet.
Wären doch meine Schritte fest darauf gerichtet,
deinen Gesetzen zu folgen.

Oder: Joh 10, 14

So spricht der Herr:
Ich bin der Gute Hirt, ich kenne die Meinen,
und die Meinen kennen mich.

SCHLUSSGEBET

Allmächtiger Gott,
du erneuerst uns durch deine Sakramente.
Gewähre uns deine Hilfe
und mache das Werk der Erlösung,
das wir gefeiert haben,
auch in unserem Leben wirksam.
Darum bitten wir durch Christus, unseren Herrn.

FÜR DEN TAG UND DIE WOCHE

Bei dir   *Hörst du mich, Gott? Noch nie im Leben sprach ich mit dir
... Doch heute, heut will ich dich begrüßen. Du weißt, von Kinderta-
gen an sagte man mir, dich gebe es nicht. Und ich, ich glaubte es,
Narr, der ich war. Die Schönheit deiner Schöpfung ging mir niemals
auf.*

*Doch heute nacht nahm ich ihn wahr, vom Grund des aufgerissenen
Kraters, den Sternhimmel über mir. Und ich verstand staunend sein
Gefunkel ...*

*Ich weiß nicht, Herr, ob du mir die Hand reichst, doch will ich es dir
sagen, und du wirst mich verstehen: dies Wunder, daß mitten in der
schauerlichen Hölle das Herz mir leicht wurde und ich dich erkannte.
Sonst weiß ich dir nichts zu sagen, nur, daß ich so froh wurde, als ich
dich erkannte. Mir war so wohl bei dir. (Gebet eines russischen Soldaten, das ein deutscher Sanitäter in der Tasche des Gefallenen fand)*

26. SONNTAG IM JAHRESKREIS

*Ein großer Optimismus steckt in der Predigt der Propheten. Wie soll
jemand predigen, wenn er nicht an das Gute im Menschen glaubt und
auf das Erbarmen Gottes hofft? Wo Gottes Herrschaft (das „Himmelreich") ausgerufen und die Umkehr der Menschen, die Rückkehr zu
Gott gefordert wird, da weiß der Mensch, daß Gott sich um ihn kümmert und ihn nicht auf seinen verlorenen Wegen weitergehen läßt.*

ERÖFFNUNGSVERS   Vgl. Dan 3, 31.29.30.43.42

Alles, was du uns getan hast, o Herr,
das hast du nach deiner gerechten Entscheidung getan,
denn wir haben gesündigt, wir haben dein Gesetz übertreten.
Verherrliche deinen Namen und rette uns
nach der Fülle deines Erbarmens.

Ehre sei Gott. S. 352 ff.

TAGESGEBET

Großer Gott, du offenbarst deine Macht vor allem
im Erbarmen und im Verschonen.
Darum nimm uns in Gnaden auf,
wenn uns auch Schuld belastet.
Gib, daß wir unseren Lauf vollenden
und zur Herrlichkeit des Himmels gelangen.
Darum bitten wir durch Jesus Christus.

ZUR 1. LESUNG   *Die Jahre des babylonischen Exils (6. Jh.
v. Chr.) waren auch Jahre einer tiefgehenden Krise des Gottesglau-
bens. Ein Gott, der die Söhne für die Schuld der Väter sterben läßt, ist
ungerecht; ein ungerechter Gott ist aber kein Gott. Der Prophet stellt
richtig: Gott bestraft jeden nur für seine eigene Schuld, und auch dafür nicht, wenn er sich bekehrt hat. Gott ist auf göttliche Weise gerecht: er ist barmherzig. In der Krise sollen die Menschen sich nicht zu
Tode trauern, vielmehr dem gnädigen Gott und sich selbst einen neuen
Anfang zutrauen.*

ERSTE LESUNG   Ez 18, 25–28

*Wenn sich der Schuldige von seinem Unrecht abwendet, wird er sein Leben be-
wahren*

Lesung
   aus dem Buch Ezéchiel.

So spricht der Herr:
25 Ihr sagt: Das Verhalten des Herrn ist nicht richtig.
Hört doch, ihr vom Haus Israel:

Mein Verhalten soll nicht richtig sein?
  Nein, euer Verhalten ist nicht richtig.

26 Wenn der Gerechte
  sein rechtschaffenes Leben aufgibt und Unrecht tut,
  muß er dafür sterben.
Wegen des Unrechts, das er getan hat, wird er sterben.

27 Wenn sich der Schuldige
  von dem Unrecht abwendet, das er begangen hat,
  und nach Recht und Gerechtigkeit handelt,
  wird er sein Leben bewahren.

28 Wenn er alle Vergehen, deren er sich schuldig gemacht hat,
  einsieht und umkehrt,
  wird er bestimmt am Leben bleiben.
Er wird nicht sterben.

ANTWORTPSALM   Ps 25 (24), 4–5.6–7.8–9 (R: 6ab)

R Denk an dein Erbarmen, Herr,   (GL 170, 1)
und an die Taten deiner Huld! – R

4 Zeige mir, Herr, deine Wege, *   II. Ton
lehre mich deine Pfade!

5 Führe mich in deiner Treue und lehre mich; †
denn du bist der Gott meines Heiles. *
Auf dich hoffe ich allezeit. – (R)

6 Denk an dein Erbarmen, Herr, †
und an die Taten deiner Huld; *
denn sie bestehen seit Ewigkeit.

7 Denk nicht an meine Jugendsünden und meine Frevel! *
In deiner Huld denk an mich, Herr, denn du bist gütig. – (R)

8 Gut und gerecht ist der Herr, *
darum weist er die Irrenden auf den rechten Weg.

9 Die Demütigen leitet er nach seinem Recht, *
die Gebeugten lehrt er seinen Weg. – R

ZUR 2. LESUNG   *Die Eintracht in einer Gemeinschaft von Christen hat ihren Grund in der gemeinsamen Zugehörigkeit zu Christus
Jesus, und diese ist das Werk des Heiligen Geistes. Das Christuslied im
2. Teil der Lesung (Verse 6–11) deutet die Situation, die sich aus dem*

*Christusereignis ergibt: Eine neue Ordnung in der Welt, eine neue
Freiheit wird dort erfahren, wo Christus in seiner Erniedrigung erkannt und in seiner Erhöhung als der Herr, der Kyrios, geehrt wird.*

ZWEITE LESUNG   Phil 2, 1—11

Seid so gesinnt wie Christus Jesus!

Lesung
    aus dem Brief des Apostels Paulus an die Philípper.

Brüder!
1 Wenn es Ermahnung in Christus gibt,
  Zuspruch aus Liebe,
  eine Gemeinschaft des Geistes,
  herzliche Zuneigung und Erbarmen,
2 dann macht meine Freude dadurch vollkommen,
    daß ihr eines Sinnes seid,
  einander in Liebe verbunden,
  einmütig und einträchtig,
3 daß ihr nichts aus Ehrgeiz und nichts aus Prahlerei tut.
  Sondern in Demut
    schätze einer den andern höher ein als sich selbst.
4 Jeder achte nicht nur auf das eigene Wohl,
    sondern auch auf das der anderen.
5 Seid untereinander so gesinnt,
    wie es dem Leben in Christus Jesus entspricht:
6 Er war Gott gleich,
  hielt aber nicht daran fest, wie Gott zu sein,
7   sondern er entäußerte sich
    und wurde wie ein Sklave
    und den Menschen gleich.
  Sein Leben war das eines Menschen;
8 er erniedrigte sich
    und war gehorsam bis zum Tod,
  bis zum Tod am Kreuz.
9 Darum hat ihn Gott über alle erhöht
  und ihm den Namen verliehen,
    der größer ist als alle Namen,
10 damit alle im Himmel, auf der Erde und unter der Erde
    ihre Knie beugen vor dem Namen Jesu

11 und jeder Mund bekennt:
   „Jesus Christus ist der Herr"
   – zur Ehre Gottes, des Vaters.

Oder:

KURZFASSUNG   Phil 2, 1–5

Seid so gesinnt wie Christus Jesus!

Lesung
   aus dem Brief des Apostels Paulus an die Philipper.

Brüder!

1 Wenn es Ermahnung in Christus gibt,
   Zuspruch aus Liebe,
   eine Gemeinschaft des Geistes,
   herzliche Zuneigung und Erbarmen,
2 dann macht meine Freude dadurch vollkommen,
      daß ihr eines Sinnes seid,
   einander in Liebe verbunden,
   einmütig und einträchtig,
3 daß ihr nichts aus Ehrgeiz und nichts aus Prahlerei tut.
   Sondern in Demut
      schätze einer den andern höher ein als sich selbst.
4 Jeder achte nicht nur auf das eigene Wohl,
      sondern auch auf das der anderen.
5 Seid untereinander so gesinnt,
      wie es dem Leben in Christus Jesus entspricht.

RUF VOR DEM EVANGELIUM   Vers: Joh 10, 27

Halleluja. Halleluja.
⟨So spricht der Herr:⟩
Meine Schafe hören auf meine Stimme;
ich kenne sie, und sie folgen mir.
Halleluja.

ZUM EVANGELIUM   *Im Ruf zur Umkehr offenbart sich Gott als
der, zu dem man umkehren kann: der geduldige, wartende, verzei-
hende Gott. Er öffnet den Menschen einen Weg, den sie von sich aus
weder finden noch gehen könnten. Den offiziellen Vertretern der Reli-*

gion ist es damals und auch „später" schwergefallen, an ihrer eigenen Rechtschaffenheit zu zweifeln und an Bekehrung zu denken. Nur bei den Sündern, bei Zöllnern und Dirnen, fand Jesus die Bereitschaft, sich zu bekehren. Sie sind es, die im Gleichnis zuerst nein gesagt, später aber ja getan haben.

EVANGELIUM   Mt 21, 28–32

Später reute es ihn, und er ging doch. –
Zöllner und Dirnen gelangen eher in das Reich Gottes als ihr

✚ **Aus dem heiligen Evangelium nach Matthäus.**

In jener Zeit
  sprach Jesus zu den Hohenpriestern
  und den Ältesten des Volkes:

28 **Was meint ihr?**
  Ein Mann hatte zwei Söhne.
  Er ging zum ersten
    und sagte: Mein Sohn, geh und arbeite heute im Weinberg!
29 **Er antwortete: Ja, Herr!,**
    ging aber nicht.
30 **Da wandte er sich an den zweiten Sohn**
    und sagte zu ihm dasselbe.
  Dieser antwortete: Ich will nicht.
  Später aber reute es ihn,
    und er ging doch.
31 **Wer von den beiden hat den Willen seines Vaters erfüllt?**
  Sie antworteten: Der zweite.

  Da sagte Jesus zu ihnen:
    Amen, das sage ich euch:
  Zöllner und Dirnen gelangen eher in das Reich Gottes als ihr.
32 **Denn Johannes ist gekommen,**
    um euch den Weg der Gerechtigkeit zu zeigen,
  und ihr habt ihm nicht geglaubt;
  aber die Zöllner und die Dirnen haben ihm geglaubt.
  Ihr habt es gesehen,
  und doch habt ihr nicht bereut
    und ihm nicht geglaubt.

Glaubensbekenntnis, S. 356 ff.; Fürbitten vgl.

ZUR EUCHARISTIEFEIER *Wenn wir den Leib Christi empfangen, sagen wir: Amen. Wir sagen ja, aber alles kommt darauf an, daß wir auch wissen, was wir sagen – und was wir tun.*

GABENGEBET

Barmherziger Gott,
nimm unsere Gaben an
und öffne uns in dieser Feier
die Quelle, aus der aller Segen strömt.
Darum bitten wir durch Christus, unseren Herrn.

Präfation. S. 424 ff.

KOMMUNIONVERS   Ps 119 (118), 49–50

Herr, denk an das Wort für deinen Knecht,
durch das du mir Hoffnung gabst!
Sie ist mein Trost im Elend.

Oder: Vgl. 1 Joh 3, 16

Die Liebe Gottes haben wir daran erkannt,
daß Christus sein Leben für uns gegeben hat.
So müssen auch wir das Leben hingeben für die Brüder.

SCHLUSSGEBET

Allmächtiger Gott,
in der Feier der Eucharistie
haben wir den Tod des Herrn verkündet.
Dieses Sakrament stärke uns an Leib und Seele
und mache uns bereit, mit Christus zu leiden,
damit wir auch mit ihm zur Herrlichkeit gelangen,
der mit dir lebt und herrscht in alle Ewigkeit.

FÜR DEN TAG UND DIE WOCHE
Die Umkehr tun

*Die große Schuld des Menschen
sind nicht die Sünden, die er begeht –
die Versuchung ist mächtig und seine Kraft gering.
Die große Schuld des Menschen ist,
daß er in jedem Augenblick
die Umkehr tun kann und nicht tut. (Rabbi Bunam)*

27. SONNTAG IM JAHRESKREIS

*Die Christenheit, das neue Volk, das Gott sich aus Juden und Heiden
geschaffen hat, ist es besser als das alte Israel? Es ist nicht besser, und
es steht unter dem gleichen Gericht. Wo ist dann der Unterschied? Es
wäre keiner, wäre nicht Christus gekommen, der Sohn, der getötet
wurde und dennoch der Lebende ist. Die Liebe verpflichtet uns. Und
immer bleiben wir Schuldner.*

ERÖFFNUNGSVERS   Est 13, 9.10—11 (Vulgata)

**Deiner Macht ist das All unterworfen, Herr,
und niemand kann sich dir widersetzen;
denn du hast Himmel und Erde gemacht
und alles, was wir unter dem Himmel bestaunen.
Du bist der Herr über alles.**

Ehre sei Gott, S. 352 ff.

TAGESGEBET

Allmächtiger Gott,
du gibst uns in deiner Güte mehr,
als wir verdienen,
und Größeres, als wir erbitten.
Nimm weg, was unser Gewissen belastet,
und schenke uns jenen Frieden,
den nur deine Barmherzigkeit geben kann.
Darum bitten wir durch Jesus Christus.

ZUR 1. LESUNG   *Wie eine Fabel oder ein Liebeslied beginnt die
Rede des Propheten. Erst am Schluß wird den erschreckten Zuhörern
klar, um was es geht: um die Geschichte Gottes mit seinem Volk Israel.
Gott hat diesem Volk viel Sorge und Liebe zugewandt, aber Israel hat
die Gaben Gottes mißachtet. Soziale Mißstände im Volk Gottes ent-
ehren Gott selbst. Auch für das Volk des Neuen Bundes ist die Rede
des Propheten eine Warnung.*

ERSTE LESUNG   Jes 5, 1–7

Der Weinberg des Herrn der Heere ist das Haus Israel

Lesung
   aus dem Buch Jesája.

1 Ich will ein Lied singen von meinem geliebten Freund,
   ein Lied vom Weinberg meines Liebsten.

   Mein Freund hatte einen Weinberg auf einer fruchtbaren Höhe.
2 Er grub ihn um und entfernte die Steine
   und bepflanzte ihn mit den edelsten Reben.
   Er baute mitten darin einen Turm
      und hieb eine Kelter darin aus.
   Dann hoffte er, daß der Weinberg süße Trauben brächte,
   doch er brachte nur saure Beeren.

3 Nun sprecht das Urteil,
   Jerusalems Bürger und ihr Männer von Juda,
   im Streit zwischen mir und dem Weinberg!
4 Was konnte ich noch für meinen Weinberg tun,
      das ich nicht für ihn tat?
   Warum hoffte ich denn auf süße Trauben?
   Warum brachte er nur saure Beeren?

5 Jetzt aber will ich euch kundtun,
      was ich mit meinem Weinberg mache:
   Ich entferne seine schützende Hecke;
   so wird er zur Weide.
   Seine Mauer reiße ich ein;
      dann wird er zertrampelt.
   Zu Ödland will ich ihn machen.
   Man soll seine Reben nicht schneiden
      und soll ihn nicht hacken;
   Dornen und Disteln werden dort wuchern.
   Ich verbiete den Wolken, ihm Regen zu spenden.

   Ja, der Weinberg des Herrn der Heere
      ist das Haus Israel,
   und die Männer von Juda sind die Reben,
      die er zu seiner Freude gepflanzt hat.
   Er hoffte auf Rechtsspruch
      – doch siehe da: Rechtsbruch,
   und auf Gerechtigkeit
      – doch siehe da: der Rechtlose schreit.

ANTWORTPSALM

Ps 80 (79),9 u. 12.13−14.15−16.19−20 (R: Jes 5,7a)

R Der Weinberg des Herrn der Heere ist das Haus Israel. − R

(GL 529, 1)

II. Ton

9 Du hobst in Ägypten einen Weinstock aus, *
du hast Völker vertrieben, ihn aber eingepflanzt.

12 Seine Ranken trieb er hin bis zum Meer *
und seine Schößlinge bis zum Eufrat. − (R)

13 Warum rissest du seine Mauern ein? *
Alle, die des Weges kommen, plündern ihn aus.

14 Der Eber aus dem Wald wühlt ihn um, *
die Tiere des Feldes fressen ihn ab. − (R)

15 Gott der Heerscharen, wende dich uns wieder zu! *
Blick vom Himmel herab, und sieh auf uns!

Sorge für diesen Weinstock *
16 und für den Garten, den deine Rechte gepflanzt hat. − (R)

19 Erhalt uns am Leben! *
Dann wollen wir deinen Namen anrufen und nicht von dir weichen.

20 Herr, Gott der Heerscharen, richte uns wieder auf! *
Laß dein Angesicht leuchten, dann ist uns geholfen. − R

ZUR 2. LESUNG   *Sorgen aller Art hat der Christ ebenso wie andere Menschen. Er kann sie nicht einfach abschütteln, aber er kann
sie vor Gott ausbreiten, dem nahen, lebendigen Gott. In der Nähe Gottes und in der Gemeinschaft mit Christus findet der Mensch die große
Gelassenheit, die Freiheit, den Frieden. Und alles, was er tut, wird von
innen her klar und gut.*

ZWEITE LESUNG

Phil 4,6−9

Was ihr angenommen habt, das tut; und der Gott des Friedens wird mit euch sein

Lesung
aus dem Brief des Apostels Paulus an die Philipper.

Brüder!
6 Sorgt euch um nichts,
sondern bringt in jeder Lage
betend und flehend eure Bitten mit Dank vor Gott!

7 Und der Friede Gottes, der alles Verstehen übersteigt,
	wird eure Herzen und eure Gedanken
	in der Gemeinschaft mit Christus Jesus bewahren.

8 Schließlich, Brüder:
	Was immer wahrhaft, edel, recht,
	was lauter, liebenswert, ansprechend ist,
	was Tugend heißt und lobenswert ist,
	darauf seid bedacht!

9 Was ihr gelernt und angenommen,
	gehört und an mir gesehen habt,
	das tut!

Und der Gott des Friedens wird mit euch sein.

## RUF VOR DEM EVANGELIUM						Vers: vgl. Joh 15, 16

Halleluja. Halleluja.

(So spricht der Herr:)
Ich habe euch erwählt und dazu bestimmt, daß ihr Frucht bringt
und daß eure Frucht bleibt.

Halleluja.

ZUM EVANGELIUM	*Die Gottesherrschaft, die Jesus verkündet,
ist ebenso wie der Gottesbund vom Sinai den Menschen als Gabe gewährt, für die sie nun verantwortlich sind. Wenn ein Volk oder ein
Mensch sich nicht nach dem Willen Gottes richtet, wird ihm „das
Reich Gottes weggenommen". Das sagt Jesus nicht nur den Hohenpriestern und den Pharisäern; auch das neue Volk Gottes wird nach
der gleichen Norm gerichtet werden; auf die Früchte wird es ankommen.*

## EVANGELIUM						Mt 21, 33–44

Er wird den Weinberg an andere Winzer verpachten

✣ Aus dem heiligen Evangelium nach Matthäus.

In jener Zeit
	sprach Jesus zu den Hohenpriestern
	und den Ältesten des Volkes:

33 Hört noch ein anderes Gleichnis:
Es war ein Gutsbesitzer,
der legte einen Weinberg an,
zog ringsherum einen Zaun,
hob eine Kelter aus
und baute einen Turm.
Dann verpachtete er den Weinberg an Winzer
und reiste in ein anderes Land.

34 Als nun die Erntezeit kam,
schickte er seine Knechte zu den Winzern,
um seinen Anteil an den Früchten holen zu lassen.

35 Die Winzer aber packten seine Knechte;
den einen prügelten sie,
den andern brachten sie um,
einen dritten steinigten sie.

36 Darauf schickte er andere Knechte, mehr als das erstemal;
mit ihnen machten sie es genauso.

37 Zuletzt sandte er seinen Sohn zu ihnen;
denn er dachte:
Vor meinem Sohn werden sie Achtung haben.

38 Als die Winzer den Sohn sahen,
sagten sie zueinander: Das ist der Erbe.
Auf, wir wollen ihn töten,
damit wir seinen Besitz erben.

39 Und sie packten ihn,
warfen ihn aus dem Weinberg hinaus
und brachten ihn um.

40 Wenn nun der Besitzer des Weinbergs kommt:
Was wird er mit solchen Winzern tun?

41 Sie sagten zu ihm:
Er wird diesen bösen Menschen ein böses Ende bereiten
und den Weinberg an andere Winzer verpachten,
die ihm die Früchte abliefern, wenn es Zeit dafür ist.

42 Und Jesus sagte zu ihnen:
Habt ihr nie in der Schrift gelesen:

Der Stein, den die Bauleute verworfen haben,
er ist zum Eckstein geworden;
das hat der Herr vollbracht,
vor unseren Augen geschah dieses Wunder?

44 Und wer auf diesen Stein fällt,
    der wird zerschellen;
auf wen der Stein aber fällt,
    den wird er zermalmen.

43 Darum sage ich euch:
Das Reich Gottes wird euch weggenommen
    und einem Volk gegeben werden,
    das die erwarteten Früchte bringt.

Glaubensbekenntnis, S. 356 ff.: Fürbitten vgl. S. 792 ff.

ZUR EUCHARISTIEFEIER *Jesus ist der wahre Weinstock. Wer
mit ihm verbunden bleibt, wer sein Wort hört und danach lebt, der hat
das ewige Leben, schon in dieser Zeit.*

GABENGEBET

Allmächtiger Gott,
nimm die Gaben an,
die wir nach deinem Willen darbringen.
Vollende in uns
das Werk der Erlösung und der Heiligung
durch die Geheimnisse,
die wir zu deiner Verherrlichung feiern.
Darum bitten wir durch Christus, unseren Herrn.

Präfation, S. 424 ff.

KOMMUNIONVERS
Klgl 3, 25

Gut ist der Herr zu dem, der auf ihn hofft, zur Seele, die ihn sucht.

Oder:
Vgl. 1 Kor 10, 17

Ein Brot ist es, darum sind wir viele ein Leib.
Denn wir alle haben teil an dem einen Brot und dem einen Kelch.

SCHLUSSGEBET

Gott und Vater,
du reichst uns das Brot des Lebens
und den Kelch der Freude.
Gestalte uns nach dem Bild deines Sohnes,
der im Sakrament unsere Speise geworden ist.
Darum bitten wir durch ihn, Christus, unseren Herrn.

FÜR DEN TAG UND DIE WOCHE

Das Geheimnis *Friede kommt daraus, daß der Sinn zu Ende gelebt wird. Die halben Dinge machen Unfrieden. Jenes Zu-Ende-geführt-Sein des Werkes, jene restlose Verwirklichung des Vaterwillens – daraus kommt der unendliche Friede, der in Christus ist. Auch uns kommt er nur daher, aus dem Mitvollzug dieses Geheimnisses. (R. Guardini)*

28. SONNTAG IM JAHRESKREIS

Alle Freude ist im Grunde nur Vorfreude, wie alle Schönheit ein Gleichnis ist: Abglanz des Bleibenden und Unterpfand der Hoffnung. Das festliche Mahl, das wir feiern, ist Zeichen und Anfang ewiger Freude. Und selbst im Leid lebt die Ahnung, daß eine liebende Hand einmal alle Tränen trocknen wird.

ERÖFFNUNGSVERS   Ps 130 (129), 3–4

Würdest du, Herr, unsere Sünden beachten,
Herr, wer könnte bestehen?
Doch bei dir ist Vergebung, Gott Israels.

Ehre sei Gott. S. 352 ff.

TAGESGEBET

H err, unser Gott,
deine Gnade komme uns zuvor und begleite uns,
damit wir dein Wort im Herzen bewahren
und immer bereit sind, das Gute zu tun.
Darum bitten wir durch Jesus Christus.

ZUR 1. LESUNG   *Im Gericht über die widergöttlichen Mächte und in der Rettung der Erwählten offenbart Gott seine Herrlichkeit. Ein Bild der Freude über das Heil, das Gott schenken will, ist das Fest-*

mahl, zu dem er alle Völker einlädt. Alle Völker: auch die Heiden sind – zusammen mit dem Volk Israel – Mitbürger der Heiligen und Miterben derselben Verheißung.

ERSTE LESUNG
Jes 25,6–10a

Der Herr wird für alle Völker ein Festmahl geben; er wird die Tränen abwischen von jedem Gesicht

Lesung
aus dem Buch Jesája.

An jenem Tag
wird der Herr der Heere
auf diesem Berg – dem Zion –
für alle Völker ein Festmahl geben
mit den feinsten Speisen,
ein Gelage mit erlesenen Weinen,
mit den besten und feinsten Speisen,
mit besten, erlesenen Weinen.
Er zerreißt auf diesem Berg
die Hülle, die alle Nationen verhüllt,
und die Decke, die alle Völker bedeckt.

Er beseitigt den Tod für immer.
Gott, der Herr, wischt die Tränen ab von jedem Gesicht.
Auf der ganzen Erde
nimmt er von seinem Volk die Schande hinweg.
Ja, der Herr hat gesprochen.

An jenem Tag wird man sagen:
Seht, das ist unser Gott,
auf ihn haben wir unsere Hoffnung gesetzt,
er wird uns retten.
Das ist der Herr,
auf ihn setzen wir unsere Hoffnung.
Wir wollen jubeln
und uns freuen über seine rettende Tat.
Ja, die Hand des Herrn ruht auf diesem Berg.

ANTWORTPSALM   Ps 23 (22), 1–3.4.5.6 (R: vgl. 6b)

R Im Haus des Herrn darf ich wohnen   (GL 527, 4)
für immer und ewig. – R

1 Der Herr ist mein Hirte, nichts wird mir fehlen. †   VIII. Ton
2 Er läßt mich lagern auf grünen Auen *
   und führt mich zum Ruheplatz am Wasser.

3 Er stillt mein Verlangen; *
   er leitet mich auf rechten Pfaden, treu seinem Namen. – (R)

4 Muß ich auch wandern in finsterer Schlucht, *
   ich fürchte kein Unheil;

   denn du bist bei mir, *
   dein Stock und dein Stab geben mir Zuversicht. – (R)

5 Du deckst mir den Tisch *
   vor den Augen meiner Feinde.

   Du salbst mein Haupt mit Öl, *
   du füllst mir reichlich den Becher. – (R)

6 Lauter Güte und Huld *
   werden mir folgen mein Leben lang,

   und im Haus des Herrn *
   darf ich wohnen für lange Zeit. – R

ZUR 2. LESUNG   *Der Apostel Paulus hat Wert darauf gelegt, von
niemand abhängig zu sein, er hat aber die Hilfe der Gemeinde von
Philippi angenommen. Sein Dank an die Spender ist Dank an Gott,
der ihnen die Gnade des Schenkens gegeben hat. „ M e i n G o t t", sagt
Paulus hier, und das ist sein Geheimnis. In Not und Gefahr erfährt er
die Macht und Liebe „seines" Gottes.*

ZWEITE LESUNG   Phil 4, 12–14.19–20

Alles vermag ich durch ihn, der mir Kraft gibt

Lesung
   aus dem Brief des Apostels Paulus an die Philipper.

Brüder!
12 Ich weiß Entbehrungen zu ertragen,
   ich kann im Überfluß leben.

In jedes und alles bin ich eingeweiht:
in Sattsein und Hungern,
    Überfluß und Entbehrung.
13 Alles vermag ich durch ihn, der mir Kraft gibt.
14 Trotzdem habt ihr recht daran getan,
    an meiner Bedrängnis teilzunehmen.

19 Mein Gott aber
    wird euch durch Christus Jesus
    alles, was ihr nötig habt,
    aus dem Reichtum seiner Herrlichkeit schenken.

20 Unserem Gott und Vater
    sei die Ehre in alle Ewigkeit!
Amen.

RUF VOR DEM EVANGELIUM Vers: vgl. Eph 1, 17–18

Halleluja. Halleluja.

Der Vater unseres Herrn Jesus Christus
erleuchte die Augen unseres Herzens,
damit wir verstehen, zu welcher Hoffnung wir berufen sind.

Halleluja.

ZUM EVANGELIUM *Das Gleichnis vom königlichen Hochzeitsmahl, scheinbar voller Rätsel und Widersprüche, spricht von Gottes Freigebigkeit und Geduld, aber auch von seinem Zorn über das Verhalten der Eingeladenen. Sie nehmen die Einladung nicht an, die Einladung zum Fest und zur Freude. Alles ist bereit, alles ist umsonst zu haben, aber eines ist notwendig: daß die Menschen die Gabe Gottes annehmen, darüber froh werden und dafür danken.*

EVANGELIUM Mt 22, 1–14

Ladet alle, die ihr trefft, zur Hochzeit ein!

✠ Aus dem heiligen Evangelium nach Matthäus.

In jener Zeit
    erzählt Jesus den Hohenpriestern
    und den Ältesten des Volkes das folgende Gleichnis:

2 **Mit dem Himmelreich**
   ist es wie mit einem König,
   der die Hochzeit seines Sohnes vorbereitete.

3 **Er schickte seine Diener,**
   um die eingeladenen Gäste zur Hochzeit rufen zu lassen.
 Sie aber wollten nicht kommen.

4 **Da schickte er noch einmal Diener**
 und trug ihnen auf:
   Sagt den Eingeladenen: Mein Mahl ist fertig,
 die Ochsen und das Mastvieh sind geschlachtet,
 alles ist bereit.
 Kommt zur Hochzeit!

5 **Sie aber kümmerten sich nicht darum,**
 sondern der eine ging auf seinen Acker,
   der andere in seinen Laden,

6 **wieder andere fielen über seine Diener her,**
  mißhandelten sie
  und brachten sie um.

7 **Da wurde der König zornig;**
 er schickte sein Heer,
 ließ die Mörder töten
  und ihre Stadt in Schutt und Asche legen.

8 **Dann sagte er zu seinen Dienern:**
  Das Hochzeitsmahl ist vorbereitet,
   aber die Gäste waren es nicht wert, eingeladen zu werden.

9 **Geht also hinaus auf die Straßen**
 und ladet alle, die ihr trefft, zur Hochzeit ein.

10 **Die Diener gingen auf die Straßen hinaus**
  und holten alle zusammen, die sie trafen,
  Böse und Gute,
 und der Festsaal füllte sich mit Gästen.

11 **Als sie sich gesetzt hatten**
  und der König eintrat, um sich die Gäste anzusehen,
   bemerkte er unter ihnen einen Mann,
 der kein Hochzeitsgewand anhatte.

12 **Er sagte zu ihm:**
  Mein Freund,
  wie konntest du hier ohne Hochzeitsgewand erscheinen?
 Darauf wußte der Mann nichts zu sagen.

¹³ Da befahl der König seinen Dienern:
Bindet ihm Hände und Füße,
und werft ihn hinaus in die äußerste Finsternis!
Dort wird er heulen und mit den Zähnen knirschen.

¹⁴ Denn viele sind gerufen,
aber nur wenige auserwählt.

Oder:

KURZFASSUNG

Mt 22, 1–10

Ladet alle, die ihr trefft, zur Hochzeit ein!

✛ Aus dem heiligen Evangelium nach Matthäus.

In jener Zeit
¹ erzählte Jesus den Hohenpriestern
und den Ältesten des Volkes das folgende Gleichnis:

² Mit dem Himmelreich
ist es wie mit einem König,
der die Hochzeit seines Sohnes vorbereitete.

³ Er schickte seine Diener,
um die eingeladenen Gäste zur Hochzeit rufen zu lassen.
Sie aber wollten nicht kommen.

⁴ Da schickte er noch einmal Diener
und trug ihnen auf:
Sagt den Eingeladenen: Mein Mahl ist fertig,
die Ochsen und das Mastvieh sind geschlachtet,
alles ist bereit.
Kommt zur Hochzeit!

⁵ Sie aber kümmerten sich nicht darum,
sondern der eine ging auf seinen Acker,
der andere in seinen Laden,

⁶ wieder andere fielen über seine Diener her,
mißhandelten sie
und brachten sie um.

⁷ Da wurde der König zornig;
er schickte sein Heer,
ließ die Mörder töten
und ihre Stadt in Schutt und Asche legen.

⁸ Dann sagte er zu seinen Dienern:
Das Hochzeitsmahl ist vorbereitet,
aber die Gäste waren es nicht wert, eingeladen zu werden.

9   **Geht also hinaus auf die Straßen**
     und ladet alle, die ihr trefft, zur Hochzeit ein.
10   **Die Diener gingen auf die Straßen hinaus**
         und holten alle zusammen, die sie trafen,
     Böse und Gute,
     und der Festsaal füllte sich mit Gästen.

Glaubensbekenntnis, S. 356 ff.
Fürbitten vgl. S. 792 ff.

ZUR EUCHARISTIEFEIER   *Die Einladung zum Fest und zur*
Freude kommt uns nicht immer gelegen. Und die Gesellschaft, in der
wir uns dann finden, ist nicht immer wunderbar. Aber die Einladung
gilt. Wer nein sagt, zu dem müßte auch Gott schließlich nein sagen. Er
aber will ja sagen zu jedem von uns.

GABENGEBET

Herr und Gott,
nimm die Gebete und Opfergaben
deiner Gläubigen an.
Laß uns diese heilige Feier
mit ganzer Hingabe begehen,
damit wir einst das Leben
in der Herrlichkeit des Himmels erlangen.
Darum bitten wir durch Christus, unseren Herrn.

Präfation, S. 424 ff.

KOMMUNIONVERS   Ps 34 (33), 11

Reiche müssen darben und hungern.
Wer aber den Herrn sucht, braucht kein Gut zu entbehren.

Oder: Vgl. 1 Joh 3, 2

Wenn der Herr offenbar wird, werden wir ihm ähnlich sein;
denn wir werden ihn sehen, wie er ist.

SCHLUSSGEBET

Allmächtiger Gott,
in der heiligen Opferfeier
nährst du deine Gläubigen
mit dem Leib und dem Blut deines Sohnes.

Gib uns durch dieses Sakrament auch Anteil
am göttlichen Leben.
Darum bitten wir durch Christus, unseren Herrn.

FÜR DEN TAG UND DIE WOCHE

Fest ohne Ende *Es gibt kein Fest ohne brüderliche Gemeinschaft
mit anderen Menschen. Das, was wir im Fest preisen, muß auf sinn-
lich-leibhafte Weise Gestalt annehmen in Spiel, Tanz, Gesang und in
der Musik, in symbolischen Zeichen und Bildern.*

*Gelingt es uns, den Gottesdienst wieder als Fest zu begehen, dann
strahlt er auch in den Alltag hinein, dann kann unser ganzes Leben
ein Fest mit dem Auferstandenen sein, dann setzt sich der Gottesdienst
in unserem täglichen Leben fort, er kann unsere Mahlzeiten und die
Begegnungen mit dem Mitmenschen prägen und beseelen. Dann ist
unser Leben ein Fest ohne Ende. (Ralph Sauer)*

29. SONNTAG IM JAHRESKREIS

*Wo die Botschaft Jesu gehört wird, gibt es Spannungen und Gegen-
sätze. Der Mensch muß sich entscheiden, in seinem konkreten Leben,
in der Welt, in der er lebt. Er sieht, wie vorläufig und ungenügend alles Bestehende ist. Er weiß aber auch, daß sein Weg nicht die Flucht
sein kann, nicht die Verneinung, sondern kritische Auseinandersetzung und verantwortliche Mitarbeit.*

ERÖFFNUNGSVERS   Ps 17 (16),6.8

Ich rufe dich an, denn du, Gott, erhörst mich.
Wende dein Ohr mir zu, vernimm meine Rede!
Behüte mich wie den Augapfel, den Stern des Auges,
birg mich im Schatten deiner Flügel.
Ehre sei Gott, S. 352 ff.

TAGESGEBET

Allmächtiger Gott,
du bist unser Herr und Gebieter.
Mach unseren Willen bereit,
deinen Weisungen zu folgen,
und gib uns ein Herz, das dir aufrichtig dient.
Darum bitten wir durch Jesus Christus.

ZUR 1. LESUNG   *Im großen Spiel der Weltgeschichte ist der Per-
serkönig Kyrus eine Figur in der Hand Gottes. Gott gibt ihm Ehre und
Macht. Im Jahr 538 erobert Kyrus Babel, und für Israel hat das ba-
bylonische Exil ein Ende. In scheinbar profanen Geschichtsabläufen
ereignen sich Gericht und Gnade Gottes für sein Volk.*

ERSTE LESUNG   Jes 45, 1.4–6

Ich habe Kyrus bei der Hand gefaßt, um ihm die Völker zu unterwerfen

Lesung
    aus dem Buch Jesája.

1   So spricht der Herr zu Kyrus, seinem Gesalbten,
        den er an der rechten Hand gefaßt hat,
        um ihm die Völker zu unterwerfen,
        um die Könige zu entwaffnen,
        um ihm die Türen zu öffnen
        und kein Tor verschlossen zu halten:

4   Um meines Knechtes Jakob willen,
        um Israels, meines Erwählten, willen
        habe ich dich bei deinem Namen gerufen;
    ich habe dir einen Ehrennamen gegeben,
        ohne daß du mich kanntest.

5   Ich bin der Herr, und sonst niemand;
        außer mir gibt es keinen Gott.
    Ich habe dir den Gürtel angelegt,
        ohne daß du mich kanntest,
6   damit man vom Aufgang der Sonne bis zu ihrem Untergang
        erkennt, daß es außer mir keinen Gott gibt.
    Ich bin der Herr,
        und sonst niemand.

ANTWORTPSALM   Ps 96 (95), 1 u. 3.4–5.7–8.9 u. 10abd (R: 7b)

R Bringt dar dem Herrn Lob und Ehre! – R   (GL 529, 6)

1 Singet dem Herrn ein neues Lied, *   II. Ton
singt dem Herrn, alle Länder der Erde!

3 Erzählt bei den Völkern von seiner Herrlichkeit, *
bei allen Nationen von seinen Wundern! – (R)

4 Denn groß ist der Herr und hoch zu preisen, *
mehr zu fürchten als alle Götter.

5 Alle Götter der Heiden sind nichtig, *
der Herr aber hat den Himmel geschaffen. – (R)

7 Bringt dar dem Herrn, ihr Stämme der Völker, *
bringt dar dem Herrn Lob und Ehre!

8 Bringt dar dem Herrn die Ehre seines Namens, *
spendet Opfergaben, und tretet ein in sein Heiligtum! – (R)

9 In heiligem Schmuck werft euch nieder vor dem Herrn, *
erbebt vor ihm, alle Länder der Erde!

10ab Verkündet bei den Völkern: Der Herr ist König. *
10d Er richtet die Nationen so, wie es recht ist. – R

ZUR 2. LESUNG   *Der erste Thessalonicherbrief ist die älteste
Schrift des Neuen Testaments; Paulus schrieb ihn nur 20 Jahre nach
dem Tod Jesu. Um das Jahr 50 hat Paulus diese Gemeinde gegründet
(Apg 17, 1–9). Nach kurzer Tätigkeit mußte er aus Thessalonich wieder abreisen, aber er bleibt mit den Christen dort in Verbindung. Mit
Freude und Dank hört er vom inneren Erstarken der Gemeinde. Tätiger Glaube, opferbereite Liebe und die große Hoffnung auf das Kommen des Herrn: diese drei sind die Zeichen dafür, daß der Geist Gottes
am Werk ist.*

ZWEITE LESUNG   1 Thess 1, 1–5b

Wir erinnern uns vor Gott an euren Glauben, eure Liebe und eure Hoffnung

Lesung
  aus dem ersten Brief des Apostels Paulus an die Thessalónicher.

1 Paulus, Silvánus und Timótheus
     an die Gemeinde von Thessalónich,
     die in Gott, dem Vater, und in Jesus Christus, dem Herrn, ist:
  Gnade sei mit euch und Friede.

2 Wir danken Gott für euch alle,
     sooft wir in unseren Gebeten an euch denken;
3 unablässig erinnern wir uns vor Gott, unserem Vater,
     an das Werk eures Glaubens,
  an die Opferbereitschaft eurer Liebe
  und an die Standhaftigkeit eurer Hoffnung
     auf Jesus Christus, unseren Herrn.

4 Wir wissen, von Gott geliebte Brüder,
     daß ihr erwählt seid.
5ab Denn wir haben euch das Evangelium
     nicht nur mit Worten verkündet,
     sondern auch mit Macht und mit dem Heiligen Geist
     und mit voller Gewißheit.

RUF VOR DEM EVANGELIUM   Vers: vgl. Phil 2, 15d.16a

Halleluja. Halleluja.

Haltet fest am Worte Christi,
dann leuchtet ihr als Lichter in der Welt.

Halleluja.

ZUM EVANGELIUM   *Wer Jesus fragt, riskiert, daß ihm mehr gesagt wird, als er wissen wollte. Hat der römische Kaiser das Recht,
auch in Israel, in Gottes eigenem Land, die Kopfsteuer zu erheben?
Jesus antwortet auf diese Frage, wie er es öfter tut, mit einer Aufforde-
rung: Gebt dem Kaiser, was dem Kaiser gehört, und Gott, was Gott gehört! Das sind nur scheinbar zwei Forderungen; denn das ganze
Gewicht liegt auf der zweiten. Nicht der Kaiser ist wichtig und nicht
die Steuer, sondern der Anspruch Gottes.*

EVANGELIUM Mt 22, 15–21

Gebt dem Kaiser, was dem Kaiser gehört, und Gott, was Gott gehört

✛ **Aus dem heiligen Evangelium nach Matthäus.**

In jener Zeit
15   **kamen die Pharisäer zusammen**
und beschlossen, Jesus mit einer Frage eine Falle zu stellen.

16 **Sie veranlaßten ihre Jünger,**
zusammen mit den Anhängern des Herodes zu ihm zu gehen
und zu sagen: Meister,
wir wissen, daß du immer die Wahrheit sagst
und wirklich den Weg Gottes lehrst,
ohne auf jemand Rücksicht zu nehmen;
denn du siehst nicht auf die Person.

17 **Sag uns also:**
Ist es nach deiner Meinung erlaubt,
dem Kaiser Steuer zu zahlen,
oder nicht?

18 **Jesus aber erkannte ihre böse Absicht**
und sagte: Ihr Heuchler,
warum stellt ihr mir eine Falle?

19 **Zeigt mir die Münze, mit der ihr eure Steuern bezahlt!**
Da hielten sie ihm einen Denár hin.

20 **Er fragte sie: Wessen Bild und Aufschrift ist das?**
21 **Sie antworteten: Des Kaisers.**

Darauf sagte er zu ihnen:
So gebt dem Kaiser, was dem Kaiser gehört,
und Gott, was Gott gehört!

Glaubensbekenntnis, S. 356 ff.
Fürbitten vgl. S. 792 ff.

ZUR EUCHARISTIEFEIER *Gott geben, was Gott gehört: das
kann nur heißen, ihm alles geben, ihm, dem lebendigen, anwesenden
Gott. Damit geben wir auch der Welt („dem Kaiser") das, was sie am
nötigsten braucht: die Erfahrung der wirksamen Gegenwart Gottes.
Wir begegnen Gott im Mitmenschen; die Menschen begegnen Gott
durch uns. Das ist unsere Verantwortung.*

GABENGEBET

Hilf uns, Herr,
daß wir den Dienst am Altar
mit freiem Herzen vollziehen.
Befreie uns durch diese Feier von aller Schuld,
damit wir rein werden und dir gefallen.
Darum bitten wir durch Christus, unseren Herrn.

Präfation, S. 424 ff.

KOMMUNIONVERS   Ps 33 (32), 18–19

Das Auge des Herrn ruht auf allen, die ihn fürchten und ehren,
die nach seiner Güte ausschauen.
Denn er will sie dem Tod entreißen
und in der Hungersnot ihr Leben erhalten.

Oder:

Der Menschensohn ist gekommen,   Mk 10, 45
um sein Leben als Lösegeld hinzugeben für viele.

SCHLUSSGEBET

Allmächtiger Gott,
gib, daß die heiligen Geheimnisse,
die wir gefeiert haben, in uns Frucht bringen.
Schenke uns Tag für Tag,
was wir zum Leben brauchen,
und führe uns zur ewigen Vollendung.
Darum bitten wir durch Christus, unseren Herrn.

FÜR DEN TAG UND DIE WOCHE

Diese drei *Glaube, Liebe und Hoffnung sind die Grundhaltungen
des Christen, wie es auch die ersten Gaben sind, die er vom Heiligen
Geist empfängt. Die drei bedingen einander und sind aufeinander verwiesen. „Der glaubt an Christus, der auf Christus hofft und Christus
liebt. Denn wenn jemand Glauben hat, aber nicht die Hoffnung und
die Liebe, dann glaubt er wohl, daß es Christus gibt, aber er glaubt
nicht an Christus." (Augustinus)*

30. SONNTAG IM JAHRESKREIS

Wer sich Gott zuwendet, wer ihn sucht, den wirklichen, lebendigen Gott, der hat ihn schon gefunden. Und er kann ihn nicht für sich behalten, er trägt ihn zu den Menschen; er ist fähig geworden, jeden Menschen zu lieben, weil er selbst geliebt wird. Die Christen der frühen Zeit waren arm, aber ihr Glaube hatte werbende Kraft, weil er als Liebe sichtbar wurde. Man zeigte auf die Christen und sagte: Seht, wie sie einander lieben.

ERÖFFNUNGSVERS   Vgl. Ps 105 (104), 3–4

Freuen sollen sich alle, die den Herrn suchen.
Sucht den Herrn und seine Macht, sucht sein Antlitz allezeit.
Ehre sei Gott, S. 352 ff.

TAGESGEBET

Allmächtiger, ewiger Gott,
mehre in uns den Glauben,
die Hoffnung und die Liebe.
Gib uns die Gnade,
zu lieben, was du gebietest,
damit wir erlangen, was du verheißen hast.
Darum bitten wir durch Jesus Christus.

ZUR 1. LESUNG   *In die Sinai-Erzählung sind zahlreiche Vorschriften und Rechtsbestimmungen eingefügt. Sie haben ihre Wurzel im Bundesverhältnis zwischen Gott und dem Volk Israel. Das Volk Gottes kann als solches nur bestehen, wenn es sich an diese Grundregeln hält. Die Vorschriften in der heutigen Lesung gelten dem Schutz der Armen und Schwachen; sie setzen einfache, eher ländliche als städtische Verhältnisse voraus, haben jedoch bis heute nichts an Wirklichkeitsnähe verloren.*

ERSTE LESUNG   Ex 22, 20–26

Wenn ihr Witwen und Waisen ausnützt, so wird mein Zorn gegen euch entbrennen

Lesung
aus dem Buch Éxodus.

So spricht der Herr:

20 **Einen Fremden sollst du nicht ausnützen oder ausbeuten,**
    denn ihr selbst seid in Ägypten Fremde gewesen.
21 **Ihr sollt keine Witwe oder Waise ausnützen.**
22 **Wenn du sie ausnützt**
        und sie zu mir schreit,
            werde ich auf ihren Klageschrei hören.
23 **Mein Zorn wird entbrennen,**
    und ich werde euch mit dem Schwert umbringen,
    so daß eure Frauen zu Witwen und eure Söhne zu Waisen werden.
24 **Leihst du einem aus meinem Volk,**
        einem Armen, der neben dir wohnt, Geld,
        dann sollst du dich gegen ihn
        nicht wie ein Wucherer benehmen.
    Ihr sollt von ihm keinen Wucherzins fordern.
25 **Nimmst du von einem Mitbürger den Mantel zum Pfand,**
        dann sollst du ihn bis Sonnenuntergang zurückgeben;
26 **denn es ist seine einzige Decke,**
    der Mantel, mit dem er seinen bloßen Leib bedeckt.
    Worin soll er sonst schlafen?
    Wenn er zu mir schreit,
        höre ich es,
    denn ich habe Mitleid.

ANTWORTPSALM   Ps 18 (17), 2–3.4 u. 47.51 u. 50 (R: 2a)

R Ich will dich lieben, Herr, meine Stärke. – R   (GL 528, 4)

2 Ich will dich lieben, Herr, meine Stärke, *   I. Ton
3 Herr, du mein Fels, meine Burg, mein Retter,

    mein Gott, meine Feste, in der ich mich berge, *
    mein Schild und sicheres Heil, meine Zuflucht. – (R)

4 Ich rufe: Der Herr sei gepriesen!, *
    und ich werde vor meinen Feinden gerettet.

47 Es lebt der Herr! Mein <u>Fels</u> sei gepriesen. *
   Der Gott meines Heils sei <u>hoch</u> erhoben. – (R)

51 Seinem König verlieh er große Hilfe, †
   Huld erwies er <u>seinem</u> Gesalbten, *
   David und seinem <u>Stamm</u> auf ewig.

50 Darum will ich dir danken, <u>Herr</u>, vor den Völkern, *
   ich will deinem Namen <u>singen</u> und spielen. – R

ZUR 2. LESUNG   *Wer sich Christus zuwendet, bekehrt sich zum
„lebendigen und wahren Gott" (1 Thess 1, 9): zu dem Gott, der den
Menschen fordert und rettet. Vom „toten Gott" müßte da gesprochen
werden, wo der Mensch sich weder fordern noch retten läßt. Der lebendige Gott hat Jesus aus dem Tod erweckt und ihm die Macht gegeben, die Welt zu richten und zu retten. Bis dahin ist für den Christen
die Zeit des Glaubens, der Hoffnung und der werbenden Freude.*

ZWEITE LESUNG   1 Thess 1, 5c–10

*Ihr habt euch von den Götzen zu Gott bekehrt, um dem wahren Gott zu dienen
und seinen Sohn zu erwarten*

**Lesung
aus dem ersten Brief des Apostels Paulus an die Thessalónicher.**

Brüder!
5c Ihr wißt, wie wir bei euch aufgetreten sind,
   um euch zu gewinnen.
6 Und ihr seid unserem Beispiel gefolgt
   und dem des Herrn;
   ihr habt das Wort
   trotz großer Bedrängnis
   mit der Freude aufgenommen, die der Heilige Geist gibt.
So wurdet ihr ein Vorbild für alle Gläubigen
   in Mazedónien und in Acháia.
Von euch aus
   ist das Wort des Herrn aber
   nicht nur nach Mazedónien und Acháia gedrungen,
   sondern überall ist euer Glaube an Gott bekannt geworden,
so daß wir darüber nichts mehr zu sagen brauchen.

9   Denn man erzählt sich überall,
           welche Aufnahme wir bei euch gefunden haben
       und wie ihr euch von den Götzen zu Gott bekehrt habt,
           um dem lebendigen und wahren Gott zu dienen
10   und seinen Sohn vom Himmel her zu erwarten,
       Jesus, den er von den Toten auferweckt hat
       und der uns dem kommenden Gericht Gottes entreißt.

RUF VOR DEM EVANGELIUM   Vers: vgl. Joh 14, 23

Halleluja. Halleluja.

(So spricht der Herr:)
Wer mich liebt, hält fest an meinem Wort.
Mein Vater wird ihn lieben, und wir werden bei ihm wohnen.

Halleluja.

ZUM EVANGELIUM   *Die jüdischen Schriftgelehrten zählten in
der Bibel 248 Gebote und 365 Verbote; gelten sie alle gleich, oder
gibt es eines, das von allen das wichtigste ist und sie alle gleichsam
trägt? Die Antwort ist, nachdem Jesus sie ausgesprochen hat, völlig
klar und für alle Zeiten ins Bewußtsein gehoben. Ohne die Liebe wird
keines von allen Geboten wirklich erfüllt; sie bleiben leer, erst die
Liebe erfüllt sie mit Leben. Jesus hat das Gebot der Gottesliebe und das
der Nächstenliebe zur Einheit zusammengefügt; er hat ihre Einheit
sichtbar gemacht, durch sein Wort und durch seine Tat.*

EVANGELIUM   Mt 22, 34–40

*Du sollst den Herrn, deinen Gott, lieben; deinen Nächsten sollst du lieben wie
dich selbst*

✚ Aus dem heiligen Evangelium nach Matthäus.

       In jener Zeit,
34   als die Pharisäer hörten,
           daß Jesus die Sadduzäer zum Schweigen gebracht hatte,
           kamen sie bei ihm zusammen.
35   Einer von ihnen, ein Gesetzeslehrer,
           wollte ihn auf die Probe stellen
       und fragte ihn: Meister,
36   welches Gebot im Gesetz ist das wichtigste?

37 **Er antwortete ihm:**
Du sollst den Herrn, deinen Gott, lieben
mit ganzem Herzen, mit ganzer Seele und mit all deinen Gedanken.
38 **Das ist das wichtigste und erste Gebot.**

39 **Ebenso wichtig ist das zweite:**
Du sollst deinen Nächsten lieben wie dich selbst.

40 **An diesen beiden Geboten**
hängt das ganze Gesetz samt den Propheten.

Glaubensbekenntnis, S. 356 ff.
Fürbitten vgl. S. 792 ff.

ZUR EUCHARISTIEFEIER *Das große Gebot ist auch für uns die*
„Prüfungsfrage". Wenn wir Christus nicht im Nächsten begegnen, wie
sollen wir ihm begegnen im Sakrament? – Hat Gott nicht die Armen in
der Welt auserwählt, um sie durch den Glauben reich und zu Erben
des Königreichs zu machen, das er denen verheißen hat, die ihn lie-
ben? (Jak 2, 5)

GABENGEBET

Allmächtiger Gott,
sieh gnädig auf die Gaben, die wir darbringen,
und laß uns dieses Opfer so feiern,
daß es dir zur Ehre gereicht.
Darum bitten wir durch Christus, unseren Herrn.

Präfation, S. 424 ff.

KOMMUNIONVERS   Vgl. Ps 20 (19), 6

Wir jubeln über die Hilfe des Herrn.
Wir frohlocken im Namen unseres Gottes.

Oder: Eph 5, 2

Christus hat uns geliebt und sich für uns hingegeben
als Gabe und Opfer, das Gott wohlgefällt.

SCHLUSSGEBET

Herr, unser Gott,
gib, daß deine Sakramente
in uns das Heil wirken, das sie enthalten,
damit wir einst
als unverhüllte Wirklichkeit empfangen,
was wir jetzt in heiligen Zeichen begehen.
Darum bitten wir durch Christus, unseren Herrn.

FÜR DEN TAG UND DIE WOCHE

Der Verrat   *Eine der tragischsten Seiten der modernen Gesellschaft
ist der gegenseitige Verrat, die fehlende Bereitschaft zu lieben. Man
kann einen Mitmenschen nicht schlimmer verraten, als wenn man ihm
die Liebe verweigert. In unserer Welt ist einfach zu wenig Liebe. (Ma-
rio von Galli)*

31. SONNTAG IM JAHRESKREIS

*Politiker, Geschäftsleute, Künstler, auch der Klerus: jeder spielt seine
Rolle, wie er kann. Jeder möchte gut und glaubwürdig erscheinen,
und einige sind es. Aber woher kann man das wissen? Jeder muß sich
selber zuerst fragen. Fehler und Irrtümer – das ist nicht das Problem.
Aber wenn einer im Namen Gottes auftritt, fromme Reden führt, vielleicht sogar die Wahrheit sagt, aber sich selbst von dem, was er sagt,
nicht getroffen fühlt, den trifft ein hartes Urteil.*

ERÖFFNUNGSVERS   Ps 38 (37), 22–23

Herr, verlaß mich nicht, bleib mir nicht fern, mein Gott!
Eile mir zu Hilfe, Herr, du mein Heil.
Ehre sei Gott, S. 352 ff.

TAGESGEBET

Allmächtiger, barmherziger Gott,
es ist deine Gabe und dein Werk,
wenn das gläubige Volk
dir würdig und aufrichtig dient.

Nimm alles von uns,
was uns auf dem Weg zu dir aufhält,
damit wir ungehindert der Freude entgegeneilen,
die du uns verheißen hast.
Darum bitten wir durch Jesus Christus.

ZUR 1. LESUNG *Zur Zeit des Propheten Maleachi war der Tempel in Jerusalem wieder aufgebaut (515 v. Chr.). Aber der Kult, der dort gefeiert wurde, war keine Ehrung Gottes. Der Prophet sagt es den verantwortlichen Priestern konkret und deutlich. Gott hat den Stamm Levi zum priesterlichen Dienst bestimmt, aber diese Priester nehmen ihre Verpflichtung nicht ernst, sie entsprechen weder den Erwartungen Gottes noch denen des Volkes. Treuer Dienst und zuverlässige Lehre fordert man vom Priester. Versagen die Priester, dann gibt es auch im Volk keine Ehrfurcht und keine Treue mehr.*

ERSTE LESUNG   Mal 1, 14b – 2, 2b.8–10

Ihr seid abgewichen vom Weg und habt viele zu Fall gebracht

Lesung
    aus dem Buch Maleáchi.

14b **Ein großer König bin ich,**
    spricht der Herr der Heere,
und mein Name ist bei den Völkern gefürchtet.

Jetzt ergeht über euch dieser Beschluß, ihr Priester:
2ab **Wenn ihr nicht hört**
    und nicht von Herzen darauf bedacht seid,
    meinen Namen in Ehren zu halten
    – spricht der Herr der Heere –,
    dann schleudere ich meinen Fluch gegen euch.

Ihr seid abgewichen vom Weg
und habt viele zu Fall gebracht durch eure Belehrung;
ihr habt den Bund Levis zunichte gemacht,
    spricht der Herr der Heere.

Darum mache ich euch verächtlich
und erniedrige euch vor dem ganzen Volk,
weil ihr euch nicht an meine Wege haltet
und auf die Person seht bei der Belehrung.

10 Und wir, haben wir nicht alle denselben Vater?
   Hat nicht der eine Gott uns alle erschaffen?
   Warum handeln wir dann treulos, einer gegen den andern,
   und entweihen den Bund unserer Väter?

ANTWORTPSALM   Ps 131 (130), 1.2–3

R Herr, bewahre meine Seele in deinem Frieden! – R   (GL 646, 4)

1 Herr, mein Herz ist nicht stolz, *   IV. Ton
   nicht hochmütig blicken meine Augen.

   Ich gehe nicht um mit Dingen, *
   die mir zu wunderbar und zu hoch sind. – (R)

2 Ich ließ meine Seele ruhig werden und still; *
   wie ein kleines Kind bei der Mutter ist meine Seele still in mir.

3 Israel, harre auf den Herrn *
   von nun an bis in Ewigkeit! – R

ZUR 2. LESUNG   *Woher weiß ein Prediger, daß er nicht eigene Weisheit, sondern Gottes Wort verkündet? Und woran erkennen es die Zuhörer? Das sind zwei Grundfragen. Der Apostel Paulus versteht sich selbst zuerst als einen Hörer des Wortes, als einen Gerufenen, der dem Wort verpflichtet ist. Er steht mit seiner ganzen Existenz im Dienst seiner Sendung. Man hört sein Wort nicht nur mit dem Ohr; man kann es sehen und mit Händen greifen.*

ZWEITE LESUNG   1 Thess 2, 7b–9.13

Wir wollten euch nicht nur am Evangelium Gottes teilhaben lassen, sondern auch an unserem eigenen Leben

Lesung
   aus dem ersten Brief des Apostels Paulus an die Thessalónicher.

Brüder!
7b Wir sind euch freundlich begegnet:
   Wie eine Mutter für ihre Kinder sorgt,
8   so waren wir euch zugetan
   und wollten euch
       nicht nur am Evangelium Gottes teilhaben lassen,
       sondern auch an unserem eigenen Leben;
   denn ihr wart uns sehr lieb geworden.

9 Ihr erinnert euch, Brüder,
   wie wir uns gemüht und geplagt haben.
Bei Tag und Nacht haben wir gearbeitet,
   um keinem von euch zur Last zu fallen,
und haben euch so das Evangelium Gottes verkündet.

13 Darum danken wir Gott unablässig dafür,
   daß ihr das Wort Gottes,
   das ihr durch unsere Verkündigung empfangen habt,
   nicht als Menschenwort,
   sondern – was es in Wahrheit ist –
   als Gottes Wort angenommen habt;
und jetzt ist es in euch, den Gläubigen, wirksam.

RUF VOR DEM EVANGELIUM   Vers: Mt 23,9b.10b

Halleluja. Halleluja.

Einer ist euer Vater, der im Himmel.
Einer ist euer Lehrer, Christus.

Halleluja.

ZUM EVANGELIUM   *Die Pharisäer waren fromme und gewissenhafte Leute; sie hielten sich an die Vorschriften des Gesetzes. Jesus
aber wirft ihnen Heuchelei vor; sie spielten ihre Rolle, und es war ihnen vielleicht kaum bewußt, wie selbstgerecht, lieblos und im Grunde
unwahr ihr Leben tatsächlich war. Nun gab es unter ihnen aber auch
Männer, die es ernst und ehrlich meinten. Die Vorwürfe Jesu gelten
nicht nur den Pharisäern seiner Zeit; für alle Zeiten wird hier auch
den Jüngern Jesu der Spiegel einer falschen Frömmigkeit vorgehalten.*

EVANGELIUM   Mt 23,1–12

Sie reden nur, tun selbst aber nicht, was sie sagen

✦ Aus dem heiligen Evangelium nach Matthäus.

1 In jener Zeit
   wandte sich Jesus an das Volk und an seine Jünger
2 und sprach:
   Die Schriftgelehrten und die Pharisäer
   haben sich auf den Stuhl des Mose gesetzt.

³ Tut und befolgt also alles, was sie euch sagen,
aber richtet euch nicht nach dem, was sie tun;
denn sie reden nur,
   tun selbst aber nicht, was sie sagen.

⁴ Sie schnüren schwere Lasten zusammen
und legen sie den Menschen auf die Schultern,
wollen selber aber keinen Finger rühren, um die Lasten zu tragen.

⁵ Alles, was sie tun,
   tun sie nur, damit die Menschen es sehen:
Sie machen ihre Gebetsriemen breit
   und die Quasten an ihren Gewändern lang,

⁶ bei jedem Festmahl möchten sie den Ehrenplatz
   und in der Synagoge die vordersten Sitze haben,

⁷ und auf den Straßen und Plätzen lassen sie sich gern grüßen
   und von den Leuten Rabbi – Meister – nennen.

⁸ Ihr aber sollt euch nicht Rabbi nennen lassen;
denn nur einer ist euer Meister,
   ihr alle aber seid Brüder.

⁹ Auch sollt ihr niemand auf Erden euren Vater nennen;
denn nur einer ist euer Vater,
   der im Himmel.

¹⁰ Auch sollt ihr euch nicht Lehrer nennen lassen;
denn nur einer ist euer Lehrer,
   Christus.

¹¹ Der Größte von euch soll euer Diener sein.

¹² Denn wer sich selbst erhöht,
   wird erniedrigt,
und wer sich selbst erniedrigt,
   wird erhöht werden.

Glaubensbekenntnis, S. 356 ff.
Fürbitten vgl. S. 792 ff.

ZUR EUCHARISTIEFEIER   *Nicht die Größe und Menge der Leistungen entscheiden über den Wert eines Menschen vor Gott. Das Eigentliche kann der Mensch nur als Gnade empfangen: die Reinheit des Glaubens, die Armut des Herzens und die Freiheit zur Hingabe ohne Grenzen.*

GABENGEBET

Heiliger Gott,
diese Gabe werde zum reinen Opfer,
das deinen Namen groß macht unter den Völkern.
Für uns aber werde sie zum Sakrament,
das uns die Fülle deines Erbarmens schenkt.
Darum bitten wir durch Christus, unseren Herrn.

Präfation, S. 424 ff.

KOMMUNIONVERS   Ps 16 (15), 11

Herr, du zeigst mir den Pfad zum Leben;
vor deinem Angesicht herrscht Freude in Fülle.

Oder: Joh 6, 57

So spricht der Herr:
Wie mich der lebendige Vater gesandt hat
und wie ich durch den Vater lebe,
so wird jeder, der mich ißt, durch mich leben.

SCHLUSSGEBET

Gütiger Gott,
du hast uns mit dem Brot des Himmels gestärkt.
Laß deine Kraft in uns wirken,
damit wir fähig werden,
die ewigen Güter zu empfangen,
die uns in diesen Gaben verheißen sind.
Darum bitten wir durch Christus, unseren Herrn.

FÜR DEN TAG UND DIE WOCHE
Wer an Gott glaubt, ist frei

Wenn wir die Bibel auslegen
ohne daß Gottes Geist uns bewegt,
vertreten wir tote Überlieferungen,
Meinungen von gestern
oder Einfälle von heute, die keinem helfen.
Der Glaube an Jesus hat nur Sinn,
wenn er uns und die Welt verändert.

Von Grund auf Neues schaffen
können nicht wir Menschen,
das kann allein der Geist Gottes.

Wer an Gott glaubt, ist frei.
Er braucht nichts zu sein, was er nicht ist,
nichts zu zeigen, was er nicht hat,
und nichts zu leisten, was er nicht kann.

Er braucht Tod und Schwachheit nicht zu leugnen.
Er ist in der Angst nicht verlassen.
Wer an Gott glaubt, kann leben. (J. Z.)

32. SONNTAG IM JAHRESKREIS

Warten auf Gott heißt auf die Begegnung warten, die der Sinn unseres
Lebens und der Geschichte ist. Für den Christen bedeutet dies: auf
Christus warten. Er wird am Ende der Tage kommen, und er kommt
jeden Tag, zu der Stunde und in der Weise, die er selbst bestimmt. Am
Sonntag rufen wir zu ihm: Kyrie, eleison. Wir rufen zu dem, der in
unserer Mitte anwesend ist: im Wort, das wir hören, im Sakrament,
das wir empfangen, im Bruder, in der Schwester neben mir.

ERÖFFNUNGSVERS   Ps 88 (87), 3

Herr, laß mein Gebet zu dir dringen,
wende dein Ohr meinem Flehen zu.

Ehre sei Gott, S. 352 ff.

TAGESGEBET

Allmächtiger und barmherziger Gott,
wir sind dein Eigentum,
du hast uns in deine Hand geschrieben.
Halte von uns fern, was uns gefährdet,
und nimm weg, was uns an Seele und Leib bedrückt,
damit wir freien Herzens deinen Willen tun.
Darum bitten wir durch Jesus Christus.

ZUR 1. LESUNG   *Der menschliche Geist strebt nach „Weisheit", er will wissen, was die Welt im Innersten zusammenhält. Diesem Streben des Menschen kommt die Schönheit und Ordnung der geschaffenen Welt entgegen. Oft wird im Alten Testament die Weisheit als Person dargestellt, die sich dem Verlangen des Menschengeistes geradezu anbietet. Das Johannesevangelium hat dann die „Weisheit" mit dem „Wort" gleichgesetzt. Das Wort ist Fleisch geworden: so weit ist uns Gottes Weisheit entgegengekommen.*

ERSTE LESUNG   Weish 6, 12–16

Wer die Weisheit sucht, findet sie

**Lesung
aus dem Buch der Weisheit.**

12 **Strahlend und unvergänglich ist die Weisheit;
wer sie liebt, erblickt sie schnell,
und wer sie sucht, findet sie.**

13 **Denen, die nach ihr verlangen,
gibt sie sich sogleich zu erkennen.**

14 **Wer sie am frühen Morgen sucht,
braucht keine Mühe,
er findet sie vor seiner Türe sitzen.**

15 **Über sie nachzusinnen ist vollkommene Klugheit;
wer ihretwegen wacht,
wird schnell von Sorge frei.**

16 **Sie geht selbst umher,
um die zu suchen, die ihrer würdig sind;
freundlich erscheint sie ihnen auf allen Wegen
und kommt jenen entgegen, die an sie denken.**

ANTWORTPSALM   Ps 63 (62), 2.3–4.5–6.7–8 (R: vgl. 2)

R Meine Seele dürstet nach dir, mein Gott. – **R**   (GL 676, 1)

2 **Gott, du mein Gott, dich <u>su</u>che ich, ***   II. Ton
   meine Seele <u>dür</u>stet nach dir.

   Nach dir schmachtet mein <u>Leib</u> *
   wie dürres, lechzendes Land <u>oh</u>ne Wasser. – (R)

3   **Darum halte ich Ausschau nach dir im Heiligtum, ***
    um deine Macht und Herrlichkeit zu sehen.

4   **Denn deine Huld ist besser als das Leben; ***
    darum preisen dich meine Lippen. – (R)

5   **Ich will dich rühmen mein Leben lang, ***
    in deinem Namen die Hände erheben.

6   **Wie an Fett und Mark wird satt meine Seele, ***
    mit jubelnden Lippen soll mein Mund dich preisen. – (R)

7   **Ich denke an dich auf nächtlichem Lager ***
    und sinne über dich nach, wenn ich wache.

8   **Ja, du wurdest meine Hilfe; ***
    jubeln kann ich im Schatten deiner Flügel.

R **Meine Seele dürstet nach dir, mein Gott.**

ZUR 2. LESUNG   *Von der Parusie, der Ankunft des Herrn am
Ende der Zeit, spricht Paulus im 1. Thessalonicherbrief fünfmal. Sie
wird sich an „jenem Tag" ereignen, am „Tag des Herrn". In der Schil-
derung dieses Tages müssen wir unterscheiden zwischen der eigentlichen Glaubensaussage und der „apokalyptischen" Szenerie (Ruf des
Erzengels, Posaune Gottes, Entrücktwerden auf den Wolken). Die eigentliche Glaubensaussage steht in 1 Thess 4, 14: Jesus war tot und
ist auferstanden; wenn er kommt, werden alle, die in Christus (als Getaufte) gestorben sind, und alle, die durch ihren Glauben in Christus
leben, ihm entgegengehen, um für immer bei ihm zu sein. Das ist die
Hoffnung, die es dem Christen unmöglich macht, traurig zu sein.*

ZWEITE LESUNG   1 Thess 4, 13–18
*Gott wird durch Jesus auch die Verstorbenen zusammen mit ihm zur Herrlichkeit
führen*

Lesung
    aus dem ersten Brief des Apostels Paulus an die Thessalónicher.

13 **Brüder,**
    wir wollen euch über die Verstorbenen nicht in Unkenntnis lassen,
    damit ihr nicht trauert wie die anderen,
        die keine Hoffnung haben.

14 Wenn Jesus – und das ist unser Glaube –
   gestorben und auferstanden ist,
      dann wird Gott durch Jesus auch die Verstorbenen
      zusammen mit ihm zur Herrlichkeit führen.

15 Denn dies sagen wir euch nach einem Wort des Herrn:
Wir, die Lebenden,
      die noch übrig sind, wenn der Herr kommt,
      werden den Verstorbenen nichts voraushaben.

16 Denn der Herr selbst wird vom Himmel herabkommen,
      wenn der Befehl ergeht,
      der Erzengel ruft und die Posaune Gottes erschallt.
Zuerst werden die in Christus Verstorbenen auferstehen;

17 dann werden wir, die Lebenden, die noch übrig sind,
      zugleich mit ihnen auf den Wolken in die Luft entrückt,
      dem Herrn entgegen.
Dann werden wir immer beim Herrn sein.

18 Tröstet also einander mit diesen Worten!

Oder:

KURZFASSUNG   1 Thess 4, 13–14

*Gott wird durch Jesus auch die Verstorbenen zusammen mit ihm zur Herrlichkeit
führen*

Lesung
   aus dem ersten Brief des Apostels Paulus an die Thessalónicher.

13 Brüder,
wir wollen euch über die Verstorbenen nicht in Unkenntnis lassen,
damit ihr nicht trauert wie die anderen,
      die keine Hoffnung haben.

14 Wenn Jesus – und das ist unser Glaube –
   gestorben und auferstanden ist,
      dann wird Gott durch Jesus auch die Verstorbenen
      zusammen mit ihm zur Herrlichkeit führen.

RUF VOR DEM EVANGELIUM   Vers: vgl. Mt 24,42a.44

Halleluja. Halleluja.

Seid wachsam und haltet euch bereit!
Denn der Menschensohn kommt
zu einer Stunde, in der ihr es nicht erwartet.

Halleluja.

ZUM EVANGELIUM   *Vom Weggang Jesu bis zu seiner zweiten*
Ankunft läuft in dieser Welt die Zeit der Kirche: Zeit der Hoffnung und
der wachen Bewährung. Die Ankunft des Herrn verzögert sich, und
allen wird die Zeit lang; auch die „klugen Jungfrauen" schlafen ein.
Aber ihr Herz ist wach für die Forderung der Gegenwart und für das
kommende Ereignis: die Begegnung mit dem Herrn, wenn er kommt.
Den anderen, den „törichten Jungfrauen", nützt es dann wenig,
„Herr, Herr" zu rufen. Sie haben ihre Gegenwart und ihre Zukunft ver-
schlafen.

EVANGELIUM   Mt 25,1–13

Der Bräutigam kommt! Geht ihm entgegen!

✛ **Aus dem heiligen Evangelium nach Matthäus.**

In jener Zeit
    erzählte Jesus seinen Jüngern das folgende Gleichnis:
1 **Mit dem Himmelreich**
        wird es sein wie mit zehn Jungfrauen,
            die ihre Lampen nahmen und dem Bräutigam entgegengingen.
2 **Fünf von ihnen waren töricht,**
        und fünf waren klug.
3 **Die törichten nahmen ihre Lampen mit,**
        aber kein Öl.
4 **die klugen aber nahmen außer den Lampen**
        noch Öl in Krügen mit.
5 **Als der Bräutigam lange nicht kam,**
        wurden sie alle müde und schliefen ein.
6 **Mitten in der Nacht aber hörte man plötzlich laute Rufe:**
    Der Bräutigam kommt!
    Geht ihm entgegen!

Da standen die Jungfrauen alle auf
und machten ihre Lampen zurecht.

Die törichten aber sagten zu den klugen:
Gebt uns von eurem Öl,
sonst gehen unsere Lampen aus.

Die klugen erwiderten ihnen:
Dann reicht es weder für uns noch für euch;
geht doch zu den Händlern
und kauft, was ihr braucht.

⁰ Während sie noch unterwegs waren, um das Öl zu kaufen,
kam der Bräutigam;
die Jungfrauen, die bereit waren,
gingen mit ihm in den Hochzeitssaal,
und die Tür wurde zugeschlossen.

¹ Später kamen auch die anderen Jungfrauen
und riefen: Herr, Herr, mach uns auf!

² Er aber antwortete ihnen: Amen, ich sage euch:
Ich kenne euch nicht.

³ Seid also wachsam!
Denn ihr wißt weder den Tag noch die Stunde.

Glaubensbekenntnis, S. 356 ff.
Fürbitten vgl. S. 792 ff.

ZUR EUCHARISTIEFEIER   *Wenn uns nichts und niemand begegnet – kommt es vielleicht daher, daß wir nichts erwarten? Was erwarten wir, wenn wir zusammenkommen, um Eucharistie zu feiern? Wen erwarten wir?*

GABENGEBET

Gott, unser Vater,
nimm unsere Opfergaben gnädig an
und gib, daß wir mit gläubigem Herzen
das Leidensgeheimnis deines Sohnes feiern,
der mit dir lebt und herrscht in alle Ewigkeit.

Präfation, S. 424 ff.

KOMMUNIONVERS   Ps 23 (22), 1–2

Der Herr ist mein Hirte, nichts wird mir fehlen.
Er läßt mich lagern auf grünen Auen
und führt mich zum Ruheplatz am Wasser.

Oder: Vgl. Lk 24, 35

Die Jünger erkannten den Herrn Jesus,
als er das Brot brach.

SCHLUSSGEBET

W ir danken dir, gütiger Gott,
für die heilige Gabe,
in der wir die Kraft von oben empfangen.
Erhalte in uns deinen Geist
und laß uns dir stets aufrichtig dienen.
Darum bitten wir durch Christus, unseren Herrn.

FÜR DEN TAG UND DIE WOCHE

Risiko der Begegnung   *Das Eigentliche beim Gebet, das, worauf*
Gott wartet und worauf auch wir selber warten, ist die Begegnung
und die nie mehr endende Hingabe. Aber davor haben wir auch
Angst. „Wenn ich das bin, für was ich mich halte, und wenn Gott der
ist, den ich mir vorstelle, dann könnte ich dieses Wagnis vielleicht auf
mich nehmen. Aber was, wenn er sich als ein anderer zeigt, als ich ihn
mir vorstellte? Und was, wenn die Bretterwände, die ich vor meine
Vorstellung aufgestellt hatte, in seiner glühenden Gegenwart verbren-
nen und eine völlig unvorhersagbare Begegnung mit ihm stattfindet?
(Th. Merton)

33. SONNTAG IM JAHRESKREIS

Wir wissen nicht, wann der Tag des Herrn, der Tag des Endes und der Vollendung kommen wird. Aber er kommt, und für den einzelnen kommt er bald. Bis dahin ist Zeit der Arbeit, des treuen Dienstes. Treu sein heißt aber nicht, konservieren, was man hat. Es heißt: mit den Gaben, die wir empfangen haben, arbeiten; an dieser Arbeit wachsen und reifen; uns bereit machen, alles daranzugeben, um alles zu gewinnen.

ERÖFFNUNGSVERS
Vgl. Jer 29, 11.12.14

So spricht der Herr:
Ich sinne Gedanken des Friedens und nicht des Unheils.
Wenn ihr mich anruft, so werde ich euch erhören
und euch aus der Gefangenschaft von allen Orten zusammenführen.
Ehre sei Gott, S. 352 ff.

TAGESGEBET

Gott, du Urheber alles Guten,
du bist unser Herr.
Laß uns begreifen, daß wir frei werden,
wenn wir uns deinem Willen unterwerfen,
und daß wir die vollkommene Freude finden,
wenn wir in deinem Dienst treu bleiben.
Darum bitten wir durch Jesus Christus.

ZUR 1. LESUNG   *Am Schluß des Buches der Sprichwörter steht das Lob der Frau. Die gute, „tüchtige" Frau wird geradezu als menschliche Verwirklichung der Frau Weisheit dargestellt, von der in früheren Kapiteln die Rede war. Eine solche Frau ist liebende Gattin, sorgende Hausfrau, ein wirklicher „Schatz", das Glück ihres Hauses. Sie besitzt die wahre Weisheit; das ehrfürchtige Wissen um Gottes Größe und Nähe bestimmt ihr ganzes Leben. Ihr Glück besteht im Helfen und Schenken; darin ist sie Gott selbst ähnlich.*

ERSTE LESUNG   Spr 31,10–13.19–20.30–31

Sie schafft mit emsigen Händen

Lesung aus dem Buch der Sprichwörter.

10 Eine tüchtige Frau, wer findet sie?
     Sie übertrifft alle Perlen an Wert.
11 Das Herz ihres Mannes vertraut auf sie,
     und es fehlt ihm nicht an Gewinn.
12 Sie tut ihm Gutes und nichts Böses
     alle Tage ihres Lebens.

13 Sie sorgt für Wolle und Flachs
     und schafft mit emsigen Händen.
19 Nach dem Spinnrocken greift ihre Hand,
     ihre Finger fassen die Spindel.

20 Sie öffnet ihre Hand für den Bedürftigen
     und reicht ihre Hände dem Armen.

30 Trügerisch ist Anmut,
     vergänglich die Schönheit;
     nur eine gottesfürchtige Frau verdient Lob.
31 Preist sie für den Ertrag ihrer Hände,
     ihre Werke soll man am Stadttor loben.

ANTWORTPSALM   Ps 128 (127),1–2.3.4–5 (R: vgl. 1a)

R Selig die Menschen, die Gottes Wege gehen!   (GL 708, 1)

1 Wohl dem Mann, der den Herrn fürchtet und ehrt *
    und der auf seinen Wegen geht!

2 Was deine Hände erwarben, kannst du genießen; *
    wohl dir, es wird dir gut ergehn. – (R)

3 Wie ein fruchtbarer Weinstock ist deine Frau *
    drinnen in deinem Haus.

   Wie junge Ölbäume sind deine Kinder *
    rings um deinen Tisch. – (R)

4 So wird der Mann gesegnet, *
    der den Herrn fürchtet und ehrt.

5 Es segne dich der Herr vom Zion her. *
    Du sollst dein Leben lang das Glück Jerusalems schauen. – R

ZUR 2. LESUNG   *Der Christ hat Zukunft und Hoffnung. Das bestimmende Ereignis der Zukunft, das bereits in die Gegenwart hereinragt, ist der Tag des Herrn (1 Thess 5, 2). In der gegenwärtigen Welt gibt es Licht und Finsternis; der Tag des Herrn wird es offenbar machen, wer zum Licht gehört. Die Getauften gehören nicht mehr der Nacht, sondern dem Tag, der Christus ist. Auch ihnen muß gesagt werden: Seid wach und nüchtern! Glaube, Liebe und Hoffnung sind notwendig, wenn die Welt (samt den Christen) nicht in Trunkenheit und falscher Sicherheit untergehen soll.*

ZWEITE LESUNG   1 Thess 5, 1–6

Der Tag des Herrn soll euch nicht wie ein Dieb überraschen

Lesung
    aus dem ersten Brief des Apostels Paulus an die Thessalónicher.

Über Zeit und Stunde, Brüder,
    brauche ich euch nicht zu schreiben.
Ihr selbst wißt genau,
    daß der Tag des Herrn kommt wie ein Dieb in der Nacht.

Während die Menschen sagen: Friede und Sicherheit!,
    kommt plötzlich Verderben über sie
    wie die Wehen über eine schwangere Frau,
und es gibt kein Entrinnen.
Ihr aber, Brüder, lebt nicht im Finstern,
so daß euch der Tag nicht wie ein Dieb überraschen kann.
Ihr alle seid Söhne des Lichts
    und Söhne des Tages.
Wir gehören nicht der Nacht
    und nicht der Finsternis.

Darum wollen wir nicht schlafen wie die anderen,
sondern wach und nüchtern sein.

RUF VOR DEM EVANGELIUM   Vers: Joh 15, 4a.5b

Halleluja. Halleluja.

(So spricht der Herr:)
Bleibt in mir, dann bleibe ich in euch.
Wer in mir bleibt, der bringt reiche Frucht.

Halleluja.

ZUM EVANGELIUM   *Jeder Mensch hat Gaben und Fähigkeiten,
mit denen er arbeiten kann und für die er verantwortlich ist. Wichtig
ist am Ende nicht, wieviel er bekommen, sondern was er damit getan
hat, ob er ein treuer Verwalter war. Ein kluger Verwalter weiß, daß
seine Zeit begrenzt ist. Im Gleichnis Jesu ist die Zeit scheinbar lang,
niemand weiß den Tag und die Stunde, wann der Herr kommen wird.
Aber diese ganze Zeit läuft auf die große Stunde zu, und von ihr wird
sie gerichtet.*

EVANGELIUM   Mt 25, 14–30

*Du bist im Kleinen ein treuer Verwalter gewesen; nimm teil an der Freude deines
Herrn!*

✝ **Aus dem heiligen Evangelium nach Matthäus.**

In jener Zeit
   erzählte Jesus seinen Jüngern das folgende Gleichnis:
14 **Mit dem Himmelreich**
   ist es wie mit einem Mann, der auf Reisen ging:

Er rief seine Diener
   und vertraute ihnen sein Vermögen an.
15 **Dem einen gab er fünf Talente Silbergeld,**
einem anderen zwei,
wieder einem anderen eines,
jedem nach seinen Fähigkeiten.
Dann reiste er ab.
16 **Sofort begann der Diener, der fünf Talente erhalten hatte,**
   mit ihnen zu wirtschaften,
und er gewann noch fünf dazu.
17 **Ebenso gewann der, der zwei erhalten hatte,**
   noch zwei dazu.
18 **Der aber, der das eine Talent erhalten hatte,**
   ging und grub ein Loch in die Erde
und versteckte das Geld seines Herrn.
19 **Nach langer Zeit kehrte der Herr zurück,**
   um von den Dienern Rechenschaft zu verlangen.
20 **Da kam der, der die fünf Talente erhalten hatte,**
brachte fünf weitere
und sagte: Herr, fünf Talente hast du mir gegeben;
sieh her, ich habe noch fünf dazugewonnen.

21 Sein Herr sagte zu ihm:
   Sehr gut,
du bist ein tüchtiger und treuer Diener.
Du bist im Kleinen ein treuer Verwalter gewesen,
   ich will dir eine große Aufgabe übertragen.
Komm, nimm teil an der Freude deines Herrn!

22 Dann kam der Diener, der zwei Talente erhalten hatte,
und sagte: Herr, du hast mir zwei Talente gegeben;
sieh her, ich habe noch zwei dazugewonnen.

23 Sein Herr sagte zu ihm:
   Sehr gut,
du bist ein tüchtiger und treuer Diener.
Du bist im Kleinen ein treuer Verwalter gewesen,
   ich will dir eine große Aufgabe übertragen.
Komm, nimm teil an der Freude deines Herrn!

24 Zuletzt kam auch der Diener, der das eine Talent erhalten hatte,
und sagte: Herr, ich wußte, daß du ein strenger Mann bist;
du erntest, wo du nicht gesät hast,
   und sammelst, wo du nicht ausgestreut hast;

25 weil ich Angst hatte,
   habe ich dein Geld in der Erde versteckt.
Hier hast du es wieder.

26 Sein Herr antwortete ihm:
Du bist ein schlechter und fauler Diener!
Du hast doch gewußt, daß ich ernte, wo ich nicht gesät habe,
   und sammle, wo ich nicht ausgestreut habe.

27 Hättest du mein Geld wenigstens auf die Bank gebracht,
   dann hätte ich es bei meiner Rückkehr
   mit Zinsen zurückerhalten.

28 Darum nehmt ihm das Talent weg
und gebt es dem, der die zehn Talente hat!

29 Denn wer hat,
   dem wird gegeben,
und er wird im Überfluß haben;
wer aber nicht hat,
   dem wird auch noch weggenommen, was er hat.

30 Werft den nichtsnutzigen Diener hinaus in die äußerste Finsternis!
Dort wird er heulen und mit den Zähnen knirschen.

Oder:

KURZFASSUNG   Mt 25, 14–15.19–21

Du bist im Kleinen ein treuer Verwalter gewesen; nimm teil an der Freude deines Herrn!

✠ **Aus dem heiligen Evangelium nach Matthäus.**

In jener Zeit
    erzählte Jesus seinen Jüngern das folgende Gleichnis:

14 **Mit dem Himmelreich**
    ist es wie mit einem Mann, der auf Reisen ging:

Er rief seine Diener
    und vertraute ihnen sein Vermögen an.

15 **Dem einen gab er fünf Talente Silbergeld,**
einem anderen zwei,
wieder einem anderen eines,
jedem nach seinen Fähigkeiten.
Dann reiste er ab.

19 **Nach langer Zeit kehrte der Herr zurück,**
    um von den Dienern Rechenschaft zu verlangen.

20 **Da kam der, der die fünf Talente erhalten hatte,**
brachte fünf weitere
und sagte: Herr, fünf Talente hast du mir gegeben;
sieh her, ich habe noch fünf dazugewonnen.

21 **Sein Herr sagte zu ihm:**
    Sehr gut,
du bist ein tüchtiger und treuer Diener.
Du bist im Kleinen ein treuer Verwalter gewesen,
    ich will dir eine große Aufgabe übertragen.
Komm, nimm teil an der Freude deines Herrn!

Glaubensbekenntnis, S. 356 ff.
Fürbitten vgl. S. 792 ff.

ZUR EUCHARISTIEFEIER   *Christus hat uns viel anvertraut: sein Wort, seine Wahrheit, das lebendige Brot. Und die Gaben seines Geistes. Die kostbare Zeit unseres Lebens aber ist uns gegeben, damit wir lernen, an seine Liebe zu glauben und ihm zu danken.*

GABENGEBET

Herr, unser Gott,
die Gabe, die wir darbringen,
schenke uns die Kraft, dir treu zu dienen,
und führe uns zur ewigen Gemeinschaft mit dir.
Darum bitten wir durch Christus, unseren Herrn.

Präfation, S. 424 ff.

KOMMUNIONVERS   Ps 73 (72), 28

Gott nahe zu sein ist mein Glück.
Ich setze mein Vertrauen auf Gott, den Herrn.

Oder: Mk 11, 23–24

So spricht der Herr:
Amen, ich sage euch: Betet und bittet, um was ihr wollt,
glaubt nur, daß ihr es schon erhalten habt,
dann wird es euch zuteil.

SCHLUSSGEBET

Barmherziger Gott,
wir haben den Auftrag deines Sohnes erfüllt
und sein Gedächtnis begangen.
Die heilige Gabe,
die wir in dieser Feier empfangen haben,
helfe uns,
daß wir in der Liebe zu dir und unseren Brüdern
Christus nachfolgen,
der mit dir lebt und herrscht in alle Ewigkeit.

FÜR DEN TAG UND DIE WOCHE
Übung und Wagnis

Dieses Leben ist nicht ein Wesen, sondern ein Werden,
nicht eine Ruhe, sondern eine Übung. (M. Luther)
Wir werden durch die Ereignisse der Zeit
von Erprobung zu Erprobung, von Erfahrung zu Erfahrung,
von Experiment zu Experiment getrieben:
Nos autem experimentis volvimur. (Augustinus)

Letzter Sonntag im Jahreskreis

CHRISTKÖNIGSSONNTAG

Hochfest

Das Wort vom „Königtum Christi" spricht für den heutigen Menschen nur ungenügend die gemeinte Wirklichkeit aus. Gemeint ist der absolute Vorrang Christi, des ewigen Sohnes, in der ganzen Schöpfung. Alles wurde durch ihn geschaffen, er ist die Kraft, die in allem wirkt, das Herz und die Mitte der geschaffenen Wirklichkeit. Für den Menschen ist dieses Königtum Christi nicht eine Art Naturgesetz; es ist vielmehr, durch die Menschwerdung, das Sterben und die Auferstehung Jesu hindurch, die Offenbarung des Königtums Gottes, seiner rettenden und fordernden Hinwendung zum Menschen und seiner Welt.

ERÖFFNUNGSVERS   Offb 5, 12; 1, 6

Würdig ist das Lamm, das geschlachtet ist, Macht zu empfangen,
Reichtum und Weisheit, Kraft und Ehre.
Ihm sei die Herrlichkeit und die Herrschermacht in Ewigkeit.

Ehre sei Gott, S. 352 ff.

TAGESGEBET

Allmächtiger, ewiger Gott,
du hast deinem geliebten Sohn
alle Gewalt gegeben im Himmel und auf Erden
und ihn zum Haupt der neuen Schöpfung gemacht.
Befreie alle Geschöpfe von der Macht des Bösen,
damit sie allein dir dienen
und dich in Ewigkeit rühmen.
Darum bitten wir durch Jesus Christus.

ZUR 1. LESUNG   *Die Hirten Israels, das heißt seine Könige und die ganze Führungsschicht, haben versagt. Sie haben für sich selbst gesorgt und das Volk ausgebeutet, anstatt für Recht und Ordnung zu sorgen. Darum ist über sie das Gericht gekommen: der Fall Jerusalems (587 v.Chr.) und die Verschleppung der Bevölkerung. Jetzt aber will Gott selbst für sein Volk der gute Hirt sein. Er wird die Verirrten, die in fremde Länder Zerstreuten wieder sammeln und heimführen, dem Unrecht und der Ausbeutung für immer ein Ende machen und den Schwachen zu ihrem Recht verhelfen.*

ERSTE LESUNG
Ez 34, 11–12.15–17

Ihr, meine Herde, ich sorge für Recht zwischen Schafen und Schafen, zwischen Widdern und Böcken

Lesung
aus dem Buch Ezéchiel.

11 So spricht Gott, der Herr:
Jetzt will ich meine Schafe selber suchen
und mich selber um sie kümmern.

12 Wie ein Hirt sich um die Tiere seiner Herde kümmert
an dem Tag,
an dem er mitten unter den Schafen ist, die sich verirrt haben,
so kümmere ich mich um meine Schafe
und hole sie zurück von all den Orten,
wohin sie sich am dunklen, düsteren Tag zerstreut haben.

15 Ich werde meine Schafe auf die Weide führen,
ich werde sie ruhen lassen – Spruch Gottes, des Herrn.

16 Die verlorengegangenen Tiere will ich suchen,
die vertriebenen zurückbringen,
die verletzten verbinden,
die schwachen kräftigen, die fetten und starken behüten.
Ich will ihr Hirt sein
und für sie sorgen, wie es recht ist.

17 Ihr aber, meine Herde – so spricht Gott, der Herr –,
ich sorge für Recht zwischen Schafen und Schafen,
zwischen Widdern und Böcken.

ANTWORTPSALM
Ps 23 (22), 1–3.4.5.6 (R: 1)

R Der Herr ist mein Hirte,
nichts wird mir fehlen. – **R**
(GL 527, 4)

Der Herr ist mein Hirte, nichts wird mir fehlen. †
Er läßt mich lagern auf grünen Auen *
und führt mich zum Ruheplatz am Wasser.
VIII. Ton

Er stillt mein Verlangen; *
er leitet mich auf rechten Pfaden, treu seinem Namen. – (**R**)

4   **Muß ich auch wandern in finsterer Schlucht, ***
    ich fürchte kein Unheil;

    denn du bist bei mir, *
    dein Stock und dein Stab geben mir Zuversicht. – (R)

5   **Du deckst mir den Tisch ***
    vor den Augen meiner Feinde.

    Du salbst mein Haupt mit Öl, *
    du füllst mir reichlich den Becher. – (R)

6   **Lauter Güte und Huld ***
    werden mir folgen mein Leben lang,

    und im Haus des Herrn *
    darf ich wohnen für lange Zeit.

    R Der Herr ist mein Hirte,
    nichts wird mir fehlen.

ZUR 2. LESUNG   *Noch gibt es in der Welt die Sünde und den Tod.*
Aber „Christus ist von den Toten auferweckt worden", damit hat sich
alles geändert. Der Tod ist nicht mehr das Letzte, das Leben ist mäch-
tiger als der Tod. Gottes Wahrheit, seine Treue und seine Macht leuch-
ten durch Christus in die Geschichte der Menschen herein, jetzt schon.
Durch Christus wissen wir, daß wir Zukunft haben. Die Vollendung
des Werkes Christi, des Sohnes, wird die volle Offenbarung der könig-
lichen Herrschaft Gottes sein: jenseits von Sünde und Tod wird die
Schöpfung ihr Ziel, der Mensch seine Vollendung erreichen.

ZWEITE LESUNG   1 Kor 15, 20–26.28

Christus wird seine Herrschaft Gott, dem Vater, übergeben, damit Gott herrscht
über alles und in allem

Lesung
   aus dem ersten Brief des Apostels Paulus an die Korinther.

Brüder!
20 **Christus ist von den Toten auferweckt worden**
    als der Erste der Entschlafenen.
21 **Da nämlich durch e i n e n Menschen der Tod gekommen ist,**
    kommt durch e i n e n Menschen
    auch die Auferstehung der Toten.

²² Denn wie in Adam alle sterben,
so werden in Christus alle lebendig gemacht werden.

²³ Es gibt aber eine bestimmte Reihenfolge:
Erster ist Christus;
dann folgen, wenn Christus kommt,
alle, die zu ihm gehören.

²⁴ Danach kommt das Ende,
wenn er jede Macht, Gewalt und Kraft vernichtet hat
und seine Herrschaft Gott, dem Vater, übergibt.

²⁵ Denn er muß herrschen,
bis Gott ihm alle Feinde unter die Füße gelegt hat.

²⁶ Der letzte Feind, der entmachtet wird,
ist der Tod.

²⁸ Wenn ihm dann alles unterworfen ist,
wird auch er, der Sohn, sich dem unterwerfen,
der ihm alles unterworfen hat,
damit Gott herrscht über alles und in allem.

RUF VOR DEM EVANGELIUM   Vers: Mk 11,9.10

Halleluja. Halleluja.

Gesegnet sei, der kommt im Namen des Herrn!
Gesegnet sei das Reich unseres Vaters David,
das nun kommt.

Halleluja.

ZUM EVANGELIUM   *Als König, Hirt und Richter wird der Menschensohn die Völker der Erde versammeln. Quer durch alle Völker und Gruppierungen hindurch wird er scheiden zwischen Guten und Bösen. Nach nichts anderem wird der Richter fragen als nach den Taten der barmherzigen Liebe. Nur die Taten zählen, nicht Worte und Gefühle. Der Menschensohn steht auf der Seite der Armen und Schwachen; die bildhafte Darstellung des Endgerichts ist eine eindringliche Mahnung und Warnung für die Jünger Jesu, der will, daß alle gerettet werden.*

EVANGELIUM

Mt 25, 31–46

Der Menschensohn wird sich auf den Thron seiner Herrlichkeit setzen, und er wird die Menschen voneinander scheiden

✚ Aus dem heiligen Evangelium nach Matthäus.

In jener Zeit sprach Jesus zu seinen Jüngern:

31 Wenn der Menschensohn in seiner Herrlichkeit kommt
und alle Engel mit ihm,
dann wird er sich auf den Thron seiner Herrlichkeit setzen.

32 Und alle Völker werden vor ihm zusammengerufen werden,
und er wird sie voneinander scheiden,
wie der Hirt die Schafe von den Böcken scheidet.

33 Er wird die Schafe zu seiner Rechten versammeln,
die Böcke aber zur Linken.

34 Dann wird der König denen auf der rechten Seite sagen:
Kommt her, die ihr von meinem Vater gesegnet seid,
nehmt das Reich in Besitz,
das seit der Erschaffung der Welt für euch bestimmt ist.

35 Denn ich war hungrig,
und ihr habt mir zu essen gegeben;
ich war durstig,
und ihr habt mir zu trinken gegeben;
ich war fremd und obdachlos,
und ihr habt mich aufgenommen;

36 ich war nackt,
und ihr habt mir Kleidung gegeben;
ich war krank,
und ihr habt mich besucht;
ich war im Gefängnis,
und ihr seid zu mir gekommen.

37 Dann werden ihm die Gerechten antworten:
Herr, wann haben wir dich hungrig gesehen
und dir zu essen gegeben,
oder durstig
und dir zu trinken gegeben?

38 Und wann haben wir dich fremd und obdachlos gesehen
und aufgenommen,
oder nackt
und dir Kleidung gegeben?

39 Und wann haben wir dich krank oder im Gefängnis gesehen
und sind zu dir gekommen?

40 Darauf wird der König ihnen antworten:
Amen, ich sage euch:
Was ihr für einen meiner geringsten Brüder getan habt,
das habt ihr mir getan.

1 Dann wird er sich auch an die auf der linken Seite wenden
und zu ihnen sagen:
Weg von mir, ihr Verfluchten,
in das ewige Feuer,
das für den Teufel und seine Engel bestimmt ist!

2 Denn ich war hungrig,
und ihr habt mir nichts zu essen gegeben;
ich war durstig,
und ihr habt mir nichts zu trinken gegeben;

3 ich war fremd und obdachlos,
und ihr habt mich nicht aufgenommen;
ich war nackt,
und ihr habt mir keine Kleidung gegeben;
ich war krank und im Gefängnis,
und ihr habt mich nicht besucht.

4 Dann werden auch sie antworten:
Herr, wann haben wir dich hungrig oder durstig
oder obdachlos oder nackt
oder krank oder im Gefängnis gesehen
und haben dir nicht geholfen?

5 Darauf wird er ihnen antworten:
Amen, ich sage euch:
Was ihr für einen dieser Geringsten nicht getan habt,
das habt ihr auch mir nicht getan.

6 Und sie werden weggehen
und die ewige Strafe erhalten,
die Gerechten aber
das ewige Leben.

Glaubensbekenntnis, S. 356 ff.; Fürbitten vgl. S. 792 ff.

ZUR EUCHARISTIEFEIER *Immer wenn wir zusammenkommen,
um Christus, dem Herrn, zu begegnen in der heiligen Feier, werden wir*

auch an den Bruder, die Schwester verwiesen. Wenn wir zu denen gut
sind, die unsere Hilfe brauchen, dann bringt uns der Empfang des Sa-
kramentes „Segen und Heil" (Gebet vor der Kommunion).

GABENGEBET

Herr, unser Gott,
wir bringen das Opfer deines Sohnes dar,
das die Menschheit mit dir versöhnt.
Er, der für uns gestorben ist,
schenke allen Völkern Einheit und Frieden,
der mit dir lebt und herrscht in alle Ewigkeit.

Präfation, S. 424.

KOMMUNIONVERS   Ps 29 (28), 10–11

Der Herr thront als König in Ewigkeit.
Der Herr segne sein Volk mit Frieden.

SCHLUSSGEBET

Allmächtiger Gott,
du hast uns berufen,
Christus, dem König der ganzen Schöpfung, zu dienen.
Stärke uns durch diese Speise,
die uns Unsterblichkeit verheißt,
damit wir Anteil erhalten
an seiner Herrschaft und am ewigen Leben.
Darum bitten wir durch ihn, Christus, unseren Herrn.

FÜR DEN TAG UND DIE WOCHE

In Gottes Händen   *Für den Christen gibt es die frei machende, gelö-*
ste Gelassenheit dessen, der vom Überfluß der göttlichen Gerechtigkeit
lebt, die Jesus Christus heißt. Eine Gelassenheit, die weiß: Ich kann
letztlich gar nicht zerstören, was ER aufgebaut hat. Von da geht eine
tiefe Freiheit aus, ein Wissen um die reuelose Liebe Gottes, der, durch
alle Verirrungen hindurch, uns gut bleibt. Aber gleichzeitig weiß doch
der Christ darum, daß er nicht ins Beliebige entlassen ist, daß sein
Tun nicht Spielerei ist, die Gott ihm läßt, ohne sie ernst zu nehmen. Er
weiß, daß er antworten muß, daß er als Verwalter von Anvertrautem
Rechenschaft schuldig ist. (J. Ratzinger)

FESTE DES HERRN
UND
DER HEILIGEN

DARSTELLUNG DES HERRN

Fest

Das Fest am 40. Tag nach der Geburt des Herrn wurde in Jerusalem mindestens seit Anfang des 5. Jahrhunderts gefeiert; es wurde „mit gleicher Freude wie Ostern begangen" (Bericht der Pilgerin Aetheria). In Rom wurde es vermutlich im 5. Jahrhundert eingeführt. Kerzenweihe und Lichterprozession kamen erst später hinzu. In der Ostkirche wurde es „Fest der Begegnung" genannt: Der Messias kommt in seinen Tempel und begegnet dem Gottesvolk des Alten Bundes, vertreten durch Simeon und Hanna. Im Westen wurde es eher als Marienfest verstanden. Seit der Liturgiereform von 1960 wird „Mariä Lichtmeß" als „Fest der Darstellung des Herrn" begangen. Es ist, wie das Fest der Verkündigung des Herrn, ein weihnachtliches Fest außerhalb der Weihnachtszeit.

KERZENWEIHE

Seht, Christus, der Herr, kommt in Macht und Herrlichkeit, er wird die Augen seiner Diener erleuchten. Halleluja.

Oder ein anderer passender Gesang.
Der Priester segnet die Kerzen und spricht:
Lasset uns beten.

Gott, du Quell und Ursprung allen Lichtes,
du hast am heutigen Tag
dem greisen Simeon Christus geoffenbart
als das Licht zur Erleuchtung der Heiden.
Segne ✝ die Kerzen,
die wir in unseren Händen tragen
und zu deinem Lob entzünden.
Führe uns auf dem Weg des Glaubens und der Liebe
zu jenem Licht, das nie erlöschen wird.
Darum bitten wir durch Christus, unseren Herrn.

Oder:

Lasset uns beten.

Gott, du bist das wahre Licht,
das die Welt mit seinem Glanz hell macht.
Erleuchte auch unsere Herzen,
damit alle, die heute mit brennenden Kerzen
in deinem heiligen Haus vor dich hintreten,
einst das ewige Licht deiner Herrlichkeit schauen.
Darum bitten wir durch Christus, unseren Herrn.

Nun lädt der Priester die Gemeinde zur Prozession ein:

Laßt uns ziehen in Frieden,
Christus, dem Herrn, entgegen!

Während der Prozession wird gesungen; man verwendet dazu den Lobgesang
des Simeon oder einen anderen passenden Gesang.

Der Lobgesang des Simeon   Lk 2, 29–32

Kehrvers:

Ein Licht, das die Heiden erleuchtet,
und Herrlichkeit für dein Volk Israel. – R

Nun läßt du, Herr, deinen Knecht,
wie du gesagt hast, in Frieden scheiden. – R

Meine Augen haben das Heil gesehen,
das du vor allen Völkern bereitet hast. – R

MESSFEIER

ERÖFFNUNGSVERS   Vgl. Ps 48 (47), 10–11

Wir haben dein Heil empfangen, o Gott, inmitten deines Tempels.
Wie dein Name, Gott, so reicht dein Ruhm bis an die Enden der Erde;
deine rechte Hand ist voll von Gerechtigkeit.

Ehre sei Gott, S. 352 ff.

TAGESGEBET

Allmächtiger, ewiger Gott,
dein eingeborener Sohn
hat unsere menschliche Natur angenommen
und wurde am heutigen Tag im Tempel dargestellt.

Läutere unser Leben und Denken,
damit wir mit reinem Herzen vor dein Antlitz treten.
Darum bitten wir durch Jesus Christus.

Fällt das Fest auf einen Wochentag, so wird vor dem Evangelium nur eine der
angegebenen Lesungen genommen.

ZUR 1. LESUNG *In der Zeit des Propheten Maleachi (5. Jh.
v. Chr.) stand es in Jerusalem mit dem Tempelkult ebenso schlecht wie
mit den sittlichen und sozialen Verhältnissen. Der Prophet ruft die
Priester und das Volk zur Umkehr auf. Er richtet den Blick auf das
bevorstehende Kommen Gottes zum Gericht. Vorher aber muß der
Tempel gereinigt und die Priesterschaft geläutert werden. Ein „Bote"
wird dem Herrn vorausgehen und ihm den Weg bereiten. Das Neue Testament hat Johannes den Täufer als den angekündigten Boten verstanden (Mt 17, 10–13). Der Größere, der nach ihm kommt, ist Jesus;
er ist „der Herr".*

ERSTE LESUNG Mal 3, 1–4

Dann kommt zu seinem Tempel der Herr, den ihr sucht

**Lesung
aus dem Buch Maleáchi.**

So spricht Gott, der Herr:
1 Seht, ich sende meinen Boten;
er soll den Weg für mich bahnen.
Dann kommt plötzlich zu seinem Tempel
der Herr, den ihr sucht,
und der Bote des Bundes, den ihr herbeiwünscht.
Seht, er kommt!,
spricht der Herr der Heere.
2 Doch wer erträgt den Tag, an dem er kommt?
Wer kann bestehen, wenn er erscheint?
Denn er ist wie das Feuer im Schmelzofen
und wie die Lauge im Waschtrog.
3 Er setzt sich, um das Silber zu schmelzen und zu reinigen:
Er reinigt die Söhne Levis,
er läutert sie wie Gold und Silber.
Dann werden sie dem Herrn die richtigen Opfer darbringen.

4   Und dem Herrn
     wird das Opfer Judas und Jerusalems angenehm sein
  wie in den Tagen der Vorzeit,
     wie in längst vergangenen Jahren.

ANTWORTPSALM   Ps 24 (23), 7–8.9–10 (R: vgl. 10b)

R Der Herr der Heere,   (GL 122, 1)
er ist der König der Herrlichkeit. – **R**

7   Ihr Tore, hebt euch nach oben, †   VIII. Ton
  hebt euch, ihr uralten Pforten; *
  denn es kommt der König der Herrlichkeit.

8   Wer ist der König der Herrlichkeit? †
  Der Herr, stark und gewaltig. *
  der Herr, mächtig im Kampf. – (**R**)

9   Ihr Tore, hebt euch nach oben, †
  hebt euch, ihr uralten Pforten; *
  denn es kommt der König der Herrlichkeit.

10   Wer ist der König der Herrlichkeit? †
  Der Herr der Heerscharen, *
  er ist der König der Herrlichkeit. – **R**

ZUR 2. LESUNG   *Der Weg, auf dem Christus die Welt mit Gott versöhnt hat, war sein Leiden und Sterben für die Sünden der Welt. Er,
der Sohn, der ganz Heilige, ist unser Bruder geworden, er hat die Versuchung und den Tod erlitten. So ist er für uns „ein barmherziger und
treuer Hoherpriester vor Gott" geworden. Wir aber wurden durch ihn
geheiligt und auf neue Weise als Söhne Gottes angenommen.*

ZWEITE LESUNG   Hebr 2, 11–12.13c–18

Er mußte in allem seinen Brüdern gleich sein

Lesung
  aus dem Hebräerbrief.

11   Er, der heiligt,
     und sie, die geheiligt werden,
     stammen alle von Einem ab;
  darum scheut er sich nicht, sie Brüder zu nennen

12 und zu sagen:
Ich will deinen Namen meinen Brüdern verkünden,
inmitten der Gemeinde dich preisen;
13c und ferner:
Seht, ich und die Kinder, die Gott mir geschenkt hat.
14 Da nun die Kinder Menschen von Fleisch und Blut sind,
hat auch Jesus in gleicher Weise Fleisch und Blut angenommen,
um durch seinen Tod den zu entmachten,
der die Gewalt über den Tod hat, nämlich den Teufel,
15 und um die zu befreien,
die durch die Furcht vor dem Tod
ihr Leben lang der Knechtschaft verfallen waren.
16 Denn er nimmt sich keineswegs der Engel an,
sondern der Nachkommen Abrahams nimmt er sich an.
17 Darum mußte er in allem seinen Brüdern gleich sein,
um ein barmherziger und treuer Hoherpriester vor Gott zu sein
und die Sünden des Volkes zu sühnen.
18 Denn da er selbst in Versuchung geführt wurde und gelitten hat,
kann er denen helfen, die in Versuchung geführt werden.

RUF VOR DEM EVANGELIUM   Vers: vgl. Lk 2, 32

Halleluja. Halleluja.
Ein Licht, das die Heiden erleuchtet,
und Herrlichkeit für das Volk Israel.
Halleluja.

ZUM EVANGELIUM   *Jesus kommt in den Tempel nicht nur, um die Vorschrift des Gesetzes zu erfüllen; er ist der Herr des Tempels. Der greise Simeon erkennt in dem Kind den Heilbringer für Israel und die Heidenvölker: den Messias. Mit dem Kommen Jesu setzt aber auch die Krise und das Gericht ein. An ihm entscheidet sich die Geschichte Israels und der Völker. Maria aber erfährt, daß sie als Mutter des Erlösers seinen Leidensweg mitgehen wird.*

EVANGELIUM   Lk 2, 22–40

Meine Augen haben das Heil gesehen

✠ Aus dem heiligen Evangelium nach Lukas.

22 Es kam für die Eltern Jesu
      der Tag der vom Gesetz des Mose vorgeschriebenen Reinigung.
   Sie brachten das Kind nach Jerusalem hinauf,
      um es dem Herrn zu weihen,
23 gemäß dem Gesetz des Herrn,
      in dem es heißt:
      Jede männliche Erstgeburt soll dem Herrn geweiht sein.
24 Auch wollten sie ihr Opfer darbringen,
      wie es das Gesetz des Herrn vorschreibt:
   ein Paar Turteltauben oder zwei junge Tauben.

25 In Jerusalem lebte damals ein Mann namens Símeon.
   Er war gerecht und fromm
      und wartete auf die Rettung Israels,
   und der Heilige Geist ruhte auf ihm.
26 Vom Heiligen Geist war ihm offenbart worden,
      er werde den Tod nicht schauen,
      ehe er den Messias des Herrn gesehen habe.

27 Jetzt wurde er vom Geist in den Tempel geführt;
   und als die Eltern Jesus hereinbrachten,
      um zu erfüllen, was nach dem Gesetz üblich war,
28   nahm Símeon das Kind in seine Arme
   und pries Gott mit den Worten:

29 Nun läßt du, Herr,
      deinen Knecht, wie du gesagt hast, in Frieden scheiden.
30 Denn meine Augen haben das Heil gesehen,
31   das du vor allen Völkern bereitet hast,
32 ein Licht, das die Heiden erleuchtet,
      und Herrlichkeit für dein Volk Israel.

33 Sein Vater und seine Mutter
      staunten über die Worte, die über Jesus gesagt wurden.
34 Und Símeon segnete sie
   und sagte zu Maria, der Mutter Jesu:
      Dieser ist dazu bestimmt,
      daß in Israel viele durch ihn zu Fall kommen
      und viele aufgerichtet werden,

und er wird ein Zeichen sein, dem widersprochen wird.
35 Dadurch sollen die Gedanken vieler Menschen offenbar werden.
Dir selbst aber
wird ein Schwert durch die Seele dringen.

36 Damals lebte auch eine Prophetin namens Hanna,
eine Tochter Pénuëls, aus dem Stamm Ascher.
Sie war schon hochbetagt.
Als junges Mädchen hatte sie geheiratet
und sieben Jahre mit ihrem Mann gelebt;
37 nun war sie eine Witwe von vierundachtzig Jahren.
Sie hielt sich ständig im Tempel auf
und diente Gott Tag und Nacht mit Fasten und Beten.

38 In diesem Augenblick nun trat sie hinzu,
pries Gott
und sprach über das Kind
zu allen, die auf die Erlösung Jerusalems warteten.

39 Als seine Eltern alles getan hatten,
was das Gesetz des Herrn vorschreibt,
kehrten sie nach Galiläa in ihre Stadt Nazaret zurück.
40 Das Kind wuchs heran und wurde kräftig;
Gott erfüllte es mit Weisheit,
und seine Gnade ruhte auf ihm.

Oder:

KURZFASSUNG

Lk 2, 22–32

Meine Augen haben das Heil gesehen

✛ Aus dem heiligen Evangelium nach Lukas.

22 *Es kam für die Eltern Jesu*
der Tag der vom Gesetz des Mose vorgeschriebenen Reinigung.
Sie brachten das Kind nach Jerusalem hinauf,
um es dem Herrn zu weihen,
23 gemäß dem Gesetz des Herrn,
in dem es heißt:
Jede männliche Erstgeburt soll dem Herrn geweiht sein.
24 Auch wollten sie ihr Opfer darbringen,
wie es das Gesetz des Herrn vorschreibt:
ein Paar Turteltauben oder zwei junge Tauben.

25 In Jerusalem lebte damals ein Mann namens Símeon.
Er war gerecht und fromm
    und wartete auf die Rettung Israels,
und der Heilige Geist ruhte auf ihm.

26 Vom Heiligen Geist war ihm offenbart worden,
    er werde den Tod nicht schauen,
    ehe er den Messias des Herrn gesehen habe.

27 Jetzt wurde er vom Geist in den Tempel geführt;
und als die Eltern Jesus hereinbrachten,
    um zu erfüllen, was nach dem Gesetz üblich war,

28   nahm Símeon das Kind in seine Arme
und pries Gott mit den Worten:

29 Nun läßt du, Herr,
    deinen Knecht, wie du gesagt hast, in Frieden scheiden.

30 Denn meine Augen haben das Heil gesehen,
31   das du vor allen Völkern bereitet hast,
32 ein Licht, das die Heiden erleuchtet,
    und Herrlichkeit für dein Volk Israel.

ZUR EUCHARISTIEFEIER   *In der Eucharistie setzt sich das Geheimnis der Menschwerdung fort: die rettende Begegnung Gottes mit den Menschen durch Jesus Christus; „durch sein Blut haben wir die Erlösung, die Vergebung der Sünden" (Eph 1, 7).*

GABENGEBET

Allmächtiger Gott,
nach deinem Ratschluß hat dein eigener Sohn
sich als makelloses Lamm
für das Leben der Welt geopfert.
Nimm die Gabe an,
die deine Kirche in festlicher Freude darbringt.
Darum bitten wir durch Christus, unseren Herrn.

Präfation, S. 432.

KOMMUNIONVERS   Lk 2, 30–31

Meine Augen haben das Heil gesehen,
das du vor allen Völkern bereitet hast.

SCHLUSSGEBET

B armherziger Gott,
stärke unsere Hoffnung
durch das Sakrament, das wir empfangen haben,
und vollende in uns das Werk deiner Gnade.
Du hast die Erwartung Simeons erfüllt
und ihn Christus schauen lassen.
Erfülle auch unser Verlangen:
Laß uns Christus entgegengehen
und in ihm das ewige Leben finden,
der mit dir lebt und herrscht in alle Ewigkeit.

19. März

HL. JOSEF,
BRÄUTIGAM DER GOTTESMUTTER MARIA

Hochfest

Der hl. Josef wird von den Evangelisten Matthäus und Lukas
erwähnt. Nach beiden Evangelien war Josef davidischer Abstammung: das Bindeglied zwischen dem davidischen Königs-
haus und dem Messias. Die Stationen seines Lebens sind bekannt. Er war ein Mann des Glaubens und des Vertrauens, Mitwisser göttlicher Geheimnisse, ein großer Schweiger. Als liebe-
voller Gatte der Jungfrau Maria hat er an Jesus die Stelle des
Vaters vertreten. Wie lange Josef gelebt hat, wissen wir nicht;
das letztemal wird er bei der Osterwallfahrt mit dem zwölfjäh-
rigen Jesus erwähnt. Die öffentliche Verehrung des hl. Josef
beginnt im Abendland erst im 14./15. Jahrhundert. Im römischen Kalender steht sein Fest seit 1621. Pius IX. erklärte ihn
zum Schutzpatron der Kirche.

ERÖFFNUNGSVERS   Vgl. Lk 12,42

Seht, das ist der treue und kluge Hausvater,
dem der Herr seine Familie anvertraut,
damit er für sie sorge.

Ehre sei Gott, S. 352 ff.

TAGESGEBET

Allmächtiger Gott,
du hast Jesus, unseren Heiland,
und seine Mutter Maria
der treuen Sorge des heiligen Josef anvertraut.
Höre auf seine Fürsprache
und hilf deiner Kirche,
die Geheimnisse der Erlösung treu zu verwalten,
bis das Werk des Heiles vollendet ist.
Darum bitten wir durch Jesus Christus.

ZUR 1. LESUNG *König David will für die Lade Gottes ein Haus
bauen, einen Tempel. Gott verwehrt es ihm durch den Propheten Natan; er braucht kein Haus aus Stein. Statt dessen erhält David die Verheißung, daß Gott ihm ein Haus bauen, das heißt, seinem Königtum
ewigen Bestand geben will. Die Verheißung geht zunächst auf Salomo, den Sohn und Nachfolger Davids, wurde aber schon früh mes-
sianisch gedeutet: Wenn die Zeit erfüllt ist, wird der wahre Erbe geboren werden. Sein Thron wird für immer bestehen, „er wird groß sein
und Sohn des Höchsten genannt werden" (Lk 1,32).*

ERSTE LESUNG   2 Sam 7,4–5a.12–14a.16

Der Herr wird ihm den Thron seines Vaters David geben (Lk 1,32)

**Lesung
aus dem zweiten Buch Sámuel.**

4 **Das Wort des Herrn erging an Natan:**
5a **Geh zu meinem Knecht David,
und sag zu ihm: So spricht der Herr:**
12 **Wenn deine Tage erfüllt sind
und du dich zu deinen Vätern legst,
werde ich deinen leiblichen Sohn
als deinen Nachfolger einsetzen
und seinem Königtum Bestand verleihen.**
13 **Er wird für meinen Namen ein Haus bauen,
und ich werde seinem Königsthron ewigen Bestand verleihen.**

4a Ich will für ihn Vater sein,
    und er wird für mich Sohn sein.

6 Dein Haus und dein Königtum
    sollen durch mich auf ewig bestehen bleiben;
dein Thron soll auf ewig Bestand haben.

ANTWORTPSALM   Ps 89 (88), 2–3.4–5.27 u. 29 (R: Lk 1, 32b)

℟ Gott, der Herr, wird ihm den Thron seines Vaters David geben. – ℟

(GL 233, 7)

Von den Taten deiner Huld, Herr, will ich ewig singen, *   VI. Ton
bis zum fernsten Geschlecht laut deine Treue verkünden.

Denn ich bekenne: Deine Huld besteht für immer und ewig; *
deine Treue steht fest im Himmel. – (℟)

„Ich habe einen Bund geschlossen mit meinem Erwählten *
und David, meinem Knecht, geschworen:

Deinem Haus gebe ich auf ewig Bestand, *
und von Geschlecht zu Geschlecht richte ich deinen Thron auf. – (℟)

7 Er wird zu mir rufen: Mein Vater bist du, *
mein Gott, der Fels meines Heiles.

9 Auf ewig werde ich ihm meine Huld bewahren, *
mein Bund mit ihm bleibt allzeit bestehen.“ – ℟

ZUR 2. LESUNG *Paulus unterscheidet im Alten Testament das Gesetz und die Verheißung. Die Verheißung ist älter als das Gesetz, Abraham ist früher als Mose. Nicht die Erfüllung des Gesetzes kann den Menschen vor Gott „gerecht“ machen; das kann nur Gott selbst, indem er die Verheißung erfüllt. Abraham hat der Verheißung geglaubt, er hat sich völlig auf Gottes Macht und Treue verlassen. Gott glauben als dem, „der die Toten lebendig macht und das, was nicht ist, ins Dasein ruft“: mit einem solchen Glauben wird Gott als Gott geehrt.*

ZWEITE LESUNG   Röm 4, 13.16–18.22

Gegen alle Hoffnung hat er voll Hoffnung geglaubt

Lesung
    aus dem Brief des Apostels Paulus an die Römer.

Brüder!
13 Abraham und seine Nachkommen
       erhielten nicht aufgrund des Gesetzes
       die Verheißung, Erben der Welt zu sein,
   sondern aufgrund der Glaubensgerechtigkeit.

16 Deshalb gilt: „aus Glauben",
       damit auch gilt: „aus Gnade".
   Nur so bleibt die Verheißung für alle Nachkommen gültig,
   nicht nur für die, welche das Gesetz haben,
       sondern auch für die, welche wie Abraham den Glauben haben.

17 Nach dem Schriftwort:
       Ich habe dich zum Vater vieler Völker bestimmt,
       ist er unser aller Vater vor Gott, dem er geglaubt hat,
   dem Gott, der die Toten lebendig macht
       und das, was nicht ist, ins Dasein ruft.

18 Gegen alle Hoffnung hat er voll Hoffnung geglaubt,
       daß er der Vater vieler Völker werde,
   nach dem Wort:
       So zahlreich werden deine Nachkommen sein.

22 Darum wurde der Glaube ihm als Gerechtigkeit angerechnet.

RUF VOR DEM EVANGELIUM

In der Fastenzeit: Vers: vgl. Ps 84 (83), 5

Dein ist die Ehre, dein ist die Macht, Christus, Herr und Erlöser! – R
Selig, die in deinem Hause wohnen, Herr,
die dich loben allezeit.
Dein ist die Ehre, dein ist die Macht, Christus, Herr und Erlöser!

In der Osterzeit: Vers: vgl. Ps 84 (83), 5

Halleluja. Halleluja.
Selig, die in deinem Hause wohnen, Herr,
die dich loben allezeit.
Halleluja.

ZUM EVANGELIUM   *Der Stammbaum Jesu am Anfang des Mat-*
thäusevangeliums ist als theologische Aussage über Jesus und über
den Sinn der Geschichte Israels zu verstehen. Jesus ist der Christus,
der Messias, der Verheißene seit David und seit Abraham. Er ist, vom
Neuen Testament her gesehen, der eigentliche Sinn der Geschichte Is-
raels. – Josef war „gerecht", das heißt in der Sprache der Bibel auch:
Er war gütig. Deshalb wollte er Maria, deren Geheimnis er nicht ver-
stand, im Frieden entlassen. Aber dann wurde er selbst zum Mitwisser
und Gehilfen des göttlichen Werkes.

EVANGELIUM						Mt 1, 16.18–21.24a

Josef tat, was der Engel des Herrn ihm befohlen hatte

✝ Aus dem heiligen Evangelium nach Matthäus.

6 Jakob war der Vater von Josef, dem Mann Marias;
von ihr wurde Jesus geboren,
	der der Christus – der Messias – genannt wird.

8 Mit der Geburt Jesu Christi war es so:
Maria, seine Mutter, war mit Josef verlobt;
noch bevor sie zusammengekommen waren,
	zeigte sich, daß sie ein Kind erwartete
– durch das Wirken des Heiligen Geistes.

9 Josef, ihr Mann,
	der gerecht war und sie nicht bloßstellen wollte,
	beschloß, sich in aller Stille von ihr zu trennen.

0 Während er noch darüber nachdachte,
	erschien ihm ein Engel des Herrn im Traum
und sagte: Josef, Sohn Davids,
fürchte dich nicht, Maria als deine Frau zu dir zu nehmen;
denn das Kind, das sie erwartet,
	ist vom Heiligen Geist.

1 Sie wird einen Sohn gebären;
ihm sollst du den Namen Jesus geben;
denn er wird sein Volk von seinen Sünden erlösen.

4a Als Josef erwachte,
	tat er, was der Engel des Herrn ihm befohlen hatte.

Oder:

EVANGELIUM   Lk 2,41–51a

Einführung   *Jesus hat sich mit seinen Eltern auf den Weg nach Je-*
rusalem gemacht; dort aber hat er in eigener Verantwortung den Weg
des Selbstverständlichen verlassen. Er ist im Haus seines Vaters ge-
blieben, mitten unter den Lehrern im Tempel, hörend und fragend. Der
Zwölfjährige beginnt, über seine Eltern, seine Lehrer und auch über
seine angestammte Religion hinauszuwachsen. Aber noch ist seine
Zeit nicht gekommen. Er kehrt nach Nazaret zurück und übt dort im
Gehorsam gegen seinen irdischen Vater den größeren Gehorsam ein,
der ihn bis zur Hingabe seines Lebens führen wird.

Dein Vater und ich haben dich voll Angst gesucht

✠ Aus dem heiligen Evangelium nach Lukas.

41 Die Eltern Jesu
      gingen jedes Jahr zum Paschafest nach Jerusalem.
42 Als er zwölf Jahre alt geworden war,
      zogen sie wieder hinauf, wie es dem Festbrauch entsprach.
43 Nachdem die Festtage zu Ende waren,
      machten sie sich auf den Heimweg.
    Der junge Jesus aber blieb in Jerusalem,
      ohne daß seine Eltern es merkten.
44 Sie meinten, er sei irgendwo in der Pilgergruppe,
      und reisten eine Tagesstrecke weit;
    dann suchten sie ihn bei den Verwandten und Bekannten.
45 Als sie ihn nicht fanden,
      kehrten sie nach Jerusalem zurück und suchten ihn dort.
46 Nach drei Tagen fanden sie ihn im Tempel;
    er saß mitten unter den Lehrern,
    hörte ihnen zu
    und stellte Fragen.
47 Alle, die ihn hörten, waren erstaunt
      über sein Verständnis und über seine Antworten.
48 Als seine Eltern ihn sahen, waren sie sehr betroffen,
    und seine Mutter sagte zu ihm:
      Kind, wie konntest du uns das antun?
    Dein Vater und ich haben dich voll Angst gesucht.

49 Da sagte er zu ihnen:
 Warum habt ihr mich gesucht?
Wußtet ihr nicht,
 daß ich in dem sein muß, was meinem Vater gehört?
50 Doch sie verstanden nicht, was er damit sagen wollte.
51a Dann kehrte er mit ihnen nach Nazaret zurück
 und war ihnen gehorsam.

Glaubensbekenntnis, S. 356 ff.

ZUR EUCHARISTIEFEIER *Jesus hat in Jerusalem das Schreien der Opfertiere gehört und ihr Blut gesehen, und er hat begriffen: Gott will ein ganz anderes Opfer; „darum sage ich: Ja, ich komme; deinen Willen zu tun, mein Gott, macht mir Freude" (Ps 40, 8–9).*

GABENGEBET

Herr, unser Gott,
der heilige Josef hat deinem ewigen Sohn,
den die Jungfrau Maria geboren hat,
in Treue gedient.
Laß auch uns Christus dienen
und dieses Opfer mit reinem Herzen feiern.
Darum bitten wir durch Christus, unseren Herrn.

Präfation vom hl. Josef, S. 431.

KOMMUNIONVERS   Mt 25, 21
Komm, du guter und getreuer Knecht;
nimm teil am Festmahl deines Herrn.

SCHLUSSGEBET

Herr, unser Gott,
du hast uns am Fest des heiligen Josef
um deinen Altar versammelt
und mit dem Brot des Lebens gestärkt.
Schütze deine Familie und erhalte in ihr deine Gaben.
Darum bitten wir durch Christus, unseren Herrn.

25. März
VERKÜNDIGUNG DES HERRN
Hochfest

Neun Monate vor dem Fest der Geburt des Herrn wird das Fest
der Verkündigung gefeiert: Der Engel Gottes verkündet Maria,
daß sie zur Mutter des Messias, des Gottessohnes, erwählt ist.
Maria hat, auch als Vertreterin ihres Volkes und der Menschheit, ihr großes Ja gesagt. Die Gottesmutterschaft ist das zentrale Geheimnis im Leben Marias; alles andere hat dort seinen
Ursprung und seine Erklärung. – Ein Fest der „Verkündigung
der Geburt des Herrn" wurde in der Ostkirche bereits um 550
am 25. März gefeiert; in Rom wurde es im 7. Jahrhundert eingeführt.

ERÖFFNUNGSVERS   Vgl. Hebr 10, 5.7
Als Christus in diese Welt eintrat, sprach er zu seinem Vater:
Siehe, ich komme, um deinen Willen zu erfüllen.

Ehre sei Gott, S. 352 ff.

TAGESGEBET
Gott, du bist groß und unbegreiflich.
Nach deinem Willen ist dein ewiges Wort
im Schoß der Jungfrau Maria Mensch geworden.
Gläubig bekennen wir,
daß unser Erlöser wahrer Gott und wahrer Mensch ist.
Mache uns würdig,
Anteil zu erhalten an seinem göttlichen Leben.
Darum bitten wir durch ihn, Jesus Christus.

ZUR 1. LESUNG   *Jerusalem und das davidische Königshaus wa-*
ren in größter Gefahr, als im Jahr 735 der Prophet Jesaja zum König
Ahas geschickt wurde. Im Auftrag Gottes bot er dem König ein Zeichen
der Rettung an. Der König aber will seine eigene Politik machen. Dar-
aufhin kündigt Gott ihm und dem Haus David ein Zeichen der Rettung
an, das allerdings auch ein Zeichen des Gerichts sein wird: Es wird
einen Sohn Davids geben, den Sohn der Jungfrau, in dem der symbo-
lische Name Immanu-El (Mit uns ist Gott) volle Wahrheit sein wird.

ERSTE LESUNG   Jes 7, 10–14

Seht, die Jungfrau wird ein Kind empfangen;
sie wird ihm den Namen Immanuel – Gott mit uns – geben.

Lesung
   aus dem Buch Jesája.

In jenen Tagen
0   sprach der Herr zu Ahas – dem König von Juda;
er sagte:
1   Erbitte dir vom Herrn, deinem Gott, ein Zeichen,
sei es von unten, aus der Unterwelt,
      oder von oben, aus der Höhe.
2   Ahas antwortete:
   Ich will um nichts bitten
und den Herrn nicht auf die Probe stellen.
3   Da sagte Jesája:
   Hört her, ihr vom Haus David!
   Genügt es euch nicht, Menschen zu belästigen?
Müßt ihr auch noch meinen Gott belästigen?
4   Darum wird euch der Herr von sich aus ein Zeichen geben:
Seht, die Jungfrau wird ein Kind empfangen,
sie wird einen Sohn gebären,
und sie wird ihm den Namen Immánuel
   – Gott mit uns – geben.

ANTWORTPSALM   Ps 40 (39), 7–8.9–10.11 (R; vgl. 8a.9a)

R Mein Gott, ich komme;   (GL 601, 1)
deinen Willen zu tun macht mir Freude. – **R**

An Schlacht- und Speiseopfern hast du <u>kein</u> Gefallen, *   III. Ton
Brand- und Sündopfer <u>for</u>derst du nicht.

Doch das Gehör hast du mir eingepflanzt; †
darum sage ich: <u>Ja</u>, ich komme. *
In dieser Schriftrolle steht, was an <u>mir</u> geschehen ist. – (R)

Deinen Willen zu tun, mein Gott, <u>macht</u> mir Freude, *
deine Weisung trag' <u>ich</u> im Herzen.

0 Gerechtigkeit verkünde ich in <u>großer</u> Gemeinde, *
meine Lippen <u>ver</u>schließe ich nicht; <u>Herr</u>, du weißt es. – (R)

11 Deine Gerechtigkeit verberge ich nicht im Herzen, *
ich spreche von deiner Treue und Hilfe,

ich schweige nicht über deine Huld und Wahrheit *
vor der großen Gemeinde.

R Mein Gott, ich komme;
deinen Willen zu tun macht mir Freude.

ZUR 2. LESUNG *Durch das Christusereignis ist die Ordnung des
Alten Bundes überholt. Rettung und Heil gibt es für die Menschen
nicht durch einen Opferkult, der nur als äußere Leistung verstanden
wird; das wußten auch die Frommen des Alten Bundes. Der Sohn Gottes ist gekommen, um uns durch Hingabe des eigenen Lebens mit Gott
zu versöhnen.*

ZWEITE LESUNG   Hebr 10, 4–10

*Ja, ich komme – so steht es über mich in der Schriftrolle –, um deinen Willen,
Gott, zu tun*

Lesung
aus dem Hebräerbrief.

Brüder!
4 Das Blut von Stieren und Böcken
kann unmöglich Sünden wegnehmen.
5 Darum spricht Christus bei seinem Eintritt in die Welt:

Schlacht- und Speiseopfer hast du nicht gefordert,
doch einen Leib hast du mir geschaffen;
6 an Brand- und Sündopfern hast du kein Gefallen.
7 Da sagte ich: Ja, ich komme
– so steht es über mich in der Schriftrolle –,
um deinen Willen, Gott, zu tun.

8 Zunächst sagt er:
Schlacht- und Speiseopfer,
Brand- und Sündopfer forderst du nicht,
du hast daran kein Gefallen,
obgleich sie doch nach dem Gesetz dargebracht werden;
9 dann aber hat er gesagt:
Ja, ich komme, um deinen Willen zu tun.
So hebt Christus das erste auf,
um das zweite in Kraft zu setzen.

10 **Aufgrund dieses Willens**
     sind wir durch die Opfergabe des Leibes Jesu Christi
     ein für allemal geheiligt.

RUF VOR DEM EVANGELIUM

In der Fastenzeit: Vers: vgl. Joh 1, 14ab
Christus, du ewiges Wort des Vaters, Ehre sei dir! – R

Das Wort ist Fleisch geworden und hat unter uns gewohnt,
und wir haben seine Herrlichkeit geschaut.

Christus, du ewiges Wort des Vaters, Ehre sei dir!

In der Osterzeit: Vers: vgl. Joh 1, 14ab
Halleluja. Halleluja.

Das Wort ist Fleisch geworden und hat unter uns gewohnt,
und wir haben seine Herrlichkeit geschaut.

Halleluja.

ZUM EVANGELIUM   *Mehr als alle anderen Frauen ist Maria von*
Gott geliebt und gesegnet. Sie steht in der Reihe der großen Auser-
wählten (Abraham, David) und überragt sie alle. Was zu Maria über
Jesus gesagt wird, übertrifft bei weitem das über Johannes Gesagte (Lk
1, 15–17). Titel und Name kennzeichnen Jesus als den verheißenen
Messias der Endzeit. Er ist wahrer Mensch und gehört doch zur Welt
Gottes. Anders als Zacharias antwortet Maria auf die Botschaft des
Engels mit dem einfachen: Mir geschehe, wie du es gesagt hast.

EVANGELIUM   Lk 1, 26–38

Du hast bei Gott Gnade gefunden, Maria; du wirst ein Kind empfangen, einen
Sohn wirst du gebären

✛ **Aus dem heiligen Evangelium nach Lukas.**

26 **In jener Zeit wurde der Engel Gábriel**
     von Gott in eine Stadt in Galiläa namens Nazaret
27 **zu einer Jungfrau gesandt.**
    Sie war mit einem Mann namens Josef verlobt,
     der aus dem Haus David stammte.
    Der Name der Jungfrau war Maria.

28 Der Engel trat bei ihr ein
und sagte: Sei gegrüßt, du Begnadete,
   der Herr ist mit dir.

29 Sie erschrak über die Anrede
und überlegte, was dieser Gruß zu bedeuten habe.

30 Da sagte der Engel zu ihr: Fürchte dich nicht, Maria;
denn du hast bei Gott Gnade gefunden.

31 Du wirst ein Kind empfangen,
einen Sohn wirst du gebären:
   dem sollst du den Namen Jesus geben.

32 Er wird groß sein
und Sohn des Höchsten genannt werden.
Gott, der Herr, wird ihm den Thron seines Vaters David geben.

33 Er wird über das Haus Jakob in Ewigkeit herrschen,
   und seine Herrschaft wird kein Ende haben.

34 Maria sagte zu dem Engel:
   Wie soll das geschehen, da ich keinen Mann erkenne?

35 Der Engel antwortete ihr:
   Der Heilige Geist wird über dich kommen,
und die Kraft des Höchsten wird dich überschatten.
Deshalb wird auch das Kind heilig
   und Sohn Gottes genannt werden.

36 Auch Elisabet, deine Verwandte,
   hat noch in ihrem Alter einen Sohn empfangen;
obwohl sie als unfruchtbar galt,
   ist sie jetzt schon im sechsten Monat.

37 Denn für Gott ist nichts unmöglich.

38 Da sagte Maria:
   Ich bin die Magd des Herrn;
mir geschehe, wie du es gesagt hast.

   Danach verließ sie der Engel.

Glaubensbekenntnis, S. 356 ff.

Zu den Worten hat Fleisch angenommen bzw. empfangen durch den Heiligen
Geist knien alle nieder.

ZUR EUCHARISTIEFEIER *„Siehe, ich komme, um deinen Willen zu tun": Maria hat das Gebetswort des Psalmes in ihre eigene Sprache übersetzt: Ich bin die Magd des Herrn. Gehorsam aus Liebe ist die Seele ihres Lebens, ihre Weise, an der Opferhingabe des Sohnes teilzunehmen.*

GABENGEBET

Allmächtiger Gott,
nimm die Gaben deiner Kirche gütig an.
Sie erkennt in der Menschwerdung deines Sohnes
ihren eigenen Ursprung;
laß uns heute
in der Feier dieses Geheimnisses seine Liebe erfahren.
Darum bitten wir durch Christus, unseren Herrn.

Präfation, S. 433.

KOMMUNIONVERS Jes 7, 14

Seht, die Jungfrau wird empfangen und einen Sohn gebären.
Sein Name ist: Immanuel – Gott mit uns.

SCHLUSSGEBET

Ewiger Gott,
bewahre, was du uns
im Sakrament des Glaubens geschenkt hast.
Laß uns festhalten am Bekenntnis,
daß dein Sohn, den die Jungfrau empfangen hat,
wahrer Gott und wahrer Mensch ist,
und führe uns in der Kraft seiner Auferstehung
zur ewigen Freude.
Darum bitten wir durch ihn, Christus, unseren Herrn.

24. Juni

GEBURT DES HL. JOHANNES DES TÄUFERS

Hochfest

Johannes der Täufer ist außer Maria der einzige Heilige, dessen leibliche Geburt in der Liturgie gefeiert wird, und zwar sechs Monate vor der Geburt Jesu (vgl Lk 1, 36). Aus dem Lukasevangelium wird entnommen, daß Johannes geheiligt wurde, als Maria zu Elisabet kam. Die ungewöhnlichen Umstände seiner Geburt weisen auf die Bedeutung des Johannes in der Heilsgeschichte hin. Er steht an der Schwelle vom Alten zum Neuen Bund. Die ersten Jünger Jesu kamen aus dem Kreis der Johannesjünger.

Am Vorabend

Aus pastoralen Gründen ist es erlaubt, die Texte der Messe „Am Tag", S. 668 ff., zu nehmen.

ERÖFFNUNGSVERS   Lk 1, 15.14

Johannes wird groß sein vor Gott,
und schon im Mutterleib wird er vom Heiligen Geist erfüllt sein;
viele werden sich über seine Geburt freuen.

Ehre sei Gott. S. 352 ff.

TAGESGEBET

Allmächtiger Gott,
führe deine Kirche auf dem Weg des Heiles
und gib uns die Gnade,
den Weisungen Johannes' des Täufers zu folgen,
damit wir zu dem gelangen,
den er vorausverkündet hat,
zu unserem Herrn Jesus Christus, deinem Sohn,
der in der Einheit des Heiligen Geistes
mit dir lebt und herrscht in alle Ewigkeit.

ZUR 1. LESUNG *Als Jeremia um das Jahr 626 v. Chr. zum Propheten berufen wurde, war er noch jung und schüchtern, und im Verlauf der nächsten vierzig Jahre ist ihm das Prophetenamt immer schwerer geworden. Aber seine Berufung und Sendung war beschlossen, noch ehe er geboren war; man kann darin einen Hinweis auf das sehen, was über Johannes den Täufer im Evangelium berichtet wird. Gott hat dem Jeremia Auftrag und Sendung gegeben: Ich sende dich – du wirst gehen – du wirst verkünden. Zum Auftrag kommt die Zusage: Ich bin bei dir, ich werde dich retten.*

ERSTE LESUNG   Jer 1,4–10

Noch ehe ich dich im Mutterleib formte, habe ich dich ausersehen

Lesung
  aus dem Buch Jeremía.

In den Tagen Joschíjas, des Königs von Juda,
  erging das Wort des Herrn an mich:
Noch ehe ich dich im Mutterleib formte,
  habe ich dich ausersehen,
noch ehe du aus dem Mutterschoß hervorkamst,
  habe ich dich geheiligt,
zum Propheten für die Völker habe ich dich bestimmt.

Da sagte ich: Ach, mein Gott und Herr,
  ich kann doch nicht reden,
ich bin ja noch so jung.

Aber der Herr erwiderte mir:
  Sag nicht: Ich bin noch so jung.
Wohin ich dich auch sende, dahin sollst du gehen,
und was ich dir auftrage, das sollst du verkünden.
Fürchte dich nicht vor ihnen;
  denn ich bin mit dir, um dich zu retten
  – Spruch des Herrn.

Dann streckte der Herr seine Hand aus,
berührte meinen Mund
und sagte zu mir:
  Hiermit lege ich meine Worte in deinen Mund.
Sieh her!
Am heutigen Tag setze ich dich über Völker und Reiche;
du sollst ausreißen und niederreißen,
  vernichten und einreißen,
  aufbauen und einpflanzen.

ANTWORTPSALM   Ps 71 (70), 5–6.7–8.15 u. 17 (R: vgl. 6ab)

R Vom Mutterleib an bist du mein Beschützer, o Gott;   (GL 629, 1)
dir gilt mein Lobpreis allezeit. – R

5 Herr, mein Gott, du bist meine Zuversicht, *   VII. Ton
   meine Hoffnung von Jugend auf.

6 Vom Mutterleib an stütze ich mich auf dich, †
   vom Mutterschoß an bist du mein Beschützer; *
   dir gilt mein Lobpreis allezeit. – (R)

7 Für viele bin ich wie ein Gezeichneter, *
   du aber bist meine starke Zuflucht.

8 Mein Mund ist erfüllt von deinem Lob, *
   von deinem Ruhm den ganzen Tag. – (R)

15 Mein Mund soll von deiner Gerechtigkeit künden †
   und von deinen Wohltaten sprechen den ganzen Tag; *
   denn ich kann sie nicht zählen.

17 Gott, du hast mich gelehrt von Jugend auf, *
   und noch heute verkünde ich dein wunderbares Walten. – R

ZUR 2. LESUNG   *Die Propheten des Alten Bundes haben über die
Zeit des Messias nachgedacht und geweissagt: Johannes der Täufer
konnte auf den Gekommenen hinweisen: Dieser ist es. Die ganze
Größe Christi und die Tragweite seines Kommens konnte freilich auch
Johannes nur undeutlich erkennen.*

ZWEITE LESUNG   1 Petr 1, 8–12

Nach diesem Heil haben die Propheten gesucht und geforscht

Lesung
    aus dem ersten Brief des Apostels Petrus.

Brüder!
8 Ihr habt Jesus Christus nicht gesehen,
       und dennoch liebt ihr ihn;
   ihr seht ihn auch jetzt nicht;
   aber ihr glaubt an ihn und jubelt
       in unsagbarer, von himmlischer Herrlichkeit verklärter Freude,
9   da ihr das Ziel des Glaubens erreichen werdet: euer Heil.

10 Nach diesem Heil haben die Propheten gesucht und geforscht,
und sie haben über die Gnade geweissagt,
   die für euch bestimmt ist.

11 Sie haben nachgeforscht,
   auf welche Zeit und welche Umstände
   der in ihnen wirkende Geist Christi hindeute,
   der die Leiden Christi und die darauf folgende Herrlichkeit
   im voraus bezeugte.

12 Den Propheten wurde offenbart,
   daß sie damit nicht sich selbst,
   sondern euch dienten;
und jetzt ist euch dies alles von denen verkündet worden,
   die euch in der Kraft des vom Himmel gesandten Heiligen Geistes
   das Evangelium gebracht haben.

Das alles zu sehen
   ist sogar das Verlangen der Engel.

RUF VOR DEM EVANGELIUM   Vers: vgl. Joh 1, 7; Lk 1, 17

Halleluja. Halleluja.

Er kam als Zeuge,
um Zeugnis abzulegen für das Licht
und das Volk für den Herrn zu bereiten.

Halleluja.

ZUM EVANGELIUM   *Als einziger Evangelist erzählt Lukas die
Kindheitsgeschichte des Johannes, und zwar als einen Teil der Kindheitsgeschichte Jesu. Zwischen dem Vorläufer Johannes und dem Größeren, der nach ihm kommt, besteht – das will Lukas verdeutlichen –
keine Rivalität, sondern eine enge Verbundenheit. Im Licht von Mal
3, 23–24 erscheint Johannes als der Bote und Prophet, der dem kommenden Herrn die Wege bereitet.*

EVANGELIUM   Lk 1, 5–17

Sie wird dir einen Sohn gebären; dem sollst du den Namen Johannes geben

✛ **Aus dem heiligen Evangelium nach Lukas.**

5   **Zur Zeit des Herodes, des Königs von Judäa,**
        lebte ein Priester namens Zacharías,
        der zur Priesterklasse Abíja gehörte.
    Seine Frau stammte aus dem Geschlecht Aarons;
    sie hieß Elisabet.

6   **Beide lebten so, wie es in den Augen Gottes recht ist,**
    und hielten sich in allem
        streng an die Gebote und Vorschriften des Herrn.

7   **Sie hatten keine Kinder,**
        denn Elisabet war unfruchtbar,
        und beide waren schon in vorgerücktem Alter.

8   **Eines Tages, als seine Priesterklasse wieder an der Reihe war**
        und er beim Gottesdienst mitzuwirken hatte,

9   **wurde, wie nach der Priesterordnung üblich, das Los geworfen,**
    und Zacharías fiel die Aufgabe zu,
        im Tempel des Herrn das Rauchopfer darzubringen.

10   **Während er nun zur festgelegten Zeit das Opfer darbrachte,**
        stand das ganze Volk draußen und betete.

11   **Da erschien dem Zacharías ein Engel des Herrn;**
    er stand auf der rechten Seite des Rauchopferaltars.

12   **Als Zacharías ihn sah, erschrak er,**
    und es befiel ihn Furcht.

13   **Der Engel aber sagte zu ihm: Fürchte dich nicht, Zacharias!**
    Dein Gebet ist erhört worden.
    Deine Frau Elisabet wird dir einen Sohn gebären;
        dem sollst du den Namen Johannes geben.

14   **Große Freude wird dich erfüllen,**
    und auch viele andere werden sich über seine Geburt freuen.

15   **Denn er wird groß sein vor dem Herrn.**
    Wein und andere berauschende Getränke wird er nicht trinken,
    und schon im Mutterleib wird er vom *Heiligen Geist erfüllt sein.*

16   **Viele Israeliten wird er zum Herrn, ihrem Gott, bekehren.**

17   **Er wird mit dem Geist und mit der Kraft des Elíja**
        dem Herrn vorangehen,

um das Herz der Väter wieder den Kindern zuzuwenden
und die Ungehorsamen zur Gerechtigkeit zu führen
und so das Volk für den Herrn bereit zu machen.

Glaubensbekenntnis, S. 356 ff.

ZUR EUCHARISTIEFEIER   *Bote und Zeuge der Wahrheit Gottes
zu sein, dafür hat Johannes gelebt, und dafür ist er gestorben. Er hat
auf Jesus hingewiesen, das Lamm Gottes, das die Schuld der Welt auf
sich genommen und gesühnt hat.*

GABENGEBET

Herr und Gott,
zum Fest des heiligen Johannes
bringen wir unsere Gaben dar.
Hilf uns, im täglichen Leben zu verwirklichen,
was wir am Altar in heiligen Zeichen begehen.
Darum bitten wir durch Christus, unseren Herrn.

Präfation, S. 433.

KOMMUNIONVERS   Lk 1, 68
Gepriesen sei der Herr, der Gott Israels!
Denn er hat sein Volk besucht und ihm Erlösung geschaffen.

SCHLUSSGEBET

Herr, unser Gott,
du hast uns gestärkt mit dem Brot des Lebens.
Die mächtige Fürsprache des heiligen Johannes
begleite unser ganzes Leben.
Sie erwirke uns einst
das Erbarmen des Weltenrichters,
den er als das Opferlamm für unsere Sünden
vorausverkündet hat,
unseres Herrn Jesus Christus,
der in der Einheit des Heiligen Geistes
mit dir lebt und herrscht in alle Ewigkeit.

Am Tag

Ein Mensch trat auf, der von Gott gesandt war;
sein Name war Johannes.
Er kam als Zeuge, um Zeugnis abzulegen für das Licht
und das Volk für den Herrn bereitzumachen.

Ehre sei Gott, S. 352 ff.

TAGESGEBET

Gott,
du hast den heiligen Johannes den Täufer berufen,
das Volk des Alten Bundes
Christus, seinem Erlöser, entgegenzuführen.
Schenke deiner Kirche die Freude im Heiligen Geist
und führe alle, die an dich glauben,
auf dem Weg des Heiles und des Friedens.
Darum bitten wir durch Jesus Christus.

ZUR 1. LESUNG   *Nicht vom Erfolg lebt der Prophet, sondern allein vom Wort Gottes und vom Glauben an seine Berufung. Von seiner Berufung und seinem Mißerfolg spricht der Prophet in Jesaja 49. Aber Gott hat ihn nicht im Stich gelassen, er hat ihm einen noch größeren Auftrag gegeben: Allen Völkern soll er die Botschaft bringen, daß Gott ein rettender und helfender Gott ist.*

ERSTE LESUNG   Jes 49, 1–6

Ich mache dich zum Licht für die Völker

Lesung
    aus dem Buch Jesája.

1   Hört auf mich, ihr Inseln,
    merkt auf, ihr Völker in der Ferne!
    Der Herr hat mich schon im Mutterleib berufen;
    als ich noch im Schoß meiner Mutter war,
        hat er meinen Namen genannt.
2   Er machte meinen Mund zu einem scharfen Schwert,
    er verbarg mich im Schatten seiner Hand.
    Er machte mich zum spitzen Pfeil
        und steckte mich in seinen Köcher.

3 Er sagte zu mir: Du bist mein Knecht, Israel,
 an dem ich meine Herrlichkeit zeigen will.

4 Ich aber sagte: Vergeblich habe ich mich bemüht,
 habe meine Kraft umsonst und nutzlos vertan.
 Aber mein Recht liegt beim Herrn
 und mein Lohn bei meinem Gott.

5 Jetzt aber hat der Herr gesprochen,
 der mich schon im Mutterleib
 zu seinem Knecht gemacht hat,
 damit ich Jakob zu ihm heimführe
 und Israel bei ihm versammle.
 So wurde ich in den Augen des Herrn geehrt,
 und mein Gott war meine Stärke.

6 Und er sagte:
 Es ist zu wenig, daß du mein Knecht bist,
 nur um die Stämme Jakobs wieder aufzurichten
 und die Verschonten Israels heimzuführen.
 Ich mache dich zum Licht für die Völker,
 damit mein Heil bis an das Ende der Erde reicht.

ANTWORTPSALM   Ps 139 (138), 1–3.13–14.15–16 (R: vgl. 14a)

R Ich danke dir, Herr: (GL 755, 1)
 du hast mich wunderbar gestaltet. – R

1 Herr, du hast mich erforscht, und du kennst mich. †   IV. Ton
2 Ob ich sitze oder stehe, du weißt von mir. *
 Von fern erkennst du meine Gedanken.

3 Ob ich gehe oder ruhe, es ist dir bekannt; *
 du bist vertraut mit all meinen Wegen. – (R)

13 Du hast mein Inneres geschaffen, *
 mich gewoben im Schoß meiner Mutter.

14 Ich danke dir, daß du mich so wunderbar gestaltet hast. *
 Ich weiß: Staunenswert sind deine Werke. – (R)

15 Als ich geformt wurde im Dunkeln, †
 kunstvoll gewirkt in den Tiefen der Erde, *
 waren meine Glieder dir nicht verborgen.

16 Deine Augen sahen, wie ich entstand, *
 in deinem Buch war schon alles verzeichnet. – R

ZUR 2. LESUNG *In allen Städten, wohin Paulus auf seinen Missionsreisen kam, wandte er sich zuerst an die dortigen Juden. Er versuchte, ihnen den Sinn der Schrift zu erschließen und die Geschichte Israels zu deuten, die in Jesus, dem Messias, ihre Erfüllung gefunden habe. Er sprach auch von Johannes dem Täufer, dem letzten Propheten des Alten Bundes, dessen Aufgabe es war, auf Jesus als den verheißenen Messias hinzuweisen.*

ZWEITE LESUNG   Apg 13, 16.22–26

Vor dem Auftreten Jesu hat Johannes Umkehr und Taufe verkündigt

Lesung aus der Apostelgeschichte.

16 **In der Synagoge von Antióchia in Pisídien stand Paulus auf, gab mit der Hand ein Zeichen und sagte:**

Ihr Israeliten und ihr Gottesfürchtigen, hört!

22 **Gott erhob David zum König,**
von dem er bezeugte:
    Ich habe David, den Sohn des Ísai,
    als einen Mann nach meinem Herzen gefunden,
    der alles, was ich will, vollbringen wird.

23 **Aus seinem Geschlecht**
    hat Gott dem Volk Israel, der Verheißung gemäß,
    Jesus als Retter geschickt.

24 **Vor dessen Auftreten hat Johannes**
    dem ganzen Volk Israel Umkehr und Taufe verkündigt.

25 **Als Johannes aber seinen Lauf vollendet hatte,**
    sagte er: Ich bin nicht der, für den ihr mich haltet;
aber seht, nach mir kommt einer,
    dem die Sandalen von den Füßen zu lösen ich nicht wert bin.

26 **Brüder,**
    ihr Söhne aus Abrahams Geschlecht und ihr Gottesfürchtigen!
    Uns wurde das Wort dieses Heils gesandt.

RUF VOR DEM EVANGELIUM   Vers: vgl. Lk 1, 76

Halleluja. Halleluja.

Du wirst Prophet des Höchsten heißen;
denn du wirst dem Herrn vorausgehen und ihm den Weg bereiten.

Halleluja.

ZUM EVANGELIUM *Die Erzählung von der Geburt und der Beschneidung des Vorläufers gipfelt in der Namengebung. „Gott ist gnädig" oder „Gott hat Gnade erwiesen" ist die Deutung des Namens Johannes. Noch wissen die Eltern und Verwandten nicht, was Gott mit diesem Kind vorhat; aber sie spüren, daß mit seiner Geburt etwas Großes in Gang gekommen ist.*

EVANGELIUM Lk 1, 57–66.80

Sein Name ist Johannes

✝ Aus dem heiligen Evangelium nach Lukas.

57 Für Elisabet kam die Zeit der Niederkunft,
und sie brachte einen Sohn zur Welt.

58 Ihre Nachbarn und Verwandten hörten,
welch großes Erbarmen der Herr ihr erwiesen hatte,
und freuten sich mit ihr.

59 Am achten Tag kamen sie zur Beschneidung des Kindes
und wollten ihm den Namen seines Vaters Zacharías geben.

60 Seine Mutter aber widersprach ihnen
und sagte: Nein, er soll Johannes heißen.

61 Sie antworteten ihr:
Es gibt doch niemand in deiner Verwandtschaft, der so heißt.

62 Da fragten sie seinen Vater durch Zeichen,
welchen Namen das Kind haben solle.

63 Er verlangte ein Schreibtäfelchen
und schrieb zum Erstaunen aller darauf:
Sein Name ist Johannes.

64 Im gleichen Augenblick
konnte er Mund und Zunge wieder gebrauchen,
und er redete und pries Gott.

65 Und alle, die in jener Gegend wohnten, erschraken,
und man sprach von all diesen Dingen
im ganzen Bergland von Judäa.

66 Alle, die davon hörten, machten sich Gedanken darüber
und sagten: Was wird wohl aus diesem Kind werden?
Denn es war deutlich,
daß die Hand des Herrn mit ihm war.

80 **Das Kind wuchs heran,**
    und sein Geist wurde stark.
    Und Johannes lebte in der Wüste
    bis zu dem Tag,
    an dem er den Auftrag erhielt, in Israel aufzutreten.

Glaubensbekenntnis, S. 356 ff.

ZUR EUCHARISTIEFEIER   *Die „barmherzige Liebe unseres Got-*
tes" leuchtet uns jeden Morgen neu. Kinder dieses Lichts zu sein und
Boten der barmherzigen Liebe, das ist die Sendung und die Freude de-
rer, die Gott in seine Nähe gerufen hat.

GABENGEBET

Herr, unser Gott,
in Freude legen wir unsere Gaben auf deinen Altar
am Geburtsfest des heiligen Vorläufers Johannes.
Er hat angekündigt, daß der Erlöser kommt,
und als er gekommen war, auf ihn gezeigt,
auf Jesus Christus, deinen Sohn,
der mit dir lebt und herrscht in alle Ewigkeit.

Präfation, S. 433.

KOMMUNIONVERS   Lk 1,78

Durch die barmherzige Liebe unseres Gottes
hat uns besucht das aufstrahlende Licht aus der Höhe.

SCHLUSSGEBET

Herr, unser Gott,
am Geburtstag Johannes' des Täufers
hast du deine Kirche
zum Festmahl des Lammes geladen
und sie mit Freude erfüllt.
Gib, daß wir Christus,
den Johannes vorausverkündigt hat,
als den erkennen,
der uns das ewige Leben erworben hat,
der mit dir lebt und herrscht in alle Ewigkeit.

29. Juni

HL. PETRUS UND HL. PAULUS, APOSTEL

Hochfest

Die Apostel Petrus und Paulus haben beide unter Kaiser Nero das Martyrium erlitten. Petrus hieß ursprünglich Simon und stammte aus Betsaida in Galiläa; Jesus gab ihm den Namen Kephas, „Fels", lateinisch Petrus. Petrus wird in allen Apostelverzeichnissen als erster genannt. Nach dem Weggang Jesu übernahm er die Leitung der Jüngergemeinde in Jerusalem. Er hat auch den ersten Heiden in die Kirche aufgenommen (Apg 10, 11). Sein Aufenthalt in Rom und sein Martyrium unter Kaiser Nero können als historisch gesichert gelten. Das Todesjahr steht nicht mit Sicherheit fest; es muß zwischen 64 und 67 n. Chr. gewesen sein. Als Todesjahr des Paulus wird 67 genannt. Das Fest seiner Bekehrung wird am 25. Januar begangen.

Am Vorabend

Aus pastoralen Gründen ist es erlaubt, die Texte der Messe „Am Tag", S. 678 ff., zu nehmen.

ERÖFFNUNGSVERS

Petrus, der Apostel,
und Paulus, der Lehrer der Völker,
sie haben uns dein Gesetz gelehrt, o Herr.

Ehre sei Gott, S. 352 ff.

TAGESGEBET

Herr, unser Gott,
durch die Apostel Petrus und Paulus
hast du in der Kirche den Grund des Glaubens gelegt.
Auf ihre Fürsprache hin
erhalte und vollende diesen Glauben,
der uns zum ewigen Heil führt.
Darum bitten wir durch Jesus Christus.

ZUR 1. LESUNG   *Petrus und Johannes erscheinen in Apg 3–4 als die führenden Apostel. Als fromme Juden gehen sie zur Zeit des Abendopfers (15 Uhr) zum Tempel hinauf, um zu beten. Der gelähmte Bettler, der an der Schönen Pforte saß, war dort offenbar eine bekannte Gestalt. Petrus heilt ihn im Namen Jesu und in der Kraft seines Geistes. Durch Wort und Tat bezeugen die Apostel die machtvolle Gegenwart Jesu, des Lebenden, den Gott „zum Herrn und Messias" gemacht hat.*

ERSTE LESUNG   Apg 3, 1–10

Was ich habe, das gebe ich dir: Im Namen Jesu, geh umher!

**Lesung
    aus der Apostelgeschichte.**

In jenen Tagen

1   **gingen Petrus und Johannes
      um die neunte Stunde zum Gebet in den Tempel hinauf.**

2   **Da wurde ein Mann herbeigetragen,
      der von Geburt an gelähmt war.
Man setzte ihn täglich an das Tor des Tempels,
      das man die Schöne Pforte nennt;
dort sollte er bei denen, die in den Tempel gingen,
      um Almosen betteln.**

3   **Als er nun Petrus und Johannes in den Tempel gehen sah,
      bat er sie um ein Almosen.**

4   **Petrus und Johannes blickten ihn an,
      und Petrus sagte: Sieh uns an!**

5   **Da wandte er sich ihnen zu
      und erwartete, etwas von ihnen zu bekommen.**

6   **Petrus aber sagte: Silber und Gold besitze ich nicht.
Doch was ich habe, das gebe ich dir:
Im Namen Jesu Christi, des Nazoräers, geh umher!**

7   **Und er faßte ihn an der rechten Hand
      und richtete ihn auf.
Sogleich kam Kraft in seine Füße und Gelenke;**

8   **er sprang auf,
konnte stehen und ging umher.**

Dann ging er mit ihnen in den Tempel,
lief und sprang umher und lobte Gott.

9 Alle Leute sahen ihn umhergehen und Gott loben.

10 Sie erkannten ihn als den,
    der gewöhnlich an der Schönen Pforte des Tempels saß
    und bettelte.
Und sie waren voll Verwunderung und Staunen
    über das, was mit ihm geschehen war.

ANTWORTPSALM   Ps 19 (18), 2–3.4–5b (R: 5a)

R Ihre Botschaft geht hinaus in die ganze Welt. – R   (GL 529,6)

2 Die Himmel rühmen die Herrlichkeit Gottes, *   II. Ton
vom Werk seiner Hände kündet das Firmament.

3 Ein Tag sagt es dem andern, *
eine Nacht tut es der andern kund. – (R)

4 Ohne Worte und ohne Reden, *
unhörbar bleibt ihre Stimme.

5ab Doch ihre Botschaft geht in die ganze Welt hinaus, *
ihre Kunde bis zu den Enden der Erde. – R

ZUR 2. LESUNG   *Wiederholt mußte Paulus seine apostolische
Sendung und Autorität verteidigen; er gehörte ja nicht zum Kreis der
Zwölf. Er ist aber überzeugt, daß seine Sendung und Lehre ihren Ur-
sprung in Jesus Christus hat, letzten Endes in der ewigen Absicht Got-
tes. Er weist auf seine Vergangenheit hin: Er war ein fanatischer Ver-
fechter der jüdischen Religion und ein Verfolger der Christen gewesen.
Ihn konnte nur Gott selbst bekehren, der ihn von Ewigkeit her zum
Apostel der Heiden bestimmt hatte.*

ZWEITE LESUNG   Gal 1, 11–20

Gott hat mich schon im Mutterleib auserwählt und durch seine Gnade berufen

Lesung
aus dem Brief des Apostels Paulus an die Gálater.

11 Ich erkläre euch, Brüder:
Das Evangelium, das ich verkündigt habe,
stammt nicht von Menschen;

12 ich habe es ja nicht von einem Menschen übernommen
      oder gelernt,
      sondern durch die Offenbarung Jesu Christi empfangen.

13 Ihr habt doch gehört,
      wie ich früher als gesetzestreuer Jude gelebt habe,
   und wißt, wie maßlos ich die Kirche Gottes verfolgte
      und zu vernichten suchte.

14 In der Treue zum jüdischen Gesetz
      übertraf ich die meisten Altersgenossen in meinem Volk,
   und mit dem größten Eifer
      setzte ich mich für die Überlieferungen meiner Väter ein.

15 Als aber Gott, der mich schon im Mutterleib auserwählt
      und durch seine Gnade berufen hat,

16   mir in seiner Güte seinen Sohn offenbarte,
      damit ich ihn unter den Heiden verkündige,
   da zog ich keinen Menschen zu Rate.

17 Ich ging auch nicht sogleich nach Jerusalem hinauf
      zu denen, die vor mir Apostel waren,
   sondern zog nach Arábien
   und kehrte dann wieder nach Damáskus zurück.

18 Drei Jahre später ging ich nach Jerusalem hinauf,
      um Kephas kennenzulernen,
   und blieb fünfzehn Tage bei ihm.

19 Von den anderen Aposteln habe ich keinen gesehen,
   nur Jakobus, den Bruder des Herrn.

20 Was ich euch hier schreibe
      – Gott weiß, daß ich nicht lüge.

RUF VOR DEM EVANGELIUM   Vers: vgl. Joh 21, 17

Halleluja. Halleluja.
Herr, du weißt alles;
du weißt, daß ich dich liebe.
Halleluja.

ZUM EVANGELIUM   *Die dritte Erscheinung des Auferstandenen
vor den Jüngern gilt vor allem dem Petrus, der als Führer der Jünger-
gruppe auftritt. Jesus bestätigt ihn in seiner Vorrangstellung, weist
ihn aber auf die Grundvoraussetzungen hin, die der Träger des Hir-
tenamtes erfüllen muß: unbedingte Treue, Liebe.*

EVANGELIUM

Joh 21, 1.15–19

Weide meine Lämmer! Weide meine Schafe!

✝ Aus dem heiligen Evangelium nach Johannes.

In jener Zeit
1 offenbarte sich Jesus den Jüngern noch einmal.
Es war am See von Tibérias,
und er offenbarte sich in folgender Weise.

15 Als sie gegessen hatten, sagte Jesus zu Simon Petrus:
Simon, Sohn des Johannes, liebst du mich mehr als diese?
Er antwortete ihm: Ja, Herr, du weißt, daß ich dich liebe.
Jesus sagte zu ihm:
Weide meine Lämmer!

16 Zum zweitenmal fragte er ihn:
Simon, Sohn des Johannes, liebst du mich?
Er antwortete ihm: Ja, Herr, du weißt, daß ich dich liebe.
Jesus sagte zu ihm:
Weide meine Schafe!

17 Zum drittenmal fragte er ihn:
Simon, Sohn des Johannes, liebst du mich?
Da wurde Petrus traurig,
weil Jesus ihn zum drittenmal gefragt hatte: Hast du mich lieb?
Er gab ihm zur Antwort: Herr, du weißt alles;
du weißt, daß ich dich liebhabe.
Jesus sagte zu ihm:
Weide meine Schafe!

18 Amen, amen, das sage ich dir:
Als du noch jung warst, hast du dich selbst gegürtet
und konntest gehen, wohin du wolltest.
Wenn du aber alt geworden bist,
wirst du deine Hände ausstrecken,
und ein anderer wird dich gürten
und dich führen, wohin du nicht willst.

9 Das sagte Jesus,
um anzudeuten,
durch welchen Tod er Gott verherrlichen würde.
Nach diesen Worten sagte er zu ihm:
Folge mir nach!

Glaubensbekenntnis, S. 356 ff.

ZUR EUCHARISTIEFEIER   *Wen Jesus in seine Nähe ruft, der weiß sich beschenkt, geehrt, angenommen. Die eigene Unwürdigkeit wird ihm bewußt, und er kann nur noch eines tun: aus seinem Leben eine große Danksagung machen.*

GABENGEBET

Allmächtiger Gott,
das Martyrium der Apostel Petrus und Paulus
ist der Ruhm deiner Kirche.
An diesem festlichen Tag
bringen wir unsere Gaben zu deinem Altar.
Wenn wir auf unsere eigene Leistung schauen
und den Mut verlieren,
dann laß uns auf dein Erbarmen hoffen,
das sich an den Aposteln machtvoll erwiesen hat.
Darum bitten wir durch Christus, unseren Herrn.

Präfation, S. 434.

KOMMUNIONVERS   Joh 21, 15.17

Simon, Sohn des Johannes, liebst du mich mehr, als diese mich lieben?
Herr, du weißt alles: du weißt, daß ich dich liebe.

SCHLUSSGEBET

Allmächtiger Gott,
stärke uns durch die heiligen Geheimnisse
und erleuchte deine Kirche allezeit
durch das Wort der Apostel.
Darum bitten wir durch Christus, unseren Herrn.

Am Tag

ERÖFFNUNGSVERS

Die Apostel Petrus und Paulus haben die Kirche begründet;
sie haben den Kelch des Herrn getrunken,
nun sind sie Gottes Freunde.

Ehre sei Gott, S. 352 ff.

TAGESGEBET

Herr, unser Gott,
am Hochfest der Apostel Petrus und Paulus
haben wir uns in Freude versammelt.
Hilf deiner Kirche,
in allem der Weisung deiner Boten zu folgen,
durch die sie den Glauben
und das Leben in Christus empfangen hat,
der in der Einheit des Heiligen Geistes
mit dir lebt und herrscht in alle Ewigkeit.

ZUR 1. LESUNG *Herodes Agrippa war von 41 bis 44 n. Chr. König von Judäa und Samarien. Um bei den führenden Juden sein Ansehen aufzubessern, verfolgte er die Jünger Jesu. Die Apostelgeschichte berichtet nur kurz über die Hinrichtung des Jakobus und erzählt dann ausführlich die Gefangennahme und Befreiung des Petrus. Dieser wurde in der Osterwoche verhaftet und sollte nach dem Fest abgeurteilt werden. In der äußersten Not hat die Gemeinde keine andere Waffe als das Gebet. Die Befreiung des Petrus ist allein Gottes Werk; sie wird in die Reihe der großen Rettungstaten Gottes im Alten Bund gestellt.*

ERSTE LESUNG   Apg 12, 1–11

Nun weiß ich, daß der Herr mich der Hand des Herodes entrissen hat

Lesung
   aus der Apostelgeschichte.

In jenen Tagen
1 ließ der König Herodes
   einige aus der Gemeinde verhaften und mißhandeln.
2 Jakobus, den Bruder des Johannes,
   ließ er mit dem Schwert hinrichten.
3 Als er sah, daß es den Juden gefiel,
   ließ er auch Petrus festnehmen.
   Das geschah in den Tagen der Ungesäuerten Brote.
4 Er nahm ihn also fest
   und warf ihn ins Gefängnis.

Die Bewachung übertrug er vier Abteilungen von je vier Soldaten.
Er beabsichtigte,
   ihn nach dem Paschafest* dem Volk vorführen zu lassen.
5 Petrus wurde also im Gefängnis bewacht.
Die Gemeinde aber betete inständig für ihn zu Gott.

6 In der Nacht, ehe Herodes ihn vorführen lassen wollte,
   schlief Petrus, mit zwei Ketten gefesselt,
   zwischen zwei Soldaten;
vor der Tür aber bewachten Posten den Kerker.

7 Plötzlich trat ein Engel des Herrn ein,
   und ein helles Licht strahlte in den Raum.
Er stieß Petrus in die Seite,
weckte ihn
und sagte: Schnell, steh auf!
Da fielen die Ketten von seinen Händen.

8 Der Engel aber sagte zu ihm:
   Gürte dich, und zieh deine Sandalen an!
Er tat es.
Und der Engel sagte zu ihm:
   Wirf deinen Mantel um, und folge mir!

9 Dann ging er hinaus,
und Petrus folgte ihm,
   ohne zu wissen, daß es Wirklichkeit war,
   was durch den Engel geschah;
es kam ihm vor,
   als habe er eine Vision.

10 Sie gingen an der ersten und an der zweiten Wache vorbei
   und kamen an das eiserne Tor, das in die Stadt führt;
es öffnete sich ihnen von selbst.
Sie traten hinaus
   und gingen eine Gasse weit;
und auf einmal verließ ihn der Engel.

11 Da kam Petrus zu sich
und sagte: Nun weiß ich wahrhaftig,
   daß der Herr seinen Engel gesandt
   und mich der Hand des Herodes entrissen hat
   und all dem, was das Volk der Juden erhofft hat.

---

* Sprich: Pas-chafest.

ANTWORTPSALM   Ps 34 (33), 2–3.4–5.6–7.8–9 (R: 5b)

R All meinen Ängsten hat mich der Herr entrissen. – R   (GL 148, 2)

Ich will den Herrn allezeit preisen; *
immer sei sein Lob in meinem Mund.   IV. Ton

Meine Seele rühme sich des Herrn; *
die Armen sollen es hören und sich freuen. – (R)

Verherrlicht mit mir den Herrn, *
laßt uns gemeinsam seinen Namen rühmen.

Ich suchte den Herrn, und er hat mich erhört, *
er hat mich all meinen Ängsten entrissen. – (R)

Blickt auf zu ihm, so wird euer Gesicht leuchten, *
und ihr braucht nicht zu erröten.

Da ist ein Armer; er rief, und der Herr erhörte ihn. *
Er half ihm aus all seinen Nöten. – (R)

Der Engel des Herrn umschirmt alle, die ihn fürchten und ehren, *
und er befreit sie.

Kostet und seht, wie gütig der Herr ist; *
wohl dem, der zu ihm sich flüchtet! – R

ZUR 2. LESUNG   *Der Apostel Paulus hat gepredigt, Briefe ge-*
schrieben, mit seinen Händen gearbeitet. Am Ende seines Lebens sind
ihm die Hände gebunden. Ein einsamer alter Mann, von allen im Stich
gelassen. Er kennt keine Bitterkeit, im Gegenteil, er ist voll Dank und
voll Hoffnung. Er wartet auf das Kommen des Herrn, auf die große Be-
gegnung. Das Geheimnis dieses Apostellebens war die Liebe, das Op-
fer des eigenen Lebens wird sein letzter Gottesdienst sein.

ZWEITE LESUNG   2 Tim 4,6–8.17–18
Schon jetzt liegt für mich der Kranz der Gerechtigkeit bereit

Lesung aus dem zweiten Brief des Apostels Paulus an Timótheus.

Mein Sohn!
Ich werde nunmehr geopfert,
und die Zeit meines Aufbruchs ist nahe.
Ich habe den guten Kampf gekämpft,
den Lauf vollendet,
die Treue gehalten.

8 Schon jetzt liegt für mich der Kranz der Gerechtigkeit bereit,
   den mir der Herr, der gerechte Richter,
   an jenem Tag geben wird,
aber nicht nur mir,
   sondern allen, die sehnsüchtig auf sein Erscheinen warten.

17 Der Herr stand mir zur Seite und gab mir Kraft,
   damit durch mich die Verkündigung vollendet wird
      und alle Heiden sie hören;
   und so wurde ich dem Rachen des Löwen entrissen.

18 Der Herr wird mich allem Bösen entreißen,
   er wird mich retten
      und in sein himmlisches Reich führen.
   Ihm sei die Ehre in alle Ewigkeit. Amen.

RUF VOR DEM EVANGELIUM   Vers: Mt 16, 18

Halleluja. Halleluja.

(So spricht der Herr:)
Du bist Petrus – der Fels –,
und auf diesen Felsen werde ich meine Kirche bauen,
und die Mächte der Unterwelt werden sie nicht überwältigen.

Halleluja.

ZUM EVANGELIUM   *Für wen halten die Leute den Menschensohn? Das ist die Frage, an der sich alles entscheidet. Im Markusevan-
gelium lautet die Antwort des Petrus: „Du bist der Messias" (Mk
8, 29); nach Matthäus fügt er hinzu: „der Sohn des lebendigen Gottes". Schon in Mt 14, 33 hatten die Jünger in einer plötzlichen Helligkeit gesagt: „Wahrhaftig, du bist Gottes Sohn." Auf Petrus und seinen
Glauben baut Jesus seine Kirche. Es wird keine triumphierende Kirche
sein. Petrus wird lernen müssen, nicht das im Sinn zu haben, was die
Menschen wollen, sondern das, was Gott will (16, 23).*

EVANGELIUM   Mt 16, 13–19

Du bist Petrus, ich werde dir die Schlüssel des Himmelreichs geben

✝ **Aus dem heiligen Evangelium nach Matthäus.**

13 In jener Zeit,
   als Jesus in das Gebiet von Cäsaréa Philíppi kam,
   fragte er seine Jünger:

Für wen halten die Leute den Menschensohn?

4 Sie sagten: Die einen für Johannes den Täufer,
andere für Elíja,
wieder andere für Jeremía oder sonst einen Propheten.

5 Da sagte er zu ihnen: Ihr aber,
für wen haltet ihr mich?

6 Simon Petrus antwortete:
Du bist der Messias,
der Sohn des lebendigen Gottes!

7 Jesus sagte zu ihm:
Selig bist du, Simon Barjóna;
denn nicht Fleisch und Blut haben dir das offenbart,
sondern mein Vater im Himmel.

8 Ich aber sage dir:
Du bist Petrus – der Fels –,
und auf diesen Felsen werde ich meine Kirche bauen,
und die Mächte der Unterwelt werden sie nicht überwältigen.

9 Ich werde dir die Schlüssel des Himmelreichs geben;
was du auf Erden binden wirst,
das wird auch im Himmel gebunden sein,
und was du auf Erden lösen wirst,
das wird auch im Himmel gelöst sein.

Glaubensbekenntnis, S. 356 ff.; Fürbitten vgl. S. 804.

ZUR EUCHARISTIEFEIER *Der Fels, auf den Christus seine Kirche gestellt hat, ist Petrus. Das Herz der Gemeinde aber ist die Liebe des Guten Hirten, der sein Leben hingibt, und die Liebe, mit der die Gemeinde ihm antwortet.*

GABENGEBET

Herr und Gott,
in Gemeinschaft mit den Aposteln
Petrus und Paulus bitten wir dich:
Heilige unsere Gaben
und laß uns mit Bereitschaft und Hingabe
das Opfer deines Sohnes feiern,
der mit dir lebt und herrscht in alle Ewigkeit.

Präfation, S. 434.

KOMMUNIONVERS
Mt 16, 16.18

Petrus sagte zu Jesus:
Du bist der Messias, der Sohn des lebendigen Gottes.
Jesus erwiderte ihm:
Du bist Petrus, und auf diesen Felsen werde ich meine Kirche bauen.

SCHLUSSGEBET

Herr, unser Gott,
du hast uns durch das heilige Sakrament gestärkt.
Gib, daß wir im Brotbrechen
und in der Lehre der Apostel verharren
und in deiner Liebe ein Herz und eine Seele werden.
Darum bitten wir durch Christus, unseren Herrn.

6. August

VERKLÄRUNG DES HERRN

Fest

Die Verklärung Christi wird von Matthäus, Markus und Lukas
berichtet und im 2. Petrusbrief erwähnt. Ein Fest der Verklärung wird in der Ostkirche sicher seit dem 6. Jahrhundert gefeiert. In der abendländischen Kirche wurde es 1457 von Papst
Kallistus III. allgemein vorgeschrieben, zum Dank für den Sieg
über die Türken bei Belgrad.

ERÖFFNUNGSVERS
Vgl. Mt 17, 5

Aus einer leuchtenden Wolke kam die Stimme des Vaters:
Dies ist mein geliebter Sohn, an dem ich Gefallen gefunden habe:
Auf ihn sollt ihr hören.

Ehre sei Gott, S. 352 ff.

TAGESGEBET

Allmächtiger Gott,
bei der Verklärung deines eingeborenen Sohnes
hast du durch das Zeugnis der Väter
die Geheimnisse unseres Glaubens bekräftigt.

Du hast uns gezeigt, was wir erhoffen dürfen,
wenn unsere Annahme an Kindes Statt
sich einmal vollendet.
Hilf uns, auf das Wort deines Sohnes zu hören,
damit wir Anteil erhalten an seiner Herrlichkeit.
Darum bitten wir durch Jesus Christus.

ZUR 1. LESUNG   *Die Weltgeschichte von ihren Anfängen bis zum Ende wird im Buch Daniel als die Geschichte von vier aufeinanderfolgenden Reichen geschildert. Der Prophet stellt die Weltgeschichte dem Reich Gottes gegenüber und schaut sie als eine in Wirklichkeit schon vergangene, überwundene Geschichte. Die Herrschaft wird den Machthabern dieser Welt genommen und dem „Menschensohn" gegeben, der mit den Wolken des Himmels kommt (Dan 7, 13–14). Wer ist dieser Menschensohn? Daniel selbst hat ihn wohl kollektiv verstanden und irgendwie mit den „Heiligen des Höchsten" gleichgesetzt. Jesus hat sich mit Vorliebe den Titel „Menschensohn" beigelegt, der zugleich menschliche Niedrigkeit und göttliche Hoheit aussagt.*

ERSTE LESUNG   Dan 7, 9–10. 13–14

Sein Gewand war weiß wie Schnee

Lesung
   aus dem Buch Daniel.

Ich, Daniel, sah in einer nächtlichen Vision:
Throne wurden aufgestellt,
und ein Hochbetagter nahm Platz.
Sein Gewand war weiß wie Schnee,
   sein Haar wie reine Wolle.
Feuerflammen waren sein Thron,
   und dessen Räder waren loderndes Feuer.
Ein Strom von Feuer ging von ihm aus.
Tausendmal Tausende dienten ihm,
zehntausendmal Zehntausende standen vor ihm.
Das Gericht nahm Platz,
   und es wurden Bücher aufgeschlagen.
Immer noch hatte ich die nächtlichen Visionen:

Da kam mit den Wolken des Himmels
   einer wie ein Menschensohn.
Er gelangte bis zu dem Hochbetagten
   und wurde vor ihn geführt.
14 Ihm wurden Herrschaft, Würde und Königtum gegeben.
Alle Völker, Nationen und Sprachen müssen ihm dienen.
Seine Herrschaft ist eine ewige, unvergängliche Herrschaft.
Sein Reich geht niemals unter.

ANTWORTPSALM   Ps 97 (96), 1–2.5–6.8–9 (R: 1a u. 9a)

R Der Herr ist König,   (GL 149, 3)
er ist der Höchste über der ganzen Erde. – R

1 Der Herr ist König. Die Erde frohlocke. *   V. Ton
   Freuen sollen sich die vielen Inseln.

2 Rings um ihn her sind Wolken und Dunkel, *
   Gerechtigkeit und Recht sind die Stützen seines Throns. – (R)

5 Berge schmelzen wie Wachs vor dem Herrn, *
   vor dem Antlitz des Herrschers aller Welt.

6 Seine Gerechtigkeit verkünden die Himmel, *
   seine Herrlichkeit schauen alle Völker. – (R)

8 Zion hört es und freut sich, *
   Judas Töchter jubeln, Herr, über deine Gerichte.

9 Denn du, Herr, bist der Höchste über der ganzen Erde, *
   hoch erhaben über alle Götter. – R

ZUR 2. LESUNG   Der Verfasser des 2. Petrusbriefs versteht die
Verklärung Jesu auf dem heiligen Berg als ein erstes Aufleuchten des
Tages, an dem sich Christus in seiner Herrlichkeit offenbaren wird.
Bis dahin ist uns das Heil, die Gemeinschaft mit Gott als kostbares Gut
des Glaubens gegeben, nicht aber als offenbare und vollendete Wirk-
lichkeit. Für den Glaubenden ist die Verheißung Gottes („das Wort der
Propheten") ein Licht auf dem Weg, bis der Tag anbricht.

ZWEITE LESUNG   2 Petr 1, 16–19

Die Stimme, die vom Himmel kam, haben wir gehört, als wir mit ihm auf dem heiligen Berg waren

Lesung
aus dem zweiten Brief des Apostels Petrus.

Brüder!
Wir sind nicht
irgendwelchen klug ausgedachten Geschichten gefolgt,
als wir euch die machtvolle Ankunft
Jesu Christi, unseres Herrn, verkündeten,
sondern wir waren Augenzeugen seiner Macht und Größe.

Er hat von Gott, dem Vater, Ehre und Herrlichkeit empfangen;
denn er hörte die Stimme der erhabenen Herrlichkeit,
die zu ihm sprach:
Das ist mein geliebter Sohn,
an dem ich Gefallen gefunden habe.
Diese Stimme, die vom Himmel kam, haben wir gehört,
als wir mit ihm auf dem heiligen Berg waren.

Dadurch ist das Wort der Propheten
für uns noch sicherer geworden,
und ihr tut gut daran, es zu beachten;
denn es ist ein Licht,
das an einem finsteren Ort scheint,
bis der Tag anbricht
und der Morgenstern aufgeht in eurem Herzen.

RUF VOR DEM EVANGELIUM

Halleluja. Halleluja.
Aus der leuchtenden Wolke rief die Stimme des Vaters:
Das ist mein geliebter Sohn; auf ihn sollt ihr hören.

Halleluja.

ZUM EVANGELIUM   *Jesus, der Menschensohn, wird leiden und sterben und aus dem Tod auferstehen. Er ist der Herr, der mit der Herrlichkeit Gottes kommen wird. Über seine Herrlichkeit, das heißt seine göttliche Macht und Würde, belehrt Jesus seine Jünger nicht*

*durch Worte, die ja doch unverständlich bleiben müßten, sondern
durch eine Erscheinung, eine Offenbarung. Der Lichtglanz, in dem Jesus gesehen wird, ist in der Heiligen Schrift Hinweis auf die Anwesenheit Gottes, sichtbar und zugleich verhüllt durch die leuchtende
Wolke. Mose und Elija sind die Vertreter des Alten Bundes; sie bezeugen Jesus als den, in dem sich das Gesetz und die Propheten erfüllen.
Von nun an ist Jesus allein der, auf den die Jünger hören sollen.*

EVANGELIUM   Mt 17, 1–9

Er wurde vor ihren Augen verwandelt; sein Gesicht leuchtete wie die Sonne

✝ Aus dem heiligen Evangelium nach Matthäus.

In jener Zeit
1   nahm Jesus Petrus, Jakobus
     und dessen Bruder Johannes beiseite
und führte sie auf einen hohen Berg.
2   Und er wurde vor ihren Augen verwandelt;
sein Gesicht leuchtete wie die Sonne,
     und seine Kleider wurden blendend weiß wie das Licht.
3   Da erschienen plötzlich vor ihren Augen Mose und Elija
und redeten mit Jesus.
4   Und Petrus sagte zu ihm:
     Herr, es ist gut, daß wir hier sind.
Wenn du willst, werde ich hier drei Hütten bauen,
eine für dich, eine für Mose und eine für Elija.
5   Noch während er redete,
     warf eine leuchtende Wolke ihren Schatten auf sie,
und aus der Wolke rief eine Stimme:
     Das ist mein geliebter Sohn,
     an dem ich Gefallen gefunden habe;
auf ihn sollt ihr hören.
6   Als die Jünger das hörten,
     bekamen sie große Angst
und warfen sich mit dem Gesicht zu Boden.
7   Da trat Jesus zu ihnen,
faßte sie an
und sagte: Steht auf, habt keine Angst!

8 Und als sie aufblickten,
    sahen sie nur noch Jesus.

9 Während sie den Berg hinabstiegen, gebot ihnen Jesus:
    Erzählt niemand von dem, was ihr gesehen habt,
    bis der Menschensohn von den Toten auferstanden ist.

ZUR EUCHARISTIEFEIER   *Jesus ist gekommen, damit wir das Leben haben, die Fülle des Lebens. Er selbst ist das Leben, er ist die Fülle, aus der wir alle alles empfangen haben. Er schenkt uns Gnade und Herrlichkeit.*

GABENGEBET

Gott, unser Vater,
sende über uns und diese Gaben
das Licht deiner Herrlichkeit,
das in deinem Sohn aufgestrahlt ist.
Es vertreibe das Dunkel der Sünde
und mache uns zu Kindern des Lichtes.
Darum bitten wir durch Christus, unseren Herrn.

Präfation, S. 434.

KOMMUNIONVERS   1 Joh 3, 2

Wenn der Herr offenbar wird, werden wir ihm ähnlich sein,
denn wir werden ihn sehen, wie er ist.

SCHLUSSGEBET

Herr, unser Gott,
in der Verklärung deines Sohnes
wurde der Glanz seiner Gottheit offenbar.
Laß uns durch den Empfang der himmlischen Speise
seinem verherrlichten Leib gleichgestaltet werden.
Darum bitten wir durch ihn, Christus, unseren Herrn.

15. August

MARIÄ AUFNAHME IN DEN HIMMEL

Hochfest

Am 1. November 1950 hat Pius XII. die Lehre, daß Maria mit Leib und Seele in die himmlische Herrlichkeit aufgenommen wurde, als Glaubenssatz verkündet und damit die seit alters vorhandene christliche Glaubensüberzeugung endgültig bestätigt. Das Fest „Mariä Himmelfahrt", richtiger das Fest der Aufnahme Mariens in den Himmel, ist in der Ostkirche bald nach dem Konzil von Ephesus (431) aufgekommen. Von Kaiser Mauritius (582–602) wurde der 15. August als staatlicher Feiertag anerkannt. In der römischen Kirche wird das Fest seit dem 7. Jahrhundert gefeiert.

Das Dogma   *„Wir verkünden, erklären und definieren es als ein von Gott geoffenbartes Dogma, daß die unbefleckte, allzeit jungfräuliche Gottesmutter Maria nach Ablauf ihres irdischen Lebens mit Leib und Seele in die himmlische Herrlichkeit aufgenommen wurde."*

(Pius XII.)

Am Vorabend

Aus pastoralen Gründen ist es erlaubt, die Texte der Messe „Am Tag", S. 695 ff., zu nehmen

ERÖFFNUNGSVERS

Großes wird von dir gesagt, Maria:
Der Herr hat dich erhoben
über die Chöre der Engel in seine Herrlichkeit.

Ehre sei Gott, S. 352 ff.

TAGESGEBET

Allmächtiger Gott,
du hast die Jungfrau Maria
zur Mutter deines ewigen Sohnes erwählt.
Du hast auf deine niedrige Magd geschaut
und sie mit Herrlichkeit gekrönt.

Höre auf ihre Fürsprache
und nimm auch uns in deine Herrlichkeit auf,
da du uns erlöst hast
durch den Tod und die Auferstehung
deines Sohnes, unseres Herrn Jesus Christus,
der in der Einheit des Heiligen Geistes
mit dir lebt und herrscht in alle Ewigkeit.

ZUR 1. LESUNG   *Die Bundeslade war ein Schrein aus Akazienholz; sie war mit Gold überzogen und enthielt die beiden Gesetzestafeln (Ex 25; Dtn 10, 1–5). König David ließ sie nach Jerusalem bringen; Salomo stellte sie im heiligsten Raum des Tempels auf. Sie war Symbol der Gegenwart Gottes bei seinem Volk und zugleich Mahnung, nach dem Wort und Willen Gottes zu leben. Bei der Zerstörung des Tempels (587 v. Chr.) ging die Bundeslade verloren. Die Verehrung, die man ihr entgegengebracht hatte, ging später auf den Tempel und die Stadt Jerusalem über; hier war der Thron Gottes, der Schemel seiner Füße. Im Neuen Bund ist auf besondere Weise Maria die Verkörperung Israels und Zions als Ort der göttlichen Gegenwart.*

ERSTE LESUNG   1 Chr 15, 3–4.15–16; 16, 1–2

Man trug die Lade Gottes in das Zelt, das David für sie aufgestellt hatte, und setzte sie an ihren Platz in der Mitte des Zeltes

Lesung
   aus dem ersten Buch der Chronik.

In jenen Tagen
   berief David ganz Israel nach Jerusalem,
   um die Lade des Herrn an den Ort zu bringen,
   den er für sie hergerichtet hatte.
Er ließ die Nachkommen Aarons und die Leviten kommen.

Die Leviten hoben die Lade Gottes
   mit den Tragstangen auf ihre Schultern,
   wie es Mose auf Befehl des Herrn angeordnet hatte.

Den Vorstehern der Leviten befahl David,
   sie sollten ihre Stammesbrüder, die Sänger,
   mit ihren Instrumenten,
   mit Harfen, Zithern und Zimbeln, aufstellen,
   damit sie zum Freudenjubel laut ihr Spiel ertönen ließen.

1 **Man trug die Lade Gottes in das Zelt,**
    das David für sie aufgestellt hatte,
  setzte sie an ihren Platz in der Mitte des Zeltes
    und brachte Brand- und Heilsopfer vor Gott dar.
2 **Als David mit dem Darbringen der Brand- und Heilsopfer fertig war,**
    segnete er das Volk im Namen des Herrn.

ANTWORTPSALM   Ps 132 (131), 6–7.9–10.13–14 (R: 8a)

R Erheb dich, Herr,   (GL 753, 1)
komm an den Ort deiner Ruhe! – R

6 Wir hörten von der Lade des Herrn in Éfrata, *   II. Ton
  fanden sie im Gefilde von Jáar.

7 Laßt uns hingehen zu seiner Wohnung *
  und niederfallen vor dem Schemel seiner Füße! – (R)

9 Deine Priester sollen sich bekleiden mit Gerechtigkeit, *
  und deine Frommen sollen jubeln.

10 Weil David dein Knecht ist, *
   weise deinen Gesalbten nicht ab! – (R)

13 Denn der Herr hat den Zion erwählt, *
   ihn zu seinem Wohnsitz erkoren:

14 „Das ist für immer der Ort meiner Ruhe; *
   hier will ich wohnen, ich hab' ihn erkoren." – R

ZUR 2. LESUNG   *Die Auferstehung der Toten ist ein „Geheimnis"*
(1 Kor 15, 41): ein unbegreifliches, nur als Tat Gottes mögliches Ge-
schehen. Der Anfang ist schon gemacht: Der Stachel des Todes, die
Sünde, ist überwunden durch den Tod und die Auferstehung Jesu.
Wer in Christus ist, hat den Schritt vom Tod zum Leben bereits getan,
allen voran die Mutter Jesu, die mit der Person und dem Werk ihres
Sohnes über den Tod hinaus aufs engste verbunden bleibt.

ZWEITE LESUNG   1 Kor 15, 54–57

Gott hat uns den Sieg geschenkt durch Jesus Christus

Lesung
    aus dem ersten Brief des Apostels Paulus an die Korínther.

Brüder!
54 **Wenn sich dieses Vergängliche mit Unvergänglichkeit bekleidet**
    und dieses Sterbliche mit Unsterblichkeit,
    dann erfüllt sich das Wort der Schrift:

Verschlungen ist der Tod vom Sieg.
55 **Tod, wo ist dein Sieg?**
Tod, wo ist dein Stachel?

56 **Der Stachel des Todes aber ist die Sünde,**
    die Kraft der Sünde ist das Gesetz.

57 **Gott aber sei Dank,**
    der uns den Sieg geschenkt hat
    durch Jesus Christus, unseren Herrn.

RUF VOR DEM EVANGELIUM   Vers: vgl. Lk 11, 28

Halleluja. Halleluja.
Selig, die das Wort Gottes hören
und es befolgen.
Halleluja.

ZUM EVANGELIUM   *Wer das Wort Jesu hört und seine Nähe spürt, weiß sich angesprochen und angenommen, und es drängt ihn zur Antwort. Die Frau, die in der Volksmenge stand, konnte nicht mehr schweigen; sie mußte jene andere Frau nennen und rühmen, die mit Jesus aufs engste verbunden war: seine Mutter. Die Erwiderung Jesu ist keine Zurückweisung, wohl aber eine Klarstellung nach zwei Richtungen: 1. Maria ist nicht schon deshalb seligzupreisen, weil sie die leibliche Mutter Jesu ist, sondern weil sie außerdem zu jenen gehört, die das Wort Gottes hören und es befolgen; 2. Maria ist nicht die einzige, die das Wort Gottes hat; alle, die es hören und befolgen, haben Gemeinschaft mit Jesus, sie sind seine wahre Verwandtschaft.*

EVANGELIUM　　　　　　　　　　　　　　Lk 11, 27–28

Selig der Leib, der dich getragen hat

✚ Aus dem heiligen Evangelium nach Lukas.

In jener Zeit,
27　　als Jesus zum Volk redete,
　　rief eine Frau aus der Menge ihm zu:
Selig die Frau, deren Leib dich getragen
　　und deren Brust dich genährt hat.

28　Er aber erwiderte:
　　Selig sind vielmehr die,
　　die das Wort Gottes hören
　　und es befolgen.

Glaubensbekenntnis, S. 356 ff.;　Fürbitten vgl. S. 802 ff.

ZUR EUCHARISTIEFEIER　　*Viele Menschen hören das Wort und hören es doch nicht. Nur mit dem Herzen hört man gut. Das hörende und liebende Herz, das arme Herz, ist fähig, die Gabe Gottes zu empfangen.*

GABENGEBET

Herr und Gott,
am Fest der Aufnahme Marias in den Himmel
bringen wir das Opfer des Lobes
und der Versöhnung dar.
Es erwirke uns die Vergebung der Sünden
und die Gnade, dir immer zu danken.
Darum bitten wir durch Christus, unseren Herrn.

Präfation, S. 435.

KOMMUNIONVERS　　　　　　　　　　Vgl. Lk 11, 27

Selig der Leib der Jungfrau Maria;
denn er hat den Sohn des ewigen Gottes getragen.

SCHLUSSGEBET

Herr, unser Gott,
am Fest der Aufnahme Marias in den Himmel
hast du uns an deinem Tisch versammelt.

Erhöre unser Gebet
und laß auch uns nach aller Mühsal dieser Zeit
zu dir in die ewige Heimat gelangen.
Darum bitten wir durch Christus, unseren Herrn.

Am Tag

ERÖFFNUNGSVERS   Offb 12, 1
Ein großes Zeichen erschien am Himmel:
Eine Frau, umgeben von der Sonne, den Mond unter ihren Füßen,
und einen Kranz von zwölf Sternen auf ihrem Haupt.

Oder:

Freut euch alle im Herrn
am Fest der Aufnahme der seligsten Jungfrau Maria in den Himmel.
Mit uns freuen sich die Engel und loben Gottes Sohn.

Ehre sei Gott, S. 352 ff.

TAGESGEBET
Allmächtiger, ewiger Gott,
du hast die selige Jungfrau Maria,
die uns Christus geboren hat,
vor aller Sünde bewahrt
und sie mit Leib und Seele
zur Herrlichkeit des Himmels erhoben.
Gib, daß wir auf dieses Zeichen
der Hoffnung und des Trostes schauen
und auf dem Weg bleiben,
der hinführt zu deiner Herrlichkeit.
Darum bitten wir durch Jesus Christus.

ZUR 1. LESUNG   *In wenigen Sätzen umreißt die Lesung aus Offb
12 ein gewaltiges Geschehen. Die Frau, die am Himmel als das große
Zeichen erscheint, ist die Mutter des Messiaskindes. Sie ist die Verkörperung des Gottesvolkes; die zwölf Sterne über ihrem Haupt erinnern an die zwölf Stämme Israels. Die Geburtswehen sind weniger von
der leiblichen Geburt des Messiaskindes zu verstehen als von den Leiden des Gottesvolkes im Verlauf seiner Geschichte, vor allem in der
Zeit, die dem Ende vorausgeht.*

ERSTE LESUNG   Offb 11,19a; 12,1–6a.10ab

Ein großes Zeichen erschien am Himmel: eine Frau, mit der Sonne bekleidet,
der Mond unter ihren Füßen

Lesung
    aus der Offenbarung des Johannes.

19a Der Tempel Gottes im Himmel wurde geöffnet,
    und in seinem Tempel wurde die Lade seines Bundes sichtbar.
1   Dann erschien ein großes Zeichen am Himmel:
    eine Frau, mit der Sonne bekleidet;
    der Mond war unter ihren Füßen
        und ein Kranz von zwölf Sternen auf ihrem Haupt.
2   Sie war schwanger
    und schrie vor Schmerz in ihren Geburtswehen.
3   Ein anderes Zeichen erschien am Himmel:
    ein Drache, groß und feuerrot,
        mit sieben Köpfen und zehn Hörnern
        und mit sieben Diademen auf seinen Köpfen.
4   Sein Schwanz fegte ein Drittel der Sterne vom Himmel
        und warf sie auf die Erde herab.

    Der Drache stand vor der Frau, die gebären sollte;
    er wollte ihr Kind verschlingen,
        sobald es geboren war.
5   Und sie gebar ein Kind,
    einen Sohn,
        der über alle Völker mit eisernem Zepter herrschen wird.
    Und ihr Kind wurde zu Gott und zu seinem Thron entrückt.
6a Die Frau aber floh in die Wüste,
        wo Gott ihr einen Zufluchtsort geschaffen hatte.
10ab Da hörte ich eine laute Stimme im Himmel rufen:

    Jetzt ist er da, der rettende Sieg,
    die Macht und die Herrschaft unseres Gottes
    und die Vollmacht seines Gesalbten.

ANTWORTPSALM   Ps 45 (44),11–12.16 u.18

R Selig bist du, Jungfrau Maria,   (GL 600, 1)
    du thronst zur Rechten des Herrn. – R

1 Höre, Tochter, sieh her und neige dein Ohr, * IV. Ton
vergiß dein Volk und dein Vaterhaus!

2 Der König verlangt nach deiner Schönheit; *
er ist ja dein Herr, verneig dich vor ihm! – (R)

6 Man geleitet sie mit Freude und Jubel, *
sie ziehen ein in den Palast des Königs.

8 Ich will deinen Namen rühmen von Geschlecht zu Geschlecht; *
darum werden die Völker dich preisen immer und ewig. – R

ZUR 2. LESUNG *Gott hat seinen Sohn von den Toten auferweckt,
damit hat die Auferstehung der Toten begonnen. An Christus (und
dann auch an Maria) ist sichtbar geworden, zu welchem Ziel die
Menschheit unterwegs ist. Aber erst wenn der „letzte Feind" überwunden ist, wenn es keine Sünde und keinen Tod mehr gibt, wird die Erlösung vollendet sein und die Macht Gottes offenbar werden.*

ZWEITE LESUNG
1 Kor 15, 20–27a

*In Christus werden alle lebendig gemacht werden: Erster ist Christus; dann fol-
gen alle, die zu ihm gehören*

Lesung
aus dem ersten Brief des Apostels Paulus an die Korínther.

Brüder!

20 Christus ist von den Toten auferweckt worden
als der Erste der Entschlafenen.

21 Da nämlich durch e i n e n Menschen der Tod gekommen ist,
kommt durch e i n e n Menschen
auch die Auferstehung der Toten.

22 Denn wie in Adam alle sterben,
so werden in Christus alle lebendig gemacht werden.

23 Es gibt aber eine bestimmte Reihenfolge:
Erster ist Christus;
dann folgen, wenn Christus kommt,
alle, die zu ihm gehören.

24 Danach kommt das Ende,
wenn er jede Macht, Gewalt und Kraft vernichtet hat
und seine Herrschaft Gott, dem Vater, übergibt.

25 Denn er muß herrschen,
bis Gott ihm alle Feinde unter die Füße gelegt hat.

26 **Der letzte Feind, der entmachtet wird,**
    ist der Tod.
27a **Sonst hätte er ihm nicht alles zu Füßen gelegt.**

RUF VOR DEM EVANGELIUM

Halleluja. Halleluja.

Aufgenommen in den Himmel ist die Jungfrau Maria.
Die Engel freuen sich und preisen den Herrn.

Halleluja.

ZUM EVANGELIUM   *Nachdem Maria ihr großes Ja gesprochen hat, eilt sie zu ihrer Verwandten Elisabet. Beide Frauen sind auf besondere Weise in die Heilsordnung Gottes einbezogen. Der Lobgesang Marias, das Magnifikat, ist ihre Antwort auf das, was ihr von Gott her geschehen ist. Das Lied feiert die Größe Gottes, seine Macht, seine Barmherzigkeit und seine ewige Treue. Der Lobgesang aller Glaubenden der alten Zeit und der kommenden Generationen fügt sich in dieses Danklied ein.*

EVANGELIUM   Lk 1, 39–56

Der Mächtige hat Großes an mir getan: er erhöht die Niedrigen

✝ **Aus dem heiligen Evangelium nach Lukas.**

39 **In jenen Tagen machte sich Maria auf den Weg**
    und eilte in eine Stadt im Bergland von Judäa.
40 **Sie ging in das Haus des Zacharias**
    und begrüßte Elisabet.
41 **Als Elisabet den Gruß Marias hörte,**
    hüpfte das Kind in ihrem Leib.

    Da wurde Elisabet vom Heiligen Geist erfüllt
42 **und rief mit lauter Stimme:**
    Gesegnet bist du mehr als alle anderen Frauen,
    und gesegnet ist die Frucht deines Leibes.
43 **Wer bin ich, daß die Mutter meines Herrn zu mir kommt?**
44 **In dem Augenblick, als ich deinen Gruß hörte,**
    hüpfte das Kind vor Freude in meinem Leib.

45 Selig ist die,
   die geglaubt hat, daß sich erfüllt, was der Herr ihr sagen ließ.

46 Da sagte Maria:
   Meine Seele preist die Größe des Herrn,

47   und mein Geist jubelt über Gott, meinen Retter.

48 Denn auf die Niedrigkeit seiner Magd hat er geschaut.
   Siehe, von nun an preisen mich selig alle Geschlechter.

49 Denn der Mächtige hat Großes an mir getan,
   und sein Name ist heilig.

50 Er erbarmt sich von Geschlecht zu Geschlecht
   über alle, die ihn fürchten.

51 Er vollbringt mit seinem Arm machtvolle Taten:
   Er zerstreut, die im Herzen voll Hochmut sind;

52 er stürzt die Mächtigen vom Thron
   und erhöht die Niedrigen.

53 Die Hungernden beschenkt er mit seinen Gaben
   und läßt die Reichen leer ausgehen.

54 Er nimmt sich seines Knechtes Israel an
   und denkt an sein Erbarmen,

55   das er unsern Vätern verheißen hat,
   Abraham und seinen Nachkommen auf ewig.

56 Und Maria blieb etwa drei Monate bei Elisabet;
   dann kehrte sie nach Hause zurück.

Glaubensbekenntnis, S. 356 ff.; Fürbitten vgl. S. 802 ff.

ZUR EUCHARISTIEFEIER   *Die Heiligkeit ist nicht eine Tugend, die man lernt, sondern ein Geschenk, das man empfängt. Was wir in der Eucharistie darbringen, sind Gottes eigene Gaben: Brot und Wein, Zeit und Leben. So hat Maria ihren Weg verstanden: ein immer tieferes Hineingehen und Aufgenommenwerden in Gottes heilige Ewigkeit.*

GABENGEBET

Allmächtiger Gott,
unser Gebet und unser Opfer steige zu dir empor.
Höre auf die selige Jungfrau Maria,
die du in den Himmel aufgenommen hast,
und entzünde in unseren Herzen das Feuer der Liebe,
damit wir dich allezeit suchen.
Darum bitten wir durch Christus, unseren Herrn.

Präfation, S. 435.

KOMMUNIONVERS   Lk 1,48–49
Von nun an preisen mich selig alle Geschlechter.
Denn der Mächtige hat Großes an mir getan.

SCHLUSSGEBET
Barmherziger Gott,
wir haben das heilbringende Sakrament empfangen.
Laß uns auf die Fürsprache der seligen Jungfrau Maria,
die du in den Himmel aufgenommen hast,
zur Herrlichkeit der Auferstehung gelangen.
Darum bitten wir durch Christus, unseren Herrn.

14. September

KREUZERHÖHUNG

Fest

Das Kreuzfest im September hat seinen Ursprung in Jerusalem; dort wurde am 13. September 335 die Konstantinische Basilika über dem Heiligen Grab feierlich eingeweiht. Der 13. September war auch der Jahrestag der Auffindung des Kreuzes gewesen. Am 14. September, dem Tag nach der Kirchweihe, wurde in der neuen Kirche dem Volk zum erstenmal das Kreuzesholz gezeigt („erhöht") und zur Verehrung dargereicht. Später verband man mit diesem Fest auch die Erinnerung an die Wiedergewinnung des heiligen Kreuzes durch Kaiser Heraklius im Jahr 628; in einem unglücklichen Krieg war das Kreuz an die Perser verlorengegangen. Heraklius brachte es feierlich an seinen Platz in Jerusalem zurück.

ERÖFFNUNGSVERS   Vgl. Gal 6,14
Wir rühmen uns des Kreuzes unseres Herrn Jesus Christus.
In ihm ist uns Heil geworden und Auferstehung und Leben.
Durch ihn sind wir erlöst und befreit.

Ehre sei Gott, S. 352 ff.

TAGESGEBET

Allmächtiger Gott,
deinem Willen gehorsam,
hat dein geliebter Sohn
den Tod am Kreuz auf sich genommen,
um alle Menschen zu erlösen.
Gib, daß wir in der Torheit des Kreuzes
deine Macht und Weisheit erkennen
und in Ewigkeit teilhaben
an der Frucht der Erlösung.
Darum bitten wir durch Jesus Christus.

ZUR 1. LESUNG *Die Erzählung von der kupfernen Schlange
hatte ihren Ursprung in der Erinnerung an eine Schlangenplage während des Wüstenzugs. Die Hilfe kam nicht durch irgendwelchen Zau-
ber, sondern durch den Glauben derer, die zur Schlange hinaufschau-
ten. – Nach Joh 3, 14 hat Jesus in jener Schlange, die am oberen Ende
einer Stange befestigt war, eine Vorausdarstellung seines Todes am
Kreuz gesehen. Erst der am Kreuz erhöhte Menschensohn ist das
wirkliche Zeichen der Rettung.*

ERSTE LESUNG   Num 21, 4–9

*Wenn jemand von einer Schlange gebissen wurde und zu der Kupferschlange
aufblickte, blieb er am Leben*

Lesung
    aus dem Buch Númeri.

In jenen Tagen
    brachen die Israeliten vom Berg Hor auf
    und schlugen die Richtung zum Schilfmeer ein,
    um Edom zu umgehen.

Unterwegs aber verlor das Volk den Mut,
es lehnte sich gegen Gott und gegen Mose auf
und sagte: Warum habt ihr uns aus Ägypten heraufgeführt?
Etwa damit wir in der Wüste sterben?
Es gibt weder Brot noch Wasser.
Dieser elenden Nahrung sind wir überdrüssig.

6 Da schickte der Herr Giftschlangen unter das Volk.
Sie bissen die Menschen,
   und viele Israeliten starben.

7 Die Leute kamen zu Mose
   und sagten: Wir haben gesündigt,
denn wir haben uns gegen den Herrn und gegen dich aufgelehnt.
Bete zum Herrn, daß er uns von den Schlangen befreit.
Da betete Mose für das Volk.

8 Der Herr antwortete Mose:
   Mach dir eine Schlange,
   und häng sie an einer Fahnenstange auf!
Jeder, der gebissen wird,
   wird am Leben bleiben, wenn er sie ansieht.

9 Mose machte also eine Schlange aus Kupfer
   und hängte sie an einer Fahnenstange auf.
Wenn nun jemand von einer Schlange gebissen wurde
   und zu der Kupferschlange aufblickte,
      blieb er am Leben.

ANTWORTPSALM Ps 78 (77), 1–2.34–35.36–37.38ab u.39 (R:vgl.7b)

R Vergeßt die Taten Gottes nicht! – **R**   (GL 205, 1)

1 Mein Volk, vernimm meine Weisung! *   IV. Ton
Wendet euer Ohr zu den Worten meines Mundes!

2 Ich öffne meinen Mund zu einem Spruch; *
ich will die Geheimnisse der Vorzeit verkünden. – **(R)**

34 Wenn Gott dreinschlug, fragten sie nach ihm, *
kehrten um und suchten ihn.

35 Sie dachten daran, daß Gott ihr Fels ist, *
Gott, der Höchste, ihr Erlöser. – **(R)**

36 Doch sie täuschten ihn mit falschen Worten, *
und ihre Zunge belog ihn.

37 Ihr Herz hielt nicht fest zu ihm, *
sie hielten seinem Bund nicht die Treue. – **(R)**

38ab *Er aber vergab ihnen voll Erbarmen die Schuld* *
und tilgte sein Volk nicht aus.

39 Denn er dachte daran, daß sie nichts sind als Fleisch, *
nur ein Hauch, der vergeht und nicht wiederkehrt. – **R**

ZUR 2. LESUNG *Ganze, ungeteilte Hinwendung zum Vater ist in der Ewigkeit Gottes das Wesen und Leben des Sohnes. Das ist in dieser unserer Welt sichtbar geworden durch die Opferhingabe des Sohnes am Kreuz. Was den Menschen als äußerste Erniedrigung erscheinen mußte, war für Jesus Erhöhung, Hinübergang in die Herrlichkeit des Vaters. Der Gekreuzigte ist der Kyrios geworden, der Herr und Retter.*

ZWEITE LESUNG   Phil 2,6–11

Christus Jesus erniedrigte sich: darum hat ihn Gott über alle erhöht

Lesung
  aus dem Brief des Apostels Paulus an die Philipper.

Christus Jesus war Gott gleich,
hielt aber nicht daran fest, wie Gott zu sein,
    sondern er entäußerte sich
    und wurde wie ein Sklave
    und den Menschen gleich.
Sein Leben war das eines Menschen;
er erniedrigte sich
    und war gehorsam bis zum Tod,
bis zum Tod am Kreuz.
Darum hat ihn Gott über alle erhöht
und ihm den Namen verliehen,
    der größer ist als alle Namen,
damit alle im Himmel, auf der Erde und unter der Erde
    ihre Knie beugen vor dem Namen Jesu
und jeder Mund bekennt:
    „Jesus Christus ist der Herr"
– zur Ehre Gottes, des Vaters.

RUF VOR DEM EVANGELIUM

Halleluja. Halleluja.

Wir beten dich an, Herr Jesus Christus, und preisen dich;
denn durch dein heiliges Kreuz hast du die Welt erlöst.

Halleluja.

ZUM EVANGELIUM *Die Offenbarungsrede in Joh 3, 13−21 ist weniger an die Person des Nikodemus gerichtet als an die Leser des Evangeliums, an uns. Am Bild der kupfernen Schlange wird dem „Lehrer in Israel" und uns erklärt, wieviel Gott daran gelegen ist, die Menschen zu retten. Er sendet seinen Sohn in die Welt und gibt ihn in den Tod, damit alle Menschen durch ihn das Leben haben. Gott liebt die Welt, das ist die große Offenbarung.*

EVANGELIUM Joh 3, 13−17

Der Menschensohn muß erhöht werden

✠ Aus dem heiligen Evangelium nach Johannes.

In jener Zeit sprach Jesus zu Nikodémus:

13 Niemand ist in den Himmel hinaufgestiegen
    außer dem, der vom Himmel herabgestiegen ist:
der Menschensohn.

14 Und wie Mose die Schlange in der Wüste erhöht hat,
    so muß der Menschensohn erhöht werden,

15 damit jeder, der an ihn glaubt,
    in ihm das ewige Leben hat.

16 Denn Gott hat die Welt so sehr geliebt,
    daß er seinen einzigen Sohn hingab,
damit jeder, der an ihn glaubt, nicht zugrunde geht,
    sondern das ewige Leben hat.

17 Denn Gott hat seinen Sohn nicht in die Welt gesandt,
    damit er die Welt richtet,
sondern damit die Welt durch ihn gerettet wird.

ZUR EUCHARISTIEFEIER

ZUR EUCHARISTIEFEIER *Unmenschlich wäre das Kreuz, wäre es nicht das Kreuz des Gottmenschen. So aber ist es die Wende der Zeit, der Altar der Welt. Gottes Heiligkeit und seine unfaßbare Freiheit leuchten im Kreuz. Im Kreuz Jesu und im Kreuz, das dem Jünger zu tragen gegeben wird.*

GABENGEBET

Herr, unser Gott,
dieses heilige Opfer hat auf dem Altar des Kreuzes
die Sünde der ganzen Welt hinweggenommen.
Es mache auch uns rein von aller Schuld.
Darum bitten wir durch Christus, unseren Herrn.

Präfation, S. 435
oder Präfation vom Leiden Christi I, S. 417.

KOMMUNIONVERS   Joh 12, 32

So spricht der Herr:
Wenn ich von der Erde erhöht bin, werde ich alle an mich ziehen.

SCHLUSSGEBET

Herr Jesus Christus,
du hast am Holz des Kreuzes
der Welt das ewige Leben erworben.
Führe uns durch diese Feier,
in der wir deinen geopferten Leib
empfangen haben,
zur Herrlichkeit der Auferstehung.
Der du lebst und herrschest in alle Ewigkeit.

1. November

ALLERHEILIGEN

Hochfest

Die Anfänge des Allerheiligenfestes gehen bis ins 4. Jahrhundert zurück. Ephräm der Syrer und *Johannes Chrysostomus*
kennen ein Fest aller heiligen Märtyrer am 13. Mai bzw. am
1. Sonntag nach Pfingsten, der im griechischen Kalender heute
noch der Sonntag der Heiligen heißt. Im Abendland gab es ein
Fest aller heiligen Märtyrer am 13. Mai seit dem 7. Jahrhundert (Einweihung des römischen Pantheons zu Ehren der seligen Jungfrau Maria und aller heiligen Märtyrer am 13. Mai
609).

Allerheiligen *ist wie ein großes Erntefest; eine „Epiphanie von Pfingsten" hat man es auch genannt. Die Frucht, die aus dem Sterben des Weizenkorns wächst und reift, sehen wir, bewundern wir, sind wir. Noch ist die Ernte nicht beendet; Allerheiligen richtet unsern Blick auf die Vollendung, auf das Endziel, für das Gott uns geschaffen und bestimmt hat. Noch seufzen wir unter der Last der Vergänglichkeit, aber uns trägt die Gemeinschaft der durch Gottes Erwählung Berufenen und Geheiligten; uns treibt die Hoffnung, daß auch wir zur Freiheit und Herrlichkeit der Kinder Gottes gelangen werden. Und schon besitzen wir als Anfangsgabe den Heiligen Geist.*

ERÖFFNUNGSVERS

Freut euch alle im Herrn am Fest aller Heiligen;
mit uns freuen sich die Engel und loben Gottes Sohn.
Ehre sei Gott, S. 352 ff.

TAGESGEBET

Allmächtiger, ewiger Gott,
du schenkst uns die Freude,
am heutigen Fest
die Verdienste aller deiner Heiligen zu feiern.
Erfülle auf die Bitten so vieler Fürsprecher
unsere Hoffnung
und schenke uns dein Erbarmen.
Darum bitten wir durch Jesus Christus.

ZUR 1. LESUNG   *Zwischen einer Reihe von Visionen über die Katastrophen der Weltgeschichte, die Gerichte Gottes, steht in der Offenbarung des Johannes die Vision von der glanzvollen Versammlung der Geretteten vor dem Thron Gottes. Die Welt ist also nicht so finster, wie es manchmal scheinen möchte. „Die Rettung kommt von unserem Gott, der auf dem Thron sitzt, und von dem Lamm" (7, 10).*

ERSTE LESUNG Offb 7, 2–4.9–14

Ich sah eine große Schar aus allen Nationen und Sprachen; niemand konnte sie zählen

Lesung
aus der Offenbarung des Johannes.

2 Ich, Johannes,
sah vom Osten her einen anderen Engel emporsteigen;
er hatte das Siegel des lebendigen Gottes
und rief den vier Engeln,
denen die Macht gegeben war,
dem Land und dem Meer Schaden zuzufügen,
mit lauter Stimme zu:

3 Fügt dem Land, dem Meer und den Bäumen keinen Schaden zu,
bis wir den Knechten unseres Gottes
das Siegel auf die Stirn gedrückt haben.

4 Und ich erfuhr die Zahl derer,
die mit dem Siegel gekennzeichnet waren.
Es waren hundertvierundvierzigtausend
aus allen Stämmen der Söhne Israels, die das Siegel trugen.

9 Danach sah ich: eine große Schar
aus allen Nationen und Stämmen, Völkern und Sprachen;
niemand konnte sie zählen.
Sie standen in weißen Gewändern
vor dem Thron und vor dem Lamm
und trugen Palmzweige in den Händen.

10 Sie riefen mit lauter Stimme:
Die Rettung kommt von unserem Gott, der auf dem Thron sitzt,
und von dem Lamm.

11 Und alle Engel standen rings um den Thron,
um die Ältesten und die vier Lebewesen.
Sie warfen sich vor dem Thron nieder,
beteten Gott an

12 und sprachen:
Amen, Lob und Herrlichkeit,
Weisheit und Dank,
Ehre und Macht und Stärke
unserem Gott in alle Ewigkeit. Amen.

13 Da fragte mich einer der Ältesten:

Wer sind diese, die weiße Gewänder tragen,
und woher sind sie gekommen?

14 Ich erwiderte ihm: Mein Herr, das mußt du wissen.
Und er sagte zu mir:
Es sind die, die aus der großen Bedrängnis kommen;
sie haben ihre Gewänder gewaschen
und im Blut des Lammes weiß gemacht.

ANTWORTPSALM   Ps 24 (23), 1–2.3–4.5–6 (R: vgl. 6)

R Aus allen Völkern hast du sie erwählt,   (GL 119, 1)
die dein Antlitz suchen, o Herr. – R

1 Dem Herrn gehört die Erde und was sie erfüllt, *   IV. Ton
der Erdkreis und seine Bewohner.

2 Denn er hat ihn auf Meere gegründet, *
ihn über Strömen befestigt. – (R)

3 Wer darf hinaufziehn zum Berg des Herrn, *
wer darf stehn an seiner heiligen Stätte?

4 Der reine Hände hat und ein lauteres Herz, *
der nicht betrügt und keinen Meineid schwört. – (R)

5 Er wird Segen empfangen vom Herrn *
und Heil von Gott, seinem Helfer.

6 Das sind die Menschen, die nach ihm fragen, *
die dein Antlitz suchen, Gott Jakobs. – R

ZUR 2. LESUNG   *Kind Gottes sein heißt: von Gott geliebt und angenommen sein. Es heißt auch: in seiner Nähe leben, von seiner Liebe geprägt sein. „Die Welt erkennt uns nicht"; aber auch wir selbst begreifen die Wahrheit dessen, was wir glauben, erst allmählich: in dem Maß, als wir das leben, was wir sind. Dann werden wir fähig, auch in anderen Menschen das Leuchten der Gegenwart Gottes zu sehen.*

ZWEITE LESUNG   1 Joh 3, 1–3

Wir werden Gott sehen, wie er ist

Lesung
   aus dem ersten Johannesbrief.

Brüder!
1 **Seht, wie groß die Liebe ist, die der Vater uns geschenkt hat:**
Wir heißen Kinder Gottes,
   und wir sind es.
Die Welt erkennt uns nicht,
   weil sie ihn nicht erkannt hat.

2 **Liebe Brüder, jetzt sind wir Kinder Gottes.**
Aber was wir sein werden,
   ist noch nicht offenbar geworden.
Wir wissen,
   daß wir ihm ähnlich sein werden, wenn er offenbar wird;
denn wir werden ihn sehen, wie er ist.

3 **Jeder, der dies von ihm erhofft,**
   heiligt sich,
      so wie Er heilig ist.

RUF VOR DEM EVANGELIUM   Vers: Mt 11, 28

Halleluja. Halleluja.

(So spricht der Herr:)
Kommt alle zu mir,
die ihr euch plagt und schwere Lasten zu tragen habt.
Ich werde euch Ruhe verschaffen.

Halleluja.

ZUM EVANGELIUM   *Die Seligpreisungen der Bergpredigt sind der Form nach Glückwünsche, der Sache nach nennen sie die Bedingungen für den Einlaß in das Reich Gottes. In der erweiterten Fassung bei Matthäus liegen bereits Deutungen der Jesusworte vor (vgl. Lk 6, 20–23). Nicht weil er arm ist, wird der Arme seliggepriesen, und der Verfolgte nicht, weil er verfolgt wird. Glücklich ist, wer zu Armut und Verfolgung ja sagen und darüber sich sogar freuen kann, weil er so Christus ähnlicher wird und in der eigenen Schwachheit die Kraft Gottes erfährt.*

EVANGELIUM   Mt 5, 1–12a

Freut euch und jubelt: Euer Lohn im Himmel wird groß sein

✝ **Aus dem heiligen Evangelium nach Matthäus.**

In jener Zeit,

1   **als Jesus die vielen Menschen sah, die ihm folgten,**
    stieg er auf einen Berg.
Er setzte sich,
    und seine Jünger traten zu ihm.

2 **Dann begann er zu reden**
    und lehrte sie.

3 **Er sagte:**

Selig, die arm sind vor Gott;
    denn ihnen gehört das Himmelreich.

4 **Selig die Trauernden;**
    denn sie werden getröstet werden.

5 **Selig, die keine Gewalt anwenden;**
    denn sie werden das Land erben.

6 **Selig, die hungern und dürsten nach der Gerechtigkeit;**
    denn sie werden satt werden.

7   **Selig die Barmherzigen;**
    denn sie werden Erbarmen finden.

8 **Selig, die ein reines Herz haben;**
    denn sie werden Gott schauen.

9 **Selig, die Frieden stiften;**
    denn sie werden Söhne Gottes genannt werden.

10 **Selig, die um der Gerechtigkeit willen verfolgt werden;**
    denn ihnen gehört das Himmelreich.

11 **Selig seid ihr, wenn ihr um meinetwillen beschimpft und verfolgt**
    und auf alle mögliche Weise verleumdet werdet.

12a **Freut euch und jubelt:**
    Euer Lohn im Himmel wird groß sein.

Glaubensbekenntnis, S. 356 ff.

ZUR EUCHARISTIEFEIER   *Heilige und Sünder versammeln sich um den Altar. Hoffnung auf Heil und Herrlichkeit haben wir alle nur deshalb, weil Gott uns retten will. „denn seine Huld währt ewig". Am Tag der Ernte wird es ein großes Staunen geben.*

GABENGEBET

Herr, unser Gott,
nimm die Gaben entgegen,
die wir am heutigen Fest darbringen.
Wir glauben, daß deine Heiligen bei dir leben
und daß Leid und Tod sie nicht mehr berühren.
Erhöre ihr Gebet
und laß uns erfahren, daß sie uns nahe bleiben
und für uns eintreten.
Darum bitten wir durch Christus, unseren Herrn.

Präfation, S. 436.

KOMMUNIONVERS

Mt 5, 8–10

Selig, die ein reines Herz haben;
denn sie werden Gott sehen.
Selig, die Frieden stiften;
denn sie werden Söhne Gottes genannt werden.
Selig, die um der Gerechtigkeit willen verfolgt werden;
denn ihnen gehört das Himmelreich.

SCHLUSSGEBET

Gott, du allein bist heilig,
dich ehren wir, wenn wir der Heiligen gedenken.
Stärke durch dein Sakrament
in uns das Leben der Gnade
und führe uns auf dem Weg der Pilgerschaft
zum ewigen Gastmahl,
wo du selbst die Vollendung der Heiligen bist.
Darum bitten wir durch Christus, unseren Herrn.

2. November

ALLERSEELEN

Der Allerseelentag am 2. November geht auf den heiligen Abt
Odilo von Cluny zurück; er hat diesen Gedenktag in allen von
Cluny abhängigen Klöstern eingeführt. Das Dekret Odilos vom
Jahr 998 ist noch erhalten. Bald wurde der Allerseelentag auch
außerhalb der Klöster gefeiert. Für Rom ist er seit Anfang des
14. Jahrhunderts bezeugt.

Wenn der 2. November auf einen Sonntag fällt, wird das Gedächtnis Allerseelen an diesem Tag begangen.

Statt der Schriftlesungen, die hier für die drei Meßformulare angegeben sind,
können auch andere gewählt werden (vgl. Messen für Verstorbene im Großen Wochentags-Schott, Teil 2, S. 330 ff.).

I

ERÖFFNUNGSVERS   1 Thess 4, 14; 1 Kor 15, 22

Wie Jesus gestorben und auferstanden ist,
so wird Gott auch die in Jesus Entschlafenen mit ihm vereinen.
Denn wie in Adam alle sterben,
so werden in Christus einst alle lebendig gemacht.

TAGESGEBET

Allmächtiger Gott,
wir glauben und bekennen,
daß du deinen Sohn
als Ersten von den Toten auferweckt hast.
Stärke unsere Hoffnung,
daß du auch unsere Brüder und Schwestern
auferwecken wirst zum ewigen Leben.
Darum bitten wir durch ihn, Jesus Christus.

ZUR 1. LESUNG   Im 2. Makkabäerbuch, nicht lange vor dem
Jahr 100 v. Chr. geschrieben, wird mehrfach der Glaube an die leibliche Auferstehung ausgesprochen. Nicht alle Juden haben diesen Glauben geteilt; zur Zeit Jesu wurde er von den Sadduzäern bestritten. An-

*nehmbar ist ein solcher Glaube nur für den, der an die Macht des le-
bendigen Gottes glaubt. Die Stelle 2 Makk 12, 45 ist im Alten
Testament der einzige Text, der ausdrücklich von einem Läuterungs-
zustand nach dem Tod und von der Fürbitte für die Verstorbenen
spricht.*

ERSTE LESUNG   2 Makk 12, 43–45

Er handelte schön und edel; denn er dachte an die Auferstehung

Lesung
  aus dem zweiten Buch der Makkabäer.

In jenen Tagen
  43 veranstaltete Judas, der Makkabäer, eine Sammlung,
    an der sich alle beteiligten,
und schickte etwa zweitausend Silberdrachmen nach Jerusalem,
damit man dort ein Sündopfer darbringe.
Damit handelte er sehr schön und edel;
denn er dachte an die Auferstehung.

44 Hätte er nicht erwartet, daß die Gefallenen auferstehen werden,
  wäre es nämlich überflüssig und sinnlos gewesen,
    für die Toten zu beten.

45 Auch hielt er sich den herrlichen Lohn vor Augen,
  der für die hinterlegt ist, die in Frömmigkeit sterben.
Ein heiliger und frommer Gedanke!
Darum ließ er die Toten entsühnen,
  damit sie von der Sünde befreit werden.

ANTWORTPSALM   Ps 130 (129), 1–2.3–4.5–6b.6c–8 (R: 1)

R Aus der Tiefe rufe ich, Herr, zu dir. – **R**   (GL 191, 1)

Aus der Tiefe rufe ich, Herr, zu dir: *   VII. Ton
Herr, höre meine Stimme!

Wende dein Ohr mir zu, *
achte auf mein lautes Flehen! – **(R)**

Würdest du, Herr, unsere Sünden beachten, *
Herr, wer könnte bestehen?

Doch bei dir ist Vergebung, *
damit man in Ehrfurcht dir dient. – **(R)**

5   Ich hoffe auf den Herrn, es hofft meine Seele, *
    ich warte voll Vertrauen auf sein Wort.

6ab Meine Seele wartet auf den Herrn *
    mehr als die Wächter auf den Morgen. − (R)

6c Mehr als die Wächter auf den Morgen *
7   soll Israel harren auf den Herrn.

    Denn beim Herrn ist die Huld, †
    bei ihm ist Erlösung in Fülle. *
8   Ja, er wird Israel erlösen von all seinen Sünden.

    R Aus der Tiefe rufe ich, Herr, zu dir.

ZUR 2. LESUNG   *Zwischen der Auferstehung Jesu und seiner Wie-*
derkunft läuft die Zeit der Kirche, auch die Zeit unseres eigenen Le-
bens. An jenem Tag werden alle, die durch ihren Glauben und die
Taufe zu Christus gehören, ihm entgegengehen, um für immer bei ihm
zu sein. Das ist die Hoffnung, die es den Christen unmöglich macht,
traurig zu sein wie die anderen, die keine Hoffnung haben.

ZWEITE LESUNG   1 Thess 4, 13–18

Wir werden immer beim Herrn sein

Lesung
    aus dem ersten Brief des Apostels Paulus an die Thessalónicher.

13 Brüder,
    wir wollen euch über die Verstorbenen nicht in Unkenntnis lassen,
    damit ihr nicht trauert wie die anderen,
        die keine Hoffnung haben.

14 Wenn Jesus − und das ist unser Glaube −
        gestorben und auferstanden ist,
        dann wird Gott durch Jesus auch die Verstorbenen
        zusammen mit ihm zur Herrlichkeit führen.

15 Denn dies sagen wir euch nach einem Wort des Herrn:
    Wir, die Lebenden,
        die noch übrig sind, wenn der Herr kommt,
        werden den Verstorbenen nichts voraushaben.

16 Denn der Herr selbst wird vom Himmel herabkommen,
        wenn der Befehl ergeht,
        der Erzengel ruft und die Posaune Gottes erschallt.

Zuerst werden die in Christus Verstorbenen auferstehen;
17 dann werden wir, die Lebenden, die noch übrig sind,
    zugleich mit ihnen auf den Wolken in die Luft entrückt,
    dem Herrn entgegen.
Dann werden wir immer beim Herrn sein.

18 Tröstet also einander mit diesen Worten!

RUF VOR DEM EVANGELIUM   Vers: Joh 11, 25a. 26b

Christus Sieger, Christus König, Christus Herr in Ewigkeit![1] – R
(So spricht der Herr:)
Ich bin die Auferstehung und das Leben.
Jeder, der an mich glaubt, wird auf ewig nicht sterben.
Christus Sieger, Christus König, Christus Herr in Ewigkeit!

ZUM EVANGELIUM   *„Wer an mich glaubt, wird leben, auch wenn er stirbt", sagt Jesus zu Marta. Er wird das Licht des Lebens haben, er wird gerettet werden. „Glaubst du das?" Die Frage ist an uns gerichtet, an uns Christen des 20. Jahrhunderts. Marta hat mit einem Bekenntnis zu Jesus als dem von Gott gesandten Messias und Retter geantwortet. Er selbst ist unser Leben und unsere Auferstehung.*

EVANGELIUM   Joh 11, 17–27

Ich bin die Auferstehung und das Leben

✝ Aus dem heiligen Evangelium nach Johannes.

In jener Zeit,
17   als Jesus in Betánien ankam,
    fand er Lazarus schon vier Tage im Grab liegen.
18 *Betánien war nahe bei Jerusalem,*
    etwa fünfzehn Stadien entfernt.

19 Viele Juden waren zu Marta und Maria gekommen,
    um sie wegen ihres Bruders zu trösten.

20 Als Marta hörte, daß Jesus komme,
    ging sie ihm entgegen,
Maria aber blieb im Haus.

---

[1] Oder einer der auf S. 780 vorgesehenen Rufe oder das Halleluja.

21 Marta sagte zu Jesus:
    Herr, wärst du hier gewesen,
    dann wäre mein Bruder nicht gestorben.

22 Aber auch jetzt weiß ich:
    Alles, worum du Gott bittest,
    wird Gott dir geben.

23 Jesus sagte zu ihr: Dein Bruder wird auferstehen.

24 Marta sagte zu ihm:
    Ich weiß, daß er auferstehen wird
    bei der Auferstehung am Letzten Tag.

25 Jesus erwiderte ihr:
    Ich bin die Auferstehung und das Leben.
Wer an mich glaubt,
    wird leben, auch wenn er stirbt,

26 und jeder, der lebt und an mich glaubt,
    wird auf ewig nicht sterben.
Glaubst du das?

27 Marta antwortete ihm:
    Ja, Herr, ich glaube, daß du der Messias bist,
    der Sohn Gottes, der in die Welt kommen soll.

Am Sonntag: Glaubensbekenntnis, S. 356 ff.

GABENGEBET

Herr, unser Gott,
schau gütig auf unsere Gaben.
Nimm deine Diener und Dienerinnen auf
in die Herrlichkeit deines Sohnes,
mit dem auch wir
durch das große Sakrament der Liebe verbunden sind.
Darum bitten wir durch ihn, Christus, unseren Herrn.

Präfation, S. 439 ff.

KOMMUNIONVERS   Joh 11, 25–26

So spricht der Herr:
Ich bin die Auferstehung und das Leben;
wer an mich glaubt, wird leben, auch wenn er stirbt,
und jeder, der lebt und an mich glaubt,
wird in Ewigkeit nicht sterben.

SCHLUSSGEBET

Barmherziger Gott,
wir haben das Gedächtnis
des Todes und der Auferstehung Christi gefeiert
für unsere Brüder und Schwestern.
Führe sie vom Tod zum Leben,
aus dem Dunkel zum Licht,
aus der Bedrängnis in deinen Frieden.
Darum bitten wir durch Christus, unseren Herrn.

II

ERÖFFNUNGSVERS
Vgl. 4 Esra 2, 34–35

Herr, gib ihnen die ewige Ruhe, und das ewige Licht leuchte ihnen.

TAGESGEBET

Herr, unser Gott,
du bist das Licht der Glaubenden
und das Leben der Heiligen.
Du hast uns durch den Tod
und die Auferstehung deines Sohnes erlöst.
Sei deinen Dienern und Dienerinnen gnädig,
die das Geheimnis unserer Auferstehung
gläubig bekannt haben,
und laß sie auf ewig deine Herrlichkeit schauen.
Darum bitten wir durch Jesus Christus.

ZUR 1. LESUNG   *Die Offenbarung der Unsterblichkeit des Menschen und seiner Auferstehung zu einem neuen Leben hat sich im Alten Testament auf vielfache Weise vorbereitet. Der Glaube an die Gerechtigkeit Gottes, auch die Überzeugung, daß die Freundschaft Gottes mit einem Menschen den Tod überdauern müsse, sowie das Wissen um Gottes Macht und Größe: das alles führte zu der Überzeugung, daß der Tod nicht das Ende des Menschenlebens sein könne. Für Ijob, der alles verloren hat und den Tod vor sich sieht, bleibt am Schluß die Gewißheit, daß Gott lebt; er hat jetzt sein Gesicht vor Ijob verborgen, aber er wird sich ihm wieder zuwenden, nicht als Fremder, sondern als Freund. Das wird die Erfüllung seines Lebens sein.*

ERSTE LESUNG   Ijob 19, 1.23–27 (19, 1.23–27a)

Ich weiß: mein Erlöser lebt

Lesung
aus dem Buch Íjob.

1 **Íjob ergriff das Wort**
23 **und sprach: Daß doch meine Worte geschrieben würden,**
in einer Inschrift eingegraben
24   **mit eisernem Griffel und mit Blei,**
für immer gehauen in den Fels.

25 **Doch ich, ich weiß:**
mein Erlöser lebt,
als letzter erhebt er sich über dem Staub.
26 **Ohne meine Haut, die so zerfetzte,**
und ohne mein Fleisch werde ich Gott schauen.
27 **Ihn selber werde ich dann für mich schauen;**
meine Augen werden ihn sehen, nicht mehr fremd.
Danach sehnt sich mein Herz in meiner Brust.

ANTWORTPSALM
Ps 42 (41), 2–3a.3b u. 5; Ps 43 (42), 3–4 (R: 42 [41], 3ab)

R **Meine Seele dürstet nach Gott,**   (GL 209, 3)
nach dem lebendigen Gott. – R

2 **Wie der Hirsch lechzt nach frischem Wasser,** *   VII. Ton
so lechzt meine Seele, Gott, nach dir.

3a **Meine Seele dürstet nach Gott,** *
nach dem lebendigen Gott. – (R)

3b **Wann darf ich kommen** *
und Gottes Antlitz schauen?

5 **Das Herz geht mir über, wenn ich daran denke:** †
wie ich zum Haus Gottes zog in festlicher Schar, *
mit Jubel und Dank in feiernder Menge. – (R)

3 *Sende dein* **Licht und deine Wahrheit, damit sie mich leiten;** *
sie sollen mich führen zu deinem heiligen Berg und zu deiner
Wohnung.

4 **So will ich zum Altar Gottes treten, zum Gott meiner Freude.** *
Jauchzend will ich dich auf der Harfe loben, Gott, mein Gott. – R

ZUR 2. LESUNG *Jesus hat Gott seinen Vater genannt. Anders als alle Geschöpfe ist er Gottes Sohn. Der Geist, der vom Vater ausgeht, erfüllt und führt ihn und verherrlicht ihn. Denselben Geist empfängt in der Taufe der Glaubende, er wird in den Lebensstrom zwischen Vater und Sohn einbezogen, er wird im Sohn ebenfalls zum Sohn. Als Söhne sind wir auch „Erben Gottes". Dem Menschen ist Gottes Schöpfung anvertraut; durch den Menschen soll die ganze Schöpfung am ewigen Leben Gottes teilhaben: durch die „Erlösung unseres Leibes" zur „Freiheit und Herrlichkeit der Kinder Gottes". Das gemeinsame Leiden des Menschen und der Kreatur sind die Geburtswehen der neuen Schöpfung.*

ZWEITE LESUNG
Röm 8, 14–23

Wir warten auf die Erlösung unseres Leibes

Lesung
aus dem Brief des Apostels Paulus an die Römer.

Brüder!

4 Alle, die sich vom Geist Gottes leiten lassen,
sind Söhne Gottes.

5 Denn ihr habt nicht einen Geist empfangen,
der euch zu Sklaven macht,
so daß ihr euch immer noch fürchten müßtet,
sondern ihr habt den Geist empfangen,
der euch zu Söhnen macht,
den Geist, in dem wir rufen: Abba, Vater!

6 So bezeugt der Geist selber unserem Geist,
daß wir Kinder Gottes sind.

7 Sind wir aber Kinder, dann auch Erben;
wir sind Erben Gottes
und sind Miterben Christi,
wenn wir mit ihm leiden,
um mit ihm auch verherrlicht zu werden.

8 Ich bin überzeugt,
daß die Leiden der gegenwärtigen Zeit nichts bedeuten
im Vergleich zu der Herrlichkeit, die an uns offenbar werden soll.

9 Denn die ganze Schöpfung
wartet sehnsüchtig auf das Offenbarwerden der Söhne Gottes.

20 Die Schöpfung ist der Vergänglichkeit unterworfen,
nicht aus eigenem Willen,
    sondern durch den, der sie unterworfen hat;
aber zugleich gab er ihr Hoffnung:
21 Auch die Schöpfung
    soll von der Sklaverei und Verlorenheit befreit werden
    zur Freiheit und Herrlichkeit der Kinder Gottes.
22 Denn wir wissen,
    daß die gesamte Schöpfung
    bis zum heutigen Tag seufzt und in Geburtswehen liegt.
23 Aber auch wir,
    obwohl wir als Erstlingsgabe den Geist haben,
    seufzen in unserem Herzen
und warten darauf,
    daß wir mit der Erlösung unseres Leibes
    als Söhne offenbar werden.

RUF VOR DEM EVANGELIUM   Vers: vgl. Joh 14, 2a.3b

Lob sei dir, Herr, König der ewigen Herrlichkeit! – R
(So spricht der Herr:)
Im Hause meines Vaters sind viele Wohnungen.
Ich werde wiederkommen und euch zu mir holen,
damit auch ihr dort seid, wo ich bin.
Lob sei dir, Herr, König der ewigen Herrlichkeit!

ZUM EVANGELIUM   *Die Jünger haben Mühe, zu verstehen, was
Jesus mit seinem Weggehen meint. In der Frage „Wohin gehst du?" ist
die größere Frage verborgen: Wer bist du? Und die andere Frage: Wohin gehen wir? Was sind wir, was werden wir endgültig sein? Jesus
antwortet mit seinem göttlichen „Ich bin". Auf diesem „Ich" liegt das
ganze Gewicht der Aussage: „Ich bin der Weg und die Wahrheit und
das Leben." Der Weg ist nicht vom Ziel getrennt; wer auf diesem Weg
die Wahrheit sucht, der hat sie schon gefunden, und er hat, weil er
Jesus hat, auch das Leben gefunden, jetzt schon.*

EVANGELIUM

Im Haus meines Vaters gibt es viele Wohnungen

✛ Aus dem heiligen Evangelium nach Johannes.

In jener Zeit sprach Jesus zu seinen Jüngern:
Euer Herz lasse sich nicht verwirren.
Glaubt an Gott,
   und glaubt an mich!
Im Haus meines Vaters gibt es viele Wohnungen.
Wenn es nicht so wäre,
   hätte ich euch dann gesagt:
   Ich gehe, um einen Platz für euch vorzubereiten?

Wenn ich gegangen bin
   und einen Platz für euch vorbereitet habe,
   komme ich wieder
und werde euch zu mir holen,
   damit auch ihr dort seid, wo ich bin.
Und wohin ich gehe –
   den Weg dorthin kennt ihr.

Thomas sagte zu ihm:
   Herr, wir wissen nicht, wohin du gehst.
Wie sollen wir dann den Weg kennen?

Jesus sagte zu ihm:
   Ich bin der Weg und die Wahrheit und das Leben;
niemand kommt zum Vater
   außer durch mich.

Am Sonntag: Glaubensbekenntnis, S. 356 ff.

GABENGEBET

Allmächtiger und barmherziger Gott,
du hast deine Diener und Dienerinnen
durch das Wasser der Taufe geheiligt.
Reinige sie im Blute Christi von ihren Sünden
und führe sie voll Erbarmen zur letzten Vollendung.
Darum bitten wir durch Christus, unseren Herrn.

Präfation, S. 439 ff.

KOMMUNIONVERS   Vgl. 4 Esra 2, 35.34

Das ewige Licht leuchte ihnen, o Herr,
bei deinen Heiligen in Ewigkeit; denn du bist unser Vater.
Herr, gib ihnen die ewige Ruhe,
und das ewige Licht leuchte ihnen; denn du bist unser Vater.

SCHLUSSGEBET

Herr, unser Gott,
wir haben das Mahl deines Sohnes gefeiert,
der sich für uns geopfert hat
und in Herrlichkeit auferstanden ist.
Erhöre unser Gebet
für deine Diener und Dienerinnen.
Läutere sie durch das österliche Geheimnis Christi
und laß sie auferstehen zur ewigen Freude.
Darum bitten wir durch Christus, unseren Herrn.

III

ERÖFFNUNGSVERS   Vgl. Röm 8, 11

Gott, der Jesus von den Toten auferweckt hat,
wird auch unseren sterblichen Leib lebendig machen
durch seinen Geist, der in uns wohnt.

TAGESGEBET

Allmächtiger Gott,
du hast deinen Sohn
als Sieger über den Tod zu deiner Rechten erhöht.
Gib deinen verstorbenen Dienern und Dienerinnen
Anteil an seinem Sieg über die Vergänglichkeit,
damit sie dich, ihren Schöpfer und Erlöser,
schauen von Angesicht zu Angesicht.
Darum bitten wir durch Jesus Christus.

ZUR 1. LESUNG   *Die Kapitel 24–27 des Jesajabuches werden zu
den sogenannten apokalyptischen Texten gerechnet, d. h. zu den
Schriften, deren Hauptthema die Verwirklichung der Gottesherrschaft
in der Endzeit ist. Von einer Auferweckung der Toten ist zwar im Je-*

saja-Text noch nicht die Rede. Wenn aber gesagt wird, daß Gott alle Völker zu einem Festmahl versammelt, daß es keinen Tod und keine Trauer mehr geben wird, dann darf auch jeder einzelne auf Rettung hoffen: auf die Rettung, die von Gott kommt und die in der bleibenden Gemeinschaft mit Gott besteht.

ERSTE LESUNG
Jes 25, 6a.7–9

Gott, der Herr, beseitigt den Tod für immer

Lesung
  aus dem Buch Jesája.

An jenem Tag
6a   wird der Herr der Heere
  auf diesem Berg – dem Zion –
  für alle Völker ein Festmahl geben.

7 Er zerreißt auf diesem Berg
  die Hülle, die alle Nationen verhüllt,
  und die Decke, die alle Völker bedeckt.

8 Er beseitigt den Tod für immer.
  Gott, der Herr, wischt die Tränen ab von jedem Gesicht.
  Auf der ganzen Erde
    nimmt er von seinem Volk die Schande hinweg.
  Ja, der Herr hat gesprochen.

9 An jenem Tag wird man sagen:
    Seht, das ist unser Gott,
  auf ihn haben wir unsere Hoffnung gesetzt,
  er wird uns retten.
  Das ist der Herr,
    auf ihn setzen wir unsere Hoffnung.
  Wir wollen jubeln
    und uns freuen über seine rettende Tat.

ANTWORTPSALM
Ps 23 (22), 1–3.4.5.6 (R: 1)

R Der Herr ist mein Hirte, (GL 535, 6)
nichts wird mir fehlen. – R

Der Herr ist mein Hirte, nichts wird mir fehlen. † VI. Ton
Er läßt mich lagern auf grünen Auen *
und führt mich zum Ruheplatz am Wasser.

Er stillt mein Verlangen; *
er leitet mich auf rechten Pfaden, treu seinem Namen. – (R)

4 Muß ich auch wandern in finsterer Schlucht, *
   ich fürchte kein Unheil;

   denn du bist bei mir, *
   dein Stock und dein Stab geben mir Zuversicht. – (R)

5 Du deckst mir den Tisch *
   vor den Augen meiner Feinde.

   Du salbst mein Haupt mit Öl, *
   du füllst mir reichlich den Becher. – (R)

6 Lauter Güte und Huld *
   werden mir folgen mein Leben lang,

   und im Haus des Herrn *
   darf ich wohnen für lange Zeit.

   R Der Herr ist mein Hirte,
   nichts wird mir fehlen.

ZUR 2. LESUNG   *In der Gemeinde von Philippi gab es Leute, die
den Leib mißachteten, andere, die ihn überschätzten. Es ist ein armse-
liger Leib, sagt Paulus; aber Christus, der Auferstandene, hat die
Macht, diesen Leib in seine eigene Herrlichkeit aufzunehmen, ihm den
Glanz seiner Gottheit mitzuteilen. Bei ihm, „im Himmel", ist jetzt schon
unsere Heimat. Er ist unsere Zukunft. Er stellt unser gegenwärtiges Leben und seine Werte in Frage; er zeigt uns das Bleibende.*

ZWEITE LESUNG   Phil 3, 20–21

Christus wird uns verwandeln in die Gestalt seines verherrlichten Leibes

Lesung
   aus dem Brief des Apostels Paulus an die Philipper.

Brüder!
20 Unsere Heimat ist im Himmel.
   Von dorther erwarten wir auch Jesus Christus, den Herrn,
   als Retter,
21 der unseren armseligen Leib verwandeln wird
      in die Gestalt seines verherrlichten Leibes,
   in der Kraft, mit der er sich alles unterwerfen kann.

RUF VOR DEM EVANGELIUM
Vers: Mt 25, 34

Lob dir, Christus, König und Erlöser! – R
(So spricht der Herr:)
Kommt her, die ihr von meinem Vater gesegnet seid,
nehmt das Reich in Besitz,
das seit Erschaffung der Welt für euch bestimmt ist.

Lob dir, Christus, König und Erlöser!

ZUM EVANGELIUM *Der junge Mann aus Nain war das einzige
Kind seiner Mutter. Jesus hat ihn auferweckt, um die Mutter zu trösten, aber auch, um die Macht der Liebe Gottes zu offenbaren, um zu
sagen: Die Zeit ist gekommen, die Verheißungen gehen in Erfüllung,
Tote stehen auf, den Armen wird das Evangelium verkündet.*

EVANGELIUM
Lk 7, 11–17

Ich befehle dir, junger Mann: Steh auf!

✝ Aus dem heiligen Evangelium nach Lukas.

In jener Zeit
11 ging Jesus in eine Stadt namens Naïn;
seine Jünger und eine große Menschenmenge folgten ihm.

12 Als er in die Nähe des Stadttors kam,
trug man gerade einen Toten heraus.
Es war der einzige Sohn seiner Mutter, einer Witwe.
Und viele Leute aus der Stadt begleiteten sie.

13 Als der Herr die Frau sah,
hatte er Mitleid mit ihr
und sagte zu ihr: Weine nicht!
14 Dann ging er zu der Bahre hin und faßte sie an.
Die Träger blieben stehen,
und er sagte: Ich befehle dir, junger Mann: Steh auf!
15 Da richtete sich der Tote auf
und begann zu sprechen,
und Jesus gab ihn seiner Mutter zurück.

16 Alle wurden von Furcht ergriffen;
    sie priesen Gott
    und sagten: Ein großer Prophet ist unter uns aufgetreten:
    Gott hat sich seines Volkes angenommen.
17 Und die Kunde davon
        verbreitete sich überall in Judäa und im ganzen Gebiet ringsum.

Am Sonntag: Glaubensbekenntnis, S. 356 ff.

GABENGEBET

Herr, unser Gott,
nimm die Gabe an, die wir darbringen
für deine Diener und Dienerinnen
und für alle, die in Christus entschlafen sind.
Befreie durch dieses einzigartige Opfer
unsere Verstorbenen aus den Fesseln des Todes
und schenke ihnen das unvergängliche Leben.
Darum bitten wir durch Christus, unseren Herrn.

Präfation, S. 439 ff.

KOMMUNIONVERS   Phil 3, 20–21

Wir erwarten den Retter, den Herrn Jesus Christus,
der unseren armseligen Leib verwandeln wird
in die Gestalt seines verherrlichten Leibes.

SCHLUSSGEBET

Barmherziger Gott,
wir haben das Opfer dargebracht,
das du in Gnaden annimmst.
Erbarme dich unserer Verstorbenen.
Du hast sie in der Taufe als deine Kinder angenommen;
schenke ihnen in der Freude des Himmels
das verheißene Erbe.
Darum bitten wir durch Christus, unseren Herrn.

9. November

WEIHETAG DER LATERANBASILIKA

Fest

Die dem allerheiligsten Erlöser und seit dem 12. Jahrhundert auch dem hl. Johannes dem Täufer geweihte Lateranbasilika ist die älteste Papstkirche und führt den Titel „Mutter und Haupt aller Kirchen des Erdkreises". Im anliegenden Lateranpalast residierten die Päpste vom 4. bis zum 14. Jahrhundert. Die Kirche wurde von Kaiser Konstantin errichtet und im Jahr 324 von Papst Silvester I. eingeweiht. Die durch Brand, Erdbeben und Plünderungen heimgesuchte Kirche wurde im Lauf der Jahrhunderte wiederholt restauriert. Papst Benedikt XIII. hat sie am 28. April 1726 nach größeren Restaurationsarbeiten neu eingeweiht und den 9. November als Kirchweihtag der Basilika bestätigt.

Commune-Texte für Kirchweihe, S. 758 f.; außer:

ERSTE LESUNG   Ez 47, 1–2.8–9.12

Ich sah, wie vom Tempel Wasser hervorströmte, und alle, zu denen das Wasser kam, wurden gerettet (vgl. Meßbuch: Antiphon zum sonntäglichen Taufgedächtnis)

Lesung
aus dem Buch Ezéchiel.

1 Der Mann, der mich begleitete,
   führte mich zum Eingang des Tempels,
und ich sah,
   wie unter der Tempelschwelle Wasser hervorströmte
   und nach Osten floß;
denn die vordere Seite des Tempels schaute nach Osten.
Das Wasser floß unterhalb der rechten Seite des Tempels herab,
   südlich vom Altar.
2 Dann führte er mich durch das Nordtor hinaus
   und ließ mich außen herum zum äußeren Osttor gehen.
Und ich sah das Wasser an der Südseite hervorrieseln.

8 Er sagte zu mir:
    Dieses Wasser fließt in den östlichen Bezirk,
es strömt in die Ãraba hinab und läuft in das Meer,
in das Meer mit dem salzigen Wasser.
So wird das salzige Wasser gesund.

9 Wohin der Fluß gelangt,
    da werden alle Lebewesen,
    alles, was sich regt, leben können,
und sehr viele Fische wird es geben.
Weil dieses Wasser dort hinkommt,
    werden die Fluten gesund;
wohin der Fluß kommt,
    dort bleibt alles am Leben.

12 An beiden Ufern des Flusses wachsen alle Arten von Obstbäumen.
Ihr Laub wird nicht welken,
und sie werden nie ohne Frucht sein.
Jeden Monat tragen sie frische Früchte;
denn das Wasser des Flusses kommt aus dem Heiligtum.
Die Früchte werden als Speise
    und die Blätter als Heilmittel dienen.

ANTWORTPSALM   Ps 46 (45), 2–3.5–6.8–9 (R: vgl. 5)

R Des Stromes Wasser erquicken die Gottesstadt,   (GL 526, 6)
des Höchsten heilige Wohnung. – R

2 Gott ist uns Zuflucht und Stärke, *   VII. Ton
ein bewährter Helfer in allen Nöten.

3 Darum fürchten wir uns nicht, wenn die Erde auch wankt, *
wenn Berge stürzen in die Tiefe des Meeres. – (R)

5 Die Wasser eines Stromes erquicken die Gottesstadt, *
des Höchsten heilige Wohnung.

6 Gott ist in ihrer Mitte, darum wird sie niemals wanken; *
Gott hilft ihr, wenn der Morgen anbricht. – (R)

8 Der Herr der Heerscharen ist mit uns, *
der Gott Jakobs ist unsre Burg.

9 Kommt und schaut die Taten des Herrn, *
der Furchtbares vollbringt auf der Erde. – R

ZWEITE LESUNG

1 Kor 3, 9c–11.16–17

Ihr seid Gottes Tempel: der Geist Gottes wohnt in euch

Lesung
aus dem ersten Brief des Apostels Paulus an die Korinther.

Brüder!
Ihr seid Gottes Bau.
Der Gnade Gottes entsprechend, die mir geschenkt wurde,
    habe ich wie ein guter Baumeister den Grund gelegt;
ein anderer baut darauf weiter.
Aber jeder soll darauf achten, wie er weiterbaut.
Denn einen anderen Grund kann niemand legen
    als den, der gelegt ist:
Jesus Christus.
Wißt ihr nicht, daß ihr Gottes Tempel seid
    und der Geist Gottes in euch wohnt?
Wer den Tempel Gottes verdirbt,
    den wird Gott verderben.
Denn Gottes Tempel ist heilig,
und der seid ihr.

RUF VOR DEM EVANGELIUM

Vers: vgl. 2 Chr 7, 16

Halleluja. Halleluja.
(So spricht Gott, der Herr:)
Ich habe dieses Haus erwählt und geheiligt,
damit mein Name hier sei auf ewig.
Halleluja.

EVANGELIUM

Joh 2, 13–22

Reißt diesen Tempel nieder, in drei Tagen werde ich ihn wieder aufrichten. Er meinte den Tempel seines Leibes

✚ Aus dem heiligen Evangelium nach Johannes.

Das Paschafest* der Juden war nahe,
und Jesus zog nach Jerusalem hinauf.
Im Tempel fand er die Verkäufer von Rindern, Schafen und Tauben
und die Geldwechsler, die dort saßen.

* Sprich: Pas-chafest.

15 Er machte eine Geißel aus Stricken
   und trieb sie alle aus dem Tempel hinaus,
dazu die Schafe und Rinder;
das Geld der Wechsler schüttete er aus,
und ihre Tische stieß er um.

16 Zu den Taubenhändlern sagte er:
   Schafft das hier weg,
macht das Haus meines Vaters nicht zu einer Markthalle!

17 Seine Jünger erinnerten sich an das Wort der Schrift:
   Der Eifer für dein Haus verzehrt mich.

18 Da stellten ihn die Juden zur Rede:
   Welches Zeichen läßt du uns sehen
   als Beweis, daß du dies tun darfst?

19 Jesus antwortete ihnen: Reißt diesen Tempel nieder,
in drei Tagen werde ich ihn wieder aufrichten.

20 Da sagten die Juden:
   Sechsundvierzig Jahre wurde an diesem Tempel gebaut,
   und du willst ihn in drei Tagen wieder aufrichten?

21 Er aber meinte den Tempel seines Leibes.

22 Als er von den Toten auferstanden war,
   erinnerten sich seine Jünger, daß er dies gesagt hatte,
und sie glaubten der Schrift
   und dem Wort, das Jesus gesprochen hatte.

8. Dezember

HOCHFEST DER OHNE ERBSÜNDE EMPFANGENEN JUNGFRAU UND GOTTESMUTTER MARIA

Die Glaubenslehre, daß Maria vom ersten Augenblick ihres Lebens an von aller Erbschuld frei war, wird ausdrücklich in der Heiligen Schrift nicht ausgesprochen, doch wurden einige Aussagen der Schrift schon früh in dem Sinn verstanden, daß Maria das reinste, in einmaliger Weise von Gott bevorzugte Geschöpf war, die neue Eva, die ohne Sünde blieb und so zur „Mutter aller Lebenden" werden konnte. Dabei bleibt klar,

1. daß Maria auf natürliche Weise als Kind ihrer Eltern geboren wurde und 2. daß auch sie alle Gnade durch Jesus Christus, durch seinen Kreuzestod, empfangen hat.

Das Dogma *„Zu Ehren der Heiligen und Ungeteilten Dreifaltigkeit, zu Schmuck und Zierde der jungfräulichen Gottesmutter, zur Erhöhung des katholischen Glaubens und zur Mehrung der christlichen Religion, in der Autorität unseres Herrn Jesus Christus, der seligen Apostel Petrus und Paulus und der Unseren erklären, verkünden und definieren Wir: Die Lehre, daß die seligste Jungfrau Maria im ersten Augenblick ihrer Empfängnis durch ein einzigartiges Gnadenprivileg des allmächtigen Gottes, im Hinblick auf die Verdienste Jesu Christi, des Erretters des Menschengeschlechtes, von jedem Schaden der Erbsünde unversehrt bewahrt wurde, ist von Gott geoffenbart und darum von allen Gläubigen fest und beständig zu glauben."* (Pius IX., Apostolisches Schreiben *„Ineffabilis Deus"*, verkündet am 8. Dezember 1854)

ERÖFFNUNGSVERS
Jes 61, 10

Von Herzen will ich mich freuen über den Herrn.
Meine Seele soll jubeln über meinen Gott.
Denn er kleidet mich in Gewänder des Heils,
er hüllt mich in den Mantel der Rettung
und schmückt mich köstlich wie eine Braut.

Ehre sei Gott, S. 352 ff.

TAGESGEBET

Großer und heiliger Gott,
im Hinblick auf den Erlösertod Christi
hast du die selige Jungfrau Maria
schon im ersten Augenblick ihres Daseins
vor jeder Sünde bewahrt,
um deinem Sohn eine würdige Wohnung zu bereiten.
Höre auf ihre Fürsprache:
Mache uns frei von Sünden
und erhalte uns in deiner Gnade,
damit wir mit reinem Herzen zu dir gelangen.
Darum bitten wir durch Jesus Christus.

ZUR 1. LESUNG *Die Geschichte vom verlorenen Paradies ist wahr. Gott will dem Menschen seine Nähe und Freundschaft schenken, das ist der Sinn des „Gartens". Aber Gott kann nur dem etwas schenken, der bereit ist, es sich schenken zu lassen. Der Mensch mit der gierig raffenden Hand muß schließlich sehen, daß er arm und nackt ist. Aber Gott kümmert sich auch weiterhin um den Menschen. Die Rückkehr zu Gott, zum Leben, zum Glück ist dem Menschen verheißen und aufgetragen. Einer wird kommen, der dem tödlichen Unsinn ein Ende macht und den Menschen eine neue Zukunft gibt.*

ERSTE LESUNG   Gen 3, 9–15.20

Feindschaft setze ich zwischen dich und die Frau, zwischen deinen Nachwuchs und den Nachwuchs der Frau.

Lesung aus dem Buch Génesis.

Nachdem Adam vom Baum gegessen hatte,
9   rief Gott, der Herr, ihm zu
und sprach: Wo bist du?

10 Er antwortete: Ich habe dich im Garten kommen hören;
da geriet ich in Furcht, weil ich nackt bin,
und versteckte mich.

11 Darauf fragte er: Wer hat dir gesagt, daß du nackt bist?
Hast du von dem Baum gegessen,
    von dem zu essen ich dir verboten habe?

12 Adam antwortete:
    Die Frau, die du mir beigesellt hast,
    sie hat mir von dem Baum gegeben,
    und so habe ich gegessen.

13 Gott, der Herr, sprach zu der Frau:
    Was hast du da getan?
Die Frau antwortete:
    Die Schlange hat mich verführt,
    und so habe ich gegessen.

14 *Da sprach Gott, der Herr, zur Schlange:*
Weil du das getan hast, bist du verflucht
    unter allem Vieh und allen Tieren des Feldes.
Auf dem Bauch sollst du kriechen
und Staub fressen alle Tage deines Lebens.

15 **Feindschaft setze ich zwischen dich und die Frau,**
   zwischen deinen Nachwuchs und ihren Nachwuchs.
   Er trifft dich am Kopf,
   und du triffst ihn an der Ferse.

20 **Adam nannte seine Frau Eva – Leben –,**
   denn sie wurde die Mutter aller Lebendigen.

ANTWORTPSALM   Ps 98 (97), 1.2–3b.3c–4 (R: 1 ab)

R Singet dem Herrn ein neues Lied;   (GL 231)
   denn er hat wunderbare Taten vollbracht. – R

1 Singet dem Herrn <u>ein</u> neues Lied; *   VI. Ton
   denn er hat wunderbare Taten vollbracht.

   Er hat mit seiner Rechten geholfen *
   und mit sei<u>nem</u> heiligen Arm. – (R)

2 Der Herr hat sein Heil <u>be</u>kannt gemacht *
   und sein gerechtes Wirken enthüllt vor den <u>Au</u>gen der Völker.

3ab Er dachte an sei<u>ne</u> Huld *
   und an seine Treue <u>zum</u> Hause Israel. – (R)

3cd Alle Enden <u>der</u> Erde *
   sahen das <u>Heil</u> unsres Gottes.

4 Jauchzt vor dem Herrn, alle Länder <u>der</u> Erde, *
   freut <u>euch</u>, jubelt und singt! – R

ZUR 2. LESUNG   *Am Anfang des Epheserbriefs steht ein hymni-*
scher Lobpreis, der alles Handeln Gottes in dem Wort „Segen" zusam-
menfaßt. Der Inbegriff alles Segens ist die Gabe des Heiligen Geistes
und die Gemeinschaft mit Christus. Von Sünde ist in diesem Abschnitt
nur indirekt die Rede: durch das Blut Christi haben wir die Erlösung,
die Vergebung der Sünden (1, 7).

ZWEITE LESUNG   Eph 1, 3–6.11–12

In Christus hat Gott uns erwählt vor der Erschaffung der Welt, zum Lob seiner
herrlichen Gnade

Lesung
   aus dem Brief des Apostels Paulus an die Épheser.

3 **Gepriesen sei Gott,**
   der Gott und Vater unseres Herrn Jesus Christus.

Er hat uns mit allem Segen seines Geistes gesegnet
　　durch unsere Gemeinschaft mit Christus im Himmel.

4 Denn in ihm hat er uns erwählt vor der Erschaffung der Welt,
　　damit wir heilig und untadelig leben vor Gott;

5 er hat uns aus Liebe im voraus dazu bestimmt,
　　seine Söhne zu werden durch Jesus Christus
　　und zu ihm zu gelangen nach seinem gnädigen Willen,

6 zum Lob seiner herrlichen Gnade.
　　Er hat sie uns geschenkt in seinem geliebten Sohn.

11 Durch ihn sind wir auch als Erben vorherbestimmt und eingesetzt
　　nach dem Plan dessen, der alles so verwirklicht,
　　wie er es in seinem Willen beschließt;

12 wir sind zum Lob seiner Herrlichkeit bestimmt,
　　die wir schon früher auf Christus gehofft haben.

RUF VOR DEM EVANGELIUM
Vers: vgl. Lk 1, 28

Halleluja. Halleluja.

Gegrüßet seist du, Maria, voll der Gnade,
der Herr ist mit dir,
du bist gebenedeit unter den Frauen.

Halleluja.

ZUM EVANGELIUM　*Maria wird vom Engel als die Frau begrüßt, die mehr als alle anderen begnadet ist. Sie steht in der Reihe der großen Erwählten (Abraham, David) und überragt sie alle. Sie ist der neue Zion, das wahre Jerusalem, Gegenstand der besonderen Liebe Gottes und Ort seiner heiligen Gegenwart.*

EVANGELIUM
Lk 1, 26–38

Sei gegrüßt, du Begnadete, der Herr ist mit dir

✛ Aus dem heiligen Evangelium nach Lukas.

26 In jener Zeit wurde der Engel Gábriel
　　von Gott in eine Stadt in Galiläa namens Nazaret

27 zu einer Jungfrau gesandt.
Sie war mit einem Mann namens Josef verlobt,
　　der aus dem Haus David stammte.
Der Name der Jungfrau war Maria.

8 Der Engel trat bei ihr ein
und sagte: Sei gegrüßt, du Begnadete,
    der Herr ist mit dir.

9 Sie erschrak über die Anrede
und überlegte, was dieser Gruß zu bedeuten habe.

10 Da sagte der Engel zu ihr: Fürchte dich nicht, Maria;
denn du hast bei Gott Gnade gefunden.

11 Du wirst ein Kind empfangen,
einen Sohn wirst du gebären:
    dem sollst du den Namen Jesus geben.

12 Er wird groß sein
und Sohn des Höchsten genannt werden.
Gott, der Herr, wird ihm den Thron seines Vaters David geben.

13 Er wird über das Haus Jakob in Ewigkeit herrschen,
    und seine Herrschaft wird kein Ende haben.

14 Maria sagte zu dem Engel:
    Wie soll das geschehen, da ich keinen Mann erkenne?

15 Der Engel antwortete ihr:
    Der Heilige Geist wird über dich kommen,
und die Kraft des Höchsten wird dich überschatten.
Deshalb wird auch das Kind heilig
    und Sohn Gottes genannt werden.

16 Auch Elisabet, deine Verwandte,
    hat noch in ihrem Alter einen Sohn empfangen;
obwohl sie als unfruchtbar galt,
    ist sie jetzt schon im sechsten Monat.

17 Denn für Gott ist nichts unmöglich.

18 Da sagte Maria:
    Ich bin die Magd des Herrn;
mir geschehe, wie du es gesagt hast.

Danach verließ sie der Engel.

Glaubensbekenntnis, S. 356 ff.
Fürbitten vgl. S. 802 ff.

ZUR EUCHARISTIEFEIER   *Segen, Gemeinschaft, Liebe: alles will
Gott uns geben durch Jesus Christus. Und alles ist Gnade, das heißt
Geschenk. Die Antwort hat uns Maria gelehrt: Danksagung, Lob-
preis, Anbetung.*

GABENGEBET

Herr, unser Gott,
in deiner Gnade
hast du die selige Jungfrau Maria auserwählt
und vor jeder Sünde bewahrt.
An ihrem Fest feiern wir das Opfer,
das alle Schuld der Menschen tilgt.
Befreie uns auf ihre Fürsprache
aus der Verstrickung in das Böse,
damit auch wir heilig und makellos vor dir stehen.
Darum bitten wir durch Christus, unseren Herrn.

Präfation, S. 436.

KOMMUNIONVERS

Großes hat man von dir gesagt, Maria,
denn aus dir ging hervor die Sonne der Gerechtigkeit,
Christus, unser Gott.

SCHLUSSGEBET

Herr und Gott,
das Sakrament, das wir empfangen haben,
heile in uns die Wunden jener Schuld,
vor der du die allerseligste Jungfrau Maria
vom ersten Augenblick ihres Daseins an
auf einzigartige Weise bewahrt hast.
Darum bitten wir durch Christus, unseren Herrn.

26. Dezember

HL. STEPHANUS, ERSTER MÄRTYRER

Fest

Unter den sieben Diakonen der Gemeinde von Jerusalem (Apg 6, 5) ragte Stephanus heraus als ein Mann voll Heiligen Geistes. Seine Auseinandersetzung mit den Führern des hellenistischen Judentums endete damit, daß Stephanus vor den Hohen Rat geschleppt und zum Tod verurteilt wurde. Stephanus ist

das Urbild des christlichen Märtyrers; er hat Jesus als den gekreuzigten und in die Herrlichkeit Gottes erhobenen Messias
verkündet; er hat „den Menschensohn zur Rechten Gottes ste-
hend" geschaut und für ihn Zeugnis abgelegt durch sein Wort
und mit seinem Blut.

ERÖFFNUNGSVERS

**Das Tor des Himmels öffnete sich für Stephanus.
Er zog als erster der Blutzeugen ein
und empfing die Krone der Herrlichkeit.**

Ehre sei Gott, S. 352 ff.

TAGESGEBET

Allmächtiger Gott,
wir ehren am heutigen Fest
den ersten Märtyrer deiner Kirche.
Gib, daß auch wir unsere Feinde lieben
und so das Beispiel
des heiligen Stephanus nachahmen,
der sterbend für seine Verfolger gebetet hat.
Darum bitten wir durch Jesus Christus.

ZUR 1. LESUNG *Die zum Dienst an den Tischen der Armen ein-
gesetzten Diakone in Jerusalem warben durch Wort und Tat für den
„Weg", den sie entdeckt hatten, für den Namen, der für sie alle Hoffnung in sich schloß. Stephanus stieß auf den heftigsten Widerstand
bei den Leuten seiner Synagoge; das waren „Hellenisten", griechisch
sprechende Juden aus der Diaspora. Die Rede des Stephanus vor dem
Hohen Rat hat programmatische Bedeutung. Sein Martyrium war das
Signal zur ersten größeren Verfolgung; es markiert eine Wende in der
Geschichte des jungen Christentums.*

ERSTE LESUNG   Apg 6, 8–10; 7, 54–60

Ich sehe den Himmel offen

Lesung
    aus der Apostelgeschichte.

In jenen Tagen
8   tat Stephanus,
      voll Gnade und Kraft,
      Wunder und große Zeichen unter dem Volk.
9 Doch einige von der sogenannten Synagoge der Libertíner
      und Zyrenäer und Alexandríner
      und Leute aus Zilízien und der Provinz Asien
      erhoben sich, um mit Stephanus zu streiten;
10 aber sie konnten der Weisheit und dem Geist, mit dem er sprach,
      nicht widerstehen.

54 Als sie seine Rede hörten,
      waren sie aufs äußerste über ihn empört
    und knirschten mit den Zähnen.
55 Er aber, erfüllt vom Heiligen Geist,
      blickte zum Himmel empor,
    sah die Herrlichkeit Gottes und Jesus zur Rechten Gottes stehen
56 und rief:
      Ich sehe den Himmel offen
      und den Menschensohn zur Rechten Gottes stehen.
57 Da erhoben sie ein lautes Geschrei,
      hielten sich die Ohren zu,
    stürmten gemeinsam auf ihn los,
58 trieben ihn zur Stadt hinaus und steinigten ihn.
    Die Zeugen legten ihre Kleider
      zu Füßen eines jungen Mannes nieder, der Saulus hieß.
59 So steinigten sie Stephanus;
    er aber betete
    und rief: Herr Jesus, nimm meinen Geist auf!
60 Dann sank er in die Knie
    und schrie laut:
      Herr, rechne ihnen diese Sünde nicht an!

Nach diesen Worten starb er.

ANTWORTPSALM   Ps 31 (30), 3b–4.6 u. 8.16–17 (R: vgl. 6a)

R Herr, in deine Hände lege ich meinen Geist. – R   (GL 203,1)

Sei mir ein schützender Fels, *   IV. Ton
eine feste Burg, die mich rettet.

Denn du bist mein Fels und meine Burg; *
um deines Namens willen wirst du mich führen und leiten. – (R)

In deine Hände lege ich voll Vertrauen meinen Geist; *
du hast mich erlöst, Herr, du treuer Gott.

Ich will jubeln und über deine Huld mich freuen; †
denn du hast mein Elend angesehn, *
du bist mit meiner Not vertraut. – (R)

In deiner Hand liegt mein Geschick; *
entreiß mich der Hand meiner Feinde und Verfolger!

Laß dein Angesicht leuchten über deinem Knecht, *
hilf mir in deiner Güte! – R

RUF VOR DEM EVANGELIUM   Vers: Ps 118 (117), 26a.27a

Halleluja. Halleluja.

Gesegnet sei, der kommt im Namen des Herrn.
Gott, der Herr, erleuchte uns.

Halleluja.

ZUM EVANGELIUM *Wiederholt und nachdrücklich hat Jesus
seine Jünger darauf hingewiesen, was sie von den „Menschen" zu erwarten haben. „Menschen" werden hier die genannt, die von den Wegen Gottes nichts wissen wollen und es außerdem für nötig halten, diesen ganzen christlichen „Aberglauben" aus der Welt zu schaffen. Dafür setzen sie verschiedene Mittel ein, von der gleichgültigen Duldung
bis zur brutalen Verfolgung. Aber die Verfolger sind schlechter daran
als die Verfolgten. In der Treue und Liebe schwacher Menschen wird
Gottes Kraft offenbar.*

EVANGELIUM   Mt 10, 17–22

Nicht ihr werdet dann reden, sondern der Geist eures Vaters wird durch euch reden

✚ Aus dem heiligen Evangelium nach Matthäus.

In jener Zeit sprach Jesus zu seinen Jüngern:
17 Nehmt euch vor den Menschen in acht!
Denn sie werden euch vor die Gerichte bringen
und in ihren Synagogen auspeitschen.
18 Ihr werdet um meinetwillen vor Statthalter und Könige geführt,
      damit ihr vor ihnen und den Heiden Zeugnis ablegt.
19 Wenn man euch vor Gericht stellt,
      macht euch keine Sorgen, wie und was ihr reden sollt;
denn es wird euch in jener Stunde eingegeben,
      was ihr sagen sollt.
20 Nicht ihr werdet dann reden,
      sondern der Geist eures Vaters wird durch euch reden.
21 Brüder werden einander dem Tod ausliefern
und Väter ihre Kinder,
und die Kinder werden sich gegen ihre Eltern auflehnen
      und sie in den Tod schicken.
22 Und ihr werdet um meines Namens willen
      von allen gehaßt werden;
wer aber bis zum Ende standhaft bleibt,
      der wird gerettet.

ZUR EUCHARISTIEFEIER *Opfergaben, die von Menschen dargebracht werden, sind Zeichen und Ersatz. Gemeint ist im Grunde der Gebende selbst, der sich Gott weihen will. Jesus Christus hat sich selbst hingegeben, und die Märtyrer folgen seinem Beispiel.*

GABENGEBET

Herr, unser Gott,
schau gütig auf dein Volk,
das mit Freude und Hingabe
den Festtag des heiligen Stephanus feiert,
und nimm unsere Gaben an.
Darum bitten wir durch Christus, unseren Herrn.

Präfation von Weihnachten, S. 409 f.

KOMMUNIONVERS

Apg 7, 59

**Die Menge steinigte den Stephanus.
Er aber betete und rief: Herr Jesus, nimm meinen Geist auf!**

SCHLUSSGEBET

Herr, unser Gott,
wir danken dir
für die Gnade dieser festlichen Tage.
In der Geburt deines Sohnes
schenkst du uns das Heil;
im Sterben des heiligen Stephanus
zeigt du uns das Beispiel
eines unerschrockenen Glaubenszeugen.
Wir bitten dich:
Stärke unsere Bereitschaft,
deinen Sohn, unseren Herrn Jesus Christus,
standhaft zu bekennen,
der mit dir lebt und herrscht in alle Ewigkeit.

27. Dezember

HL. JOHANNES, APOSTEL, EVANGELIST

Fest

Der Apostel Johannes, nach der Überlieferung Verfasser des
vierten Evangeliums und dreier Briefe, war ein Bruder Jakobus'
des Älteren und stammte aus Betsaida, wo sein Vater Zebedäus die Fischerei betrieb. Johannes war kaum jener sanfte
Jüngling, den uns die christliche Kunst gemalt hat; er hatte wie
sein Bruder ein heftiges Temperament, Jesus nannte die beiden
„Donnersöhne". Johannes war zuerst Jünger des Täufers gewesen, dann folgte er Jesus. Das besondere Vertrauen, das Jesus zu ihm hatte, zeigte sich darin, daß er ihm sterbend seine
Mutter anvertraute (Joh 19, 26–27). Über das spätere Schicksal
des Johannes ist wenig Sicheres bekannt.

ERÖFFNUNGSVERS

Johannes ruhte beim Abendmahl an der Brust des Herrn.
Ihm wurden die Geheimnisse des Himmels enthüllt.
Die Worte des Lebens hat er dem ganzen Erdkreis verkündet.

Oder: Vgl. Sir 15, 5

Inmitten der Gemeinde öffnete der Herr ihm den Mund
und erfüllte ihn mit dem Geist der Weisheit und der Einsicht.
Das Kleid der Herrlichkeit zog er ihm an.

Ehre sei Gott, S. 352 ff.

TAGESGEBET

Allmächtiger Gott,
du hast uns durch den Evangelisten Johannes
einen Zugang eröffnet
zum Geheimnis deines ewigen Wortes.
Laß uns mit erleuchtetem Verstand
und liebendem Herzen erfassen,
was er in gewaltiger Sprache verkündet hat.
Darum bitten wir durch Jesus Christus.

ZUR 1. LESUNG   *Der erste Johannesbrief richtet sich gegen Irrleh*
ren, die um die Wende vom ersten zum zweiten Jahrhundert die christ
liche Kirche bedrohten. Ihnen stehen die zwei großen Anliegen dieses
Briefs gegenüber: 1. der rechte Glaube an Jesus Christus als Sohn
Gottes und wahren Menschen, 2. die Verwirklichung dieses Glaubens
in einem Leben, das von der Liebe bestimmt wird. Der Verfasser stellt
sich selbst als Zeugen vor, der das, was er verkündet, gesehen und ge
hört, ja mit seinen eigenen Händen berührt hat: „das ewige Leben, das
beim Vater war und uns erschienen ist" in der Person Jesu. Johannes
wirbt für die Botschaft von Christus; es drängt ihn, das weiterzuge
ben, was er selbst empfangen hat: den Glauben, die Freude. Diese
Freude ist nicht ein fertiger Zustand; sie ist ebenso wie der Glaube ein
immer neues Ereignis, Gabe und Aufgabe zugleich.

ERSTE LESUNG 1 Joh 1, 1–4

Was wir gesehen und gehört haben, das verkünden wir auch euch

Lesung
  aus dem ersten Johannesbrief.

Brüder!

1 Was von Anfang an war,
was wir gehört haben,
was wir mit unseren Augen gesehen,
was wir geschaut und was unsere Hände angefaßt haben,
  das verkünden wir:
das Wort des Lebens.

2 Denn das Leben wurde offenbart;
wir haben gesehen und bezeugen
  und verkünden euch das ewige Leben,
  das beim Vater war und uns offenbart wurde.

3 Was wir gesehen und gehört haben,
  das verkünden wir auch euch,
damit auch ihr Gemeinschaft mit uns habt.
Wir aber haben Gemeinschaft mit dem Vater
  und mit seinem Sohn Jesus Christus.

4 Wir schreiben dies,
  damit unsere Freude vollkommen ist.

ANTWORTPSALM Ps 97 (96), 1–2.5–6.11–12 (R: 12a)

R Ihr Gerechten, freut euch am Herrn! – R (GL 149, 3)

1 Der Herr ist König. Die Erde frohlocke. * V. Ton
Freuen sollen sich die vielen Inseln.

2 Rings um ihn her sind Wolken und Dunkel, *
Gerechtigkeit und Recht sind die Stützen seines Throns. – (R)

5 Berge schmelzen wie Wachs vor dem Herrn, *
vor dem Antlitz des Herrschers aller Welt.

6 Seine Gerechtigkeit verkünden die Himmel, *
seine Herrlichkeit schauen alle Völker. – (R)

11 Ein Licht erstrahlt den Gerechten *
und Freude den Menschen mit redlichem Herzen.

12 Ihr Gerechten, freut euch am Herrn, *
und lobt seinen heiligen Namen! – R

RUF VOR DEM EVANGELIUM

Halleluja. Halleluja.

Dich, Gott, loben wir, dich, Herr, preisen wir.
Dich preist der glorreiche Chor der Apostel.

Halleluja.

ZUM EVANGELIUM   *Der Jünger, „den Jesus liebte" (Joh 20, 2),*
ist nach Joh 21, 20 der Jünger, der sich beim Abendmahl an die Brust
Jesu gelehnt und gefragt hatte: Herr, wer ist es, der verrät? Er wird im
Evangelium nie mit Namen genannt, nicht ausdrücklich mit Johannes,
dem Sohn des Zebedäus, gleichgesetzt. Aber diese Gleichsetzung
wurde in der christlichen Kirche schon früh vollzogen, und der Wett-
lauf der beiden Jünger zum Grab Jesu wurde als Wettlauf zwischen
Amt und Geist, zwischen Recht und Liebe gedeutet: Petrus als Vertre-
ter der Amtskirche, Johannes, der Lieblingsjünger, als Vertreter der
vom Geist getragenen Liebeskirche. Oder auch: Petrus als Vertreter
des Judenchristentums, dessen Vorrangstellung anerkannt wird, und
Johannes als Vertreter des Heidenchristentums, das eine größere Be-
reitschaft zum Glauben bewiesen hat. Der Abschnitt Joh 20, 1–8 zeigt
aber, daß solche Gegenüberstellungen in Wirklichkeit nicht viel bedeu-
ten. Beide Jünger liefen zum Grab, so schnell sie konnten; beide sahen
zunächst nur das leere Grab. Von Johannes wird gesagt: „Er sah und
glaubte"; aber er konnte ebenso wie Petrus nur durch göttliche Er-
leuchtung zum Glauben an die Auferstehung Jesu kommen.

EVANGELIUM   Joh 20, 2–8

Auch der andere Jünger, der zuerst an das Grab gekommen war, ging hinein;
er sah und glaubte

✝ Aus dem heiligen Evangelium nach Johannes.

2   **Am ersten Tag der Woche**
      lief Maria von Mágdala schnell zu Simon Petrus
      und dem Jünger, den Jesus liebte,
  und sagte zu ihnen:

Man hat den Herrn aus dem Grab weggenommen,
und wir wissen nicht, wohin man ihn gelegt hat.

3 Da gingen Petrus und der andere Jünger hinaus
und kamen zum Grab;
4 sie liefen beide zusammen dorthin,
aber weil der andere Jünger schneller war als Petrus,
kam er als erster ans Grab.
5 Er beugte sich vor
und sah die Leinenbinden liegen,
ging aber nicht hinein.
6 Da kam auch Simon Petrus, der ihm gefolgt war,
und ging in das Grab hinein.
Er sah die Leinenbinden liegen
7 und das Schweißtuch, das auf dem Kopf Jesu gelegen hatte;
es lag aber nicht bei den Leinenbinden,
sondern zusammengebunden daneben
an einer besonderen Stelle.
8 Da ging auch der andere Jünger,
der zuerst an das Grab gekommen war, hinein;
er sah und glaubte.

GABENGEBET

Allmächtiger Gott,
heilige die Gaben, die wir darbringen,
und laß uns im heiligen Mahl
das Geheimnis deines ewigen Wortes erfassen,
das du dem Evangelisten Johannes
in dieser Feier erschlossen hast.
Darum bitten wir durch Christus, unseren Herrn.

Präfation von Weihnachten, S. 409 f.

KOMMUNIONVERS   Joh 1, 14.16

Das Wort ist Fleisch geworden und hat unter uns gewohnt.
Aus seiner Fülle haben wir alle empfangen.

SCHLUSSGEBET

Allmächtiger Gott,
der heilige Apostel Johannes
hat deinen Sohn verkündet
als das Wort, das Fleisch geworden ist.
Gib, daß Christus durch diese Feier
immer unter uns wohne,
damit wir die Fülle deiner Gnade empfangen.
Darum bitten wir durch Christus, unseren Herrn.

28. Dezember
UNSCHULDIGE KINDER
Fest

Die Erzählung vom Kindermord in Betlehem steht bei Mt 2, 16–18; Matthäus sieht in diesem schrecklichen Vorgang das Wort des Propheten Jeremia (31, 15) erfüllt. Einen liturgischen Gedenktag dieser kindlichen „Blutzeugen" im Anschluß an Weihnachten gibt es seit dem 5. Jahrhundert. Cäsarius von Arles, Augustinus und andere Kirchenväter haben die kindlichen Märtyrer gerühmt, denen es vergönnt war, nicht nur als Zeugen für Jesus, sondern stellvertretend für ihn zu sterben.

ERÖFFNUNGSVERS

Die Unschuldigen Kinder erlitten für Christus den Tod.
Nun folgen sie dem Lamm und singen sein Lob.

Ehre sei Gott, S. 352 ff.

TAGESGEBET

Vater im Himmel,
nicht mit Worten
haben die Unschuldigen Kinder dich gepriesen,
sie haben dich verherrlicht durch ihr Sterben.
Gib uns die Gnade,
daß wir in Worten und Taten
unseren Glauben an dich bekennen.
Darum bitten wir durch Jesus Christus.

ZUR 1. LESUNG *„Gott ist Licht", er ist die Helligkeit, die wir brauchen, um als Menschen und als Christen leben zu können. Das geschaffene Licht ist von ihm ein Gleichnis. Licht und Leben gehören ebenso zusammen wie Finsternis und Tod. Das gilt im physischen Leben und erst recht in der geistigen Wirklichkeit. Seitdem Christus, das wahre Licht, in die Welt gekommen ist, steht der Mensch eindeutiger als bisher vor der Entscheidung; er kann „im Licht leben" (1 Joh 1, 7), d. h. sich nach der offenbar gewordenen Wahrheit Gottes richten, oder er kann in der Finsternis bleiben und aus seinem Leben eine Lüge*

machen. „Im Licht" lebt, wer glaubt und bekennt: „Jesus Christus ist
im Fleisch gekommen" (4, 2; vgl. 2, 22), er ist wahrer Mensch geworden; wer den Bruder liebt (2, 9–10); wer weiß und anerkennt, daß er
ein Sünder ist (1, 9). Für den, der sich als Sünder bekennt, gibt es Rettung; das Licht ist stärker als die Finsternis.

ERSTE LESUNG   1 Joh 1, 5 – 2, 2

Das Blut Jesu reinigt uns von aller Sünde

Lesung
     aus dem ersten Johannesbrief.

Brüder!
5 Das ist die Botschaft,
     die wir von Jesus Christus gehört haben und euch verkünden:
   Gott ist Licht, und keine Finsternis ist in ihm.
6 Wenn wir sagen, daß wir Gemeinschaft mit ihm haben,
     und doch in der Finsternis leben,
   lügen wir und tun nicht die Wahrheit.
7 Wenn wir aber im Licht leben, wie er im Licht ist,
     haben wir Gemeinschaft miteinander,
   und das Blut seines Sohnes Jesus reinigt uns von aller Sünde.
8 Wenn wir sagen, daß wir keine Sünde haben,
     führen wir uns selbst in die Irre,
   und die Wahrheit ist nicht in uns.
9 Wenn wir unsere Sünden bekennen,
     ist er treu und gerecht;
   er vergibt uns die Sünden und reinigt uns von allem Unrecht.
10 Wenn wir sagen, daß wir nicht gesündigt haben,
     machen wir ihn zum Lügner,
   und sein Wort ist nicht in uns.
1 Meine Kinder, ich schreibe euch dies, damit ihr nicht sündigt.
   Wenn aber einer sündigt,
     haben wir einen Beistand beim Vater:
   Jesus Christus, den Gerechten.
2 Er ist die Sühne für unsere Sünden,
   aber nicht nur für unsere Sünden,
     sondern auch für die der ganzen Welt.

ANTWORTPSALM Ps 124 (123), 2–3.4–5.7–8 (R: 7a)

R Unsre Seele ist wie ein Vogel dem Netz des Jägers entkommen. – R

(GL 528, 2)

2 Hätte sich nicht der Herr für uns eingesetzt, *
als sich gegen uns Menschen erhoben,

III. Ton

3 dann hätten sie uns lebendig verschlungen, *
als gegen uns ihr Zorn entbrannt war. – (R)

4 Dann hätten die Wasser uns weggespült, *
hätte sich über uns ein Wildbach ergossen.

5 Dann hätten sich über uns die Wasser ergossen, *
die wilden und wogenden Wasser. – (R)

7 Unsre Seele ist wie ein Vogel dem Netz des Jägers entkommen; *
das Netz ist zerrissen, und wir sind frei.

8 Unsre Hilfe steht im Namen des Herrn, *
der Himmel und Erde gemacht hat. – R

RUF VOR DEM EVANGELIUM

Halleluja. Halleluja.

Dich, Gott, loben wir, dich, Herr, preisen wir.
Dich preist der Märtyrer leuchtendes Heer.

Halleluja.

ZUM EVANGELIUM *Neben Verehrung und Anbetung stehen an
der Wiege des Messiaskindes Haß und Verfolgung. Der „neugeborene
König der Juden" war unerwünscht. Als Herodes von ihm hörte, „erschrak er und ganz Jerusalem mit ihm" (Mt 2, 3). So war nach der jüdischen Legende auch der Pharao erschrocken, als ihm die Geburt des
Mose berichtet wurde. Aber hier ist mehr als Mose; hier ist der Be-
freier, der sein Volk von seinen Sünden erlösen soll (Mt 1, 21). Das
Geschick des Kindes läßt bereits die Zukunft ahnen: Jesus wird von
seinem Volk verworfen. Die Geschichte von dem grausamen Kindermord kann nicht als unmöglich gelten; sie entspricht dem Charakter
des Herodes, wie er uns auch aus anderen Quellen bekannt ist. Es
kann aber auch nicht bezweifelt werden, daß dieser Teil der Kindheits-*

geschichte Jesu von anderen Überlieferungen beeinflußt ist, vor allem
von der Kindheitsgeschichte des Mose. Vom Alten Bund her deutet der
Evangelist die Person Jesu, seine Sendung und sein Schicksal.

EVANGELIUM   Mt 2, 13–18

Herodes ließ in Betlehem alle Knaben töten

✠ Aus dem heiligen Evangelium nach Matthäus.

13 Als die Sterndeuter wieder gegangen waren,
     erschien dem Josef im Traum ein Engel des Herrn
   und sagte: Steh auf,
   nimm das Kind und seine Mutter,
     und flieh nach Ägypten;
   dort bleibe, bis ich dir etwas anderes auftrage;
   denn Herodes wird das Kind suchen,
     um es zu töten.

14 Da stand Josef in der Nacht auf
     und floh mit dem Kind und dessen Mutter nach Ägypten.
15 Dort blieb er bis zum Tod des Herodes.
   Denn es sollte sich erfüllen,
     was der Herr durch den Propheten gesagt hat:
   Aus Ägypten habe ich meinen Sohn gerufen.

16 Als Herodes merkte, daß ihn die Sterndeuter getäuscht hatten,
     wurde er sehr zornig,
   und er ließ in Betlehem und der ganzen Umgebung
     alle Knaben bis zum Alter von zwei Jahren töten,
   genau der Zeit entsprechend,
     die er von den Sterndeutern erfahren hatte.

17 Damals erfüllte sich,
     was durch den Propheten Jeremía gesagt worden ist:
18 Ein Geschrei war in Rama zu hören,
   lautes Weinen und Klagen:
   Rahel weinte um ihre Kinder
   und *wollte sich nicht trösten lassen,*
     denn sie waren dahin.

GABENGEBET

Herr, unser Gott,
nimm diese Gaben an
und heilige uns durch die Erlösungstat deines Sohnes,
der auch die Unschuldigen Kinder gerechtfertigt
und zu seinen Zeugen erwählt hat,
der mit dir lebt und herrscht in alle Ewigkeit.

Präfation von Weihnachten, S. 409 f.

KOMMUNIONVERS   Offb 14, 4

Sie sind es, die aus den Menschen losgekauft wurden
als Weihegabe für Gott und das Lamm.
Sie folgen dem Lamm, wohin immer es geht.

SCHLUSSGEBET

Herr, unser Gott,
du hast den Unschuldigen Kindern
die Krone der Märtyrer geschenkt,
obwohl sie noch nicht fähig waren,
deinen Sohn mit dem Munde zu bekennen.
Christus, für den sie gestorben sind,
schenke auch uns im Sakrament die Fülle des Heiles.
Er, der mit dir lebt und herrscht in alle Ewigkeit.

COMMUNE-TEXTE

BEIM JAHRESGEDÄCHTNIS EINER KIRCHWEIHE

1. In der Kirche, deren Weihefest gefeiert wird

ERÖFFNUNGSVERS Ps 68 (67), 36

Gott in seinem Heiligtum ist voll Majestät, Israels Gott;
seinem Volk verleiht er Stärke und Kraft.
Gepriesen sei Gott.

Ehre sei Gott, S. 352 ff.

TAGESGEBET

Großer und heiliger Gott,
jedes Jahr
feiern wir den Weihetag dieses heiligen Hauses.
Höre auf die Bitten deines Volkes.
Hilf uns, daß wir an diesem Ort
in rechter Gesinnung den heiligen Dienst vollziehen
und den Reichtum der Erlösungsgnade empfangen.
Darum bitten wir durch Jesus Christus.

ZUR 1. LESUNG   *Nach einer kurzen Erklärung für das versammelte Volk (1 Kön 8, 14–21) spricht Salomo das große Tempelweihegebet (8, 22–53). Das eigentliche Weihegebet beginnt bei 8, 27 mit dem ehrfürchtigen Staunen darüber, daß der unfaßbare Gott in einem Haus wohnen soll, das Menschen gebaut haben. Tatsächlich ist der Tempel nicht eigentlich Gottes Wohnung, sondern der Ort, an dem „sein Name wohnt", der Ort, wo man ihn anrufen und ihm begegnen kann. Alle Menschen sollen hier beten können, auch die Fremden, die nicht zum Volk Israel gehören.*

ERSTE LESUNG   1 Kön 8, 22–23.27–30

Halte deine Augen offen über diesem Haus bei Nacht und bei Tag

Lesung
aus dem ersten Buch der Könige.

In jenen Tagen
22 trat Sálomo
in Gegenwart der ganzen Versammlung Israels
vor den Altar des Herrn,
breitete seine Hände zum Himmel aus
23 und betete:
Herr, Gott Israels,
im Himmel oben und auf der Erde unten gibt es keinen Gott,
der so wie du Bund und Huld seinen Knechten bewahrt,
die mit ungeteiltem Herzen vor ihm leben.

27 Wohnt denn Gott wirklich auf der Erde?
Siehe,
selbst der Himmel
und die Himmel der Himmel fassen dich nicht,
wieviel weniger dieses Haus, das ich gebaut habe.

28 Wende dich, Herr, mein Gott,
dem Beten und Flehen deines Knechtes zu!
Höre auf das Rufen und auf das Gebet,
das dein Knecht heute vor dir verrichtet.

29 Halte deine Augen offen über diesem Haus bei Nacht und bei Tag,
über der Stätte, von der du gesagt hast,
daß dein Name hier wohnen soll.
Höre auf das Gebet, das dein Knecht an dieser Stätte verrichtet.

30 Achte auf das Flehen deines Knechtes und deines Volkes Israel,
wenn sie an dieser Stätte beten.
Höre sie im Himmel, dem Ort, wo du wohnst.
Höre sie,
und verzeih!

ANTWORTPSALM   Ps 84 (83), 2–3.4–5.10–11a (R: vgl. 5)

R Selig, die in deinem Hause wohnen, Herr,   (GL 649, 1)
die dich loben alle Zeit. – **R**

2   Wie liebenswert ist deine Wohnung, Herr der Heerscharen! † V. Ton
3   Meine Seele verzehrt sich in Sehnsucht *
    nach dem Tempel des Herrn.

    Mein Herz und mein Leib jauchzen ihm zu, *
    ihm, dem lebendigen Gott. – (R)

4   Auch der Sperling findet ein Haus †
    und die Schwalbe ein Nest für ihre Jungen – *
    deine Altäre, Herr der Heerscharen, mein Gott und mein König.

5   Wohl denen, die wohnen in deinem Haus, *
    die dich allezeit loben. – (R)

10 Gott, sieh her auf unsern Schild, *
    schau auf das Antlitz deines Gesalbten!

11a Denn ein einziger Tag in den Vorhöfen deines Heiligtums *
    ist besser als tausend andere. – **R**

ZUR 2. LESUNG   *Christus der Grundstein, die Kirche der Tempel,
die Gläubigen als lebendige Bausteine und zugleich als heiliges Volk
und königliche Priesterschaft: Gedanken und Bilder häufen sich und
deuten sich gegenseitig. Im Grunde ist ständig von Christus die Rede,
dem lebendigen Stein, der weggeworfen wurde; er wurde getötet, aber
er lebt. Christus hat sich am Kreuz als lebendiges, wirkliches Opfer
dargebracht. Durch ihn können auch wir Gott ein Opfer darbringen,
das er annimmt: den Dienst unserer Liebe, unseres Gehorsams; den
Lobpreis, die Danksagung.*

ZWEITE LESUNG   1 Petr 2,4–9
Laßt euch als lebendige Steine zu einem geistigen Haus aufbauen

Lesung
   aus dem ersten Brief des Apostels Petrus.

Brüder!
4 Kommt zum Herrn, dem lebendigen Stein,
   der von den Menschen verworfen,
      aber von Gott auserwählt und geehrt worden ist.

Laßt euch als lebendige Steine zu einem geistigen Haus aufbauen,
zu einer heiligen Priesterschaft,
um durch Jesus Christus geistige Opfer darzubringen,
    die Gott gefallen.
Denn es heißt in der Schrift:

    Seht her, ich lege in Zion einen auserwählten Stein,
einen Eckstein, den ich in Ehren halte;
wer an ihn glaubt, der geht nicht zugrunde.

Euch, die ihr glaubt, gilt diese Ehre.
Für jene aber, die nicht glauben,
    ist dieser Stein, den die Bauleute verworfen haben,
    zum Eckstein geworden,
zum Stein, an den man anstößt,
und zum Felsen, an dem man zu Fall kommt.
Sie stoßen sich an ihm,
    weil sie dem Wort nicht gehorchen;
doch dazu sind sie bestimmt.

Ihr aber seid ein auserwähltes Geschlecht,
eine königliche Priesterschaft,
ein heiliger Stamm,
ein Volk, das sein besonderes Eigentum wurde,
damit ihr die großen Taten dessen verkündet,
    der euch aus der Finsternis
    in sein wunderbares Licht gerufen hat.

RUF VOR DEM EVANGELIUM   Vers: 2 Chr 7, 16

(Halleluja. Halleluja.)

(So spricht Gott, der Herr:)
Ich habe dieses Haus erwählt und geheiligt,
damit mein Name hier sei auf ewig.

(Halleluja.)

ZUM EVANGELIUM   *Der wahre Tempel ist da, wo Gott im Geist
und in Wahrheit angebetet wird (Joh 4, 23). Wo das nicht geschieht,
bleibt vom Tempel vielleicht noch das Gebäude, aber es ist leer und
überflüssig geworden. Der Zorn, der Jesus antreibt, die Verkäufer
samt ihrer Ware vom Tempelplatz zu vertreiben, ist Ausdruck seiner*

leidenschaftlichen Liebe zum Haus seines Vaters. Die Tempelreinigung ist aber auch Anzeichen des nahen Gerichts: Der Tempel wird zerstört werden. Gott will in einem lebendigen Heiligtum wohnen: in Christus, dem menschgewordenen und auferstandenen Herrn, und in der Kirche, d. h. in der Gemeinde derer, die an Christus glauben und mit ihm Gemeinschaft haben.

EVANGELIUM   Joh 2, 13–22

Reißt diesen Tempel nieder, in drei Tagen werde ich ihn wieder aufrichten. Er meinte den Tempel seines Leibes

✝ Aus dem heiligen Evangelium nach Johannes.

13 **Das Paschafest* der Juden war nahe,**
   und Jesus zog nach Jerusalem hinauf.

14 **Im Tempel fand er die Verkäufer von Rindern, Schafen und Tauben**
   und die Geldwechsler, die dort saßen.

15 **Er machte eine Geißel aus Stricken**
     und trieb sie alle aus dem Tempel hinaus,
   dazu die Schafe und Rinder;
   das Geld der Wechsler schüttete er aus,
   und ihre Tische stieß er um.

16 **Zu den Taubenhändlern sagte er:**
     Schafft das hier weg,
   macht das Haus meines Vaters nicht zu einer Markthalle!

17 **Seine Jünger erinnerten sich an das Wort der Schrift:**
     Der Eifer für dein Haus verzehrt mich.

18 **Da stellten ihn die Juden zur Rede:**
     Welches Zeichen läßt du uns sehen
     als Beweis, daß du dies tun darfst?

19 **Jesus antwortete ihnen: Reißt diesen Tempel nieder,**
   in drei Tagen werde ich ihn wieder aufrichten.

20 **Da sagten die Juden:**
     Sechsundvierzig Jahre wurde an diesem Tempel gebaut,
     und du willst ihn in drei Tagen wieder aufrichten?

---

* Sprich: Pas-chafest.

1 Er aber meinte den Tempel seines Leibes.

2 Als er von den Toten auferstanden war,
    erinnerten sich seine Jünger, daß er dies gesagt hatte,
und sie glaubten der Schrift
    und dem Wort, das Jesus gesprochen hatte.

Glaubensbekenntnis, S. 356 ff.

GABENGEBET

Heiliger Gott,
wir gedenken des Tages,
an dem du dieses Haus zu eigen genommen
und mit deiner Gegenwart erfüllt hast.
Nimm die Gaben an,
die wir an dieser Stätte darbringen,
und mache auch uns selbst zu einer Gabe,
die dir wohlgefällt.
Darum bitten wir durch Christus, unseren Herrn.

Präfation, S. 437.

KOMMUNIONVERS   1 Kor 3, 16–17

Ihr seid Gottes Tempel, und der Geist Gottes wohnt in euch.
Der Tempel Gottes ist heilig, und der seid ihr.

SCHLUSSGEBET

Herr, unser Gott,
am Weihetag dieser Kirche
haben wir das Opfer des Lobes dargebracht.
Mache diese Feier
für uns zur Quelle der Gnade und der Freude,
damit deine Gemeinde im Heiligen Geist
zum Tempel deiner Herrlichkeit wird.
Darum bitten wir durch Christus, unseren Herrn.

2. Außerhalb der Kirche, deren Weihefest gefeiert wird

ERÖFFNUNGSVERS   Offb 21, 2

Ich sah die heilige Stadt, das neue Jerusalem,
von Gott her aus dem Himmel herabkommen.
Sie war bereit wie eine Braut,
die sich für ihren Mann geschmückt hat.

Ehre sei Gott, S. 352 ff.

TAGESGEBET

Erhabener Gott,
du erbaust dir aus lebendigen
und erlesenen Steinen ein ewiges Haus.
Mache die Kirche reich an Früchten des Geistes,
den du ihr geschenkt hast,
und laß alle Gläubigen in der Gnade wachsen,
bis das Volk, das dir gehört,
im himmlischen Jerusalem vollendet wird.
Darum bitten wir durch Jesus Christus.

Oder:

Allmächtiger Gott,
du hast gewollt, daß dein Volk Kirche heiße,
denn wir sind das Haus,
in dem deine Herrlichkeit wohnt.
Gib, daß die Gläubigen,
die sich in deinem Namen versammeln,
dich ehren, dich lieben und dir gehorchen,
damit sie unter deiner Führung
das ewige Erbe erlangen.
Darum bitten wir durch Jesus Christus.

Lesungen, S. 753 ff.

GABENGEBET

Herr und Gott,
nimm unsere Gaben an,
schenke uns durch deine Sakramente
Kraft und Zuversicht
und erhöre alle, die an heiliger Stätte zu dir beten.
Darum bitten wir durch Christus, unseren Herrn.

Präfation, S. 437.

KOMMUNIONVERS 1 Petr 2, 5

Laßt euch als lebendige Steine zu einem geistigen Haus aufbauen,
zu einer heiligen Priesterschaft.

SCHLUSSGEBET

Allmächtiger Gott,
du hast uns in der Kirche auf Erden
ein Abbild des himmlischen Jerusalem geschenkt.
Mache uns durch diese heilige Kommunion
zum Tempel deiner Gnade
und laß uns dorthin gelangen,
wo deine Herrlichkeit thront.
Darum bitten wir durch Christus, unseren Herrn.

ANHÄNGE

ANHANG I

COMMUNE-TEXTE

für den Gesang des Antwortpsalmes

In der Regel soll man den angegebenen Psalm nehmen, weil sein Text mit den Lesungen in Zusammenhang steht, denn er ist im Hinblick auf sie ausgewählt.

Damit jedoch die Gemeinde leichter einen Kehrvers zum Psalm singen kann, werden einige Antwortpsalmen für die einzelnen Zeiten des Kirchenjahres angeboten, die man an Stelle des vorgesehenen Psalmes verwenden kann, wenn man den Psalm singen will (Meßbuch, Allgemeine Einführung, Nr. 34).

KEHRVERSE (= R)

Im Advent:	**Komm, Herr, uns zu retten!**
In der Weihnachtszeit:	**Heute haben wir deine Herrlichkeit gesehen, Herr.**
In der Fastenzeit:	**Gedenke, Herr, deiner Treue und Barmherzigkeit!**
In der Osterzeit:	**Halleluja (zwei- oder dreimal)**
Im Jahreskreis:	
a) Mit einem Lobpsalm:	**Danket dem Herrn, denn er ist gütig!**
oder:	**Wir preisen dich, Herr, denn wunderbar sind deine Werke.**
oder:	**Singt dem Herrn ein neues Lied!**
b) Mit einem Bittpsalm:	**Der Herr ist nahe allen, die zu ihm rufen.**
oder:	**Erhöre uns, Herr, und rette uns!**
oder:	**Barmherzig und gnädig ist der Herr.**

ANTWORTPSALMEN

IM ADVENT

1 Ps 25 (24), 4–5.8–9.10 u. 14 (R: 1)

R Zu dir, o Herr, erhebe ich meine Seele. – R   (GL 529, 2)

4   Zeige mir, <u>Herr</u>, deine Wege, *   I. Ton
    lehre mich deine Pfade!

5   Führe mich in deiner Treue und lehre mich; †
    denn du bist der <u>Gott</u> meines Heiles. *
    Auf dich hoffe ich allezeit. – (R)

8   Gut und gerecht ist der Herr, *
    darum weist er die Irrenden auf den rechten Weg.

9   Die Demütigen leitet er nach seinem Recht, *
    die Gebeugten lehrt er seinen Weg. – (R)

10 Alle Pfade des Herrn sind <u>Huld</u> und Treue *
    denen, die seinen Bund und seine Gebote bewahren.

14 Die sind Vertraute des <u>Herrn</u>, die ihn fürchten; *
    er weiht sie ein in seinen Bund. – R

Oder:

2 Ps 85 (84), 9–10.11–12.13–14 (R: 8)

R Erweise uns, Herr, deine Huld,   (GL 118, 4)
  und gewähre uns dein Heil! – R

9   Ich will hören, was Gott redet: †   VI. Ton
    Frieden verkündet der Herr seinem Volk *
    und seinen Frommen, den Menschen mit redlichem Herzen.

10 Sein Heil ist denen nahe, die ihn fürchten. *
    Seine Herrlichkeit wohne in unserm Land. – (R)

11 Es begegnen einander Huld und Treue; *
    Gerechtigkeit und Friede küssen sich.

12 Treue sproßt aus der Erde hervor; *
    Gerechtigkeit blickt vom Himmel hernieder. – (R)

13 Auch spendet der Herr dann Segen, *
    und unser Land gibt seinen Ertrag.

⁴ Gerechtigkeit geht vor <u>ihm</u> her, *
und Heil folgt der <u>Spur</u> seiner Schritte. – R

IN DER WEIHNACHTSZEIT

Ps 98 (97), 1.2–3b.3c–4.5–6 (R: vgl. 3cd)   **3**

R Alle Enden der Erde sehen das Heil unsres Gottes. – R   (GL 149,1)

¹ Singet dem Herrn ein <u>neu</u>es Lied; *   VIII. Ton
denn er hat wunderbare <u>Ta</u>ten vollbracht.

Er hat mit seiner Rechten ge<u>hol</u>fen *
und mit seinem <u>hei</u>ligen Arm. – (R)

² Der Herr hat sein Heil be<u>kannt</u> ge<u>macht</u> *
und sein gerechtes Wirken enthüllt vor den <u>Au</u>gen der Völker.

3ab Er dachte an seine <u>Huld</u> *
und an seine Treue zum <u>Hau</u>se Israel. – (R)

3cd Alle Enden der <u>Er</u>de *
sahen das Heil <u>uns</u>res Gottes.

⁴ Jauchzt vor dem Herrn, alle Länder der <u>Er</u>de, *
freut euch, <u>ju</u>belt und singt! – (R)

⁵ Spielt dem Herrn auf der <u>Har</u>fe, *
auf der Harfe zu <u>lau</u>tem Gesang!

⁶ Zum Schall der Trompeten und <u>Hör</u>ner *
jauchzt vor dem <u>Herrn</u>, dem König! – R

AN ERSCHEINUNG DES HERRN

Ps 72 (71), 1–2.7–8.10–11.12–13 (R: 11)   **4**

R Alle Könige müssen ihm huldigen,   (GL 153,1)
alle Völker ihm dienen. – R

¹ Verleih dein Richteramt, o Gott, <u>dem</u> König, *   VI. Ton
dem Königssohn gib dein <u>ge</u>rechtes Walten!

² Er regiere dein Volk in Ge<u>rech</u>tigkeit *
und deine Armen <u>durch</u> rechtes Urteil. – (R)

7 Die Gerechtigkeit blühe auf in seinen Tagen *
   und großer Friede, bis der Mond nicht mehr da ist.

8 Er herrsche von Meer zu Meer, *
   vom Strom bis an die Enden der Erde. – (R)

10 Die Könige von Tarschisch und von den Inseln bringen Geschenke, *
    die Könige von Saba und Seba kommen mit Gaben.

11 Alle Könige müssen ihm huldigen, *
    alle Völker ihm dienen. – (R)

12 Er rettet den Gebeugten, der um Hilfe schreit, *
    den Armen und den, der keinen Helfer hat.

13 Er erbarmt sich des Gebeugten und Schwachen, *
    er rettet das Leben der Armen.

   R Alle Könige müssen ihm huldigen,
      alle Völker ihm dienen.

IN DER FASTENZEIT

5 Ps 51 (50), 3–4.5–6b.12–13.14 u. 17 (R: vgl. 3)

   R Erbarme dich unser, o Herr,   (GL 172, 3)
      denn wir haben gesündigt. – R

3 Gott, sei mir gnädig nach deiner Huld, *   I. Ton
   tilge meine Frevel nach deinem reichen Erbarmen!

4 Wasch meine Schuld von mir ab, *
   und mach mich rein von meiner Sünde! – (R)

5 Denn ich erkenne meine bösen Taten, *
   meine Sünde steht mir immer vor Augen.

6ab Gegen dich allein habe ich gesündigt, *
     ich habe getan, was dir mißfällt. – (R)

12 Erschaffe mir, Gott, ein reines Herz, *
    und gib mir einen neuen, beständigen Geist!

13 Verwirf mich nicht von deinem Angesicht, *
    und nimm deinen heiligen Geist nicht von mir! – (R)

14 Mach mich wieder froh mit deinem Heil; *
    mit einem willigen Geist rüste mich aus!

17 Herr, öffne mir die Lippen, *
    und mein Mund wird deinen Ruhm verkünden. – R

Oder:

Ps 91 (90), 1−2.10−11.12−13.14−15 (R: vgl. 15b)   **6**

R Herr, sei bei mir in der Not! − R   (GL 172, 4)

Wer im Schutz des Höchsten wohnt *   II. Ton
und ruht im Schatten des Allmächtigen,

der sagt zum Herrn: „Du bist für mich Zuflucht und Burg, *
mein Gott, dem ich vertraue." − (R)

Dir begegnet kein Unheil, *
kein Unglück naht deinem Zelt.

Denn er befiehlt seinen Engeln, *
dich zu behüten auf all deinen Wegen. − (R)

Sie tragen dich auf ihren Händen, *
damit dein Fuß nicht an einen Stein stößt;

du schreitest über Löwen und Nattern, *
trittst auf Löwen und Drachen. − (R)

„Weil er an mir hängt, will ich ihn retten; *
ich will ihn schützen, denn er kennt meinen Namen.

Wenn er mich anruft, dann will ich ihn erhören. †
Ich bin bei ihm in der Not, *
befreie ihn und bringe ihn zu Ehren." − R

Oder:

Ps 130 (129), 1−2.3−4.5−6b.6c−7a u. 8 (R: 7bc)   **7**

R Beim Herrn ist die Huld,
bei ihm ist Erlösung in Fülle. − R   (GL 172, 5)

Aus der Tiefe rufe ich, Herr, zu dir: *   IV. Ton
Herr, höre meine Stimme!

Wende dein Ohr mir zu, *
achte auf mein lautes Flehen! − (R)

Würdest du, Herr, unsere Sünden beachten, *
Herr, wer könnte bestehen?

Doch bei dir ist Vergebung, *
damit man in Ehrfurcht dir dient. − (R)

5   Ich hoffe auf den Herrn, es hofft <u>mei</u>ne Seele, *
ich warte voll <u>Ver</u>trauen auf <u>sein</u> Wort.

6ab   Meine Seele wartet <u>auf</u> den Herrn *
mehr als die Wäch<u>ter</u> auf den Morgen. – (R)

6c   Mehr als die Wächter <u>auf</u> den Morgen *
7a   soll Isra<u>el</u> harren auf <u>den</u> Herrn.

8   Ja, er wird Isra<u>el</u> erlösen *
von <u>all</u> seinen Sünden.

    R Beim Herrn ist die Huld,
bei ihm ist Erlösung in Fülle.

IN DER KARWOCHE

8 Ps 22 (21), 8–9.17–18.19–20.23–24 (R: 2a)

    R Mein Gott, mein Gott,   (GL 176, 2)
warum hast du mich verlassen? – R

8   Alle, die mich <u>se</u>hen, verlachen mich, *   III. Ton
verziehen die Lippen, <u>schüt</u>teln den Kopf:

9   „Er wälze die Last auf den Herrn, †
der soll <u>ihn</u> befreien! *
Der reiße ihn heraus, wenn er an <u>ihm</u> Gefallen hat." – (R)

17   Viele Hunde umlagern <u>mich</u>, †
eine Rotte von <u>Bö</u>sen umkreist mich. *
Sie durchbohren mir Hän<u>de</u> und Füße.

18   Man kann all meine <u>Kno</u>chen zählen; *
sie gaffen und <u>wei</u>den sich <u>an</u> mir. – (R)

19   Sie verteilen unter sich <u>mei</u>ne Kleider *
und werfen das <u>Los</u> um mein Gewand.

20   Du aber, Herr, <u>hal</u>te dich nicht fern! *
Du, meine Stärke, eil <u>mir</u> zu Hilfe! – (R)

23   *Ich will deinen Namen meinen* <u>Brü</u>dern verkünden, *
inmitten der Gemein<u>de</u> dich preisen.

24   Die ihr den Herrn fürchtet, preist ihn, †
ihr alle vom Stamm <u>Ja</u>kobs, rühmt ihn; *
erschauert alle vor ihm, ihr Nach<u>kom</u>men Israels! – R

IN DER OSTERNACHT

Ps 136 (135), 1–3.4–6.7–9.24–26 (R: 1b) 9

(GL 284, 2)
IV. Ton

Danket dem Herrn, denn er ist gütig, *
R Denn seine Huld währt ewig!

2 Danket dem Gott aller Götter, *
R Denn seine Huld währt ewig!

3 Danket dem Herrn aller Herren, *
R Denn seine Huld währt ewig!

4 Der allein große Wunder tut, *
R Denn seine Huld währt ewig,

5 der den Himmel geschaffen hat in Weisheit, *
R Denn seine Huld währt ewig.

6 der die Erde über den Wassern gegründet hat, *
R Denn seine Huld währt ewig.

7 Der die großen Leuchten gemacht hat, *
R Denn seine Huld währt ewig.

8 die Sonne zur Herrschaft über den Tag. *
R Denn seine Huld währt ewig.

9 Mond und Sterne zur Herrschaft über die Nacht, *
R Denn seine Huld währt ewig.

24 Der uns den Feinden entriß, *
R Denn seine Huld währt ewig,

25 der allen Geschöpfen Nahrung gibt, *
R Denn seine Huld währt ewig.

26 Danket dem Gott des Himmels, *
R Denn seine Huld währt ewig!

Oder:

10 Ps 136 (135), 1 u. 3 u. 16.21−23.24−26 (R: 1b)

1   **Danket dem Herrn, denn er ist gütig, ***   (GL 284, 3)
     R Denn seine Huld währt ewig!   III. Ton

3   **Danket dem Herrn aller Herren, ***
     R Denn seine Huld währt ewig!

16   **Der sein Volk durch die Wüste führte, ***
     R Denn seine Huld währt ewig.

21   **Der ihm ein Land zum Erbe gab, ***
     R Denn seine Huld währt ewig.

22   **der es Israel gab, seinem Knecht, ***
     R Denn seine Huld währt ewig.

23   **Der an uns dachte in unsrer Erniedrigung, ***
     R Denn seine Huld währt ewig.

24   **Der uns den Feinden entriß, ***
     R Denn seine Huld währt ewig.

25   **der allen Geschöpfen Nahrung gibt, ***
     R Denn seine Huld währt ewig.

26   **Danket dem Gott des Himmels, ***
     R Denn seine Huld währt ewig!

IN DER OSTERZEIT

11 Ps 118 (117), 1−2.16−17.22−23 (R: vgl. 24)

     R Das ist der Tag, den der Herr gemacht;   (GL 232, 4)
     laßt uns jubeln und seiner uns freuen. − R

     Oder: **R Halleluja. − R**   (GL 530, 7)

1   **Danket dem Herrn, denn er ist gütig, ***   VI. Ton
     denn seine Huld währt ewig!

2   **So soll Israel sagen: ***
     Denn seine Huld währt ewig. − (R)

16   **„Die Rechte des Herrn ist erhoben, ***
     die Rechte des Herrn wirkt mit Macht!"

17 Ich werde nicht sterben, sondern leben, *
um die Taten des Herrn zu verkünden. – (R)

22 Der Stein, den die Bauleute verwarfen, *
er ist zum Eckstein geworden.

23 Das hat der Herr vollbracht, *
vor unseren Augen geschah dieses Wunder. – R

Oder:

Ps 66 (65), 1–3.4–5.6–7.16 u. 20 (R: 1) 12

R Jauchzt vor Gott, alle Länder der Erde! Halleluja. – R (GL 233,2
oder 232,6)

1 Jauchzt vor Gott, alle Länder der Erde! †

2 Spielt zum Ruhm seines Namens! *
Verherrlicht ihn mit Lobpreis! VI. Ton

3 Sagt zu Gott: „Wie ehrfurchtgebietend sind deine Taten; *
vor deiner gewaltigen Macht müssen die Feinde sich beugen." – (R)

4 Alle Welt bete dich an und singe dein Lob, *
sie lobsinge deinem Namen!

5 Kommt und seht die Taten Gottes! *
Staunenswert ist sein Tun an den Menschen: – (R)

6 Er verwandelte das Meer in trockenes Land, †
sie schritten zu Fuß durch den Strom; *
dort waren wir über ihn voll Freude.

7 In seiner Kraft ist er Herrscher auf ewig; †
seine Augen prüfen die Völker. *
Die Trotzigen können sich gegen ihn nicht erheben. – (R)

16 *Ihr alle, die ihr Gott fürchtet, kommt und hört;* *
ich will euch erzählen, was er mir Gutes getan hat.

20 Gepriesen sei Gott; denn er hat mein Gebet nicht verworfen *
und mir seine Huld nicht entzogen. – R

AN CHRISTI HIMMELFAHRT

13 Ps 47 (46), 2–3.6–7.8–9 (R: vgl. 6)

R Gott stieg empor unter Jubel,   (GL 232,5)
der Herr beim Schall der Posaunen. – **R**

2 Ihr Völker alle, klatscht in die Hände; *   VI. Ton
jauchzt Gott zu mit lautem Jubel!

3 Denn furchtgebietend ist der Herr, der Höchste, *
ein großer König über die ganze Erde. – **(R)**

6 Gott stieg empor unter Jubel, *
der Herr beim Schall der Hörner.

7 Singt unserm Gott, ja singt ihm! *
Spielt unserm König, spielt ihm! – **(R)**

8 Denn Gott ist König der ganzen Erde. *
Spielt ihm ein Psalmenlied!

9 Gott wurde König über alle Völker, *
Gott sitzt auf seinem heiligen Thron. – **R**

AN PFINGSTEN

14 Ps 104 (103), 1–2.24–25.27–28.29–30 (R: vgl. 30)

R Sende aus deinen Geist,   (GL 253,1)
und das Antlitz der Erde wird neu. – **R**

1 Lobe den Herrn, meine Seele! †   VII. Ton
Herr, mein Gott, wie groß bist du! *
Du bist mit Hoheit und Pracht bekleidet.

2 Du hüllst dich in Licht wie in ein Kleid, *
du spannst den Himmel aus wie ein Zelt. – **(R)**

24 Herr, wie zahlreich sind deine Werke! †
Mit Weisheit hast du sie alle gemacht, *
die Erde ist voll von deinen Geschöpfen.

25 Da ist das Meer, so groß und weit, *
darin ein Gewimmel ohne Zahl: kleine und große Tiere. – **(R)**

27 Sie alle warten auf dich, *
daß du ihnen Speise gibst zur rechten Zeit.

28 Gibst du ihnen, dann sammeln sie ein; *
    öffnest du deine Hand, werden sie satt an Gutem. – (R)

29 Verbirgst du dein Gesicht, sind sie verstört; †
    nimmst du ihnen den Atem, so schwinden sie hin *
    und kehren zurück zum Staub der Erde.

30 Sendest du deinen Geist aus, so werden sie alle erschaffen, *
    und du erneuerst das Antlitz der Erde. – R

IM JAHRESKREIS

Ps 19 (18), 8.9.10.11–12 (R: Joh 6, 68c oder vgl. 6, 63b)   15

R Herr, du hast Worte des ewigen Lebens. – **R**   (GL 465)

Oder:

R Deine Worte, Herr, sind Geist und Leben. – **R**   (GL 687, 1 = V/A)

8   Die Weisung des Herrn ist vollkommen, *   II. oder VI. Ton
    sie erquickt den Menschen.

    Das Gesetz des Herrn ist verläßlich, *
    den Unwissenden macht es weise. – (R)

9   Die Befehle des Herrn sind richtig, *
    sie erfreuen das Herz;

    das Gebot des Herrn ist lauter, *
    es erleuchtet die Augen. – (R)

10 Die Furcht des Herrn ist rein, *
    sie besteht für immer.

    Die Urteile des Herrn sind wahr, *
    gerecht sind sie alle. – (R)

11 Sie sind kostbarer als Gold, als Feingold in Menge. *
    Sie sind süßer als Honig, als Honig aus Waben.

12 Auch dein Knecht läßt sich von ihnen warnen; *
    wer sie beachtet, hat reichen Lohn. – R

Oder:

16 Ps 27 (26), 1.4.13−14 (R: 1a)

R Der Herr ist mein Licht und mein Heil. − R   (GL 487)

1   Der Herr ist mein Licht und mein Heil: *   IV. Ton
    Vor wem sollte ich mich fürchten?

    Der Herr ist die Kraft meines Lebens: *
    Vor wem sollte mir bangen? − (R)

4   Nur eines erbitte ich vom Herrn, danach verlangt mich: *
    Im Haus des Herrn zu wohnen alle Tage meines Lebens,

    die Freundlichkeit des Herrn zu schauen *
    und nachzusinnen in seinem Tempel. − (R)

13 Ich bin gewiß, zu schauen *
    die Güte des Herrn im Land der Lebenden.

14 Hoffe auf den Herrn, und sei stark! *
    Hab festen Mut, und hoffe auf den Herrn! − R

Oder:

17 Ps 34 (33), 2−3.4−5.6−7.8−9 (R: vgl. 2a oder 9a)

R Den Herrn will ich preisen alle Zeit. − R   (GL 477)

Oder:

R Kostet und seht, wie gütig der Herr ist! − R   (GL 471)

2   Ich will den Herrn allezeit preisen; *   VI. Ton
    immer sei sein Lob in meinem Mund.

3   Meine Seele rühme sich des Herrn; *
    die Armen sollen es hören und sich freuen. − (R)

4   Verherrlicht mit mir den Herrn, *
    laßt uns gemeinsam seinen Namen rühmen.

5   Ich suchte den Herrn, und er hat mich erhört, *
    er hat mich all meinen Ängsten entrissen. − (R)

6   Blickt auf zu ihm, so wird euer Gesicht leuchten, *
    und ihr braucht nicht zu erröten.

7   Da ist ein Armer; er rief, und der Herr erhörte ihn. *
    Er half ihm aus all seinen Nöten. − (R)

8   Der Engel des Herrn umschirmt alle, die ihn fürchten und ehren, *
    und er befreit sie.

9   Kostet und seht, wie gütig der Herr ist; *
    wohl dem, der zu ihm sich flüchtet! – R

Oder:

Ps 63 (62), 2.3–4.5–6.8–9 (R: vgl. 2b)   **18**

R Meine Seele dürstet nach dir, mein Gott. – R   (GL 676,1)

2   Gott, du mein Gott, dich suche ich, *   II. Ton
    meine Seele dürstet nach dir.

    Nach dir schmachtet mein Leib *
    wie dürres, lechzendes Land ohne Wasser. – (R)

3   Darum halte ich Ausschau nach dir im Heiligtum, *
    um deine Macht und Herrlichkeit zu sehen.

4   Denn deine Huld ist besser als das Leben; *
    darum preisen dich meine Lippen. – (R)

5   Ich will dich rühmen mein Leben lang, *
    in deinem Namen die Hände erheben.

6   Wie an Fett und Mark wird satt meine Seele, *
    mit jubelnden Lippen soll mein Mund dich preisen. – (R)

8   Ja, du wurdest meine Hilfe; *
    jubeln kann ich im Schatten deiner Flügel.

9   Meine Seele hängt an dir, *
    deine rechte Hand hält mich fest. – R

Oder:

Ps 95 (94), 1–2.6–7c.7d–9 (R: vgl. 7d.8a)   **19**

R Hört auf die Stimme des Herrn;   (GL 529,5)
  verhärtet nicht euer Herz! – R

1   Kommt, laßt uns jubeln vor dem Herrn *   IV. Ton
    und zujauchzen dem Fels unsres Heiles!

2   Laßt uns mit Lob seinem Angesicht nahen, *
    vor ihm jauchzen mit Liedern! – (R)

6 Kommt, laßt uns niederfallen, uns vor ihm verneigen, *
laßt uns niederknien vor dem Herrn, unserm Schöpfer!

7abc Denn er ist unser Gott, †
wir sind das Volk seiner Weide, *
die Herde, von seiner Hand geführt. – (R)

7d Ach, würdet ihr doch heute auf seine Stimme hören! †

8 „Verhärtet euer Herz nicht wie in Meríba, *
wie in der Wüste am Tag von Massa!

9 Dort haben eure Väter mich versucht, *
sie haben mich auf die Probe gestellt und hatten doch mein Tun gesehen."

R Hört auf die Stimme des Herrn;
verhärtet nicht euer Herz!

Oder:

20 Ps 100 (99), 1–3.4–5 (R: vgl. 3)

R Wir sind das Volk des Herrn,   (GL 646, 1)
die Herde seiner Weide! – R

1 Jauchzt vor dem Herrn, alle Länder der Erde! †   V. Ton
2 Dient dem Herrn mit Freude! *
Kommt vor sein Antlitz mit Jubel!

3 Erkennt: Der Herr allein ist Gott. †
Er hat uns geschaffen, wir sind sein Eigentum, *
sein Volk und die Herde seiner Weide. – (R)

4 Tretet mit Dank durch seine Tore ein! †
Kommt mit Lobgesang in die Vorhöfe seines Tempels! *
Dankt ihm, preist seinen Namen!

5 Denn der Herr ist gütig, †
ewig währt seine Huld, *
von Geschlecht zu Geschlecht seine Treue. – R

Oder:

21 Ps 103 (102), 1–2.3–4.8 u. 10.12–13 (R: vgl. 8)

R Gnädig und barmherzig ist der Herr,   (GL 527, 5)
voll Langmut und reich an Güte. – R

1 Lobe den Herrn, meine Seele, *
und alles in mir seinen heiligen Namen!   IV. Ton

² Lobe den Herrn, meine Seele, *
und vergiß nicht, was er dir Gutes getan hat: – (R)

³ der dir all deine Schuld vergibt *
und all deine Gebrechen heilt,

⁴ der dein Leben vor dem Untergang rettet *
und dich mit Huld und Erbarmen krönt. – (R)

⁸ Der Herr ist barmherzig und gnädig, *
langmütig und reich an Güte.

¹⁰ Er handelt an uns nicht nach unsern Sünden *
und vergilt uns nicht nach unsrer Schuld. – (R)

¹² So weit der Aufgang entfernt ist vom Untergang, *
so weit entfernt er die Schuld von uns.

¹³ Wie ein Vater sich seiner Kinder erbarmt, *
so erbarmt sich der Herr über alle, die ihn fürchten. – R

Oder:

Ps 145 (144), 1–2.8–9.10–11.13c–14 (R: 1a)   **22**

R Ich will dich rühmen, mein Gott und König. – **R**   (GL 529, 7)

¹ Ich will dich rühmen, mein Gott und König, *   I. Ton
und deinen Namen preisen immer und ewig;

² ich will dich preisen Tag für Tag *
und deinen Namen loben immer und ewig. – (R)

⁸ Der Herr ist gnädig und barmherzig, *
langmütig und reich an Gnade.

⁹ Der Herr ist gütig zu allen, *
sein Erbarmen waltet über all seinen Werken. – (R)

¹⁰ Danken sollen dir, Herr, all deine Werke *
und deine Frommen dich preisen.

¹¹ Sie sollen von der Herrlichkeit deines Königtums reden, *
sollen sprechen von deiner Macht. – (R)

¹³ᶜᵈ Der Herr ist treu in all seinen Worten, *
voll Huld in all seinen Taten.

¹⁴ Der Herr stützt alle, die fallen, *
und richtet alle Gebeugten auf. – R

AN DEN LETZTEN SONNTAGEN IM KIRCHENJAHR

23 Ps 122 (121), 1–3.4–5.6–7.8–9 (R: 1b)

R Zum Haus des Herrn wollen wir pilgern. – **R**　　　　(GL 118,5)

1　Ich freute mich, als man mir sagte: *　　　　　I. Ton
　　„Zum Haus des Herrn wollen wir pilgern."

2　Schon stehen wir in deinen Toren, Jerusalem: †
3　Jerusalem, du starke Stadt, *
　　dicht gebaut und fest gefügt. – (R)

4　Dorthin ziehen die Stämme hinauf, die Stämme des Herrn, †
　　wie es Israel geboten ist, *
　　den Namen des Herrn zu preisen.

5　Denn dort stehen Throne bereit für das Gericht, *
　　die Throne des Hauses David. – (R)

6　Erbittet für Jerusalem Frieden! *
　　Wer dich liebt, sei in dir geborgen.

7　Friede wohne in deinen Mauern, *
　　in deinen Häusern Geborgenheit. – (R)

8　Wegen meiner Brüder und Freunde *
　　will ich sagen: In dir sei Friede.

9　Wegen des Hauses des Herrn, unseres Gottes, *
　　will ich dir Glück erflehen. – R

ANHANG II

RUFE VOR DEM EVANGELIUM
Für die Sonntage im Jahreskreis

Vers: 1 Sam 3, 9; Joh 6, 68c

1

Halleluja. Halleluja.

Rede, Herr, dein Diener hört.
Du hast Worte des ewigen Lebens.

Halleluja.

Vers: vgl. Mt 11, 25

2

Halleluja. Halleluja.

Sei gepriesen, Vater, Herr des Himmels und der Erde;
du hast die Geheimnisse des Reiches den Unmündigen offenbart.

Halleluja.

Vers: vgl. Lk 19, 38

3

Halleluja. Halleluja.

Gepriesen sei der König, der kommt im Namen des Herrn.
Im Himmel Friede und Herrlichkeit in der Höhe!

Halleluja.

Vers: vgl. Joh 1, 14a. 12a

4

Halleluja. Halleluja.

Das Wort ist Fleisch geworden und hat unter uns gewohnt.
Allen, die ihn aufnahmen,
gab er Macht, Kinder Gottes zu werden.

Halleluja.

Vers: vgl. Joh 6, 63b. 68c

5

Halleluja. Halleluja.

Deine Worte, Herr, sind Geist und Leben.
Du hast Worte des ewigen Lebens.

Halleluja.

6   Vers: vgl. Joh 8, 12

Halleluja. Halleluja.

(So spricht der Herr:)
Ich bin das Licht der Welt.
Wer mir nachfolgt, hat das Licht des Lebens.

Halleluja.

7   Vers: Joh 10, 27

Halleluja. Halleluja.

(So spricht der Herr:)
Meine Schafe hören auf meine Stimme;
ich kenne sie, und sie folgen mir.

Halleluja.

8   Vers: Joh 14, 6

Halleluja. Halleluja.

(So spricht der Herr:)
Ich bin der Weg und die Wahrheit und das Leben;
niemand kommt zum Vater, außer durch mich.

Halleluja.

9   Vers: vgl. Joh 14, 23

Halleluja. Halleluja.

(So spricht der Herr:)
Wer mich liebt, hält fest an meinem Wort.
Mein Vater wird ihn lieben, und wir werden bei ihm wohnen.

Halleluja.

10   Vers: Joh 15, 15b

Halleluja. Halleluja.

(So spricht der Herr:)
Ich habe euch Freunde genannt;
denn ich habe euch alles mitgeteilt,
was ich gehört habe von meinem Vater.

Halleluja.

Vers: vgl. Joh 17, 17b u. a   **11**

Halleluja. Halleluja.

Dein Wort, o Herr, ist Wahrheit;
heilige uns in der Wahrheit!

Halleluja.

Vers: vgl. Apg 16, 14b   **12**

Halleluja. Halleluja.

Herr, öffne uns das Herz,
daß wir auf die Worte deines Sohnes hören.

Halleluja.

Vers: vgl. Eph 1, 17–18   **13**

Halleluja. Halleluja.

Der Vater unseres Herrn Jesus Christus
erleuchte die Augen unseres Herzens,
damit wir verstehen, zu welcher Hoffnung wir berufen sind.

Halleluja.

Für die letzten Sonntage im Kirchenjahr

Vers: vgl. Mt 24, 42a.44   **14**

Halleluja. Halleluja.

Seid wachsam und haltet euch bereit!
Denn der Menschensohn kommt
zu einer Stunde, in der ihr es nicht erwartet.

Halleluja.

Vers: vgl. Lk 21, 36   **15**

Halleluja. Halleluja.

Wacht und betet allezeit,
damit ihr hintreten könnt vor den Menschensohn.

Halleluja.

Vers: Offb 2, 8b.10c   **16**

Halleluja. Halleluja.

(So spricht Er, der Erste und der Letzte:)
Sei treu bis in den Tod;
dann werde ich dir den Kranz des Lebens geben.

Halleluja.

RUFE VOR DEM EVANGELIUM
in der Fastenzeit
und in den Messen für Verstorbene

Die Rufe, die das Halleluja ersetzen können, sind hier zusammengestellt. An Ort und Stelle ist jeweils ein Beispiel ausgedruckt.

1. Ruhm und Ehre sei dir, Christus!
2. Ehre sei dir, Christus, Sohn des lebendigen Gottes!
3. Wie wunderbar sind deine Werke, Herr!
4. Dein ist die Ehre, dein ist die Macht, Christus, Herr und Erlöser!

5. Herr Jesus, dir sei Ruhm und Ehre!
6. Christus, du Weisheit Gottes des Vaters, Ehre sei dir!
7. Christus, du ewiges Wort des Vaters, Ehre sei dir!
8. Christus, du König der ewigen Herrlichkeit, Ehre sei dir!

9. Lob sei dir, Herr, König der ewigen Herrlichkeit!
10. Lob dir, Christus, König und Erlöser!
11. Christus Sieger, Christus König, Christus Herr in Ewigkeit!

ANHANG III

FÜRBITTEN

ADVENT

I.

In einer Welt voll Dunkelheit und Haß beten wir vertrauensvoll zu Christus, dem Erlöser der Menschen:

Für unsere Pfarrgemeinde:
Daß er ihren Glauben stärke und den Zusammenhalt festige,
lasset zum Herrn uns beten: Herr, erbarme dich ...

Für die Menschen, die Christus nicht kennen:
Daß ihnen die wahre Botschaft aufleuchtet und sie den Frieden finden,
lasset zum Herrn uns beten: Herr, erbarme dich ...

Für unsere Alten und Kranken:
Daß Gottes Liebe ihre Tage erhellt und sie froh macht und tröstet,
lasset zum Herrn uns beten: Herr, erbarme dich ...

Um den Frieden in der Welt:
Daß er die Herzen der Mächtigen hinlenke auf Gerechtigkeit und Versöhnung,
lasset zum Herrn uns beten: Herr, erbarme dich ...

Um eine gute Sterbestunde:
Daß er uns bei unserm Hinscheiden gütig begegne,
lasset zum Herrn uns beten: Herr, erbarme dich ...

Allmächtiger, ewiger Gott, laß alle Menschen deine *Güte erfahren. Gib*,
daß sie zum Licht der Wahrheit finden und in deiner Liebe einander
den Frieden schenken. Darum bitten wir durch Christus, unseren
Herrn. – A: Amen.

II.

Wir rufen zu Christus, dem König des kommenden Gottesreiches:

Für die Kirche in Lateinamerika – daß ihre Hirten die Armen und Schwachen verteidigen, daß unsere Glaubensbrüder vor der Bedrükkung nicht zurückweichen, sondern mutig und glaubensvoll in die Zukunft gehen.

(Stille) V: Christus, höre uns! A: Christus, erhöre uns!

Für die Brüder und Schwestern in ..., in den Ländern staatlicher Unterdrückung – für ihre Freiheit, um Nahrung und Kleidung.

Für die Kinder, die voll Sehnsucht auf Weihnachten warten – daß die Festfeier sie im Glauben bestärkt.

Für unsere Familien – daß wir einander in Geduld und Liebe tragen.

Für die Kranken, die gerade in diesen Tagen besonders leiden unter ihrer Einsamkeit und ihren Schmerzen.

Für die Verstorbenen (der letzten Woche) – daß sie das ewige Leben erlangen.

Denn du hast uns hier versammelt, daß wir dein Kommen verkünden. Dir gebührt der Lobpreis in Ewigkeit. – A: Amen.

III.

Im fürbittenden Gebet vereinen wir uns mit allen, die auf das Kommen Christi warten, und rufen mit ihnen:

Herr Jesus Christus,
schenke den Kindern frohe Erwartung und Vorfreude auf dein Kommen!

A: Wir bitten dich, erhöre uns.

Laß die jungen Leute etwas ahnen von deiner Liebe, die im Alltag oft so versteckt und verborgen ist!

Tröste in diesen Tagen besonders die Alten, die Kranken und die Heimatlosen!

Stärke in unserer Welt voll Argwohn, Haß und Krieg die Bereitschaft zum Frieden!

Rüttle unsere Herzen auf, und mach sie bereit für dein Kommen!

Laß alle, die in diesen vorweihnachtlichen Tagen unterwegs sind, glücklich an ihr Ziel gelangen!

Schenke unseren Verstorbenen den Siegespreis in deiner ewigen Herrlichkeit!

Allmächtiger, ewiger Gott, voll Vertrauen wartet dein Volk, daß der Erlöser kommt und den Frieden bringt. Erhöre die Sehnsucht der Deinen und der ganzen Schöpfung, und vollende dein Werk durch Christus, unseren Herrn. – A: Amen.

IV. (mit Kindern)

Wir beten zu Jesus, der uns hier beim Schein des Adventslichtes versammelt hat:

Nimm von allen Kindern die Angst, und laß sie voll Freude auf dein Kommen warten!

A: Wir bitten dich, erhöre uns.

Laß viele junge Menschen deinen Ruf hören, und mache sie zu Menschenfischern!

Sende deine Boten zu allen Völkern, und laß sie den Frieden bringen!

Hilf uns, daß wir uns in der Familie gut auf dein Kommen vorbereiten!

Schenke allen Verstorbenen die ewige Freude in deinem Reich!

Denn du wirst kommen und uns in Freude um deinen Tisch versammeln. Dir danken wir jetzt und in Ewigkeit. – A: Amen.

WEIHNACHTEN

I.

Christus, der Herr, ist uns gleich geworden, er hat das menschliche Leben ganz mit uns geteilt. So beten wir heute zu ihm in den Freuden und Sorgen der Menschen:

Die ganze Kirche ist voll Freude und Dankbarkeit in den weihnachtlichen Tagen. Daß diese Freude nicht bei Äußerlichkeiten stehenbleibt, sondern in seiner Menschwerdung wurzelt,
lasset zum Herrn uns beten: Herr, erbarme dich ...

Auch zwischen den Völkern herrscht jetzt Weihnachtsfriede. Daß es zu einem dauernden, auf gegenseitigem Vertrauen beruhenden Weltfrieden kommt,
lasset zum Herrn uns beten: Herr, erbarme dich ...

Nicht wenige sind besorgt; sie fürchten Arbeitslosigkeit, Kriegsgefahr, ungesicherte Zukunft. Wir teilen solche Ängste auch mit den Brüdern und Schwestern in ... und in vielen Ländern. Daß er uns alle auf unserem Weg ermutige,
lasset zum Herrn uns beten: Herr, erbarme dich ...

Ein besonderes Gedenken gilt den Glaubensbrüdern in Südamerika (die wir mit unserm Weihnachtszehnten unterstützen wollen). Daß sie, ermutigt durch die Botschaft des Evangeliums, auf dem Weg des Friedens vorankommen,
lasset zum Herrn uns beten: Herr, erbarme dich ...

Viele möchten diesen Gottesdienst mit uns feiern, doch sie können nicht kommen; sie machen Dienst für uns, sie sind durch Alter, Krankheit oder äußere Gewalt daran gehindert. Für sie alle
lasset zum Herrn uns beten: Herr, erbarme dich ...

Wir gedenken (in dieser Heiligen Nacht) auch unserer Verstorbenen. Daß ihnen das ewige Licht leuchte,
lasset zum Herrn uns beten: Herr, erbarme dich ...

Allmächtiger Gott, wir danken dir für deine Liebe, die in der Menschwerdung Christi sichtbar geworden ist. Bleibe allen Menschen nahe, durch Christus, unseren Herrn. – A: Amen.

II.

Zu Christus, dem Sohn des lebendigen Gottes, dem Heiland der Welt, rufen wir in diesen festlichen Tagen:

Schenke der Kirche auf der ganzen Erde Einigkeit und Frieden!
A: Wir bitten dich, erhöre uns.

Gib Armen und Reichen Kraft zum Teilen und Schenken, und führe die Welt zu deinem Frieden!

Schenk den Müttern, die im Alltag Sorgen mit ihren Kindern haben, Liebe und Geduld!

Gedenke derer, die die Feiertage als Patienten oder Helfer in den Krankenhäusern verbringen müssen!

Laß die Gefangenen, die Einsamen und Heimatlosen deine Liebe erfahren!

Führe die Verstorbenen in das Reich des Lichtes und des Friedens!

Denn du bist der Herr der Welt und das Licht der Menschen. Du wirst kommen und uns den Frieden bringen. Dich preisen wir mit dem Vater und dem Heiligen Geist, jetzt und in Ewigkeit. – A: Amen.

ERSCHEINUNG DES HERRN

Zu Christus, in dem das wahre Leben unter uns Menschen erschienen ist, beten wir voll Vertrauen:

Du hast die Weisen aus dem fernen Morgenland Gottes rettende Nähe und Liebe schauen lassen. Sende deine Boten zu allen Völkern, und laß das Evangelium in unseren Tagen erstarken.

A: Wir bitten dich, erhöre uns.

Im Wasser des Jordan hast du unsere Armseligkeit auf dich genommen. Reinige die Kirche von Schuld und Sünde, und bereite sie für dein kommendes Friedensreich!

Du hast bei der Hochzeit zu Kana Menschen aus ihrer Not und Sorge *befreit. Rette auch heute die Menschen, die trotz allem Fortschritt so* vielfältig leiden müssen, aus ihren Ängsten, und mache sie froh und zuversichtlich!

Heute zeichnen wir das Kreuz als das Siegeszeichen auf die Türen unserer Häuser und Wohnungen. Bewahre uns vor allem Bösen, und nimm unsere Familien in deinen Schutz!

Unsere Verstorbenen sind in ihrem irdischen Leben vertrauensvoll dem leuchtenden Stern des Glaubens gefolgt. Laß sie alle das Ziel unseres Weges erreichen und in Gottes Liebe für immer geborgen sein!

Allmächtiger, ewiger Gott, in Christus hast du die ganze Welt auf den Weg des Friedens gerufen. Erhöre unser Beten, und vereine uns alle in deinem kommenden Reich. Darum bitten wir durch Christus, unseren Herrn. – **A:** Amen.

FASTENZEIT

I.

Wir beten zu Christus, dem Gottessohn, der mächtiger ist als aller Haß der Welt:

Daß die Kirche trotz Kreuz und Verfolgung nie den Mut verliert, sondern zuversichtlich mithilft an der Rettung der Menschen,
lasset zum Herrn uns beten: Herr, erbarme dich ...

Daß er dem Wettrüsten ein Ende setzt und den Mächtigen der Erde ihre Verantwortung für den Frieden bewußtmacht,
lasset zum Herrn uns beten: Herr, erbarme dich ...

Daß alle Menschen genug zum Essen haben und alle Völker der Erde in Freiheit und Sicherheit leben,
lasset zum Herrn uns beten: Herr, erbarme dich ...

Für die Kranken, denen wir in diesen Tagen die Osterkommunion ins Haus bringen, aber auch für alle, die Christi österliche Sakramente zurückweisen,
lasset zum Herrn uns beten: Herr, erbarme dich ...

Für die Kinder, die in der kommenden Osternacht getauft werden,
für alle, die sich auf die Firmung und den ersten Empfang der heiligen Kommunion vorbereiten,
und für alle, die sich in einer ehrlichen Beichte mit Gott und den Mitmenschen aussöhnen wollen,
lasset zum Herrn uns beten: Herr, erbarme dich ...

Denn du bist am Kreuz gestorben, damit wir das Leben haben und es in Fülle haben. Dir sei Ehre und Lobpreis in Ewigkeit! – **A:** Amen.

II.

Zu Christus, der uns auf dem Weg des Kreuzes hin auf Ostern vorangeht, beten wir in der Stille:

Daß die Kirche in allen Gemeinden auf dem Erdkreis Ostern in Zuversicht, in Freiheit und Frieden feiert.

(Stille) V: Christus, höre uns! A: Christus, erhöre uns!

Daß die Mächtigen in unserem Vaterland das Gesetz Gottes als die Richtschnur unseres Zusammenlebens anerkennen.

Daß wir die Nöte unserer Tage, die Arbeitslosigkeit, die Unsicherheit und die Angst meistern und bestehen und auch die vielfache stille Not in unserem Land nicht achtlos übersehen.

Daß wir in aufrichtiger Reue über unsere Sünden Kraft haben zu Umkehr und einem neuen Anfang.

Daß durch die Kraft des Kreuzes aus den Leiden der Kranken und Sterbenden neue Hoffnung und neues Leben erwächst.

Gott, unser Vater, du kennst Elend und Not der Menschen. Wir danken dir, daß du für uns da bist. Höre unser Beten für unsere Freunde und für alle Menschen, durch Christus, unseren Herrn. – A: Amen.

III.

In diesen vorösterlichen Tagen rufen wir voll Vertrauen und Hoffnung zu Jesus Christus, unserem Herrn und Gott:

Erneuere und belebe deine Kirche in allen ihren Gliedern durch eine würdige Osterfeier!

A: Wir bitten dich, erhöre uns.

Lenke die Geschicke unseres Vaterlandes nach deinem Willen in Einigkeit und Frieden!

Stärke alle, die leiden und oft über ihre Kraft geprüft werden, mit Hoffnung und Zuversicht!

Bewahre denen, die kein Interesse an der Kirche und am Empfang der Sakramente zeigen, dein Erbarmen und deine Güte!

Gib uns Kraft zu mehr Hilfsbereitschaft und Menschlichkeit in der Familie, gegenüber Mitarbeitern und Mitmenschen!

Denn in deiner Hand liegt die Zukunft der Welt. Durch dich preisen wir den Vater in der Einheit des Heiligen Geistes in alle Ewigkeit. –
A: Amen.

IV.

Zu unserem Herrn Jesus Christus, der das Leid getragen und das Böse besiegt hat, beten wir in den Sorgen der Kirche und der ganzen Welt:

Steh unseren Bischöfen, Priestern und Diakonen in ihrem Dienst am Heil der Menschen mit deiner Kraft und Gnade bei!

A: Wir bitten dich, erhöre uns.

Versammle deine Gemeinde in erneuertem Glauben und in neu gekräftigter Liebe um deinen österlichen Tisch!

Heile die Welt, die durch Haß und Sünde im argen liegt, durch deine österlichen Sakramente!

Zeige dich dem Volk Israel als der wahre Heiland und Erlöser!

Ermutige die Brüder und Schwestern in der Verfolgung zu unerschütterlicher Glaubenstreue!

Blicke gütig auf uns in unseren täglichen Sorgen und Nöten!

Denn du bist reich an Erbarmen für alle, die zu dir rufen. Dir sei Ehre in Ewigkeit! – A: Amen.

V.

Gott ruft die Menschen zu Besinnung und Buße. Wer zu ihm gelangen will, muß den harten Weg der Losschälung gehen. Dazu bitten wir ihn um seine Kraft und Gnade!

Hilf den Bischöfen, Priestern und Diakonen, ihren Auftrag recht zu erfüllen; gib, daß sie dich durch ihr Wort und ihr Leben verkünden!

A: Wir bitten dich, erhöre uns.

Du rufst auch in unserer Zeit junge Menschen auf den Weg der Armut, der Ehelosigkeit und des Gehorsams; gib, daß sie deinem Rufe freudig folgen!

Gib allen Jüngern Jesu die Kraft, sich nicht bedienen zu lassen, sondern zu dienen und sich für den anderen einzusetzen!

Gib allen Gliedern unserer Gemeinde den Mut zu einem ehrlichen Bekenntnis ihrer Sünden, und gewähre ihnen im Sakrament der Versöhnung deine Verzeihung!

Nimm alles Mühen und Streben der Guten in deinen Dienst, und überwinde das Böse in der ganzen Welt!

Denn du hast in Christus unser Leid mitgetragen und Sünde und Tod besiegt. Dir sei die Ehre in Ewigkeit! – A: Amen.

OSTERZEIT

I.

In österlicher Freude um Christus, den Sieger, versammelt, bitten wir ihn in den Nöten der Welt:

Daß die Kirche aus Spaltung und Trennung zu Einheit und Liebe findet und die österliche Botschaft glaubwürdig verkündet,
zu Christus, dem Auferstandenen, laßt uns rufen: Herr, erbarme dich ...

Daß die Mächtigen in Politik und Wirtschaft für alle Menschen Wohlergehen und Freiheit suchen und so den Frieden festigen,
zu Christus, dem Erlöser, laßt uns rufen: Herr, erbarme dich ...

Daß die Armen, die Hungernden und Weinenden und alle, die um ihres Glaubens willen verlacht und benachteiligt werden, die Hoffnung nicht sinken lassen,
zu Christus, dem Gekreuzigten, laßt uns rufen: Herr, erbarme dich ...

Daß unsere Toten auferstehn und ins ewige Leben gelangen,
zu Christus, dem Erstling der Entschlafenen, laßt uns rufen: Herr, erbarme dich ...

Allmächtiger, ewiger Gott, du hast deinen Sohn aus Grab und Tod zum neuen Leben auferweckt. Erfülle die ganze Welt mit diesem österlichen Leben. Durch Christus, unseren Herrn. – A: Amen.

II.

In dieser hochheiligen Nacht (in diesen österlichen Tagen) laßt uns, meine Brüder und Schwestern, aus ganzem Herzen um die Fülle der Erlösung bitten für die gesamte Welt!

Für alle, die in der Taufe oder im Sakrament der Buße in den Leib Christi und seinen Lebensstrom eingefügt wurden – um ein Leben in Zuversicht und Freiheit.

(Stille) V: Christus, höre uns! A: Christus, erhöre uns!

Für alle, die von der Sünde geknechtet und von ihren Begierden gefesselt sind – um Befreiung aus ihrer Not.

Für die Arbeitslosen, die Fremdarbeiter, die Kranken, die Trauernden, die Gefangenen und für alle, die nicht zur Osterfeier kommen können – um Kraft und Trost aus dem österlichen Glauben.

Für uns selber – um Geduld und herzliches Erbarmen, um Frieden und um das einigende Band der Liebe.

Für unsere Verstorbenen – um Anteil an der Auferstehung und am ewigen Leben.

Denn du hast den Tod besiegt und uns das Leben gebracht. Dir singen wir den Lobpreis in Ewigkeit. – A: Amen.

III.

Zu Jesus Christus, dem heiligen, starken, dem unsterblichen Gott, rufen wir in gläubigem Vertrauen:

Erwecke deine Kirche, und erhalte sie in der österlichen Freude!

A: Wir bitten dich, erhöre uns.

Schenke ihr genügend Seelsorger, die die Botschaft von der Auferstehung mit Vollmacht verkünden!

Segne unsere Kinder, die sich auf den ersten Empfang der heiligen Kommunion vorbereiten!

Erfülle die Mühseligen und Beladenen, die Kranken und die Sterbenden mit österlicher Hoffnung!

Gib den Menschen in unserem Land und allen Völkern der Erde Freiheit und Frieden!

Führe unsere Verstorbenen zum Siegesmahl im himmlischen Reich!

Denn du bist unsere Hoffnung und unsere Zuversicht. Dich preisen wir in Ewigkeit. – A: Amen.

PFINGSTEN

Zu Christus, der uns im Heiligen Geist zum Frieden gerufen und in seiner Liebe hier versammelt hat, beten wir für unsere Welt:

Um Einheit und Frieden für die Kirche und das Ende aller Spaltung (Stille) –
zu Christus, dem Hirten des Gottesvolkes, laßt uns rufen: Herr, erbarme dich ...

Für die Mächtigen in Wirtschaft und Politik, die Verantwortung tragen für den Frieden und das Heil der Völker (Stille) –
zu Christus, dem Spender des Friedens, laßt uns rufen: Herr, erbarme dich ...

Für alle, die in diesen Frühlingstagen unterwegs sind und Erholung suchen (Stille) –
zu Christus, dem Freund der Menschen, laßt uns rufen: Herr, erbarme dich ...

Um gedeihliches Wetter und Schutz vor Katastrophen, um Nahrung, Kleidung und Wohnung für alle Menschen und die Achtung vor ihrer Freiheit und Menschenwürde (Stille) –
zu Christus, dem Retter der Armen, laßt uns rufen: Herr, erbarme dich ...

Für uns alle, die hier versammelt sind, um die Frucht des Geistes, um Liebe und Freude, Freundlichkeit und Güte, um Treue und Selbstbeherrschung (Stille) –
zu Christus, dem Sieger über die Sünde, laßt uns rufen: Herr, erbarme dich ...

Denn durch dich haben wir den Heiligen Geist als Siegel empfangen, *als ersten Anteil* des Erbes, das wir von Gott erhalten sollen. Durch dich preisen wir den Vater in Ewigkeit. – A: Amen.

IM JAHRESKREIS

I.

Als Gottes heiliges Volk um Christus versammelt, beten wir aus ganzem Herzen:

Um den Frieden für die gesamte Welt, um das Wohl der Kirche und die Einheit aller lasset zum Herrn uns beten: Herr, erbarme dich ...

Für unsern Papst **N.** und unseren Bischof **N.**, für die Priester und Diakone und das ganze Volk Gottes lasset zum Herrn uns beten: Herr, erbarme dich ...

Für unser Volk und Vaterland, für alle, die es in Verantwortung regieren, lasset zum Herrn uns beten: Herr, erbarme dich ...

Um günstiges Wetter und reichen Ertrag der Erde, um Bewahrung vor Katastrophen und um einen friedlichen Verlauf der Zeiten lasset zum Herrn uns beten: Herr, erbarme dich ...

Für die Reisenden, für die Leidenden und Kranken, für die Gefangenen und um ihr Heil lasset zum Herrn uns beten: Herr, erbarme dich ...

Daß er uns befreie von aller Bedrängnis, von Zorn und Not, lasset zum Herrn uns beten: Herr, erbarme dich ...

Durch dich preisen wir den Vater in der Einheit des Heiligen Geistes in alle Ewigkeit. – **A:** Amen.

II.

Brüder und Schwestern, laßt uns zu Christus rufen, der am Thron Gottes für uns und für die ganze Welt eintritt!

Für unseren Papst **N.**, unseren Bischof **N.** und für alle Hirten der Kirche:
Daß sie in der Kraft des Heiligen Geistes und mit der Liebe des guten Hirten dem Gottesvolk vorangehn,
lasset zum Herrn uns beten: Herr, erbarme dich ...

Für unsere Glaubensbrüder in Bedrängnis und Verfolgung:
Daß sie unverzagt am Zeugnis für Christus festhalten und Gott ihnen ein Leben in Freiheit und Sicherheit gewähre,
lasset zum Herrn uns beten: Herr, erbarme dich ...

Für unser Volk und Vaterland:

Daß alle trennenden Mauern fallen und wir miteinander und mit allen Völkern im Frieden leben,
lasset zum Herrn uns beten: Herr, erbarme dich ...

In unseren täglichen Sorgen:
Daß wir vor Unwetter bewahrt bleiben, daß unsere Arbeit gesegnet sei und die Familien sich verstehen,
lasset zum Herrn uns beten: Herr, erbarme dich ...

Denn du bist uns vorangegangen auf dem Weg des Kreuzes und bist zum Vater heimgekehrt. Du wirst wiederkommen und die Welt zum Frieden führen. Dir sei die Ehre in Ewigkeit! – A: Amen.

III.
Zu unserem Herrn Jesus Christus beten wir voll Vertrauen:

Für unser Bistum, die Kirche von N.: (Stille)
Daß Bischof und Priester uns das Wort des Lebens voll Zuversicht verkünden,
zu Christus, dem Hirten der Kirche, laßt uns rufen: Herr, erbarme dich ...

Um Priesterberufe: (Stille)
Daß unseren Pfarreien wieder genügend Priester geschenkt werden, Spender der heiligen Sakramente,
zu Christus, dem Hohenpriester, laßt uns rufen: Herr, erbarme dich ...

Um den Frieden in der Welt: (Stille)
Daß das Wettrüsten endet, die Völker zueinanderfinden und auch wir in unserem Alltag den Haß ablegen,
zu Christus, dem Erlöser, laßt uns rufen: Herr, erbarme dich ...

In den Nöten der Menschen: (Stille)
Daß er die Verzweifelten aufrichte, den Hoffnungslosen einen Weg zeige und den Heimatlosen ein *Zuhause schaffe,*
zu Christus, dem Freund der Menschen, laßt uns rufen: Herr ...

Für uns selber, die hier versammelt sind: (Stille)
Daß er den Geist der Liebe und die Kraft des Helfens in uns mehre,
zu Christus, unserem Herrn und Meister, laßt uns rufen: Herr ...

Vater im Himmel, höre unser Gebet für die Einsamen, die Hungernden und Kranken in unserer Welt. Laß sie alle deine Liebe erfahren durch Christus, unseren Herrn. – A: Amen.

IV.

Laßt uns zu Christus beten, dem guten Hirten seines Volkes und der ganzen Erde!

Für die Christenheit – daß sie alle Spaltung überwindet und sich in Freude um den einen Tisch versammelt.

(Stille) V: Christus, höre uns! A: Christus, erhöre uns!

Für die Völker der Erde – daß sie ohne Haß und Krieg in Eintracht miteinander leben.

Für alle, die unter Krieg, Hunger oder Verfolgung leiden – daß sie in Menschenwürde und Freiheit leben dürfen.

Für die Eltern in ihrer Sorge um die Kinder, für die jungen Leute, die aus der Enge der Familie ausbrechen wollen, für die Alten, die mit der Welt heute nicht zurechtkommen – daß alle Wege zueinanderfinden.

Für unsere Gemeinde – daß wir ein Beispiel brüderlicher Liebe geben und Gottes Herrschaft glaubwürdig verkünden.

Herr, gedenke deiner Kirche auf der ganzen Erde. Entreiße sie der Macht des Bösen, und vollende sie in deiner Liebe. Darum bitten wir durch Christus, unseren Herrn. – A: Amen.

V.

Brüder und Schwestern! Im fürbittenden Gebet wollen wir uns gemeinsam an Christus wenden, der uns zum Dienst an der Welt berufen hat!

Für alle Getauften und Gefirmten – daß sie in seiner Kraft den rechten Lebensweg finden und ihre Aufgaben als Christen treu erfüllen.

(Stille) V: Christus, höre uns! A: Christus, erhöre uns!

Für den Frieden der Welt – daß alle Menschen ohne Angst vor Unterdrückung, ohne Furcht vor Krieg und Katastrophen in Freiheit und Sicherheit leben.

Für die Eltern – daß sie durch ihr Wort und ihr Beispiel den Kindern helfen, sich als Christen zu bewähren.

Für die Menschen in den Problemen unserer Tage – für die Arbeitslosen und die Jugendlichen ohne Lehrstelle, für die Behinderten und Vereinsamten, für die Geschiedenen, für die Gestrauchelten und die Süchtigen und für alle, die mit ihrem Kreuz nicht zurechtkommen.

Allmächtiger Gott, du willst die Welt zu Heil und Leben führen. Durchdringe sie mit deinem Heiligen Geist, und schenk uns den Frieden. Durch Christus, unseren Herrn. – A: Amen.

VI.

Inmitten einer Welt, die nur auf sich selber baut, beten wir durch Christus zu Gott, von dem allein Leben und Zukunft kommt:

Daß die Kirche, getragen von seiner Liebe, durch Not und Verfolgung unbeirrbar dem ewigen Ziele zuwandert.

V: Christus, höre uns! A: Christus, erhöre uns!

Daß die Reichen und Satten die Leere der Welt durchschauen und den wahren Weg des Lebens finden.

Daß die Armen, die Hungernden und Trauernden Gottes Liebe spüren und die Hoffnung nicht verlieren.

Daß die Ehegatten einander die Treue halten und die Eltern ihren Kindern ein echtes Beispiel christlichen Lebens geben.

Daß unsere Toten auferweckt werden und ins ewige Leben gelangen.

O Gott, du unser Halt und unsere Kraft, höre das Beten deines Volkes. Laß uns erlangen, um was wir dich bitten durch Christus, unseren Herrn. – A: Amen.

VII.

Laßt uns zu Christus beten, der für alle Menschen am Kreuz gestorben *ist!*

Für unsere Priester und Diakone:
Hilf ihnen bei ihrer schweren Aufgabe, und laß sie nicht müde werden in ihrem Dienst!

A: Wir bitten dich, erhöre uns.

Für unser(e) Stadt (Dorf, Gemeinde):
Segne alle Einwohner, und laß uns in rechter Gemeinschaft und gegenseitigem Verstehen zusammenleben!

Für die Urlauber, die (bei uns) Erholung suchen:
Schenke ihnen eine gute Zeit, und gib ihnen Ruhe, daß sie zu sich selber und zu dir finden!

Für unser Volk und Vaterland:
Beschütze uns vor Unruhen, Terror und Krieg, und gib den Regierenden Einsicht und Mut, die richtigen Entscheidungen zu treffen!

Für unsere Pfarrgemeinde:
Schenke uns deine Kraft und Liebe, daß wir uns in unseren täglichen Sorgen verstehen und gegenseitig helfen!

Für unsere Verstorbenen:
Entreiße sie dem ewigen Tod, und laß sie heimkehren in Gottes Reich!

Allmächtiger, ewiger Gott, wir danken dir, daß Christus das Kreuz für uns getragen hat. Führe die ganze Welt auf dem Weg des Kreuzes zu ihrem ewigen Ziel. Darum bitten wir durch Christus, unseren Herrn. –
A: Amen.

VIII.
Nur wer täglich das Kreuz auf sich nimmt und Christus folgt in der Last des Berufes und den Sorgen des Tages, kann sein Jünger sein. Darum bitten wir ihn, unseren Herrn und Meister:

Für den Dienst der Kirche:
Daß Priester und Diakone in den Gemeinden, daß Brüder und Schwestern in der Hilfe am anderen ihr Leben ganz für Gott einsetzen.

A: Wir bitten dich, erhöre uns.

Für die jungen Menschen, denen das Leben sinnlos erscheint:
Daß gute Menschen ihnen den rechten Weg zeigen.

Für die Familien:
Daß alle Mitglieder der Familie gut zueinander sind und sich gegenseitig im Glauben stützen.

Für die Politiker:
Daß sie unaufhörlich für den Frieden eintreten und die Not der Menschen zu lindern bemüht sind.

In den Sorgen und Ängsten der Menschen:
Daß alle Arbeit finden und Wohnung und Nahrung und daß die Welt vor Kriegen und Katastrophen bewahrt bleibt.

Für uns selber:
Daß wir von falscher Hast und Geschäftigkeit bewahrt bleiben und du
uns immer nahe bist in unserem Mühen und Sorgen.

Denn du bist der Herr unseres Lebens. Dir vertrauen wir auf all unseren Wegen. Dir sei die Ehre in Ewigkeit! – A: Amen.

IX.

Zu Gott, unserem Vater, der uns in Taufe und Firmung in die Kirche seines Sohnes berufen hat, beten wir voll Vertrauen:

Daß in unserer Heimat der Glaube lebendig bleibt und die Treue zur
Kirche.

A: Wir bitten dich, erhöre uns.

Daß unseren Gemeinden wieder genügend Priester- und Ordensberufe
geschenkt werden.

Daß alle, die an Christus glauben, zur Einheit finden und sich in brüderlicher Liebe um seinen einen Altar versammeln.

Daß die Völker im Frieden leben und alle Menschen Arbeit und das tägliche Brot haben.

Daß Eltern und Kinder sich verstehen und Alte und Kranke Trost und
Hilfe finden.

Allmächtiger, ewiger Gott, blicke gütig auf deine Gemeinde, die sich um
den Herrn Jesus Christus versammelt hat, um das Opfer des Lobes und
der Versöhnung mit ihm zu feiern. Erhöre unser Beten, und schenke
uns deinen Frieden, durch Christus, unseren Herrn. – A: Amen.

X.

Laßt uns den Herrn Jesus Christus bitten um sein Erbarmen für uns
und die ganze Welt!

Herr Jesus Christus!
Heile die Wunden der Christenheit, und führe die getrennten Kirchen
zur Einheit!

A: Wir bitten dich, erhöre uns.

Erbarme dich der Völker, die von Aufständen, Unterdrückung und Krieg gequält werden, und gib ihnen Sicherheit und Ruhe!

Gedenke derer, die aus Nachlässigkeit nicht zum Gottesdienst gekommen sind, und schenke ihnen neuen Eifer!

Tröste die Kranken und Behinderten, und segne alle, die nicht zum Gottesdienst gehen können!

Ermutige alle, die um des Glaubens willen verfolgt werden, und schenke Freiheit denen, die zu Unrecht gefangen sind!

Erbarme dich der Not der Sterbenden, und nimm alle, die heute vor deinen Richterstuhl treten, in die himmlische Herrlichkeit auf!

Denn du bist voll Liebe und Erbarmen zu uns Menschen. Dich loben und preisen wir mit dem Vater und dem Heiligen Geist, jetzt und in Ewigkeit. – A: Amen.

XI.
Zu Christus, der allein eine wahre Ordnung der Welt in Gerechtigkeit und Liebe aufrichten kann, beten wir voll Vertrauen:

Mache deine Kirche zu einem Ort des Friedens für die Menschen in einer Welt der Selbstsucht und des Hasses!

A: Wir bitten dich, erhöre uns.

Erleichtere den Behinderten das tägliche Leben in unserer Gemeinschaft!

Gib denen, die an Hunger, Armut oder unter Unterdrückung leiden, neuen Mut zum Leben!

Schenke den Kranken und den Alten Trost und Hoffnung!

Gib, daß niemand sich aus unserer Gemeinde ausgeschlossen fühlt!

Führe unsere Verstorbenen in die selige Gemeinschaft deiner Heiligen!

Denn du wirst kommen und die Welt zum Frieden führen. Durch dich preisen wir den Vater in der Einheit des Heiligen Geistes, jetzt und in Ewigkeit. – A: Amen.

XII.

Mit Vertrauen und Zuversicht bitten wir den Herrn um seinen Geist, der Leben schafft und die Welt in Liebe zur Einheit führt:

Erwecke und entfalte in allen Gliedern der Kirche den Glauben und den Mut zum Dienen!

A: Wir bitten dich, erhöre uns.

Führe Junge und Alte, Weise und Törichte, Starke und Schwache zur Einheit in der Gemeinschaft des Gottesvolkes!

Gib den Pfarreien unseres Landes wieder genügend Priester!

Setze dem Argwohn und dem Wettrüsten unter den Völkern ein Ende, und erhalte den Frieden!

Gib uns ein offenes Herz und eine helfende Hand für die Not der Brüder und Schwestern!

Führe unsere Verstorbenen in die selige Gemeinschaft des Himmels!

Barmherziger Gott, schenke der Welt das Leben, das dein Sohn am Kreuz für uns gegeben hat. Der mit dir lebt und herrscht in Ewigkeit. –
A: Amen.

XIII.

Was wir erträumen und erhoffen und selber doch nicht schaffen, davon soll unser fürbittendes Gebet jetzt zu Christus sprechen:

Herr, wir wünschen uns eine Kirche nach unseren Idealvorstellungen, die sich für die Freiheit der Menschen einsetzt und auf der Seite der Unterdrückten und Benachteiligten steht. Trotz aller Enttäuschungen vertrauen wir, daß du sie schaffst, und rufen: Herr, erbarme dich.

A: Herr, erbarme dich.

Herr, wir denken an die vielen jungen Menschen, die kein Verständnis finden, die enttäuscht sind von unserer konkreten Welt, die oft genug das verlorene Glück in Fanatismus oder Rausch, in Alkohol und Drogen suchen. Für sie rufen wir: Herr, erbarme dich.

A: Herr, erbarme dich.

Herr, wir denken daran, daß ebenso ältere Menschen vereinsamt, unverstanden, ohne helfenden Partner sind und auch wir oft nicht auf sie zugehen. Für sie rufen wir: Herr, erbarme dich.

A: Herr, erbarme dich.

Herr, wir wissen, daß der Friede nicht zuerst durch weniger Rüstung, sondern durch mehr helfende, opferbereite Liebe kommt. Du hast uns diese Liebe bis ans Kreuz bewiesen. Darum rufen wir: Herr, erbarme dich.

A: Herr, erbarme dich.

Denn deine Liebe ist größer als alle Gleichgültigkeit, aller Haß und alles Dunkel in unserer Welt. Wir danken dir, daß wir sie jetzt an deinem Tisch erfahren dürfen. Denn du liebst uns in Ewigkeit. – A: Amen.

XIV. (mit Kindern)
Jesus liebt die Menschen. Darum bitten wir ihn:

Für unsere Priester –
daß sie ihr Amt freudig und glaubwürdig ausüben.

V: Christus, höre uns! A: Christus, erhöre uns!

Für die armen Menschen in der Dritten Welt –
daß sie genug zu essen bekommen und besser leben können.

Für die Politiker –
daß sie gerecht handeln und für den Frieden sorgen.

Für alle Kranken und Behinderten –
daß sie ihre Krankheit ertragen und wieder gesund werden.

Für alle Einsamen –
daß sie bei freundlichen Menschen Wärme und Geborgenheit finden.

Für unsere Eltern und Freunde –
daß sie gesund bleiben und daß sie mit uns über alles reden.

Guter Vater, vergiß die Menschen nicht in ihren Sorgen und Ängsten. Sende ihnen Hilfe durch Christus, unseren Herrn. – A: Amen.

XV. (mit Kindern)
Vater im Himmel, wir bitten dich:

Für unsere Eltern und Geschwister:
Daß wir uns gut vertragen und immer füreinander da sind!

A: Wir bitten dich, erhöre uns.

Für unsere Klassengemeinschaft:
Daß wir uns gegenseitig verstehen und einander beistehen!

Für unsere Pfarrgemeinde:
Daß wir gerne mithelfen, wenn unsere Hilfe gebraucht wird!

Für die Menschen in der Dritten Welt:
Daß wir uns mit unseren bescheidenen Kräften gegen Hunger und Krankheit einsetzen!

Für den Frieden:
Daß alle auf Gewalt verzichten und daß das Wettrüsten bald aufhört!

In der Sorge für die Natur:
Daß alle Menschen sich für unsere Erde verantwortlich wissen!

Denn du willst das Leben und bist der Freund der Menschen. Dich preisen wir durch Christus im Heiligen Geist in Ewigkeit. – A: Amen.

XVI. (mit Jugendlichen)

Der Herr hat gesagt: Bittet, und ihr werdet empfangen! So bringen wir vor ihn die Not unserer Welt, damit er sie heilt.

Herr Jesus Christus!
Die Welt braucht Menschen, die ihren Dienst still, treu und zuverlässig erfüllen. – Gib allen Christen Mut zu einem solchen selbstverständlichen Dienst!

A: Wir bitten dich, erhöre uns.

Die Kirche braucht Priester, Missionare, *Schwestern* und viele Helfer. – Berufe auch aus unserem Kreis junge Menschen für einen solchen Dienst!

Wir denken an unsere Eltern und unser Zuhause. – Herr, hilf uns zu Geduld und gegenseitigem Verständnis!

Wir denken an die Menschen, deren Leben verdunkelt ist: die Heimatlosen, die Flüchtlinge unterwegs, die Arbeitslosen. – Herr, laß sie nicht allein in ihrer Not!

Wir denken an die Menschen, die mit ihrem Leben nicht zurechtkommen: die Drogenabhängigen, die Süchtigen, die Gestrauchelten, die Gefangenen. – Hilf ihnen zu einem neuen guten Start!

Herr Jesus Christus, du selbst wußtest nicht, wohin du dein Haupt legen solltest, und hast doch so vielen Geborgenheit und Heimat geschenkt. Erbarme dich auch in unseren Tagen der Menschen, damit sie durch dich zu Gott, unserem Vater, finden und wir ihm alle danken in Ewigkeit. – **A:** Amen.

XVII. (mit Jugendlichen)
Gott, unser Vater, höre die Bitten, die wir vor dich bringen.

Viele Menschen verschließen sich heute vor dir, da sie dich in der Finsternis unserer Tage nicht mehr erkennen können. Hilf ihnen, daß sie sich dir wieder zuwenden und zum Glauben finden!

A: Wir bitten dich, erhöre uns.

Herr, in der Welt gibt es heutzutage sehr viel Unfrieden, Streit, Krieg und Leid. Gib uns die Kraft, besser zusammenzustehen in der Liebe und dadurch etwas zur Versöhnung beizutragen!

Für alle, die nicht so im Überfluß leben wie wir. Laß sie nicht verzagen angesichts ihrer Not, und gib auch den Ärmsten der Welt ihr Brot für alle Tage!

Herr, wir leben in einer Zeit, in der die Menschen immer unpersönlicher werden und sich keiner Gedanken um den anderen macht. Hilf, daß die Menschen wieder mehr aufeinander zugehen und es vor allem in Schulen und auf Arbeitsstellen wieder menschlicher zugeht.

Herr, unser Gott, du hast die Erde geschaffen; du willst, daß die Menschen glücklich werden. Vergiß uns nicht, bleibe der Welt nahe durch Christus, unseren Herrn. – **A:** Amen.

MARIENFESTE

I.
Wir danken Gott, dem Vater, daß er die selige Jungfrau Maria, seine demütige Magd, so hoch verherrlicht hat, und bitten ihn:

Maria verharrte mit den Aposteln einmütig im Gebet um den Heiligen Geist; so schenke deiner Kirche auch heute Eintracht und Frieden!

A: Wir bitten dich, erhöre uns.

Du hast Maria reich begnadet und vor Sünde bewahrt; laß alle Menschen dein Erbarmen erfahren!

Christus hat uns an seinem Kreuz Maria zur Mutter gegeben; heile auf ihre Fürsprache die Kranken, tröste die Trauernden, verzeih den Sündern, und schenke allen deinen Frieden!

Du hast Maria in den Himmel aufgenommen; lenke auch unser Sinnen und Trachten auf unser ewiges Ziel!

Du hast Maria zur Königin gekrönt; nimm unsere Verstorbenen auf in die Gemeinschaft aller Heiligen!

Allmächtiger, ewiger Gott, blicke auf deine Gemeinde, die in Dankbarkeit das Opfer deines Sohnes feiert. Auf die Fürbitte der seligen Jungfrau Maria schenke uns deinen Frieden. Darum bitten wir durch Christus, unseren Herrn. – A: Amen.

II.
Nach dem Vorbild der Mutter Maria wollen auch wir Christus voll Vertrauen bitten um das Heil für unsere Heimat und für die ganze Welt:

Daß Kirche und christlicher Glaube in unserem Land lebendig bleiben, zum Herrn laßt uns rufen: Herr, erbarme dich …

Für die Menschen, die hier Heimat haben oder Heimat suchen, zum Herrn laßt uns rufen: Herr, erbarme dich …

Um eine rechte innere Ordnung und gegenseitiges Vertrauen in unserem Vaterland, zum Herrn laßt uns rufen: Herr, erbarme dich …

Um den Frieden der Welt, um Sicherheit und Wohlergehen für alle Völker, lasset zum Herrn uns rufen: Herr, erbarme dich …

Für alle, die in diesem Gotteshaus in ihren Sorgen beten, zum Herrn laßt uns rufen: Herr, erbarme dich …

Für die Mütter, die um ihre Toten trauern, und für alle unsere Verstorbenen,
zum Herrn laßt uns rufen: Herr, erbarme dich ...

Gütiger Gott, du hast uns Menschen Maria als Mutter gegeben. Höre auf ihre Fürsprache; nimm von uns alle Traurigkeit dieser Zeit, und schenk uns dereinst die ewige Freude. Darum bitten wir durch Christus, unseren Herrn. – A: Amen.

HEILIGENFESTE – PATRONATSTAGE

Wir bitten den Herrn für alle Glieder seiner Kirche und für ihren Dienst am Heil der ganzen Welt:

Für unseren Papst und unseren Bischof, für alle Bischöfe, Priester und Diakone und für die Ordensleute.

(Stille) V: Christus, höre uns! A: Christus, erhöre uns!

Für alle, die im Sakrament der Ehe verbunden sind, für Eltern und Kinder und um den Zusammenhalt der Generationen.

Für die Religionslehrer, die Helfer der Caritas und die Mitarbeiter im Gottesdienst.

Für die Vereinsamten und die Kranken, die Behinderten, die Gefangenen und Verfolgten und für alle, die in Not sind.

Für die, die nicht an Christus glauben, die die Kirche verfolgen, und für alle, die Böses tun.

Für unsere Gemeinde um die Vielfalt der Geistesgaben und ihr Zusammenwirken in Liebe.

Für unsere Gefallenen und Verstorbenen und für die Toten, deren niemand mehr gedenkt.

Allmächtiger, ewiger Gott, dein Geist heiligt und lenkt die ganze Kirche. Erhöre unser Beten, und laß deine Gemeinde in Treue ihre Aufgaben erfüllen. Darum bitten wir durch Christus, unseren Herrn. – A: Amen.

Oder:

Allmächtiger, ewiger Gott, du hast uns als dein Volk berufen. Höre auf die Fürbitte des heiligen N., und erhalte uns in deinem Frieden. Durch Christus, unseren Herrn. – A: Amen.

VERZEICHNIS DER SCHRIFTLESUNGEN

Altes Testament

Neues Testament

VERZEICHNIS DER ANTWORTPSALMEN

II. Cantica aus dem Alten Testament

ALPHABETISCHES VERZEICHNIS
DER FESTE UND HEILIGENGEDENKTAGE
IM LITURGISCHEN KALENDARIUM

H = Hochfest

F = Fest   G = Gebotener Gedenktag   g = nichtgebotener Gedenktag

Achilleus, Märtyrer († um 304); g: 12. 5.
Adalbert, Bischof, Glaubensbote, Märtyrer († 997); g: 23. 4.
Agatha, Jungfrau, Märtyrin (3. Jh.); G: 5. 2.
Agnes, Jungfrau, Märtyrin († 304); g: 21. 1.
Albert d. Gr., Bischof, Kirchenlehrer († 1280); g: 15. 11.
Alfons Maria von Liguori, Ordensgründer, Bischof, Kirchenlehrer († 1787);
Allerheiligen; H: 1. 11.   [G: 1. 8.
Allerseelen; 2. 11.
Aloysius Gonzaga, Ordensmann († 1591); G: 21. 6.
Ambrosius, Bischof, Kirchenlehrer († 387); G: 7. 12.
Andreas, Apostel; F: 30. 11.
Angela Merici, Ordensgründerin († 1540); g: 27. 1.
Anna, Mutter der sel. Jungfrau Maria; G: 26. 7.
Anno, Bischof († 1075); g: 5. 12.
Anselm, Bischof, Kirchenlehrer († 1109); g: 21. 4.
Ansgar, Bischof, Glaubensbote († 865); g: 3. 2.
Antonius, Mönchsvater († 356); G: 17. 1.
Antonius Maria Claret, Bischof, Ordensgründer († 1870); g: 24. 10.
Antonius Maria Zaccaria, Priester, Ordensgründer († 1539); g: 5. 7.
Antonius von Padua, Ordenspriester, Kirchenlehrer († 1231); G: 13. 6.
Athanasius, Bischof, Kirchenlehrer († 373); G: 2. 5.
Augustinus, Bischof, Kirchenlehrer († 430); G: 28. 8.
Augustinus von Canterbury, Bischof, Glaubensbote († 605); g: 27. 5.

Barbara, Märtyrin; g: 4. 12.
Barnabas, Apostel; G: 11. 6.
Bartholomäus, Apostel; F: 24. 8.
Basilius d. Gr., Bischof, Kirchenlehrer († 379); G: 2. 1.
Beda d. Ehrwürdige, Ordenspriester, Kirchenlehrer († 735); g: 25. 5.
Benedikt von Nursia, Mönchsvater († um 547); F: 11. 7.
Benno, Bischof († 1106); g: 16. 6.
Bernhard von Clairvaux, Abt, Kirchenlehrer († 1153); G: 20. 8.
Bernhardin von Siena, Ordenspriester († 1444); g: 20. 5.
Birgitta von Schweden, Ordensgründerin († 1373); g: 23. 7.
Blasius, Bischof, Märtyrer († um 316); g: 3. 2.
Bonaventura, Bischof, Kirchenlehrer († 1274); G: 15. 7.
Bonifatius, Bischof, Glaubensbote, Märtyrer († 754); G: 5. 6.
Bruno, Mönch, Einsiedler, Ordensgründer († 1101); g: 6. 10.
Bruno von Querfurt, Bischof, Glaubensbote, Märtyrer († 1009); g: 9. 3.

Cäcilia, Jungfrau, Märtyrin; G: 22. 11.
Christophorus, Märtyrer; g: 24. 7.
Cyprian, Bischof, Märtyrer († 258); G: 16. 9.
Cyrill, Mönch († 869); F: 14. 2.
Cyrill von Alexandrien, Bischof, Kirchenlehrer († 444); g: 27. 6.
Cyrill von Jerusalem, Bischof, Kirchenlehrer († 386); g: 18. 3.

Damasus I., Papst († 384); g: 11. 12.
Damian, Märtyrer († 303); g: 26. 9.
Darstellung des Herrn; F: 2. 2.
Dionysius, Bischof, Märtyrer; g: 9. 10.
Dominikus, Priester, Ordensgründer († 1221); G: 8. 8.

Elisabeth von Portugal (†1336); g: 4. 7.
Elisabeth von Thüringen († 1231); G: 19. 11.
Ephräm der Syrer, Diakon, Kirchenlehrer († 373); g: 9. 6.
Erich von Schweden, Märtyrer († 1160); g: 10. 7.
Eusebius, Bischof († 371); g: 2. 8.

Fabian, Papst, Märtyrer († 250); g: 20. 1.
Felizitas, Märtyrin († 203); G: 7. 3.
Fidelis von Sigmaringen, Ordenspriester, Märtyrer († 1622); g: 24. 4.
Florian, Märtyrer († 304); g: 4. 5.
Franz von Assisi, Ordensgründer († 1226); G: 4. 10.
Franz von Paola, Einsiedler, Ordensgründer († 1507); g: 2. 4.
Franz von Sales, Bischof, Ordensgründer, Kirchenlehrer († 1622); G: 24. 1.
Franziska von Rom, Witwe, Ordensgründerin († 1440); g: 9. 3.
Franz Xaver, Ordenspriester, Glaubensbote († 1552); G: 3. 12.
Fridolin von Säckingen, Mönch, Glaubensbote († um 540); g: 6. 3.

Gabriel, Erzengel; F: 29. 9.
Gallus, Mönch, Einsiedler, Glaubensbote († 640); g: 16. 10.
Gebhard, Bischof († 995); g: 26. 11.
Georg, Märtyrer († 4. Jh.); g: 23. 4.
Gertrud von Helfta, Ordensfrau, Mystikerin († 1302); g: 17. 11.
Gertrud von Nivelles, Äbtissin († 653 od. 659); g: 17. 3.
Godehard, Bischof († 1038); g: 5. 5.
Gregor der Große, Papst, Kirchenlehrer († 604); G: 3. 9.
Gregor VII., Papst († 1085); g: 25. 5.
Gregor von Nazianz, Bischof, Kirchenlehrer († 389 od. 390); G: 2. 1.
Gründer des Servitenordens († 14. Jh.); g: 17. 2.

Hedwig († 1243); g: 16. 10.
Heinrich II., Kaiser († 1024); g: 13. 7.
Heinrich Seuse, Ordenspriester, Mystiker († 1366); g: 23. 1.
Hemma von Gurk († 1045); g: 27. 6.
Hermann Josef, Ordenspriester, Mystiker († 1241); g: 21. 5.

Hieronymus, Priester, Kirchenlehrer († 420); G: 30. 9.
Hieronymus Ämiliani, Ordensgründer († 1537); g: 8. 2.
Hilarius, Bischof, Kirchenlehrer († um 367); g: 13. 1.
Hildegard von Bingen, Äbtissin, Mystikerin († 1179); g: 17. 9.
Hippolyt, Priester, Märtyrer († 235); g: 13. 8.
Hubert, Bischof († 727); g: 3. 11.

Ignatius von Antiochien, Bischof, Märtyrer († um 117); G: 17. 10.
Ignatius von Loyola, Priester, Ordensgründer († 1556); G: 31. 7.
Irenäus, Bischof, Märtyrer († um 202); G: 28. 6.
Isaak Jogues, Märtyrer († 1647); g: 19. 10.
Isidor, Bischof, Kirchenlehrer († 636); g: 4. 4.

Jakobus d. Ä., Apostel († um 42); F: 25. 7.
Jakobus d. J., Apostel († 62 ?); F: 3. 5.
Januarius, Bischof, Märtyrer († 305); g: 19. 9.
Joachim, Vater der sel. Jungfrau Maria; G: 26. 7.
Johanna Franziska von Chantal, Ordensgründerin († 1641); g: 12. 12.
Johannes, Apostel, Evangelist; F: 27. 12.
Johannes I., Papst, Märtyrer († 526); g: 18. 5.
Johannes Baptist de la Salle, Priester, Ordensgründer († 1719); G: 7. 4.
Johannes Bosco, Priester, Ordensgründer († 1888); G: 31. 1.
Johannes de Brébeuf, Märtyrer († 1647); g: 19. 10.
Johannes von Capestrano, Ordenspriester († 1456); g: 23. 10.
Johannes Chrysostomus, Bischof, Kirchenlehrer († 407); G: 13. 9.
Johannes von Damaskus, Priester, Kirchenlehrer († um 749); g: 4. 12.
Johannes Eudes, Priester, Ordensgründer († 1680); g: 19. 8.
Johannes von Gott, Ordensgründer († 1550); g: 8. 3.
Johannes von Krakau, Priester († 1473); g: 23. 12.
Johannes vom Kreuz, Ordenspriester, Kirchenlehrer († 1591); G: 14. 12.
Johannes Leonardi, Priester, Ordensgründer († 1609); g: 9. 10.
Johannes Maria Vianney, Priester († 1859); G: 4. 8.
Johannes Nepomuk, Priester, Märtyrer († 1393); g: 16. 5.
Johannes der Täufer, Geburtsfest; H: 24. 6.
    Enthauptung; G: 29. 8.
John Fisher, Bischof, Märtyrer († 1535); g: 22. 6.
Josaphat, Bischof, Märtyrer († 1623); G: 12. 11.
Josef, Bräutigam; H: 19. 3.
    der Arbeiter; g: 1. 5.
Josef von Calasanz, Priester, Ordensgründer († 1648); g: 25. 8.
Judas, Apostel; F: 28. 10.
Justin, Märtyrer († um 165); G: 1. 6.

Kajetan, Priester, Ordensgründer († 1547); g: 7. 8.
Kallistus I., Papst, Märtyrer († 222); g: 14. 10.
Kamillus von Lellis, Priester, Ordensgründer († 1614); g: 14. 7.
Karl Borromäus, Bischof († 1584); G: 4. 11.
Karl Lwanga, Märtyrer († 1886); G: 3. 6.

Kasimir, Königssohn († 1484); g: 4. 3.
Katharina von Alexandrien, Jungfrau, Märtyrin († 4. Jh.); g: 25. 11.
Katharina von Siena, Ordensfrau, Kirchenlehrerin († 1380); G: 29. 4.
Kilian, Bischof, Glaubensbote, Märtyrer († 689); g: 8. 7.
Klara, Jungfrau († 1253); G: 11. 8.
Klemens, Papst, Märtyrer († 101); g: 23. 11.
Klemens Maria Hofbauer, Ordenspriester († 1820); g: 15. 3.
Knud von Dänemark, Märtyrer († 1086); g: 10. 7.
Kolumban, Abt, Glaubensbote († 615); g: 23. 11.
Konrad, Bischof († 975); g: 26. 11.
Konrad von Parzham, Ordensbruder († 1894); g: 21. 4.
Kornelius, Papst, Märtyrer († 253); G: 16. 9.
Kosmas, Märtyrer († 303); g: 26. 9.
Kreuzerhöhung; F: 14. 9.
Kunigunde, Kaiserin († 1033); g: 13. 7.

Lambert, Bischof, Glaubensbote, Märtyrer († 705/06); g: 18. 9.
Laurentius, Diakon, Märtyrer († 258 ?); F: 10. 8.
Laurentius von Brindisi, Ordenspriester, Kirchenlehrer († 1619); g: 21. 7.
Leo d. Gr., Papst, Kirchenlehrer († 461); G: 10. 11.
Leo IX., Papst († 1054); g: 19. 4.
Leonhard, Einsiedler († 6. Jh.); g: 6. 11.
Leopold († 1136); g: 15. 11.
Lioba, Äbtissin († um 782); g: 28. 9.
Liudger, Bischof († 809); g: 26. 3.
Ludwig († 1270); g: 25. 8.
Lukas, Evangelist; F: 18. 10.
Luzia, Jungfrau, Märtyrin; g: 13. 12.
Luzius, Bischof, Märtyrer; g: 2. 12.

Marcellinus, Märtyrer († um 304); g: 2. 6.
Margareta, Jungfrau, Märtyrin; g: 20. 7.
Margareta Maria Alacoque, Ordensfrau († 1690); g: 16. 10.
Margareta von Schottland († 1093); g: 16. 11.
Maria, Aufnahme in den Himmel; H: 15. 8.
  Geburt: F: 8. 9.
  Gottesmutter; H: 1. 1.
  Heimsuchung; F: 2. 7.
  Königin; G: 22. 8.
  Namen; g: 12. 9.
  Ohne Erbsünde empfangen; H: 8. 12.
  U. L. F. in Jerusalem; G: 21. 11.
  U. L. F. auf dem Berge Karmel; g: 16. 7.
  U. L. F. in Lourdes; g: 11. 2.
  U. L. F. vom Rosenkranz; G: 7. 10.
  Unbeflecktes Herz; g: Sa. nach Herz-Jesu-Fest
  Schmerzen; G: 15. 9.
Maria Goretti, Jungfrau, Märtyrin († 1902); g: 6. 7.
Maria Magdalena; G: 22. 7.

Maria Magdalena von Pazzi, Ordensfrau († 1607); g: 25. 5.
Markus, Evangelist; F: 25. 4.
Marta; G: 29. 7.
Martin, Bischof († 397); G: 11. 11.
Martin I., Papst, Märtyrer († 656); g: 13. 4.
Martin von Porres, Ordensbruder († 1639); g: 3. 11.
Märtyrer von Lorch († 304); g: 4. 5.
Märtyrer der Stadt Rom; g: 30. 6.
Mathilde († 968); g: 14. 3.
Matthäus, Apostel, Evangelist; F: 21. 9.
Matthias, Apostel; F: 24. 2.
Mauritius, Märtyrer († um 290); g: 22. 9.
Maximilian Kolbe, Märtyrer, Ordensmann († 1941); G: 14. 8.
Meinrad, Mönch, Einsiedler, Märtyrer († 861); g: 21. 1.
Methodius, Bischof, Glaubensbote († 885); F: 14. 2.

Michael, Erzengel; F: 29. 9.
Monika († 387); G: 27. 8.

Nereus, Märtyrer († um 304); g: 12. 6.
Niklaus von Flüe, Einsiedler († 1487); g: 25. 9.
Nikolaus, Bischof († 4. Jh.); g: 6. 12.
Norbert von Xanten, Bischof, Ordensgründer († 1134); g: 6. 6.

Odilia, Äbtissin († 720); g: 13. 12.
Olaf von Norwegen († 1030); g: 10. 7.
Otto, Bischof, Glaubensbote († 1139); g: 30. 6.

Pankratius, Märtyrer († 304); g: 12. 5.
Patrick, Bischof, Glaubensbote († 461); g: 17. 3.
Paul vom Kreuz, Priester, Ordensgründer († 1775); g: 19. 10.
Paul Miki, Märtyrer († 1597); G: 6. 2.
Paulinus von Nola, Bischof († 431); g: 22. 6.
Paulinus von Trier, Bischof, Märtyrer († 358); g: 31. 8.
Paulus, Apostel; H: 29. 6.
    Bekehrung; F: 25. 1.
Perpetua, Märtyrin († 203); G: 7. 3.
Peter Chanel, Priester, Märtyrer († 1841); g: 28. 4.
Petrus, Apostel; H: 29. 6.
    Kathedra; F: 22. 2.
Petrus, Märtyrer († um 304); g: 2. 6.
Petrus Chrysologus, Bischof, Kirchenlehrer († 450); g: 30. 7.
Petrus Damiani, Bischof, Kirchenlehrer († 1072); g: 21. 2.
Petrus Kanisius, Ordenspriester, Kirchenlehrer († 1597); g: 27. 4.
Philipp Neri, Priester († 1595); G: 26. 5.
Philippus, Apostel; F: 3. 5.
Pirmin, Abtbischof, Glaubensbote († 753); g: 3. 11.
Pius V., Papst († 1572); g: 30. 4.
Pius X., Papst († 1914); G: 21. 8.
Polykarp, Bischof, Märtyrer († 155); G: 23. 2.
Pontianus, Papst († 235); g: 13. 8.

Rabanus Maurus, Bischof († 856); g: 4. 2.
Rafael, Erzengel; F: 29. 9.
Raimund von Penyafort, Ordensgründer († 1275); g: 7. 1.
Robert Bellarmin, Bischof, Kirchenlehrer († 1621); g: 17. 9.
Romuald, Abt, Ordensgründer († 1027); g: 19. 6.
Rosa von Lima, Jungfrau († 1617); g: 23. 8.
Rupert, Bischof, Glaubensbote († 718); g: 24. 9.

S cholastika, Jungfrau († um 547); g: 10. 2.
Schutzengel; G: 2. 10.
Sebastian, Märtyrer († 288); g: 20. 1.
Severin, Mönch († 482); g: 8. 1.
Silvester I., Papst († 335); g: 31. 12.
Simon, Apostel; F: 28. 10.
Stanislaus, Bischof, Märtyrer († 1079); G: 11. 4.
Stephan von Ungarn († 1038); g: 16. 8.
Stephanus, erster Märtyrer; F: 26. 12.

Theresia von Ávila, Ordensfrau, Kirchenlehrerin († 1582); G: 15. 10.
Theresia vom Kinde Jesus, Ordensfrau († 1897); G: 1. 10.
Thomas, Apostel; F: 3. 7.
Thomas von Aquin, Ordenspriester, Kirchenlehrer († 1274); G: 28. 1.
Thomas Becket, Bischof, Märtyrer († 1170); g: 29. 12.
Thomas Morus, Märtyrer († 1535); g: 22. 6.
Timotheus, Bischof, Apostelschüler; G: 26. 1.
Titus, Bischof, Apostelschüler; G: 26. 1.
Turibio von Mongrovejo, Bischof († 1606); g: 23. 3.

Ulrich, Bischof († 973); g: 4. 7.
Unschuldige Kinder; F: 28. 12.
Ursula, Märtyrin; g: 21. 10.

V alentin, Bischof († um 475); g: 7. 1.
Verklärung des Herrn; F: 6. 8.
Verkündigung des Herrn; H: 25. 3.
Vinzenz, Diakon, Märtyrer († 304 ?); g: 22. 1.
Vinzenz Ferrer, Ordenspriester († 1419); g: 5. 4.
Vinzenz von Paul, Priester, Ordensgründer († 1660); G: 27. 9.
Virgil, Bischof, Glaubensbote († 784); g: 24. 9.
Vitus, Märtyrer († um 304); g: 15. 6.

Walburga, Äbtissin († 779); g: 25. 2.
Weihetag der Basilika Santa Maria Maggiore in Rom; g: 5. 8.
Weihetag der Basiliken St. Peter und St. Paul in Rom; g: 18. 11.
Weihetag der Basilika am Lateran in Rom; F: 9. 11.
Wendelin, Einsiedler († 6. Jh.); g: 20. 10.
Wenzel, Märtyrer († 929); g: 28. 9.
Willibald, Bischof, Glaubensbote († 787); g: 7. 7.
Willibrord, Bischof, Glaubensbote († 739); g: 7. 11.
Wolfgang, Bischof († 994); g: 31. 10.

Xystus II., Papst, Märtyrer († 258); g: 7. 8.

QUELLENNACHWEIS

S. 9: H. Schlier, Der Herr ist nahe. Adventsbetrachtungen (Verlag Herder, Freiburg 1974); S. 16: K. Hemmerle in: Christ in der Gegenwart 49 (1967); S. 21: Heinrich Albertz in: W. Jens, Assoziationen I (Radius-Verlag, Stuttgart 1978); S. 26: J. Ratzinger, Meditationen zur Karwoche (Kyrios-Verlag, Meitingen-Freising 1969); S. 57: A. Delp, Kämpfer – Beter – Zeuge. Letzte Briefe, Beiträge von Freunden (Morus-Verlag, Berlin ³1978) 96; S. 68: K. Barth, Letzte Zeugnisse (Theologischer Verlag, Zürich 1969); S. 74: R. Pesch in: Am Tisch des Wortes 7 (Verlag Kathol. Bibelwerk, Stuttgart 1965); S. 79: F. Hahn, Mainzer Predigten (Verlag Vandenhoeck & Ruprecht, Göttingen 1972); S. 88: A. Auer, Die gereinigte Liebe zur Schöpfung, in: Christ in der Gegenwart 9 (1971); S. 96: A. Köberle, Die Stunde der Versuchung. Von der Gefährdung des Menschen durch das Geheimnis des Bösen (Furche-Verlag, Hamburg 1958); S. 101: Frère Roger, Aufbruch ins Ungeahnte (Verlag Herder, Freiburg 1977); S. 112: J. Bours, Der Gott, der mein Hirte war mein Leben lang (Verlag Herder, Freiburg 1977); S. 238: Dietrich Bonhoeffer in: Bonhoeffer-Brevier (Chr. Kaiser Verlag, München ³1968); S. 247: Mutter Teresa in: Christ in der Gegenwart 24 (1972); S. 256: J. Zink, Die Mitte der Nacht ist der Anfang des Tages (Kreuz-Verlag, Stuttgart – Berlin 1968); S. 271: Frère Roger in: Christ in der Gegenwart 31 (1979); S. 277: H. Spaemann in: Christ in der Gegenwart 51 (1969); S. 289: Mutter Teresa, Worte der Liebe (Verlag Herder, Freiburg ⁷1982); S. 295: In: A. Berz, Als Christ in den Tag II (Benziger-Verlag, Einsiedeln 1974); S. 324: K. Barth, Gebete (Chr. Kaiser Verlag, München ⁵1977); S. 337: G. Weber, Miteinander eins werden (Verlag Herder, Freiburg ¹⁰1982); S. 447: G. Martelet in: Communio 9 (1980); S. 453: H. Spaemann in: Lebendiges Zeugnis 1 (1974); S. 464: Frère Roger in: Christ in der Gegenwart 30 (1978); S. 488: J.-P. Manigne in: Christ in der Gegenwart 30 (1978); S. 493: A. Deissler in: Christ in der Gegenwart 9 (1971); S. 498: E. Brunner, Der Römerbrief (Ev. Verlagsanstalt, Berlin 1951); S. 509: L. Wachinger in: Christ in der Gegenwart 23 (1971); S. 522: W. Heisenberg, Der Teil und das Ganze (Piper-Verlag, München 1969); S. 530: W. Strolz, Gottes verborgene Gegenwart (Verlag Herder, Freiburg 1976); S. 536, 601: R. Sauer in: Christ in der Gegenwart 26 (1974); S. 542: H.-A. Höntges in: Christ in der Gegenwart 32 (1980); S. 547: K. Hemmerle, Christus nachgehen (Verlag Herder, Freiburg ²1981); S. 558: H. Urs von Balthasar, Theologie der Geschichte (Johannes-Verlag, Einsiedeln ⁶1979); S. 564: J. Moltmann, Theologie der Hoffnung (Chr. Kaiser Verlag, München 1980); S. 569: D. Cremer, Preisen sollen dich alle Völker (Echter Verlag, Würzburg 1977); S. 581: Aus: Geist und Leben 43 (1970); S. 594: R. Guardini, Der Herr (Verlag Ferdinand Schöningh, Paderborn 1980); S. 624: Th. Merton in: Geist und Leben 52 (1979); S. 638: J. Ratzinger, Einführung in das Christentum (Kösel-Verlag, München 1968).

SCHOTT

Der Name Schott ist geschützt. DP 637 431/28

Imprimi potest. – Beuron, den 11. Juli 1983
† Hieronymus Nitz OSB, Erzabt
Imprimatur. – Freiburg im Breisgau, den 19. September 1980
Der Generalvikar: Dr. Schlund

Für die Texte aus Die Feier der heiligen Messe, Meßbuch und Meßlektionar,
authentische Ausgaben für den liturgischen Gebrauch, herausgegeben im Auftrag der Deutschen und der Berliner Bischofskonferenz, der Österreichischen
Bischofskonferenz, der Schweizer Bischofskonferenz sowie der Bischöfe von
Luxemburg, Bozen-Brixen, Lüttich, Metz und Straßburg, erteilte die zur Wahr-
nehmung und Verwaltung der Rechte beauftragte „Ständige Kommission für
die Herausgabe der gemeinsamen liturgischen Bücher im deutschen Sprachgebiet" die Abdruckerlaubnis. Die aus dem Meßlektionar entnommenen Schriftlesungen sind Teil der von den Bischöfen des deutschen Sprachgebietes approbierten Einheitsübersetzung der Heiligen Schrift.

L

Gesetzt und gedruckt in der von Alfred Riedel gestalteten
Adamas-Antiqua in der Offizin Herder
in Freiburg im Breisgau
1998

ISBN 3-451-19231-4 (Paperback)
ISBN 3-451-19232-2 (Kunstleder)
ISBN 3-451-19233-0 (Leder)

Der Name Schott ist Schutzmarke DP 873 451/28

Imprimi potest · Beuron, den 1. Juli 1985
† Hieronymus Nitz OSB, Erzabt
Imprimatur · Freiburg im Breisgau, den 15. September 1980
Der Generalvikar, Dr. Schlund

Für die Texte aus der Lateinischen heiligen Messe, Ab. Block und Missale Romanum sowie Ausgaben für den Hausaltar, das Oktavheft, Lesungsgebete für den Chor, das Liturgiebuch und der Breiten Friedhofskommunion, der Osterandachten, Breslauschen usw., der Schweizer, diechofelonfarbig, sowie der Freifalt von Luxemburg, Bozen-Brixen, 1972, des Mess- und Stundbuchs, Familie die zahlweise Erhebung und Verwaltung der Rechte beachtragt. Sämtliche Kommission für die Herausgabe der gemeinsamen liturgischen Bücher im deutschen Sprachgebiet, die Abdruckerlaubnis für aus dem Messbücher nämlich genommenen Schriftenlesungen sind Teil der von den Bischöfen des deutschen Sprachgebietes approbierten Einheitsübersetzung der Heiligen Schrift.

Mit Rechtsvorbehalten, Printed in Germany
© Verlag Herder Freiburg im Breisgau 1984
Gesamtgestaltung der Kirche von Alfred Kimpflinger-Bachter
Altarraum Gusseisen der OFM in Hauer
in Freiburg im Breisgau
1984

ISBN 3-451-19242-1 Buchband
ISBN 3-451-19242-2 Kunstleder
ISSN 1 171-1923-0 Leder

Das aktuelle Meßbuch, das bleibt

SCHOTT MESSBUCH
für die Sonn und Festtage

Lesejahr A: Best.-Nr. 19231 (Paperback):
Best.-Nr. 19232 (Kunstleder); Best.-Nr. 19233 (Leder)
Lesejahr B: Best.-Nr. 19800 (Paperback):
Best.-Nr. 19801 (Kunstleder); Best.-Nr. 19802 (Leder)
Lesejahr C: Best.-Nr. 19151 (Paperback):
Best.-Nr. 19152 (Kunstleder); Best.-Nr. 19153 (Leder)

Dazu die bibliophilen Lederausgaben mit Klappfutteral:

Lesejahr A: Best.-Nr. 21101 (Ziegenleder rot):
Best.-Nr. 21102 (Kalbsleder braun); Best.-Nr. 21103 (Schafsleder grün)
Lesejahr B: Best.-Nr. 21111 (Ziegenleder rot):
Best.-Nr. 21112 (Kalbsleder braun); Best.-Nr. 21113 (Schafsleder grün)
Lesejahr C: Best.-Nr. 21121 (Ziegenleder rot):
Best.-Nr. 21122 (Kalbsleder braun); Best.-Nr. 21123 (Schafsleder grün)

SCHOTT-MESSBUCH
für die Wochentage

BAND 1: Advent- und Weihnachtszeit. Fasten- und Osterzeit.
1.–13. Woche im Jahreskreis.
Gedenktage der Heiligen vom 30. November bis 8. Juli
Best.-Nr. 20161 (Kunstleder); Best.-Nr. 20171 (Leder)

BAND 2: 14.–34. Woche im Jahreskreis.
Gedenktage der Heiligen vom 3. Juli bis 2. Dezember
Dazu die Allgemeine Einführung ins Meßbuch (AEM) und die offiziellen
Anleitungen für Kinder- und Gruppenmessen.
Best.-Nr. 20162 (Kunstleder); Best.-Nr. 20172 (Leder)

SCHOTT-MESSBUCH
Marienmessen

Originaltexte der authentischen deutschsprachigen Ausgabe des Meßbuches
und Meßlektionars. Mit Meditationstexten zu den Meßformularen.
480 S., 2 Zeichenbänder
Best.-Nr. 23221 (Kunstleder); Best.-Nr. 23281 (Leder)

Verlag Herder Freiburg · Basel · Wien

Ein neuer Weg zum Beten mit der Kirche

Das ‚Kleine Stundenbuch' ist eine Teilausgabe aus dem dreibändigen Werk „Die Feier des Stundengebets". Es enthält in wörtlicher Übereinstimmung mit der großen Ausgabe das kirchliche Morgengebet (Laudes) und Abendgebet (Vesper und Komplet) mit allen dazugehörigen Eigentexten, ferner einen Anhang mit zusätzlich ausgewählten Gebetstexten und je eine Einführung in das Stundengebet von Balthasar Fischer. Es wird herausgegeben von den Liturgischen Instituten Salzburg, Trier und Zürich.

Der Band Advent und Weihnachtszeit enthält eine „Worterklärung für den Benützer".

„Ein Wort des Dankes! Hier wurde uns Laien ein sehr schönes, sehr handliches Gebetbuch in die Hand gegeben" (F.-J. L., Bonn).

■ Für Laien, die in engerer Verbindung mit der großen Gebetsgemeinschaft der Kirche leben möchten.

■ Für Gebetskreise und Gruppen, insbesondere von Jugendlichen, die den Kraftquell des gemeinsamen Stundengebets neu entdecken.

■ Für Familien, die eine Hilfe für ihr Hausgebet suchen; für Tage der Krankheit und des Alters, im Psalmengebet finden sie eine Sprache, die nicht veraltet und das ganze Leben hindurch trägt.

■ Für alle, die an Tagen der Besinnung und Einkehr teilnehmen, bei Exerzitien, bei Wallfahrten.

■ Für geistliche Gemeinschaften, die nicht zum vollen Stundengebet verpflichtet sind.

4 handliche Bände im Taschenformat:

● Advent und Weihnachtszeit. 544 Seiten. Best.-Nr. 20619–21
● Fasten- und Osterzeit. 656 Seiten. Best.-Nr. 19745–47
● Im Jahreskreis. 480 Seiten. Best.-Nr. 20616–18
● Die Gedenktage der Heiligen. 704 Seiten. Best.-Nr. 19748–50

Alle Bände in: Bibeldünndruckpapier, Zweifarbendruck und verschiedenen Einbänden (Paperback, Kunstleder, Leder), mit Zeichenbändern und Beilagen.

Das Kleine Stundenbuch erscheint in den Verlagen Benziger, Einsiedeln und Köln / Herder, Freiburg und Basel / Friedrich Pustet, Regensburg / Herder, Wien / St. Peter, Salzburg / Veritas, Linz.